»Ein itzlichs Werck lobt seinen Meister«

Leucorea-Studien zur Geschichte der Reformation und der Lutherischen Orthodoxie (LStRLO)

Herausgegeben von
Irene Dingel, Armin Kohnle und Udo Sträter

Band 24

Bernd Stephan

»Ein itzlichs Werck lobt seinen Meister«

Friedrich der Weise, Bildung und Künste

EVANGELISCHE VERLAGSANSTALT
Leipzig

Bernd Stephan, Dr. theol., Jahrgang 1947, studierte Theologie in Leipzig und war danach wissenschaftlicher Mitarbeiter in Leipzig, Halle und Wittenberg. Später arbeitete er als Pfarrer und nebenamtlich als Kirchengeschichtsdozent im Kirchlichen Fernunterricht der Kirchenprovinz Sachsen, seit seiner Emeritierung 2005 widmet er sich ganz Forschungen und Publikationen zur Reformations-, Kirchen- und Regionalgeschichte und ist u. a. als Vorstandsmitglied der »Arbeitsgemeinschaft für Sächsische Kirchengeschichte« tätig.

Nachdruck von:
Bernd Stephan: Beiträge zu einer Biographie Kurfürst Friedrichs III. von Sachsen, des Weisen (1463 bis 1525). Diss. A (Masch.), Leipzig 1980.

Bibliographische Information der Deutschen Nationalbibliothek
Die Deutsche Nationalbibliothek verzeichnet diese Publikation in der Deutschen Nationalbibliographie; detaillierte bibliographische Daten sind im Internet über http://dnb.dnb.de abrufbar.

Printed in Germany · H 7763

Das Buch wurde auf alterungsbeständigem Papier gedruckt.

Cover: Kai-Michael Gustmann, Leipzig
Satz: Zacharias Bähring, Leipzig
Druck und Binden: Hubert & Co., Göttingen

ISBN 978-3-374-03767-4
www.eva-leipzig.de

Vorwort

Die vorliegende Arbeit wurde unter dem Titel »Beiträge zu einer Biographie Kurfürst Friedrichs III. von Sachsen, des Weisen (1463–1525)« im September 1979 von der Sektion Theologie der Karl-Marx-Universität Leipzig als Dissertation A angenommen und im Januar 1980 verteidigt. Gutachter waren Dr. Helmar Junghans, damals Dozent am Wissenschaftsbereich Kirchengeschichte, und Prof. Dr. Friedrich de Boor, seit 1978 ordentlicher Professor für Kirchengeschichte an der Martin-Luther-Universität Halle-Wittenberg. Eine Drucklegung des dreibändigen Manuskripts ließ sich unter den Verhältnissen der späten DDR nicht verwirklichen. Die Arbeit kursierte unter Fachgelehrten jedoch in maschinenschriftlicher Form und wurde für Fragen der Geschichte Friedrichs des Weisen immer wieder zitiert. In zwei kleineren Beiträgen machte der Verfasser zudem auf seine Untersuchungsergebnisse aufmerksam.[I]

Seit 1980 ist die Forschung zu Kurfürst Friedrich dem Weisen zwar nicht stehengeblieben, sie ist über die von Bernd Stephan untersuchten Fragen aber nicht wesentlich hinausgegangen. Die Friedrich-Biographie Ingetraut Ludolphys hat die ältere Forschung inzwischen gebündelt und auf eine neue Stufe gehoben.[II] Hinsichtlich des Verhältnisses Friedrichs des Weisen zum Humanismus ist die vorliegende Studie aber weder ersetzt noch überholt. Im Vorfeld des 550. Geburtstages des Kurfürsten im Jahr 2013 entstand deshalb die Idee, die Arbeit nach über 30 Jahren doch noch zum Druck zu bringen. Der Weg vom hektographierten Manuskript zum gedruckten Buch war lang und schwierig. Am Beginn stand die Grundentscheidung, die im Manuskript in einem gesonderten Band gesammelten Anmerkungen in benutzerfreundliche Fußnoten umzuwandeln, das Manuskript – vom geänderten Titel und kleineren Korrekturen abgesehen – im übrigen aber so wiederzugeben, wie es 1979 eingereicht worden war. Die Einarbeitung der inzwischen erschienenen Literatur hätte die Drucklegung über die Maßen verzögert, wenn nicht unmöglich gemacht.

Die Forschung zu Friedrich dem Weisen wird durch das vorliegende Buch, so steht zu hoffen, in willkommener Weise ergänzt. Zusammen mit den Erträgen des Jubiläumsjahres 2013 und der Edition der kirchenpolitischen Akten des Kurfürsten, die als Projekt der Sächsischen Akademie der Wissenschaften 2014 in Leipzig begonnen wird, soll es dazu beitragen, das Bild Friedrichs des Weisen und seiner Rolle in der frühen Reformationszeit weiter zu schärfen.

Leipzig, im Februar 2014, *Armin Kohnle*

I Bernd Stephan: Kulturpolitische Maßnahmen des Kurfürsten Friedrich III., des Weisen, von Sachsen. In: LuJ 49 (1982), 50–95; ders.: Kurfürst Friedrich III. von Sachsen (1463–1525). In: Kaiser – König – Kardinal: deutsche Fürsten 1500–1800, Hrsg. Rolf Straubel. Leipzig; Jena; Berlin 1991, 26–35.

II Ingetraut Ludolphy: Friedrich der Weise. Göttingen 1984; Leipzig [2]2006.

Inhaltsverzeichnis

Vorwort des Autors

Das persönliche Vorwort zum Druck meiner Dissertation über Kurfürst Friedrich III. von Sachsen, den Weisen, beginne ich mit den gleichen Worten, die bereits am Anfang der 1980 als Typoskript vervielfältigten Arbeit standen:

»Gegen Ende des 3. Jahrhunderts n. Chr. prägte Terentianus Maurus einen Satz, der seitdem in viele Bücher eingegangen ist: es handelt sich um das berühmte ›... habent sua fata libelli‹,[1] das getrost an den Anfang der vorliegenden Arbeit gestellt werden kann, denn auch sie hat, was ihre Entstehungsgeschichte betrifft, ihre wechselvollen Schicksale.« Das gilt ebenso für die Vorgeschichte dieses Druckes, auf die Prof. Armin Kohnle in seinem Vorwort eingegangen ist, wie für die Entstehung der ursprünglichen Dissertation.

Entscheidende Anstöße zu ihrer Erstellung erhielt ich von Prof. Dr. Franz Lau, bei dem ich während meines Studiums Hilfsassistent war, und von dem damaligen Oberassistenten Dr. Helmar Junghans, der mir vorschlug, die Beziehungen Kurfürst Friedrichs zu Künstlern und Gelehrten näher zu untersuchen und damit auch den Hintergrund seines Verhaltens in der »Causa Lutheri« aufzuhellen.

Bereits während der Vorarbeiten begann sich abzuzeichnen, daß das ursprüngliche Thema eine Abänderung erfahren mußte: Die »kulturpolitischen« Maßnahmen des Kurfürsten, denen von Anfang an das Hauptaugenmerk galt, lassen sich nur im Kontext seiner Politik als Territorial- und Reichsfürst und mit Blick auf seine Persönlichkeit angemessen würdigen. Aus diesem Grund erwies es sich als unumgänglich, Friedrichs Vita und Politik größere Aufmerksamkeit zu widmen. Die Folge war eine Änderung der Gesamtkonzeption, als deren Ergebnis eine Arbeit mit zwei Schwerpunkten entstanden ist, einem zur Politik und Persönlichkeit des Fürsten und einem weiteren zu seinem Verhältnis zu Wissenschaft und Kunst unter besonderer Berücksichtigung des Humanismus in seinem Herrschaftsbereich.

Dazu mußten neue Fragen gestellt und alte Antworten kritisch beleuchtet werden. Wesentliche Anregungen erhielt ich dabei durch die Lektüre von Maria Großmanns Untersuchung über den Humanismus in Wittenberg, Wilhelm Borths »Die Luthersache« und Hans Wolters Aufsatz über »Die Haltung der deutschen Laienfürsten zur frühen Reformation«.[2]

---

[1] Terentianus Maurus: De litteris, syllabis, metris; zitiert nach Georg Büchmann: Geflügelte Worte. Neue Ausgabe. München; Zürich 1959, 99. Der Satz lautet allerdings vollständig: »Pro captu lectoris habent sua fata libelli.«

[2] Maria Grossmann: Humanism at Wittenberg 1486–1517. Phil. Diss. (Masch.) Cambridge, Mass. 1959; inzwischen auch leicht überarbeitet und bibliographisch auf den neuesten Stand gebracht gedruckt als: Humanism in Wittenberg 1485–1517. Nieuwkoop 1975; Wilhelm Borth: Die Luthersache (Causa Lutheri) 1517–1524: die Anfänge der Reformation als Frage von Politik und Recht. Lübeck; Hamburg 1970; Hans Wolter: Die Haltung deutscher Laienfürsten zur frühen Reformation. Archiv für mittelrheinische Kirchengeschichte 24 (1972), 83–105.

Schon bald wurde ich mit Problemen konfrontiert, mit denen jeder zu kämpfen hat, der sich eingehender mit Friedrich dem Weisen beschäftigt.

Als erstes sei die Schwierigkeit genannt, ein klar konturiertes Bild des Fürsten zu gewinnen. Zwar ist eine große Zahl handschriftlicher und gedruckter Quellen vorhanden, merkwürdigerweise werden aber die Person des Kurfürsten und die Motive seines Handelns darin nur schwer greifbar. Verschiedene Deutungsmöglichkeiten ergeben sich, nicht zuletzt wegen seiner Eigenart, mündliche Verhandlungen zu bevorzugen, in seinen Briefen nicht mehr zu schreiben, als vom diplomatischen Standpunkt aus vertretbar war, und sich selbst so weit wie möglich im Hintergrund zu halten.

Charakteristisch für die Quellenlage zur Geschichte Friedrichs des Weisen ist ferner die Fülle des vorhandenen Materials, das so reichlich ist, daß man Paul Kirn zustimmen muß, der in seiner maßgeblichen Habilitationsschrift über die Kirchenpolitik des Kurfürsten die Vermutung äußerte, diesem Umstand sei es zuzuschreiben, daß es noch nicht »gebührend« genutzt werde.[3] Nicht übersehen darf man auch die Streuung der Quellen. Selbst wenn ein Großteil im Thüringischen Hauptstaatsarchiv Weimar liegt, weitere wichtige Unterlagen befinden sich in Archiven des In- und Auslandes. Ihre Auswertung allein dürfte eine Lebensarbeit darstellen. Ähnlich verhält es sich mit den Quellenpublikationen, in denen für die Geschichte Friedrichs wichtiges Material breit gestreut zu finden ist. Deshalb ist die von Prof. Kohnle erwähnte geplante Publikation der kirchenpolitischen Korrespondenz Kurfürst Friedrichs und seines Bruders und Nachfolgers Johann des Beständigen (ab 1505) mehr als verdienstvoll, die der Erforschung der kursächsischen Politik in den ersten drei Jahrzehnten des 16. Jahrhunderts neuen Auftrieb geben dürfte.

Daß zur Zeit der Abfassung der vorliegenden Arbeit an eine solche Publikation nicht zu denken war und die politischen Verhältnisse wie die technischen Möglichkeiten den Forschungsradius einschränkten, hat zu mancher Unfertigkeit und zu einzelnen Beurteilungen geführt, die heute zu korrigieren sind. Trotzdem wird auch künftig jede Untersuchung über Friedrich einem Indizienprozess ähneln; eindeutige Ergebnisse lassen sich nicht in jedem Fall erzielen, und abgegebene Urteile sind bisweilen fragwürdig, wenn auch im besten Sinne des Wortes. Auch in Zukunft dürfte jeder, der sich mit der faszinierenden Persönlichkeit Kurfürst Friedrichs III. von Sachsen beschäftigt, schwerlich innerlich unbeteiligt bleiben. Das erschwert es sicherlich, die nötige Distanz zum Forschungsgegenstand zu wahren, wird aber auch künftig immer wieder Friedrich den Weisen als Mensch, Christ und Politiker dem Vergessen entreißen, wie es diese Arbeit will.

Noch ein Wort zur neuen Überschrift: Sie beginnt mit einem von Friedrich häufig gebrauchten Satz, der sein Verhältnis zu Gelehrten und Künstlern, aber

---

[3] Paul Kirn: Friedrich der Weise und die Kirche: Seine Kirchenpolitik vor und nach Luthers Hervortreten im Jahre 1517, dargestellt nach Akten im thüringischen Staatsarchiv zu Weimar. Leipzig; Berlin 1926, III Phil.Habil. Leipzig 1926.

auch seine Selbstsicht besonders gut auf den Punkt bringt.[4] Für mich stellt er deshalb der Schlüsselsatz für das Verständnis von Friedrichs Politik im Bereich der Bildung und Künste dar und damit auch für sein Verhältnis zu Martin Luther als gelehrtem Theologen. Da all dem das Hauptaugenmerk meiner Arbeit gilt, war eine Präzisierung des ehemals sehr allgemein formulierten Titels nur folgerichtig.

An dieser Stelle möchte ich den Mitarbeitern der von mir für meine Dissertation benutzten Archive in Weimar, Dresden, Wittenberg, Magdeburg und Halle und meinem Betreuer Prof. Junghans (†) danken, die mir bei meiner Arbeit mit Rat und Tat behilflich waren. Danken möchte ich den vielen, die mich zu ihrem (Nach-)Druck ermutigt haben, besonders Herrn Prof. Armin Kohnle, der die Vorbereitung dieser Publikation auch begleitet und sie mit den anderen Herausgebern der »Leucorea-Studien« durch Aufnahme in die Buchreihe erst ermöglicht hat. Nicht zuletzt danke ich den Damen Kerstin Backhaus, Felicia Hein, Renate Rochler und Susanne Hesse für die Übertragung des Schreibmaschinenmanuskripts, ganz besonders aber Frau Renate Rochler für ihre sorgfältige Durchsicht und die sachkundigen Korrekturen der Druckvorlage.

Chemnitz, im Februar 2014, *Bernd Stephan*

---

4 FWLZ, 33; s. Anm. 6.

Einleitung

In seinem Artikel über Friedrich den Weisen im Handwörterbuch »Die Religion in Geschichte und Gegenwart« vertritt Franz Lau die Meinung, der Fürst habe nur »dadurch und lediglich dadurch weltgeschichtliche Bedeutung bekommen«, daß er die Reformation unterstützte.[5] Wirft man einen Blick auf die Literatur, die sich direkt oder indirekt mit dem Kurfürsten befaßt, findet man diese Ansicht auf eigene Weise bestätigt: Abgesehen von der großen Anzahl Reformationsgeschichten unterschiedlichster Ausrichtung, die nur in den seltensten Fällen forschungsgeschichtlich belangvoll sind, da sie in der Regel – wie auch die Lexikonartikel – nur den jeweiligen Forschungsstand widerspiegeln, ist in Einzeluntersuchungen und Biographien das Verhältnis des Wettiners zu Luther und der Reformation das immer wieder auftauchende Kernthema. Das verwundert nicht, hat aber die Klärung mancher wichtiger Fragen in den Hintergrund treten lassen, weil Friedrichs Wirken vorwiegend »sub aspectu reformationis factae« gesehen wurde.

Die Gründe dafür liegen auf der Hand: Die Beschäftigung mit der Geschichte der Reformationszeit und somit auch mit Friedrich III. von Sachsen kennzeichnet bis zur Gegenwart immer wieder eine – wenn auch unterschiedlich starke – Tendenz zur Apologetik oder Polemik. Schon Georg Spalatins Materialsammlung zur Lebensgeschichte des Kurfürsten aus der ersten Hälfte des 16. Jahrhunderts, die 1851 in Jena im Druck erschien,[6] läßt apologetische Züge erkennen. Während Friedrich bei Johannes Sleidanus nur vereinzelt erwähnt wird und ab Mitte des 16. Jahrhunderts außerhalb von reformationsgeschichtlichen Schriften fast nur im Rahmen summarischer Darstellungen über das sächsische Fürstenhaus auftaucht,[7] ändert sich etwa hundert Jahre später die Lage völlig, nicht zuletzt als Reaktion auf Angriffe von römisch-katholischer Seite.[8]

---

[5] RGG³ 2, 1150.

[6] FWLZ; die Ausgabe basiert auf Spalatins Aufzeichnungen im EGA Reg. O 25. 25a. 25b.

[7] Johannes Sleidanus: Commentariorum de Statu Religionis et Reipublicae, Carolo Quinto Caesare, Libri XXVI ... . Argentorati 1555, 9.15.17.25.44.52. 119; Georgius Agricola: Die Sippschaft des Hauses zu Sachsen. In: ders.: Vermischte Schriften. T. 2. Berlin 1963, 365f. – Ähnlich wie bei Spalatins FWLZ handelt es sich dabei um einen erst in neuerer Zeit erfolgten Erstdruck eines alten Manuskripts, auffälligerweise kommt darin Friedrichs Verhältnis zu Luther nicht zur Sprache; Georg Fabricius: Rerum Misnicarum in libros (!) septem ... Hrsg. Jacob Fabricius. Lib. 1. (Witebergae 1609), 23 – das Werk wurde erstmals 1569 in Leipzig gedruckt (vgl. Schottenloher 3, Nr. 32799e); Georg Fabricius: Saxoniae illustratae Libri novem ... Hrsg. Jacob Fabricius. Lipsiae 1606, Lib. 8, passim; Adam Remp: Calendarium Saxonicum ... Erfurt 1587, passim; Balthasar Mencius: Historica Narratio de septem electoribus Saxoniae ... Witebergae 1611, 6–12; Johannes Rosinus: Exempla pietatis illustris: Hoc est vitae trium Saxoniae ducum ... (Jenae 1602), 12–42.

[8] Zwar hatte es seit Johannes Cochläus öfter publizistische Attacken auf das evangelische Lutherbild gegeben, aber ein Generalangriff, bei dem auch die »Randfiguren« der

Von nun an widmet man ihm stärkere Aufmerksamkeit: Dissertationen,[9] Gymnasialprogramme[10] und Einzelabhandlungen[11] beschäftigten sich mit seiner Person und Ereignissen seines Lebens, wie sagenhaft die auch sein mögen.[12]

Reformationsgeschichte gezielt aufs Korn genommen wurden, war doch ungewohnt. Er wurde ausgeführt von: Sforza Pallavicino: Istoria di Concilio di Trento. 2. Bde. Romae 1656f.; Antoine de Varrilas : Histoire des révolutions arivées dans l'Europe en matiére de religion, depuis l'année 1374 jusqu'en 1658. 6 Bde. Paris 1685-1689; Oderich Raynaldus (der als Dritter die »Annales Ecclesiastici« des Caesar Baronius weiterführte): Annales ecclesiastici ... usque ad annum 1534 continuati ... Bd. 20: 1503-1534. Romae 1663; Louis Maimbourg: Histoire de Lutheranisme. 2. Ausgabe. Paris 1681f. - Titel nach MAX STEINMETZ: Das Müntzerbild von Martin Luther bis Friedrich Engels. Berlin 1971, 234. 235 Anm. 23. 465. 472. 483.

9 VALENTIN ERNST LÖSCHER; (Resp. Jeremias Mullerus): Friedericum Sapientem, Sax. elect., contra recentes Palavicini, Maimburgii, Varillasii aliorumque calumnias defendant ... Vitembergae 1697 Diss. (vgl. dazu Anm. 16); CONRAD SAMUEL SCHURTZFLEISCH: Fridericus III. Sapiens, Saxoniae elector. Diss. Vitembergae 1674 (laut Katalog der Universitätsbibliothek Leipzig erst 1683). 12 Bl. - die wenig umfangreiche Abhandlung ließ sich trotz aller Bemühungen nicht auftreiben und wird hier nur der Vollständigkeit wegen erwähnt; HERMANN BECKER; (Resp. Johannes Phleps): Friedericum III. sapientem Saxoniae electorem et Academiae Vitembergensis fundatorem ... Vitembergae 1748 (Wittenberger Diss. von 1702); HENRICH OTTO MENCKE: Dissertatio prior de Friderico III. Sapiente, Vicario Imperii ... Diss. Lipsiae (1712) vgl. dazu Anm. 51.

10 Freilich wird Friedrich hier oft in Verbindung mit wettinischen Fürsten des 18. Jahrhunderts erwähnt und dient dabei zu ihrer Glorifizierung: JOHANN HEINRICH STUSS: Fridericus Sapiens redivivus in Fridericus II., duce Saxoniae. Gothae (1730); DERS.: Serenissimos Fridericos tertios, musarum statores ac patronos summos ... Gothae (1733); in beiden Fällen handelt es sich um Gothaer Gymnasialprogramme. Der Tendenz nach gehört mit hierher: ADAM RECHENBERG; (Resp.: Sebastian Gottfried Starck): De serenissim. Electorum Saxoniae favore in literas et scholas. Diss. (Lipsiae 1739). Bei HEINRICH AUGUST SCHUMACHER: De curae ac providentiae Dei immortalis signis in Fridericum III. pr. electorem Saxoniae, Sapientis. Lipsiae (1745) [Programm des Gymnasiums Grimma, 25. Okt. 1745], ist wie bei anderen Gymnasialprogrammen schon der Titel vielsagend. Das Jenaer Universitätsprogramm vom 3. Juni 1731 mit CHRISTIAN GOTTLIEB BUDERS: De Friderico III. Sapiente Saxoniae electore, historiarum patrono et propagatore. Jenae 1731, hebt sich davon auch inhaltlich deutlich ab (vgl. Anm. 61), ebenso MICHAEL HEINRICH GRIBNERS: De Titulo Friderici Sapientis praefectus praetorio. (Vitembergae 1709) im Programm der Wittenberger Universität vom 24. Nov. 1709 (vgl. Anm. 51) - bei beiden Titeln handelt es sich um Monographien.

11 Z.B. JOHANN ZACHARIAS GLEICHMANN: Einige historische Merckwürdigkeiten, von dem Cur-Fürsten von Sachsen, Friderico III. Sapiente. Frankfurt/M.; Leipzig 1733. Neben anderen Fürsten findet Friedrich Erwähnung bei JOHANN FRIEDRICH JUGLER: Historische Abhandllung von gelehrten sächsischen Fürsten. Leipzig; Jena 1740, und bei HEINRICH AUGUST SCHUMACHER: Fridericos serenissimos Germaniae principes pacis literarum et scholarum amatores ... Grimae 1728. Mit den Vorgängen um die Kaiserwahl des Jahres 1519 beschäftigt sich JOHANN CHRISTIAN KÜHN: De causis, quibus commotus Friedericus III. elector Saxoniae dignitatem imperatoriam recusaverit. Lipsiae 1779 (vgl. Anm. 50).

12 Besondere Aufmerksamkeit wird dem sogenannten »Traum Friedrichs des Weisen« gewidmet, der bis zur Gegenwart immer wieder die Gemüter erregte, besonders im Zu-

Drucke von Aktenstücken zur Geschichte Friedrichs des Weisen lassen sich ebenfalls feststellen,[13] wobei Veit Ludwig von Seckendorfs »Commentarius [...]

sammenhang mit Reformationsjubiläen. 1717 fand beispielsweise im Pädagogium zu Halle/Sa. ein »Exercitium oratorium de praeludiis et adminiculis reformationis« statt, bei dem am 12. Juli der Schüler Philipp Freiherr von Gemmingen »... de somnio [...] Friderici Sapientis, versibus germanicis« sprach (s. Hieronymus Freyer: Programmata latino-germanica cum additamento miscellaneorum vario. Halae 1737, 197f). In die gleiche Zeit fallen auch einige Veröffentlichungen zur Thematik; s. z. B. Bemmann 1 I, 138. Bemerkenswerterweise wird der »Traum« schon damals als Erfindung abgetan und zwar von Christoph August Heumann: Dissertatio de somnio divino quod Friderico Saxoniae Principi Electori vulgo tribuitur. In: ders.: Lutherus Apocalyptus. Hannover 1717, 73-116. Ein Jahrhundert später ist das Thema wieder akut und der Traumbericht wird abgedruckt in: Christian August Vulpius: Profetischer Traum des Churfürsten Friedrichs des Weisen von Sachsen. In: Reformationsalmanach für Luthers Verehrer auf das evangelische Jubeljahr 1817. Hrsg. Friedrich Keyser. Erfurt (^{2}1818), 203-211; nach einer dort (a. a. O., 203) befindlichen Anmerkung liegt dem Druck ein Manuskript des Weimarer (Staats-)Archivs zugrunde. Zur handschriftlichen Überlieferung des Traumberichts und zur Geschichte seiner Bewertung s. die gehaltvolle Abhandlung von Hans Volz: Der Traum Friedrichs des Weisen vom 30./31. Oktober 1517. GuJ 45 (1970), 174-211, in der sich Volz auch mit denen auseinandersetzt, die sich des Themas in jüngerer Zeit angenommen haben, so mit Ernst Benz: Der Traum Kurfürst Friedrichs des Weisen. In: Humanitas - Christianitas: Walther von Loewenich zum 65. Geburtstag. Hrsg. K. Beyschlag. Witten 1968, 134-149, und mit Franz Laus Besprechung des Benzschen Beitrags in : LuJ 36(1969), 116-118. Dabei läßt freilich Volz (a. a. O., 186 Anm. 44) in der Auseinandersetzung mit Lau, der im Gegensatz zu Benz und ihm die Entstehung des Traumberichts sehr früh anzusetzen geneigt ist, die nötige Fairness vermissen. Zwei Jahre später lieferte Heinrich Kühne im GuJ 47(1972), 160, mit: Einige Bemerkungen zum Aufsatz von Hans Volz: Der Traum Kurfürst Friedrichs des Weisen vom 30./31. Oktober 1517, keinesfalls - wie der Titel vermuten läßt - einen Beitrag zur »Traum«-Diskussion, sondern berichtete lediglich über eine Notgeldserie der Kreissparkasse Herzberg/Elster von 1921, auf der das sagenhafte Geschehen abgebildet ist. Kühne scheint Volz' Aufsatz nur überflogen zu haben, denn sonst könnte er über das Schloß Schweinitz nicht schreiben, hier habe »der berühmte Traum« Friedrichs »stattgefunden«. - Neben dem »Traum« Friedrichs fand im 18. Jhdt. noch eine hübsche Erzählung über ein angebliches amouröses Abenteuer des Fürsten Beachtung, eine Erzählung, die an sich zwar keinen Quellenwert besitzt (so auch Adolf Krencker: Friedrich der Weise von Sachsen beim Beginn der Reformation. Berlin 1905, 46 Anm. Phil. Diss. Heidelberg 1906), die aber doch einige Rückschlüsse auf seine Persönlichkeit zuläßt. Siehe dazu Heinrich Jonathan Clodius: Traum und wahre Geschichte Churfürst Friedrich (!) des Weisen zu Sachsen von dem Hirsch mit dem güldenen Geweih und der Fürstin am Brunnen ... Dresdnisches Magazin oder Ausarbeitungen und Nachrichten 1 (1760), 18-31. 131-152; die gleiche Geschichte ist abgedruckt in: Benjamin Gottfried Weinart: Neue Sächsische historische Handbibliothek 2(1784), 1-43.

[13] Vgl. dazu das Quellen- und Literaturverzeichnis vorliegender Arbeit. An dieser Stelle sei als Beispiel nur erwähnt Georg Christoph Kreysig: Churfürst Friedrichs zu Sachsen doppeltes Testament. In: Christian Schöttgen; Georg Christoph Kreysig: Diplomatische und curieuse Nachlese der Historie von Ober-Sachsen und angrentzenden Ländern. Bd. 3b Dresden; Leipzig 1733, 50-76.

de Lutheranismo«[14] in manchem beispielgebend gewesen sein mag, ein Werk, dem gewissermaßen eine Schlüsselstellung zukommt: Es stellte eine direkte Antwort auf die Angriffe Louis Maimbourgs und anderer altgläubiger Autoren dar,[15] die anhand der dem Verfasser zugänglich und z. T. ausführlich zitierten handschriftlichen Quellen zurückgewiesen werden. Zwar ist der »Commentarius« nicht speziell auf Friedrich zugeschnitten, bringt aber über ihn eine Menge für die damalige Zeit neuer Informationen.

Mit den Anschuldigungen gegen den Wettiner von römischer Seite befaßt sich näher eine Wittenberger Dissertation aus dem Jahre 1697, die jedoch vorwiegend auf den Kompilatoren des 16. Jahrhunderts fußt[16] und natürlich deutlich polemische Züge erkennen läßt.

Auch für die Folgezeit scheint es das Schicksal der Arbeiten über Friedrich zu sein, den Schauplatz für erbitterte Auseinandersetzungen abgeben zu müssen; Anlässe für interkonfessionelle Polemik finden sich gerade hier nur zu häufig und werden dementsprechend auch weidlich genutzt,[17] außerdem bietet die Vielschichtigkeit der Person des Kurfürsten manchen Ausgangspunkt für mehr oder minder hitzige wissenschaftliche Debatten, wie sie in erster Linie bei den Deutungsversuchen hinsichtlich seiner Stellung zu Luther und der Reformation beobachtet werden konnten. Besondere »Berühmtheit« hat in diesem Zusammenhang Paul Kalkoff erworben, der zu Anfang unseres Jahrhunderts mit zäher Verbissenheit versuchte, seinen Ansichten über die angebliche Kaiserwahl Friedrichs sowie dessen gezielte Lutherschutzpolitik und »evangelische« Grundhaltung allgemeine Anerkennung zu verschaffen.[18]

---

[14] VEIT LUDWIG VON SECKENDORF: Commentarius historicus et apologeticus de Lutheranismo. Lipsiae ²1694.

[15] Vgl. Anm. 8; s. auch SECKENDORF: A. a. O., Praeloquium.

[16] LÖSCHER: A. a. O., 3v.

[17] Zur antikatholischen Tendenz einiger Autoren vgl. z. B. OTTO NASEMANN: Friedrich der Weise, Kurfürst von Sachsen. Halle 1889, 10. 18. 24; JOHANN A. L. FASELIUS: Friedrich der Weise und Johann der Beständige, Kuhrfürsten (!) von Sachsen Ernestinischer Linie. Eisenach 1800, 18; MAX. MORITZ TUTZSCHMANN: Friedrich der Weise, Kurfürst von Sachsen. Grimma 1848, 316. – Besondere Verbitterung riefen immer wieder Versuche der Gegenseite hervor, Friedrich als Menschen und Politiker zu diskreditieren, wie beispielsweise bei JOSEPH EDMUND JÖRGS: Deutschland in der Revolutions-Periode von 1522 bis 1526. Freiburg/Br. 1851, 279–281, wo Friedrich als Nutznießer und Förderer der Bauernunruhen hingestellt wird. Für die neuere Zeit vgl. WOLTER: A. a. O., 85f. 90. 96, dessen Ausführungen trotz aller nach außen zur Schau gestellten Sachlichkeit stellenweise mit ultramontaner Vehemenz abgefaßt sind und so den Anschein erwecken, als hätte es Joseph Lortz und Ernst Walther Zeeden nie gegeben.

[18] Zur Kaiserwahl s. PAUL KALKOFF: Die Kaiserwahl Friedrichs des Weisen (27. Juni 1519). ARG 21(1924), 133–140; DERS.: Die Kaiserwahl Friedrichs IV. und Karls V. (am 27. und 28. Juni 1519). Weimar 1925; vgl. dazu auch Anm. 23. – Über Friedrichs Verhältnis zu Luther äußerte sich Kalkoff , angeregt durch einen Aufsatz Georgs von Below, vor allem in: Friedrich der Weise, der Beschützer Luthers und des Reformationswerkes. ARG 14 (1917), 249–262; außerdem in: Friedrich der Weise, dennoch der Beschützer

1881 hatte sich Theodor Kolde in einer kirchenhistorischen Skizze dagegen ausgesprochen, daß Luthers Lehre das Herz seines Kurfürsten gewonnen habe, und die Protektion Luthers durch Friedrich mit rein weltlichen Motiven erklärt.[19] Er löste damit eine Diskussion aus, in der Kalkoff die Gegenposition bezog, womit er freilich weitgehend allein dastand; Kalkoff erfuhr lebhaften Widerspruch, besonders von Elisabeth Wagner, die 1922 mit einer Dissertation über das Verhältnis Friedrichs zu Luther in Göttingen promovierte und ein Jahr darauf in der Zeitschrift für Kirchengeschichte Kalkoffs Ansichten einer kritischen Überprüfung unterzog,[20] Ansichten, mit denen sich Paul Kirn in seiner Leipziger Habilitationsschrift von 1926 über die Kirchenpolitik des Wettiners nochmals auseinandersetzte.[21] Im gleichen Jahr erschien im Archiv für Reformationsgeschichte ein Aufsatz von Anni Koch, der die Kalkoffschen Thesen verteidigte, mit dem aber die Debatte über Friedrichs Stellung zur Reformation im wesentlichen ein Ende fand,[22] wenn auch Kalkoff seine Monographie über die

---

Luthers und des Reformationswerkes. ZKG 43(1924), 179–208, wo er sich mit ELISABETH WAGNER (s. Anm. 20) auseinandersetzt, und in: Friedrich der Weise und Luther. HZ 132(1925), 29–42.

[19] THEODOR KOLDE: Friedrich der Weise und die Anfänge der Reformation. Erlangen 1881, 16.26.37; er entschärfte später seine Aussagen in: RE 6, 279–283. Am Rande sei hier noch eine Untersuchung erwähnt, die von Kolde stammt und für die Geschichte Friedrichs belangvoll ist: Das zweite Breve Adrians an Friedrich den Weisen vom Jahre 1522. In: Kirchengeschichtliche Studien: Hermann Reuter zum 70. Geburtstag gewidmet. Leipzig 1887, 202–227. Nicht auf Koldes Linie liegt z. B. JULIUS KÖSTLIN: Briefe vom kursächsischen Hofe an A. Tucher in Nürnberg aus den Jahren 1518–1523. ThStKr 55 (1882), 701f; vgl. auch DERS.: Friedrich der Weise und die Schlosskirche zu Wittenberg. Wittenberg 1892, 51. passim.

[20] Mir war nur ein Auszug aus ihrer Dissertation »Luther und Friedrich der Weise« zugänglich, abgedruckt in: Jahrbuch der philosophischen Fakultät der Georg-August-Universität zu Göttingen (1922) 2, 7–111; DIES.: Luther und Friedrich der Weise auf dem Wormser Reichstag von 1521. ZKG 42 (1923), 331–390; vgl. auch den forschungsgeschichtlichen Überblick ebd., 331–335.

[21] KIRN: A. a. O., passim; die Brüchigkeit von Kalkoffs Kaiserwahlhypothese wird besonders ebd., 132–138, aufgezeigt. Kirns Arbeit stellt – trotz gewisser Vorbehalte – bis heute die vorbildlichste Untersuchung über Friedrich den Weisen dar, zumal sie der Vollständigkeit halber nicht nur zu seiner Kirchenpolitik Stellung nimmt. Zu Recht wird sie von WILLY ANDREAS (ders.: Deutschland vor der Reformation. Stuttgart; Berlin 1943, 664f.) als »literarisch wohlabgerundete« und »feinsinnige Charakter- und Regierungsanalyse« gerühmt.

[22] Da es nicht Aufgabe dieser Arbeit sein kann, den Verlauf der Debatte von Kolde bis Koch detailliert zu verfolgen, sei hier auf ausführlichere forschungsgeschichtliche Übersichten verwiesen, wie die schon erwähnte von E. WAGNER (s. Anm. 20) und die bei ANNI KOCH: Die Kontroverse über die Stellung Friedrichs des Weisen zur Reformation. ARG 23 (1926), 213–215. – Wie A. KOCH sprach sich auch JOHANNES VON WALTER gegen die Ansichten Koldes und Wagners aus, und zwar in seiner Rostocker Rektoratsrede vom 28. Februar 1925: Friedrich der Weise und Luther. Rostock 1925, 11 Anm. 6.7. Einen von Kolde abweichenden Standpunkt vertrat schon Jahre zuvor neben Walther Köhler (s. Anm. 36) auch HANS VIRCK: Friedrich der Weise und Luther. Deutsch-evangelische

angebliche Kaiserwahl »Friedrichs IV.« noch 1927 gegen ihre Kritiker verteidigen mußte.[23] In jüngerer Zeit unternahm es Wilhelm Borth, die politisch-rechtlichen Gründe für das Verhalten des sächsischen Kurfürsten im »Fall Luther« sichtbar zu machen; 1970 erschien seine Tübinger Dissertation im Druck, die berechtigterweise lebhaften Anklang fand.

Im Gegensatz zu Kurt Aland, der zehn Jahre zuvor zwar die Thesen Kalkoffs nicht voll übernahm, aber offensichtlich, nicht nur, was seinen Angriff auf Kolde betrifft, in mancher Hinsicht auf dessen Linie liegt,[24] sieht Borth und in Übereinstimmung mit ihm auch Karlheinz Blaschke in seinem Beitrag für die 1971 erschienene Festschrift zum Gedenken an den Reichstag von Worms 1521 bei der Beurteilung des kurfürstlichen Verhaltens in der »Causa Lutheri« in Friedrich vor allem »den Anwalt des kursächsischen Territorialstaates«, wenn auch das »Gerechtigkeitsgefühl« bzw. die »wohlwollende Neutralität« des Kurfürsten gegenüber Luther nicht ganz ausgeklammert werden.[25]

Blätter 29 (1904), 725–733, der (ebd., 725.728.732) ein vortreffliches Beispiel für eine Beurteilung von Friedrichs Verhalten vom Ergebnis der Reformation her bietet. Für die Diskussion wenig ergiebig war Ernst Krokers Artikel anläßlich des 400. Todestages des sächsischen Kurfürsten: Friedrich der Weise (+ 5. Mai 1525) und Luther. Die evangelische Diaspora 7 (1925), 79–83. Etwa zehn Jahre später, die genaue Abfassungszeit ließ sich nicht ermitteln, erstellte Hans Gerhard Koch seine maschinenschriftliche Arbeit: Martin Luther und Friedrich der Weise, die aus dem Nachlaß von Oskar Thulin in die Bibliothek der Staatlichen Lutherhalle Wittenberg gelangte; es handelt sich bei ihr wohl um eine Seminar- oder Examensarbeit. Sie bietet vorwiegend Forschungsgeschichte, trägt kompilatorischen Charakter und wird hier nur als Kuriosum erwähnt.

[23] Paul Kalkoff: Zur Kaiserwahl Friedrichs IV. und Karls V. ZGO 79 (1927), 405–460; vgl. ders.: Die Stellung Friedrichs des Weisen zur Kaiserwahl von 1519 und die Hildesheimer Stiftsfehde. ARG 24 (1927), 270–294. Das publizistische Echo auf Kalkoffs Monographie von 1925 war nicht gerade positiv gewesen: Zu Kirns Antwort vgl. Anm. 21; s. auch die Rezensionen von Karl Brandi: HZ 134 (1926), 574f.; Karl Schottenloher: HJ 46 (1926/27), 159f.: vgl. Gustav Wolf: Zur Frage des Kaisertums Friedrichs des Weisen. ZKG 45 (1926/27), 22–26, der Kalkoffs Buch nicht gänzlich verdammt, weil man aus ihm eine »lebendige Vorstellung der ... zielbewußten habsburgischen Wahlarbeit« und der beteiligten Personen gewinne (ebd., 26).

[24] Borth: A. a. O., passim; s. auch Anm. 28; Kurt Aland: Wendepunkte der Weltgeschichte. In: ders.: Kirchengeschichtliche Entwürfe. Gütersloh 1960, 13–34; die Bezugnahme auf Kalkoff und Kolde ebd., 23.23f. Zwei Arbeiten aus neuerer Zeit, in denen auf das Friedrich-Bild Luthers bzw. Melanchthons eingegangen wird, seien hier der Vollständigkeit wegen mit genannt: Eberhard Winkler: Lob des friedliebenden Regenten. Wissenschaftliche Zeitschrift der Universität Rostock: gesellschafts- und sprachwissenschaftliche Reihe 13 (1964) 2/3, 221–225 (betrifft Melanchthons lateinische Leichenrede für Friedrich); die Leichenpredigten für den Kurfürsten finden sich zusammengefaßt bei Christian August Hausen: Gloriosa Electorum Ducum Saxoniae Busta ... Dresden 1728, 1–48) sowie Wilhelm Maurer: Der kursächsische Salomo: zu Luthers Vorlesungen über Kohelet (1526) und über das Hohelied (1530/31). In: Antwort aus der Geschichte: Walter Dress zum 65. Geburtstag. Berlin 1969, 99–116.

[25] Karlheinz Blaschke: Kurfürst Friedrich der Weise und die Luthersache. In: Der Reichstag zu Worms von 1521. Hrsg. Fritz Reuter. Worms 1971, 316–335; das erste Zitat

An Borths Arbeit scheint der Jesuit Hans Wolter gedacht zu haben, als er 1972 in seinem schon erwähnten Aufsatz davon spricht, daß sich gegenwärtig »das Persönlichkeitsbild der deutschen Fürsten im Reformationszeitalter ... sozusagen in einem Revisionsbad, das einem 'Entmythologisierungsprozeß' gleichkommt«, befindet. Dabei unterliegt gerade Wolter der Gefahr, was den ernestinischen Fürsten betrifft, einen neuen Mythos zu schaffen, der durch die Charakterisierung Friedrichs mit Ausdrücken wie »senil abgeschlafft«, »politisch nicht zur ersten Kategorie gehörend« und »geistig den Durchschnitt« des »Zeitalters kaum überragend« klar genug umrissen werden kann.[26]

1973 veröffentlichte Heinrich Bornkamm einen Aufsatz über Friedrich den Weisen,[27] eine kurze Würdigung des Fürsten, die zwar keine wesentlich neuen Erkenntnisse brachte, aber seiner Persönlichkeit wieder mehr Beachtung schenkte und sich in dieser Hinsicht von den Ausführungen Borths und Blaschkes abhebt, aber auch von Günter Mühlpfordts Rezension der Dissertation Borths, die 1974 erschien.[28]

Mühlpfordts Besprechung kann wegen ihres genauen Eingehens auf die Problematik der kurfürstlichen Lutherprotektion als eigenständiger Beitrag gewertet werden und bringt alle möglichen Gründe für Friedrichs Verhalten in der Luthersache zur Sprache, wendet sich da gegen eine Überschätzung »rechtlicher und humanistischer Motive in der realen Politik«,[29] endet aber selbst letztlich bei ihrer Unterschätzung, wobei deutlich die Neigung zu erkennen ist, die Rolle des dynamisch-territorialfürstlichen Machtstrebens überzubewerten. Er erscheint damit als Antipode einer ebenso einseitigen, weil alle gesellschaftlichen, ökonomischen und machtpolitischen Faktoren a priori ausklammernden, rein psychologisierenden Beurteilung Friedrichs, wie sie uns beispielsweise in Adolf Krenckers Heidelberger Dissertation von 1905 und Jahre zuvor bei Gustav Plitt entgegentritt, unbeschadet der Tatsache, daß es sich im ersten Fall von vornherein um eine »Charakterstudie« und im anderen um einen Vortrag handelt.[30]

---

ebd., 319. – Borth: A. a. O., 97; Blaschke: A. a. O., 322, der sich (ebd., 335) dahingehend äußert, daß für die Zeit nach dem Wormser Reichstag eine Erklärung für Friedrichs Verhalten allein aus territorialfürstlichen Motiven nicht mehr ausreicht.

[26] Wolter: A. a. O., 84.90.96; die zuletzt angeführten Zitate wurden dem Kontext angeglichen.

[27] Heinrich Bornkamm: Kurfürst Friedrich der Weise (1463–1525). ARG 64 (1973), 79–85.

[28] DLZ 95 (1974) 897–909. Mühlpfordt wirft Borth vor, er identifiziere die »Lutherschutzpolitik« zu sehr mit Friedrich, und zeiht ihn der Unterschätzung der »dynastischterritorialfürstlichen Antriebe« des Fürsten (ebd., 899); vgl. die Rezension Günter Voglers in: ZGW 20 (1972), 1322f. Wohlwollender ist die Besprechung von James Atkinson: JEH 23 (1971), 70f.

[29] Mühlpfordt: A. a. O., 897.

[30] Krencker: A. a. O., passim. Krencker verstand seine Arbeit als einleitendes Kapitel zu einer geplanten Monographie über »Friedrichs des Weisen Verhältnis zur Reformation«, ein Buch, das höchstwahrscheinlich mit seiner unvollendeten Habilitationsschrift

Auf die unterschiedlichen Beurteilungen, die das Eintreten des sächsischen Kurfürsten für den Theologieprofessor seiner Universität in den zahllosen »Reformationsgeschichten« erfährt, kann nur andeutungsweise eingegangen werden. Auf das Werk Seckendorfs wurde schon verwiesen. Über hundert Jahre danach erschien mit Leopold von Rankes »Deutsche[r] Geschichte im Zeitalter der Reformation« ein Werk, das Friedrichs Unternehmungen im Fall Luther im Kontext seiner Bemühungen um die Reichsreform betrachtet, ohne dabei die Bedeutung seiner Persönlichkeit zu unterschätzen,[31] während Friedrich von Bezold in seiner Reformationsgeschichte von 1889 als Gründe für den Schutz Luthers vor allem das Rechtsempfinden des Wettiners und seine Selbständigkeitsbestrebungen gegenüber der Kurie ins Feld führt, womit er auf der Linie Koldes liegt.[32]

Interessant ist die Beurteilung Friedrichs durch den Katholiken Joseph Lortz in dessen Buch »Die Reformation in Deutschland«, einem Werk, das erstmals 1939/40 erschien und dem Beschützer Luthers gerechter wird als ältere Publikationen von katholischer Seite; Lortz hält ihn für einen Fürsten, der schon »früh überzeugter Lutheraner« wurde, aber auch »eigenen kirchlichen Machtzuwachs« im Auge hatte.[33]

Wie die »Reformationsgeschichten« je nach ihrer Zielsetzung einen genau fixierbaren Standort innerhalb der wissenschaftlichen Problemdiskussion über Friedrich betreffende Fragen erkennen lassen, sind auch die Artikel größerer Nachschlagewerke genau einzuordnen, Artikel, die mehr oder minder ausführliche Kurzbiographien darstellen, auch andere Bereiche der Wirksamkeit des Kurfürsten mit ins Blickfeld rücken, aber letztlich vor allem an seiner Lutherschutzpolitik interessiert sind, weshalb ihre Betrachtung hier unter diesem Aspekt erfolgen soll: So glaubte Theodor Flathe – wie wenig später Kolde – in seinem Beitrag für die »Allgemeine Deutsche Biographie« (1878), die Protektion Luthers mit Rücksichtnahme des Kurfürsten auf die Universitätsentwicklung erklären zu können,[34] eine Meinung, die Kolde auch im Artikel für Haucks »Realenzyklopädie« vertritt, indem er im Gegensatz zu früheren Arbeiten eine

identisch ist, die »Wirken und Wesen« des sächsischen Fürsten galt und bei Krenckers Tod fast vollendet war; s. Johannes Hahn: Adolf Krencker zum Gedächtnis: zum ersten Jahrestag seines Todes hrsg. von elsaß-lothringischen Landsleuten im Reich. (Berlin 1933), 6; Gustav Plitt: Kurfürst Friedrich der Weise als Schirmherr der Reformation: ein Vortrag. Zeitschrift für Protestantismus und Kirche 45 (1863), 1–33; im selben Jahr unter demselben Titel auch als Separatdruck in Erlangen erschienen.

31 Leopold von Ranke: Deutsche Geschichte im Zeitalter der Reformation: historisch-kritische Ausgabe/ hrsg. v. Paul Joachimsen. Bd. 2. München 1925, 21.

32 Friedrich von Bezold: Geschichte der deutschen Reformation. Frankfurt/M. 1886, 270.

33 Joseph Lortz: Die Reformation in Deutschland. Bd. 2. Freiburg/Br. 1940, 29; Bd. 1. Freiburg/Br. 1939, 288.

34 ADB 7, 780f.

Annäherung Friedrichs an Luthers Lehre annimmt,[35] was Walter Köhler in der ersten Auflage von »Die Religion in Geschichte und Gegenwart« nicht davon abhält, ganz im Sinne Kalkoffs (mit dem er darin einig ist, daß der sächsische Fürst »,einer der ersten Schüler und Anhänger Luthers'« gewesen sei) offen Gegenposition zu ihm zu beziehen, von der er allerdings in seinem Beitrag zur zweiten Auflage deutlich Abstand nimmt, indem er betont, die Frage nach Friedrichs Motiven könne nur »im Zusammenhang seiner Gesamtpolitik und Gesamtpersönlichkeit gelöst werden«.[36] Der Artikel der dritten Auflage der RGG stammt von Franz Lau und nimmt ausdrücklich gegen Kalkoffs Ansichten Stellung, wobei als Triebfedern des kurfürstlichen Handelns in der »Causa Lutheri« auch »strenge Rechtlichkeit« und echte »persönliche Frömmigkeit« in Betracht gezogen werden.[37]

Während in den Kurzbiographien Günter Franz' und Gerhard Brendlers die Sachinformation dominiert,[38] sieht Ernst Walther Zeeden in der zweiten Auflage des »Lexikons für Theologie und Kirche« in Friedrich den »indirekten« Förderer der Reformation, der aus seiner spätmittelalterlichen Frömmigkeit und seinem Rechtsdenken heraus »gewaltsamen Schritten gegen Luther« vorbeugte.[39]

Bedeutend umfangreicher als die zuletzt erwähnten Artikel über den Wettiner, aber auch in manchem Detail fehlerhafter, ist Friedrich Hermann Schuberts Beitrag im fünften Band der »Neuen Deutschen Biographie« (1961), der Blaschkes Widerspruch hervorrief, denn nach Schubert wirkte Friedrich »... auf die Ausbildung des Luthertums mäßigend und festigend ein«, ohne bei seiner Sorge um die kirchlichen Verhältnisse an eine Einflußerweiterung zu denken.[40] Vergleicht man die Kurzbiographien über den sächsischen Kurfürsten mit der vorhandenen biographischen Literatur über ihn, fällt sofort ein Mißverhältnis auf; trotz der relativ großen Anzahl von Lebensbeschreibungen findet sich unter den Biographen lange Zeit kein Fachgelehrter. Zwar ertönte aus Historikerkreisen immer wieder der Ruf nach einer wissenschaftlichen Biographie Friedrichs III. von Sachsen, trotzdem wurde sie erst im letzten Viertel des 20. Jahrhunderts von I. Ludolphy erstellt.[41] Die Gründe dafür liegen in dem

---

[35] RE 6, 280. 283.

[36] RGG[1] 1, 1077; Zitat nach Kalkoff; RGG[2] 2, 801.

[37] Franz Lau in RGG[3] 2, 1150.

[38] Günther Franz: Friedrich III., der Weise, 1463–1525, Kurfürst. In: Biographisches Wörterbuch zur deutschen Geschichte/hrsg. von Hellmuth Rössler. München 1952, 233; Gerhard Brendler: Friedrich (III.) der Weise. BLDG, 139.

[39] LThK[1] 4, 386.

[40] NDB 5, 568–572. Er hält z. B. Kaiser Maximilian I. für Friedrichs Onkel, übernimmt die irrige Ansicht, Friedrich sei als Prinz Hofmeister gewesen und vertritt die Meinung, der Kurfürst habe, wenn auch wenige Male, persönlich mit Luther gesprochen (ebd., 569. 571). Blaschke: A. a. O., 319; Schubert: A. a. O., 571. 570.

[41] Auf das Fehlen einer wissenschaftlichen Biographie wurde beispielsweise hingewiesen von Bornkamm: A. a. O., 79; Wolter: A. a. O., 85; Willibald Gurlitt: Johannes Walter und die Musik der Reformationszeit. LuJ 15 (1933), 6 Anm. 2; Maria Grossmann: Humanismus in Wittenberg 1486–1517. LuJ 39 (1972), 14; Krencker: A. a. O., 3; Kalkoff in : RE 6, 282; Fritz Mehl: Die Mainzer Erzbischofswahl vom Jahre 1514 und der Streit um

eingangs erwähnten Überfluß an Quellenmaterial, der dabei zu konstatierenden Diskrepanz zwischen ihrer Menge und Aussagekraft, sowie in dem Umstand, daß Friedrichs diplomatisches Geschick das Seine getan hat, den Zugang zu den Motiven seiner Politik genug zu erschweren.

Kirns Feststellung, daß »aus den unmittelbaren Quellen schwer ein deutliches Bild« des Wettiners zu gewinnen sei, ist deshalb durchaus berechtigt. Im Gegensatz zu ihm sieht Wolter den Grund für die Nichterstellung der Biographie in dem »Entmythologisierungsprozeß«, dem das Bild des Fürsten des Reformationszeitalters in der Gegenwart unterworfen ist.[42] Tatsächlich gilt es, auch hinsichtlich Friedrichs Mythen abzubauen, von denen die biographische Literatur über ihn nicht wenige enthält; deshalb sollte man nicht vergessen, aus welchen Beweggründen und mit welcher Ausrichtung Lebensgeschichten Friedrichs geschrieben wurden.

Vor allem war und ist der Ernestiner – wie mehrfach betont wurde – wegen seiner Kirchenpolitik interessant, so daß einige Biographien, nicht zuletzt die von Max Moritz Tutzschmann, die 1848 erschien und inzwischen durch die von I. Ludolphy überholt ist, besser als »Geschichte seines Verhältnisses zu Luther« mit ausführlicher Einleitung bezeichnet werden müßten.[43] Es handelt sich dabei bestenfalls um »populärwissenschaftliche« Darstellungen. Ob sie nun als Festschriften,[44] Lebensbeschreibungen im engeren Sinne[45] oder als Schriften mit erbaulichem Charakter[46] zu klassifizieren sind, immer haben sie

---

Erfurt in ihren gegenseitigen Beziehungen. Phil. Diss. Bonn 1905, 90; ERNST HILDEBRANDT: Die kurfürstliche Schloß- und Universitätsbibliothek zu Wittenberg 1512–1547: Beiträge zu ihrer Geschichte. Phil. Diss. (Masch.) Leipzig 1924, 20; s. Anm. 2.

[42] PAUL KIRN: Einführung in die Geschichtswissenschaft. Berlin [3]1959, 74; WOLTER: A.a.O., 84f.

[43] Zu Tutzschmann vgl. Anm. 17.

[44] FERDINAND RAHLWES: Die Ernestiner als Schirmherren der Reformation. T. 1: Friedrich der Weise und der Aufstieg der reformatorischen Bewegung 1517–1525. Meiningen 1917; ERNST BALTIN: Friedrich der Weise, Kurfürst zu Sachsen: Festgabe anläßlich des 400jährigen Regierungsantritts Friedrichs des Weisen. Torgau (1886).

[45] JOHANN A. L. FASELIUS: A.a.O.; OTTO NASEMANN: A.a.O.; HEINRICH WOLFGANG BEHRISCH: Leben Friedrichs des Weisen, Kurfürstens von Sachsen(!). In: (ders.): Biographien der Sachsen. Bd. 2. Dresden 1776, 5–120; Friedrich der Weise. Kurfürst von Sachsen. In: Saxonia 2(1835/36), 34f.37–39.53f; ERNST BORKOWSKY: Das Leben Friedrichs des Weisen, Kurfürsten zu Sachsen. Jena 1929. – Auf die in den erwähnten Werken auftauchenden Errata kann im folgenden nur in Ausnahmefällen eingegangen werden.

[46] Während bei den in Anm. 45 genannten Titeln der Zug zur Sachlichkeit nicht zu verkennen ist (Faselius' Buch ist z. B. annalistisch gehalten, bei Nasemann überwiegt die populärwissenschaftliche Tendenz, und Borkowsky liegt auf der gleichen Ebene) wird Friedrichs Leben von anderen Autoren als »erbauliches Exempel« vorgeführt, so von AMANDA HOPPE-SEYLER: Friedrich der Weise: Kurfürst von Sachsen; ein Charakterbild aus dem deutschen Volke und für das deutsche Volk. Leipzig [4]1898; CARL BECKER: Das edle sächsische Fürsten-Kleeblatt oder die Hauptzüge aus dem Leben der drei Kurfürsten Friedrich, Johann und Johann Friedrich. Berlin 1861. Auch in der christlichen Erbauungsliteratur wurde immer wieder auf den sächsischen Kurfürsten eingegangen, so

eine Botschaft zu verkünden[47] und sind ein Spiegel der gesellschaftlichen und geistesgeschichtlichen Situation ihrer Entstehungszeit.[48] Das gleiche gilt für die Auseinandersetzung mit Friedrich dem Weisen in der Belletristik.[49]

---

von Herbert Achterberg: Kraft des Glaubens: Zeugen des Evangeliums aus den zwanzig Jahrhunderten nach Christus. Berlin 1976, 144f. Achterberg zeigt sich sachlicher als Jörg Erb: Friedrich der Weise. (†) 5. Mai 1525. In: ders.: Die Wolke der Zeugen: Lesebuch zu einem evangelischen Namenskalender. Bd. 2. Stuttgart (1963), 179–186, und steht so in gleicher Reihe mit Eberhard Grauer: War er der Weise?: ein verspätetes Geburtstagsblatt. Die Kirche 31(1976) 4, 3. – Als Beispiel für die frühere Erwähnung Friedrichs in einem Erbauungsbuch sei verwiesen auf Christian Gerber: Vom Chur-Fürsten Friderico, dem Weisen genannt (!), und dessen Leben und Tod. In: ders.: Historia derer Wiedergebohrnen in Sachsen... Bd. 1. Dresden 1725, 61–97. Bei Otto Michaelis: Kurfürst Friedrich der Weise (1463–1525). In: ders.: Im Mutterlande der Reformation: ein Buch von führenden Gestalten Thüringer Geistesgeschichte. Weimar (1938), 31–33, handelt es sich lediglich um den Abdruck von Rankes Urteil über den Ernestiner, gekoppelt mit einer kurzen Vorbemerkung.

[47] Z. B. Hoppe-Seyler: A. a. O., 5*: Ihre Biographie soll Ansporn »... zum Leben und Streben in seinem (scil.: Friedrichs) Sinn und Geiste der ungefärbten, echt evangelischen, christlichen Demut, Liebe und Treue« sein; in ähnlichem Sinne auch C. Becker: A. a. O., 2. Dem Pietisten Gerber (a. a. O., Einleitung § 1) geht es vor allem um das Beispiel einer geistlichen Wiedergeburt. Auch Tutzschmann (a. a. O., 564) empfiehlt Friedrich als Leitbild.

[48] An dieser Stelle sollen Zitate sprechen: Faselius (um 1800) über Friedrichs Verhältnis zur Religion (a. a. O., 75, Anm. f): Er »dachte [...] aufgeklärt genug, um manches, das in den bisherigen Religionslehren widersinnig und ungereimt erschien, einzusehen, und es behutsamlich mit dem Bessern und Schicklichern zu vertauschen«. Tutzschmann (um 1848) vertritt im Vorwort seiner Biographie (a. a. O., V) die Meinung, es gewähre »gewiß in der Gegenwart großes Interesse, die Bewegungen jener großen Epoche mit den jetzigen [...] zu vergleichen und zu sehen, wie ein großer Mann, über den Parteien stehend, durch seine Weisheit bei dem Beginne jener Entwicklungen sehr viel zu einem gedeihlichen Fortgang derselben beitrug«. Gerber (um 1718) stellt kritisch fest (a. a. O., 67), Friedrichs Gewissen würde man bei den »heutigen Fürsten« nicht finden.

[49] Nicht eindeutig der Belletristik zuordnen lassen sich Gustav Freytags: Bilder aus der deutschen Vergangenheit. Leipzig 1927, wo im 3. Band auch auf Friedrich Bezug genommen wird (a. a. O., 8f), freilich im Zusammenhang mit den Reichsreformbestrebungen. Für die Darstellung Friedrichs außerhalb der Fach- und Erbauungsliteratur drei Beispiele: Erich Schmalenberg: Der Ungekrönte. Pastoralblätter 104 (1964), 204–214; hierbei handelt es sich um eine wenig effektvolle, in archaisierendem Stil abgefaßte Erzählung, die sich mit Friedrichs Verhalten in Sachen Kaiserwahl beschäftigt. In den Vorbemerkungen (a. a. O., 204) äußert sich Schmalenberg dahingehend, daß es wohl keine Gestalt der Reformationsgeschichte gäbe, die im Blick auf ihre Deutung so viel »divinatorisches Vermögen« erfordere wie Friedrich. Einige Jahre nach Schmalenbergs Veröffentlichung hat Dieter Forte mit seinem Schauspiel: Martin Luther & Thomas Müntzer oder die Einführung der Buchhaltung, das 1971 in (West-)Berlin erschien, weniger »divinatorisches Vermögen« als Sinn für spektakuläre Effekte gezeigt; dabei ist der Umstand, daß Friedrichs Haltung total verzerrt dargestellt wird, nicht so ärgerlich wie Fortes Anspruch, das reformationsgeschichtliche Material in seiner Breite durchgearbeitet zu haben und die Originaltexte sprechen zu lassen (a. a. O., 140). Das zuletzt Be-

Ingetraut Ludolphy hat mit ihrer Biographie des Kurfürsten versucht, durch die Breite ihrer Darstellung diese Stolperstellen zu umgehen, handelte sich aber damit neue Probleme ein. Wer eine Lebensbeschreibung Friedrichs erstellt, kann seine Arbeit nicht bis ins Detail auf ureigensten Forschungsergebnissen aufbauen. Von der Quellenlage einmal abgesehen ist dies schon wegen der Verschiedenartigkeit der tangierten Fachbereiche, die den unterschiedlichen Wirkungsgebieten des Kurfürsten entsprechen, kaum möglich. Deshalb bedarf es gewisser Vorarbeiten in Form von Einzeluntersuchungen, von denen in den 1970er Jahren eine Reihe vorlag. Sie hatten allerdings nicht immer die gesamte Regierungszeit des Fürsten im Auge und beschäftigten sich außerdem oft nicht speziell mit seiner Person. Die für die Erstellung einer Biographie Friedrichs enorm hilfreiche Zunahme an historischen Abhandlungen über den kursächsischen Territorialstaat und seine Herrscher sowie an Quelleneditionen erfolgte erst nach der deutschen Wiedervereinigung und macht nachträgliche Kritik recht wohlfeil.

Beim Blick auf die um 1980 vorliegenden Monographien und Aufsätze mit Relevanz für die Friedrich-Forschung zeigt sich – unter Ausklammerung der schon erwähnten Schriften zur Luthersache und zur Kirchenpolitik Friedrichs – folgendes Bild. Neben einzelnen Beiträgen zur Problematik der Kaiserwahl von 1519[50] und zur Reichspolitik des sächsischen Kurfürsten – über die damals noch keine befriedigende Arbeit vorlag[51] – konzentrierten sich die übri-

---

hauptete ist nur partiell der Fall und stellt in der von Forte praktizierten Art ein äußerst fragwürdiges Verfahren dar, weil von ihm ohne Rücksicht auf Textzusammenhänge und Entstehungssituation die unterschiedlichsten quellenmäßig belegbaren Aussagen zusammengewürfelt werden. Im Vergleich zu Forte wird Eckart Krumbholz mit seiner historischen »Miniatur« »Das Denkmal« (in: Ders.: Tassen im Schrank: Miniaturen. Halle 1973, 137–207) Friedrich dem Weisen im wesentlichen durchaus gerecht.

50 S. Anm. 23; ferner Kühn: A. a. O., passim; Johann Georg Meusel: Einige unverdächtige Zeugnisse, daß Friedrich, Churfürsten von Sachsen, die Kayserwürde angeboten ... wurde .... In: ders.: Historisch-litterarisch-bibliographisches Magazin 1(1788), 219–222; Otto Dobenecker: Ein Kaisertraum des Hauses Wettin. In: Festschrift Armin Tille zum 60. Geburtstag überreicht. Weimar 1930, 17–38. – Wie generell auch in den folgenden Anmerkungen bis Nr. 66 wird bei der Aufzählung der Titel zur Kaiserwahlproblematik Vollständigkeit nicht angestrebt.

51 Vgl. Ranke: A.a.O., 1.passim; 2.passim; Gribner: A.a.O., passim; H. O. Mencke: A.a.O., passim. – Zum Reichsvikariat Friedrichs s. auch Adolf Rossberg: Sachsens Kampf ums Reichsvikariat. Würzburg 1933. Phil. Diss. Leipzig 1933; Wiltrud Wendehorst: Das Reichsvikariat nach der Goldenen Bulle: Reichsverweser und Reichsstatthalter in Deutschland von König Wenzel bis zu Kaiser Karl V. Phil. Diss. (Masch.) Göttingen 1951. – Nach Kirn: A.a.O., III, ist Friedrichs Verhältnis zur Reichsreform anhand der Quellen »schwerlich befriedigend« aufklärbar, so daß sich die Verifizierung der diesbezüglichen Aussagen in der Literatur als sehr schwierig erweisen dürfte. Auf jeden Fall bedarf es dazu ausgiebiger archivalischer Forschungen in in- und ausländischen Archiven, vor allem aber des Abschlusses der »Deutschen Reichstagsakten unter Maximilian I.«, für die Johann Joachim Müllers »Reichstags-Theatrum« und »Reichstags-Staat« (RTThFR, RTThMax, RSt) aus den Jahren 1709–1719 nur einen ungenügenden

gen Abhandlungen auf Friedrichs »Innen- und Außenpolitik«. Leider fehlt ein Werk wie Woldemar Goerlitz' »Staat und Stände unter den Herzögen Albrecht und Georg 1485–1539«[52] für die Regierung Friedrichs und seines Bruders und Nachfolgers als Kurfürst, des Herzogs Johann. Daß in dem Buch von Goerlitz auch näher auf die Ernestiner eingegangen wird, sofern sie mit den Albertinern gemeinschaftlich anstehende Probleme zu bewältigen hatten, bietet dafür keinen vollwertigen Ersatz, ebenso wenig wie die 1902 von Carl August Hugo Burkhardt herausgegebenen »Ernestinischen Landtagsakten (1487–1532)«[53]. Stattdessen liegen mehrere Einzelarbeiten und Aufsätze vor, die sich näher mit dem kursächsischen Territorialstaat zur fraglichen Zeit beschäftigen, sei es mit seinen Finanzen,[54] seiner Verwaltung,[55] der Rechtspflege und Gesetzgebung,[56]

Ersatz darstellen. Im Sinne Kirns äußert sich auch Alfred Georg Schröcker (ders.: Unio atque concordia: Reichspolitik Bertholds von Henneberg 1487–1504. Phil. Diss. Würzburg 1970, 3.397), der darauf hinweist, daß die »entscheidenden Arbeitspapiere der Kurfürsten, Fürsten oder Ausschüsse« auf den Reichstagen weitgehend fehlen und daß sich sogar »Bertholds Verhältnis zur Reichsreform ... nur in geringem Maße durch Quellen spezifizieren läßt«. So gesehen verwundert es nicht, daß bis heute eine grundlegende Arbeit über Friedrichs Reichspolitik fehlt. Zwar liegt mit Paul Mönchs: Kurfürst Friedrich der Weise von Sachsen als Reichsfürst. Phil. Diss. (Masch.) Jena 1922, eine Untersuchung vor, doch behandelt sie ihr Thema nur auf gut 50 Seiten, beschäftigt sich lediglich mit Friedrichs späten Regierungsjahren und wertet außerdem zu wenig Quellenmaterial aus; vgl. auch die Inhaltsangabe der Dissertation in: Philosophische Fakultät der Universität Jena: Verzeichnis der Dissertationen ... Nachtrag zum Wintersemester 1921/22. Jena (1922), 30f.

[52] Als Bd. 1 der »Sächsischen Landtagsakten« 1928 in Leipzig erschienen.

[53] ELTA. – Vgl. dazu die Beurteilung durch Ernst Müller: Die Ernestinischen Landtage in der Zeit von 1485–1572 unter besonderer Berücksichtigung des Steuerwesens. In: Forschungen zur thüringischen Landesgeschichte [Friedrich Schneider zum 70. Geburtstag am 14. Oktober 1957]. Weimar 1958, 188.

[54] Hugo Grosse: Die kursächsischen Finanzen am Ausgange des Mittelalters. Phil. Diss. (Masch.) Leipzig 1919; Otto Kius: Das Finanzwesen des ernestinischen Hauses Sachsen im sechszehnten (!) Jahrhundert. Nach archivalischen Quellen. Weimar 1863.

[55] Zur Finanzverwaltung vgl. Grosse: A.a.O., 1. Hauptteil; Hans Stephan Brather: Die Verwaltungsreformen am kursächsischen Hofe im ausgehenden 15. Jahrhundert. In: Archivar und Historiker: Studien zur Archiv- und Geschichtswissenschaft; zum 65. Geburtstag von Heinrich Otto Meisner ... Berlin 1956, 254–287; s. auch Gerhard Kettmann: Die kursächsische Kanzleisprache zwischen 1486 und 1546: Studien zum Aufbau und zur Entwicklung. Berlin [2]1969 (Veröffentlichungen des Instituts für deutsche Sprache und Literatur; 34), sowie Rolf Goldfriedrich: Die Geschäftsbücher der kursächsischen Kanzlei im 15. Jahrhundert. Phil. Diss. Leipzig 1930. – Goldfriedrichs Arbeit reicht freilich nur bis 1485.

[56] Vgl. auch Goerlitz: A.a.O., 168–172. 182–199. Zur Geschichte des Oberhofgerichts s. Christian Gottfried Kretschmann: Geschichte des Churfürstl. Sächsischen Oberhofgerichts zu Leipzig von seiner Entstehung 1483 an bis zum Ausgange des XVIII. Jahrhunderts. Leipzig 1804; Adolf Lobe: Ursprung und Entwickelung der höchsten sächsischen Gerichte: ein Beitrag zur Geschichte der sächsischen Rechtspflege. Leipzig 1905. Zur kursächsischen Gesetzgebung bis 1485 vgl. Herbert Helbig: Der Wettini-

dem Steuerwesen[57] oder mit der Geschichte einzelner Ämter,[58] die seine Gesamtentwicklung widerspiegelt. Auch über die konfliktreichen Beziehungen zwischen Ernestinern und Albertinern beziehungsweise anderen Nachbarn sind einige Titel vorhanden.[59] Im Vergleich dazu ist einem anderen Bereich von Friedrichs politischer Wirksamkeit bis jetzt im großen und ganzen noch nicht die gebührende Aufmerksamkeit zuteil geworden, die ihm für die Beurteilung seiner Politik und Persönlichkeit zukommt – es geht um seine kulturpolitisch relevanten Maßnahmen, um sein Verhältnis zu Kunst und Wissenschaft, kurz, um seine Stellung als »Kulturpolitiker«[60].

---

sche Ständestaat: Untersuchungen zur Geschichte des Ständewesens und der landständigen Verfassung in Mitteldeutschland bis 1485. Münster 1955, passim (Mitteldeutsche Forschungen; 4); für die Jahre danach s. WERNER HARTZ: Die Gesetzgebung des Reichs und der weltlichen Territorien in der Zeit von 1495 bis 1555. Kassel 1931. Phil. Diss. Marburg 1929; GREGOR RICHTER: Die ernestinischen Landesordnungen mit besonderer Berücksichtigung der Entwicklung im Herzogtum Sachsen-Weimar. Phil. Diss. (Masch,) Jena 1956. Über die sächsischen Landesordnungen des 15. Jahrhunderts s. auch PAUL UHLE: Die Wohlfahrtsbestrebungen der Wettiner im Mittelalter. Wissenschaftliche Beilage der Leipziger Zeitung (1896), 433–463.

57 ERNST MÜLLER: A.a.O., passim; ders: Türkensteuer und Landsteuer im ernestinischen Sachsen von 1485–1572. Phil. Diss. (Masch.) Jena 1951.

58 OTTO OPPERMANN: Das kursächsische Amt Wittenberg im Anfang des 16. Jahrhunderts, dargestellt auf Grund eines Erbbuches vom Jahre 1513. Leipzig 1897. Phil. Diss., Leipzig 1897; ERICH DEBES: Das Amt Wartburg im ersten Drittel des 16. Jahrhunderts. Coburg 1929. Phil. Diss. Jena 1929.

59 Zum Verhältnis zwischen Ernestinern und Albertinern s. vor allem ERNST HÄNSCH: Die wettinische Hauptteilung von 1485 und die aus ihr folgenden Streitigkeiten bis 1491. Phil. Diss. Leipzig 1909; HANS VIRCK: Die Ernestiner und Herzog Georg von 1500 bis 1508. NASG 30 (1909), 1–75, vgl. dazu KIRN: A.a.O., 3, Anm. 5, und GOERLITZ: A.a.O., passim. – Zu den Erfurter Wirren s. CARL AUGUST HUGO BURKHARDT: Das tolle Jahr zu Erfurt und seine Folgen: 1509–1523. ASG 12(1874), 337–426; Mehl: A.a.O., passim; weitere Titel unter Anm. 314. – Die jülich-clevischen Streitigkeiten sind zwar nicht Friedrichs Auseinandersetzungen mit seinen Nachbarn zuzuordnen, seien hier aber wegen ihres zeitlichen Zusammenhangs mit den anderen Streitigkeiten erwähnt; s. dazu MORIZ RITTER: Sachsen und der Jülicher Erbfolgestreit (1483–1610). Abhandlungen der historischen Klasse der königlich bayerischen Akademie der Wissenschaften ; 12,2 (1874), 3–80. – Die Streitigkeiten um die hessische Vormundschaft stehen im Mittelpunkt von: GUSTAV SCHENK ZU SCHWEINSBERG: Das letzte Testament Landgraf Wilhelm (!) II. von Hessen vom Jahre 1508 und seine Folgen: ein Beitrag zur Geschichte Hessens während der Minderjährigkeit Landgraf Philipps des Großmütigen. Gotha 1876, und bei HANS GLAGAU: Anna von Hessen, die Mutter Philipps des Großmütigen (1485–1525): eine Vorkämpferin landesherrlicher Macht. Marburg 1899; s. auch WOLFGANG KARSTENS: Sächsisch-hessische Beziehungen in den Jahren 1524, 1525 und 1526. ZVThüGA 12 (1885), 305–385.

60 Ich gebrauche das Wort »Kulturpolitiker« wie die Amerikanerin M. GROSSMANN (HAW, 31) lediglich als einen Hilfsterminus, denn von Kulturpolitik im modernen Sinne kann in den frühneuzeitlichen Territorialstaaten des 15./16. Jahrhunderts noch keine Rede sein, eher von einer »Kulturpolitik in nuce«. Aus diesem Grund sollen kulturpoli-

Hier ist es besonders deshalb zu Legendenbildungen gekommen, weil die Person des Kurfürsten in entsprechenden Untersuchungen zugunsten der in seinem Auftrag geschaffenen Werke hintangestellt wurde. Abgesehen von Christian Gottlieb Buders »De Friderico III. Sapiente Saxoniae electore, historiarum patrono et propagatore«[61] war mir beim Schreiben meiner Arbeit nur ein Werk bekannt, das sich expressis verbis mit Friedrichs Stellung zu einem bestimmten Bereich von Kunst und Wissenschaft beschäftigt, dabei aber mehr Künstler und Kunstwerke als deren Auftraggeber betrachtet: Robert Brucks »Friedrich der Weise als Förderer der Kunst«.[62] Daneben stehen andere Untersuchungen und Darstellungen, in denen man sich mit unterschiedlicher Ausführlichkeit kulturpolitischen Maßnahmen des ernestinischen Fürsten zuwendet. Unter ihnen bildet zweifellos Maria Grossmanns, auch im Druck erschienene, Dissertation »Humanism at Wittenberg« (1959) die Spitze; sie widmet Friedrichs Persönlichkeit und Politik große Aufmerksamkeit, erliegt aber manchmal der Gefahr, Humanistenlob allzu wörtlich zu nehmen.[63] Auf die Universitätspolitik des Kurfür-

---

tisch relevante Maßnahmen Friedrichs III. von Sachsen im 2. Hauptteil meiner Arbeit dargestellt werden, indem sein persönliches Verhältnis zu Kunst und Wissenschaft und der Grad seiner Einflußnahme auf die kulturelle Entwicklung an seinem Hof und in seinem Territorium untersucht wird. Einen ähnlichen Weg beschreitet auch ANDREA BALTL in ihrer Arbeit über die kulturpolitischen Unternehmungen Kaiser Maximilians I. in: Maximilians I. Beziehungen zu Wissenschaft und Kunst. Phil. Diss. (Masch.) Graz 1967. – Um Darstellungen entsprechender Maßnahmen anderer Fürsten handelt es sich beispielsweise bei PAUL REDLICH: Cardinal Albrecht von Brandenburg und das Neue Stift zu Halle 1520–1541: eine kirchen- und kunstgeschichtliche Studie. Mainz 1900; PETER GERRIT THIELEN: Die Kultur am Hofe Herzog Albrechts von Preußen (1525–1568). Göttingen 1953 (Göttinger Bausteine zur Geschichtswissenschaft; 12); HELLMUTH BETHE: Die Kunst am Hofe der pommerschen Herzöge. Berlin 1937.

[61] BUDER: A. a. O., passim. Auf Friedrichs Bedeutung für die Geschichtsschreibung geht auch FRANZ XAVIER VON WEGELE ein in: Geschichte der deutschen Historiographie seit dem Auftreten des Humanismus. München; Leipzig 1885.

[62] 1903 in Straßburg erschienen. Im Anhang von Brucks Monographie (ebd., 241–333) sind einzelne Künstler betreffende Rechnungsauszüge und anderes aus handschriftlichen Quellen des SAW stammende Material abgedruckt, wenn auch nicht immer fehlerfrei, wie ein Vergleich mit den Originalarchivalien im EGA und mit Nikolaus Müllers Exzerpten im Stadtarchiv Wittenberg zeigt. Auf einige besonders auffällige Errata Brucks wird unten näher eingegangen werden. Ein Teil der von ihm abgedruckten Quellenauszüge findet sich übrigens schon bei CORNELIUS GURLITT: Archivalische Forschungen. Bd. 2: Die Kunst unter Friedrich dem Weisen. Dresden 1897. Trugschlüssen ist Bruck nicht nur beim Exzerpieren, sondern auch beim Verfassen des Textteils seiner Arbeit erlegen, nicht zuletzt was die Identifizierung einzelner Künstler betrifft (s. z. B. Anm. 793). Auf Brucks Buch fußt u. a. der Abschnitt über Friedrich den Weisen bei GERHARD HÄNDLER: Fürstliche Mäzene und Sammler in Deutschland von 1500–1620. Straßburg 1933. Phil. Diss. Halle 1933. (StDKuG; 297).

[63] Der Titel von Grossmanns Arbeit läßt nicht vermuten, daß darin näher auf Friedrich, seine Kulturpolitik und deren Voraussetzungen (wenn auch nur allgemein) eingegangen wird: Von den acht Kapiteln, die den Hauptteil der Dissertation bilden, befaßt sich je eins mit der Geschichte Sachsens bis 1486, der Persönlichkeit und Politik des Fürsten,

sten und diese berührende Probleme gehen auch Walter Friedensburg in seiner »Geschichte der Universität Wittenberg«, Ernst Hildebrandts Dissertation über die Wittenberger Universitätsbibliothek und Irmgard Höss in ihrer Spalatinbiographie ein.[64] Neben einzelnen Aufsätzen zur Geschichte der bildenden Künste unter Friedrich[65] existieren noch zwei Monographien, in denen Adolf Aber und Martin Ruhnke die Musikpflege an seinem Hof mitbehandeln.[66]

Für die Literatur über »Kunst und Wissenschaft unter Friedrich III. von Sachsen« trifft zusammenfassend das gleiche zu wie für die Literatur über andere Friedrich betreffende Themen, seine Kirchenpolitik ausgenommen:

Von der Anzahl her herrscht kein Mangel, es fehlen aber Untersuchungen, die sich detailliert mit den persönlichen Aktivitäten des Wettiners auf kulturellem Sektor befassen, von einer Darstellung des Themas in seiner Gesamtheit einmal ganz zu schweigen. Da Friedrichs Verhältnis zu Wissenschaft und Kunst bei der Beurteilung seiner Gesamtpolitik und nicht zuletzt auch seiner Politik

---

aber auch mit Kunst und Künstlern unter seiner Herrschaft. Da es Grossmann vor allem darum geht, »die humanistischen Bemühungen auf allen Gebieten des Wittenberger geistigen und kulturellen Lebens zwischen 1486 und 1517 zu analysieren« (ebd., 1; Zitat im Original englisch), kann sie auf den Kurfürsten nicht mehr als unbedingt erforderlich eingehen, weshalb die Motive seines kulturpolitischen Handelns weitgehend im Hintergrund bleiben. Weiteres s. unten im Hauptteil 2.

[64] WALTER FRIEDENSBURG: Geschichte der Universität Wittenberg. Halle 1917; HILDEBRANDT: A. a. O., passim; IRMGARD HÖSS: Georg Spalatin: 1484–1545: ein Leben in der Zeit des Humanismus und der Reformation. Weimar 1956. Auf Friedrichs Universitätspolitik nimmt auch BORTH: A. a. O., 91. 92. 94. 172–175, Bezug. Die zahlreichen Arbeiten über einzelne Gelehrte und Künstler, die mit dem kursächsischen Hof in Verbindung standen, können hier ausgespart bleiben, da sie im 2. Hauptteil Erwähnung finden.

[65] WILHELM BODE: Aus der Gemäldegalerie der königlichen Museen: Albrecht Dürers Bildnis des Kurfürsten Friedrich von Sachsen, genannt der Weise. JPKS 5 (1884), 57–62; Ehrenberg, R.: Nachricht über Nürnberger Münz- und Medaillen-Prägungen im Auftrage Friedrichs des Weisen von Sachsen. Mittheilungen der Bayerischen Numismatischen Gesellschaft 8 (1889), 97–111; MAX LOSSNITZER: Die frühen Bildnisse Kurfürst Friedrichs des Weisen. Mitteilungen aus den Sächsischen Kunstsammlungen 4 (1913), 8–18; PAUL KIRN: Friedrich der Weise und Jacopo de Barbari. JPKS 46 (1925), 130–134; PAUL GROTEMEYER: Die Statthaltermedaillen des Kurfürsten Friedrichs des Weisen von Sachsen. Münchner Jahrbuch der bildenden Kunst 21 (1970), 143–166.

[66] ADOLF ABER: Die Pflege der Musik unter den Wettinern und wettinischen Ernestinern. Bückeburg; Leipzig 1921; MARTIN RUHNKE: Beiträge zu einer Geschichte der deutschen Hofmusikkollegien im 16. Jahrhundert. Berlin 1963. – Mit dem Wirken einzelner Musiker an Friedrichs Hof befassen sich: W. GURLITT: A. a. O., passim; DERS.: Ein Lütticher Beitrag zur Adam von Fulda-Frage. In: Kongreßbericht des ersten Kongresses der internationalen Gesellschaft für Musikwissenschaft. Lüttich. 1.-6. September 1930. Burnham 1930, 125–131; WILHELM EHMANN: Adam von Fulda als Vertreter der ersten deutschen Komponistengeneration. Berlin 1936 Phil. Diss. Freiburg 1936; HANS JOACHIM MOSER: Leben und Lieder des Adam von Fulda. Jahrbuch der staatlichen Akademie für Kirchen- und Schulmusik 1(1927/1928), 7–16; DERS.: Paul Hofhaimer, ein Lied- und Orgelmeister des deutschen Humanismus. Hildesheim 1966; JÜRGEN KINDERMANN: Die Messen Adam Reners. Phil. Diss. (Masch.) Kiel 1962.

in der Luthersache besondere Bedeutung zukommt, ist es an der Zeit, diesem Thema endlich die verdiente Aufmerksamkeit zuteil werden zu lassen. Dafür spricht auch die Tatsache, daß die Diskussion um das Verhalten des Wettiners in der »Causa Lutheri« festzufahren droht, weil sie weitgehend nur noch auf der Neuinterpretation bekannter Quellen fußt und in der Gefahr schwebt, der einseitigen Betrachtung des Problems, wie sie lange Zeit vorherrschte, nur eine neue Einseitigkeit entgegenzusetzen. Die Frage nach Friedrichs Motiven für die Protektion Luthers ist aber nur befriedigend zu klären, wenn seine Lutherschutzpolitik immer im Rahmen der übrigen politischen Maßnahmen und seiner Persönlichkeitsentwicklung in ihrer ganzen Komplexität gesehen, wenn sie von einer neuen Warte aus betrachtet wird, wie sie eben der Bericht »Kulturpolitik« bietet, denn einmal war Luther als Mitglied der Wittenberger Universität kurfürstlicher »Angestellter« – wodurch seine Protektion eine kulturpolitische Komponente erhielt –, zum anderen bietet Friedrichs Stellung zu Wissenschaftlern und Künstlern manche Verständnishilfe anhand dabei zu beobachtender analoger Verhaltensweisen. Weil es das Ziel der vorliegenden Arbeit ist, die Voraussetzungen der Lutherschutzpolitik des sächsischen Kurfürsten näher aufzuzeigen und sein Verhalten im Fall Luther verständlicher zu machen, wird darin seinen kulturpolitischen Maßnahmen besondere Aufmerksamkeit geschenkt. Ich betone dabei »Maßnahmen«, denn ihre Ergebnisse sind, sofern sie nicht Rückschlüsse auf Politik und Persönlichkeit des Auftraggebers ermöglichen, Untersuchungsgegenstand für Historiker anderer Fachbereiche.

Bei allem gilt es, der Tatsache Rechnung zu tragen, daß der Politiker Friedrich nur vor dem Hintergrund der Entwicklung des kursächsischen Territorialstaates um die Wende des 15./16. Jahrhunderts voll verstanden werden kann, daß in diesem Zusammenhang aber auch seinen mentalen Eigenheiten eine nicht zu unterschätzende Bedeutung zukommt. Nichts wäre gefährlicher, als die Frage nach der Bedeutung der Persönlichkeit Friedrichs für seine Politik von vornherein als »individualpsychologisches Problem« ohne tiefgreifende Bedeutung abzutun.[67]

Die Quellenlage im Fall Friedrich und andere Besonderheiten, die nur schwer »aus den unmittelbaren Quellen [...] ein deutliches Bild« dieses Ernestiners gewinnen lassen, machen es geradezu unumgänglich, in Anlehnung an Paul Kirn »den in den Quellen zerstreuten, keineswegs von Widersprüchen freien Stoff [...] einer einheitlichen Deutung« unter besonderer Berücksichtigung von Friedrichs Persönlichkeit »zu unterwerfen«,[68] ohne dabei seine Stellung als Herrscher in einem aufstrebenden Territorialstaat aus dem Auge zu verlieren.

Wie im Vorwort bereits angedeutet, sollen deshalb Persönlichkeit und Politik des Wettiners einer näheren Betrachtung unterzogen werden, wobei auch das Problem der Weltsicht Friedrichs nicht ausgespart wird.

---

[67] Vgl. Kirn: A. a. O., 1.

[68] Kirn: Geschichtswissenschaft, 73f.

Letzteres ist umso notwendiger, als sich, von Kirn einmal abgesehen,[69] noch niemand eingehender mit der Frage nach der Weltanschauung des sächsischen Kurfürsten auseinandergesetzt hat, sich aber diesbezüglich in der gesamten Literatur immer wieder Gemeinplätze finden. Auch aus einem anderen Grund ist es nötig, darauf einzugehen: Friedrich III. von Sachsen und seine Politik lassen sich nur angemessen beurteilen, wenn die verschiedenartigsten Triebkräfte seines Handelns aufgezeigt werden, ohne diese dabei untereinander disproportional darzustellen und einseitig Prioritäten in die eine oder andere Richtung zu setzen, und wenn gewisse persönliche Besonderheiten Berücksichtigung finden, die seinem Wirken charakteristische Akzente verleihen; hierher gehören beispielsweise sein ausgeprägtes Rechtsdenken und seine tiefe Frömmigkeit. Eine Untersuchung wie die vorliegende wird in gewissem Sinne stets nur vergleichende politische Verhaltens- und Motivforschung treiben können, wobei definitive Aussagen im Hinblick auf »Motivbezirke, mögliche Leitmotive, Grundeinstellungen, Vorverständnisse«[70] schwer zu gewinnen sind. Sie darf aber auf keinen Fall die Urteile von Zeitgenossen über Person und Wirken der im Blickpunkt stehenden Persönlichkeit ausklammern und muß stets die Lebensäußerungen ihres gesellschaftlichen Umfeldes mit berücksichtigen.[71] Aus diesem Grund soll im Rahmen meiner Arbeit Spalatins »Leben und Zeitgeschichte Friedrichs des Weisen« als Quelle den verdienten Platz einnehmen[72] und auch manche andere zeitgenössische Stimme zu Wort kommen,[73] die es

---

69 Kirn: Kirchenpolitik, 164–177, wo allerdings nur auf Friedrichs religiöse Überzeugung näher eingegangen wird.

70 Vgl. Wolter: A. a. O., 85.

71 Vgl. Johan Huizinga: Herbst des Mittelalters. Stuttgart (1953), 95.

72 Zu Spalatins Friedrichsbiographie s. auch Anm. 5. Zwar neigt Spalatin dazu, Friedrich in manchem zu idealisieren, er zeichnet aber trotzdem ein Bild des Kurfürsten, das in vielen Punkten anhand anderer Quellen verifizierbar ist. Willy Flachs Urteil (in: Ders.: Georg Spalatin als Geschichtsschreiber. In: Zur Geschichte und Kultur des Elb-Saale-Raumes: Festschrift für Walter Möllenberg. Hrsg. O. Korn. Burg 1939, 217); Spalatin sei als Hofhistoriograph von den Fürsten »weitgehend nach ihren Absichten geleitet« worden, trifft für die Materialsammlung über Friedrich, die den einzigen Zugang zu dessen Persönlichkeit ermöglicht, nur sehr bedingt zu. Dafür sprechen in gewissem Sinne die Ansätze redaktioneller Bearbeitung durch Friedrichs Neffen Johann Friedrich (vgl. Grossmann: HAW, 36, bzw. HIW, 22) und Spalatins starke persönliche Anteilnahme an seinem Thema, die den Quellenwert von FWLZ freilich kaum schmälert, da sie sich vorwiegend in Faktendeutung erschöpft. S. auch Adolf Seelheim: Georg Spalatin als Sächsischer Historiograph. Halle 1876, 44–45; zu Spalatins biographischer Materialsammlung über seinen ehemaligen Herrn, die etwa 15 Jahre nach dessen Tod entstand, s. ebd., 52–59, wo Seelheim den Quellenwert der Spalatinschen Schrift für das »innere Leben« Friedrichs nicht bestreitet, im Blick auf anderes aber Bedenken anmeldet. Vgl. Flach: A. a. O., 224f. 227f.

73 Mit besonderer Rücksicht auf die Absichten ihrer Verfasser sind hier die sogenannten Widmungsvorreden humanistischer und anderer Gelehrter zu betrachten. Vgl. Karl Schottenloher: Die Widmungsvorrede im Buch des 16. Jahrhunderts. Münster 1953, 194–196.

uns erleichtert, Kurfürst Friedrich den Weisen von Sachsen als Politiker in seinem Handeln und Wollen besser zu verstehen und in Teilgebiete seiner Vita zu leuchten, die bis jetzt im Halbdunkel lagen.

1. Persönlichkeit und Politik Friedrichs des Weisen

Der »Herbst des Mittelalters« neigte sich dem Ende zu, als der junge Kurfürst Friedrich III. von Sachsen 1486 die Nachfolge seines Vaters Ernst antrat. Vor ihm lagen knapp vierzig Jahre politischer Wirksamkeit an der Spitze derjenigen sächsisch-thüringischen Gebiete, die seit der Leipziger Teilung von 1485 unter der Landesherrschaft der Ernestiner standen. Es war ein Zeitraum, in dem in seinem Territorium die Umwandlung des Territorialstaates dualistischer Prägung zum »Finanzstaat« sichtlich voranschritt,[74] in dem aber auch die Persönlichkeit Friedrichs einer ständigen Entwicklung unterworfen war und sich jene Charakterzüge verstärkt herauskristallisierten, die ihn gegen Ende seines Lebens in »günstiger Verkettung«[75] mit den Umweltbedingungen zum Beschützer Luthers werden ließen und die nicht nur dort politisch relevant wurden.

Mit dieser Feststellung soll nicht einer psychologisierenden Betrachtung der kurfürstlichen Politik das Wort geredet werden, quellenfernes Spekulieren und Psychologisieren wäre zu gefährlich, ich möchte damit lediglich auf die Bedeutung hinweisen, die Friedrichs Persönlichkeit, wie schon angedeutet, bei einer Gesamtschau seines Wirkens zukommt. Persönlichkeit und Politik des sächsischen Kurfürsten waren in besonders auffälliger Weise miteinander verquickt und sind nicht ungestraft isoliert betrachtbar. Indem sie sich gegenseitig beeinflußten, ja bedingten, bildeten sie eine Einheit in aller Vielfalt; bestimmte psychische Eigenarten Friedrichs können als Resultate einer Persönlichkeitsentwicklung oder schärferer Ausprägung vorgegebener charakterlicher Besonderheiten unter dem Einfluß politischer Erfahrungen verstanden werden, während andererseits die Lösung einzelner politischer Probleme durch den ernestinischen Fürsten sowie bestimmte Charakteristika seiner Politik in unterschiedlichen Bereichen als Reflex, wenn nicht gar Emanationen persönlicher, seelischer Eigenheiten zu sehen sind.

Da im folgenden Politik und Persönlichkeit Friedrichs des Weisen in ihren Wechselbeziehungen näher betrachtet werden sollen, stellt sich die Frage, inwieweit Friedrichs Politik von ihm selbst verantwortet wurde, in welchem Maße sie an seine Person gebunden war. Dabei geht es weniger um die Bedeutung,

---

[74] Vgl. Geoffrey Barraclough: Die mittelalterlichen Grundlagen des modernen Deutschland. Weimar 1953, 305–325, wo die Epoche der »Ständestaaten« wegen des für sie charakteristischen Verhältnisses zwischen Fürsten und Ständen als Zeit des »Dualismus« bezeichnet wird. S. auch Gerhard Oestreich: Ständetum und Staatsbildung. In: ders.: Geist und Gestalt des frühmodernen Staates. Berlin (1969), 279. 281–285; Oestreich führt den Terminus »Finanzstaat« ein, weil im damaligen Entwicklungsstadium der Territorialstaaten die öffentlichen Finanzen stärker in den Vordergrund des Gemeinwesens zu treten begannen.

[75] Blaschke: A. a. O., 335.

die Herzog Johann von Sachsen für die politische Entscheidungsfindung seines Bruders zukommt – sie ist gering zu veranschlagen, da Friedrich als der Fähigere der beiden Ernestiner und als der politisch tonangebende angesehen werden muß. Bezeichnenderweise kam es in dem Moment zu einer merklichen Verstimmung zwischen den Brüdern, die sonst in auffälliger Eintracht zusammen ihre Herrschaftsgebiete regierten, als Johann gegen Friedrichs Willen 1513 Margarethe von Anhalt heiratete.[76] Auf Johanns Bedeutung für die Politik Friedrichs wird in der Literatur kaum eingegangen. Im Gegensatz dazu sind es die Räte des Kurfürsten, deren mögliche Einflußnahme auf die Regierungstätigkeit des Landesherrn ständig ins Blickfeld rückt.[77]

Verbunden damit ist die Frage nach der Verankerung von Friedrichs Politik, auf die ich zuerst eingehen möchte. Sie ist insofern wichtig, als unter seinem Namen ausgefertigte Schreiben nicht unbedingt von ihm konzipiert worden sein müssen: Es ist sorgfältig zu unterscheiden zwischen eigenhändigen Schreiben und Briefentwürfen, an deren Abfassung oder Korrektur der Kurfürst persönlich beteiligt war, und solchen, die zwar völlig den Willen des fürstlichen Auftraggebers widerspiegeln, aber von Kanzleibeamten formuliert und redigiert wurden, wobei verständlicherweise der Quellenwert der erstgenannten Schreiben für die Geschichte Friedrichs höher anzusetzen ist. Der unmittelbare, persönliche Anteil des Fürsten an der Erstellung unterschiedlicher Schriftstücke kann recht hoch veranschlagt werden,[78] bedeutend höher als etwa in den vierziger Jahren des 16. Jahrhunderts bei Kurfürst Moritz von Sachsen:

---

[76] Am 13. Dezember 1513. Zur zweiten Heirat Johanns EGA Reg. D 54. Vgl. Tutzschmann: A. a. O., 65.

[77] Besonders von altgläubiger Seite wurde immer wieder der Vorwurf erhoben, Friedrich sei mehr oder minder ein Spielball seiner Räte gewesen. Schon der päpstliche Nuntius Hieronymus Aleander hatte sich 1520 in einer Depesche an Kardinal Giulio de Medici dahingehend geäußert, daß der sächsische Fürst von seinen Räten irregeleitet werde (Paul Kalkoff: Die Depeschen des Nuntius Aleander vom Wormser Reichstage 1521. Halle 1897, 41; RTAJR 2, 768, Anm. 2); auch bei Maimbourg, Pallavicino und anderen wurde dieser Verdacht laut (vgl. Löscher: A. a. O., 9^{V}). In letzter Zeit hat, nachdem Lortz sich etwas vorsichtiger ausdrückte (Lortz: A. a. O. 1, 289: »So selbständig der Kurfürst war, er war nicht der alleinige Urheber seiner Entschlüsse.«), Wolter (a. a. O., 90) von der »senilen Abgeschlafftheit« Friedrichs gesprochen, »die den Dingen in der Hand seiner Räte den Lauf ließ«. Auf protestantischer Seite ist demgegenüber der Zug unverkennbar, Friedrichs Eigenständigkeit in politischen Entscheidungen zu betonen; es sei hier nur auf Kirn (Kirchenpolitik, 25) verwiesen, dessen Urteil über die kurfürstliche Kirchenpolitik m. E. auch auf andere Bereiche von Friedrichs Politik zutrifft: »Sie kam zwar zustande in umständlichen, schleppenden Beratungen mit seinen Räten, aber doch war es seine Politik.« Zweifel an der kirchenpolitischen Eigenständigkeit des Ernestiners äußerte in letzter Zeit G. Mühlpfordt (a. a. O., 899) in seiner Rezension von Borths »Luthersache«; er wirft Borth eine zu starke Identifikation Friedrichs mit seiner »Lutherschutzpolitik« vor und vertritt die Meinung, diese sei nicht nur sein Werk gewesen und auch nicht nur seinem Kopf entsprungen.

[78] Hinsichtlich der Bedeutung Friedrichs für seine territorialstaatliche Politik schließe ich mich mit Einschränkungen G. Oestreichs in seinem Aufsatz »Das persönliche Re-

Abgesehen von vielen Korrekturen, die im direkten wie übertragenen Sinne Friedrichs Handschrift aufweisen,[79] und eigenhändigen Briefkonzepten, sind andere Schreiben offenbar persönlich von ihm diktiert worden,[80] so daß man Gerhard Oestreich zustimmen kann, der den Fürsten des frühen 16. Jahrhunderts entscheidende Bedeutung für die Leitung der Politik zuspricht.[81]

Ein Blick auf die kursächsische Zentralverwaltung vor Erlaß der Hofratsordnung Friedrichs und Johanns im Jahre 1499[82] zeigt ein Bild, das Oestreichs Meinung in manchem zu widersprechen scheint:

Die beiden einzigen im ernestinischen Gesamtarchiv des Weimarer Staatsarchivs vorhandenen Briefauslaufregister der kurfürstlichen Kanzlei – von 1492/93 – weisen eine »auffallend geringe« Zahl unmittelbar von Friedrich bearbeiteter Ausgänge auf;[83] nur wenn der Hofmeister, damals der bedeutendste Beamte, selbst das Land bereiste, ist ein Ansteigen der vom Kurfürsten erstellten Schreiben zu bemerken. Dabei muß man allerdings berücksichtigen, daß Friedrich sich in den neunziger Jahren nicht zu oft am »wesentlichen Hof« – der »ständigen« Hofhaltung, die sich damals alternierend meist in Torgau oder Weimar befand und in der das täglich zusammentretende Rätekollegium sowie die Kanzlei ihren Sitz hatten – aufhielt, sondern ihn öfters verließ, um die Lokalverwaltungen seines Landes persönlich zu kontrollieren, falls er nicht gerade mit dem »gewöhnlichen« Hof – also der »ambulanten« Hofhaltung – im Reich unterwegs war.

---

giment der deutschen Fürsten am Beginn der Neuzeit« (in: ders.: Geist und Gestalt des frühmodernen Staates. Berlin 1969, 201–234) geäußerten Ansichten an.

79 Charakteristisch für Friedrich ist seine Neigung zu Korrekturhäufungen, besonders bei Schreiben in politisch brisanten Angelegenheiten; bisweilen lassen sich mehrere Entwürfe desselben Schreibens nachweisen. Spalatins Bemerkung, der Fürst habe manche Schriftstücke zehn- bis zwanzigmal ändern lassen (FWLZ, 25.47), ist keine Übertreibung. Vgl. Anm. 478.

80 Auch Maximilian I. – um nur ein Beispiel zu nennen – pflegte seinen Sekretären zu diktieren (Heinrich Ulmann: Kaiser Maximilian I. Bd. 1. Stuttgart 1884, 195). In Friedrichs Begleitung befand sich stets ein Sekretär oder Kanzleischreiber, der ihn oft sogar auf Jagden begleitete, wo er sich auch über allerlei »Händel« Gedanken machte und dann seinen Begleiter »schreiben« ließ (nach FWLZ, 46). Vgl. Nikolaus Müller: Die Wittenberger Bewegung 1521 und 1522. Leipzig 1911, 30.

81 Oestreich: A.a.O., 204. 218. Ob, wie Oestreich (ebd., 204) meint, die kurfürstliche Kammer, nicht aber der Hofrat als politische Zentrale der entstehenden Territorialstaaten anzusehen ist, gilt es für Kursachsen unter Friedrichs Regierung noch zu untersuchen.

82 Vgl. Die Hofraths-Ordnung des Kurfürsten Friedrich des Weisen und Herzog Johanns von Sachsen von 1499. Hrsg. Gustav Emminghaus. ZVThüGA 2 (1857), 97–106; näheres dazu Brather: A.a.O., 273–276.

83 Brather: A.a.O., 267; ebd., 261–263, über die Rolle der Räte seit 1400. Die Brief(Missiven-)register befinden sich im EGA Kop. F 20. F 21. Sie umfassen die Zeiträume von 22. Februar bis 24. Mai 1492, bzw. vom 25. Dezember 1492 bis zum 22. Dezember 1493; s. auch Brather: A.a.O., 266f. 285f.; Kettmann: A.a.O., 43. Die im Text folgenden Erörterungen zur Hofratproblematik fußen im wesentlichen auf den Ausführungen Brathers (ebd., 263–279).

Da er auf seinen Reisen meist von seinen bedeutendsten Beamten, an ihrer Spitze der Hofmeister,[84] begleitet wurde und gerade während des Aufenthalts außerhalb seines Herrschaftsbereiches in den Jahren vor 1499 politisch recht aktiv war, ist Oestreich recht zu geben, der schon im Fürsten der Reformationszeit den Mittelpunkt der gesamten Staatstätigkeit sieht und nicht den Hofrat für den Sitz der Politik hält,[85] natürlich vorausgesetzt, daß bei Anwesenheit des Landesherrn das Ratskollegium, dessen Zusammensetzung laufend wechselte[86] und das schon deshalb nicht eigenständig politisch tätig werden konnte, im Sinne des Fürsten wirkte, was außer Zweifel stehen dürfte: Selbst die in Absenz Friedrichs vom wesentlichen Hof von den Zentralbehörden betriebene Politik weist die für die Herrschaft dieses Ernestiners charakteristischen Züge auf, auch wenn sie, wie z. B. seine Maßnahmen auf kulturpolitischem und reichspolitischem Sektor, nicht unmittelbar mit seiner Person verknüpft ist.

War der Fürst bei Hof anwesend, leitete er auch die tägliche Versammlung der Räte. Eine Arbeitsteilung nach »regionalen oder sachlichen Gesichtspunkten«[87] gab es während seiner Regierungszeit noch nicht. Die Ausfertigung wichtiger Schriftstücke blieb ihm oder dem Hofmeister vorbehalten.

Eine Änderung dieser Praxis trat nach Erlaß der Hofratsordnung von 1499 ein, für die sicher die kurze Wirksamkeit des sächsischen Kurfürsten als Statthalter des spätestens Ende 1497 gegründeten Hofrats Maximilians I. im Jahre 1498 Anstöße gab.[88] Vier Räte hatten von nun an täglich unter Vorsitz des Hofmeisters am wesentlichen Hof über alle, Fürsten und Land betreffende Angelegenheiten zu beraten und zu beschließen; an eine Teilnahme des Fürsten war nicht mehr gedacht, große und »swere hendel« sollten aber mit entsprechenden Ratschlägen Friedrich oder Herzog Johann vorgelegt werden.

Mit der Ratsordnung »erreichte die Konsolidierung«[89] der kursächsischen Behörden einen Höhepunkt, dem sich allerdings keine kontinuierliche Weiterentwicklung anschloß, weil es 1513 zwischen dem Kurfürsten und seinem Bruder zur Verwaltungsteilung kam; einen geschlossenen Hofrat gab es in der Folgezeit nicht mehr, auch die Hofratsordnung büßte zunehmend an Geltung ein.[90] Trotzdem kann man festhalten, daß der Hofrat, selbst als er noch intakt war, stets im Einvernehmen mit dem Kurfürsten, also im Interesse des Territorialstaates tätig gewesen ist. Wichtige Entscheidungen waren dem Fürsten selbst vorbehalten. En bloc blieb die kursächsische Politik immer an die Person Friedrichs gebunden, selbst wenn das Ratskollegium en detail politisch

---

84 Von 1487 bis 1501 fungierte Heinrich vom Ende als Hofmeister (BRATHER: A. a. O., 265), den 1501 Dr. Johann Mugenhofer (s. Anm. 1082) als Kanzler in seinem Einfluß ablöste (BRATHER: A. a. O., 277).

85 OESTREICH: A. a. O., 218. 204.

86 BRATHER: A. a. O., 269; KETTMANN: A. a. O., 43.

87 BRATHER: A. a. O., 269; KETTMANN: A. a. O., 43.

88 Vgl. BRATHER: A. a. O., 271. 274.; KETTMANN: A. a. O., 44.

89 BRATHER: A. a. O., 276.

90 Gründe dafür führt BRATHER (a. a. O., 279) an.

wirksam wurde. Das zeigt sich bereits bei näherer Betrachtung der Schreiben des Fürsten, von den Rechnungsbüchern über seine Privatausgaben ganz zu schweigen, die erkennen lassen, in welchem Maße der Landesherr persönlich politisch aktiv war: Die Schriftstücke stammen vorwiegend vom jeweiligen Standort des »gewöhnlichen« Hofes, wie sich anhand von Friedrichs Itinerar[91] feststellen läßt. Entsprechend hoch ist die Bedeutung der Sekretäre des Kurfürsten zu bewerten, die, wie Hieronymus Rudlauf,[92] außer zu diplomatischen Missionen natürlich auch mit anderen Räten zu persönlichen Beratungen hinzugezogen wurden, von denen sich der Fürst Entscheidungshilfen erhoffte.

Gerade diese Ratssitzungen sind es, über deren Verlauf wir uns anhand vorliegender Informationen ein annäherndes Bild machen können,[93] die aber auch zu dem Verdacht Anlaß geben, Friedrich wäre dabei von seinen Räten, gelehrt oder ungelehrt, deren Hilfe in schwierigen Fragen er suchte, deren Meinung suggeriert, wenn nicht gar aufoktroyiert worden, so daß er beispielsweise in der Luthersache gewissermaßen zur Marionette seiner Ratgeber geworden sei, eine Vermutung, die umso leichter zu widerlegen ist, als nicht wenige Zeugnisse seines Eigensinns vorliegen, gerade für sein letztes Lebensjahrzehnt,[94] und ein

---

[91] Leider ist bis jetzt noch keines erstellt worden, von einem Druck ganz zu schweigen, obwohl es für die Geschichte Friedrich des Weisen wie für die gesamte Reformationsgeschichte von eminenter Bedeutung wäre. Für meine Arbeit konnte ich lediglich ein Behelfsitinerar anfertigen, wobei ich mich orientierte an: Christoph Friedrich Stälin: Aufenthaltsorte Kaiser Maximilians I. seit seiner Alleinherrschaft 1493 bis zu seinem Tode 1519. Forschungen zur deutschen Geschichte 1(1862), 347–395. 646f.

[92] Er war von ca. 1512 bis zu seinem Tode 1523 kurfürstlicher Kanzleisekretär; vgl. Kettmann: A.a.O., 48; Kirn: Kirchenpolitik, 24.67.147. Sein Nachfolger wurde Hans Feyel, der mit Rudlauf einer der wenigen Mitwisser der geplanten »Entführung« Luthers im Frühjahr 1521 (Kettmann: A.a.O., 48) gewesen ist.

[93] S. z.B. WATR 2,197 (Nr. 1738), Joh. Schlaginhaufen, 12. U. 18. Aug. 1532. Luther berichtet dort, daß Friedrich im Kreis seiner Räte sitzend sich Notizen machte und nach reiflicher Überlegung seine Meinung darlegte (vgl. FWLZ, 30). War er zu keiner befriedigenden Lösung gekommen, bat er die Ratgeber, weiter über das anstehende Problem nachzudenken, er wolle es auch tun (FWLZ, 47). Falls man Spalatin glauben darf, ist der Kurfürst allerdings kein Freund zu weit ausufernder Beratungen gewesen (FWLZ, 25; zu »Rathschläge« vgl. GBWB 8, 191).

[94] So erklärte im Sommer 1513 Maximilian I. gegenüber Würzburger Gesandten, er kenne Friedrichs Kopf wohl und mache sich deshalb keine Hoffnung, ihn zum Kommen zu bewegen (Ulmann: A.a.O. 1, 570). Tatsächlich finden sich in den Quellen immer wieder Hinweise auf den Eigensinn des Kurfürsten in wichtigen und nebensächlichen Angelegenheiten (die folgenden Beispiele finden sich auch bei Kirn: A.a.O., 24): In Sachen »Königswahl« von 1518 ließ er sich auch nicht durch seine vertrauten Räte Degenhart Pfeffinger, Graf Philipp von Solms, Friedrich von Thun und Rudlauf für Maximilians Enkel Karl gewinnen (FWLZ, 50). 1525 weigerte er sich trotz gegenteiliger Meinung seiner Räte und Luthers, Karlstadt freies Geleit zu gewähren (Kirn: A.a.O., 24); vgl. CR 1, 736 (Nr. 328), bzw. SM 61, 287 (Nr. 404). Nach WATR 5, 50 (Nr. 5279), J. Mathesius, 19. Okt. 1540, soll Friedrich Cranach gegenüber sogar geäußert haben, er sei oft bewußt den vernünftigen Ratschlägen seiner Räte nicht

sorgsames, beinahe ängstliches Abwägen von Für und Wider seinen Entscheidungen vorausging. Das schließt freilich nicht aus, daß er fremden Rat annahm, wenn er ihm gut dünkte oder ihn seine gesamte Umgebung von dessen Richtigkeit überzeugte. Das soll keineswegs heißen, Friedrichs gesellschaftliches und geistiges Umfeld sei auf seine politischen Maßnahmen generell ohne Einfluß geblieben; ganz im Gegenteil, es hat seine Haltung und Entscheidungen ebenso determiniert wie andererseits die charakteristischen Eigenheiten seiner Persönlichkeit, Eigenarten, die ihrerseits erst vor dem Hintergrund von Friedrichs Persönlichkeitsentwicklung in ständigen Auseinandersetzungen politischer Natur, im sozialen Gefüge seiner Zeit und unter Berücksichtigung der machtpolitischen Konstellationen zu Beginn des 16. Jahrhunderts voll einsichtig werden.

Kurfürst Friedrich den Weisen losgelöst von seiner Umwelt zu betrachten, hieße, sich den Zugang zum Verständnis seines Handelns zu erschweren. Nicht zuletzt deshalb ist auch ein Blick auf seine Kindheits- und Jugendjahre wichtig.

1.1. Jugend und Erziehung Friedrichs (1463–1485)

Die Jahre von 1463 bis 1486, zwischen Geburt und Regierungsantritt des späteren Kurfürsten Friedrich III. von Sachsen, sind von großer Bedeutung für die sächsischen Lande, nicht nur, weil seit 1464 unter Friedrichs Vater Ernst und dessen Bruder Albrecht dem Beherzten der Einflußbereich der Wettiner systematisch erweitert wurde,[95] oder weil infolge auftretender Spannungen zwischen beiden seit 1482 eine merkliche Abkühlung einsetzte, die 1485 mit der verhängnisvollen Leipziger Teilung ihren Höhepunkt erreichte, ein Erbe schaffend, das für Friedrich nach seinem Regierungsantritt sehr belastend sein sollte,[96] sondern auch aus einem andern Grund: In der genannten Zeitspanne formte sich die Persönlichkeit des Kurprinzen durch Erziehung und die mannigfaltigsten Erfahrungen; viele persönliche Bekanntschaften wurden in jenen Jahren geknüpft, so daß man getrost die Behauptung wagen darf, damals seien wichtige Weichen für seine späteren politischen Entscheidungen und Maßnahmen – nicht zuletzt für die Förderung von Kunst und Wissenschaft in Kursachsen – gestellt worden. Zieht man das eben Gesagte in Betracht, so wird verständlich, welche Rolle einer näheren Betrachtung der frühen Lebensjahre des späteren Kurfürsten sowohl im Rahmen einer Einzeluntersuchung als auch im Gesamtzusammenhang einer wissenschaftlichen Biographie des Fürsten zukommt. Um so mehr verwundert es, daß seine Kindheit und Erziehung noch nicht eingehen-

nachgekommen (vgl. FWLZ, 31); s. auch WATR 6, 324 (Nr. 7089), J. Aurifaber, o.J. Zum folgenden Text vgl. FWLZ, 49f.

95 Vgl. Rudolf Kötzschke; Hellmut Kretzschmar: Sächsische Geschichte. Frankfurt/M. (1965), 141–143; ADB 6, 302; Konrad Sturmhoefel: Illustrierte Geschichte der Sächsischen Lande und ihrer Herrscher. Bd. III. Leipzig 1898, 766–769. 773. 785.

96 Hänsch: A. a. O., 101–126; für die spätere Zeit s. Virck: Ernestiner, passim.

der betrachtet wurden,[97] was gewiß zum Teil der schlechten Quellenlage zuzuschreiben ist,[98] aber darin keine Entschuldigung finden darf, zumal sich gerade im Bezug auf Friedrichs Bildungsstand eine zu bunte Palette der Meinungen in der Literatur findet.[99] Zwar wird man bei der Untersuchung der ersten beiden Lebensjahrzehnte des Fürsten, um mit Bruck zu reden, öfter Wörter wie »möglich« und »vielleicht« gebrauchen müssen,[100] zwar wird sie den Charakter einer Rekonstruktion aufweisen, nichtsdestoweniger ist sie unumgänglich.

Friedrich erblickte am frühen Nachmittag des 17. Januar 1463 im Schloß Torgau das Licht der Welt, und zwar als erster Sohn des damaligen Kurprinzen

---

97 Zwar fehlen entsprechende Abschnitte in der Literatur über Friedrich nicht, lassen aber weitgehend eine kritische Betrachtung vermissen; als besonders eklatanter Fall sei hier auf die entsprechende Passage des Artikels »Fridericus III. der Weise« in: Zedler 9, 1986 verwiesen. Forschungsgeschichtliche Glossen zu einigen der durch eine unkritische Betrachtungsweise entstandenen Irrtümer und divergierenden Meinungen können im Rahmen vorliegender Arbeit nur bei besonders wichtigen Problemen gegeben werden. – Nach Georg Müller: Zur Geschichte deutscher Fürstenerziehung. Zur Geschichte der Prinzenerziehung der Wettiner. Mitteilungen der Gesellschaft für deutsche Erziehungs- und Schulgeschichte 7 (1897), 281, war 1883 geplant, in die Monumenta Germaniae Paedagogica auch die Erziehung der Wettiner – getrennt nach beiden Linien – mit aufzunehmen, ein Projekt, das leider scheiterte.

98 Das gleiche trifft auch für die Erziehungsgeschichte anderer Fürsten der damaligen Zeit zu. Vgl. Friedrich Albert von Langenn: Herzog Albrecht der Beherzte: Stammvater des Königlichen Hauses Sachsen. Leipzig 1838, 475–477. Bei den Hohenzollern Johann Cicero und Joachim I. ist die Quellenlage nicht die schlechteste – vgl. Georg Schuster; Friedrich Wagner: Die Jugend und Erziehung der Kurfürsten von Brandenburg und Könige von Preußen. Bd. 1. Berlin 1906, 181.258.263 – , was Friedrich III. von Sachsen betrifft, muß sie als recht ungünstig bezeichnet werden, nicht etwa, weil Nachrichten über seine frühen Jahre fehlen, sondern weil die wenigen darüber vorhandenen Nachrichten stark verstreut sind, so daß man nicht alle zu Gesicht bekommt.

99 In der Skala der unterschiedlichen Meinungen ist das Gewicht deutlich in Richtung einer Überbewertung verschoben, ob nun davon gesprochen wird, daß er eine »gelehrte Bildung« genossen habe, oder davon, daß er bildungsmäßig die meisten Fürsten seiner Zeit hinter sich ließ: In diese Richtung tendieren z.B. Jugler: A.a.O., 6; H. Becker: A.a.O., 8; Tutzschmann: A.a.O., 13f.; Baltin: A.a.O., 31; Sturmhoefel: A.a.O. 1II, 1039; Bruck: Friedrich, 11; Kötzschke-Kretzschmar: A.a.O., 165; Ernst Devrient: Die älteren Ernestiner, Vierteljahrsschrift für Wappen-, Siegel- und Familienkunde 25 (1897), 15, wo direkt von »humanistischer Erziehung« gesprochen wird; Franz: Friedrich, 233; Brendler: A.a.O., 139. Jegliche Bildung sprach Friedrich in eindeutig polemischer Absicht Pallavicini ab (nach Löscher: A.a.O., 10^{V}), indem er ihn als »omnino illiteratum« bezeichnete und dadurch gewiß die überspitzten Ansichten auf evangelischer Seite mitverursachte. Offenbar in Nachfolgerschaft Kirns (Kirchenpolitik, 8f.) ist bei Grossmann (HAW, 41f.) und bei Schubert (a.a.O., 568) hinsichtlich Friedrichs Bildungsstandes eine realistischere Einschätzung festzustellen, nachdem sie schon früher vereinzelt vertreten war, so bei Seckendorf (a.a.O., Lib. 1, Sect. 25, § 56, Add. 1r); s. auch Carl Wilhelm Boettinger: Geschichte des Kurstaates und Königreiches Sachsen. Bd. 1. (Gotha) 1867, 430.

100 Bruck: A.a.O., 1.

Ernst (1441–1486) und seiner Frau Elisabeth (1443–1484),[101] der Tochter des Bayernherzogs Albrecht III., die reichlich ein Jahr vorher Christine, der späteren Frau König Johanns von Dänemark, das Leben geschenkt hatte, und die noch Mutter von vier Söhnen und einer Tochter werden sollte. Ein Jahr nach Friedrichs Geburt starb der alte Kurfürst Friedrich II. von Sachsen am 7. Juni 1464,[102] dessen Nachfolge Ernst antrat, der gemeinsam mit seinem Bruder Albrecht (1443–1500) das seit der Altenburger Teilung von 1445 seinem Vater verbliebene Territorium regierte. Bis zur Vergrößerung des sächsischen Herrschaftsgebietes, verursacht durch den Rückfall Thüringens an Sachsen nach dem Tode Wilhelms des Tapferen im Jahre 1482,[103] und den folgenden Zwistigkeiten lebten die Familien der Fürsten in einer gemeinsamen Hofhaltung, die sich anfangs in Torgau, in den siebziger Jahren in Dresden befand.[104] Wie es allgemein üblich war, hat Friedrich – dies mag auch für seine Geschwister gelten – die erste Kindheit bei seinen Eltern verbracht. Ein »Hofstaat«, wie er später bei seinem Neffen Johann Friedrich und anderen jungen Fürsten nachweisbar ist, mit Amme(n), Kindermädchen, Diener und Erzieher kann vorausgesetzt werden;[105] am 24. März 1465 erhielt er Curd Buchsenschmid als kaum hauptamtlichen Diener.[106] Leider läßt sich der Einfluß der Mutter – wie der der Groß-

[101] EGA Reg. O 28e, 2ʳ (Originalbrief der Herzogin Elisabeth an Herzog Wilhelm den Tapferen; Montag Antonii 1463, Torgau), danach bei Spalatin (FWLZ, 21f.). Zur Datumsauflösung EGA Reg.O 28e, 1 (Anmerkungen aus dem 19. Jh.); der 17. Januar kann wohl doch als der richtige Termin angesehen werden, als solcher findet er sich auch durchgängig in der Literatur – die Angabe des 14. Januar als Friedrichs Geburtstag in Ernst Walther Zeedens Artikel in: LThK 4, 386, beruht nach Mitteilung des Verfassers vom 3. August 1973 auf einem Druckfehler. Die im EGA erhaltenen Nativitäten des Kurfürsten weisen ebenfalls auf den 17. Januar hin, obwohl sie teils am 16., teils am 17. Januar gestellt wurden, übrigens zu recht unterschiedlichen Tageszeiten (EGA Reg. D 285, 7ʳ; Reg. O 47, 120ʳ–121ᵛ. 125). Zum Problem der Nativitäten vgl. Ernst Kroker: Nativitäten und Konstellationen aus der Reformationszeit. SBGL 6(1900), 3–33.

[102] Tutzschmann: A. a. O., 10.

[103] Hänsch: A. a. O., 23; Kötzschke-Kretzschmar: A. a. O., 147.

[104] Brather: A. a. O., 566, Anm. 10; vgl. aber Kötzschke-Kretzschmar: A. a. O., 141; Hänsch: A. a. O., 11. – Die Abfassungszeit des SAD Loc. 4343: Hof- und Haushaltungssachen ..., 50e erhaltenen Entwurfs (o.O., o.D.) eines Befehls an den Torgauer Vogt, wegen des Sterbens in Torgau Anstalten für die Reise der Söhne Ernsts nach Rochlitz zu treffen, ist kaum einzugrenzen, ebenso die des undatierten Schreibens (SAD Loc. 4352: Lebensbeschreibungen: Albrecht, Kurfürst Ernsts Sohn, 12; Entwurf, o.O.) Kurfürst Ernsts an den nicht näher bezeichneten Erzieher seiner Söhne, in dem er anordnet, für den jungen Albrecht einen Kaplan zu bestellen.

[105] Vgl. Georg Mentz: Johann Friedrich der Großmütige. 1503–1554. T. 1. Jena 1903, 3; Sturmhoefel: A. a. O. 1II, 842. – Eine Hofmeisterin der Söhne Ernsts wird erwähnt in dem Zusatz zu einem Schreiben der Kurfürstin Margarethe an ihre Söhne (o.D.; SAD Loc. 4342: Schreiben Margarethes ... an ihre Söhne ..., 112).

[106] Langenn: A. a. O., 569. Die Zweifel Langenns, daß bei der Anstellung Curd Buchsenschmids »als Werkmeister und Diener Herzog Friedrichs« wirklich der spätere Friedrich III. gemeint sei, vermag ich nicht zu teilen; da Hofbedienstete damals in der Regel mit

mutter Margarethe – auf die frühe Entwicklung des Prinzen nicht abschätzen; es würde vieles transparenter, wären wir darüber so informiert wie über die Beeinflussung seines Vetters Georg von Sachsen durch die Herzogin Zedena, nicht zuletzt in Glaubensfragen.[107] Trotzdem wird man kaum fehlgehen in der Annahme, daß beispielsweise Margarethes tiefe spätmittelalterliche Frömmigkeit und ihr wacher politischer Sinn für Friedrichs Entwicklung nicht ohne Folgen blieben.[108] Die Erziehung des Kurprinzen ist sicherlich im wesentlichen nach dem gleichen Schema abgewickelt worden wie bei anderen jungen Fürsten seiner Zeit. So mag auch er anfangs – ähnlich dem späteren Kaiser Maximilian, zu dem sich auch sonst einige Parallelen herstellen lassen – im freien Umgang mit der Dienerschaft,[109] aus dem seine auffällige Volksverbundenheit resultieren könnte, aufgezogen worden sein.

Nach den ersten Kindheitsjahren erfolgte die Übergabe an einen oder mehrere Erzieher, ob bereits am elterlichen Hof oder erst unter der Oberaufsicht der Großmutter Margarethe, ließ sich nicht ermitteln. Als gesichert kann gelten, daß sich Friedrich bis Anfang 1471 in der Hofhaltung der Eltern aufhielt; um diese Zeit fand in Grimma eine Unterredung zwischen der Kurfürstinwitwe und ihrem Sohn Ernst statt, bei der sie ihn bat, ihr seine Söhne (scil.: zur Erziehung) zu überlassen. Der Fürst erteilte in einem Schreiben vom 17. Februar des gleichen Jahres seine Zustimmung, freilich mit der Bitte, daß seine Mutter die Kinder in Dresden selbst abholen lasse.[110] Wenig später befanden sich die Kleinen unter der Obhut der alten Herzogin »bei Leipzig«.[111] Margarethes Wit-

---

den unterschiedlichsten Aufgaben betraut wurden. Langenn verzichtet leider auf Quellenangaben, auch in diesem Falle.

[107] Elisabeth Werl: Herzogin Sidonia von Sachsen und ihr ältester Sohn Herzog Georg. Herbergen der Christenheit 2 (1959), 8–19.

[108] Zu Margarethe s. William Clemens Pfau: Älteste Baugeschichte des Rochlitzer Schlosses. (Sonderdruck aus: Rochlitzer Tageblatt – Sommer 1932), 23; Christian Friedrich Heinrich Sachse: Das Grabmal der Kurfürstin Margarethe von Sachsen in der Herzogl. Schloßkirche zu Altenburg und dessen Erneuerung im J. 1846. MGAGO 2 (1845–1848), 402 (mit Hinweisen auf ältere Literatur). Zu ihrer politischen Bedeutung vgl. Heinrich Döring: Kurfürst Friedrich II. von Sachsen. Ersch-Gruber Sect. 1, T. 49, 421f.

[109] Hermann Wiesflecker: Kaiser Maximilian I. Bd. 1. München 1971, 73; zu gemeinsamen Berührungspunkten zwischen Maximilian und Friedrich s. ebd., 77. 79. 81f.

[110] SAD Loc. 4342: Handschreiben Kurfürst Ernsts ... an Herzogin Margarethe, 113; in Dresden ausgefertigt.

[111] Tutzschmann: A.a.O., 10f., der an der angegebenen Stelle auch die angebliche »Domschule« in Grimma erwähnt, spricht von der Leitung der Erziehung der jungen Ernestiner durch Margarethe; ebenso auch C. Becker (a.a.O., 7) und Devrient (a.a.O., 13). Sie fußen wahrscheinlich auf Spalatins »Chronicon« (bei Johannes Burchard[us] Mencke[nius]: Scriptores rerum Germanicarum ... Bd. 2. Lipsiae 1728, 625), wo unter dem 5. Juli 1523 von einem Besuch D. Johanns von Truchseß in Lochau berichtet wird: »Is Eques Principem nostrum LII annos se novisse (scil.: dicebat) apud Lipsiam tum puerum, sub educatione aviae Margaritae austriae.« Devrient hat anscheinend das »apud« übersehen und ist deshalb auf eine Erziehung in Leipzig gekommen; »apud Lipsiam« deutet m.E. eher auf Grimma hin, wo sich Margarethe im Herbst 1471 (nur kurz?) und

wensitz war bis zu ihrem Tod Altenburg, und zu ihrem Wittum gehörten unter anderm Colditz, Leisnig und Grimma, wo Friedrich nach eigener Aussage auf der Turmstube seinen ersten Unterricht erhielt.[112] Die in Luthers Tischreden überlieferte »Schweinefleischanekdote«, nach der der junge Wettiner als Knabe beim Großvater weilte,[113] könnte – da seine Großväter schon 1460 bzw. 1464 starben – nur insofern einen wahren Kern besitzen, daß sich die tradierte Geschichte ursprünglich auf die Großmutter bezog; oder liegt eine Verwechslung von »avus« und »avunculus magnus« vor? Dann müßte in erster Linie an Margarethes Bruder, den Kaiser Friedrich III., gedacht werden: Ein Aufenthalt des sächsischen Kurprinzen an dessen Hof vor 1486 ist zwar nicht auszuschließen, wird in der älteren Literatur auch angenommen, ist aber zumindest aktenmäßig nicht greifbar.[114] Unklar bleibt auch, wie lange er sich unter der Oberaufsicht der alten Kurfürstin befand, obwohl sich hier eine genauere zeitliche Eingrenzung durchführen läßt: Es existiert ein Originalschreiben Margarethes aus Eilenburg an ihre Söhne, ohne Jahresangabe, datiert auf Freitag, den 14. August (vigilia assumptionis Mariae), in dem sie auf den Plan Ernsts zu sprechen kommt, seine Söhne von ihr zu nehmen »vnd mit lernung zcubestellenn, das bisher vorzogen were ..., bey ern Caspar von Schönberg Ritter ...« In diesem Sinne hatte sich der Kurfürst eine Woche zuvor gegenüber Margarethes Hofmeister Nickel (Nicol) von Schönberg in Leipzig geäußert und ihm befohlen, mit ihr darüber zu sprechen. Die alte Herzogin erklärte sich mit Ernsts Plan einverstanden, weil sie verstand, daß ihr Sohn die Enkel »mit gelarten luten«, »sunderlicher«, als sie

auch sonst bisweilen aufhielt – vgl. Georg Steinhausen (Hrsg.): Deutsche Privatbriefe des Mittelalters. Bd. 1. Berlin 1899, 98f. (Nr. 137): 24. Okt. 1471; SAD Loc. 4342: Handschreiben Kurfürst Ernsts ... an Herzogin Margarethe, 113: Anfang 1471; Loc. 4342: Schreiben Margarethens ... an ihre Söhne, 104: August 1472.

[112] Zum Witwensitz Margarethes Brather: A. a. O., 259, Anm. 17; Pfau: Baugeschichte, 23; aber Döring: A. a. O., 422. Die alte Kurfürstin weilte zwischen 1469 und 1477 sehr oft in Altenburg (vgl. SAD Loc. 4342: Schreiben Margarethens ... an ihre Söhne, 87–112), was Döring, der diese Stadt als Witwensitz der Fürstin bezeichnet, recht gibt. Grimma und Altenburg gehörten ebenso wie Colditz, Naunhof, Liebenwerda und Eilenburg zu Margarethes Leibgedinge (Albert Fraustadt: Geschichte des Geschlechtes von Schönberg meissnischen Stammes. Bd. 1A. Leipzig 1878, 123). – FWLZ, 22, wo die »Thumstube« zu Grimma ins Spiel gebracht wird, die zu einigen Fehldeutungen Anlaß gegeben hat und offensichtlich als »Thurmstube« gelesen werden muß, wie Christian Gottlieb Lorenz (Die Stadt Grimma im Königreiche Sachsen. Leipzig 1856, 512) nachwies, der an der angeführten Stelle auch die Legende von einer angeblichen Klosterschule in Grimma zerstört. Bis jetzt ist nur von Grossmann (HAW, 41, Anm. 1, bzw. HIW, 24, Anm. 29) näher auf das Problem eingegangen worden.

[113] WATR 4, 224, 16–21 (Nr. 4326), A. Lauterbachs Tagebuch, 12.–15. Jan. 1539.

[114] Auch bei Tutzschmann: A. a. O., 13. Nach freundlicher Mitteilung von Prof. Dr. Richard Blaas vom 30. November 1973 lassen sich aus den Archivalien des Haus-, Hof- und Staatsarchivs Wien keine Nachweise für einen Aufenthalt Friedrichs am Hof seines Großonkels, des Kaisers Friedrich III., erbringen.

es tat, »zcu vnderweisung der schrift kunst« erziehen lassen möchte.[115] Da der erwähnte Nickel von Schönberg spätestens Anfang 1476 starb[116] und der 14. August zwischen 1471 und 1476 nur einmal auf einen Freitag fiel – im Jahre 1472 – kann sich der spätere Kurfürst nicht allzu lang bei der Großmutter aufgehalten haben; es erscheint auch unwahrscheinlich, daß der im Brief Margarethes angesprochene Mißstand in Sachen »lernung« sechs Jahre anhielt.

Spätestens 1476 wurde Friedrich mit seinem Bruder Johann in Rochlitz ausgebildet. Als Erzieher fungierte der Kaplan Johannes Zehentner. Auch im folgenden Jahre hielten sich die Brüder als »Schüler« in der Stadt an der Mulde auf.[117]

Zehentner war dem Kurfürsten unterstellt; seine Verbindungen zu Altenburg, von denen noch die Rede sein wird, legen den Gedanken einer Mitwirkung Margarethes bei seiner Anstellung nahe. Von einer Erziehungsoberaufsicht der Kurfürstinwitwe kann zu dieser Zeit nicht mehr die Rede sein, was schon daraus erhellt, daß sie am 19. Mai 1477 von Altenburg aus ihren ältesten Sohn bitten mußte, zu erlauben, die beiden Enkel für Pfingsten und die folgenden Tage nach Altenburg holen zu lassen, um mit ihnen dort eine »frolichkeit zeuhaben«.[118] Man kann somit davon ausgehen, daß der Kurprinz seine Kindheit und frühe Jugend vorwiegend in sächsischen Landen verbrachte.

Für die von Georg Fabricius und von Balthasar Mencius erwähnte Teilnahme Friedrichs am »Breslauer Krieg« 1474, obwohl er damals »nondum ex Ephebis« war, läßt sich kein Nachweis erbringen, während die Reise mit dem Vater nach Rom im Jahre 1480 offenbar erfunden ist, da er sich zu dieser Zeit in Aschaffenburg aufhielt.[119] Aschaffenburg, der Sitz der Sommerresidenz des

---

[115] SAD Loc. 4352: Lebensbeschreibungen: Friedrich der Weise, 13.

[116] Über ihn s. Fraustadt: A. a. O. 1A, 113–123.

[117] Zu Zehentner s. Anm. 149; SAD Loc. 4343: Hof- und Haushaltungssachen ..., 17e: Zehentner an Kurfürst Ernst, 28. Jan. 1476, Rochlitz. Der Hinweis auf den Aufenthalt Friedrichs und Johanns in Rochlitz findet sich in der Rochlitzer Amtsrechnung von 1477 – s. dazu Pfau: A. a. O., 33; ders.: Rochlitzer Buchbinder, Uhrmacher, Goldschmiede ... Hefte des Vereins für Rochlitzer Geschichte 10 (1931), 18. Für den Rochlitzer Aufenthalt der beiden ernestinischen Prinzen im Jahre 1476 könnte man auch ihr Fernbleiben von den Magdeburger Einführungsfeierlichkeiten für ihren Bruder Ernst im gleichen Jahr geltend machen (vgl. Anm. 124).

[118] SAD Loc. 4342: Schreiben Margarethens ... an ihre Söhne, 111. Die Lesart des Maragarethe Repertoriumsregestes, Margarethe wolle die Brüder nach Rochlitz und Altenburg holen lassen, ist irrig; im Brief wird davon gesprochen, beide »zcu Rochlitz holen (scil.: zu) lassen«.

[119] Nach Sturmhoefel (a. a. O. 1II, 757) weilte Kurfürst Ernst 1474 zu Verhandlungen zwischen dem polnischen König und Matthias Corvinus in Breslau. Möglicherweise beziehen sich die Stellen bei Fabricius und Mencius darauf – s. G. Fabricius: Saxoniae illustratae Libri novem ... Hrsg. Jacob Fabricius. Lib. 8. Lipsiae 1606, 3; Balthasar Mencius: Itinera sex a diversis Saxoniae ducibus et electoribus ... Witebergae (1612), 38. Eine Verwechslung des Kurprinzen mit Friedrich von Liegnitz scheint nicht ausgeschlossen zu sein, da sich keine Hinweise auf eine Teilnahme des jungen Fürsten an der Reise seines Vaters finden – s. SAD Loc. 4342: Handschreiben Kurfürst Ernsts und Herzog Albrechts

Mainzer Erzbischofs Diether von Isenburg, war es wohl auch, wo er sich – anscheinend zur Erlernung höfischer Sitten – nicht nur einmal aufgehalten haben mag. Fest steht, daß er eine gewisse Zeit mit Gefolge am Hof des Mainzer Kurfürsten weilte – der anonyme Verfasser der Fortsetzung der »Annales Veterocellenses« (um 1500) erwähnt ausdrücklich, daß er mit seinem Bruder Albrecht »Moguncie in studio universali liberalibus artibus et litteris insudavit«, und auch sonst wird sein Mainzer Aufenthalt, zumindest für 1480, quellenmäßig greifbar,[120] nicht zuletzt durch zwei Verordnungen Kurfürst Ernsts, beide ausgestellt in Dresden am 25. Juni 1480 und bestimmt für Bischof Johann V. von Meißen[121] bzw. für die Erzieher der Prinzen,[122] die ihrem Herrn kurz vorher

---

aneinander, 141: Kurfürst Ernst an Herzog Albrecht, 23. Sept. 1474, Liegnitz; Hubert Ermisch: Die Erwerbung des Herzogtums Sagan durch Kurfürst Ernst und Herzog Albrecht (1472–1475). NASG 19(1898), 1–50. – EGA Reg. A 123, 18. 19v: Kurfürst Ernst an Herzog Albrecht, 4. April 1480, Rom; Albrecht hatte Ernst am 12. März geschrieben, »wie vnd mit welcher ere vnßre (scil.: Ernsts) liebe söne gein Aschafenburg komen«. Friedrichs Name wird in den Schreiben aus Rom nirgends erwähnt, auch sonstige Bezüge fehlen.

120 Ludwig Schmidt: Die Fortsetzung der Annales Veterocellenses in der Dresdner Handschrift R. 94. ZVThüGA 18(1897), 485. Zu Isenburg: ADB 5, 164–170; NDB 3, 668; Albert Kirnberger: Dieter von Isenburg, der Gründer der Universität Mainz. Mainz (1950), 29. 31f. – Wann Friedrich nach Mainz kam, konnte ich nicht genau ermitteln; 1479 scheint er sich noch in Sachsen aufgehalten zu haben (s. Anm. 124). Das »Küchenbuch« der Hofhaltung des Kurprinzen und seines Bruders Albrecht in Mainz vom Sonntag Invokavit bis zum Sonntag Kantate (19. Februar – 30. April) 1480 – ehedem SAD Loc. 4345: Rechnungen ..., Nr. 22 – gilt als Kriegsverlust. – Dr. H. Kallfelz vom Staatsarchiv Würzburg – wo sich die Archivalien des Kurfürstentums Mainz heute befinden – teilte mir in einem Schreiben vom 21. Juli 1975 freundlicherweise mit, daß sich in den dortigen Beständen kein Hinweis auf den Aufenthalt Friedrichs am Kurmainzer Hof um 1480 finden läßt; die Mainzer Domkapitelprotokolle der fraglichen Zeit sind bis jetzt noch nicht vollständig erschlossen, so daß nur Nachrichten über den Administrator Albrecht gefunden werden konnten. Zum Mainzer Aufenthalt Friedrich vgl. auch Kirn: A. a. O., 7.

121 Auszug aus dem Brief Kurfürst Ernst an Bischof Johann V. (von Weißenbach) bei Langenn: A. a. O., 476, wo keine Quelle für die Verordnung angegeben wird; der Text gleicht in auffälliger Weise dem des Schreibens an die Erzieher. – Weißenbach hatte in Italien Theologie und die Rechte studiert und war bis zu seiner Bischofswahl 1476 in seiner Eigenschaft als Jurist für Kurfürst Ernst und seinen Bruder tätig, so z. B. 1473 als sächsischer Bevollmächtigter in Sagan und Breslau (Ermisch: A. a. O., 15. 21) und 1476 in gleicher Eigenschaft auf dem Bernburger Landtag (Denkwürdigkeiten des Hallischen Rathsmeister Spittendorf. Bearb. Julius Opel. Halle 1880, 181). Näheres über ihn bei Eduard Machatschek: Geschichte der Bischöfe des Hochstiftes Meissen in chronologischer Reihenfolge, Dresden 1884, 517–551; Willi Rittenbach; Siegfried Seifert: Geschichte der Bischöfe von Meißen 968–1581. Leipzig 1965, 336f.

122 SAD Loc. 4352: Lebensbeschreibungen: Friedrich der Weise, 14 (Entwurf); darin wird auf das Schreiben an Bischof Johann Bezug genommen. Die beiden angesprochenen Erzieher sind »Meister Vlrich« und »Er Balthasar«. Daß sich beide zu dieser Zeit in der Mainzer Gegend aufhielten, kann man der Bemerkung entnehmen, Balthasar könne die »reynische Lufft« nicht vertragen.

mitgeteilt hatten, daß seine Söhne »woll lernetten und uch (!)« gehorsam und folgsam wären. Es liegt auf der Hand, daß bei der Wahl des Mainzer Hofes als vorübergehender Ausbildungsstätte Friedrichs auf sächsischer Seite, und nicht nur dort, ziemlich handfeste Interessen mit im Hintergrund gestanden haben; auch der junge Ernestiner Albrecht, später Nachfolger Isenburgs, wurde – wie erwähnt – am Mainzer Hof ausgebildet. Nach Spalatin erhielt Friedrich seine Ausbildung zeitweise zusammen mit seinen Brüdern Ernst (geb. 26. Juni 1464), Albrecht (geb. 1467) und Johann (geb. 30 Juni 1468),[123] wobei schon ein Vergleich der Geburtsdaten den Schluß zuläßt, daß die Vorstellung von einer generell gleichzeitigen Erziehung der Prinzen irrig ist. Nach einer gemeinsamen Ausbildung wurde der Unterricht der Brüder spätestens seit 1476, dem Jahr, in dem der junge Ernst zum Erzbischof von Magdeburg gewählt wurde, getrennt durchgeführt: 1477 und 1479 befand sich bei Ernst sein erkrankter Bruder Albrecht, wahrscheinlich nicht nur vorübergehend; im Dezember 1479 bat er in rührender Weise seinen Vater, Friedrich, Johann und Heinrich von Braunschweig-Lüneburg, die offenbar zu dieser Zeit zusammen erzogen wurden, zu erlauben, Weihnachten mit ihm verleben zu dürfen;[124] Albrecht erwähnt er nicht, was dafür spricht, daß dieser in jenem Jahr schon nicht mehr mit den anderen Brüdern Unterricht erhielt.[125]

Die Ausbildung Friedrichs und Johanns fand, wie schon angeführt, seit etwa 1476 gemeinsam statt, offensichtlich wie üblich mit anderen gleichaltrigen Adligen zusammen.[126] Daß sich darunter Johann von Staupitz befunden habe, ist eine gewagte Vermutung,[127] völlig von der Hand weisen läßt sie sich nicht.

---

[123] Zu den Brüdern vgl. Devrient: A. a. O., 6f.; zu ihrer Ausbildung s. FWLZ, 22 – man beachte hier bitte das Wort »zeitlich« (vgl. GDWB 15, 588f.).

[124] Steinhausen: A. a. O. 1, 162, Anm. 1. 199f. (Nr. 290): Prinz Ernst an Kurfürst Ernst, 13. April 1479, Giebichenstein. Zur Erkrankung Albrechts 1477 SAD Loc. 4342: Handschreiben Herzog Wilhelms an Kurfürst Ernst ..., 63; Loc. 4351: Krankheiten, 1. – Steinhausen: A. a. O. 1, 209 (Nr. 308): Prinz Ernst an Kurfürst Ernst, 17. Dez. 1479; Ernst versichert: »Alßdann wollen wir die lernung dennocht nicht ganz underwegen laszen, ouch darnach, ob mir etwaß versaumen wurden, mit großenn vliß wider eynbringen etc.« – Beim Einzug des am 6. Jan. 1476 vom Magdeburger Domkapitel postulierten, aber erst am 22. Nov. 1489 zum Erzbischof geweihten (Devrient: A. a. O., 22f.) Ernst in Magdeburg (28. Okt. 1476) waren Friedrich und Johann im Gegensatz zu ihrem Bruder Albrecht nicht anwesend – nach SAM Rep. A 2. Tit. I. Nr. 2: Nachrichten von Einzug und Huldigungsfeierlichkeiten Ernsts, 9–24, bzw. 3–8 (Extrakt), besonders 3v.4r. Das Aktenstück EGA Reg. Bb 5492a bezieht sich nicht auf Friedrich; die entsprechende Bezeichnung im Repertorium ist falsch, denn die Faszikelaufschrift lautet: »Registrum, was mein gnediger herre verthan hat uff der reyse gein Magdeburg ... Anno Domini« 1476.

[125] Vgl. ADB 5, 169; ebd. 1, 268.

[126] Vgl. Hans Heim: Fürstenerziehung im 16. Jahrhundert. Beiträge zur Geschichte ihrer Theorie. Paderborn 1918, 3; Mentz: A. a. O. 1, 4.

[127] So Alfred Jeremias: Johannes von Staupitz: Luthers Vater und Schüler. Berlin 1926, 20; auch er spricht ebd. von der »Domschule« Grimma.

Sicher sind damals einige wichtige persönliche Bekanntschaften mit etwa Gleichaltrigen geschlossen worden; ebenso gut könnte man an Heinrich von Bünau denken oder auch an den späteren Naumburger Bischof Johann von Schönberg.[128]

Überhaupt stehen, was die Frühzeit Friedrichs angeht, den Vermutungen Tür und Tor offen, sei es, was sein gutes Verhältnis zu den Augustinereremiten betrifft,[129] sei es, was die Erlebnisse der frühen Jugendzeit und deren Einfluß auf seine Persönlichkeitsentwicklung angeht. In welchem Ausmaß sie nachgewirkt haben, läßt sich nur ahnen. Es wäre aber töricht zu leugnen, daß mehr oder minder bewußt erlebte politische Ereignisse, Pestepidemien, Naturkatastrophen und zahllose Imponderabilien nachhaltig Eindrücke bei ihm hinterließen.[130] Sie formten seine Persönlichkeit ebenso wie seine Erziehung, eine Erziehung, die sich anfangs vorwiegend auf körperliche Ertüchtigungsübungen beschränkt haben dürfte, man denke an die vielzitierte Klage des Aeneas Sylvius, in Deutschland lernten die Knaben eher Reiten als Lesen. Sicher kamen auch bei Friedrich und seinen Geschwistern nicht gerade zimperliche »pädagogische« Methoden zur Anwendung, wie sie noch im 17. Jahrhundert am albertinischen, kursächsischen Hof üblich waren.[131] Zur Ausbildung gehörte später auch der Erwerb gewisser manueller Fertigkeiten; wie Maximilian I. erlernte der Kurprinz das Drechseln.[132]

Wann Friedrich den ersten Unterricht erhielt, ist unklar. Anfangs erfolgte die Unterweisung im Lesen und Schreiben, später die im Lateinischen und Französischen. Schon die »Goldene Bulle« hatte für die Söhne der Kurfürsten gefordert, daß sie vom siebenten Lebensjahr an »in gramatica (!) Italica ac Slavica lingwis« unterrichtet würden,[133] aber Kurfürst Ernst dürfte vorwiegend aus anderen Gründen für einen entsprechenden Unterricht Friedrichs und seiner anderen Söhne gesorgt und auf deren Lerneifer großen Wert gelegt haben. Er

---

[128] SPALATIN (FWLZ, 44) weist ausdrücklich auf das gute Einvernehmen zwischen Friedrich und Schönberg hin. Über den Bischof s. FRAUSTADT: A.a.O. 1A, 231–245.

[129] KOLDE äußerte (RE 6, 279) den Gedanken, Friedrich habe seine Vorliebe für die Augustinereremiten in Grimma gefaßt. Zum Augustinereremitenkloster in Grimma s. LORENZ: A.a.O., 57f.

[130] Besondere Bedeutung kommt in diesem Zusammenhang der Tatsache zu, daß er sich mit seinem Vater und Johann vom 20. Sept. bis zum 17. Nov. 1485 in Leipzig aufhielt (EGA Reg. Bb 5664), wo er, wenn auch vielleicht nur indirekt, Zeuge der folgenschweren Teilungsverhandlungen (s. HÄNSCH: A.a.O., 72f. passim) gewesen ist.

[131] LANGENN: A.a.O., 12.

[132] Nicht als Kunsthandwerk (gegen KÖTZSCHKE-KRETZSCHMAR: A.a.O., 165), wie man der betreffenden Stelle bei JOHANN MATHESIUS (Ausgewählte Werke. Bd. 3: Luthers Leben in Predigten. Hrsg. Georg Loesche. Prag 1898, 147) entnehmen kann: Friedrich hatte sein »Drehezeug, vnd schifftet vnd fidert Böltze«. Zu Maximilian s. WIESFLECKER: A.a.O. 1, 82; ALFRED WALCHER-MOLTHEIN: Die Drechselbank Kaiser Max des Ersten. Belvedere 7 (1925) 1, 17–22.

[133] Der auf die Prinzenerziehung bezügliche Abschnitt der Goldenen Bulle ist abgedruckt bei SCHUSTER-WAGNER: A.a.O. 1, 516.

selbst beherrschte die lateinische Sprache nicht, was er besonders im Frühjahr 1480 anläßlich der Überreichung der Goldenen Rose durch Papst Sixtus IV. als beschämend empfinden mußte.[134] Möglicherweise steht bei der im Schreiben Ernsts an die Erzieher seiner Söhne vom Juni des gleichen Jahres enthaltenen Aufforderung, die Prinzen »vlisig zeur lere« und Zucht zu halten, die Erinnerung daran mit im Hintergrund, doch auch schon 1479 achtete er auf fleißiges Lernen, wie man einem Schreiben seines Sohnes Ernst indirekt entnehmen kann.[135]

Ein anderer Grund lag wohl darin, daß der von Aeneas Sylvius vorartikulierte Gedanke einer Fürstenerziehung im humanistischen Sinn langsam aber sicher an Boden gewann,[136] wenn auch in recht unterschiedlichem Maße, ein weiterer in der fortschreitenden Entwicklung, die für das – gerade in Sachsen zunehmend an Macht gewinnende – erstarkende Landesfürstentum nicht nur qualifizierte Beamte, sondern auch umfassender gebildete Fürsten verlangte. Daß Friedrich und auch sein Bruder Johann nach der Jahrhundertwende der Ausbildung des jungen Herzogs Johann Friedrich, ihrer Neffen Otto und Ernst von Braunschweig-Lüneburg und nicht zuletzt von Friedrichs illegitimem Sohn Sebastian von Jessen besondere Aufmerksamkeit widmeten,[137] spricht für sich, obgleich sich hier der Verdacht aufdrängt, die entsprechenden Bemühungen könnten auch dem Bewußtsein einer eigenen ungenügenden Ausbildung zuzuschreiben sein. Unbeschadet dessen sind bei allem diejenigen Kräfte nicht zu übersehen, die sich – vom deutschen Frühhumanismus beeinflußt – zu Promotoren humanistischer Ideen machten und, wie anscheinend Dr. Johann Stocker, der Lehrer Johann Ciceros von Brandenburg, wohl für die Möglichkeit der Beeinflussung eines jungen Fürsten in ihrem Sinn – natürlich bei freier Unterkunft, Verpflegung und gegen Bereitstellung des üblichen Hofgewandes – immerhin auf ein Erziehergehalt verzichteten.[138] Hier taucht die Frage auf, ob sich unter Friedrichs Erziehern Männer befanden, die in ihm Keime latenten humanistischen Gedankengutes gelegt haben könnten. Bei seinem Bruder Ernst läßt sie sich leicht beantworten, denn er erhielt in den achtziger Jahren Unterricht von Ivo Wittich, der auch in Leipzig über Huma-

---

134 Spalatin bei J. B. Mencke: A.a.O. 2, 1093; Kirn: A.a.O., 9.

135 Steinhausen: A.a.O. 1, 209 (Nr. 308); die Bemerkung Fabricius' (a.a.O. Lib. 8, 3), Friedrich sei streng erzogen worden, trifft wohl auch zu.

136 Zu den beiden pädagogischen Schriften des Aeneas Sylvius Piccolomini – dem Erziehungsplan für Herzog Sigismund von Tirol von 1443 und dem 1449 entstandenen Werk »De puerorum educatione« (für Wladislaw Postumus; nach Wiesflecker: A.a.O. 1, 74, auch für Maximilian benutzt, ob gleichfalls für Friedrich, ist unklar) – s. Wilhelm Münch: Gedanken über Fürstenerziehung aus alter und neuer Zeit. München 1909, 47; ebd., 44–93, ein Überblick über die wichtigsten Pläne zur Prinzenerziehung aus dem humanistischen Lager.

137 Höss: Spalatin, 61f. 65. 70; Mentz: A.a.O. 1, 3–9.

138 Schuster-Wagner: A.a.O., 178f.

niora las, und bei dem Italiener Fridianus Pighinucius, der ebenfalls Humanist war.[139]

Über Friedrichs Lehrer liegen dagegen keine Angaben vor, was ihre Stellung zum Humanismus betrifft; wir wissen nicht einmal, wie viele es insgesamt waren. Analog zu der Ausbildung der Söhne seines Onkels, des Herzogs Albrecht von Sachsen, und der Johann Ciceros ist dabei mindestens für die spätere Zeit die Existenz mehrerer Erzieher unter der Aufsicht eines Hof- oder Zuchtmeisters – gewöhnlich ein Ritter oder Gelehrter – anzunehmen,[140] während für den ersten Unterricht in Grimma möglicherweise ein Mönch aus dem dortigen Augustinereremitenkloster in Frage kommt.[141]

Uns sind nur wenige Personen namentlich bekannt, die als Erzieher die persönliche Entwicklung Friedrichs beeinflußten. Vor allem war es Ulrich (Udalrich) Kemmerlin, sein Lehrer in späteren Jahren, der bei ihm einen starken Eindruck hinterlassen haben muß, da er ihm noch 1519 einige Goldgulden als Zeichen seiner Verehrung zugehen ließ.[142] Kemmerlin, geboren am 3. September 1446 in Hallein (Salzkammergut) und verstorben am 29. Juni 1519, studierte ab 1463 in Leipzig, wo er 1465 Baccalaureus artium und 1475/76 Magister artium wurde; als solcher ist er dort noch 1477 nachweisbar. Er unterrichtete Friedrich und seinen Bruder Albrecht in Mainz respektive in Aschaffenburg und ist mit dem in der kurfürstlichen Verordnung vom Juni 1480 angeschriebenen »Meister Ulrich« identisch, der die jungen Wettiner »vlisig zeur lere« halten sollte. Nach der Wahl Albrechts zum Administrator des Mainzer Erzbistums erhielt er am 23. Juni 1482 ein Kanonikat an der Aschaffenburger Stiftskirche, wo er 1493 Dekan wurde; er ist also in den Jahren nach 1477 als ernestinischer Prinzenerzieher tätig gewesen, ob vor 1480 schon in Sachsen, läßt sich nicht genau sagen. Der Magister erteilte Lateinunterricht, las mit den jungen Ernestinern unter anderem Terenz und Dionysius Cato,[143] ganz im Sinne des Kurfürsten,

---

[139] Gustav Bauch: Aus der Geschichte des Mainzer Humanismus. In: Beiträge zur Geschichte der Universitäten Mainz und Giessen. Hrsg. Julius Reinhard Dieterich; Karl Bader. Giessen 1907, 12f.

[140] Langenn: A.a.O., 475f.; Schuster-Wagner: A.a.O., 178f. 182.

[141] Lorenz: A.a.O., 512.

[142] FWLZ, 22. 46; nach NMN JN 1922/13 findet sich ein Hinweis auf Kemmerlin EGA Reg. Aa 2281, 34. – Die folgenden biographischen Angaben über Kemmerlin nach Paul Fraundorfer: Das Sakristeikreuz im Stiftsschatz von St. Peter und Alexander zu Aschaffenburg. In: 1000 Jahre Stift und Stadt Aschaffenburg: Festschrift zum Aschaffenburger Jubiläumsjahr 1957. T. 2. Aschaffenburg 1957, 575–591.

[143] FWLZ, 22. 46. Mit dem von Spalatin erwähnten Cato ist weder Marcius Porcius Cato d. Ä. noch Cato d. J. gemeint, sondern der spätrömische Didaktiker »Dionysius« Cato (vergl. VerLex 1, 370f.; Hain, Nr. 4710), auf den auch der Vermerk Spalatins zutrifft, Friedrich habe daraus »viel guter Spruch gemerkt«. Bei der Beschäftigung mit Terenz hat man in erster Linie an das Exzerpieren und Memorieren moralisierender Dicta zu denken, wie es später auch bei Johann Friedrich üblich war (s. Mentz: A.a.O. 1, 8). Zum Unterricht Joachims I. von Brandenburg – auch dabei wurde wahrscheinlich Terenz gelesen – vgl. Schuster-Wagner: A.a.O. 1, 260. – Der im Brief Herzog Albrechts an Kurfürst

dem wahrscheinlich Kemmerlins – noch in seiner Grabschrift gerühmten – Tugenden wie »Gastlichkeit« und »Sittenstrenge«[144] dessen Anstellung als Prinzenerzieher besonders empfahlen, gewiß mehr darauf ausgerichtet, daß seine Schüler daraus »moralisierende Sätze« zogen, die sie bei »Tugend und Zucht« hielten, damit sie, »so yn got lebetage geben vnd erwachsen wurden, mit den lewthen« nach deren Stand und Weise »erbarlich« zu handeln wüßten,[145] als auf Vermittlung gelehrter Bildung. Ob Kemmerlin Französisch lehrte, eine Sprache, die Friedrich auch erlernte, ist ungewiß. Sicherlich hat die Unterweisung in diesem Fach wie auch die parallel zum »gelehrten« Unterricht durchgeführte körperliche Ausbildung, die Vermittlung höfischer Sitten und die Vorbereitung auf die spätere politische Laufbahn, für die in erster Linie der Hofmeister zuständig gewesen sein mag,[146] aus rein praktischen Erwägungen stattgefunden.

Trotz allem ist die Möglichkeit nicht von der Hand zu weisen, daß Kemmerlin, in Leipzig mit humanistischen Vorstellungen in Berührung gekommen, Friedrich und Albrecht entsprechend beeinflußte. Wie schon erwähnt, wurde er, den noch seine Epitaphinschrift einen »an Wissenschaft ausgezeichneten« Mann nennt,[147] 1463 in Leipzig eingeschrieben, an einer Universität, wo schon ein Kreis an humanistischen Studien interessierter Studenten sein Wesen trieb, ein Kreis, dem seit 1460 Hartmann Schedel angehörte und der durch die vorübergehende Anwesenheit Peter Luders – 1462 als Lehrer der Poetik tätig – an Bedeutung gewann, so daß in den folgenden Jahren der Humanismus in Leipzig nicht mehr von der Tagesordnung[148] verschwand.

Das über Kemmerlin Gesagte gilt noch für eine andere Persönlichkeit, die unter die Lehrer des Kurprinzen zu zählen ist, den bereits erwähnten Kaplan Johannes Zehentner, der 1476 in Rochlitz bei den Söhnen Ernsts angestellt war,[149]

Ernst vom 12. (?) Okt. 1480 (Zwickau; SAD Loc. 4343: Hof- und Haushaltungssachen ..., 30) erwähnte alte Schulmeister, den Ernst gemäß einer Absprache mit Albrecht fragen ließ, »ap er sich ... zcu dinst begeben« wolle, kann, wenn überhaupt, nur für den Unterricht von Albrechts Söhnen vorgesehen gewesen sein.

[144] Fraundorfer: A.a.O., 591; vgl. u. Anm. 503–505.

[145] SAD Loc. 4352: Lebensbeschreibungen: Friedrich der Weise, 14.

[146] Nach Schuster-Wagner: A.a.O. 1, 248, forderte es die ritterliche Erziehung, daß schon nach dem siebenten Lebensjahr an einem fremden Hof »Sitte und Zucht« gelernt wurden.

[147] Fraundorfer: A.a.O., 591.

[148] Zu Hartmann Schedel s. ADB 30, 661f.; zu Peter Luder ADB 19, 376f.; Rudolf Haupt: Studien zur Geschichte der Universität Leipzig zur Zeit des Frühhumanismus. Phil. Diss. (Masch. u. Handschrift) Leipzig 1920, 51–58. – Zum Leipziger Frühhumanismus der sechziger Jahre des 15. Jh., dessen Vertreter sich vor allem als lateinische Verseschmiede und Briefschreiber produzierten, s. Haupt: A.a.O., 50–60; Gustav Bauch: Geschichte des Leipziger Frühhumanismus mit besonderer Rücksicht auf die Streitigkeiten zwischen Konrad Wimpina und Martin Mellerstadt. Leipzig 1899, 3–6.

[149] SAD Loc. 4343: Hof- und Haushaltungssachen, 17e: Johannes Zehentner an Kurfürst Ernst, 28. Jan. 1476, Rochlitz. Der Kaplan bittet in seinem Schreiben Ernst um Verlängerung seines Urlaubs – er reist auch in kurfürstlichem Auftrag nach Altenburg –,

natürlich vorausgesetzt, daß der Geistliche mit dem im Sommer 1463 in Leipzig immatrikulierten Johannes Zehentner aus Lohe (Mittelfranken) identisch ist.

Bei näherer Betrachtung der Leipziger Frühhumanisten fällt auf, daß immer wieder Verbindungen zum kursächsischen Hof sichtbar und mögliche Beziehungen später dort auftauchender Persönlichkeiten mit humanistischer Ausrichtung untereinander augenscheinlich werden.[150] Um die gleiche Zeit wie

---

da er beim Altenburger Kapitel vorstellig werden muß. Man beachte in diesem Zusammenhang, daß sowohl Friedrich als auch Johann 1517 bzw. 1516 das Altenburger Franziskanerkloster und auch das dortige Augustinerchorherrenstift testamentarisch bedachten (vgl. KIRN: A. a. O., 195–197) und daß 1484 ein Johann Zehend(n)ner als Domherr des Altenburger Georgenstifts nachweisbar ist, der 1485 starb – s. JULIUS LÖBE: Personal des St. Georgenstiftes (scil.: zu Altenburg) nach Urkunden. MGAGO 2 (1845–1848), 384.

[150] Angesichts der allgemeinen Verwirrung, die hinsichtlich des Gebrauchs und der Deutung des Begriffs »Humanismus« und seiner Derivate herrscht, ist es unumgänglich, an dieser Stelle – gewissermaßen als Exkurs – Vorschläge zu unterbreiten, wie man etwas Ordnung in das Durcheinander bringen kann, denn gerade in vorliegender Arbeit würden sich pauschale Klassifizierungen verheerend auswirken. Dabei geht es nicht darum, Reflexionen über die Eigenart des Begriffes »Humanismus« oder seine möglichen inhaltlichen Bestimmungen anzustellen – vgl. dazu HELMAR JUNGHANS: Der Einfluß des Humanismus auf Luthers Entwicklung bis 1518. LuJ 37 (1970), 45–52 –, sondern um die Festlegung gewisser Kriterien, die eine annähernde Einordnung der einzelnen deutschen Humanisten nach ihrer geistesgeschichtlichen Stellung ermöglichen sollen. »Humanismus« sei in diesem Zusammenhang (in Anlehnung an JUNGHANS: A. a. O., 45) als geistes- und kulturgeschichtliche Bewegung und Größe definiert, die sich durch neue wissenschaftliche Konzeptionen sowie durch eine neue Sicht der Welt und des Menschen von der Scholastik abhebt. Das Verhältnis Scholastik – Humanismus respektive scholastisches – humanistisches Denken ist es auch, auf dem der folgende Klassifizierungsversuch fußen soll. Es wird anhand einer aus der Mathematik entlehnten, abstrahierenden Hilfskonstruktion sichtbar gemacht, die die Qualität der Verzahnung von Scholastik und Humanismus nicht mit in Rechnung stellt und das Verhältnis von Scholastischem und Humanistischem im Gesamtschaffen und -denken (auf der Ordinate ablesbar und quantitativ gedacht) einer beliebigen Anzahl von gemeinhin unter dem Sammelbegriff »Humanist« eingeordneten Personen – vorwiegend Gelehrten – im Zeitraum zwischen Noch-nicht-Vorhandensein und deutlichem Übergewicht humanistischen Gedankengutes zur Basis hat (auf der Abszisse dargestellt): Siehe Abbildung 1.

(Der jähe Abbruch beim »hundertprozentigen« Vorherrschen humanistischen Gedankengutes ist durch die Abstraktion der Darstellung bedingt.)

Es legt sich nahe, einzelne Entwicklungsstufen des Humanismus herauszustellen (zwischen Null- und »End«punkt auf der Abszisse), Entwicklungsstufen, die gekennzeichnet sind durch die jeweiligen Besonderheiten des Gesamtschaffens der ihnen zuzuordnenden Persönlichkeiten – mit seinem spezifischen Verhältnis von Scholastischem und Humanistischem – und durch drei weitere Faktoren, die ihrerseits für die Klassifizierung der einzelnen Humanisten von eminenter Bedeutung sind: die Art und Weise der Rezeption, Verarbeitung und Weitergabe humanistischer Gedanken durch die Humanisten.

Generell ist festzuhalten, daß mit zunehmendem Vordringen humanistischer Ideen deren Rezeption in steigendem Maße bewußter vonstatten ging, ja schließlich sogar gesucht wurde, daß bei der Verarbeitung humanistischen Gedankengutes fortschrei-

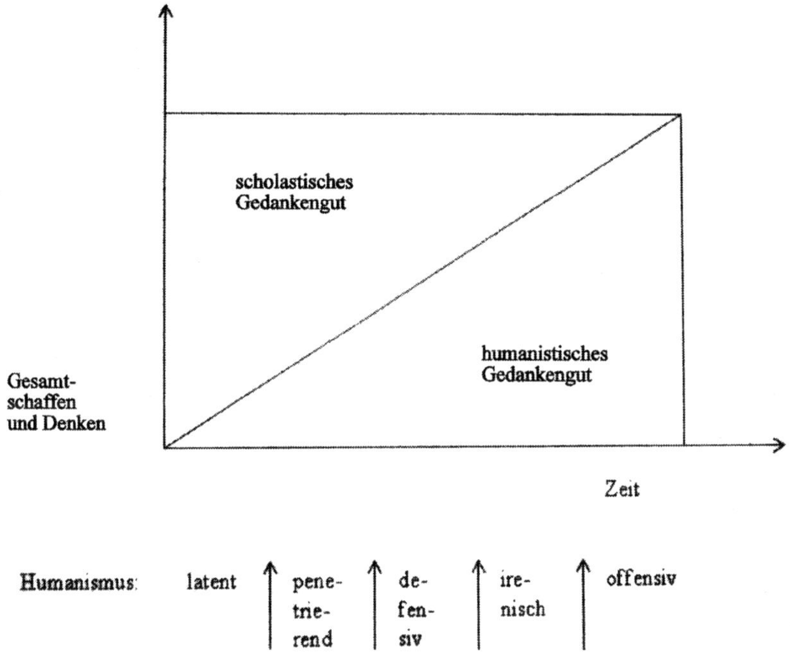

Abbildung 1: Das Vordringen humanistischen Gedankengutes *Illustration: Autor*

---

tend auch eigene schöpferische Gedanken wirksam wurden und daß die Neigung stetig wuchs, sie auf Grundlage klarer Konzeptionen weiterzuverbreiten. Die einzelnen Entwicklungsstufen des Humanismus – mit fließenden Konturen und zeitlich unterschiedlich ansetzbar – wären somit unter Berücksichtigung der genannten drei Faktoren folgendermaßen zu unterscheiden:

1. Latenter Humanismus: Bewußt-unbewußte Aufnahme, unbewußt-indirekte Verarbeitung und Weitergabe humanistischer Gedanken; von Humanismus kann eigentlich noch nicht die Rede sein, er wird auch kaum als solcher erkannt, da er nur unterschwellig vorhanden ist.

2. Penetrierender Humanismus: Die Rezeption humanistischer Ideen erfolgt direkt, wird aber nicht immer gesucht – vgl. HAUPTS (a.a.O., 58) gelungene Formulierung, Samuel Karoch sei in Italien »etwas angeflogen« vom Hauch der neuen Wissenschaft –; die Verarbeitung erfolgt oft uneigenständig, die Weitergabe ohne klare Konzeption. Der Humanismus sickert in die Universitäten ein.

3. Defensiver Humanismus: Es kommt zu Reibungen und Kämpfen mit der scholastischen Richtung, da Rezeption, Verarbeitung und Weitergabe humanistischen Gedankengutes bewußt und eigenständig werden.

4. Irenischer Humanismus: Im Gegensatz zum defensiven Humanismus, wo scholastisches Restdenken bei den Humanisten eine defensive Grundhaltung mitbedingte und ein deutliches Übergewicht der Kräfte des Alten zu verzeichnen war, hat sich das Kräfteverhältnis eindeutig zugunsten des Neuen verschoben. Noch erfolgt kein klar konzipierter Großangriff aus dem humanistischen Lager, bewußt-schöpferische Verarbei-

Kemmerlin studierte in der Pleißestadt Heinrich Stercker aus Mellerstadt, »ein autodidaktischer junger Humanist«, der 1480 mit dem Kurfürsten nach Rom reiste.[151]

Ins Jahr 1470 fällt die Immatrikulation des Mellerstädters Martin Pollich, meist Mellerstadt genannt, einer der wichtigsten Vertrauten des späteren Kurfürsten Friedrich und gemäßigten Humanisten, fast zusammen mit der Thamon Lösers, der später bisweilen von Friedrich als Berater hinzugezogen wurde und dessen Bücherschatz den Grundstock der Wittenberger Universitätsbibliothek bildete;[152] von beiden wird noch ausführlich die Rede sein. Es ist unwahrscheinlich, daß Pollich, der 1475/76 in Leipzig zum Magister artium promovierte, Kemmerlin, der sich zur gleichen Zeit dort aufhielt, nicht kannte. Immerhin könnte bei seiner Berufung zum Leibarzt Friedrichs 1482 einer seiner Leipziger Bekannten mit beteiligt gewesen sein. Falls es sich bei der Erwähnung astrologischer und medizinischer Kenntnisse Friedrichs des Weisen nicht um Übertreibungen handelt,[153] wird Mellerstadt bei ihrer Vermittlung nicht unbeteiligt gewesen sein und könnte deshalb im weiteren Sinne seinen Lehrern zugerechnet werden. Welcher Art die Beziehungen des Kurprinzen zu Heinrich von Bü-

---

tung humanistischen Gedankengutes und dadurch hervorgerufene Kollisionen mit der Scholastik lassen jedoch den Lauf der Dinge ahnen.

5. Offensiver Humanismus: Der Humanismus hat den Höhepunkt seiner Entwicklung und seiner Macht erreicht. Das fast völlige Fehlen scholastischer Resttrümmer und die eigenständige, gezielte Rezeption, Verarbeitung und Weitergabe humanistischer Ideen treiben die Scholastik in die Defensive.

Insgesamt gesehen läßt sich bei den Vertretern der genannten Gruppen mit fortschreitender Entwicklung ein wachsendes pädagogisches Interesse feststellen, während historisches, literarisches und philologisches Interesse – unterschiedlich stark ausgeprägt – in allen Gruppen zu beobachten ist.

Einige Beispiele für die – nur annähernd bestimmbare – Zugehörigkeit im Rahmen vorliegender Arbeit genannter Persönlichkeiten zu den einzelnen Gruppen: Der junge Schedel und Heinrich Stercker (s. u. Anm. 151) sind m. E. der zweiten Kategorie zuzuordnen, wahrscheinlich auch Kemmerlin und Thammo(n) Löser (s. Anm. 139). Zehentner mag Vertreter der ersten Gruppe gewesen sein. Martin Mellerstadt läßt sich schwieriger einordnen; er steht zwischen Gruppe zwei und drei.

151 Bauch: Leipzig, 4. 4, Anm. 1; Haupt: A. a. O., 50.

152 Zu Mellerstadt s. Bauch: Leipzig, 6; Haupt: A. a. O., 71f. (ohne neue Erkenntnisse); auch Theodor Grüneberg: Martin Pollich von Mellerstadt, der erste Rektor der Wittenberger Universität. FUHW 1, 87–91. – Zu Löser s. Wolfgang Otto: Die Inkunabeln aus dem Besitz Dr. Thammo Lösers: die Bibliothek eines Meißner Domherrn des Spätmittelalters. 2 Bde. Prüfungsarbeit für wissenschaftliche Bibliothekare an kirchlichen Bibliotheken (Masch.) Berlin 1973; passim; s. auch Anm. 1327.

153 Nach Tutzschmann (a. a. O., 11) wurde er von Mellerstadt in den Naturwissenschaften, laut Jugler (a. a. O., 8) in Medizin und Astronomie (lies: Astrologie) unterrichtet. Jugler schließt sich an Mencius (Historica Narratio, 7f.) an, der im Hinblick auf Friedrichs medizinische Kenntnisse eine Meinung vertritt, die als ebenso irrig anzusehen ist wie die von Devrient (a. a. O., 16) in Anlehnung an Rosinus geäußerte Ansicht, der Kurfürst habe selbst kuriert.

nau waren, der 1476 in Erfurt, ab 1477/78 in Leipzig studierte, wo er 1480 Baccalaureus artium wurde, und der später als Rat und Gesandter Friedrichs und Johanns hervorragende Bedeutung erlangte,[154] muß offen bleiben; daran, daß es sie gab, ist kaum zu zweifeln. Besser informiert sind wir im Falle des Ritters Dr. Otto Spiegel, der im Juni 1480 als Hofmeister die Oberaufsicht über die ernestinischen Prinzen in Mainz übernahm. Spiegel war 1454/55 in Leipzig immatrikuliert worden, wo er 1460 den Grad eines Baccalaureus artium erwarb. 1477 sehen wir ihn, den Juristen, als Kanzler am Hof Albrechts des Beherzten von Sachsen,[155] der mit seiner Anstellung dem Zug des erstarkenden Territorialfürstentums Rechnung trug, verstärkt Doktoren des römischen Rechts als Berater hinzuzuziehen.[156] Nicht zuletzt dieser Umstand, gekoppelt mit der Tatsache, daß es sich bei Spiegel um einen welterfahrenen Mann handelte – im Mai 1479 war er mit Johann Tucher von Nürnberg nach Palästina aufgebrochen, von wo aus er über die Sinaihalbinsel, Kairo und Venedig die Reise in die Heimat antrat, in der er im Frühjahr 1480 eintraf[157] –, wird Kurfürst Ernst bewogen haben, im Juni 1480 seine Söhne und ihr Gefolge an den Ritter »zu weisen«, ihm gehorsam zu sein, sich in allem nach ihm zu richten und ihn als Hofmeister zu akzeptieren.[158] Friedrichs Verhältnis zu Spiegel, der auch für die Vermittlung bestimmter juristischer Kenntnisse verantwortlich gewesen zu sein scheint, vielleicht auch sein Rechtsdenken schärfte, dürfte denkbar gut gewesen sein, denn der Hofmeister und Berater wurde folgerichtig nach Übernahme der Kurfürstenwürde sein Rat und Gesandter.[159] Spiegel trat sein Hofmeisteramt als Nachfolger eines Mannes an, der in der Verordnung an die Erzieher vom Juni 1480 schlicht und einfach als »Er Balthasar« angeredet wird. Er hatte den Kurfürst Ernst zuvor aus Gesundheitsgründen um die Erlaubnis zur Rückkehr nach Sachsen gebeten und erhielt sie in dem Schreiben. Die Frage stellt sich, wer mit »Ern Balthasar« gemeint ist. Als Antwort bietet sich an, daß der Erzieher möglicherweise mit Graf Balthasar II. von Schwarzburg-Leutenberg identisch

---

154 BAUCH: Leipzig, 6; ders.: Der sächsische Rat und Humanist Heinrich von Bünau, Herr in Teuchern. NASG 26(1905), 42f.

155 LANGENN: A.a.O., 559. Ein Jahr zuvor hatte er sich als Gesandter Sachsens am kaiserlichen Hof aufgehalten (MACHATSCHEK: A.a.O., 521).

156 Vgl. STURMHOEFEL: A.a.O. III, 829; ADB 14, 156 (bei Johann Cicero); ADB 26, 16 (bei Kurfürst Philipp von der Pfalz); FRITZ ERNST: Eberhard im Bart. Stuttgart 1933, 23.

157 REINHOLD RÖHRICHT: Deutsche Pilgerreisen nach dem Heiligen Lande. Neue Ausgabe. Innsbruck 1900, 156f.

158 SAD Loc. 4352: Lebensbeschreibungen: Friedrich der Weise, 14. – Zu welcher Zeit Hans Bock, der Kämmerer Kurfürst Ernsts, als Hofmeister Friedrichs wirkte, konnte ich nicht ermitteln. Zu Bock vgl. JACOB WELLER VON MOLSDORFF: Historia Welleriana ... Leipzig 1700, 45f.49.

159 Am 14. April 1488 hielt er sich zusammen mit Adam von Selwitz als Gesandter Friedrichs auf dem Kurfürstentag Würzburg auf (RTThMax 1, 73), 1489 weilte er mit Götz vom Ende im Auftrag der ernestinischen Fürsten auf dem Reichstag in Frankfurt/M. (RTAMR 3II, 983f.), und im September 1490 befand er sich in Rom (NMN JN 1915a; nach EGA Reg. Bb 4142).

ist, der 1453 geboren wurde und am 18. Juni 1525 starb.[160] Für diese Annahme könnte sein auffällig gutes Verhältnis zu Friedrich sprechen, das gewiß nicht nur, wie behauptet wurde, darauf zurückzuführen ist, daß der Graf ein »edler, frommer Mann« war.[161] Schwarzburgs jugendliches Alter – er wurde zehn Jahre vor Friedrich geboren – muß nicht unbedingt gegen eine Erzieherstellung zum damaligen Zeitpunkt sprechen, ebenso gut ließe sich die Vermutung äußern, er sei bei seiner Tätigkeit 1480 überfordert gewesen und habe die gesundheitlichen Mängel nur vorgeschoben.

Bei einem andern Adligen, der im Zusammenhang mit der Prinzenausbildung in dem Schreiben Margarethes vom 14. August (1472) genannt wird, dem Ritter Caspar von Schönberg, bestehen keine Identifizierungsschwierigkeiten, dafür ist aber nicht ganz klar, welche Stellung er zu den Prinzen einnahm; man hat an die eines Oberaufsehers über ihre Ausbildung zu denken – gewissermaßen als Nachfolger der alten Kurfürstin.[162] Der Ritter und Rat Kurfürst Ernsts und seines Bruders – nicht zu verwechseln mit seinem gleichnamigen Vetter, der 1480 in Ernsts Auftrag nach Rom reiste[163] – aus dem Sachsenburger Hauptzweig seines Geschlechts ist als eine der führenden Persönlichkeiten am kursächsischen Hof in der Zeit zwischen Friedrichs Geburt und Regierungsantritt anzusehen, was für Ernst der ausschlaggebende Grund gewesen sein dürfte, ihm seine Söhne zu unterstellen. Caspar von Schönberg – seit seiner

---

[160] Der 1463 in Leipzig studierende Rochlitzer Balthasar Goldschmidt (erwähnt bei Pfau: Buchbinder, 18) kommt als »Er Balthasar« nicht in Frage.

[161] So Johann Christian August Junghans: Geschichte der Schwarzburgischen Regenten. Leipzig 1821, 67. Dort wird auch erwähnt, daß er 1493 Friedrich auf dessen Palästinareise begleitete (vgl. FWLZ, 90). Dies war nicht die einzige Wallfahrt des Adligen, an der er sich beteiligte: Im Juni 1490 reiste er mit dem sächsischen Kurfürsten zum Heiligen Blut nach Wilsnack und lieh ihm bei dieser Gelegenheit 3 fl. (NMN JN 1915a; nach EGA Reg. Bb 4142). 1495 heiratete er, scheint aber damit nicht glücklicher geworden zu sein, wie einem seiner Schreiben an Friedrich aus dem folgenden Jahr indirekt zu entnehmen ist. Der Ton, den er in diesem Brief anschlägt, ist von einer normalerweise nur unter engen Vertrauten üblichen Offenheit: Der Schwarzburger gibt in Sachen Reichssteuer dem Landesherrn zu verstehen, was er von ihm hält. Seine (scil.: Balthasars) Frau würde ihn schlagen, wenn er (scil.: wie Friedrich) immer seiner Lust nachzöge und nicht auf seine Verpflichtungen achtete; Friedrich solle heiraten, dann werde er schon sehen, wie es ginge (RTThMax 1, 446). Diesen Bemerkungen ist im Blick auf die Beurteilung Friedrichs eine um so größere Bedeutung zuzumessen, als der Graf den Fürsten sehr gut kannte; nicht weniger gewichtig erscheint daher auch sein zweideutiges Urteil, wenn Friedrich nicht als Fürst geboren wäre, hätte er zumindestens Schultheiß in einem Dorf werden müssen (FWLZ, 26).

[162] SAD Loc. 4352: Lebensbeschreibungen: Friedrich der Weise, 13: Margarethe an Kurfürst Ernst, 14. Aug. 1472 (?), Eilenburg. Sie schreibt ihrem Sohn, daß sie von seiner Absicht erfahren habe, die Enkel, mit Ausnahme der Prinzessin, von ihr zu nehmen »... vnd mit Lernung zcu bestelltenn, das bisher vorzcogen werd, auch nu (?) furder hette gedacht, dieselben ... sone bey ern Caspar von Schönberg Ritter ... Rate vnd Amptmann, ...« ausbilden zu lassen

[163] Über ihn s. Fraustadt: A.a.O. 1A, 276–288.

Teilnahme an der Reise Wilhelms des Tapferen ins Heilige Land im Jahre 1461 Ritter – läßt sich bereits 1448 als Hofmeister nachweisen, eine Tatsache, die den Gedanken aufkommen läßt, er könne auch auf Ernsts Erziehung Einfluß genommen haben. Nach dem Tod Kurfürst Friedrichs II. von Sachsen trat er in den Dienst seiner Söhne, wurde von ihnen in verschiedenen diplomatischen Missionen eingesetzt und hielt sich, seit 1469 Amtmann von Meißen, gewöhnlich an ihrem Hof auf.[164] Wie lange er die Oberaufsicht über die jungen Ernestiner innehatte, ist nicht bekannt. Sicher ist er mit dem gleichnamigen Ritter identisch, der sich 1480 auf einem Turnier in Mainz auszeichnete.

Dem Gefolge der Prinzen wird er dabei kaum angehört haben.[165] Einen direkten Einfluß auf ihre Erziehung übte er zu dieser Zeit sicher nicht mehr aus; die »Lehrjahre« des Kurprinzen neigten sich damals ohnehin ihrem Ende entgegen.

In den Jahren zwischen 1481 und seinem Regierungsantritt befand sich Friedrich mit seinem Vater und auch mit Johann öfter auf Reisen. Der Aufenthalt am ständig den Standort wechselnden, sogenannten »gewöhnlichen« Hof sollte seinen Horizont erweitern, gerade was praktisch-politische Fragen betraf: So weilte er im Sommer 1481 mit Kurfürst Ernst anläßlich des Reichstages zum ersten Mal in Nürnberg, hielt sich etwa 1482 mit dem Vater in Jüterbog und zur Fastnacht 1483 in Dresden auf, von wo aus er mit ihm am 14. Februar die Rückreise über Döbeln, Altenburg und Naumburg nach Weimar antrat, wo sich Ernsts »wesentlicher« Hof, also seine ständige Hofhaltung, befand.[166] Im Sommer desselben Jahres fand in Erfurt ein Empfang der dortigen Universität für den Kurfürsten, Friedrich und Herzog Albrecht statt.[167] In das Jahr 1485 fällt das Projekt der Verlobung der dänischen Königstochter mit einem sächsischen Prinzen – vielleicht mit Friedrich.[168] 1486 schließlich befanden sich Ernst und

[164] Biographische Angaben über Caspar von Schönberg nach Fraustadt: A.a.O. 1A, 306–324. 1473 befand er sich mit Johann von Weißenbach als sächsischer Bevollmächtigter in Breslau und war als solcher auch bei der Huldigung Sagans anwesend (nach Ermisch: Erwerbung, 15.21.25). 1486 hatte er die Anordnungen für die Beisetzung Kurfürst Ernsts zu treffen. Er starb am 1. Nov. 1489 in Zwickau (Fraustadt: A. a. O. 1A, 323).

[165] Die Zweifel Fraustadts (a.a.O. 1A, 313) an der Identität des alten Ritters mit dem Turnierteilnehmer vermag ich nicht zu teilen. – Zu den Turnieren am erzbischöflichen Hof vgl. Kirn: A.a.O., 7. Ein geplantes Turnier findet Erwähnung in dem Schreiben an die Erzieher von 1480; s. SAD Loc. 4352: Lebensbeschreibungen: Friedrich der Weise, 14. Der Kurfürst teilt darin Balthasar mit, daß er keine Herberge »vff den Torney« zu bestellen brauche, weil er mit Herzog Albrecht nicht hinzukommen gedenke.

[166] ChrDSt 10, 364f., Heinrich Deichslers Nürnberger Chronik. – Kirn: A.a.O., 166, Anm. 6; nach EGA Reg. Kk 728. Vielleicht haben Friedrich und Johann an der Reise Kurfürst Ernsts und Herzog Albrechts nach Jüterbog im Sommer 1482 (6.-11. Juli) teilgenommen (EGA Reg. Bb 4127c. 5496). Zur Rückreise von Dresden EGA Reg. Bb 4129c.

[167] Erich Kleineidam: Universitas studii Erffordensis. Bd. 2. Leipzig 1969, 85.

[168] Welcher Prinz gemeint ist, läßt sich leider nicht mehr feststellen, da das diesbezügliche Aktenstück (EGA Reg. D 42) verschollen ist. Auch im SAD konnte ich keinen entsprechenden Hinweis finden.

seine beiden Söhne anläßlich der Königswahl Maximilians in Frankfurt (Main), dann in Aachen, wo nach der Krönung am 9. April etwa 200 junge Fürsten, darunter auch die »Herzoge von Sachsen«,[169] von Maximilian den Ritterschlag erhielten.

Auch über die Nachwirkungen der Erlebnisse des Kurprinzen in diesen Jahren sind größtenteils nur Vermutungen möglich, ebenso wie über seine religiöse Erziehung, von der man lediglich sagen kann, daß sie sich völlig im Rahmen spätmittelalterlicher Frömmigkeit – mit allen ihren Auswüchsen – bewegte, die Friedrichs Glauben ihren charakteristischen Stempel aufdrückte, wie noch in Verhalten und Äußerungen des alternden Kurfürsten zu erkennen ist. Im Gegensatz dazu bekannte Einflüsse auf den jungen Fürsten – von seiner körperlichen und geistigen Ausbildung herrührend – werden bereits früher in ihren Früchten greifbar: So nahm er schon bald, man wird etwa an ein Alter von 17 Jahren denken müssen, an seinem ersten Turnier teil, und zwar in Dresden;[170] die Vorliebe für Ritterspiele und Jagden sollte ihn zeitlebens nicht mehr verlassen. Die Ergebnisse seiner Sprachstudien verwundern dagegen etwas; zwar wird versichert, daß er Latein »fast wol verstanden«, Französisch sogar »ziemlich verstanden«, geschrieben »und geredt« habe,[171] aber es ist doch merkwürdig, daß der Fürst, obwohl mit einem ausgezeichneten Gedächtnis begabt, kaum Latein sprach und sich später lateinische Schriftstücke von Spalatin übersetzen ließ.[172] Auch mit psychologischer Deutung und dem Hinweis, dies sei seinem Bestreben zuzuschreiben, den Gebrauch der deutschen Sprache zu fördern, wird man des Problems nicht völlig Herr. Es handelt sich hier doch wohl um ein Zeichen dafür, daß sich Friedrichs Lateinunterricht auf das Notwendigste beschränkte und im Vergleich mit dem anderer junger Fürsten seiner Zeit von minderer Qualität war, wenn auch hervorzuheben ist, daß seine Sprachausbildung im wettinischen Haus einen beachtlichen Fortschritt darstellte, und nicht nur dort, denn sein Vater Ernst, dessen Bruder Albrecht und sein Großonkel Wilhelm der Tapfere konnten ebenso wenig Latein wie der Württemberger Eberhard im Bart.[173]

Ein Blick auf seine fürstlichen Zeitgenossen zeigt, wie vorsichtig man bei der Gesamteinschätzung von Friedrichs Bildungsstand sein muß; Kurfürst Johann Cicero von Brandenburg verdankte seinen Beinamen der Sprachfertigkeit

---

[169] WIESFLECKER: A.a.O. 1, 196.

[170] FWLZ, 23. Albrecht der Beherzte nahm schon mit 16 Jahren an einem Stechrennen in Pirna teil (LANGENN: A.a.O., 12), Herzog Wilhelm von Bayern beteiligte sich siebzehnjährig erstmals an einem Turnier (FRIEDRICH SCHMIDT: Geschichte der Erziehung der Bayerischen Wittelsbacher von den frühesten Zeiten bis 1750. Berlin 1892, XXIX). Das erste Turnier von Friedrichs Bruder Johann fand 1487 statt; er war also etwa 19 Jahre alt – s. Der sächsischen Kurfürsten Turnierbücher in ihren hervorragendsten Darstellungen auf vierzig Tafeln. Hrsg. ERICH HAENEL. Frankfurt/M. 1910, 10.

[171] FWLZ, 22.

[172] FWLZ, 49; vgl. KIRN: A.a.O., 8f.

[173] KIRN: A.a.O., 9; ERNST: Eberhard, 24.

im Lateinischen, während sein Sohn Joachim außerdem noch des Italienischen und Französischen mächtig war; Kaiser Maximilian I. beherrschte sogar sieben Sprachen.[174]

Die hervorragenden Sprachkenntnisse Georgs von Sachsen und Albrechts IV., des Weisen, von Bayern können hier nur bedingt zum Vergleich herangezogen werden, denn beide waren ursprünglich für die Klerikerlaufbahn bestimmt.[175]

Wenn man von einer gelehrten Erziehung sprechen kann, dann bei Albrecht IV., Wolfgang und Christoph von Bayern: Sie erhielten ihre Ausbildung zuerst in Wolfratshausen, dann in Italien, wo Wolfgang in Perugia, Bologna und Pavia, Albrecht aber in Siena und Padua studierte.[176] Über den Unterricht des Kurfürsten Philipp von der Pfalz, der später dem Humanismus gegenüber aufgeschlossen war, ist nichts Näheres bekannt; seine Söhne dagegen, besonders sein Nachfolger Ludwig, genossen eine tüchtige wissenschaftliche Bildung.[177]

So betrachtet erscheinen Friedrichs Kenntnisse eher »mittel«-mäßig, nicht im negativen, sondern mehr in dem Sinn, daß er eine Mittelstellung unter den aufgeführten Fürsten einnimmt. Schon ein Vergleich der Geburtsjahre läßt dies deutlich werden: Der Einfluß des Humanismus auf die Fürstenerziehung war in den siebziger Jahren des 15. Jahrhunderts stärker als in der Jahrhundertmitte, aber noch nicht so stark wie nach 1490.

Worin der sächsische Kurprinz den Wert seiner genossenen Erziehung sah, läßt sich bestenfalls ahnen. Es legt sich der Verdacht nahe, daß er getreu den Intentionen seines Vaters ihn größtenteils unter dem Gesichtspunkt seiner Nützlichkeit für die spätere Praxis betrachtete, nicht zuletzt, was den Sprachunterricht betraf. Es ist schwerlich ein Zufall, daß Friedrich gerade moralisierende Sätze aus der Zeit seiner Ausbildung behielt und daß er sich für die Wissenschaft lebenslang inkompetent fühlte.[178] Wissenschaftliche Probleme überließ er den Fachleuten, sei es auf theologischem, sei es auf sprachlichem Gebiet, was ihn freilich nicht daran hinderte, sich stets mit neuen »opiniones« vertraut zu machen.[179] So gesehen blieb er auch nach dem Ende seiner Ausbildung, nach seinem Regierungsantritt im Jahre 1486, ein Lernender, ein Umstand, der vieles deuten hilft, nicht zuletzt sein Verhalten in der »Causa Lutheri«.

---

[174] ADB 14, 155; KIRN: A. a. O., 9.

[175] Vgl. WERL: A a O, 9; ADB 1, 233.

[176] F. SCHMIDT: A. a. O., XXIV-XXVI; ADB 1, 233.

[177] BAUCH: Mainz, 8; ADB 19, 575.

[178] Vgl. FWLZ, 22. 32f.; s. auch Anm. 513–517.

[179] Der Pirnaer Mönch Johannes Lindner rügt in seinem »Onomasticum mundi generale« (nach dem Auszug bei J. B. MENCKE: A.a.O. 2, 1471), daß Friedrich zu »nawen opiniones vast geflissen« gewesen sei.

1.2. Politik und Persönlichkeit des Kurfürsten – Voraussetzungen und Auswirkungen (1486–1525)

Der sächsische Kurprinz Friedrich hatte gerade das 23. Lebensjahr vollendet, als sein Vater Ernst am 26. August 1486 nach einem Jagdunfall in Colditz verstarb.[180] Er trat sofort die Nachfolge an, dem Willen des Vaters gemäß zusammen mit seinem achtzehnjährigen Bruder Johann, mit dem er bis zu seinem Tod gemeinschaftlich und in auffälliger Eintracht regierte.[181] Als Berater und Testamentsvollstrecker war ihm Graf Siegmund von Gleichen an die Seite gestellt worden.[182] Auch andere vertraute Beamte des Verstorbenen gingen dem jungen Kurfürsten mit Rat und Tat zur Hand, so daß der Regierungswechsel ohne Komplikationen vor sich gegangen zu sein scheint: Im Herbst reisten Friedrich und Johann durch ihr Land, um die Huldigung einzelner Städte entgegenzunehmen, und bestätigten verschiedene Privilegien;[183] zur gleichen Zeit ging das erste Verbot der Annahme schlechter fremder Münzen während der Herrschaft Friedrichs aus.[184]

Das folgende Jahr brachte weitere Maßnahmen auf den unterschiedlichsten Gebieten. Neben der »Kleinen Bergordnung« der beiden Ernestiner und Albrechts des Beherzten und den Bemühungen, zugunsten der Zwickauer Bürgerschaft und im Sinne der eigenen Souveränitätsbestrebungen einige Adlige an der Mulde davon abzuhalten, das Flößereiwesen der Stadt zu beeinträchtigen,[185] stehen militärische Bündnisse zwischen den beiden Ernestinern und Pfalzgraf Georg,[186] zwischen Friedrich, Johann, Albrecht von Sachsen, Kurfürst Johann Cicero von Brandenburg und seinen Brüdern sowie Erzbischof Hermann IV. von Köln[187] und die Erbvereinigungserneuerung zwischen Sachsen, Brandenburg und den Landgrafen von Hessen, die in Nürnberg stattfand, wo sich die sächsischen Fürsten anläßlich des Reichstages seit dem 28. März aufhielten. Am 23. April wurden den beiden Ernestinern in der Reichsstadt feierlich die Regalien von Kaiser Friedrich III. verliehen.[188] Mit dieser Belehnung traten die

---

[180] EGA Reg. C 24, 16^v (Georg Spalatin: Von Hertzog Ernsten zue Sachßen Churfurstenn); AHS, 52. Schriften zum Tod Ernsts EGA Reg. D 204.

[181] S. Tutzschmann: A.a.O., 16–18; FWLZ, 126; vgl. Kirn: A.a.O., 3, Anm. 4.

[182] Tutzschmann: A.a.O., 16. Das Testament Ernsts befindet sich im EGA (Urk. 673).

[183] So die Privilegien der Städte Pößneck, Eisenach und Gotha; EGA Kop D 4, 32^v: 19. Okt. 1486, Weimar; ebd., 27^r: 25. Okt. 1486, Eisenach; ebd., 27^v: 25. Okt. (?) 1486, Eisenach.

[184] Am 10. Nov. 1486; RTThMax 2, 483f.; ebd., 477–513, über die sächsischen Münzordnungen zwischen 1444 und 1498.

[185] Urkundenbuch der Stadt Freiberg in Sachsen. Hrsg. Hubert Ermisch. Bd. 2. Leipzig 1886, 469–471 (Nr. 5); Tutzschmann: A.a.O., 28f.

[186] 23. April 1486, Ingolstadt; nach AHS, 52; auch Faselius: A.a.O., 6.

[187] AHS, 53; Faselius: A.a.O., 7.

[188] Vgl. Schriftwechsel zur Belehnung Friedrichs EGA Reg. D 412; ChrDSt 10, 381, H. Deichslers Nürnberger Chronik; ChrDSt 11, 492, Tuchersche Fortsetzung der Jahrbücher (Nürnberg). Die Erneuerung der Erbvereinigung wurde am 23. Mai (AHS, 53) durchgeführt. Friedrich und Johann waren zusammen mit Herzog Albrecht von Sachsen

zwei endgültig die Nachfolge ihres Vaters an, der ihnen den Weg, den es in der Landes- und Reichspolitik zu beschreiten galt, schon vorgezeichnet hatte.

Erschwerend mag dabei für Friedrich als den Erben der Kurwürde und Hauptverantwortlichen für die Politik im ernestinischen Teil Sachsens gewesen sein, daß seine »Lehr- und Wanderjahre« noch nicht abgeschlossen waren, als Kurfürst Ernst im Alter von erst 45 Jahren der Tod ereilte. Im Kurfürstenkollegium war er bei seinem Regierungsantritt der Jüngste;[189] verglichen mit anderen seiner Standesgenossen erfolgte die Übernahme der Alleinherrschaft auch verhältnismäßig früh.[190] Wie dem auch sei, die Weichen für die Politik des jungen Kurfürsten waren bereits gestellt, ob nun als allgemeine Richtlinien zukünftigen Handelns oder als vom Vater direkt übernommene Aufgabenstellungen und nicht bewältige Probleme.

Eine besonders folgenschwere Hypothek bildeten die Folgen der Leipziger Teilung von 1485, die ein halbes Jahr vor Ernsts Tod durch den Kaiser bestätigt worden war und schon nach kurzer Zeit zu Zwistigkeiten führte, die im »Naumburger Schied« vom 25. Juni 1486 eine erste, wenn auch nur vorübergehende Beilegung erfuhren.[191] Wie ein Gerücht es wissen wollte, soll der Kurfürst über die Teilung »sere betrübt« gewesen und deshalb vielleicht auch so früh gestorben sein.[192] Da Ernst kein »politisches Testament« hinterließ, sind die Richtlinien und Aufgaben für den Nachfolger nur in Umrissen aus dem Kontext seiner Politik ableitbar, einer Politik, die typisch ist für den Herrscher eines aufstrebenden Territorialstaates am Vorabend der Reformation. Er bemühte sich, Macht und Einfluß seines Hauses zu erweitern, unter anderem durch die Besetzung der Erzbischofsstühle von Magdeburg und Mainz mit seinen Söhnen Ernst (1476) und Albrecht (1482). Er versuchte das vorhandene Herrschaftsgebiet der Wettiner auszudehnen, etwa durch den Erwerb der Herrschaften Sagan (1472) und Biberstein (1477). Daneben ist das Bestreben zu erkennen, die Machtverhältnisse im Territorium zugunsten der Landesherrschaft zu ändern, indem er versuchte, die eigene Grundherrschaft zu erweitern und die Souveränität klei-

---

am 23. März 1487 nach Nürnberg gekommen (ChrDSt 11, 491, Tuchersche Fortsetzung der Jahrbücher; RTThFr 2VI, 81).

[189] 1486 war Erzbischof Johann von Trier 52, Erzbischof Hermann IV. von Köln 36, Berthold von Henneberg 44, Philipp von der Pfalz 38 und Johann Cicero von Brandenburg 31 Jahre alt.

[190] Die Regierungsübernahme erfolgte z. B. bei Berthold von Henneberg mit 42, bei Hermann IV. von Köln mit 30, bei Johann Cicero mit 31, bei Philipp von der Pfalz mit 28, bei Ludwig von der Pfalz mit 30, bei Herzog Georg von Sachsen mit 29 Jahren. Eine Ausnahme bildet hier Johann von Trier, der mit 22, und auch Joachim I. von Brandenburg, der mit 15 Jahren an die Macht kam; bei Joachim wurde jedoch die Regierung anfangs von seinen Vormündern geführt.

[191] Kötzschke-Kretzschmar: A. a. O., 148. Zu den Streitigkeiten s. Hänsch: A. a. O., passim, besonders aber 101–126; der Schriftwechsel über die seit der Teilung strittigen Punkte befindet sich EGA Reg. A 130.

[192] EGA Reg. O 24, 7^{r}. Nach Kötzschke-Kretzschmar (a. a. O., 148) wollte Ernsts Bruder die Teilung nicht.

nerer reichsunmittelbarer Herren im Land zu beschneiden, und gleichzeitig die Erweiterung seiner »Zuständigkeiten, Befugnisse, Machtmittel« vorantrieb.[193] Das war zwingend, weil Landesherrschaft und Grundherrschaft noch weit auseinanderklafften, ein Umstand, der wie die Enklaven reichsunmittelbarer Herren im Territorium und eigene Exklaven in fremden Gebieten zur Zerfaserung des territorialstaatlichen Gebildes beitrug. Parallel dazu läßt sich, besonders nach Friedrichs Regierungsantritt, die Tendenz feststellen, gegenüber der Zentralgewalt im Reich eine unabhängige Position zu behaupten und die Behördenorganisation des eigenen Territoriums zu vervollkommnen.

Betrachtet man Friedrichs Regierungstätigkeit im Ganzen, kann man feststellen, daß er – nach möglichen, durch sein Alter bedingten Anfangsschwierigkeiten[194] – kontinuierlich die Linie seines Vaters weiterverfolgt hat, wofür nur einige Beispiele genannt werden sollen: Im Interesse seines Hauses versuchte er, für den Fall des Todes Bertholds von Henneberg seinem Bruder, dem Mag-

---

[193] Trotz dieser Feststellung vermag ich Blaschke (a.a.O., 319) nicht gänzlich zuzustimmen, der die Meinung vertritt, daß »... in der Handlungsweise und in den Ansprüchen der reformationszeitlichen Fürsten bereits eben diejenigen Grundsätze auftreten, die im 17. Jahrhundert als Staatsraison und Souveränität voll ausgeprägt erscheinen«. Ungeachtet aller Fortschritte stand die territorialstaatliche Entwicklung zu Ernsts und Friedrichs Regierungszeit noch in den Anfängen: Die genannten Grundsätze sind zwar unverkennbar vorhanden, doch ist der Unterschied zu ihrer vollen Ausprägung enorm. Patrimoniale Auffassungen der Fürsten über ihre Herrschaft waren noch zu stark ausgeprägt, um in den Regenten einem Staatsgedanken im späteren Sinn voll Raum geben zu können. So war die Regierungsweise weitgehend patriarchalisch. Die »staatliche Arbeitstechnik« (Kirn: A.a.O., 71) steckte noch in den Kinderschuhen – deshalb wurde ja dem Ausbau der Behördenorganisation besondere Aufmerksamkeit gewidmet – und die territorialstaatlichen Machtmittel waren begrenzt. Selbst wenn Friedrich seine politischen Ziele mit größerer Vehemenz angestrebt hätte, zu ihrer Realisierung fehlten ihm die Mittel, über die die Fürsten späterer Zeiten verfügten. Dazu kam, daß die Politik des Ernestiners nicht nur von territorialstaatlichen Interessen bestimmt wurde, was sich immer wieder zeigt: Kirn (a.a.O., 66) hat z.B. darauf hingewiesen, daß der Fürst merkwürdigerweise nicht bestrebt war, das Oberhofgericht und sonstige fürstliche Gerichte »in möglichst weitem Umfange wirksam werden zu lassen«, und daß er an eine Beseitigung der geistlichen Gerichte, deren Existenz ja territorialherrlichem Souveränitätsstreben zuwiderlief, nicht dachte. Auch im Zusammenhang mit dem Erlaß von Landesordnungen und in Steuerungsangelegenheiten – später wird noch darüber zu reden sein – legte Friedrich ein Verhalten an den Tag, das schwerlich im Interesse der territorialstaatlichen Entwicklung war.

[194] Wahrscheinlich wurzelt der Vorwurf Erzbischofs Ernsts von Magdeburg (1506; vgl. Kirn: A.a.O., 14, der auf EGA Reg. B 518 fußt), Friedrich habe ihn am Anfang seiner Regierung trotz seiner Bitten »an alle hulff vnd trostlichen beystandt ... vor lassen« (SAM Rep. A 1. Tit. XXIII. Nr. 425, 1rv), in zu großer Belastung des jungen Kurfürsten durch seine Amtsgeschäfte, vielleicht trifft aber auch der Vorwurf Balthasars von Schwarzburg zu, der 1496 (vgl. Anm. 161) an Friedrich rügte, daß er seiner Lust nachzöge und nicht auf seine Dinge sehe (RTThMax 1, 446), ein Vorwurf, der – wenn überhaupt – nur für die frühe Regierungszeit des Kurfürsten seine Berechtigung haben dürfte.

deburger Erzbischof Ernst, auch noch das Mainzer Erzbistum zu verschaffen.[195] Neben den Erwerb von Grundherrschaft[196] traten Bestrebungen, den Einfluß auf Städte, die unter sächsischer Schutzhoheit oder -herrschaft standen, auszudehnen, so im Falle Mühlhausens und Erfurts.[197] Darüber hinaus erwies sich der junge Kurfürst nicht nur darin als echter Sohn seines Vaters, daß er wie dieser von vielen Fürsten um Rat angegangen wurde[198] und als Schlichter von Streitigkeiten in Erscheinung trat, sondern auch in anderer Hinsicht: Wie Ernst entfaltete er eine rege Bautätigkeit,[199] erweiterte die Hofkapelle, deren Anfänge bis an den Beginn der achtziger Jahre zurückreichen.[200] Die im Vergleich mit

---

[195] Ein Unternehmen, das nicht den Beifall Ernsts erhielt und in einem seiner Beschwerdeartikel gegen den Bruder im Jahre 1506 seinen Niederschlag fand. Seit Ende 1500/Anfang 1501 stand Friedrich »yn arbeytt vnd handelung« mit Berthold von Henneberg, um Ernst »an stifft zcu mencz zcubrengen«; bezeichnenderweise weihte er den Magdeburger Erzbischof erst nach der Vorverhandlung in seinen Plan ein. Wenig später in Nürnberg – offensichtlich auf dem Reichstag von Nürnberg, wo nach Schröcker (a. a. O., 307) Friedrich, Ernst und Berthold zusammentrafen – wandte sich der sächsische Kurfürst in der gleichen Angelegenheit – erneut ohne Einbeziehung des Magdeburgers – an den Mainzer, der sich auch willfährig zeigte (SAM Rep. A 1. Tit. XXIII. Nr. 425, 4[rv]). Warum das Projekt schließlich scheiterte und Friedrichs Eifer in dieser Sache nachließ, ist nicht bekannt (vgl. Kirn: A. a. O., 14); Ernsts Desinteresse war wohl mit ausschlaggebend.

[196] Nach Tutzschmann (a. a. O., 66) erwarb Friedrich z. B. 1503 Schloß, Amt und Stadt Winsen a. d. Luhe. 1501 hatte er bereits Herrschaft, Schloß und Stadt Seyda für 20000 fl. erworben (nach Grosse: A. a. O., 197).

[197] Über die Schutzbündnisse Mühlhausens s. Hanna Köditz: Die Volksbewegung in Mühlhausen in Thüringen 1523–1573. Phil. Diss. (Masch.) Jena 1959, passim. – Nachdem 1483 der sächsische Schutzvertrag mit der Stadt in Schutzherrschaft umgewandelt worden war, versuchten 1505 die Wettiner, die Landesherrschaft über Mühlhausen durch Verpfändung zu gewinnen (Rudolf Bemmann: Die Stadt Mühlhausen in Thür. im späten Mittelalter. Halle 1915, 14). Die Möglichkeit dazu gab ihnen eine Anleihe Maximilians I. bei Friedrich und Johann in einer Höhe von 67400 fl. (vgl. EGA Reg. Aa 716), für die der Habsburger den beiden die Reichssteuern von Nürnberg, Lübeck, Goslar, Nordhausen und Mühlhausen verpfändete (vgl. Ulmann: A. a. O. 2, 612f.; ebd. 1, 843, Anm. 2). Die Stadt Goslar wurde am 12. August 1506 durch zwei Abgesandte Maximilians darüber informiert, daß sie vom Reichsoberhaupt an die beiden ernestinischen Fürsten verpfändet worden sei (Henning Brandis' Diarium: Hildesheimische Geschichten aus den Jahren 1471–1528. Hrsg. Ludwig Haenselmann. Hildesheim 1896, 183f.). Von den Bemühungen der Wettiner um Erfurt, die zur gleichen Zeit immer konfliktträchtiger wurden, wird noch die Rede sein; es ist kein Zufall, daß im Zusammenhang mit den Erfurter Wirren 1509 die Stadt Erfurt die Hilfe Mühlhausens und Nordhausens erhielt (vgl. Burkhardt: Tolles Jahr, 359).

[198] EGA Reg. O 24, 14[rv].

[199] So gab Ernst zusammen mit seinem Bruder zwischen 24. Aug. 1482 und 4. Juli 1484 allein 29048 fl. für Baulichkeiten aus (Hänsch: A. a. O., 28). Nach Pfau (Baugeschichte, 23. 27) ließ er z. B. das Colditzer Schloß wieder herrichten, ebenso wurde in Schweinitz, Belzig und Rochlitz »›herrlich‹« gebaut.

[200] Vgl. MGG 14, 530; Aber: A. a. O., 54. Aber führt für 1482 sechs Trompeter, einen Pauker und zwei Trompeterknechte an; freilich ist in diesem Zusammenhang zu beachten,

italienischen und französischen Höfen bescheidene höfische Prachtentfaltung Friedrichs fand ebenfalls Vorbilder in der väterlichen Hofhaltung.[201] Allerdings täuschte hier oft der Schein über manche Unzulänglichkeiten hinweg: Die finanzielle Lage war nicht gerade die beste,[202] und bei einigen Feierlichkeiten mußten deshalb die erforderlichen Requisiten regelrecht zusammengeborgt werden.[203] Der grundlegende Unterschied zwischen Friedrich und seinem Vorgänger liegt in der Intensität seiner politischen Tätigkeit: Der junge Wettiner ähnelte mit seiner »vorsichtigen Zurückhaltung« mehr seinem Großvater Friedrich II. von Sachsen; der »Zug schwunghafter Betätigung«, wie er Ernst zu eigen war, fehlte ihm völlig.[204]

Dessen ungeachtet schritt unter seiner Herrschaft die Konsolidierung des kursächsischen Territorialstaates weiter voran, wie nicht nur ein Blick auf die Entwicklung einzelner Ämter,[205] sondern auch auf die Ausbildung des Behördenwesens zeigt: Die unter Ernst und Albrecht gebildeten Institutionen wurden weiter ausgebaut. Das 1483 gegründete, 1485 vorläufig wieder aufgelöste Oberhofgericht der Ernestiner und Albertiner trat ab 1493 wieder nach einer neuen Ordnung zusammen,[206] auch die Finanzverwaltung erfuhr eine

---

daß Trompeter damals nicht den Instrumentalisten, sondern dem Hofgesinde zugerechnet wurden. S. auch Abschnitt 3.1.

201 Vgl. die Informationen über die Stoffkäufe im Auftrag Albrechts des Beherzten bei Otto Mörtzsch: Aus den Stoffrechnungen einer fürstlichen Kleiderkammer des ausgehenden Mittelalters ZHWK 12(1929–1931), 54–56. – S. auch SAD Loc. 4343: Hof- und Haushaltungssachen, 15: Johann von Mergenthal an Ernst und Albrecht, 8. Okt. 1471, Leipzig (betr. Einkauf burgundischen, rheinischen und inländischen Tuches für Dienerschaftsbekleidung); ebd., 45 (Erwähnung des Hofschneiders Matthes Senkenthaler, der nach Venedig gesandt wurde, um Atlas, Damast, Samt und Perlen einzukaufen [o.O., o.J., wahrscheinlich 1477]; vgl. Mörtzsch: A.a.O., 54); SAD Loc. 4343: Inventarien, 140 (undatiertes Verzeichnis der für die Gemahlinnen Ernst und Albrechts gekauften Kleinodien u.ä.). – Erwähnt sei an dieser Stelle auch, daß es an Ernsts Hof schon Maler gab; vgl. SAD Loc. 4343: Hof- und Haushaltungssachen, 26: 3. Mai 1478, Dresden; Julius Hübner: Kleine Beiträge zur Specialgeschichte der an dem churfürstlich-sächsischen Hofe angestellten oder beschäftigen Künstler ... ASG 2(1864), 189.

202 Friedrich und Johann hatten 1486 auch eine erhebliche Schuldenmasse geerbt, was nicht erstaunlich ist, betrugen 1485 die gesamtwettinischen Schulden doch 120000 fl. (Grosse: A.a.O., 209). Noch 1489 wurden die beiden Ernestiner allein von 75 Gläubigern Wilhelms III. von Sachsen angegangen (Kius: A.a.O., 63).

203 Beispielsweise mußten Ernst und Albrecht am 9. Sept. 1473 den Leipziger Rat um Übersendung von 30 Tischen und Tischtüchern fürs Rochlitzer Hoflager angehen, weil Wilhelm III. zur Jagd kommen wollte (Pfau: Baugeschichte, 33). Anläßlich der ersten Hochzeit Herzog Johanns (1500) hat sich ähnliches wiederholt – vgl. Carl August Hugo Burkhardt: Die Vermählung des Herzogs Johann von Sachsen. 1. bis 5. März 1500. NASG 15 (1894), 285.

204 Zitate nach Kötzschke-Kretzschmar: A.a.O., 141.

205 Vgl. H. Müller: A.a.O., passim; Debes: A.a.O., passim.

206 Die Tätigkeit des albertinischen Hofgerichts war schon 1486 bzw. 1488 wieder aufgenommen worden. S. Brather: A.a.O., 283; Lobe: A.a.O., 28–31; Goerlitz: A.a.O., 182–

Verbesserung; von Veränderungen im Hofratskollegium ist schon berichtet worden.[207]

Mit Festigung und Ausbau der landesherrlichen Macht eng verknüpft ist ebenfalls die Entstehung der Landesordnungen: Zwar kam die Anregung dazu von ständischer Seite,[208] aber die Ausarbeitung erfolgte durch die Räte im Sinne des Landesherrn. Auch hier stand Friedrich in der Nachfolge seines Vaters, der 1482 zusammen mit Albrecht dem Beherzten ein solches Landesgesetz erlassen hatte, unterschied sich aber auch wesentlich von ihm: Auffälligerweise kam es trotz der bald nach 1485 einsetzenden Verhandlungen zwischen beiden wettinischen Häusern über die Erstellung einer neuen Landesordnung zu keiner befriedigenden Lösung, obwohl sich die entsprechenden Unterredungen bis ins zweite Jahrzehnt des 16. Jahrhunderts hinzogen.[209] Interessenlosigkeit Friedrichs, seine Neigung zu Verhandlungsverschleppungen und der Versuch der Ernestiner, nach dem Regierungsantritt Herzog Georgs von Sachsen die Landesordnungsangelegenheit als politisches Druckmittel zu gebrauchen – sie machten die Annahme des Ordnungsentwurfs von 1502 von der vorherigen Beilegung der innerwettinischen Irrungen abhängig – sind dafür mitverantwortlich. Meines Erachtens liegt ein wichtiger Grund für die Haltung des Kurfürsten in dieser Sache auch in seiner Stellung zum Recht: In puncto Rechtssetzung war er ebenso vorsichtig, wie er sonst verbissen als »eifriger Verfechter seiner fürstlichen Rechte«[210] auf althergebrachten Privilegien beharrte. Merkwürdig zaghaft verhielt er sich auch – genauso wie sein Vater[211] – wenn es galt, an die Stände des Territoriums Steuerforderungen zu richten oder Steuern zu verlängern, wobei Rechtsgründe ausschlaggebend gewesen sein werden.[212] Resümierend läßt

---

189; Kretzschmann: A.a.O. 5. Das wettinische Oberhofgericht trat ab 1493 viermal jährlich alternierend in Leipzig und Altenburg zusammen. Es war freilich nicht das höchste Gericht, denn außer ihm gab es noch zwei weitere Instanzen, das Landgericht und die Regierung (vgl. Lobe: A.a.O., 46); darüber hinaus besaß es für den Kurkreis keine Zuständigkeit.

[207] Die Organisation der Landesfinanzverwaltung begann Ende der sechziger Jahre des 15. Jh. (vgl. Helbig: Ständestaat, 455; Brather: A.a.O., 257–261). Zur Entstehung der kursächsischen Archive s. Walter Schmidt-Ewald: Die drei kursächsischen Archive zu Wittenberg. In: Archivstudien: 70. Geburtstag von Woldemar Lippert ... Hrsg. Hans Beschorner. Dresden 1931, 210–224.

[208] So Helbig (a.a.O., 461), der die Landesordnung Ernsts und Albrechts von 1482 im Auge hat.

[209] Zur Landesordnung von 1482 s. Kötzschke-Kretzschmar: A.a.O., 147; G. Richter: A.a.O., 33–42. Über die Entwicklung der Verhandlungen nach 1485 s. G. Richter: A.a.O., 6–9.

[210] Mönch: A.a.O., 55. Näheres über Friedrichs Stellung zum Recht s. Abschnitt 2.2.2.

[211] Vgl. Helbig: A.a.O., 453. 456. 458.

[212] Vgl. E. Müller: Türken- und Landsteuer, 5; ders.: Landtage, 193. Johann Joachim Müller (RTThMax 1, 442) erklärt Friedrichs behutsames Vorgehen – in puncto »Gemeiner Pfennig« (1495/96) – zu Recht damit, daß er seinem »ius Imperii« gegenüber den Ständen nicht eben recht getrauet habe«, was ganz der damals noch nicht auf ihr »Fastigium geführten Landes-Fürstl. Superiorität« entspräche.

sich festhalten, daß Friedrich III. von Sachsen im wesentlichen den von seinem Vater eingeschlagenen Weg beschritten hat, ganz im Interesse seiner Hausmacht und des kursächsischen Territorialstaates; ob dieser Weg völlig eben war, wird sich noch zeigen. Wenn man einer Äußerung Melanchthons glauben darf, hat der alternde Kurfürst einmal gesagt: »Wir haben lands genuch, wen wir das kunden erhalten.«[213] Dieser Satz scheint ebenso im Widerspruch zu den angeführten Tatsachen zu stehen wie Spalatins Behauptung, der Fürst hätte sich an seinen »Erblanden ... wol lassen begnügen«, oder Friedrichs Maxime, was man nicht haben könne, darauf solle man im Guten verzichten.[214] Zieht man jedoch in Betracht, daß diese Äußerungen etwa aus dem letzten Lebensjahrzehnt des Wettiners stammen, daß zwischen seinen Jugendjahren und der Spätzeit ein Zeitraum von etwa dreißig Jahren liegt, fällt der Eindruck bloßer Widersprüchlichkeit, besonders wenn man sich vergegenwärtigt, daß diesen späteren Aussagen das Scheitern wichtiger politischer Projekte vorausging, dessen Folgen für seine Persönlichkeitsentwicklung nicht zu unterschätzen sind. Über das Ausmaß der Persönlichkeitsveränderung unter dem Eindruck politischer Fehlschläge lassen sich nur Vermutungen anstellen, zumal über Persönlichkeit[214a] und Selbstverständnis Friedrichs in seinen frühen Regierungsjahren schwerlich definitive Aussagen getroffen werden können. Anders verhält es sich mit charakterlichen Besonderheiten, die in der Konfrontation des Fürsten mit der rauhen politischen Wirklichkeit höchstens eine unterschiedliche Akzentuierung erhielten, sicher aber bei seinem Regierungsantritt schon deutlich ausgeprägt waren, also zu einem Zeitpunkt, an dem die eigentlichen »Lehr- und Wanderjahre« des jungen Ernestiners begannen, in denen seine Persönlichkeit durch permanente Infragestellung und Bestätigung im Feuer der Tagespolitik weitergeformt wurde. Im folgenden soll nun versucht werden, Voraussetzungen und Auswirkungen politischer Maßnahmen und persönlicher Eigenheiten Friedrichs des Weisen schlaglichtartig zu skizzieren.

2.2.1. Friedrichs Stellung im gesellschaftlichen Umfeld seiner Zeit

Sucht man nach Ursachen für die Resignation und Verbitterung Friedrichs des Weisen, wie sie uns in seinen letzten Lebensjahren oft entgegentritt, und betrachtet zu diesem Zweck auch die Frühzeit seiner Regierung, so wird man mehrerer Ereignisse gewahr, die offensichtlich dafür mitverantwortlich sind: Es handelt sich dabei um Geschehnisse, deren Folgen von Friedrich als besonders schwerwiegend und schmerzlich empfunden werden mußten, brachten sie doch für die von ihm verfolgte Politik im Interesse des Hauses Wettin und seines

---

[213] CR 20, 536 (Nr. 72), Historiae quaedam recitatae inter publicas lectiones.

[214] FWLZ, 53. 52.

[214a] Persönlichkeit sei hier (nach Maxim Zetkin; Herbert Schaldach: Wörterbuch der Medizin. Berlin [5]1973, 592) definiert als Gefüge der zeitlich relativ stabilen, individuell spezifischen Verhaltens- und Bewertungs-, Erlebens- und Leistungseigenschaften eines Menschen.

Territorialstaates schwere Rückschläge, durch die er sich gewiss auch in seinen allgemeinen Ansichten und Grundsätzen persönlich in Frage gestellt sah. Diese Infragestellung hatte zusammen mit dem Scheitern politischer Pläne des Kurfürsten eine mehr oder minder starke Verunsicherung des Regenten zur Folge, die einer permanenten Identitätskrise gleichzusetzen ist, einer Krise, wie sie durch die allgemeine Zeitstimmung – das Gefühl einer Umwertung der Werte und der Instabilität des gesellschaftlichen, wirtschaftlichen und geistigen Lebens in der Zeitenwende – nur gefördert werden konnte, und die ihrerseits wiederum in der politischen Praxis des Ernestiners ihren Niederschlag fand.

Das Stichwort »Identitätskrise« aufwerfen heißt, die Frage nach der persönlichen Identität, nach dem Selbstverständnis Friedrichs III. von Sachsen zu stellen. Wie schon vorhin festgestellt, lassen sich darüber schwer definitive Aussagen machen, was uns allerdings nicht der Aufgabe enthebt, hinsichtlich des Fürstentypus, den der Ernestiner verkörpert, einige abgrenzende Feststellungen zu treffen.

Sie sind deshalb nötig, weil von der entsprechenden Einordnung des Politikers Friedrich der Grundtenor seiner Gesamtbeurteilung abhängt. Die Schwierigkeit besteht dabei darin, daß wir mit ihm einen Fürsten vor uns haben, in dem – wie in seiner Epoche, die auf allen Gebieten Übergangscharakter trägt – entgegengesetzte Züge vereint sind: Neben Mittelalterlichem steht Neuzeitliches, patriarchalische und praeabsolutistische Regierungsform reichen sich die Hand. Einerseits wird das Herrschaftsgebiet des Fürsten gewissermaßen als »persönlicher, privatrechtlicher Besitz« betrachtet, andererseits ist eine Art »Staatsgedanke« feststellbar, der den Herrscher »bei aller Steigerung seiner Rechte« »innerlich band«, da dieser so »Regieren als ein von Gott übertragenes Amt im Lichte der Pflicht und Verantwortung«[215] sehen konnte.

Diese Verquickung von alten Ansprüchen und neuen Anschauungen muß man sich stets vor Augen halten, will man zu einer adäquaten Einschätzung von Persönlichkeit und Politik Friedrichs des Weisen gelangen, der zwar vor allem, aber nicht ausschließlich als »Verkörperung und ... Anwalt seines kursächsischen Territorialstaates anzusehen ist«,[216] denn eine Betrachtung des Kurfürsten ausschließlich unter diesem Blickwinkel birgt die Gefahr in sich, ihn, der wie viele seiner damaligen Standesgenossen letzten Endes mehr einem »anspruchsvollen Junker«[217] als einem Regenten des Frühabsolutismus gleicht, in die Nähe der skrupellosen und raffinierten Renaissanceherrscher Italiens zu rücken, von denen er sich nicht nur in Fragen des Machtgebrauchs und der Diplomatie grundsätzlich unterscheidet: Friedrichs Versuche, die ernestinische Hausmacht und seine Einflußsphäre innerhalb wie außerhalb seines

---

[215] Andreas: A.a.O., 261; vgl. Anm. 193. Zur Frage des Selbstverständnisses Friedrichs vgl. Anm. 353–357; Abschnitt 2.2.2.

[216] Zitat nach Blaschke: A.a.O., 319; Blaschke befindet sich auch hier im Konsens mit Borth.

[217] G. Freytag: A.a.O. 3, 8.

Herrschaftsbereiches zu erweitern, wären sicher erfolgreicher verlaufen, wenn er weniger zaghaft in der Wahl seiner Mittel gewesen wäre. Es dürfte manches anders verlaufen sein, wenn er sich beispielsweise im Zusammenhang mit den Reichsreformbestrebungen nicht auf die Seite der Reformpartei geschlagen hätte oder zumindest Kaiser Maximilian willfähriger gewesen wäre.

Das Verhältnis des sächsischen Kurfürsten zum Reichsoberhaupt war anfänglich das beste und ist trotz mancher Verstimmungen in den Jahren nach 1495 immer in gewisser Hinsicht ein freundschaftliches geblieben, was Spalatin nicht müde wird, zu betonen.[218]

Verwandtschaftliche Beziehungen – bekanntlich war Maximilians Vater der Großonkel Friedrich III. von Sachsen – können als Grund dafür ebenso ins Feld geführt werden wie die Tatsache, daß beide sich in ihrer Vorliebe für die Pflege spätmittelalterlicher ritterlicher Kultur verbunden wußten; es ist kein Zufall, daß sie oft zusammen turnierten – so zuletzt auf dem Augsburger Reichstag von 1510 – und daß Friedrich am Kaiser besonders seine große »Höflichkeit« rühmte.[219] Liest man Degenhart Pfeffingers Brief vom Innsbrucker Hof an Spalatin vom 22. März 1518, in dem er berichtet, wie Max an Friedrichs »stiftungen, gepewen, universiteten (!) vnd liberey ... sonderlichen gefallens« habe und ihm drei wertvolle Bücher zu schenken gedenke,[220] und betrachtet die vielgestaltigen Verbindungen zwischen den Ernestinern und Habsburgern,[221] nicht zuletzt

---

[218] FWLZ, 38f. 43. 45; EGA Reg.O 24, 16^{r}. 15^{rv}.

[219] FWLZ, 52; Engelbert Werlich: Chronica der weitberuempten ... Reichs Statt Augspurg in Schwaben ... Frankfurt/M. 1595. T. 2, 272; FWLZ, 45; zu »höflich« s. GDWB 4II. 1688f.

[220] EGA Reg. O 476, 1; bzw. UBUW 1, 87 (Nr. 66).

[221] Es können hier nur Einzelbeispiele genannt werden: War Friedrich im Reich unterwegs, ließ er sich nicht selten von Maximilians Leibarzt kurieren (FWLZ, 37). Abgesehen von diesen und ähnlichen Gefälligkeitsdiensten des Kaisers für den sächsischen Kurfürsten – man denke nur an seine Unterstützung der Wittenberger Universitätsgründung (vgl. Anton Blaschka: Der Stiftsbrief Maximilians I. und das Patent Friedrichs des Weisen zur Gründung der Wittenberger Universität. FUHW 1, 70; s. auch Abschnitt 3.2.2.1.) – war es nicht zuletzt auch der Kurfürst, der trotz aller Spannungen dem Reichsoberhaupt gelegentlich gefällig war. So soll Friedrich zusammen mit Erzherzog Sigmund Maximilian zu seiner Heirat mit Bianca Maria Sforza geraten haben (1493) – vgl. Anneliese Gatt: Der Innsbrucker Hof zur Zeit Kaiser Maximilians I. 1493–1519. Phil Diss. (Masch.) Innsbruck 1943, 58 – und unterstützte den Kaiser auch finanziell: Da bei Maximilian »bis zum letzten Türhüter ... niemand sicher« war, »nicht eines Tages zu aushilfsweisen Zahlungen herangezogen zu werden« (Gatt: A.a.O., 58), mußte auch der Wettiner dem Habsburger trotz eigener finanzieller Kalamitäten oft finanziell unter die Arme greifen. Dabei handelte es sich stellenweise zwar um relativ niedrige Beträge – nach Kius (a.a.O., 5, Anm. 1) bat Maximilian beispielsweise 1511 von Gengenbach aus Friedrich um ein Darlehn von 300 fl. –, aber diese summierten sich so, daß das Reichsoberhaupt zwischen 1495 und 1505 bei den beiden ernestinischen Herzögen 67400 fl. schuldig wurde, eine Schuldensumme, die sich 1519 noch auf 65000 fl. belief und auch unter Karl V. nicht getilgt wurde; so konnte Friedrich in seinem Schreiben an Karl vom 8. Jan. 1523 – s.: Des kursächsischen Rathes Hans von der Planitz Berichte aus dem Reichsregiment in Nürnberg 1521–1523. Bearb. Ernst Wülcker; Hans Virck. Leipzig 1899,

im kulturellen Bereich, fällt es schwer, an Mißstimmigkeiten zu glauben. Und doch sind diese alles andere als selten gewesen.

Friedrichs Satz, Willfährigkeit mache Freunde, Wahrheit Feinde,[222] trifft sein Verhältnis zum Kaiser voll und ganz. Die Anfänge der Verstimmung zwischen ihm und Maximilian sind schon in seinen frühen Regierungsjahren zu suchen. Nachdem der sächsische Kurprinz im Frühjahr 1486 mit seinem Vater und dem Bruder Johann Maximilians Königswahl und Krönung beigewohnt hatte und bei dieser Gelegenheit zum Ritter geschlagen worden war,[223] nahm er, bereits an der Regierung, ein Jahr darauf am Nürnberger Reichstag teil. Dort trat der junge Wettiner nach ersten Verhandlungen mit dem Mainzer Erzbischof Berthold von Henneberg [224] zum Zweck der Kompetenzabgrenzung erstmals unisono mit diesem für ein vom Kaiser unabhängiges Verhandlungssystem ein.[225] Folgerichtig schickte er auch Gesandte auf den heimlich abgehaltenen, ursprünglich nach Würzburg einberufenen Kurfürstentag zu Nürnberg, der im April 1488 stattfand.[226] Das scheint jedoch seinem Ansehen bei Kaiser

312f. (Nr. 135) – die Ablehnung, gegen Luther vorzugehen, in enger Verbindung mit der Bitte um Rückzahlung der geliehenen Gelder aussprechen. Freilich hat sich Maximilian nicht nur in finanziellen Angelegenheiten der Hilfe Friedrichs versichert; in seinen Verhandlungen mit fremden Herrschern wurde Friedrich mehr als einmal einbezogen: Von den Vermittlungsversuchen des Ernestiners zwischen dem Habsburger und Ludwig XII. von Frankreich (1498) wird noch näher die Rede sein (s. Anm. 259–264). Eine andere Vermittlungstätigkeit des sächsischen Fürsten sei schon hier erwähnt: 1516 wurde der Ernestiner von Sigmund von Herberstein in kaiserlichem Auftrag gebeten, Christian II. von Dänemark eine Botschaft zugehen zu lassen und ihn darin – wie der Kaiser – zu bitten, seine »Puelschaft« abzustellen (Sigmunds Freiherrn von Herberstein Selbst-Biographie. 1486–1553. In: FRA 1I. Hrsg. Theodor G. von Karajan. Wien 1855, 85–89), ein Ersuchen, dem der Kurfürst sicher Folge leistete. – Eine umfassende Untersuchung der Beziehungen zwischen Maximilian und Friedrich steht noch aus, zumal die wichtigsten Quellen in österreichischen Archiven zu suchen sind: Sie sind zum Teil erschlossen in der umfangreichen Reihe der von Hermann Wiesflecker angeregten maschinenschriftlichen Grazer Dissertationen über Kaiser Maximilian I., Dissertationen, die mir nicht zugänglich waren, von Baltls Arbeit einmal abgesehen. Zu den einzelnen Titeln vgl. Wiesflecker: A.a.O. 2, 536–562.

222 FWLZ, 33.

223 FWLZ, 125; Wiesflecker: A.a.O. 1, 196; RTThMax 1, 6. 31f. Ob Friedrich an den Trauungsfeierlichkeiten der Tochter Herzog Albrechts von Sachsen mit Erzherzog Sigmund in Innsbruck teilnahm (FWLZ, 124), konnte ich nicht feststellen.

224 Schröcker: A.a.O., 45. Die Besprechung über den Verhandlungsvorsitz auf dem Reichstag fand am 2. April 1487 statt. Sie besitzt insofern weiterreichende Bedeutung, als dabei zwischen Sachsen und Mainz ein Problem erörtert wurde, das 1510, 1512 und 1521 zu Streitigkeiten zwischen Friedrich und dem Mainzer Erzbischof Anlaß gab (s. Anm. 573) – vgl. RTAJR 2, 749 (Nr. 105).

225 Am 28. Juni 1487 (Schröcker: A.a.O., 49. 59).

226 RTThMax 1, 73; Schröcker: A.a.O., 65. Bezeichnenderweise waren auch Kurfürsten, die der alte Friedrich (FWLZ, 43) ausdrücklich als seine Freunde bezeichnete, durch Botschafter in Nürnberg vertreten und zwar die Kurfürsten von Brandenburg, Mainz und Köln.

Friedrich III. kaum geschadet zu haben, denn 1489 holte ihn dieser nach Innsbruck, wo er in seinem Auftrag die Händel zwischen Erzherzog Sigmund, dessen Frau Katharina – der Cousine des Ernestiners – und den geächteten Räten zu schlichten hatte.[227]

Hielten sich der sächsische Kurfürst und sein Bruder in den ersten Jahren ihrer Herrschaft vorwiegend in ihrem Territorium auf (1489 blieben sie trotz einer Einladung durch Maximilian dem Frankfurter Reichstag fern, wenn auch mit einer plausiblen Entschuldigung)[228], so sollte sich das auch in der Folgezeit kaum ändern: Mitte März 1491 kamen beide Ernestiner mit Herzog Albrecht von Sachsen und seinen Söhnen nach Nürnberg,[229] wo sie am Rande des Reichstags mit Maximilian ihrer Turnierleidenschaft frönten.[230] Anfang Juli trat Friedrich die Heimreise an, offenbar ohne Johann, der wenig später durch Österreich reiste.[231] Das Jahr 1492 verbrachte der sächsische Kurfürst wieder in seinem Land,[232] um 1493 seine Pilgerreise nach Palästina anzutreten, auf der er Kaiser Friedrich wenige Monate vor dessen Tod in Innsbruck einen Besuch abstattete.[233] Als er sich auf der Rückreise Mitte September wieder in dieser Stadt aufhielt, war dort gerade König Maximilian anwesend.[234]

Ob zu diesem Zeitpunkt bereits Absprachen zwischen beiden Fürsten hinsichtlich einer Verpflichtung des Sachsen an den königlichen Hof stattfanden, bleibt offen. Der Kurfürst reiste jedenfalls weiter in seine Heimat, von wo aus er Anfang Juli des folgenden Jahres zu Maximilian nach den Niederlanden aufbrach.[235] Dort erfolgte am 27. September 1494 durch den König die auf ein Jahr

---

[227] Nach Spalatin soll Friedrich den alten Kaiser »sehr lieb und werth gehabt und gehalten« haben (FWLZ, 43), was auch umgekehrt der Fall gewesen zu sein scheint (vgl. FWLZ, 27. 127). – Zur Schlichtungssache s. Moser: Hofhaimer, 44. Nach Gatt (a.a.O., 4) hielten sich Friedrich und Johann 1490 im Gefolge Maximilians in Innsbruck auf.

[228] RTThMax 1, 88f.; RTAMR 3I, 984 (Nr. 263c). Als Entschuldigungsgrund diente die unsichere politische Lage; die Truppen des ungarischen Königs Matthias Corvinus standen laut Friedrichs Versicherung nur zwei Tagesmärsche von seinem Land entfernt.

[229] ChrDSt 11, 563, H. Deichslers Nürnberger Chronik; ebd., 729, »Etliche Geschicht« (Nürnberg); vgl. EGA Reg. Bb 5505.

[230] Am 27. Juni – s. ChrDSt 11, 732, »Etliche Geschicht« (Nürnberg); Haenel: A.a.O., 16 (Nr. 47).

[231] Zu Friedrichs Heimreise nach Torgau durch Bayern und Franken (9. Juli – 8. Aug.) s. EGA Reg. Bb 5506; zu Johanns Reise (1. Dezember 1491 – 24. Febr. 1492) s. EGA Reg. Bb 5507.

[232] Einen Hinweis auf eine Teilnahme Friedrichs am Koblenzer Tag konnte ich nicht finden.

[233] FWLZ, 27.

[234] 16. Sept. – ca. 2. Okt. 1493; s. Reinhold Röhricht; Heinrich Meisner: Hans Hundts Rechnungsbuch (1493–1494). NASG 4 (1883), 67–71. Maximilian hielt sich bis zum 26. Sept. in Innsbruck auf (Gatt: A.a.O., 192).

[235] Ein fragmentarisches Tagebuch dieser Reise ist gedruckt FWLZ, 223–234; auch bei Karl von Reitzenstein: Unvollständiges Tagebuch auf der Reise Kurfürst Friedrichs des Weisen von Sachsen in die Niederlande zum Römischen König Maximilian I. 1494, ZVT-

befristete[236] Verpflichtung Friedrichs an seinen Hof. Sie stellt in mancher Hinsicht einen Wendepunkt dar: Von nun an wurde der ernestinische Fürst stärker in die Reichspolitik einbezogen und damit in die Auseinandersetzungen um die Reichsreform verwickelt.[237] Die folgenden Jahre sollte er fast ununterbrochen in engem Kontakt mit dem Habsburger stehen.

Sicher hat Maximilian von Anfang an gedacht, ihn als Werkzeug der eigenen Politik gegenüber den Reichsständen zu benutzen. Möglicherweise wollte er ihn durch Integration in seinen Hofstaat auch von der reformwilligen Fürstengrup-

---

hüGA 4 (1861), 127–137. Vgl. dazu die Rechnung Hans Hundts über die Reise in Reg. Bb 5518 des EGA (ab 14. Juli).

[236] Mit 200 Pferden gegen ein Dienstgeld von 22000 fl. Die Bestallung – sie erfolgte wahrscheinlich in Mecheln – liegt laut Schröcker (a. a. O., 268, Anm. 2) in Abschrift im Wiener Haus-, Hof- und Staatsarchiv (Maximiliana fasc. 2b; Register x_1, 72) vor.

[237] Bereits was die Rolle der Stände und des Kaisers bei der Reichsreform, bei den Versuchen, dem Reich eine neue Verfassung zu geben, betrifft, gehen die Ansichten auseinander. Einerseits wird die Reform für vorwiegend ständisch geprägt gehalten und bei gleichzeitiger Abwehr der These von den egoistischen Ständen Maximilian als negative Gestalt charakterisiert – s. z. B. Karl Siegfried Bader: Kaiserliche und ständische Reformgedanken in der Reichsreform des endenden 15. Jahrhunderts. HJ 33 (1954), 80. 84. 93 –, umgekehrt erscheint der Kaiser als positive Gestalt bei den Reformbestrebungen – Wiesflecker: A.a.O. 2, passim; ders.: Zur Reichsreform Kaiser Maximilians I. seit 1495. Anzeiger der österreichischen Akademie der Wissenschaften, philosophisch-historische Klasse 103 (1966) 20, 89–92. Auch über die Rolle Friedrichs gehen die Meinungen auseinander. In angemessener Weise ist seine Stellung zur Reichsreform noch nicht untersucht worden, wohl hauptsächlich aus Quellengründen. Ich bin geneigt, mich mit Vorbehalt Mönch (a.a.O., 55) anzuschließen, der den Ernestiner nicht für einen »Hauptträger der Reformideen« hält. Friedrichs Eifer im territorialstaatlichen Bereich findet keine Entsprechung in seiner Reichspolitik, denn diese wurde weitgehend nur im territorialstaatlichen Interesse betrieben und lief letztlich auf eine Bewahrung althergebrachter Rechte hinaus und war zu nicht geringem Teil Ausdruck fürstlichen Souveränitätsstrebens gegenüber der Zentralgewalt. Einer Überbewertung seines Interesses an der Reichsreform, wie sie im Schatten Rankes bis heute auftritt (vgl. Grossmann: HAW, 51–60), vermag ich deshalb nicht das Wort zu reden, zumal vor 1495 bei Friedrich offenbar innerterritoriale Fragestellungen dominierten, wogegen auch seine frühe Kontaktaufnahme mit Berthold von Henneberg nicht spricht. Die Widmung des »Traums Hans' von Hermannsgrün«, einer reichspatriotischen, phantastischen Programmschrift, in der am Vorabend des Wormser Reichstages von 1495 die Reichsfürsten zur Errettung des Reiches gegen Maximilian »geradezu ... aufgehetzt« wurden (Ulrich Paul: Studien zur Geschichte des deutschen Nationalbewußtseins im Zeitalter des Humanismus und der Reformation. Berlin 1936, 118f.), erfolgte kaum deshalb an den sächsischen Kurfürsten (am 23. März 1495, Magdeburg), weil sich dieser schon aktiv für die Reform eingesetzt hatte, sondern wohl in der Absicht, ihn zur Förderung der Reformpläne zu veranlassen – zu der Programmschrift s. Heinrich Ulmann: Der Traum des Hans von Hermannsgrün. Forschungen zur deutschen Geschichte 20 (1880), 67–92. In dieses Bild paßt die Feststellung Schröckers (a. a. O., 404) – der übrigens für seine Arbeit über die Reichspolitik Hennebergs bis 1504 eine Menge bisher unerschlossenes Material aus verschiedenen Archiven verwendet hat, das auch hinsichtlich Friedrichs aufschlußreich ist –, daß der sächsische Kurfürst auf reichspolitischem Sektor nicht übermäßig in Erscheinung tritt.

pe um Berthold von Henneberg isolieren, aber die Dinge nahmen einen anderen Verlauf: 1495 fand in Worms ein Reichstag statt, der eine Reihe von Reformen brachte. Der sächsische Kurfürst war auch anwesend.[238] Über seine Rolle bei den Verhandlungen läßt sich allerdings wenig sagen: Er scheint die für ihn typische Haltung eingenommen zu haben, weniger konstruktive Vorschläge zu unterbreiten, als ihm unangenehmen Entwürfen Widerstand entgegenzusetzen. So wehrte er sich vergeblich »zähe« zusammen mit Johann Cicero von Brandenburg gegen die neue Kammergerichtsordnung und wird auch hinsichtlich anderer Tagungspunkte nur insofern Entgegenkommen gezeigt haben, als er sie nicht als Eingriffe in seine »dynastischen und territorialen Freiheiten«[239] auffassen mußte. Nach bayerischen Berichten hat er sich »allmählich« in Übereinstimmung mit Pfalzgraf Philipp und anderen – auch mit Maximilian – gegen den Plan eines Reichsrates gestellt.

In diesem Zusammenhang fällt es auf, daß Maximilian im folgenden Jahr nur den Mainzer Erzbischof und Eberhard von Württemberg als »die Hauptübeltäter von Worms« bezeichnet[240] und das sicher nicht aus Taktgefühl gegenüber dem Wettiner. Entsprechend verhielt sich Maximilian dann auch in der Folgezeit, als er Friedrich und die Wittelsbacher in seine Umgebung zog, während er Berthold, in dem er nur den »Sprecher der Opposition« sah, auszuschalten trachtete.[241] Mittel, den Ernestiner an sich zu binden, gab es für den Habsburger einige: Er bestätigte im September 1495 die sächsische Anwartschaft auf Jülich, Cleve und Berg,[242] dann verschrieb er Friedrich und seinem Bruder am 6. August 1498 die Pfandherrschaft Belgrado, Castelnuovo und Cormona in Friaul und stellte ihnen das gesamte Görzer Erbe in Aussicht.[243] Dessen hätte es freilich kaum bedurft, denn der sächsische Kurfürst war dem Reichsoberhaupt ohnedies ergeben; selbst nach den großen Enttäuschungen, die der Wettiner durch den Habsburger erfahren mußte, ist an ihm ein freundschaftlicher Zug

---

238 Der Reichstag begann am 26. März und endete offiziell am 1. Sept. (Ranke: A. a. O. 1, 76; Wiesflecker: A. a. O. 2, 241). Zu Friedrichs Anwesenheit s. FWLZ, 128; Kirn: A. a. O., 10 (22. Mai; nach EGA Reg. E 22v. Nr. 43); EGA Kop. A 1, 14rv (10. Juni); Schröcker: A. a. O., 123 (6. Aug.).

239 Zitate nach Wiesflecker: A. a. O. 2, 224f. 243. 237.

240 Schröcker (a. a. O., 197) warnt allerdings davor, den bayerischen Berichten blind zu vertrauen. – Schröcker: A. a. O., 198f.

241 Wiesflecker: A. a. O. 2, 248, hält Maximilians Zuwendung zu Friedrich für einen Fehler.

242 Vgl. Anm. 323f. – Tutzschmann: A. a. O., 127; RTThMax 1, 530.

243 Wiesflecker: A. a. O. 2, 136; ähnliche Angebote seien auch von Mailänder Seite erfolgt, um Friedrich persönlich an Italien zu binden. Vgl. Brather: A. a. O., 272, Anm. 60 (nach EGA Reg. Aa 725a). – Freilich handelte es sich bei der Verschreibung nicht nur um einen Gnadenerweis Maximilians (vgl. RTThMax 2, 544f.), denn einschließlich des noch nicht an Friedrich gezahlten Dienstgeldes betrugen seine Schulden bei beiden Ernestinern zu dieser Zeit bereits 65334 fl.Rh. – vgl. FWLZ, 133–136; (Karl Eduard Förstemann): Eigenhändige Briefe des Kaisers Maximilian I. an Friedrich den Weisen, Kurfürsten von Sachsen. NMGHF 4(1839), 70.

gegenüber Maximilian nicht zu verkennen.

Vorläufig gab es jedoch keinen Anlaß zu Verstimmungen, abgesehen von der Investitur Ludovico Moro Sforzas als Herzog von Mailand durch den Habsburger am 16. Mai 1495, die ohne kurfürstliche Zustimmung erfolgte, was ihm noch 1500 vorgehalten wurde.[244] Der in Rechtsfragen sehr empfindliche Friedrich von Sachsen wird sie kaum mit Begeisterung zur Kenntnis genommen haben.

Im Dezember 1495 traf sich Maximilian mit Friedrich zu vertraulichen Unterredungen in Nördlingen, wo sich der Ernestiner noch am 30. des Monats aufhielt.[245] Der Verhandlungsgegenstand ist ebenso unbekannt wie der des heimlichen Gesprächs der beiden ernestinischen Herzöge mit Maximilians Beauftragten Hans von Auersberg am 21. September 1496 in Augsburg.[246] Das vom sächsischen Kurfürsten erhoffte Treffen mit dem Kaiser in Nürnberg – Friedrich und Johann waren unterwegs nach Lindau – im April 1496 kam nicht zustande.[247] Im Herbst dieses Jahres übernahm Friedrich in Abwesenheit des Kaisers das Reichsvikariat.[248] Beim Lindauer Reichstag war er nicht anwesend,[249] dafür reiste er mit Johann gegen Jahresende 1496 nach Augsburg und hielt sich von da ab fast zwei Jahre im Gefolge Maximilians auf,[250] mit dem er am 5. Januar 1497 in Innsbruck zusammentraf.

244 Schröcker: A.a.O., 158. 164.

245 Ulmann: Maximilian 1, 396; C. Curlitt: Kunst, 72: Bruck: A.a.O., 311.

246 Ulmann: A.a.O. 1, 438, Anm. 3; nach Unterlagen des Innsbrucker Archivs.

247 Die beiden Ernestiner hielten sich vom 14. bis 18. April in der Stadt auf (ChrDSt 11, 586f., H. Deichslers Nürnberger Chronik; Bruck: A.a.O., 146). Will man Wilhelm Bode glauben, ist Friedrich während dieses Aufenthaltes von Dürer porträtiert worden (Bode: A.a.O., 62). –Maximilian befand sich zur fraglichen Zeit (ab 16. April) in Augsburg (Stälin: A.a.O., 354), weshalb Friedrich und Johann bald nach Sachsen zurückkehrten. Im Juli und August hielten sie sich im Thüringer Raum auf (so am 6. Juli und 16. Aug. in Erfurt) – vgl. Konrad Stolle: Memoriale: Thüringisch-erfurtische Chronik ... Hrsg. Richard Thiele. Halle 1900, 520–522. Am 21. Nov. nahmen die beiden mit ihrem Bruder Ernst an der Hochzeit ihres Vetters Georg in Leipzig teil (FWLZ, 129; E. von Braun: Die Stadt Altenburg in den Jahren 1350–1525 ... Altenburg 1872, 299, Anm. 248). Schröckers (a.a.O., 268, Anm. 2) Hinweis, Friedrich habe 1496 an Maximilians Italienzug teilgenommen, beruht offensichtlich auf einem Irrtum.

248 Vgl. das Reichsvikariatsausschreiben Friedrichs (29. Sept. 1496, Torgau) in: RTTh-Max 2, 5; s. Brather: A.a.O., 270: Wendehorst: A.a.O., 87.

249 RTThMax 2, 23f.

250 Die Ankunft in Augsburg erfolgte vor dem 26. Dez. (Ulmann: A.a.O. 1,512, Anm. 4). – Wollten die beiden Ernestiner im Falle eines Krönungszuges zu Maximilian über die Alpen ziehen (so Ulmann: A.a.O. 1, 512, Anm. 4) oder gedachten sie den von ihm nach Chiavenna einberufenen (Schröcker: A.a.O., 232f.) Reichstag zu besuchen? Ich wage es nicht zu entscheiden. Nach Brather (a.a.O., 270) geschah der Aufbruch nach Süddeutschland auf königliches Erfordernis. – Zum folgenden vgl. Maximilians Itinerar bei Stälin (a.a.O., 356) und das Reisebuch der beiden Ernestiner im EGA (Reg. Bb 5523).

Die nächsten acht Monate blieb er in Günzburg, immer in Verbindung mit dem Habsburger,[251] der ihn schon Anfang 1497 für eine diplomatische Mission vorsah, mit der dem Mainzer Erzbischof »ein gewaltiger Stoß« versetzt werden sollte.[252] Aber erst gegen Jahresende hielt Maximilian mit seiner neuen Hofratsordnung ein Mittel in Händen, um den verhaßten Opponenten zu demütigen: Durch Gründung des Hofrats wertete er die »Römische Kanzlei« ab und traf damit den Mainzer in seiner Eigenschaft und seinen Ansprüchen als Reichserzkanzler.[253] Am 23. Februar 1498 setzte er Friedrich als ständigen Hofratsstatthalter ein, wenn auch ohne besonderen Rechtsanspruch.[254] Damit wurde eine Entwicklung eingeleitet, die neun Monate später mit dem Weggang des Kurfürsten aus Maximilians Dienst, einer tiefen Verstimmung und dem offenen Übergang Friedrichs ins Lager des Mainzer Erzbischofs ihren Höhepunkt erreichen sollte, der für seine gesamte politische Wirksamkeit eine Zäsur darstellte. Was war geschehen?

Betrachtet man die weitere Geschichte des Hofrats, glaubt man bald, eine Erklärung zu finden: Am 12. September 1498 erließ Maximilian, offenbar durch einen Protest Bertholds dazu veranlaßt,[255] eine neue Ordnung für die »Römische Kanzlei«, in der ihr die Ausfertigung aller königlichen Ausgänge übertragen und damit der Hofkanzlei entzogen wurde, was Friedrich als Einschränkung seiner Befugnisse auffassen mußte.[256] Davon einmal abgesehen waren es noch andere Umstände, die den sächsischen Fürsten von Maximilians Hof wegtrieben: Wie einem an ihn gerichteten Brief des Kaisers von 1496 zu entnehmen ist, zweifelte der Ernestiner schon damals an »Lieb, Treu und Freundschaft« des Reichsoberhaupts,[257] ein Zweifel, den die Ereignisse des Jahres 1498 nur noch bestätigen und verstärken sollten.

Dabei war es weniger das Scheitern zweier Projekte, in die der sächsische Kurfürst einbezogen worden war, was ihn so verärgerte – auf die Realisierung der entsprechenden Pläne wäre selbst dann nicht zu hoffen gewesen, wenn dazu schriftliche Erklärungen Maximilians vorgelegen hätten: Die angebliche Absicht des Habsburgers, die verwitwete Erzherzogin Margarethe mit dem Er-

---

[251] Ulmann: A.a.O. 1, 512; Brather: A.a.O., 270.

[252] Näheres bei Schröcker (a.a.O., 237; ebd,. Anm. 3, Quellenangaben). Der Plan Maximilians bestand darin, zwischen Pfalzgraf Philipp und dem Mainzer Erzbischof durch Zugeständnisse hinsichtlich des Vikariatsamtes einen Keil zu treiben; offenbar ist es beim Plan geblieben.

[253] Schröcker: A.a.O., 206; Brather: A.a.O., 271.

[254] Wiesflecker: A.a.O. 2, 281. 307.

[255] Schröcker: A.a.O., 268.

[256] Brather: A.a.O., 272; Schröcker: A.a.O., 268. – Der Hofrat existierte von dem genannten Zeitpunkt ab an nur noch zwei Jahre; vgl. Wiesflecker: A.a.O. 2, 309. Wiesflekker (ebd.) sieht sich durch diesen Umstand zu einer bösen Bemerkung über Friedrich veranlaßt.

[257] Grund war die zu langsame Vollstreckung des Nördlinger Abschieds (vgl. Anm. 245). - RTThMax 2, 175. Maximilian an Friedrich, 4. Juli 1486, Imst.

nestiner zu verheiraten und ihn gegebenenfalls an die Stelle des wegen seines Separatfriedens mit dem eben zur Macht gelangten König Ludwigs XII. von Frankreich in Ungnade gefallenen Erzherzogs Philipp zu setzen, war zu illusorisch.[258] Den Ausschlag gab sicher der Mißerfolg Friedrichs bei seinen Vermittlungsbemühungen mit Frankreich:[259]

Seit dem Regierungsantritt des französischen Königs trug sich der Habsburger mit dem Plan eines großen kriegerischen Unternehmens gegen Frankreich, bediente sich aber dessen ungeachtet des sächsischen Kurfürsten für Verhandlungen mit Ludwig XII., ohne an deren positivem Ausgang interessiert zu sein – dafür spricht schon die Erklärung von Konrad Stürtzel, dem Kanzler von Maximilians Hofrat, der am 27. Juni 1498 gegenüber den in Freiburg versammelten Reichsständen unumwunden zu verstehen gab, daß der Kaiser den sächsischen Kurfürsten zwar mit Frankreich verhandeln lasse, sich aber trotzdem alles von seinem Heer erhoffe.[260] So kann es nicht verwundern, daß – nachdem im August ein französischer Überfall auf Burgund stattgefunden hatte – der Wettiner zusammen mit dem spanischen Gesandten Gutierre Gomez de Fuensalida im Kriegsrat Maximilian vergeblich zum Frieden riet.[261]

Obwohl nun die Absichten des Reichsoberhaupts offen zu Tage lagen, fuhr Friedrich in seinen Vermittlungsbemühungen fort, in die sich im Herbst 1498 auch Herzog René II. von Lothringen einschaltete. Infolge dieser Vermittlungen kam es im September in Metz zur Wiederaufnahme der Friedensverhandlungen

---

[258] Vgl. Wiesflecker: A.a.O. 2, 308. 391; Ranke: A.a.O. 1, 90. – Das Scheitern des geplanten Eheschlusses, offensichtlich geworden, als im Dezember 1499 Maximilian die Hand seiner Tochter Wladislaw von Böhmen anbot (vgl. Schröcker: A.a.O., 289), scheint die Entfremdung zwischen Friedrich und dem Habsburger noch gefördert zu haben. Der venezianische Gesandte Leonello Chierigati sah das Fernbleiben des Sachsen vom Schweizerkrieg (1499) mit unter diesem Aspekt (Bibliotheca Nazionale Marciana Venedig, Codizes Latini XIV. 100, 170^{r}; nach Schröcker: A.a.O., 268, Anm. 2). Im engen Zusammenhang mit dem gescheiterten Eheprojekt könnte auch die in auffälliger Eile arrangierte Heirat von Friedrichs Bruder Johann mit Sophie von Mecklenburg (am 1. März 1500 in Torgau) stehen, der diesbezügliche Schriftwechsel setzt 1499 ein (EGA Reg. D. 46); zur Hochzeit s. auch Burkhardt: Vermählung, passim; EGA Reg. O 24, 46^{r}-69^{v}; AHS, 59. In die Zeit um 1499 fallen höchstwahrscheinlich auch die Anfänge von Friedrichs Liaison mit Anna Weller von Molsdorf (näheres s. Anm. 499–501).

[259] Zur Vermittlungsaktion s. Schröcker: A.a.O., 276–284; FWLZ, 130–133; RTThMax 2, 183–185; Ulmann: A.a.O. 1, 577f. 607–611; Wiesflecker: A.a.O. 2, 285f.

[260] Nach Wiesflecker: A.a.O. 2, 285f. Stürtzel gehörte offenbar zum Kreis derjenigen Personen um Maximilian, die Heinrich von Bünau im Dezember 1498 gegenüber dem Mainzer Erzbischof für Friedrichs Weggang vom königlichen Hof verantwortlich machte, ohne dabei Namen zu nennen (s. Ulmann: A.a.O. 1, 608, Anm. 2). Wiesflecker denkt (a.a.O. 2, 141) in diesem Zusammenhang vor allem an Matthäus Lang und Zyprian von Serntein. – Der sächsische Kurfürst hielt sich etwa vom 11. Juni bis 6. Sept. in Freiburg auf (EGA Reg. Bb 5525; Schröcker: A.a.O., 267). Persönliche Unterredungen zwischen ihm und Henneberg, in denen sein Überwechseln zur »Reformpartei« besprochen wurde, können für diese Zeit nicht ausgeschlossen werden.

[261] Wiesflecker: A.a.O. 2, 138.

zwischen Maximilian und Ludwig.[262] Der Versuch, ein Treffen der verfeindeten Parteien in Namur zustandezubringen, scheiterte jedoch, weil es der Habsburger zu kurzfristig anberaumt hatte: Am 1. November teilte der Lothringer dem sächsischen Kurfürsten mit, daß der französische König aus dem genannten Grund den Tag von Namur nicht zu besuchen gedenke,[263] außerdem sei ihm der Ort ungelegen.

Friedrich mußte somit seine Friedensmission als gescheitert betrachten, zumal gleichzeitig die kriegerischen Absichten des Habsburgers auch dadurch augenscheinlich wurden, daß dieser Erzherzog Philipp entsprechend zu beeinflussen suchte und sich überdies vom lothringischen Herzog das Waffenstillstandspapier zurücksenden ließ.[264] Am 10. November verließ der sächsische Fürst auffällig rasch Maximilians Hof und reiste nach einem mehrtägigen Aufenthalt in Freiburg wieder nach Sachsen zurück; am 15. Dezember war er schon in Weimar.[265] In der Zwischenzeit – am 5. Dezember – klärte Heinrich von Bünau in Friedrichs Auftrag Berthold von Henneberg in Mainz über die Gründe des Weggangs seines Herrn vom Hof auf und verhandelte acht Stunden mit dem Erzbischof,[266] der nun seinerseits versuchte, den Sachsen gegen Maximilian vorzuschicken.[267] Wenn auch der Wettiner darauf geschickt einer direkten

---

[262] WIESFLECKER: A. a. O. 2, 139f. – Maximilian verließ am 5. Okt. Metz (STÄLIN: A. a. O., 358f.). Friedrich hielt sich bis zu seinem Weggang in seiner Nähe auf (zwischen 7. Sept. und 27. Okt. u. a. in Breisach, Mömpelgart, Metz, Diedenhofen; nach EGA Reg. Bb 5525).

[263] FWLZ, 131; RTThMax 2, 184: 1. Nov. 1498, Nancy.

[264] ULMANN: A. a. O. 1, 608f. Daß der bald hereinbrechende Winter den Habsburger doch noch zwingen sollte, den von Friedrich und René mit Ludwig XII. vereinbarten Waffenstillstand anzunehmen (WIESFLECKER: A. a. O. 2, 141), war damals noch nicht abzusehen. Zwei Schreiben Friedrichs an den Mainzer (1498) mit Bezug auf die Verhandlungen mit dem französischen König befinden sich nach Mitteilung von Dr. H. Kallfelz im Staatsarchiv Würzburg (Misc. 1827).

[265] WIESFLECKER: A. a. O. 2, 141; BRATHER: A. a. O., 272, Anm. 59; EGA Reg. Bb 5526; EGA Kop. A 1, 16r.

[266] Vgl. BAUCH: Bünau, 54; ULMANN: A. a. O. 1, 608, Anm. 2; WIESFLECKER: A. a. O. 2, 451, Anm. 8. Als Motive für Friedrichs Heimritt führte Bünau u. a. Maximilians »Vornehmen« gegen »Brief und Siegel« und den Nutzen für Land und Leute an. ULMANN (a. a. O. 1, 609) bringt den Weggang des Ernestiners, m. E. unbegründet, mit der geplanten Verlegung des Reichtags von Worms (für den 21. Nov. 1498 ausgeschrieben; nach RANKE: A. a. O. 1, 97) nach Köln in Verbindung.

[267] Nach WIESFLECKER (a. a. O. 2, 302. 451, Anm. 8), der einen an Friedrich gerichteten lateinischen Bericht Bünaus über die Verhandlungen mit dem Mainzer auswertet. WIESFLECKER (ebd., 302), erklärt das Fernbleiben des sächsischen Fürsten vom Wormser Reichstag indirekt damit, daß ihm Bertholds Plan nicht zusagte. – Um das Verhalten Hennebergs gerecht beurteilen zu können, muß man berücksichtigen, daß sein Gesundheitszustand damals nicht der beste war: Wie dem Bericht des mailändischen Gesandten Erasmo Brascha an Lodovico il Moro Sforza vom 11. Sept. 1498 zu entnehmen ist, soll Friedrich Anfang September die Befürchtung geäußert haben, man werde bald einen anderen an Bertholds Stelle haben (nach WIESFLECKER: A. a. O. 2, 290).

Konfrontation mit dem Habsburger auswich, hatte er jetzt seinen festen Platz in der Maximilian konträr gegenüberstehenden Fürstengruppe gefunden.

Er widmete sich in der Folgezeit stärker den Belangen seines Hauses und des kursächsischen Territorialstaates; es ist kein Zufall, daß er am 2. März 1499 seine neue Hofratsordnung erließ. An dem Wormser Reichstag von 1498/99, der dann nach Köln verlegt wurde, hat Friedrich nicht teilgenommen. Dafür war er aber zusammen mit dem Mainzer Erzbischof 1500 anfangs als einziger Kurfürst beim Reichstag in Augsburg anwesend.[268] Maximilian erzeigte sich hier dem Wettiner gegenüber sehr gnädig. Außenstehende werden kaum an das Vorhandensein von Differenzen zwischen beiden geglaubt haben, wenn sie den Kaiser zusammen mit dem sächsischen Fürsten turnieren sahen und ihn beim Lehnsempfang Joachims I. von Brandenburg im purpurnen Damastkleid in unmittelbarer Nähe des Habsburgers, dessen Schwert tragend, erblickten.[269]

Damit nicht genug, das Reichsoberhaupt ernannte den Ernestiner zum Statthalter des im September 1500 eröffneten Nürnberger Reichsregiments, ein Amt, das dieser nur mit Unterbrechungen ausübte.[270] Wenn Maximilian freilich erwartet hatte, der Sachse würde sich zum Sachwalter der kaiserlichen Interessen machen lassen, so sah er sich in der Folgezeit in dieser Hinsicht arg getäuscht, denn Friedrich arbeitete mit Berthold von Henneberg Hand in Hand, ganz im Sinne der eigenen territorialherrlichen Interessen.

Das Jahr 1501 verbrachte der sächsische Kurfürst weitgehend in Nürnberg, wo es ihm am Rande der Regimentssitzungen möglich wurde, zweimal für die Entwicklung seiner Hausmacht günstige Weichen zu stellen: Es gelang ihm, die hessische Vormundschaftsfrage zugunsten des wettinischen Hauses zu regeln, und er unternahm einen ersten Anlauf, um Erzbischof Ernst von Magdeburg

---

[268] Am 29./30. April hielt er sich mit Erzbischof Ernst von Magdeburg in Nürnberg auf (ChrDSt 11, 616f., H. Deichslers Nürnberger Cronik), am 5. Mai war er dagegen in Augsburg, wo er sich unter vier Augen mit Berthold besprach (SCHRÖCKER: A.a.O., 301). Der Reichstag war am 10. April 1500 eröffnet worden (RANKE: A.a.O. 1, 99).

[269] Am 6. Juli bzw. 12. Aug.; s. ChrDSt 23, 89f., Clemens Senders Augsburger Chronik. – Ob Berthold, Friedrich und ein ungenannter Dritter um diese Zeit wirklich als Gesandte zum französischen König gehen sollten, um möglicherweise einen Frieden zu vermitteln, wie laut SCHRÖCKER (a.a.O., 300) italienische Berichte vermuten lassen, ist unklar.

[270] WIESFLECKER: A.a.O. 2, 337; ULMANN: A.a.O. 2, 18. – Einen Tag vor Abschluß des Reichstages, also am 21. Aug., verließ Friedrich mit seinem Bruder Ernst Augsburg (ChrDSt 23, 93, C. Senders Augsburger Chronik). Am 23./24. Aug. hielt er sich, wie später Anfang November, mit ihm in Nürnberg auf (ChrDSt 11, 622. 624, H. Deichslers Nürnberger Chronik; FRANZ VON SODEN: Beiträge zur Geschichte der Reformation und der Sitten jener Zeit, mit besonderem Hinblick auf Christoph Scheurl II. Nürnberg 1855, 30). – Bei der Ernennung Friedrichs zum Reichsregimentsstatthalter sollte man keinesfalls außer Acht lassen, daß sie keineswegs nur als Gunsterweis Maximilians zu verstehen ist, sondern letztlich auch der Verschiebung des Kräfteverhältnisses zuungunsten der Zentralgewalt entsprang, wie sie auf dem Augsburger Reichstag offenbar geworden war.

noch das Mainzer Erzbistum zu verschaffen;[271] beide Projekte sollten jedoch wenige Jahre später für Friedrich nur Ungelegenheiten bringen.[272]

Weniger erfolgreich war der Fürst in seiner Stellung als Reichsregimentsstatthalter. Deshalb verließ er Nürnberg im Frühherbst 1501, nachdem er Heinrich von Bünau als seinen Vertreter dort zurückgelassen hatte,[273] der ganz im Sinne seines Herrn wirkte.[274] Inwieweit Friedrich als Mitinitiator der Erneuerung der Kurfürsteneinung vom 7. November 1501 in Frankfurt/M. anzusehen ist, läßt sich nicht feststellen.[275] Die folgenden Jahre zeigen ihn auf der Seite der Opposition gegen Maximilian: Auf dem Treffen der Kurfürsten in Gelnhausen im Sommer 1502 war er persönlich anwesend[276] und zog sich eine Schelte des Habsburgers zu, weil er mit den anderen Versammelten nicht die Ankunft von Maximilians Botschafter Hans von Stadion abgewartet hatte;[277] auch an der Kurfürstentagung von Würzburg Anfang Dezember des gleichen Jahres nahm er teil.[278]

Nachdem Ende 1504 Berthold von Henneberg für immer die Augen geschlossen hatte, stand Friedrich als Vertreter der alten »Reformfreunde« zwar allein da,[279] besaß aber den Mut, in seiner in den vorhergegangenen Jahren gefestigten Haltung gegenüber dem Reichsoberhaupt zu beharren, das nun zunehmend seine Gunst Herzog Georg von Sachsen zuwandte.[280] Trotzdem ernannte Maximilian 1507 den Ernestiner für die Zeit seines Italienzuges zum Reichsstatthaltergeneral – Philipp von der Pfalz konnte das Amt nicht bekleiden, da er sich in der Reichsacht befand, und die Stände begnügten sich nicht mit der vom Kaiser geplanten Einsetzung eines Ausschusses;[281] als er zehn Jahre später

---

271 S. Anm. 195; Anm. 325.

272 Vgl. Anm. 292. 326–335.

273 Vgl. Schröcker: A.a.O., 320. 325; Ulmann: A.a.O. 2, 50.

274 So in der Verhandlung mit dem päpstlichen Ablaßkommissar Raimund Peraudi über die Genehmigung von dessen Ablaßverkündung im Reich (Bauch: Bünau, 55). Bezeichnenderweise hat Maximilian anfangs den nach dieser Verhandlung zwischen dem Reichsregiment und Peraudi zustandegekommenen Vertrag über die Zulassung des Kommissars ins Reich vom 11. Sept. 1501 nicht anerkannt – vgl. Gebhard Mehring: Kardinal Raimund Peraudi als Ablaßkommissar in Deutschland 1500–1504 und sein Verhältnis zu Maximilian I. In: Forschungen und Versuche zur Geschichte des Spätmittelalters und der Neuzeit: Festschrift Dietrich Schäfer zum siebzigsten Geburtstag ... Jena 1915, 340–344. – Friedrich behielt sein Amt als Reichsregimentsstatthalter nicht lange; er legte es bereits vor dem 13. Jan. 1502 nieder (Schröcker: A.a.O., 328).

275 Schröcker (a.a.O., 329) hält Berthold und Friedrich für die möglichen Initiatoren der Kurfürsteneinung.

276 Schröcker: A.a.O., 334f. – Zu den Ereignissen des »Krisenjahres« 1502 vgl. Abschnitt 3.2.2.1. vorliegender Arbeit.

277 Schröcker: A.a.O., 335.

278 Mehring: A.a.O., 367; Ulmann: A.a.O. 2, 80; Schröcker: A.a.O., 343.

279 Zum Tod Bertholds s. Schröcker: A.a.O., 353; Ulmann: A.a.O. 2, 258.

280 Ulmann: A.a.O. 2, 258. Ich stimme mit Ulmann darin überein, daß Maximilian auf diese Weise ein Gegengewicht zu Friedrich schaffen wollte.

281 Wendehorst: A.a.O., 89; Rossberg: A.a.O., 5; vgl. auch Anm. 904–907 (zu Friedrichs Reichsstatthaltermedaillen). Der für Friedrich typische Hang zur rechtlichen Ab-

wieder eine Reise plante, versuchte der Habsburger, heimlich Kardinal Albrecht von Brandenburg zum Reichsverweser zu machen und damit den sächsischen Fürsten und den Pfälzer von vornherein auszuschalten, ein Plan, der allerdings nicht realisiert wurde.[282]

Dies alles zeigt, daß sich das Verhältnis zwischen dem Kaiser und Friedrich auch in der Folgezeit nicht verbessert hat. Der Ernestiner blieb in seiner Haltung gegenüber Maximilian beständig und mußte sich deshalb außer dem Vorwurf des Landesverrats gefallen lassen,[283] daß der Habsburger ihm beispielsweise in der Auseinandersetzung um Erfurt und im Streit um die hessische Vormundschaft in den Rücken fiel, was er ihm mit umso größerer Unnachgiebigkeit vergalt, nicht zuletzt, als es 1518 um die Königswahl von Maximilians Enkel Karl ging.[284]

Von alledem in gewissem Maße unberührt geblieben scheint das menschliche Verhältnis zwischen den beiden Fürsten zu sein. Nach dem Tod Maximilians, während des Interregnums von 1519 bis zum Juni des folgenden Jahres hatte der Ernestiner das Reichsvikariat inne,[285] blieb Friedrichs oppositionelle Grundhaltung auch gegenüber dessen Nachfolger bestehen, wenn sie sich auch vorwiegend im Kampf um die Wahrung althergebrachter Rechte zeigte.[286] Persönlich verband ihn nichts mit dem neuen Kaiser.

Die Tragik in den Beziehungen zwischen Friedrich dem Weisen und Kaiser Maximilian I. liegt darin, daß beide zwei entgegengesetzte Kräfte – Zentralgewalt und aufsteigendes Territorialfürstentum – verkörperten und deshalb zwangsläufig – trotz aller persönlicher Gemeinsamkeiten – kollidieren mußten.

Im Gegensatz dazu waren die Beziehungen des Ernestiners zu anderen Reichsfürsten, mit denen er in vielen Fragen nicht mehr und nicht weniger eines Geistes gewesen ist als mit dem Reichsoberhaupt, schon von der gemeinsamen politischen Interessenlage her eher freundschaftlich. Betrachtet man den Freundeskreis des sächsischen Kurfürsten, so fällt besonders auf, daß ihm größtenteils Männer der älteren Fürstengeneration angehörten, bei denen der Ernestiner das fand, was »Ehren, Lobs und freundlichen Willens und« Gedächt-

---

sicherung tritt bei der Statthalterschaft von 1507 darin in Erscheinung, daß er sich von Maximilian bestätigen ließ, die Übernahme des Amtes sei seinen Vikariatsrechten nicht abträglich. Die Reichsstatthalterschaft ist nicht mit der Statthalterschaft beim Reichsregiment (1500 und 1505; nach Wendehorst: A.a.O., 21, Anm. 77) zu verwechseln.

[282] Jacob May: Der Kurfürst, Cardinal und Erzbischof Albrecht II. von Mainz und Magdeburg, Administrator des Bisthums Halberstadt, Markgraf von Brandenburg, und seine Zeit. Bd. 1. München (1865), 93.

[283] In einem Brief Maximilians vom 6. Mai 1508 (Ulmann: A.a.O. 2, 354).

[284] FWLZ, 38.

[285] Vgl. Rossberg: A.a.O., 5–8; Wendehorst: A.a.O., 21–23.

[286] Ich schließe mich darin Mönchs (a.a.O., 55) Ansicht an, dessen Aussagen, daß Friedrich nach 1518 in der Reichspolitik keine führende Rolle gespielt habe und kein Hauptträger der Reformideen gewesen sei (ebd., 8. 55), zwar nicht jeder Berechtigung entbehren, aber trotzdem noch einer eingehenderen Überprüfung bedürfen.

nisses »werth und würdig«[287] war; mit ihnen wußte er sich offenbar im Konsens in politischen wie in allgemeinmenschlichen Fragen. Sie alle standen zwar in einer Zeitenwende, waren aber doch in ihrem Denken, Fühlen und Wollen noch echte Kinder des entschwindenden Mittelalters.

Sofern es sich bei Friedrichs Freunden nicht um unmittelbare Nachbarn handelte, sind für die Kontakte mit ihnen vor allem die Reichstage und die dort gemeinschaftlich ausgefochtenen Verfassungskämpfe verantwortlich.[288] Wollte

---

[287] FWLZ, 36. 43f.

[288] Eine Liste von Friedrichs Freunden (nach FWLZ, 36. 43f.) spricht für sich:

1. Berthold von Henneberg, Erzbischof von Mainz: (1442) 1484–1504 (s. SCHRÖCKER: A. a. O., passim).

2. Hermann IV. von Hessen, Erzbischof von Köln: (1450) 1480–1508 (vgl. ADB 12, 131).

3. Johann II. von Baden, Erzbischof von Trier: (1434) 1456–1503 (s. JAKOB MARX: Geschichte des Erzstiftes Trier als Kurfürstentum und Erzdiözese von den ältesten Zeiten bis zum Jahre 1816. 5 Bde. Trier 1858–1864, passim).

4. Johann Cicero von Brandenburg: (1455) 1486–1499 (vgl. ADB 14, 153).

5. Philipp von der Pfalz: (1448) 1476–1508 (vgl. ADB 26, 18). Spalatin erwähnt summarisch auch alle seine Söhne (allerdings erst FWLZ, 44).

6. Friedrich von Baden, Bischof von Utrecht: (1458) 1496–1517. Nach Spalatin (FWLZ, 36. 44) nannte ihn der sächsische Kurfürst »seinen guten Gesellen«. Der Bischof vermachte dem Ernestiner testamentarisch u. a. eine »Chronik des Stifts von Utrecht« und eine Schrift mit der Legende des heiligen Friedrich, die ihm sein Sekretär Conrad Hoß zusammen mit einer mündlichen Botschaft des inzwischen Verstorbenen übermitteln sollte. Wir sind darüber nur unterrichtet, weil es Hoß bis 1521 nicht gelang, mit Friedrich zu sprechen, und weil er sich deshalb schriftlich an ihn wandte, wobei es ihm allerdings in erster Linie darum ging, eine Geldschuld von 50 fl. einzutreiben; die Bücher waren schon früher in Spalatins Hand gelangt (EGA Reg. O 214, 30rv. 31r).

7. »Etlich Bischöfe zu Bamberg« (FWLZ, 36): In Frage kommen hier die Bamberger Bischöfe Heinrich III. (1487–1501), Veit I. (1501–1503), Georg II. (1503–1505) und Georg III. (1505–1522); s. RE 2, 381.

8. Gabriel von Eyb, Bischof von Eichstätt: (1455) 1497–1535. Über ihn s. Theodor Neuhofer: Gabriel von Eyb, Fürstbischof von Eichstätt. Sammelblatt des historischen Vereins Eichstätt 48 (1933), 53–141; 49 (1934), 1–115. Laut Spalatin (FWLZ, 36) soll Friedrich »sonderlich« ihn »sehr lieb gehabt« haben.

9. Lorenz von Bibra, Bischof von Würzburg: (ca. 1459) 1495–1519. Über ihn s. GUSTAV C. KNOD: Deutsche Studenten in Bologna (1289–1562). Berlin 1899, 43f. (Nr. 310). – Bibra stammte aus Mellerstadt, war schon 1480 Mainzer Kanonikus und ab ca. 1491 Sacellan Bertholds von Henneberg. 1495 wurde er Bischof zu Würzburg. Seine Beziehungen zum sächsischen Kurfürsten scheinen weit zurückzureichen, möglicherweise sogar bis ins Jahr 1480. Mit Friedrich verband ihn offenbar mehr als die Freude am Spiel (vgl. Theobald Freudenberger: Der Würzburger Domprediger Dr. Johann Reyss. Münster 1954, 66f.127). 1517 versuchte er wie dieser, freilich erfolglos, den Mainzer Ablaß abzuwehren (ebd., 111), was verständlicher macht, daß er sich kurz vor seinem Tode in einem Brief an den Ernestiner zugunsten Luthers äußerte ((FWLZ, 161). Von den Gefälligkeiten, die er dem Freund erwies, sei hier nur die Genehmigung (1513) erwähnt, zwei zur Würzburger Diözese gehörige Pfarrkirchen, deren Patronat Friedrich besaß, dem Dekanat des Kleinen Chores der Wittenberger Stiftskirche zu inkorporieren – s. dazu WUA Tit. II. Nr. 121–122; bzw. FRIEDRICH ISRAEL: Das Wittenberger Universitätsarchiv, seine

man die Beziehungen des Ernestiners zu den anderen Reichsfürsten charakterisieren, würde es schwerfallen, einen Generalnenner zu finden: Freundliches Einvernehmen steht neben verbissener Spannung, wie sie fast durchgängig bei den Interessenkollisionen festzustellen ist, die auch gelegentlich das Verhältnis Friedrichs zu seinen Brüdern trübten: Als Johann – wie schon erwähnt – 1513 gegen den Willen seines Bruders Margarethe von Anhalt zur Frau nahm, erwuchs daraus eine merkliche Verstimmung,[289] weil Friedrich eine Prinzessin von Cleve oder von Savoyen im Auge gehabt hatte.

Trotzdem herrschte zwischen beiden auch in der Folgezeit weitgehend Eintracht, wie man sie zwischen dem Kurfürsten und Erzbischof Ernst von Magdeburg in dieser Art nicht wiederfindet. 1506 wurden hier sogar persönliche Ausgleichsverhandlungen nötig, bei denen auf beiden Seiten deutlich die Furcht vor »sunderlicher verkleynung«,[290] lies Beeinträchtigung in Rechts- und Machtansprüchen, im Hintergrund stand. Ernsts Verhalten gegenüber Friedrich Bruder nach 1500 mußte dessen Unwillen hervorrufen. Daß der Erzbischof 1504 von ihm verlangt hatte, als Primas von Deutschland vor ihm den Vortritt zu erhalten,[291] war dabei weniger ausschlaggebend. Bedenklicher waren Ernsts Reaktion auf den Versuch des Kurfürsten, ihm noch den Mainzer Erzbischofsstuhl zu verschaffen, und seine heimlichen Verhandlungen mit Georg dem Bärtigen, die die Übergabe des Magdeburger Erzbistums an einen von dessen Söhnen zum Ziel hatten.[292] Überhaupt scheint Ernst mit Georg in besserem Einverneh-

Geschichte und Bestände: nebst den Regesten der Urkunden des Allerheiligenstiftes und den Fundationsurkunden der Universität Wittenberg. Halle 1913, 87f.

10. Herzog Heinrich von Sachsen: 1473–1541. Dieser und die folgenden tauchen erst in Spalatins zweiter Liste (FWLZ, 44) auf und werden hier nicht ausführlicher erwähnt.
11. Philipp von der Pfalz, Bischof von Naumburg und Freising: (1480) 1517–1541.
12. Friedrich II. von der Pfalz: (1482) 1544–1551.
13. Albrecht von Brandenburg, Großmeister des Deutschen Ordens: (1490) 1512–1568.
14. Markgraf Casimir von Brandenburg: 1481–1527.
15. Johann III. von Schönberg, Bischof von Naumburg: (vor 1470) 1492–1517.

Spalatin schließt seine Aufzählung der mit Friedrich befreundeten Fürsten und Bischöfe mit der bitteren Feststellung, daß diejenigen, die nach den genannten kamen, es so trieben, »daß er ihrer müde ward« (FWLZ, 44).

[289] Vgl. Tutzschmann: A.a.O., 65; FWLZ, 42f. Die Rechnung über die Ausgaben der Hochzeit von 1513 befindet sich EGA Reg. Bb 4226, der diesbezügliche Schriftwechsel (ab 1512) EGA Reg. D 54.

[290] SAM Rep. A 1. Tit. XXIII. Nr. 425, 1^v. 6^r; EGA Reg. B 518.

[291] Nach Kirn (a.a.O., 12) EGA Reg. B 509.

[292] S. Anm. 195; Kirn: A.a.O., 14. – Die Vorwürfe Ernsts gegen Friedrich reduzierten sich auf zwei Hauptpunkte, den der »sunderlichen verkleynung« und den Vorwurf, der Kurfürst handle nicht brüderlich. Beide lassen sich in allen Klageartikeln nachweisen: Auf Bitte um Unterstützung habe Friedrich den Bruder mehrmals ohn' alle »hulff vnd trostlichen beystandt« gelassen und das von Anfang an (dem zu widersprechen scheint z.B. der Schriftwechsel des Kurfürsten mit den juristischen Fakultäten in Erfurt und Köln im Jahre 1493, wobei es um Rechtsgutachten betreffs des Streites Ernsts mit dem Stift Halberstadt ging; EGA Reg. O 535), ja, es ginge sogar das Gerücht, er stünde dem

men gestanden zu haben als sein Bruder. 1503 griff er in die Auseinandersetzungen zwischen Friedrich und dem Albertiner ein und versuchte, zusammen mit Landgraf Wilhelm II. von Hessen zwischen beiden zu vermitteln.[293]

Das Verhältnis des Kurfürsten und Herzog Johanns zu Georg war nicht das beste. Zwar mangelte es auch nicht an Spannungen zwischen den Ernestinern und Albrecht dem Berherzten,[294] aber im Vergleich mit den innerwettinischen Streitigkeiten nach dessen Tod am 12. September 1500 wirken sie unwesentlich. Die Bemerkungen Friedrichs über den Albertiner reichen vom Stoßseufzer: »Ach, mein Vetter H. Georg«, bis zu der von Luther tradierten Bezeichnung des Herzogs als »grober man«.[295]

Trotz Verbitterung und Mißtrauen soll der Kurfürst aber nach Spalatin seiner nie im Unguten gedacht haben; der Ton seiner Briefe an Georg blieb eher freundschaftlich.[296] Die Anfänge der Reibereien zwischen den Ernestinern und dem albertinischen Herzog sind im Jahre 1490 zu suchen, als Georg neunzehnjährig die Regentschaft für seinen Vater übernahm,[297] zum vollen Ausbruch kamen sie jedoch erst nach Albrechts Tod und spitzten sich 1503 und 1507/08 so zu, daß die Gefahr von kriegerischen Auseinandersetzungen bestand.[298]

Strittige Punkte gab es nicht wenige. Dazu kamen Konflikte, die aus unterschiedlichen wirtschaftlichen und machtpolitischen Erwägungen beider Seiten resultierten, wobei Herzog Georg offensichtlich die aktivere Rolle spielte, ob es sich nun um die Benutzung der großen Landstraßen handelte oder um den eigenmächtigen Erlaß bestimmter Verfügungen.[299]

Erzbischof zum Nachteil in heimlichem Einvernehmen mit der Stadt Magdeburg und dem brandenburgischen Kurfürsten (SAM Rep. A 1, Tit. XXIII. Nr. 425, 1^r-6^r). – Von der positiveren Seite der Beziehungen zwischen Ernst und Friedrich – bestimmten kulturpolitischen Querverbindungen – wird im Hauptteil 3. die Rede sein.

293 Vgl. VIRCK: Ernestiner, 27f.

294 VIRCK (a. a. O., 2) führt die Übereinstimmung zwischen Friedrich und Albrecht nicht zuletzt darauf zurück, daß sich Albrecht oft außerhalb Sachsens aufhielt.

295 FWLZ, 35f.; WATR 4, 389 (Nr. 4587), A. Lauterbachs Tagebuch, 9. Und 10. Mai 1539.

296 Vgl. z.B. sein Schreiben an Georg vom 24. Jan. 1522 in: Akten und Briefe zur Kirchenpolitik Herzog Georgs von Sachsen. Hrsg. FELICIAN GESS. Bd. 1. Leipzig 1905, 258 (Nr. 291).

297 HEINRICH VON WELCK: Georg der Bärtige, Herzog von Sachsen: sein Leben und Wirken. Braunschweig 1899, 10.

298 VIRCK: Ernestiner, 27. 69. 75. Am 29. Febr. 1503 sah sich Maximilian gezwungen, die Wettiner durch ein Mandat aufzufordern, nicht zu Tätlichkeiten zu schreiten (ebd., 75).

299 VIRCK: A.a.O., 4.81.22.35.37; zur Geschichte der Hohen Landstraße vgl. BEATRIX REISSIG: Beiträge zur Geschichte des Handels und Warenverkehrs auf der hohen Landstraße in den wettinischen Landen bis ins 16. Jahrhundert. Phil. Diss. Leipzig 1938, passim. – Auffällig ist die Tatsache, daß die Ernestiner durch ihre Räte 1506 gegenüber Georg Ansprüche auf die Leipziger Universität geltend machten (VIRCK: a.a.O., 42). Die Wittenberger Universität war zu dieser Zeit – besonders was die Inskriptionen betrifft (s. Anm. 1362, 1) – auf einem Tiefpunkt angelangt, den sie zu Friedrichs Lebzeiten nicht wieder erreichte.

Die Interessen des wettinischen Gesamthauses kümmerten den Albertiner dabei wenig, wie sich in den Auseinandersetzungen um Erfurt und in der hessischen Vormundschaftsfrage deutlich genug zeigt. Daß er 1506 nach dem Fürstentreffen von Eilenburg gegenüber seinen ernestinischen Vettern selbst vor offenem Wortbruch nicht zurückschreckte, mußte auf Friedrich mit seinem »allzu großen Vertrauen« und seiner damals nicht zu verkennenden Neigung zu »diplomatischer Nachlässigkeit«[300] wie ein Schlag ins Gesicht wirken. Wenn nicht schon vorher, so war von nun an sein Misstrauen gegenüber Georg unausrottbar.[301]

Besser als mit dem regierenden albertinischen Herzog verstand sich der Kurfürst mit dessen Bruder Heinrich.[302]

Verhältnismäßig problemlos gestaltete sich auch sein Verhältnis zu den bayerischen Wittelsbachern, mit denen er mütterlicherseits verwandt war. Auch nach Kurfürst Ernsts Tod ist es ungetrübt geblieben. Enge Verbindungen zwischen Sachsen und Bayern werden an den unterschiedlichsten Stellen sichtbar, ob es sich nun um rein persönliche[303] Kontakte oder um die Übernahme von Bayern in kursächsischen Dienst[304] handelt. Im Zusammenhang mit dem

---

[300] Zitate nach Virck: A.a.O., 53; zum Vorwurf der diplomatischen Nachlässigkeit vgl. z.B. Kirn: A.a.O., 13.

[301] In diesem Sinne auch Virck: A.a.O., 53. Georg hatte in Eilenburg (9. März 1506) schriftlich versprochen, die Beilegung der Streitigkeiten den Ernestinern anheimzustellen, und dabei heuchlerisch erklärt, er hoffe dadurch Gottes Wohlgefallen zu erwerben und wolle lieber Schaden nehmen, als gegen das Wohl von Land und Leuten zu handeln; dessen ungeachtet entzog er sich seinem Versprechen (Virck: A.a.O., 39f. 53).

[302] FWLZ, 44.

[303] 1480 traf z.B. Kurfürst Ernst mit seinem Schwager Albrecht IV. von Bayern in München: zusammen, wo ihm »gar vil ere« zuteil wurde (EGA Reg. A 123, 5^r: Ernst an Albrecht den Beherzten, 10. März 1480, Bologna). 13 Jahre später reiste Friedrich mit Christoph von Bayern nach Palästina, nachdem er geholfen hatte, dessen Streit mit seinen Brüdern Wolfgang und Albrecht zu schlichten (EGA Kop. F 21, 50^r; im Februar 1493 wurde Adam von Selwitz in der Schlichtungsangelegenheit nach Augsburg geschickt; zu Friedrichs Reise vgl. FWLZ, 127f.). Auf der Reise stiftete der Kurfürst mit dem Wittelsbacher eine Silberstatuette fürs Kloster Kaisheim (Werner Schade: Die Malerfamilie Cranach. Dresden 1974, 377, Anm. 22) Fünf Jahre später, als Friedrich Statthalter Maximilians I. in dessen Hofrat war, stand er in enger Verbindung mit Georg von Bayern, der im Hofrat die Hofmeisterstelle innehatte (Ulmann: A.a.O. 1, 825). Daß Georg in Christoph Scheurls d. A. Nürnberger Haus eine Spielstube für alle sächsischen Herzöge einrichten ließ, sei hier nur als Kuriosität erwähnt – s. Adolf von Scheurl: Christoph Scheurl: Dr. Christoph Scheurls Vater. MVGN 5 (1884), 13–46. 19.

[304] Der bekannteste Fall ist der Degenhart Pfeffingers (bzw. von Pfeffingen; 1471–1519): Er war erst Edelknabe am niederbayerischen Hof, nahm 1493 an Friedrichs Palästinareise teil und wurde in der Folgezeit als Kämmerer eine der einflußreichsten Personen am kursächsischen Hof. Über ihn s. Albert Gümbel: Der kursächsische Kämmerer Degenhart von Pfeffingen, der Begleiter Dürers auf der »Marter der zehntausend Christen«. Straßburg 1926, passim. Gümbels Identifizierung Pfeffingers mit dem Begleiter Dürers auf dem genannten Gemälde (ebd., 39) ist irrig, wie sich anhand einer Porträtmedaille

Landshuter Erbfolgekrieg hielt sich Friedrich der Weise selbst im Kampfgebiet auf,[305] da Kursachsen »von den bayerischen Wirren ... nicht unberührt« blieb.[306]

Ungleich komplizierter als das Verhältnis zu den Wittelsbachern war das zu den Hohenzollern, denen es in den Jahren nach 1500 gelang, ihre Hausmacht weiter auszudehnen. Besonders die Übernahme des Magdeburger Erzbischofsstuhls und darüber hinaus auch noch des Mainzer Erzbistums durch Albrecht von Brandenburg (1513/14)[307] sollte auf kursächsischer Seite wenig positive Emotionen wecken, zumal die Ernestiner parallel zu den Erfolgen der Brandenburger eine Reihe politischer Niederlagen einstecken mußten. Friedrichs Verhalten in der Luthersache ist zu Recht mit seiner Verärgerung über die Erweiterung der brandenburgischen Einflußsphäre in Verbindung gebracht worden.[308] Dabei ist allerdings zu beachten, daß das persönliche Verhältnis zwischen Kardinal Albrecht und dem sächsischen Kurfürsten noch zu Beginn der zwanziger Jahre gut gewesen zu sein scheint,[309] wenn auch hier sicher taktische Erwägungen – besonders von Seiten des Erzbischofs – eine Rolle spielten.

---

des Kämmerers feststellen läßt. Darüber hinaus wartet Gümbel noch mit weiteren Errata bei Pfeffingers Beurteilung auf. Trotzdem ist seine Arbeit – zumindestens was Friedrichs Verhältnis zur Stadt Nürnberg betrifft – noch heute von Wert, denn sie enthält bis dahin ungedrucktes Nürnberger Archivmaterial.

[305] Konrad Peutingers Briefwechsel. Hrsg. ERICH KÖNIG. München 1923, 29 (Nr. 15).

[306] KIRN: A.a.O., 4.

[307] MAY: A.a.O. 1, 18; MEHL: A.a.O., 66–74. passim. Vorher war ein Versuch gescheitert, Albrecht zum Utrechter Bistum zu verhelfen (MAY: A.a.O. 1, 14), weil Bischof Friedrich (vgl. Anm. 288, 6) trotz des Angebots von jährlich 6000 fl. Unterstützung sich nicht bereit erklärte, zu resignieren. In Magdeburg, wo er schon früher Domherr des erzbischöflichen Kapitels war, trat Albrecht die Nachfolge von Kurfürst Friedrichs Bruder Ernst an, der am 3. Aug. 1513 starb (Schriften betreffs Ernst Tod EGA Reg. D 208).

[308] BORTH: A.a.O., 18. 90; ANDREAS: A.a.O., 79; MÜHLPFORDT: A.a.O., 900f. Es ist zu einseitig, wenn man wie Mühlpfordt (ebd.) in der Lutherschutzpolitik Friedrichs »in erster Linie eine dynastische und persönliche Vergeltung« sieht, die dem »ramponierten Ansehen« des Ernestiners entsprang.

[309] Die Beziehungen auf kulturellem Gebiet können hier ausgeklammert werden – vgl. LUDWIG GROTE: Kardinal Albrecht und die Renaissance in Halle. Halle (1930), 24. 26; REDLICH: A.a.O., 8, Anm. 1 –, trotzdem zwei Beispiele: Als Albrecht das Neue Stift in Halle gründete, nahm er sich das Wittenberger Allerheiligenstift zum Vorbild und griff auch im Zusammenhang mit dem Hallenser Heiltumsbuch auf das entsprechende Wittenberger Vorbild zurück; 1519 bat er Friedrich durch Heinrich Stromer von Auerbach um das Wittenberger Reliquienverzeichnis und Zeremonienbuch (GUSTAV WUSTMANN: Der Wirt von Auerbachs Keller: Dr. Heinrich Stromer von Auerbach: 1482–1542. Leipzig 1902, 87f.). – Anfang Januar 1519 hielt sich Albrecht in Lochau auf, wo er mit dem sächsischen Kurfürsten jagte, »fröhlich und guter Ding« (FWLZ, 57. 46) war, am 15. Jan. führte er mit ihm in Torgau gemeinsame Gespräche (TUTZSCHMANN: A.a.O., 252; HÖSS: Spalatin, 149) und zehn Tage später traf er sich mit ihm in Eilenburg (RTAJR 1, 156, Anm. 4). Im Januar 1520 fanden in Zerbst Schlichtungsverhandlungen in der Hildesheimer Sache statt, bei denen weder Albrecht noch Friedrich fehlten (FWLZ, 165; RTAJR 2, 122). Noch im Herbst 1521 ließ Friedrich Luther durch Spalatin mitteilen, er werde nicht dulden, daß er etwas gegen den Mainzer schriebe; s. WABr 2, 438 (Nr. 402); vgl. Anm. 311.

Tumultuarische Szenen wie auf dem Wormser Reichstag von 1521, als der Ernestiner mit Kurfürst Joachim von Brandenburg einmal beinahe handgemein wurde,[310] hat es zwischen Friedrich und Albrecht nicht gegeben. Es spricht einiges dafür, daß der Wettiner dem Erzbischof gegenüber eher zu vertrauensselig als zu rigoros gewesen ist: Nur enttäuschte Erwartungen können ihm den groben Ausdruck eingegeben haben, von dem Luther in seiner Schrift »Wider Hans Worst« zu berichten weiß.[311] War also der Dissens zwischen dem Kardinal und Friedrich spätestens seit 1522 vollkommen, so muß man ihn für das Verhältnis des Ernestiners zu Joachim schon früher ansetzen. Es ist kein Zufall, daß der brandenburgische Kurfürst im Gegensatz zu seinem Vorgänger und seinen Verwandten aus Franken von Spalatin nicht unter Friedrichs Freunde gerechnet wird.[312]

Der Zorn des sächsischen Kurfürsten auf den Hohenzollern und sein allgemeines Misstrauen auch gegenüber anderen Fürsten, wie es sich nach 1516 immer wieder verstärkt artikuliert, werden verständlicher, wenn man sich seine Erlebnisse in den Jahren nach 1500 vor Augen führt, also in Jahren, die durch die zunehmende Verschärfung politischer Spannungen zwischen dem Ernestiner und einigen seiner Nachbarn ihr charakteristisches Gepräge erhielten. Sie stehen in engem Zusammenhang mit dem Machtwechsel in Gebieten befreundeter Fürsten und dem Regierungsantritt von neuen Potentaten, die nicht dem von Friedrich geschätzten Fürstentyp zuzurechnen sind, ein ausgeprägteres politisches Denken als er besaßen und sich im Gebrauch und im Streben nach Macht weniger Zurückhaltung auferlegten. Wie schon erwähnt war es besonders die Herrschaftsübernahme Herzog Georgs von Sachsen im Jahre 1500, die für den sächsischen Kurfürsten verstärkt Probleme aufwarf. In der Zeit bis 1508 kam es zwischen den Wettinern zu einer förmlichen Eskalation von Zwistigkeiten,[313] aus denen Anfang 1508 sogar ein militärischer Konflikt zu erwachsen drohte. Kaum hatten sich die Wogen der Erregung einigermaßen gelegt, begannen sich die politischen Verwicklungen für den Kurfürsten andernorts zu häufen. Zunächst waren es die Wirren des »Tollen Jahres« in Erfurt, in die die Wettiner mit hineingezogen wurden, da sie im Gegensatz zum Mainzer Erzbischof, der die

---

310 Kalkoff: Friedrich der Weise und Luther. HZ 132(1925), 40; RTAJR 2, 514, Anm. 1.

311 Nach Luther, dem es dabei allerdings darum geht, den Vorwurf Heinrichs d. J. von Braunschweig-Wolfenbüttel zu entkräften, Friedrich habe aus Zorn über die Besetzung des Mainzer und Magdeburger Erzbischofsstuhls in seinem Land den »lutherischen Irrtum« entstehen lassen, war der Kurfürst dem Hohenzollern die erste Zeit freundlich gesonnen. Luther will es in Lochau gehört haben, daß sich der Ernestiner über den Kardinal gefreut und ihn gelobt habe. Noch nach den Zerbster Schlichtungsverhandlungen sagte Friedrich, so jedenfalls Luther, im Blick auf Albrecht: »Laßt mir den man mausen«, um später, als er ihn durchschaut hatte, zu räsonieren: »Nu hat mich mein lebenlang kein mensch also beschissen, als der Pfaff.«- Nach WA 51, 537, Anm. 1; 537f. 537,27-29. 538,7-10.

312 Vgl. Anm. 288; in diesem Sinne auch Kirn: A. a. O., 4.

313 Virck: Ernestiner, passim.

Landesherrschaft über die Stadt besaß, nur die Schutzherrschaft innehatten, ein Zustand, der ihren territorialfürstlichen Interessen völlig zuwiderlief.[314]

1509 kam es in Erfurt zu einer tiefgreifenden Auseinandersetzung zwischen dem patrizischen Rat und der Gemeinde, als es sich herausstellte, daß die Schulden der Stadt auf etwa 600 000 fl. angewachsen waren. Die Patrizier wandten sich daraufhin an die sächsischen Fürsten, während die Gemeinde beim Mainzer Kurfürsten um Hilfe nachsuchte. Nachdem Friedrich im Juni erste Erkundigungen über den Grund der Unruhen in Erfurt eingezogen hatte, begannen sich die Ereignisse für ihn zu überstürzen, denn mit dem Tod Wilhelms II. von Hessen am 11. Juli 1509 wurde auch die hessische Vormundschaftsfrage akut.[315] Drei Tage später gegen Abend erhielt der sächsische Kurfürst die Nachricht vom Ableben des Landgrafen. Er erhielt sie in Gotha am gleichen Tag, an dem der Weimarer Hauptmann Friedrich von Thun die von Mainz nach Erfurt reisenden Gesandten des Mainzer Erzbischofs Uriel von Gemmingen festnahm, was sicher nicht im Einvernehmen mit dem Ernestiner geschah.[316] Das Verhalten des sächsischen Kurfürsten im weiteren Verlauf der Erfurter Sache ist gekennzeichnet durch die für ihn so bezeichnende »unentschlossene Halbheit« im Verfolgen von Machterweiterungsplänen und im Ausnutzen von Machtpositionen, die so gar nicht ins Bild eines Herrschers aus dem Zeitalter Machiavellis passen will, worauf diese »Halbheit« auch immer zurückzuführen sein mag.

---

314 Zu den Erfurter Ereignissen vgl. u.a. (außer den Anm. 50 genannten Titeln) FRIEDRICH BENARY: Die Vorgeschichte der Erfurter Revolution von 1509. In: DERS.: Zur Geschichte der Stadt und der Universität Erfurt am Ausgang des Mittelalters. Hrsg. ALFRED OVERMANN. Gotha 1919, 33–248; DERS.: Über die Erfurter Revolution von 1509 und ihren Einfluß auf die Erfurter Geschichtsschreibung. In: DERS.: Zur Geschichte der Stadt und der Universität Erfurt ... Gotha 1919, 1–32; THEODOR NEUBAUER: Das tolle Jahr von Erfurt. Hrsg. M. WAEHLER. Weimar 1948; HORST FAULDE: Uriel von Gemmingen: Erzbischof von Mainz (1508–1514). o.O. (1955) Phil. Diss. Erlangen 1956; L. FREIHERR VON THÜNA: Friedrich von Thun: Kurfürst Friedrichs des Weisen Rat und Hauptmann zu Weimar. ZVThüGA 14 (1889), 327–339. – Die Lage wurde noch dadurch kompliziert, daß die Schutzgerechtigkeit für Erfurt seit 1485 dem wettinischen Gesamthaus oblag, ihre Ausübung aber den Ernestinern vorbehalten blieb (vgl. MEHL: A.a.O., 36).

315 BURKHARDT: Tolles Jahr, 350; GLAGAU: A.a.O., 22.

316 Gegen BURKHARDTS (a.a.O., 355; auch MEHL: A.a.O., 38) Vermutung, Thun habe mit Vorwissen Friedrichs gehandelt, spricht einiges, so sein Versuch, einen persönlichen Kontakt der Gesandtschaft mit dem Kurfürsten zu vereiteln (vgl. THÜNA: A.a.O., 332), und zwei Passagen aus dem Bericht der Gesandten an den Erzbischof (abgedruckt bei THÜNA: A.a.O., 328–334), denen zufolge die Mainzer Räte von Anbeginn überzeugt waren, daß Thuns »Vornehmen« mit Friedrichs »wissen, will und meynung« nicht übereinstimme, hatte doch der Hauptmann betont, er handle »usz synem eygen furnemen und nit usz geheisz oder bevelhe syner hern der fursten«, aber er befürchte für den Fall, daß er die Gesandten durch sächsisches Gebiet reiten ließe, in Ungnade zu fallen; darüber hinaus verbot Thun den Gesandten, an Friedrich zu schreiben. Aus der von MEHL (a.a.O., 38) angeführten Stelle aus Uriels Schreiben an Joachim von Brandenburg (13. März 1510) läßt sich eine Mitwisserschaft des sächsischen Kurfürsten keinesfalls eindeutig eruieren.

Zwar tauchten schon gegen Ende 1509 Gerüchte auf, daß die sächsischen Fürsten aufrüsteten, aber Friedrichs Art, Politik zu machen, war zu bekannt, um den Gegnern noch Furcht einzujagen.[317] Infolge der unentschlossenen Haltung des Kurfürsten, dem überdies anderweitige politische Verwicklungen die Hände banden, von der mangelnden Hilfsbereitschaft Herzog Georgs und dem parteiischen Verhalten Kaiser Maximilians einmal ganz abgesehen,[318] zogen sich die Auseinandersetzungen in Form eines »grausam geführten Kleinkrieges«,[319] der den Erfurter Raum verwüstete, bis 1516 hin; infolge unklarer Rechtsverhältnisse verblieb auch in den Jahren danach eine latente Spannung zu Mainz.[320]

Das Verhältnis zwischen Friedrich und Maximilian I. ist in der fraglichen Zeitspanne auch nicht besser geworden, was vorwiegend dem Verhalten des Kaisers in der Erfurter, der hessischen und der jülich-bergischen Angelegenheit zur Last gelegt werden muß. Das Fernbleiben Friedrichs vom Trierer Reichstag 1512[321] stellt offensichtlich eine unmittelbare Reaktion auf Maximilians wenig

---

317 Die Gerüchte könnten in Verbindung stehen mit den 1509 erfolgten Harnischlieferungen aus Nürnberg (Bruck: A. a. O., 322. 328; nach EGA Reg. Bb 4198. 4205). Auf Mainzer Seite sagte man offen, was man von der sächsischen Aufrüstung hielt: Georg sei arm, zum Kriege ungeschickt und habe mit den Friesen zu tun; von Friedrich aber wisse man ja, »wie er, des Krieges ungewohnt, nie mit Gewalt seinen Willen durchsetze, sondern höchstens mit stolzen Briefen etwas ausrichte« (nach Burkhardt: A. a. O., 365; Thüna: A. a. O., 339).

318 Vgl. Burkhardt: A. a. O., 369. 389. 409; Mehl: A. a. O., 36. 44. 85.

319 Kirn: A. a. O., 5; vgl. Mehl: A. a. O., 36.

320 Am 25. Okt. 1516 fanden durch Henning Gödes Vermittlung im Vertrag von Naumburg (vgl. Kleineidam: A. a. O. 2, 325; Burkhardt: A. a. O., 420f.) die Irrungen zwischen den Wettinern und Erfurt ein Ende, aber einige Fragen schienen trotzdem offengeblieben zu sein: Ende Oktober 1517 (!) verwahrte sich Friedrich gegen Vermittlungsversuche Joachims von Brandenburg und des Grafen Philipp von Solms zwischen Kardinal Albrecht und ihm mit der Begründung, es gäbe keine Differenzen in der Erfurter Frage, die ungeachtet dessen noch 1521 Gegenstand einer persönlichen Unterredung zwischen dem sächsischen und dem Mainzer Kurfürsten war (nach Burkhardt: A. a. O., 424f.).

321 An dieser Stelle einige Bemerkungen zur Teilnahme des Ernestiners an den Reichstagen nach dem Landshuter Erbfolgekrieg: Zusammen mit Johann war Friedrich auf dem Kölner Tag von 1505 anwesend (FWLZ, 145f.; EGA Reg. Bb 4187); am 12. Juni erschien er etwas verspätet auf dem Reichstag von Konstanz 1507 (Ulmann: A. a. O. 2, 310; vgl. auch Heinrich Hugs Villinger Chronik von 1495 bis 1535. Hrsg. Christian Roder. Tübingen 1883, 31). Im Frühjahr 1508 fand er sich auf dem Mainzer Reichstag ein (Ulmann: A. a. O. 2, 354; Gümbel: A. a. O., 15), um im folgenden und im übernächsten Jahr in Worms (Thüna: A. a. O., 336) bzw. in Augsburg (FWLZ, 149; ChrDSt 23, 123, C. Senders Augsburger Chronik; Thüna: A. a. O., 336) zu erscheinen, während er 1512 am Reichstag von Trier, der dann nach Köln verlegt wurde (Ranke: A. a. O. 1, 139), nicht teilnahm, obwohl eine Drohung des kaiserlichen Rates Conrad Renner vorlag, daß Maximilian im Falle des Fernbleibens des Ernestiners »unlustig« werden könne (Burkhardt: A. a. O., 395, Anm. 206). Vgl. Ulmann: A. a. O. 2, 563; Otto zur Nedden: Zur Geschichte der Musik am Hofe Kaiser Maximilians I. Literatur- und Quellenbericht. ZMW 15 (1932/33), 30f.; SLH Handschriftensammlung 1a/161/833 (Schreiben Friedrichs vom 18. April 1512, ausgefertigt in Wittenberg).

hilfreiche Haltung dar, die aus dessen Furcht entsprang, der Sachse könnte zu mächtig werden. Den Kaiser kümmerte dabei wenig, ob er gegen »Brief und Siegel« handelte und eigene Abmachungen umstieß. Das zeigte sich im Ansatz bereits 1500, als nach dem Tod des Grafen Leonhard von Görz dessen Gebiete insgesamt an Maximilian fielen,[322] ohne daß Friedrich III. von Sachsen aus den ihm 1498 verpfändeten Görzschen Herrschaften Nutzen ziehen konnte. Ähnlich verhielt sich der Kaiser hinsichtlich der jülichschen Anwartschaft der Wettiner:[323] Ursprünglich nur für Herzog Albrecht von Sachsen und seine Nachkommen gedacht, wurde die 1483 erfolgte Eventualbelehnung mit Jülich und Berg drei Jahre später von Maximilian auch auf die Ernestiner ausgedehnt und zwar mit der Konkretisierung, daß die genannten Herrschaften durch das Aussterben männlicher Nachkommen des Regenten »ledig« würden.

1495 bestätigte der Habsburger die wettinische Exspektanz, was ihn allerdings nicht daran hinderte, 1508 Herzog Wilhelm VII. von Jülich-Berg, der bereits 1496 mit Johann II. von Cleve einen entsprechenden Heiratsvertrag geschlossen hatte, ein Privileg zu erteilen, das dessen Tochter erbfähig machte, und die sächsische Anwartschaft in verschiedenen Urkunden zu widerrufen (1508/09). Mit dem Tod Herzog Wilhelms am 6. September 1511 und der darauf erfolgten Besitznahme seiner Lande durch dessen Schwiegersohn war Friedrich um ein mögliches Einflußgebiet ärmer geworden. Der Erklärung des Kaisers vom 12. Februar 1512, daß er sich für die Durchsetzung der sächsischen Ansprüche einsetzen wolle, hat er sicherlich kaum Glauben geschenkt;[324] die Bestrebungen des Habsburgers, die Macht des Ernestiners zu schmälern, wo es nur ging, waren zu offensichtlich, und daran änderte sich auch in den folgenden Jahren nichts.

Die Volljährigkeitserklärung des vierzehnjährigen Philipp von Hessen durch den Kaiser (1518) muß ebenso unter diesem Aspekt gesehen werden wie sein vorheriges Verhalten in der hessischen Vormundschaftsfrage:

Offenbar unter dem Eindruck seines Scheiterns am Hof Maximilians hatte sich Friedrich III. von Sachsen seit 1499 verstärkt dem Ausbau seiner Hausmacht gewidmet – von der plötzlichen Heirat seines Bruders Johann war schon die Rede, ebenso vom Versuch, Erzbischof Ernst von Magdeburg noch zum Mainzer Erzbistum zu verhelfen. 1501 gelang es den Wettinern, am 24. März mit Hermann IV. von Köln einen Geheimvertrag abzuschließen, der die Teilung

---

[322] Der Graf verstarb am 12. April 1500 (Wiesflecker: A. a. O. 2, 374). Vgl. Anm. 243.

[323] Das folgende nach M. Ritter: A. a. O., 3–7; Ranke: A. a. O. 1, 244–247. –Vgl. Anm. 242.

[324] M. Ritter: A. a. O., 6; ebd. (passim) über die weitere Entwicklung der Angelegenheit: Die Streitigkeiten zogen sich bis ins 17. Jh. hin. – Während Friedrichs Regierungszeit entwickelten sich die Dinge folgendermaßen weiter: 1516 versicherte Maximilian Johann II. von Cleve, Sachsen innerhalb von zwei Jahren zum Verzicht auf seine Ansprüche zu bewegen, wozu es freilich nicht kam. 1521 erfolgte durch Karl V. gleichzeitig die Belehnung der Wettiner und Johanns III. von Cleve mit Jülich und Berg (vgl. AHS, 76).

der Vormundschaft über die Kinder Landgraf Wilhelms II. von Hessen betraf[325] und durch den dem Haus Wettin ein erheblicher Machtzuwachs zuteil werden konnte.

Die Dinge sollten sich jedoch bald in eine völlig andere Richtung entwikkeln: 1508 gelang es Wilhelms Frau Anna, ihren Mann zur Errichtung eines neuen Testamentes zu bewegen, das sie zur Vormundschaftsführerin erklärte, während Friedrich und Georg von Sachsen darin nur noch als »Handhaber« des Testaments genannt wurden.[326]

1509 starb der Landgraf zu einem für den sächsischen Kurfürsten denkbar ungünstigen Zeitpunkt, denn nun kam neben der Erfurter Angelegenheit auch noch die hessische Vormundschaftsfrage auf die Tagesordnung. Obwohl es noch im gleichen Jahr gelang, zwei Kompromisse in der hessischen Sache zustandezubringen, obwohl schon Ende Februar 1510 alle vier Wettiner als Obervormünder Philipps von Hessen bezeichnet wurden und Anna im Marburger Vertrag vom 24. Juli 1510 auf ihre Regierungsrechte verzichtete, begann sich für Friedrich ab 1511 das Blatt zu wenden, nicht zuletzt wegen seiner politischen Schwerfälligkeit.[327] Im Frühjahr 1511 hielt sich der sächsische Kurfürst in Südwestdeutschland auf und traf hier auch mit Maximilian zusammen,[328] der sich wieder einmal recht widersprüchlich verhielt, als er den Marburger Ver-

---

[325] Schenk zu Schweinsberg: A. a. O., 6; Glagau: A. a. O., 19. Zu der Erbverbrüderung zwischen Sachsen und Hessen und dem militärischen Bündnis mit Hermann IV. von Köln (1487) vgl. RTThMax 1, 576. 607f.; AHS, 53.

[326] Schenk zu Schweinsberg: A. a. O., 7. 14. Die Schilderung der weiteren Vorgänge fußt auf den Arbeiten Glagaus und Schenks zu Schweinsberg.

[327] Der hessische Landhofmeister und Regent Ludwig von Boyneburg charakterisiert Friedrichs Verhalten in einem Schreiben vom 12. März 1511 so zutreffend, daß ich die entsprechende Passage zitieren möchte: Boyneburg scheint es, »als da einer aber tisch gesessen und das essen verschlafen hat,« denn die »gst. und g. hern von sachsen tun lanksam zur sachen und machen« sich »damit ein muhe und arbeit, die im anfank woll mit einem geringen« (scil.: Aufwand) zu vermeiden gewesen wäre (nach Glagau: A. a. O., 82, Anm. 1).

[328] Ob für diese Reise unmittelbar politische Gründe ausschlaggebend waren, ist mir nicht ganz klar: Am 23. Februar nahm er in Heidelberg an der Hochzeit Pfalzgraf Ludwigs teil (so Remp: A. a. O., 54), reiste am 27. desselben Monats nach Stuttgart, wo er am 3. März mit Wilhelm von Bayern die Braut Ulrichs von Württemberg zur Messe geleitete (Aber: A. a. O., 83; FWLZ, 149), und begab sich, nachdem Anfang März Anna und Wilhelm I. von Hessen wegen der Vormundschaftsfrage beim Kaiser vorstellig geworden waren (Glagau: A. a. O., 82), zu Maximilian. Am 28. März, vielleicht auch schon früher, hielt er sich in Schlettstadt auf (Paul Kalkoff: Ablaß und Reliquienverehrung an der Schloßkirche zu Wittenberg unter Friedrich dem Weisen. Gotha 1907, 19. 68; Burkhardt: Tolles Jahr, 384f.: Burkhardt zufolge ist Friedrich vor dem 14. März in Schlettstadt bei Maximilian wegen der Erfurter Sache vorstellig geworden). Thun war schon am 14. März in Kolmar mit Maximilian zusammengetroffen (Thüna: A. a. O., 336). Anfang April schließlich nahm der sächsische Kurfürst in Straßburg, Offenburg und Gengenbach an den Verhandlungen des Kaisers über die Sache Wilhelms d. Ä. von Hessen teil (Glagau: A. a. O., 84).

trag durch den Gengenbacher Abschied vom 10. April sanktionierte, vier Tage später aber Anna von Hessen die Erlaubnis erteilte, an ihn zu appellieren, wenn sie sich durch die sächsischen Herzöge beschwert fühle.[329]

In den folgenden Monaten trat die hessische Sache etwas in den Hintergrund, denn zum einen bahnte sich eine offene militärische Auseinandersetzung zwischen den Wettinern und Erfurt an, zum anderen wurde die Jülicher Erbschaftsangelegenheit akut;[330] daß die sächsische Vormundschaft in Köln eine nochmalige Bestätigung erhielt (1512), ist wenig wahrscheinlich.[331]

Das Jahr 1514 brachte dann die krisenhafte Wendung, durch die Friedrich nach Aussage seines Rates Fabian von Feilitzsch in »eine Schwermütigkeit« stürzte:[332] Während die Erfurter Angelegenheit durch den Wechsel auf dem Mainzer Erzbischofsstuhl nur noch komplizierter wurde, kam es in Hessen zu einem Umsturz. Am 2. April 1514 erklärte der Landtag von Homberg Anna zur »Vormünderin« ihres Sohnes, nachdem sie mit ihren Anhängern im Anschluß an den Landtag von Kassel (14. bis 24. März) zur Gewalt gegriffen hatte und die in Kassel anwesenden sächsischen Herzöge Johann und Heinrich samt den hessischen Regenten geflohen waren.[333] Wie schon in der Erfurter Sache ließ Georg auch hier Friedrich im Stich, ja, er schlug sich offen auf Annas Seite. Ähnlich verhielt sich auch Maximilian, der nach einem Besuch Annas von Hessen und nachfolgenden Verhandlungen 1515 den sächsischen Fürsten nur den Rechtstitel ließ, während von nun an bis zu Philipps Großjährigkeit faktisch die Landgräfin Anna und die Landstände in Hessen herrschten.[334] Friedrichs Versuch, im Herbst 1516 einen hessischen Landtag einzuberufen, um Anna zu stürzen, scheiterte kläglich.[335]

---

329 SCHENK ZU SCHWEINSBERG: A. a. O., 20f.

330 Vgl. MEHL: A. a. O., 52–54; BURKHARDT: A. a. O., 387–392.

331 SCHENK ZU SCHWEINSBERG (a. a. O., 21) hält es für möglich. Dagegen spricht Friedrichs Verärgerung über Maximilian, die nicht allein mit dessen Verhalten in der Jülicher und Erfurter Angelegenheit zu erklären ist und wohl auch darin ihren Niederschlag fand, daß die von ihm zum Kölner Reichstag (1512) abgeordneten Räte dem Kaiser keine Mittel zur Bekämpfung Venedigs bewilligten (vgl. BURKHARDT: A. a. O., 398). 1513 fand sich Friedrich (vor dem 18. Juni) zwar nicht auf dem geplanten Wormser Reichstag ein (ULMANN: A. a. O. 2, 570), traf aber wenig später mit Maximilian in Frankfurt/M. zusammen (EGA Reg. Bb 5532; zwischen dem 18. Juni und 16. Juli reiste der Kurfürst von Gotha über Hersfeld und Marburg nach Frankfurt/M. und von dort über Marburg, Ziegenhain, Kassel wieder an den Ausgangsort zurück).

332 Feilitzsch äußerte sich am 30. Okt. 1514 in diesem Sinne (nach BURKHARDT: A. a. O., 414). –Über Feilitzsch s. WILHELM LUDWIG K. A. VON FEILITZSCH: Geschichte und Genealogie der Freiherrlichen Familie von Feilitzsch ... Neustadt/Aisch 1875, 149–152.

333 Über die Vorgänge im einzelnen s. SCHENK ZU SCHWEINSBERG: A. a. O., 28–30; GLAGAU: A. a. O., 119–133. Friedrich wurde auf dem Kasseler Tag durch Thun vertreten (THÜNA: A. a. O., 341).

334 GLAGAU: A. a. O., 152, SCHENK ZU SCHWEINSBERG: A. a. O., 30.

335 GLAGAU: A. a. O., 158f.

Zur gleichen Zeit gelang es immerhin, einen Ausgleich mit den Erfurtern abzuschließen, der allerdings nicht darüber hinwegtäuschen konnte, daß der sächsische Kurfürst, wie seine Räte schon 1512 befürchtet hatten, nicht nur hinsichtlich seiner Machtpositionen »›in Dempfung und Abfall‹« gekommen war.[336] Sein Verhalten in der Luthersache und in der Kaiserwahlfrage von 1519 muß in engem Zusammenhang mit seinem Machtverlust in den Jahren bis 1516 gesehen werden[337] und darf auch nicht isoliert von seiner Stellung als Landesherr gegenüber den Ständen und der gesamten Bevölkerung seines Territoriums betrachtet werden.

Von den Ständen – dem Interessenverband von Adel, Geistlichkeit und größeren Städten, der die dem Fürsten gegenüberstehende zweite Macht des dualistisch aufgebauten Territorialstaates verkörperte – ist zu Friedrichs Zeiten zwar nie der Versuch unternommen worden, eigenständige Politik zu betreiben,[338] trotzdem war der Kurfürst gezwungen, ihnen gegenüber in mancher Frage Rücksicht zu nehmen, und hat es in seinem Hang zur Vorsicht auch weidlich getan; wenn es darum ging, neue fürstliche Ansprüche anzumelden, zeigte er sich sehr zaghaft.[339] In anderen Fragen konnte er sich mit den Ständen durchaus eins wissen: Sicher ist ihm sein Eintreten für Luther leichter geworden, weil

---

336 Schreiben der Räte an Friedrich, 29. Juli 1512, Köln (Ranke: A. a. O. 1, 247, Anm. 1).

337 Dabei ist freilich zu vermuten, daß der Ernestiner, da er sich seiner Möglichkeiten und Fähigkeiten voll bewusst war, auch unter günstigeren Bedingungen sich nicht zum Kaiser hätte erheben lassen (zur Kaiserwahlfrage vgl. Anm. 18.21.23.50). Das Gerücht, daß Friedrich am 27. Juni 1519 zum Kaiser gewählt worden sein, aber abgelehnt habe, reicht bis auf Luther zurück, der in seiner Schrift »Vom Mißbrauch der Messe« (1521) behauptete, der Kurfürst sei »eyntrechtiglich« gewählt worden und wäre auch Kaiser gewesen, »wenn ehr gewollet hett« (WA 8, 562,16f.). In der Folgezeit gaben (nach Remp: A. a. O., 178) u. a. Paul Eber, Leonhart Krentzheim und Abraham Buchholtzer das Gerücht weiter. Es hat sich wahrscheinlich auch deshalb so zäh gehalten, weil schon Jahre vor der Kaiserwahl auf einen (halbmythischen) Kaiser Friedrich spekuliert wurde, so auch von Johannes Reuchlin – vgl. dessen Brief an Mutianus Rufus vom 21. Sept. 1513, in Johann Reuchlins Briefwechsel. Hrsg. Ludwig Geiger. Tübingen 1875, 192–195 (Nr. 168); bzw. Wilhelm Ernst Tentzel: Supplementum Historiae Gothanae ... Reliquiae Epistolarum Mutiani Elogiis mixtae. Jenae 1701, 17–22 (Nr. 14); bzw. Johann Friedrich Hekelius: Manipulus primus epistularum singularium ... Dresdae 1699, 10–16 (Nr. 4).

338 Dagegen spricht auch nicht, daß zu Lebzeiten Ernsts die Landesordnung von 1482 auf Beschwerden der Stände hin erstellt wurde (vgl. Kötzschke-Kretzschmar: A. a. O., 147; Helbig: Ständestaat, 461f.). In der Regel begnügten sich die Stände mit dem Steuerbewilligungsrecht (vgl. Helbig: A. a. O., 463).

339 Vgl. Anm. 212. Als es z. B. 1500 darum ging, einen Landtag ohne Wissen der Stände auszuschreiben, er kam übrigens nicht zustande, mußten sich die kurfürstlichen Räte zuvor redliche Mühe geben, um die Bedenken ihres Herrn zu zerstreuen; er wollte, wie sich im folgenden Jahr bei der Behandlung der Türkensteuerfrage zeigte, um jeden Preis Unstimmigkeiten zwischen sich und den Ständen (nach E. Müller: Landtage, 191) vermeiden. 1507 ging er gar so weit, die 12000 fl., die das Land für Maximilians Romzug aufbringen mußte, aus seiner Kammer zu zahlen; freilich erstatteten ihm die Stände die Summe bald auf seine Bitte zurück (ebd., 192).

er sich in dieser Sache in Übereinstimmung mit der Mehrzahl der Stände und dem größten Teil der Bevölkerung befand. Einig war er mit den Ständen auch, was seine Abneigung gegen offene militärische Konflikte betraf. Daß es unter Friedrichs Regierung zu keinen offenen militärischen Auseinandersetzungen zwischen ihm und seinen Gegnern kam, sollte man jedoch keineswegs nur dem mäßigenden Einfluß der Landstände zugute rechnen.[340]

Erwuchsen also dem Ernestiner von seiten der Gesamtheit der Stände verhältnismäßig wenig Probleme, so sah das bei einzelnen ihrer Vertreter schon anders aus. Die meisten dieser Konflikte resultierten aus Interessenkollisionen zwischen territorialstaatlicher Gewalt und Vertretern der Stände, die sich landesherrlichem Machtanspruch nicht fügen wollten. Freilich erschöpften sie sich weitgehend in Rechtsstreitigkeiten,[341] wenn es auch noch andere Formen der Auseinandersetzung gab: Eine besonders unerfreuliche Erscheinung stellten die Placker und Fehder dar, mit denen sich Friedrich und Johann wie schon ihr Vater gehörig herumschlagen mußten.[342] Auch nach dem Wormser Landfrieden von 1495[343] änderte sich das nicht wesentlich, weshalb der Kampf der Ernestiner gegen die »Landbeschediger« auch in den folgenden Jahren andauerte;[344] wenigstens in dieser Frage arbeitete Georg eng mit seinen Vettern zusammen.[345]

---

340 Während Friedrichs Regierungszeit fanden insgesamt 25 Land- und Ausschußtage statt (E. MÜLLER: Landtage, 227f.). Davon waren nur neun eigentliche Landtage (ebd., 227f. passim; von dort auch die folgenden Fakten), auf denen in der Regel Steuerprobleme auf der Tagesordnung standen (18. Mai 1495, Altenburg; 20. Aug. 1514, Altenburg; 12. Dez. 1518, Jena; 3. Mai 1523, Altenburg), aber auch Münzangelegenheiten zur Sprache kamen (9. Juli 1498, Naumburg); militärische Probleme standen 1487 (14. Okt., Naumburg: Abwehr des ungarischen Angriffs auf Schlesien), 1508 (21. Febr., Naumburg; 6. April, Altenburg), 1511 (10. Aug., Jena) und auch 1514 (s. o.) zur Debatte. 1508 und 1514 baten die Stände ausdrücklich um friedliche Beilegung der anstehenden Konflikte (vgl. Anm. 298. 333). Die an die Stände ab 1514 in steigendem Maße herangetragenen Steuerforderungen erklären sich aus der zunehmend prekärer werdenden finanziellen Lage der Ernestiner nach 1512 (vgl. E. MÜLLER: A.a.O., 193), an der sich auch in den letzten Lebensjahren Friedrichs nichts änderte (vgl. Anm. 395–399).

341 Zu den Auseinandersetzungen mit Klerikern s. KIRN: A.a.O., 29–71.

342 Zu den diesbezüglichen Vorgängen unter Ernsts Regierung vgl. die Rubrik »Befehdungen« im Repertorium des Wittenberger Archivs im SAD; sie umfaßt allein mehr als 25 Blatt.

343 Vgl. HARTZ: A.a.O., 14.

344 Bereits 1488 (10. Juli, Torgau) erging von Friedrich und Johann die Aufforderung an die Stände, gegen Fehder vorzugehen – s. ELTA, 3 (Nr. 10) –, 1497 erließen die Räte in Abwesenheit der Fürsten (17. April, Altenburg) ein Ausschreiben gegen »etliche ... feinde vnd beschediger« ihrer Herrn (EGA Reg. Q 198), und 1507 sahen sich die Ernestiner wieder genötigt, die Stände aufzufordern (31. Dez., Torgau), gegen »Landbeschädiger« zu kämpfen – s. ELTA, 66 (Nr. 111).

345 Über das gemeinsame Vorgehen gegen »Plackerei« s. GOERLITZ: A.a.O., 199–201. Nachdem schon 1491 eine gemeinsame Plackereiverordnung erlassen worden war (ebd., 199), gaben die Wettiner am 23. Okt. 1512 ein gemeinsames Ausschreiben gegen Plackerei heraus – s. EGA Reg. Q 201; ELTA, 94 (Nr. 157); vgl. G. RICHTER: A.a.O., 9; OPPERMANN: A.a.O., 113.

In der Regel vollzog sich der Kampf zwischen Adel und Landesherrschaft jedoch wesentlich friedlicher, zumal in den Gebieten der Ernestiner und Albertiner der Entwicklungsprozeß zugunsten der Landesherrschaft schon weiter fortgeschritten war als in anderen Territorien. Bezeichnenderweise war schon Jahre zuvor für die Eingliederung der Edelleute ins Gefüge des Territorialstaates, ihre Unterstellung unter die allgemeine Verwaltung und ihre stellenweise Integration in den Hofdienst auch in anderen Teilen des Reiches der Terminus »auf meißnisch setzen« üblich geworden.[346]

Trotzdem gab es immer wieder einmal Anlässe zu Streitigkeiten, besonders in den Fragen der Münz- und Steuerpolitik.[347] An Reglementierungsversuchen vonseiten des Territorialstaates fehlte es nicht;[348] Beschwerden aus Adelskreisen rissen darum während Friedrichs gesamter Regierungszeit nicht ab, richteten sich aber vorwiegend gegen seine Beamten.[349] Der Kurfürst bemühte sich in solchen Fällen stets, streng rechtlich vorzugehen,[350] achtete es, wenn sich der Gegner ebenso verhielt, und brachte es sogar fertig, einen ehemaligen Wider-

---

[346] Hellmuth Rössler: Adelsethik und Humanismus. In: Deutscher Adel 1430–1555 = Büdinger Vorträge 1963. Hrsg. von ders. Darmstadt 1965, 236.

[347] Beispielsweise mußten sich Friedrich, Georg und Johann 1522 in Naumburg gemeinsam beraten, weil ihnen einige Grafen die »gemeine Hilf« bzw. die Türkensteuern verweigerten – vgl. Johanns Brief an Friedrich vom 18. Aug. 1522 bei Gess: Akten 1, 338 (Nr. 358). S. auch Johanns Relation (20. Juli 1495) über den Ausschußtag Weimar – ELTA, 20–22 (Nr. 43) –, aus der hervorgeht, daß die gemeinsame wettinische Münzordnung von den Schwarzburger, Stolberger und Mansfelder Grafen u. a. nicht geachtet wurde.

[348] Ein Fall, wie die Wegnahme des Schlosses Rathen durch Kurfürst Ernst (s. die entsprechende Beschwerde Hans' von Öls 1467; EGA Reg. A 73), ist mir aus Friedrichs Zeit nicht bekannt. Trotzdem lassen sich immer wieder Belege für die Versuche der Landesherrschaft finden, die Macht des niederen Adels zu beschneiden: In der projektierten Landesordnung von 1498 – ELTA, 40 (Nr. 68) – wurde es z. B. dem Adel bei Strafe verboten, außerhalb des Landes in Dienst zu treten, auch sollte es Edelleuten ohne fürstliche Erlaubnis nicht möglich sein, »hewser in stetten« zu kaufen. Friedrichs Einschreiten zugunsten einzelner Bürger oder Gemeinden in deren Streitsachen mit Adligen war sicher z. T. durch sein Interesse an der Niederhaltung des Adels mitmotiviert: In dem bei Kirn (a. a. O., 52; nach EGA Reg. Kk 1507) geschilderten Fall eines delictum mixti fori – ein Adliger hatte (1520) einen Schäfer wegen Ehebruchs gestraft, ihn aber gegen das geistliche Gericht zu schützen versprochen – erscheint das Eintreten des Kurfürsten für den geistlichen Richter so in völlig anderem Licht.

[349] Vgl. die Klagen einiger Adliger – besonders über das Verhalten der Amtleute – auf dem Naumburger Landtag von 1498 und die Beschwerden der Vogtländer auf dem Landtag in Altenburg 1523 in ELTA, 41f. (Nr. 68). 158–162 (Nr. 289–294).

[350] Als es 1492 zwischen dem Wittenberger Schösser und Heinrich von Kanitz zu Irrungen kam, weil der Schösser in den Gewässern des Adligen gefischt hatte, bat der Kurfürst den Wittenberger um schriftliche Unterrichtung, »auß was vrsache oder recht« er das getan hätte, wobei zugleich seine Vermutung durchschimmert, daß sich Kanitz hier ein Recht anmaße (EGA Kop. F. 20, 77^{r}: 1. April 1492). – Vgl. auch die Antwort der Fürsten auf die in Anm. 349 erwähnten Beschwerden von 1523 in ELTA, 157f. (Nr. 288). 159f. (Nr. 290).

part, dessen Fähigkeiten er in den Auseinandersetzungen mit ihm kennengelernt hatte, an seinen Hof zu ziehen.[351]

Ungetrübter als zwischen Adel und Landesherrn stellt sich das Verhältnis zwischen dem Kurfürsten und dem Bürgertum der größeren wie der kleineren Städte seines Herrschaftsbereiches dar, da Friedrich dessen Interessen auf vielen Gebieten entgegenkam, ob es sich nun um die Abwehr adliger Übergriffe, die Erteilung des Marktrechts, der Geleits- oder Zollfreiheit oder um den Schutz allgemeiner wirtschaftlicher Interessen handelte.[352]

Außer rein ökonomischen Erwägungen Friedrichs wirkte sich hier ein gewisses patriarchalisches Selbstverständnis aus, das ihm, wie auch einigen anderen Fürsten seiner Zeit,[353] eigen war. Es stellt ein Produkt aus unterschiedlichen Faktoren dar und hängt eng mit dem damaligen Entwicklungsstand des Territorialstaates zusammen, in dem zwischen Herrscher und Ständen noch »mehr ein Koordinations- als ein Subordinationsverhältnis« bestand.[354] Der Patriarchalismus kann als Indikator dafür gelten, daß bei seinen fürstlichen Vertretern »etwas wie ein Staatsgedanke«[355] Raum zu gewinnen begann: Die patrimoniale Herrschaftsauffassung wurde durch andersartige Vorstellung vom Verhältnis des Fürsten zu seinen Untertanen verfremdet. So gestattete der durch das vordringende römische Recht eingebrachte Begriff »salus publica« eine »weitgehende Identifizierung von dynastischem Interesse mit dem Landesinteresse«,[356] während das Verantwortungsbewußtsein des Landesherrn für das Wohl seiner Untertanen auch dadurch Impulse erhielt, daß er stark den Traditionen des Rittertums verhaftet war, dessen Ideale, ungeachtet ihres schon früher feststell-

---

[351] Es handelt sich hier um den bekannten Hans von der Planitz (s. WÜLCKER-VIRCK: A. a. O., IL).

[352] Vgl. TUTZSCHMANN: A. a. O., 28–31. Eine Untersuchung über Friedrichs Wirtschaftspolitik steht noch aus. – Um den Interessenschutz ging es z. B., als der Kurfürst und sein Bruder 1488 der Stadt Orlamünde u. a. das Privileg bestätigten, daß im Umkreis einer Meile niemand brauen, mälzen oder ein Handwerk betreiben dürfe (EGA Kop. D 4, 51r: 13. Aug. 1488, Weimar) – vgl. dazu KARLHEINZ BLASCHKE: Sachsen im Zeitalter der Reformation. o.O., o.J. (Sonderdruck aus: Sächsische Heimatblätter), 14f.

[353] Nach ANDREAS (a. a. O., 261f.) z.B. Philipp und Ludwig V. von der Pfalz, die ja mit Friedrich befreundet waren, sowie Markgraf Christoph von Baden.

[354] EDITH ESCHENHAGEN: Beiträge zur Sozial- und Wirtschaftgeschichte der Stadt Wittenberg in der Reformationszeit. LuJ 9 (1927), 55.

[355] ANDREAS: A. a. O., 261; vgl. Anm. 193.

[356] OESTREICH: A. a. O., 281. – Die Salus-publica-Vorstellung schimmert m. E. in Friedrichs Äußerung durch, daß er mit seiner Bautätigkeit vielen armen Leuten diene (FWLZ, 42). Sie steht sicher auch im Hintergrund bei den mehr als floskelhaften Bemerkungen des Fürsten (1513) über einen noch anzustellenden Wittenberger Medizinprofessor – dieser soll nicht nur der Universität »erlich vnd rumlich«, sondern auch dem »gemeinen volgk nutzlich vnd trestlich« sein (EGA Reg. O 312, 4r) – und in einer seiner Äußerungen über sein Verhältnis zu Herzog Georg (1520), für das er nicht nur seinetwegen, sondern auch um der Untertanen willen eine Verbesserung herbeiwünscht – vgl. NUB, 4 (Nr. 5).

baren hohen ethischen Gehaltes, parallel zum Niedergang der hochmittelalterlichen Adelskultur zunehmend an sozialer Relevanz gewannen.[357]

Das Verhalten des sächsischen Kurfürsten gegenüber dem Volk wird auch unter diesem Blickwinkel einsichtiger, wenn auch hier oft die Relation zwischen Handeln aus innerem Antrieb und Maßnahmen, mit denen der Etikette Genüge getan werden sollte, zugunsten der letzteren verschoben ist: Die in den Kammerrechnungen immer wieder auftauchenden Ausgaben für arme Leute belegen dies besonders deutlich. Meist handelt es sich um Pfennig- und Groschenbeträge,[358] was freilich nicht bedeutet, daß Friedrich für die prekäre Lage seiner armen Untertanen keinen sicheren Blick hatte; für ihn waren aber die bestehenden gesellschaftlichen Verhältnisse ebenso gottgegeben wie es eine mögliche Machtübernahme durch den »gemeinen Mann« in der Zukunft sein konnte, deren Möglichkeit er kurz vor seinem Tod in Betracht zog.[359] Von

---

[357] Über den ethischen Gehalt des Ritterideals s. Huizinga: A.a.O., 62f.; vgl. Rössler: Adelsethik, 237).

[358] Die von Spalatin erwähnten Pfennigspenden für Kinder (FWLZ, 35) können hier ausgeklammert werden. Anders verhält es sich mit den EGA Reg. Bb 4187 (1504/05) angeführten Ausgaben für arme Leute, an die mehrmals für je eine Woche zusammen 8 Gr., 2 Pf. gezahlt wurden (ebd., 40^{r}. 41^{rv}); die am 19. und 21. Nov. 1505 (ebd., 42^{rv}) erwähnte Spende von je einem Gulden für Arme bildet eine Ausnahme. Verglichen mit anderen Ausgaben – die Höhe des Opfergeldes, das regelmäßig in den Rechnungen erwähnt wird, und auch die Höhe der nicht selten erwähnten Beträge für Spiele übersteigen die der Almosen bei weitem (vgl. Anm. 692. 867) – wirken diese finanziellen Zuwendungen, wenn sie auch regelmäßig erfolgt zu sein scheinen (nach EGA Reg. Bb 4177, 28^{r}, erhielt z.B. Lorenz Keller zu Torgau 1502 einmal 24 fl., 8 Gr., um über einen längeren Zeitraum Armen pro Woche 6 Gr. zu geben) recht gering, was Nikolaus Müller, der einige der Weimarer Rechnungsbücher durchgesehen hat, in seinen unveröffentlichten Aufzeichnungen (NMN JN 1922–13) veranlaßt, hervorzuheben, daß im Vergleich zu Friedrichs Spenden für kirchliche Zwecke »die Armen von seiner Wohltätigkeit wenig bedacht wurden«. – Neben rein finanziellen Zuwendungen lassen sich freilich noch andere nachweisen: Als sich der Kurfürst 1518 zur Fastnacht in Zwickau aufhielt, ließ er die gesamte Fastenzeit jedem Armen pro Woche einen Pfennig, zwei Hofbrote und einen Hering reichen – vgl. Ernst Fabian: Fürstenbesuche und Volksbelustigungen in Zwickau im 16. Jahrhundert. MAVZ 10 (1910), 123. 1506 (11. Nov., Coburg) errichtete der Ernestiner eine Stiftung (EGA Urk. 4537, 4^{r}), derzufolge am Donnerstag eines jeden Quatembers den (scil.: Wittenberger) Bedürftigen je ein Pfennig, Brot und Käse (bzw. ein Hering in den Fasten) gereicht werden sollte. Bei der Überführung des toten Kurfürsten nach Wittenberg (FWLZ, 70) wurde 1525 den Armen je ein Groschen gespendet, was etwa dem Preis von zwei Pfund Rindfleisch entsprach (nach Eschenhagen: A.a.O., 80). Vgl. Anm. 456. 534.

[359] Friedrichs Stellung zum Volk spiegelt zutreffend sein durch Luther überlieferter Ausspruch, in dem er hinsichtlich der ungleichen Besitzverteilung mit dem Unterton des Bedauerns, aber auch der Selbstrechtfertigung äußert, das Gut der Fürsten gehöre nicht jenen, denen man es gönne, sondern denjenigen, denen es beschert sei – s. WATR 1, 14 (Nr. 42), Veit Dietrichs Nachschriften, 2. Hälfte 1531. – Auf seinem Sterbebett gab er zu erkennen, daß er wie seine Standesgenossen »den armen Leuten allerlei Beschwerung und das nicht taugt« zugefügt habe (FWLZ, 66), nachdem er wenig früher am 14. April 1525 seinem Bruder geschrieben hatte, daß die Bauern durch die Bedrückung

einer bewußten Unterdrückung und Bedrückung der Bevölkerung hat er sich zeitlebens distanziert, was ihn jedoch nicht hinderte, streng auf die Wahrung seiner Rechte gegenüber einzelnen Bürgern zu achten.[360]

Im ganzen gesehen scheint sich Friedrich der Weise in seiner Stellung zum Volk doch von den meisten seiner Standesgenossen deutlich abgehoben zu haben: Seine »in subdites elementia« wurde schon 1516 gerühmt, wenn auch von einem humanistischen Schmeichler;[361] in ihrem ganzen Umfang offenbarte sich die Hochschätzung des sächsischen Kurfürsten durch den »gemeinen Mann« erst in den Stürmen des Bauernkrieges: Es kommt nicht von ungefähr, daß neben süddeutschen Bauernführern anfangs auch Thomas Müntzer den Ernestiner in seine Pläne einbezog,[362] ein Ansinnen, das sich schon deshalb als illu-

---

durch geistliche und weltliche Obrigkeit Anlaß zum Aufruhr erhalten hätten. Im gleichen Brief äußert er die Vermutung, wenn Gott es haben wolle, daß der »gemeine Mann« regiere, werde es dahin kommen; s. NUB 259 (Nr. 22).

[360] Spalatin betont (FWLZ, 43), daß es Friedrich nicht leiden konnte, wenn man den armen Leuten »Beschwerung« auferlegte und berichtet im gleichen Zusammenhang von einer bösen Bemerkung des Kurfürsten über einen Adligen, der den Armen »ungütig« war. Friedrichs Bruder Ernst werden ebenfalls Äußerungen zugeschrieben, die sein Verhältnis zu den Untertanen ähnlich erscheinen lassen wie bei Friedrich (s. Samuel Lentz: Diplomatische Stifts- und Landes-Historie von Magdeburg und angrenzenden Landen ... Cöthen; Dessau 1756, 475f.) – Daß der Kurfürst auch gegenüber der Bevölkerung auf Eingriffe in seine Rechte sehr empfindlich reagieren konnte, zeigt ein Vorfall von 1522: Weil ein armer Fischer zu nahe an den kurfürstlichen Fischgründen (vgl. dazu Oppermann: A. a. O., 31) gefischt hatte, sollte er 10 silberne Schock Strafe zahlen, was Luther veranlaßte, über Spalatin an den Fürsten zu appellieren, eine mildere Strafe festzusetzen, die dem Fischer »seyn narung nicht verdrucke« – s. WABr 2, 556 (Nr. 506).

[361] In einem Brief des Richard Crocus an den Fürsten, s. Tentzel: A. a. O., 27 (Nr. 18).

[362] Während in der anonymen Flugschrift »An die versamlung gemayner Pawerschafft« Friedrich neben Markgraf Philipp I. von Baden – über ihn vgl. ADB 25, 758; Gerhard Kattermann: Markgraf Philipp I. von Baden als kaiserlicher Statthalter am Reichsregiment zu Esslingen und Speyer 1524 bis 1528. ZGO 52 (1939), 360–423 – als Prototyp eines christlichen Fürsten erscheint (Horst Buszello: Der deutsche Bauernkrieg von 1525 als politische Bewegung. Berlin 1969, 167), erwog Wendel Hipler in seinem Beratungsplan für den Bauerntag Heilbronn (Mai 1525), »ob man etwa Trostes suchen wölle bei auslendigen Fursten als Sachsen etc., die mer Milterung haben gein dem armen Man, dan andere Fursten« (Quellen zur Geschichte des Bauernkrieges. Hrsg. von Günter Franz. Darmstadt 1963, 370f.; zu Hipler s. BLDG, 215f.). Als wenig später die Nachricht vom Tod des sächsischen Kurfürsten in Süddeutschland eintraf, erklärte Friedrich Weigandt (18. Mai 1525, Miltenberg), daß mit dem Ableben des Ernestiners seines Erachtens »ain grosser trost« für die Aufständischen gefallen sei (Flugschriften des Bauernkrieges. Hrsg. von Klaus Kaczerowsky. Hamburg 1970, 77). Etwa ein Jahr zuvor hatte Müntzer den vergeblichen Versuch unternommen, Friedrich und Johann für seine Pläne zu gewinnen, einen Versuch, zu dem es nicht von ungefähr kam (vgl. Carl Hinrichs: Luther und Müntzer. Ihre Auseinandersetzung über Obrigkeit und Widerstandsrecht. Berlin 1952, 8. 71–73). Am 3. Aug. 1524 wandte sich der Pfarrer an den Kurfürsten mit der Bitte, ihm zu gestatten, seine Ansichten in Wort und Schrift weiterzuverbreiten, und wies für den Fall der Weigerung bezeichnenderweise auf »die scheu und vorzagung des

sorisch erweisen mußte, weil für den Kurfürsten alles, was nach Aufruhr und damit nach Veränderung der bestehenden Verhältnisse und »Beschwerung« der Herrschenden aussah, ein Greuel war.

Friedrich, für den die öffentliche Ruhe und Ordnung eminente Bedeutung besaßen,[363] ist sich schon in früheren Jahren seiner Regierung der Eventualität von Volkserhebungen voll bewußt gewesen und hat immer wieder versucht, mögliche Anstöße aus dem Weg zu räumen.[364]

---

gemeynen volks gegen« Friedrich, aber auch auf das »grosse vorhoffen« der Bevölkerung auf ihn hin– s. NUB, 249 (Nr. 14); bzw. Thomas Müntzer: Schriften und Briefe: kritische Gesamtausgabe. Hrsg. Günther Franz. Gütersloh 1968, 431. Daß Müntzer nicht ohne Grund von Hoffnungen sprach, die die Bevölkerung auf Friedrich den Weisen setzte, zeigt m. E. der Umstand, daß, einer alten Überlieferung zufolge, nach dem Tod des Kurfürsten Bauern weinend vor dem Wittenberger Schloß standen und den Verstorbenen wie einen Vater beklagten (Remp: A. a. O., 129). Bezeichnend ist auch die Absichtserklärung des Frankenhausener Bauernhaufens (Anfang Mai 1525), in der davon die Rede war, von allen Fürsten nur den sächsischen Kurfürsten »bleiben« zu lassen, natürlich vorausgesetzt, er werde auf die Forderungen der Aufständischen eingehen; AGBM 2, 203 (Nr. 1323). Ob es sich bei der Schmähung Friedrichs durch den Allstedter Peter Sauerwein (1524 oder 1525) – er bezeichnete den Fürsten als »blutvorkeufer« – um die unbedachte Äußerung eines Betrunkenen handelte, wie es der Angeklagte bei seinem Verhör am 8. Dez. 1525 – AGBM 2, 738 (Nr. 1952) – darzustellen versuchte, und ob er mit seiner Meinung über den Fürsten allein dastand, muß dahingestellt bleiben.

363 Darauf hat besonders Kolde (Friedrich, 30) hingewiesen.

364 Friedrichs Verhalten in der Steuerfrage ist mit unter diesem Aspekt zu sehen: Als 1495 der »Gemeine Pfennig« einzufordern war, bat er um den Rat Johanns und der Räte, wie man die Untertanen dazu bringen könne, »ohne Beschwerung« (zu diesem Begriff s. GDWB 1, 1605f.) die fällige Zahlung zu leisten (RTThMax 1, 442). – Daß Friedrich immer mit der Möglichkeit eines Aufruhrs rechnete und dem vorzubeugen versuchte, zeigt sich an verschiedenen Stellen: So wird bei der Bestallung Bernhard Dornpachs als Eilenburger Geleitsmann (1. Mai 1497, o.O.) »Aufruhr« neben dem Kriegsfall mit einkalkuliert (EGA Reg. Rr pag. 1–316, Nr. 272). Ist hier nur an eine Eventualität gedacht, so sind Befürchtungen Friedrichs aus späteren Jahren durchaus nicht grundlos: Im Zusammenhang mit der Wittenberger Bewegung von 1521/22 läßt er mehr als einmal erkennen, daß er »aufrührerischen« Aktivitäten vorzubeugen bestrebt war. Luther gegenüber versicherte er 1522 (in der Instruktion für den Eisenacher Amtmann Johann Oswald), daß reformatorische Maßnahmen, »doraus Empörung und Beswerung erwachsen« – WABr 2, 450 (Anhang zu Nr. 454) –, von ihm ungern gesehen würden, und ging gegenüber Gregor Brück (über ihn s. Ekkehart Fabian: Dr. Gregor Brück. 1557–1957. Tübingen 1957, passim) noch weiter, indem er ihn in der Instruktion für eine Werbung an die Universität Wittenberg – 10. Okt. 1521; s. CR 1, 459 (Nr. 138); bzw. N. Müller: A. a. O., 27 (Nr. 8) – aufforderte, dafür zu sorgen, daß Aufruhr und »ander beswerung« verhütet würden; in diesem Sinne äußerte er sich etwa gleichzeitig auch gegenüber Christian Beyer und Konrad Helt – vgl. N. Müller: A. a. O., 31 (Nr. 12). 49 (Nr. 19). 57 (Nr. 24). 80 (Nr. 39). So gesehen erscheint es glaubhaft, wenn er gegenüber Herzog Georg im August 1524 beteuert, daß er und Johann »aufrurisch Furnemen vngern gestatten, vilweniger dasselbe stercken« wollten und gegen diejenigen einzuschreiten entschlossen seien, die »auffrur vndt entporung« predigten - nach NUB, 252f. (Nr. 17). »Unbilliche aufrührerische Widerwärtigkeit« – vgl. NUB, 279 (Nr. 45) – war ihm auf jeden Fall ein Dorn im Auge.

Abgesehen vom Bauernkrieg, der seinen Lebensabend verdüsterte, ist es während der Regierungszeit des Fürsten schon vorher zu gelegentlichen Unruhen gekommen, die sich in den beiden letzten Jahrzehnten verdichteten, von ihrem Charakter her aber mehr Tumulten als offenen Insurrektionen glichen: Neben den Studentenfehden in Wittenberg (1512 und 1520)[365] und der sogenannten Wittenberger Bewegung des Jahres 1521/22 standen Empörungen wie die Erfurter Wirren von 1509, Unruhen in den Bergstädten Schneeberg und Buchholz[366] und andere Vorboten des Bauernkrieges. In diesen Fällen zeigte sich immer wieder, daß »die Toleranz des Fürsten ... eine bestimmte Grenze hatte«: die »öffentliche Ordnung und Ruhe«.[367]

Gegenüber Urhebern von »Aufruhr« erwies er sich als unerbittlich, gerade im Zusammenhang mit der reformatorischen Bewegung. In einem Schreiben an die Allstedter vom 27. Juni 1524 hat Friedrich zu verstehen gegeben, warum er die gewaltsamen Aktivitäten des »linken Flügels« der Reformation ablehnte: Er meinte, daß alles, was dessen Vertreter bekämpften, von selbst untergehen würde, wenn ihre Lehre von Gott sei.[368]

Folgerichtig mußte Luthers Ansehen bei ihm in dem Maße steigen, wie er erkannte, daß sich dieser auf nichtrevolutionären Bahnen bewegte: Bereits Ende 1520 wies Spalatin den Kurfürsten darauf hin, daß der Mönch die Gewalt der Obrigkeit nicht antasten werde. Im Januar 1521 teilte er ihm mit, Luther habe an Ulrich von Hutten geschrieben, er wolle nicht, daß man wegen des Evangeliums »mit gewalt vnd morden« streite und Krieg führe.[369] Das Verhalten des Reformators in der Folgezeit war dann auch dazu angetan, ihn in Friedrichs Augen als eine Art »Aufruhrdämpfer« erscheinen zu lassen, ob er nun im Frühjahr 1522 die Wittenberger Unruhen zum Abklingen brachte,[370] sich 1523 mit seiner Schrift »Von weltlicher Obrigkeit, wie weit man ihr Gehorsam schuldig sei« von den »Schwärmern« distanzierte[371] oder im gleichen Jahr den Rat von Ölsnitz/V. zum Einschreiten gegen einen Prediger aufforderte, der angeblich das Volk zu Gewalttätigkeiten verführte.[372] Inwieweit von nun an bei der Protektion Luthers

---

365 S. FRIEDENSBURG: Geschichte, 87. 150; vgl. auch EGA Reg. O 459. 460.

366 Vgl. dazu ADOLF LAUBE: Studien über den erzgebirgischen Silberbergbau von 1410 bis 1546. Phil. Habil. (Masch.) Leipzig 1971, 395–422. 428–439. – Auf die Schneeberger Vorgänge bezieht sich wahrscheinlich Friedrichs Brief an seinen Bruder vom 4. Mai 1521 (Worms), in NUB, 16 (Nr. 24).

367 BALTIN: A. a. O., 56.

368 HINRICHS: A. a. O., 16. Die Argumentation ist zwar unmittelbar von Spalatin übernommen, dürfte aber sicher voll und ganz Friedrichs Intentionen entsprochen haben, der sie sich zu eigen gemacht zu haben scheint.

369 GEORG BERBIG: Spalatiniana. ThStKr 81 (1908), 33. 37.

370 Bereits bei den Studentenunruhen von 1520 hatte sich Luther – allerdings nicht in den Augen des Landesherrn – mit einer Predigt gegen den Aufruhr unbeliebt gemacht; vgl. WABr 2, 144 (Nr. 313): »Deus bone, quantam mihi invidiam concitavi.«

371 Vgl. JULIUS KÖSTLIN; GUSTAV KAWERAU: Martin Luther: sein Leben und seine Schriften. Bd. 1. Berlin [5]1903, 581–584; KOLDE: RE 6, 283.

372 Vgl. WABr3, 201 (Nr. 692).

durch den Kurfürsten Überlegungen im Hintergrund standen, wie sie Hans von der Planitz 1522 einmal formuliert hatte, muß als Vermutung offen bleiben;[373] der kurfürstliche Rat hatte nachdrücklich auf die Gefahr von Volksunruhen hingewiesen, die nach Luthers Weggang drohten. Als sicher kann jedoch gelten, daß sich Friedrich seines Wittenberger Professors schwerlich so angenommen hätte, wenn er als Erreger von Volksunruhen hervorgetreten wäre.

Diesen Schluß läßt schon sein Verhalten gegenüber Gelehrten oder Geistlichen zu, die bei Tumulten tatsächlich oder nur vorgeblich die Rolle des »spiritus rector« gespielt hatten: Als 1521 Stephan Wild zum Professor der Medizin an der Wittenberger Universität ernannt werden sollte, scheiterte dies beinahe daran, daß Friedrich, der ihn für einen der Rädelsführer beim Studentenauflauf des vorhergehenden Jahres hielt, sich seiner Kandidatur zunächst widersetzte.[374] Ein Jahr später war dem Kurfürsten mehr Erfolg beschieden, als er die Besetzung der Predigerstelle an der Altenburger Bartholomäuskirche mit Gabriel Zwilling zu verhindern wusste,[375] da er diesen von der Wittenberger Bewegung her noch in zu guter Erinnerung hatte. Ebensowenig wie Zwilling verzieh er Karlstadt sein radikales Vorgehen im gleichen Zusammenhang; so verweigerte er ihm im Frühjahr 1525 das freie Geleit[376] zu einer Unterredung. In beiden Fällen befand sich der Fürst nicht im Konsens mit Luther.

Am klarsten treten Friedrichs Prinzipien in der Aufruhrfrage bei seiner Behandlung des Falles Müntzer zutage: Als sich 1523 Graf Ernst von Mansfeld mit der Bitte an den Kurfürsten wandte, den Allstedter Pfarrer wegen seiner Predigten und Gottesdienstneuerungen zur Rechenschaft zu ziehen, hielt er in bewährter Weise die Angelegenheit durch seine Verzögerungstaktik in der Schwebe.

Ein Jahr später enthob ihn die Flucht Müntzers aus Allstedt im August 1524 einer Entscheidung zuungunsten des Predigers, der sich inzwischen in seinen Augen kompromittiert hatte, indem er »das volck auff buntnus vnd aufrur« wies.[377]

Obgleich der Kurfürst ein Gegner jeder Art von Volksunruhen war, weist sein Verhalten nach dem Ausbruch des Bauernkrieges deutlich Unterschiede zu dem anderer Herren auf: Er zögerte, Truppen gegen die Aufständischen zur

---

[373] Wülcker-Virck: A.a.O., 273f. (Nr. 121): Am 11. Dez. 1522 gab Planitz gegenüber seinem Herrn u.a. zu bedenken, daß eine Vertreibung Luthers schlimme Folgen haben könne; es sei mit Verirrungen der Anhänger Luthers in dogmatischen und ethischen Fragen zu rechnen. Dabei versäumte es Planitz nicht, einen Hinweis auf die Wittenberger Bewegung anzubringen.

[374] N. Müller: A.a.O., 323. 354; Carl Eduard Förstemann: Der Studentenauflauf zu Wittenberg im Jahre 1520. NMGHF 8 (1850) 2, 68 (Nr. 13). 70f. (Nr. 16).

[375] Vgl. Kirn: A.a.O., 114; N. Müller: A.a.O., 169 (Nr. 72). 171 (Nr. 73).

[376] Hermann Barge: Andreas Bodenstein von Karlstadt. Bd. 1. Leipzig 1905, 406; Kirn: A.a.O., 24.

[377] Vgl. Hinrichs: A.a.O., 6–10. 12f. passim; NUB, 252f. (Nr. 17).

Verfügung zu stellen,[378] und versuchte bis zuletzt, auf rechtlichem Wege einen Ausgleich anzubahnen.[379]

Gründe dafür kann man viele ins Feld führen: Nicht unterschätzen sollte man Friedrichs Erkenntnis, daß die Ursachen der Erhebung nicht zuletzt bei der Obrigkeit selbst zu suchen seien.[380] Außer seiner mißlichen gesundheitlichen Lage, die seinen Hang zur Resignation noch verstärkte, ist mancherlei anderes für sein Verhalten mitbestimmend gewesen: Persönliches Mißtrauen gegenüber Herzog Georg wie gegen Philipp von Hessen[381] und die Befürchtung,

---

[378] Landgraf Philipp von Hessen und Herzog Georg ersuchten ihn darum – vgl. z.B. Philipps Schreiben an beide Ernestiner vom 12. und 20. April 1525 (Daten bei Förstemann falsch angegeben) in NUB, 258 (Nr. 21). 262f. (Nr. 26); Georgs Ersuchen in NUB, 269 (Nr. 34) – falsch datiert, richtig: 2. Mai –. 278 (Nr. 44). – Am 10. März schlug Johann vor, ein Aufgebot zu erlassen, um militärisch gerüstet zu sein. Zum Erlaß des Aufgebots kam es allerdings nicht so bald, weil der Kurfürst ihn in der ihm eigenen Art hinauszögerte, indem er vorschlug, erst die Formalitäten abzuwägen. Am 26. April ließ Johann dann das Aufgebot an die Landstände ausgehen, sich bewaffnet in Weimar einzufinden, womit er freilich wenig Erfolg hatte. Wenn Friedrich bis zuletzt immer wieder versuchte, einen gütlichen Ausgleich zuwege zu bringen, dann kaum nur deshalb, weil er sich bewußt war, daß mit einem Aufgebot wenig zu erreichen sei. Nicht umsonst riet er dem Bruder von Gewaltanwendung ab. So erscheint es nur folgerichtig, daß er erst am 3. Mai – also nur zwei Tage vor seinem Tod – die Möglichkeit eines eigenen Ausschreibens ins Auge faßte und ankündigte, er gedenke ein Ausschreiben zu erlassen, sich gerüstet bereit zu halten – nach NUB, 269f. (Nr. 35). 270f. (Nr. 36). 274f. (Nr. 41). 277f. (Nr. 43). 279 (Nr. 45). 279 (Nr. 46); AGBM 2, 73 (Nr. 1161). 73f. (Nr. 1162). 91 (Nr. 1183). 129 (Nr. 1210a). Vgl. Anm. 379. 388.

[379] Friedrich schlug Anfang Mai 1525 vor, eine Vertrauensperson zur Schlichtung der Unruhen einzusetzen, um »beschwerung« an »leib vnd gut« zu verhindern. Am Tag vor seinem Tode erteilte er dem Schösser zu Allstedt den Auftrag, im Falle von besonderen Vorkommnissen im Amt »christlich, gutlich und fruntlich« mit den Aufständischen zu verhandeln und ihnen »sovil billich« (zu »billig« vgl. GDWB 2, 27) »gnedige enderung« zuzusagen, die auch wirklich erfolgen solle – nach NUB, 273 (Nr. 38). 280 (Nr. 47); AGBM 2, 189f. (Nr. 1303). 191 (Nr. 1305).

[380] Vgl. Anm. 359. – Klagen der Bevölkerung über »übermessige fron und pflicht« – freilich von seiten geistlicher Grundherrn – waren den beiden Ernestinern schon 1524 in größerem Umfang zu Ohren gekommen, was den Kurfürsten nicht unberührt gelassen zu haben scheint: Wenige Stunden vor seinem Tod teilte Friedrich dem Bruder mit, daß Gott um ihrer beider Sünden willen – man hat dabei vor allem an »Sünden« gegenüber der Bevölkerung zu denken – die Dinge so geordnet habe; am 28. April hatte er noch zu verstehen gegeben, daß ein mögliches Vorgehen der Insurgenten gegen ihn und Johann vielleicht »mit vnbillikait vnd vnuerursacht« geschehe; nach AGBM 2, 34f. (Nr. 1122). 189f. (Nr. 1303). 135 (Nr. 1221); bzw. NUB, 273 (Nr. 38).

[381] Friedrichs Verhältnis zu Philipp war noch immer durch die Erinnerung an die hessische Vormundschaftsstreitigkeit getrübt. Als ihm 1521 auf dem Weg nach Worms der Landgraf entgegenzog, vermochte er dessen Freundlichkeit nur als Verstellung zu deuten – NUB, 4 (Nr. 6). Nachdem ihn Philipp im Frühjahr 1525 um Beistand gebeten hatte, schrieb der Kurfürst seinem Bruder, er wisse ja, was man vom Landgrafen Gutes erwarten könne; da sei nicht viel Glaubens – AGBM 2, 158 (Nr. 1252); die Datierung der AGBM

das Evangelium – was er auch immer darunter verstand – könne dadurch unterdrückt werden, daß Feinde der reformatorischen Bewegung, wie der Schwäbische Bund, zu dem der Ernestiner ein gestörtes Verhältnis hatte,[382] die Unterdrückung der Bauernrevolte zu einer Generalabrechnung mit reformatorisch gesinnten Kräften benutzen könnten, standen neben seiner Abneigung gegen den Einsatz militärischer Machtmittel, wie sie uns schon früher entgegentritt.[383]

Damit wird die Frage aufgeworfen, wie es um die militärische Macht Friedrichs des Weisen bestellt war. Könnte man dem Grabspruch Sebastian Brants für Kurfürst Ernst Glauben schenken, dann wäre der junge Ernestiner im Vergleich zu seinem Vater »... maior natu maiorque potentibus armis bellorumque usu ...«[384] gewesen, aber die Tatsachen sprechen eher für das Gegenteil: Kriegerischen Auseinandersetzungen ist Friedrich stets ausgewichen,[385] woran ne-

---

und die dortige Ortsangabe vermag ich nicht in Einklang zu bringen, weil Friedrich sich in den letzten Wochen seines Lebens nur in Lochau aufhielt.

[382] Dies geht schon aus Friedrichs Schreiben an Johann vom 14. April 1525 – NUB, 259 (Nr. 22); bzw. AGBM 2, 91 (Nr. 1183) – deutlich hervor, wo er feststellt, der Schwäbische Bund werde die Bauern wohl zum Gehorsam bringen; sie (aus dem Kontext wird deutlich, daß sich das »sie« nicht auf die Bauern, sondern auf den Bund bezieht; somit liegt hier eine Constructio ad sensum vor, wie sie auch an anderer Stelle zu beobachten ist – s. z. B. das am Ende vorliegender Anmerkung angeführte Beispiel) wollten doch sonst alle Welt zwingen. Vielleicht dachte Friedrich dabei an den Versuch des Bundes vom November 1515, ihn durch eine Drohung vom gewaltsamen Vorgehen gegen Erfurt abzuhalten (s. Burkhardt: Tolles Jahr, 416), vielleicht auch an seine feindliche Einstellung gegenüber der reformatorischen Bewegung und ihren Beschützern – vgl. Ernst Bock: Der schwäbische Bund und seine Verfassung 1488–1534. Breslau 1927, 199; Wülcker-Virck: A. a. O., 438f. (Nr. 183). 439f. (Nr. 184): 1523 war das Gerücht aufgetaucht, der Bund stelle für Friedrich eine Bedrohung dar. Sein Zorn auf den Bund scheint nicht gering gewesen zu sein; er gab ihm den Wunsch ein, daß Gott ihnen (d. h. den Bundesmitgliedern) zu schaffen machen solle, damit sie sähen, daß er der rechte »bundt herr« sei und außer ihm nichts beständig wäre. In einem anderen Brief an Johann spottet der Kurfürst über den hessischen Landgrafen – AGBM 2, 157f. (Nr. 1252); vgl. dazu Anm. 381 –: Er ist »auch im bund. Werden E.L. wel sehen, was er ime helfen wird.« – Die Synesis aus dem erstgenannten Schreiben steht, wie gesagt, nicht vereinzelt da; Friedrich unterläuft sie noch an anderer Stelle, z. B. AGBM 2, 81 (Nr. 1172): »... und sollen sich ... auf den Rat, als hetten sie (scil.: die Ratsmitglieder) solchs bevolhen vnd nachgelassen, beruffen haben, ...«

[383] Sie wird besonders deutlich in seiner Reaktion auf den Hinweis, eine Eroberung Erfurts werde ihn höchstens fünf Mann kosten: Er erwiderte, daß schon einer zuviel wäre (Kirn: A. a. O., 13). Man vergleiche dagegen Maximilians Ausspruch von 1498, »wenn er nur vier Reisige besitze, wage er eine Schlacht, sagten die Franzosen von ihm; er werde sie darin nicht enttäuschen« (Wiesflecker: A. a. O. 2, 138). – Vgl. Anm. 538–541.

[384] Ludwig Schmidt: Ein unbekanntes Gedicht Sebastian Brants. Zeitschrift für deutsches Alterthum und deutsche Literatur 42 (1898), 217f. Das Gedicht entstand zwischen 1486 und 1493 auf Anregung des Meißner Domherrn Thamon Löser (vgl. Anm. 1327).

[385] Auf sein Verhalten in der Erfurter Angelegenheit und den Auseinandersetzungen um die hessische Vormundschaftsfrage ist bereits eingegangen worden, ebenso auf die 1503 und 1508 drohende Gefahr eines Krieges zwischen den Ernestinern und Herzog

ben seiner wenig militanten Veranlagung vor allem der Mangel an »mächtigem Rüstzeug« – um Brants Ausdruck zu gebrauchen – Schuld trägt, über den auch vereinzelte Anfertigungen von Geschützen nicht hinwegzutäuschen vermögen, die ohnehin mehr als Schaustücke dienten.[386]

Beim damaligen Entwicklungsstand der Territorialstaaten war an ein stehendes Heer als Hauptinstrument militärischer Operationen noch nicht zu denken; selbst die größten unter ihnen hielten in Friedenszeiten nicht ein Regiment Infanterie.[387] Die Basis kriegerischer Unternehmungen bildete noch im-

---

Georg (vgl. Virck: Ernestiner, 27. 69. 74); die im Zusammenhang mit den innerwettinischen Streitigkeiten geäußerte Ansicht Johannes von Walters (a. a. O., 6), »nach Georgs Regierungsübernahme hätten nur dessen geschickte Allianzpolitik und ein kaiserliches Machtwort« Friedrich vom Krieg abgehalten, ist m. E. irrig. – Unmittelbar in kriegerische Verwicklung hineingezogen wurde der Kurfürst 1489 vom ungarischen König Matthias Corvinus, der seine Truppen gegen die Wettiner in Marsch setzte, als sich diese im Februar 1489 nach einem Verteidigungsbündnis mit den Hohenzollern wegen eines gleichen Bündnisses an den böhmischen König Wladislaw wandten; die feindlichen Soldaten rückten dabei bis in die Nähe von Torgau vor – vgl. RTAMR 3I, 265, Anm. 295. 682 (Nr. 170c). Es ist nicht ausgeschlossen, daß sich Friedrich gerade durch die damalige Konfrontation mit den Kriegsfolgen in seinem eigenen Territorium in späterer Zeit veranlaßt sah, um jeden Preis (vgl. die zutreffende Beurteilung seines Verhaltens durch Spalatin in FWLZ, 56) offene militärische Konflikte zu vermeiden. Daß er sich dagegen sträubte, in kriegerische Auseinandersetzungen fremder Fürsten verwickelt zu werden, versteht sich angesichts dessen von selbst. Als König Wladislaw 1492 auf die sächsische Lehnsdienstpflicht gegenüber Böhmen pochend versuchte, Friedrich in ein militärisches Unternehmen zur Rückeroberung verlorener Gebiete hineinzuziehen, wurde von sächsischer Seite erfolgreich dagegen Einspruch erhoben (RTThMax 1, 168). Bei der etwa zur gleichen Zeit ausgebrochenen Braunschweiger Stadtfehde (1492/93) intervenierten die Ernestiner nicht unmittelbar zugunsten ihres Schwagers Heinrich von Braunschweig-Lüneburg, sondern entsandten lediglich einige Reiter (ChrDSt 35I, 87, Anm. 26a, Braunschweiger Stadtfehde 1492/93; nach einer Textvariante – vgl. ebd., 74). Am Landshuter Erbfolgekrieg beteiligte sich Friedrich der Weise zusammen mit anderen Reichsfürsten mehr als Beobachter: Mit 200 Pferden zog er am 31. Mai 1504 von Ingolstadt nach Erding, nachdem er sich vorher in München und Wasserburg aufgehalten hatte – nach König: Peutinger, 29 (Nr. 15). Worauf sich das Gerücht bezieht, das ca. 1525 der Breisacher Johannes Gallinarius – Briefwechsel des Beatus Rhenanus. Hrsg. Adalbert Horawitz; Karl Hartfelder. Leipzig 1886, 446 (Nr. 588) – dem Beatus Rhenanus mitteilte (»Ducem Saxoniae bellum insumpsisse contra Guilielmum Baioarum dicunt.«), ist unklar. Ich vermute, es steht im Zusammenhang mit den Gerüchten unter der aufständischen Bauernschaft: Im Februar 1525 hofften beispielsweise die Allgäuer Bauern darauf, daß ihnen der sächsische Kurfürst mit 60000 Mann zu Hilfe käme – vgl. Siegfried Hoyer: Das Militärwesen im deutschen Bauernkrieg 1524–1526. Berlin (1975), 65.

386 Zu den Büchsengüssen von 1522 bis 1525 vgl. Bruck: A. a. O., 278; hierbei handelt es sich offenbar um Auftragswerke Johanns, während der Guß von »Donnerbüchsen« in Eilenburg 1505 von Friedrich selbst angeregt wurde (Ferdinand Gundermann: Chronik der Stadt Eilenburg. Eilenburg 1879, 37).

387 Vgl. Isaak Barnays: Die Diplomatie um 1500. HZ 138(1928), 19.

mer das sogenannte Landesaufgebot, bei dem Städte, Ämter, der niedere Adel und sogar einige Klöster vom Landesherrn dienstverpflichtet wurden. Nachdem es im 15. Jahrhundert seine Blütezeit erlebt hatte, verlor es zu Friedrichs Zeiten zunehmend an Bedeutung,[388] woran auch die Tatsache nichts änderte, daß die städtischen Schützengilden als eine Art stehender Kerntruppe, die stark vom Landesherrn abhängig war, weiterbestand und Förderung erhielt.[389] Für die letzten Regierungsjahre des Kurfürsten ist anzunehmen, daß infolge des Verlustes an Wehrkraft aus genanntem Grund eine deutliche Schwächung seiner militärischen Potenzen eintrat. Eine Möglichkeit, diese Machteinbuße wieder auszugleichen, bestand jedoch in der Anstellung von Söldnern, die auch bei den Ernestinern üblich wurde, allerdings noch in bescheidenem Ausmaß, denn um Landsknechte anzuwerben, mußte man finanzkräftig sein.[390]

Wie aber war es um die Finanzkraft Friedrichs III. von Sachsen und seines Bruders bestellt? Sah es mit ihr wirklich so günstig aus, wie manchmal angenommen wird?[391]

Sind für Friedrichs Zeitgenossen laufende finanzielle Schwierigkeiten geradezu charakteristisch,[392] so lassen sie sich auch bei ihm nicht übersehen, wenn sie auch nicht so groß gewesen sein mögen wie bei anderen Reichsfür-

---

[388] Über das Landesaufgebot bis zum Bauernkrieg s. Walter Schmidt-Ewald: Das Landesaufgebot im westlichen Thüringen vom 15. bis zum 17. Jahrhundert. ZVThüGA 36(1929), 13–22; vgl. auch Debes: A. a. O., Abschnitt IV (über das Militärwesen im Amt Wartburg).

[389] Vgl. Schmidt-Ewald: A. a. O., 17; Ernst Devrient: Ein Jenaer Schützenfest im Jahre 1490. ZKuG F. 4, 3 (1901), 160; Eschenhagen: A. a. O., 65.

[390] Vgl. Laube: A. a. O., 17; er hat allerdings die Albertiner vor Augen. – Zur Anwerbung von Söldnern kam es auf ernestinischer Seite z. B., als sich im Zusammenhang mit dem Bauernkrieg das Landesaufgebot als unbrauchbar erwies (nach Schmidt-Ewald: A. a. O., 23); Friedrich war jedoch zu diesem Zeitpunkt bereits verstorben. – Vgl. Anm. 537.

[391] So von Blaschke: Sachsen, 8; ders.: Friedrich, 324; Leo Stern: Die geschichtliche Gesamtlage Deutschlands zur Zeit der Gründung der Universität Wittenberg. FUHW 1, 39. Daß Friedrich Geld in Hülle und Fülle besessen habe, war auch die feste Überzeugung Luthers – vgl. z. B. WATR 3, 250 (Nr. 3287c), K. Cordatus, Frühjahr 1533. – Von einer finanziell schwierigen Lage des sächsischen Fürsten, besonders in seinen letzten Jahren, sprechen dagegen Laube: A. a. O., 17; Hildebrandt: A. a. O., 176; vgl. auch Kius: Finanzwesen, 1f.

[392] Bei Kaiser Maximilian (vgl. Anm. 243) waren sie gelegentlich so groß, daß er bei Innsbrucker Wirten Schulden machen mußte und auch sonst niemand davor sicher war, von ihm angeborgt zu werden (Gatt: A. a. O., 58. 136). Die Schulden Georgs von Sachsen beliefen sich Anfang 1517 insgesamt auf ca. 600000 fl. (Goerlitz: A. a. O., 395). Bei Heinrich von Braunschweig-Lüneburg wurde 1511 die Finanzkrise so groß, daß er dadurch »sehr bekümmert« war und seine beiden ernestinischen Schwager zu ihm nach Celle kommen mußten (s. Haenselmann: A. a. O., 198). Drei Jahre zuvor hatte sich Friedrichs Bruder Ernst gezwungen gesehen, das Geld für Maximilians Romzug von einem Hallenser Kaufmann zu leihen (Lentz: A. a. O., 470); über die ungeheuren Schulden seines Nachfolgers Albrecht s. Redlich: A. a. O., 329.

sten.[393] Die Ausgaben überstiegen die Einnahmen immer wieder,[394] so daß es infolge laufender Anleihen zu erheblichen Schulden kam,[395] wie sie uns in den zwanziger Jahren z.B. in einer Rückzahlforderung der Brüder Leimbach und in verschiedenen klagenden Äußerungen des Kurfürsten und seines Bruders entgegentreten.[396]

---

393 Vgl. Blaschke: Sachsen, 8.

394 Bei den folgenden Zahlenangaben beschränke ich mich auf die Guldenbeträge. Bevor ich jedoch zu Einzelbeispielen komme, einige notwendige Bemerkungen über den kursächsischen Staatshaushalt (nach Grosse: A.a.O., 2. Hauptteil, §§14–28; Kius: A.a.O., 25–31) und seine Zusammensetzung: Die Einnahmen zerfielen, ebenso wie die Ausgaben, in zwei Kategorien, in ordentliche und außerordentliche Einkünfte bzw. Ausgaben: Auf der einen Seite standen sich Einnahmen aus den Ämtern, dem Bergregal, Jahrrenten (feststehenden Gemeindesteuern), dem Tuch- und Schutzgeld und solche aus besonderen Einnahmen, wie dem Ungeld und Trabantengeld, gegenüber, während auf der Ausgabenseite der außerordentliche Teil aus einmaligen Aufwendungen, etwa für Bauten, den ständigen Ausgaben für den Hofhaushalt, die Ämterverwaltungen, das Oberhofgericht, Sold, Botengeld u. ä. gegenüberstand. In der Regel überschritten die Ausgaben die Einnahmen, wie schon ein Blick auf den Gesamthaushalt Kurfürst Ernsts und seines Bruders zwischen August 1482 und Juli 1484 zeigt: Die Einkünfte betrugen in dieser Zeit ca. 130000 fl., während die Auslagen etwa 11000 fl. höher lagen (Hänsch: A.a.O., 38). Der kursächsische Staatshaushalt von 1508/09 verzeichnet neben Einnahmen von 87339 fl. Ausgaben in Höhe von 91906 fl., weist also nur ein Defizit von 4567 fl. auf. Dabei ist jedoch zu beachten, daß im genannten Rechnungszeitraum besondere Aufwendungen der Fürsten hinter denen früherer und späterer Jahre, in denen Reisen ins Reich und auf Reichstage eine zusätzliche finanzielle Belastung der fürstlichen Kasse mit sich brachten, deutlich zurücktraten (vgl. FWLZ, 39; Kius: A.a.O., 5; besonders Grosse: A.a.O., Tab. 2). Sicher spielt auch eine Rolle, daß die Zeit um 1507 besonders »wohlfeil« war (so jedenfalls Gundermann: A.a.O., 37).

395 Sie wurden bei Adligen, Städten und Kaufleuten aufgenommen (Grosse: A.a.O., 209–212). Auffällig ist das Ansteigen der Anleihen um die Jahrhundertwende, nachdem sich Friedrich vom Hof Maximilians wegbegeben hatte (Grosse: A.a.O., 193. 209): 1499 und 1502 lieh der Kurfürst z.B. von Nürnberg je 10000 fl. Da Grosses Untersuchung leider nur bis 1509 reicht, läßt sich über spätere Anleihen wenig sagen.

396 Vgl. auch Anm. 202. – Nach Kius (a.a.O., 4) erreichten die Schulden der Ernestiner nicht die Höhe der albertinischen Schulden, auch waren die Zeiten vorbei, in denen wie 1445 die Schuldenlast Sachsens das Viereinhalbfache der Einnahmen ausmachte (Siegfried Hoyer: Die Gründung der Leipziger Universität und Probleme ihrer Frühgeschichte. FKMU 1, 20), trotzdem betrugen z.B. die Passiva Herzog Johanns 1518 36990 fl. (Debes: A.a.O., 35; vgl. Brather: A.a.O., 278 – Brather bescheinigt Johann, kein Verwaltungstalent gewesen zu sein). In einem Schreiben vom Wormser Reichstag (24. April 1521) wird auch Friedrichs Finanzmisere deutlich; der Fürst klagt dem Bruder, er sei »gancz arm itzunder«, habe 3000 fl. borgen müssen und 12000 fl. Schulden – nach NUB, 15 (Nr. 23). Ganz schlimm muß es Ende April 1525 um Johanns Finanzen bestellt gewesen sein, denn damals äußert er gegenüber dem Kurfürsten, er wisse nicht, wie er bei seinem gegenwärtigen Geldmangel »glauben« (d. h.: Kredit) auf dem Markt erhalten solle NUB, 276 (Nr. 42). – Ein schlechtes Licht wirft ein Vorgang aus den Jahren 1523 und 1524 auf den Kurfürsten. Es handelt sich dabei um die oben im Text angesprochene Leimbachsche Rückzahlforderung und Friedrichs Verhalten in dieser Angelegenheit,

Gründe für eine Verschlechterung der Finanzlage gab es genügend: Hofhaltungsausgaben und öffentliche Aufwendungen waren noch nicht getrennt; ein Großteil der Einnahmen wurde der Konsumtion zugeführt.[397] Neben der Tatsache, daß der Übergang von der Natural- zur Geldwirtschaft in den Ämtern des Territoriums noch keinen Abschluß gefunden hatte, wirkte sich außer der Münzverschlechterung, einer schleichenden Geldentwertung[398] und dem zwischen 1514 und 1525 zu verzeichnenden Rückgang der Bergwerkseinnahmen[399] besonders verhängnisvoll aus, daß das kursächsische Rechnungswesen noch nicht vervollkommnet war: Die Gründung einer stehenden Kassenzentrale im Jahre 1492[400] hatte zwar einen ersten Fortschritt dargestellt, brachte aber auf die Dauer keine Hilfe, so daß Friedrich und Johann 1513 mit einer Verwaltungsteilung versuchen mußten, auch ihrer pekuniären Probleme Herr zu

---

das sowohl seine schwierige finanzielle Lage, als auch bestimmte Schattenseiten seines Charakters erhellt. Die Söhne des verstorbenen Landrentmeisters Hans Leimbach, der während seiner Amtszeit den Ernestinern laufend Geld leihen mußte – Beträge, die sich mit der Zeit zu einem Betrag von über 34000 fl. summierten (vgl. Grosse: A.a.O., 215–219) – versuchten, Friedrich zur Bezahlung der Schulden (deren Höhe Ernst Kroker in WABr 3, 86, Anm. 14, unberechtigterweise anzweifelt) zu bewegen, wogegen sich der Fürst sperrte, was Luther, der sich zugunsten der Leimbachs einschaltete, zu der bitteren Bemerkung veranlaßte: »Fatum principum omnium, ut fere necessitate quadam in utramque partem peccent, exaltando indignos et opprimendo aliter meritos.« Vgl. den auf den Fall bezüglichen Briefwechsel in WABr 3, 67 (Nr. 611). 68 (Nr. 612). 73 (Nr. 617). 83 (Nr. 621; von hier auch das Zitat). 84f. (Anhang zu Nr. 621). 108 (Nr. 631). 165–167 (Nr. 665). 273 (Nr. 731). 302 (Nr. 749). 346 (Nr. 776).

[397] Zur Vermischung der öffentlichen und der fürstlichen Ausgaben Kius: A.a.O., 39; ELTA, XXXIII. – In welchem Maße der Hofhaushalt Geldmittel verschlang, zeigt in erschreckender Deutlichkeit ein Blick auf die Gesamtausgaben des Rechnungsjahres 1509 (nach Grosse: A.a.O., 191): Von 91906 fl. wurden 46724 fl. – also über die Hälfte – für die Hofhaltung ausgegeben, während 25102 fl. für die Ämterverwaltungen und nur 5717 fl. für die Bergwerke aufgewandt wurden.

[398] Vgl. Goerlitz: A.a.O., 303–321; Eschenhagen: A.a.O., 79–82,.

[399] Um sich der Bedeutung des Einnahmeverlustes voll bewußt werden zu können, muß man sich vergegenwärtigen, welcher Anteil der Gesamteinkünfte aus den Bergwerken stammte: 1508/09 waren es in Kursachsen 24,8% (Grosse: A.a.O., 190). – Auf den Rückgang der Bergwerkseinnahmen nach 1514 verweisen u.a. E. Müller (Landtage, 193) und A. Laube (a.a.O., 428). In die gleiche Zeit – 1511/12–1524 – fällt außerdem ein Rückgang von Schneeberger Bergwerksanteilen (Kuxen), die sich im Besitz der Ernestiner befanden (Laube: A.a.O., 305), was eine zusätzliche Einbuße an Einkünften bedeutete. So ist es nur verständlich, daß sich Friedrich und Georg 1524 der in Eßlingen ausgehandelten Münzordnung widersetzten und sie einmütig ablehnten, setzte sie doch den Preis des Rohsilbers zu niedrig an, was einer zusätzlichen Verringerung der Bergwerkseinnahmen gleichgekommen wäre (s. Hartz: A.a.O., 65). – Nebenbei sei hier noch erwähnt, daß Herzog Georg die Abnahme der Erträge aus dem erzgebirgischen Bergbau auf die »lutherische Ketzerei« zurückführte.

[400] Kius: 47; Grosse: A.a.O., 20. 36f.

werden,[401] ein Versuch, den ebenso wenig Erfolg krönte wie die Bemühungen, sich durch die Erhebung einer Tranksteuer finanziell besser zu stellen.[402]

Man mußte also nach anderen Wegen suchen, der Finanzkrise zu entrinnen. Dabei bot sich vor allem eine bessere Nutzung der Einnahmequellen und die Verringerung der Hofhaltungsausgaben an: Am 11. Juni 1520 verfügte Johann in Übereinstimmung mit Friedrich eine allgemeine Erhebung über die vorhandenen Ressourcen, die jedoch kaum den erwünschten Erfolg brachte.[403] Was die Einschränkung der persönlichen Ausgaben der Fürsten betrifft, ist es weitgehend bei der guten Absicht geblieben; darüber können auch die relativ niedrigen Aufwendungen der beiden Ernestiner für ihre Kleidung – jedenfalls wenn sie sich zu Hause aufhielten – nicht hinwegtäuschen.[404]

Wenn der sächsische Kurfürst – wie Luther annimmt – tatsächlich ein »oeconomicum ingenium« besaß,[405] dann wird dies an anderer Stelle sichtbar: So scheint er sorgsam darauf geachtet zu haben, daß die Qualität eingekaufter Waren dem Preis angemessen war.[406]

Auch seine wirtschaftspolitischen Maßnahmen, und nicht nur sie, lassen die Umsicht eines Haushalters erkennen:

Ökonomisches Denken steht im Hintergrund, wenn der sächsische Kurfürst 1517 den mainzisch-magdeburgischen Ablaß von seinem Gebiet fernhält,[407] und es artikuliert sich immer wieder in den Landesordnungen, ob sie nun in Kraft traten oder nicht.[408] Ganz offen tritt es uns entgegen in Erlassen zur

---

401 BRATHER: A.a.O., 278; ELTA, XXXIII-XXXIV. Die Zahlenangaben ELTA, XXXIV, sind nach BRATHER (ebd., 278) nicht korrekt.

402 E. MÜLLER: Türkensteuer, 5, findet es zu Recht verwunderlich, daß die Ernestiner trotz drückender Schuldenlast die Stände erst nach geraumer Zeit um Hilfe angingen: Beim Altenburger Landtag von 1495 wurde erstmalig die »Landsteuer« in Vorschlag gebracht. Auf den Landtagen von 1514, 1518 und 1523 ging es um die Erhebung einer Tranksteuer, mit der jedoch nicht der gewünschte Erfolg erzielt wurde; 1522 hatte sich die Finanzlage der kurfürstlichen Kammer eher noch verschlechtert (nach E. MÜLLER: Landtage, 193. passim).

403 ELTA, 140 (Nr. 256); nach EGA Reg. Q 237. Zur Lage der Kammer nach 1520 vgl. Anm. 402.

404 S. HELENE DIHLE: Kostümbilder und Rechnungsbücher der sächsisch-ernestinischen Hofschneiderei 1469–1588. ZHWK 12(1929–1931), 135; vgl. FWLZ, 31.

405 WATR 3, 250 (Nr. 3287c), K. Cordatus, Frühjahr 1533. Friedrichs Finanzpolitik charakterisierte Luther dahingehend, daß der Fürst mit Scheffeln eingesammelt, aber mit Löffeln ausgegeben habe – WATR 1, 308 (Nr. 653), V. Dietrich, Herbst 1533.

406 FWLZ, 31.

407 Vgl. KIRN: A.a.O., 122f.; er verwahrt sich allerdings dagegen, die Abwehr dieses Ablasses nur auf materielle Erwägungen zurückzuführen. Daß solche Erwägungen auch bei Friedrichs Reliquiensammlung mit im Hintergrund gestanden haben, ist nicht auszuschließen, trotzdem scheint es weit hergeholt, daß der Fürst Reliquien gesammelt habe, »um einer Ausbeutung seiner Leute durch fremde Ablaßprediger vorzubeugen« (KRENCKER: A.a.O., 39).

408 So in der Landesordnung Ernsts und Albrechts von 1482 und in den lediglich projektierten Ordnungen der Jahre nach 1495 (Landesordnungsentwurf von 1498, Umarbei-

Steuerung der Ein- und Ausfuhr von Getreide und Wein, die schon aus früheren Regierungsjahren Friedrichs vorliegen.[409] Daß sie isoliert dastanden und auch nicht durch den Erlaß einer sie subsumierenden Landesordnung zur Regelung des wirtschaftlichen und gesellschaftlichen Lebens im Territorialstaat zu größerer Effizienz gebracht wurden, ist mit auf den Umstand zurückzuführen, daß Friedrich der Weise hier wie auch bei anderer Gelegenheit offenbar den Interessen des emporstrebenden Territorialstaates, den er ja gewissermaßen repräsentierte, zuwiderhandelte, weil nicht nur sachliche Erwägungen sein Handeln bestimmten, sondern auch persönliche Eigenarten es prägten, Eigenarten, auf die nun etwas näher eingegangen werden soll.

1.2.2. Friedrichs Persönlichkeit und die Grundzüge seiner politischen Maßnahmen – Charakteristika und Korrelationen

Wer nach Erklärungen für das Gefühl der Unsicherheit sucht, das dem ausgehenden Mittelalter »chronisch« zu eigen war,[410] wird immer wieder darauf stoßen, daß neben krisenhaften Erscheinungen im wirtschaftlichen und gesellschaftlichen Leben als auslösendes Moment der ständigen Konfrontation des spätmittelalterlichen Menschen mit einem jähen Tod in allen seinen Formen, mit Epidemien und Naturkatastrophen eine nicht zu unterschätzende Bedeutung zukommt. Als Reflex der allgemeinen Krise und unmittelbare Reaktion auf das Erlebnis der Nichtigkeit menschlichen Lebens und Strebens sind auch die mannigfaltigen Ängste anzusehen, die im »Herbst des Mittelalters« üppig wucherten und dem heutigen Menschen weitgehend unverständlich erscheinen.

---

tung des Entwurfs durch die Räte 1499, projektierte Landesordnung von 1502); vgl. G. Richter: A.a.O., 6–8. 38. 41. 42f.; Hartz: A.a.O., 13. 60f.; Paul Uhle: Die Wohlfahrtsbestrebungen der Wettiner im Mittelalter. Wissenschaftliche Beilage der Leipziger Zeitung (1896), 434.

[409] Da sie stellenweise merkantilen Charakter tragen (vgl. Hartz: A.a.O., 60), einige Beispiele: Am 1. Febr. 1493 erging an 38 Amtleute die Aufforderung, den 18. Pfennig für Getreide, das außer Landes geschafft werden sollte, abzuschaffen (EGA Kop. F 21, 12r). 1490 hatte Friedrich bereits die Anweisung gegeben, daß alle Fremden, die in Sachsen Getreide kauften, um es zu exportieren, eine Gebühr entrichten müßten – s. ELTA, 8 (Nr. 24). Um den sächsischen Weinbau wiederzubeleben und den Abfluß von Geld ins »Ausland« zu drosseln, wurde einige Jahre später in die projektierte Landesordnung von 1498 ein Passus aufgenommen, der »nu und hinfurder« gebot, (mit Ausnahmen) »in stetten, dorffern oder andern schenckstetten« nur inländische Weine auszuschenken. Weil die Ordnung aber nicht rechtskräftig wurde, erließen Friedrich und Johann am 22. Dez. 1500 ein Ausschreiben an einige Stände, das in die gleiche Richtung zielte, allerdings den Privatgebrauch von Importwein gestattete – s. ELTA, 38 (Nr. 68). 51 (Nr. 79).

[410] Huizinga: A.a.O., 18. – So wird der Nürnberger Sixt Tucher vielen seiner Zeitgenossen, nicht zuletzt aber auch dem sächsischen Kurfürsten aus der Seele gesprochen haben, wenn er seine Zeit charakterisiert als eine unselige »‘zeit vol aller boßheit vnd widerwertigkait, wan die welt schwanckt vnd wakkelt, schir mit allen jren heubtern‘« (Graf: A.a.O., 22f.).

Besonders die Furcht vor Tod und Krankheit ist es, die uns in den Quellen häufig entgegentritt[411] und auch bei Friedrich dem Weisen einen integrierenden Bestandteil seines Lebensgefühls bildete, was nicht verwunderlich ist, denn Zeit seines Lebens wurde er mit dem Tod konfrontiert, sei es in Pestzeiten,[412] sei es beim Ableben von Verwandten und Freunden[413] oder auf andere Weise. Zwar versicherte er zwei Wochen, bevor er für immer die Augen schloß, wenn es Gottes Wille sei, wolle er gern sterben, denn es sei weder Liebe noch Treue auf der Erde,[414] dies kann jedoch nicht darüber hinwegtäuschen, daß er zeitlebens in ständiger Angst vor einem »bösen, schnellen Tod« schwebte: Bietet die Anfertigung von Christophorusdarstellungen für Friedrich durch den Goldschmied Andreas Wolfauer und die Bemalung des Weimarer Schloßturms mit einem Bild desselben Heiligen, der angeblich gegen ein jähes Ende schützte, im

---

[411] Über ihre Hintergründe vgl. Erna Döring-Hirsch: Tod und Jenseits im Spätmittelalter. Hrsg. Rudolf Häpke. Berlin 1927, 4–6. passim.

[412] Wie häufig damals die Pest im sächsisch-thüringischen Raum wütete, zeigt ein Blick auf das Auftreten der Seuche in Erfurt ab 1463: Zu einem Ausbruch der Krankheit kam es dort z.B. 1463, 1475, 1483 und 1484, 1496, 1505, 1517 und 1521 (nach Kleineidam: A.a.O. 2, 4f. 19. 177. 265. 368). Die Epidemien waren zumeist nicht auf den Erfurter Raum begrenzt, so 1463 (s. AHS, 36), 1483 (Thiele: A.a.O., 98), 1495–1497 (Kretzschmann: A.a.O., 72), 1506 (Friedensburg: Geschichte, 43), 1516 und 1517 – nach WABr 1, 57 (Nr. 22); Ernst Fabian: Die (Oswald Losanschen) Annalen der Stadt Schwanfeld oder Zwickau von 1231–1534. MAVZ 10 (1910), 52 –, 1519 (in Leipzig; nach Wustmann: Stromer, 35) und 1521 (Kretzschmann: A.a.O., 73).

[413] Vgl. Anm. 288. – Zu beachten ist die Häufigkeit von Todesfällen in kürzeren Zeitabschnitten, die besonders deshalb auf Friedrich sehr stark gewirkt haben mögen: Zwischen dem 15. und 23. Lebensjahr des Kurprinzen starb etwa fünfjährig sein jüngster Bruder Wolfgang (1478), 1484 verschieden seine Mutter Elisabeth und sein Bruder Albrecht (erst 17 Jahre alt), 1486 die Großmutter Margarethe und der Vater. In das Jahr 1508 fällt der Tod Pfalzgraf Philipps, Erzbischof Hermanns IV. von Köln und Albrechts IV. von Bayern (vgl. FWLZ, 147), während der sächsische Kurfürst 1519 für immer von seinem hochgeschätzten Kämmerer Pfeffinger, von Sebastian von Mistelbach und von dem befreundeten Würzburger Bischof Lorenz von Bibra Abschied nehmen mußte (vgl. FWLZ, 160). – Ein Zusammenhang zwischen der Erstellung von Friedrichs ersten beiden Testamenten und dem Ableben ihm nahestehender Persönlichkeiten ist nicht festzustellen: Beim ersten Testament von 1493 (EGA Urk. 674) legt sich der Verdacht zwar nahe, es sei nicht nur angesichts der Vollendung seines 30. Lebensjahres und der bevorstehenden Palästinareise, sondern auch unter dem Eindruck des Todes der Herzogin Katharina von Sachsen (der Frau Wilhelms III., die am 2. Nov. 1492 starb) erstellt worden (vgl. EGA Reg. O 28c; AHS, 52; Faselius: A.a.O., 6), die ja Friedrich und Johann zu ihren Erben eingesetzt hatte, doch läßt sich dieser Verdacht nicht quellenmäßig erhärten. Den Anstoß für das zweite Testament des Kurfürsten von 1517 (EGA Urk. 675) mag das damals grassierende pestähnliche Fieber (s. Wustmann: A.a.O., 12), wahrscheinlicher aber Herzog Johanns Testament vom 11. Dez. 1516 (AHS, 70) gegeben haben. Das dritte Testament (EGA Urk. 676) ließ Friedrich unmittelbar vor seinem Tod am 5. Mai 1525 erstellen (FWLZ, 67).

[414] FWLZ, 64.

Jahre 1515/16 noch keine eindeutigen Belege für seine große Todesangst,[415] so kommt sie um so deutlicher zum Ausdruck, wenn er aus Furcht vor einer möglichen Ansteckung mit der Pest im Frühjahr 1507 den nach Wittenberg reisenden Christoph Scheurl nicht zu einer persönlichen Unterredung zuläßt,[416] bei Seuchengefahr in wahnwitziger Hast den Wohnort wechselt oder sogar seine fürstlichen Aufgaben vernachlässigt. Wären uns nicht Äußerungen des Kurfürsten überliefert, in denen er seinen Ängsten Ausdruck verleiht,[417] könnte man leicht auf den Gedanken kommen, er habe in ihm unangenehmen Situationen die Furcht vor »Sterbensläufen« nur vorgeschoben, um sich lästiger Pflichten zu entledigen.[418] Damit ist freilich nicht gesagt, daß ihm derartige »Argumentationshilfen« immer ungelegen kamen; es verhält sich mit ihnen wie mit seinen Entschuldigungen aus Gesundheitsgründen: Der Ernestiner hat keineswegs am »morbus diplomaticus« gelitten, wie Aleander behauptete.[419]

---

[415] Bruck: A.a.O., 221. 317. – Zu den St. Christophorus zugeschriebenen Wirkungen s. Döring-Hirsch: A.a.O., 12, Anm. 55; Huizinga: A.a.O., 182; zum Jahr 1516 vgl. Anm. 412.

[416] Christoph Scheurls Briefbuch: ein Beitrag zur Geschichte der Reformation und ihrer Zeit. Hrsg. Franz von Soden; Joachim K. F. Knaake. Bd. 1. Potsdam 1867, 44 (Nr. 26): Christoph Scheurl an Sixtus Tucher, 3. Mai 1507, Wittenberg.

[417] Von Worms forderte er z.B. am 16. Jan. 1521 seinen Bruder auf, er solle das »sterben fflyhen, dan man ßaget, eß sey an ffyl enden nicht rayn«; NUB, 6 (Nr. 8). Zehn Tage später befürchtete er, Johann werde sich überreden lassen, in das Gebiet zu ziehen, wo eine Seuche umginge, und teilte mit, wo »eß ... gestorben habe« (!) und »nicht rain« sei; auch danach kommt er immer wieder auf die Epidemie zu sprechen und äußert entsprechende Befürchtungen – s. NUB, 7 (Nr. 10). 8 (Nr. 11). 8 (Nr. 12. 14 (Nr. 22). 15 (Nr. 23). Panische Angst kennzeichnet sein Verhalten in Pestzeiten: Laut Spalatins handschriftlichen Annalen (Höss: Spalatin, 50; nach Thüringische Landesbibliothek Weimar Q 15, 82v) verließ Friedrich Silvester 1521 fluchtartig Lochau, weil im Dorf Lochau angeblich eine Frau an der Pest erkrankt war (einen ähnlich gearteten Fall, den des Anklamer Augustinereremitenpriors Johann Schippenhauer, erwähnt Theodor Kolde: Die deutsche Augustinerkongregation und Johann von Staupitz. Gotha 1879, 199). Ob die 1496/97 im thüringisch-sächsischen Raum wütende Pestepidemie, die sehr groß gewesen sein soll (Thiele: A.a.O., 464), auf die Dauer von Friedrichs Aufenthalt in Süddeutschland und Österreich 1496 bis 1498 irgendeinen Einfluß hatte, wird sich leider nie ermitteln lassen.

[418] So 1520, als er im Oktober nicht an der Krönung Karls V. in Aachen teilnahm (RTAJR 2, 86), wo die Pest gerade abgeflaut war (Höss: A.a.O., 179), oder im Herbst 1521, als er gegenüber seinem Vetter Georg erklärte, wegen des Sterbens in Wittenberg die von diesem erbetenen Nachforschungen über einen unbekannten Briefschreiber nicht anstellen zu können – Gess: Akten 1, 199f. (Nr. 246). Daß es sich bei der im Ausschreiben vom 30. Sept. 1495 gegenüber den Landständen geäußerten Entschuldigung Friedrichs und Johanns, ein Landtag könne wegen des Sterbens in ihren Landen nicht abgehalten werden, nur um eine Ausrede handelt, was Burkhardt (ELTA, XV) vermutet, halte ich für unwahrscheinlich, da es 1495 auch zu einer Verlegung des Oberhofgerichts wegen der Seuche kam (Kretzschmann: A.a.O., 72); vgl. RTThMax 1, 443; bzw. ELTA, 23 (Nr. 46).

[419] Kalkoff: Depeschen, 226.

Friedrichs Angst vor dem Tod wurzelte nicht nur in der Konfrontation mit fremdem Sterben, sondern steht in engem Zusammenhang mit dem eigenen körperlichen Verfall, der durch seine unstete Lebensweise, seine Eß- und Trinkgewohnheiten, aber auch durch manchen persönlichen und politischen Ärger nur beschleunigt wurde.

Die zeitgenössischen Abbildungen des Kurfürsten[420] spiegeln neben rein äußerlichen Veränderungen[421] auch die Wandlung des jungen, entschlossen dreinblickenden Friedrich, wie er auf Dürers Gemälde von 1496 abgebildet ist, zum skeptisch-resignierend in die Ferne schauenden Greis des Dürerstiches von 1524.[422]

Seit wann es mit der Gesundheit des Fürsten bergab ging, läßt sich nicht mehr zweifelsfrei feststellen. Spalatin spricht davon, daß er »sein Lebenlang« viele »Krankheiten ... erlitten« habe,[423] und führt Friedrichs Leibärzte namentlich an. Es sind so viele, daß man zu dem Schluß gelangen kann, daß der Kurfürst schon früh mit gesundheitlichen Schwierigkeiten zu kämpfen hatte,[424]

---

[420] Ein Verzeichnis der Darstellungen Friedrichs, das bis in die neuere Zeit reicht, bringt HANS WOLFGANG SINGER: Allgemeiner Bildniskatalog. Bd. 4. Leipzig 1931, 176f. (Nr. 28865-28945); DERS.; Neuer Bildniskatalog. Bd. 2. Leipzig 1937, 106f. (Nr. 11680-11701).

[421] So wurde nach 1496 das Gesicht des Fürsten zunehmend voller, was bereits auf Adriano Fiorentinos Büste des Ernestiners von 1498 zu erkennen ist - vgl. dazu BRUCK: A.a.O., Taf. 10; DIETER KOEPPLIN; TILMAN FALK: Lukas Cranach: Gemälde, Zeichnungen, Druckgraphik; zur Ausstellung im Kunstmuseum Basel 15. Juni bis 8. September 1974 ... 2. Aufl. Bd. 1. Basel; Stuttgart 1974, 84 (Nr. 27). Auch die Haartracht wechselte; seit etwa 1507 trug Friedrich die Haare gekürzt - vgl. Die Gemälde von Lucas Cranach. Hrsg. Max J. FRIEDLÄNDER; JAKOB ROSENBERG. Berlin 1932, 33; LCGW, 203.

[422] Ein gewisser mißmutiger Zug ist jedoch auf beiden Bildern unverkennbar. - Zum Porträt von 1496 (Reproduktion bei HEINZ LÜDECKE: Albrecht Dürer. Leipzig 1978, 27) s. BODE: A.a.O., 57-62; Albrecht Dürer: 1471-197; Katalog der Ausstellung des germanischen Nationalmuseums Nürnberg (21. Mai - 1. August 1971). München (1971), 397; KOEPPLIN-FALK: A.a.O. 1, 83 (Nr. 26); W. SCHADE: A.a.O., 426. Weitere Bildnisse des Kurfürsten von Cranachs Hand aus den Jahren 1509, ca. 1510 (beides Kupferstiche) und ca. 1513 (Holzschnitt) in LCGW, 203. 206. 403; vgl. dazu auch die Darstellung Friedrichs durch einen niederländischen Maler (Miniaturisten) bei BRUCK: A.a.O., Taf. 27. Zum Kupferstich Dürers von 1524 und der ihm zugrunde liegenden Silberstiftzeichnung von 1522/23 vgl. MORIZ THAUSING: Dürer: Geschichte seines Lebens und seiner Kunst. Bd. 1. Leipzig 1876, 465; KOEPPLIN-FALK: A.a.O., 83 (Nr. 26); Dürer-Katalog, 294 (Nr. 546). 295 (Nr. 547); WILHELM WAETZOLD: Dürer und seine Zeit. 4. Aufl. München (1950), Taf. 44. 45; Abbildungen der beiden Graphiken auch in: Illustrierte Geschichte der deutschen frühbürgerlichen Revolution. Hrsg. ADOLF LAUBE; MAX STEINMETZ. Berlin 1974, 46. 117.

[423] FWLZ, 36.

[424] FWLZ, 37: Neben Maximilians Leibarzt Johann Baptista (vgl. ZEDLER 2, 370), der ihn auf den Reichstagen betreute, dem Ulmer Dr. (Johann) Stocker (vgl. ZEDLER 40, 228) und dem Nürnberger Dr. Ulrich Pinder (von 1489 bis 1493 Friedrichs Leibarzt; nach ADB 26, 149f) wirkten als Leibärzte des sächsischen Kurfürsten:

wenn sie auch sicher nicht so stark waren wie in späteren Jahren: Zieht man in Betracht, daß Friedrich nach 1496 fülliger wurde und die Erkrankungen, die ihn heimsuchten, vorwiegend bei übergewichtigen Menschen auftreten,[425] legt sich die Vermutung nahe, daß es etwa ab der Jahrhundertwende mit seiner Gesundheit nicht mehr zum Besten stand.

Tatsächlich fallen in die Jahre 1503 und 1504 die ersten größeren Krankheitsschübe. In dieser Zeit mußten allein 250 fl. für den Torgauer Stadtarzt und drei auswärtige Ärzte ausgegeben werden.[426]Auch einem anderen Umstand

---

1. Dr. Martin Pollich, gen. Mellerstadt: Ab 1482 Friedrichs Arzt (Friedensburg: Geschichte, 10). Er starb am 27. Dez. 1513 (Grüneberg: A. a. O., 89). Näheres s. Anm. 1286. 1287.

2. Dr. Simon Pistoris: Er war »folgend und neben« (FWLZ, 37) Mellerstadt für den Ernestiner tätig. Obwohl seine Bestallung als Leibarzt Friedrichs und Johanns auf Lebenszeit erst recht spät erfolgte (20. Mai 1512, Weimar; EGA Reg. Rr pag. 1-316. Nr. 1375), scheint es sich bei ihm um Simon Pistoris d. Ä. zu handeln, der 1523 im 70. Lebensjahr verstarb und hauptamtlich als Professor der Medizin an der Leipziger Universität wirkte (Jöcher 3, 1597f.; ADB 26 994. 186; vgl. Friedensburg: A. a. O., 11. 64. 153).

3. Dr. Pasc(h)a: Nach WABr 2, 96f., Anm. 2, identisch mit Dr. Busso von Alvensleben, der 1493 in Leipzig Baccalaureus der Medizin wurde, nachdem er 1491 in den Senat der Artistenfakultät eingetreten war. Vor 1513/14 hat er den medizinischen Doktorgrad erworben. Unklar bleibt, ob er mit dem um 1516 erwähnten gleichnamigen Magdeburger Schöffen, Agenten Friedrichs und Pflegevater von dessen Tochter gleichzusetzen ist.

4. Dr. Heinrich Stromer von Auerbach (1482-1543): Außer Friedrich diente er auch Kardinal Albrecht und Joachim von Brandenburg als Leibarzt. Er war in Leipzig ansässig (ADB 1, 638; Wustmann: A. a. O., passim). Beim Tod des sächsischen Kurfürsten ist er als einziger Arzt zugegen gewesen (FWLZ, 37) und hat auch die Obduktion des Verstorbenen vorgenommen (vgl. Anm. 440). - Ergänzungen zu Wustmanns Ausführungen über den Arzt bringt Otto Clemen: Zur Lebensgeschichte Heinrich Stromers von Auerbach. NASG 24 (1903), 100-110.

5. Dr. Kaspar Lindemann: Mir ist er nur als Leibarzt Herzog Johanns bekannt. Er starb am 6. Sept. 1536 (Friedensburg: A. a. O., 211).

[425] Über die Krankheiten vgl. Anm. 431. 432. 440. - Vom Habitus her ist Friedrich dem pyknischen Konstitutionstyp zuzurechnen; entsprechende Eigenheiten treten seit dem Eintritt Friedrichs in die mittleren Jahre stärker in Erscheinung, was allerdings nicht ausschließt, daß er auch etwas in Richtung Habitus athleticus tendierte. Für letzteres spricht vor allem seine starke physische Leistungsfähigkeit, wie sie sich vor allem bei seiner »sportlichen« Betätigung auf Jagden und Turnieren (vgl. die Ausführungen über die enorme körperliche Belastung der Turnierteilnehmer bei Cornelius Gurlitt: Archivalische Forschungen. Bd. 1: Deutsche Turniere, Rüstungen und Plattner des 16. Jahrhunderts. Dresden 1889, 14f.) zeigte. - Auf das gehäufte Auftreten bestimmter innerer Erkrankungen - wie der Cholelithiasis - bei Pyknikern geht z. B. Ernst Kretschmer ein in seinem grundlegenden Werk: Körperbau und Charakter: Untersuchungen zum Konstitutionsproblem und zur Lehre von den Temperamenten. Berlin; Göttingen; Heidelberg [(21)22]1955, 114.

[426] Nach Kirn: A. a. O., 8, der auf EGA Reg. Bb 4185 fußt. - Nur am Rande sei hier an die kräfteaufreibenden Reisen und Machtkämpfe der vorhergehenden Jahre erinnert, die für den Gesundheitszustand des Fürsten nicht ohne Folgen gewesen sein dürften.

läßt sich entnehmen, daß es ihm damals gesundheitlich übel erging: Etwa 1504 erteilte der Fürst dem Augsburger Maler Hans Burgkmair den Auftrag zur Anfertigung eines Triptychons mit der Darstellung einiger Nothelfer und Krankheitspatrone, das gegen Ende 1505 fertiggestellt war.[427] In den folgenden Jahren ist er offenbar immer wieder kränkelnd gewesen; wie Spalatin sagt, »je länger, je mehr«.[428] Ab 1519 jedoch verfiel er körperlich zunehmend, so daß er seine letzten sechs Lebensjahre mit Unterbrechungen fast nur als kranker Mann verbrachte: Den Auftakt bildete gewissermaßen ein Zusammentreffen verschiedener Erkrankungen im Sommer 1519, das ihn acht Wochen ans Bett fesselte.[429] Da Friedrich soeben erst von der Wahl Karls V. zurückgekehrt war, sein Leiden einen heftigen und ungünstigen Verlauf nahm und sich die Haut von seinen Füßen abschälte, tauchte bald die Vermutung auf, es sei Gift im Spiele gewesen.[430]

Die Krankheiten, die Friedrich den Weisen zu dieser Zeit quälten, hatten ihm schon früher zu schaffen gemacht und führten wenige Jahre später auch zu seinem Tode. Das Podagra war noch das harmloseste seiner Leiden. Anders verhielt es sich mit dem »harten« und »schwinden« Fieber, von dem Spalatin zu berichten weiß; es ist nicht auszuschließen, daß es sich dabei um Malariaanfäl-

---

427 Näheres bei Tilman Falk: Hans Burgkmair. München 1968, 41. 115 (Nr. 31) Phil. Diss. Berlin 1968. Falk bezeichnet die abgebildeten Heiligen direkt als »von dem kränklichen Kurfürsten Friedrich vielzitierte hilfreiche Mächte« (ebd., 41). Vgl. auch Arthur Burkhard: Hans Burgkmair der Ältere. Leipzig (1934), 40. 42f. – Kein Zusammenhang besteht offenbar zwischen Friedrichs Gesundheitszustand in der fraglichen Zeit und der – als Gegenleistung abgegebenen – Verpflichtung der Reformkongretation der Augustinereremiten auf dem Ende April 1504 in Nürnberg abgehaltenen Ordenskapitel, für den Kurfürsten und seinen Bruder nach deren Tod Jahrgedächtnisse abzuhalten (zu der Verpflichtung vgl. Adalbero Kunzelmann: Geschichte der deutschen Augustinereremiten. Bd. 5: Die sächsisch-thüringische Provinz und die sächsische Reformkongregation bis zum Untergang der beiden. Würzburg 1974, 447; Otto Scheel: Martin Luther. Bd. 2. Tübingen ^{4}1930, 369).

428 FWLZ, 36.

429 FWLZ, 36f. Nach dem Aufenthalt in Frankfurt/M. hielt sich Friedrich ab Ende Juli 1519 wieder in Sachsen auf (vgl. Lorenz: A.a.O., 615). Etwa um diese Zeit erkrankte er, wie ein Schreiben Georgs von Sachsen an den Kurfürsten (9. Aug. 1519, Dresden) erkennen läßt – vgl. Gess: Akten 1, 96f. (Nr. 129). Am 1. September konnte Bernhard von Hirschfeld Anton Tucher mitteilen, daß sich der Gesundheitszustand seines Herrn gebessert habe, lediglich mit dem Zipperlein sei er noch behaftet (Köstlin: Briefe, 693); die Fußgicht oder Podagra war ohnehin eines seiner hartnäckigsten Leiden.

430 FWLZ, 37. Daß man während Friedrichs Frankfurter Aufenthalt mit der Möglichkeit von Vergiftungsversuchen gerechnet hat, beweisen die Bemühungen seiner Diener, mit »allerley Fleis ... Untreu mit Gottes Hülf zu verhüten« ebd., 37). Wie die reichhaltige Beispielsammlung in Louis Lewin: Die Gifte in der Weltgeschichte: toxikologische, allgemeinverständliche Untersuchungen der historischen Quellen. Berlin 1920, passim, zeigt, waren derartige Befürchtungen durchaus nicht abwegig. Trotzdem ist es unwahrscheinlich, daß dem sächsischen Kurfürsten damals Gift verabreicht wurde. Bezeichnenderweise warnte am 11. Sept. 1520 auch Luther vor der Gefahr einer Vergiftung des Fürsten, und zwar in einem Schreiben an Spalatin – s. WABr 2, 185 (Nr. 337).

le handelte.[431] Die durch verschiedene Steinleiden verursachten Koliken, mit denen sich der Kurfürst herumquälen mußte, zeigen an, wie weit sein körperlicher Verfall schon fortgeschritten war.[432]

Nach den Krankheitsanfällen von 1519 hatte Friedrich regelmäßig mit sporadischen Erkrankungen zu kämpfen: Während der Zerbster Schlichtungsverhandlungen wegen der Hildesheimer Stiftsfehde lag er im Januar 1520 krank in seiner Herberge, im Oktober des gleichen Jahres konnte er wegen »Leibesschwachheit« nicht an der Krönung Karls V. teilnehmen. 1521 klagte er Herzog Johann in seinen Schreiben vom Wormser Reichstag, daß er tagelang bettlägerig gewesen sei – außer an einer Erkältungskrankheit litt er an Beschwerden an »füß« und »baynen«, die ihn gehunfähig machten[433] und die sich auch 1522 nicht legten.[434] 1523 und 1524 dagegen hatte sich Friedrichs Gesundheitszustand so sehr gebessert, daß er bei seinem Besuch des Nürnberger Reichstages auf die Begleitung durch einen Leibarzt verzichten konnte.

Doch das sollte nicht lange so bleiben, denn bereits im August 1524 verschlechterte sich seine körperliche Verfassung wieder.[435] Vom Jahresende 1524 bis zu seinem Tod im Mai 1525 blieb der Kurfürst in Lochau, wo er zuletzt von Heinrich Stromer von Auerbach ärztlich betreut wurde, der allerdings erst wenige Tage vor seinem Ende eintraf. Kaspar Lindemann und Dr. Pasca, der den Fürsten während der letzten Monate einmal versorgt hatte, kamen zu spät, um noch helfen zu können. In den Wochen zuvor war Friedrich vorwiegend auf die Hilfe des Lochauer »Balbierers«, den gelegentlich der Arzt von Herzberg unterstützte, angewiesen.[436] Doch auch die Behandlung durch bedeutendere

---

[431] FWLZ, 36f. Natürlich kann es sich dabei auch um Symptome anderer Krankheiten gehandelt haben, etwa um Begleiterscheinungen entzündlicher Prozesse im Gefolge seiner Steinleiden. – Für die Malariahypothese spricht eine Erkrankung des Fürsten auf der Palästinareise von 1493: Friedrichs Begleiter Christoph von Bayern starb damals in Rhodos an »Fieber«; auch er selbst erkrankte, wurde aber in Ramlah von einem Mönch »geheilt« (FWLZ, 87. 128; Röhricht: A.a.O., 178f.). Es könnte sich dabei durchaus um Malariainfektionen gehandelt haben, auf die auch der Zustand seiner Milz (s. dazu Anm. 440) bei der Obduktion hindeuten könnte.

[432] Vgl. Friedrichs Äußerung gegenüber Spalatin in FWLZ, 37. 11f.

[433] FWLZ, 165; NUB, 10 (Nr. 16). 17 (Nr. 25). 17 (Nr. 26). 18 (Nr. 27). 18 (Nr. 28). Welche Beschwerden der Fürst mit den Steinen hatte, wird aus dem Text nicht ersichtlich. Man hat an Podagra zu denken, aber auch die Möglichkeit eines Ulcus cruris ist nicht auszuschließen.

[434] Vgl. Briefe und Akten zur Visitationsreise des Bischofs Johannes VII. von Meißen im Kurfürstentum Sachsen 1522. Hrsg. Karl Pallas. ARG 5 (1907/08), 245 (Nr. 5). 295 (Nr. 30); Aktenstücke zur Wittenberger Bewegung Anfang 1522. Hrsg. Hermann Barge. Leipzig 1912, 23f. (Nr. 13). 24f. (Nr. 14).

[435] Otto Clemen: Ein Brief Kurfürst Friedrichs an Bernhard von Cles, Bischof von Trient (16. August 1524). NASG 32 (1911), 137.

[436] Am 9. Dez. 1524 hielt sich der Kurfürst bereits in Lochau auf – vgl. Urkunden das Allerheiligenstift zu Wittenberg betreffend 1522–1526. Hrsg. Karl Pallas. ARG 12 (1915), 107f. FWLZ, 63f.; Franz Stoy: Friedrichs des Weisen Hoflager in Lochau in seinem letz-

Heilkundige hätte ihn nicht mehr zu retten vermocht. Mitte April nahmen seine Schmerzen zu und das Gehen wurde ihm unmöglich. Am 30. April teilte er in seinem letzten eigenhändigen Schreiben an Johann mit, wie es um ihn stand: Fast ununterbrochene Schmerzen, Schlafstörungen, Appetitlosigkeit und eine einsetzende Harnsperre ließen ihm das Leben zur Qual werden.[437] Am 5. Mai gegen Abend beendete der Tod sein Leiden, nachdem er dem Herzberger Pfarrer gebeichtet und das Abendmahl erstmalig unter beiderlei Gestalt empfangen hatte.[438]

Der Leichnam Friedrichs des Weisen wurde nach der Obduktion durch Stromer von Auerbach einbalsamiert, in einen »verpichten« Sarg gelegt und am 10. Mai nach Wittenberg überführt, wo er nach seiner Aufbahrung und einer kurzen Feier, bei der Melanchthon eine lateinische Rede, Luther aber eine deutsche Predigt hielt, über Nacht stehen blieb, um am nächsten Tag während der eigentlichen Begräbnisfeierlichkeiten, bei denen Luther nochmals predigte, am Hochaltar der Schloßkirche beigesetzt zu werden.[439]

Als der Kurfürst Friedrich III. von Sachsen starb, befand er sich im 63. Jahr seines Lebens. Ein Blick auf seinen Sektionsbefund zeigt, daß er selbst bei einem günstigeren Verlauf seiner letzten Erkrankung nicht mehr lange zu leben gehabt hätte: Leber und Milz waren stark angegriffen. Gallenblase, rechte Niere und Harnblase enthielten Steine unterschiedlicher Größe. Der Tod trat höchstwahrscheinlich durch akutes Nierenversagen ein.[440]

---

ten Lebensjahre. Forschung und Leben 2 (1928), 288–290. – Höss (Spalatin, 277) vertritt m. E. unbegründet die Auffassung, daß Stromer längere Zeit in Lochau weilte.

437 NUB, 259 (Nr. 22). 274 (Nr. 40).

438 FWLZ, 68. – Er verstarb zwischen 16.00 und 17.00 Uhr. Die den Tod des Fürsten betreffenden Schriftstücke befinden sich EGA Reg. D 211. Zum Abendmahlsempfang vgl. Anm. 646. 647. – Der bei Spalatin nicht namentlich genannte Pfarrer war Johannes Wagner (KARL PALLAS [Hrsg.]: Die Registraturen der Kirchenvisitationen im ehemals sächsischen Kurkreise. 3.T: Die Ephorien Prettin und Herzberg. Halle 1908, 408; dagegen Höss[2]: A. a. O., 91. 278: Andreas Wagner). – Bei GEORG BUCHWALD: Allerlei Wittenbergisches aus der Reformationszeit. Lu 11(1929), 86, wird dagegen ein Andreas Fiestmeister (Filtmeister) erwähnt, ebenso bei STOY: A. a. O., 290; ebd. auch weitere Nachrichten über die zuletzt in Friedrichs Nähe weilenden Personen.

439 FWLZ, 69–72; TUTZSCHMANN: A. a. O., 565. 580. 585f.; Höss: A. a. O., 282f.; Spalatins Bericht über die Beisetzungsfeierlichkeiten (nach Höss: A. a. O., 283, Anm. 4) in der Thüringischen Landesbibliothek Weimar Q 15, 300–307; auch EGA Reg. D 475/476, 9–12. 14. 18.

440 Über das Ergebnis der Obduktion berichtet Spalatin an zwei Stellen: FWLZ, 68; Chronicon sive Annales, bei J. B. MENCKE: A. a. O. 2, 644. Der Bericht in FWLZ ist etwas kürzer und erwähnt nur die Konkremente; für die etwa am 30. April 1525 (vgl. Anm. 437) einsetzende Harnsperre liefert er zugleich die Erklärung: Ein »fast zweier Fingerglied« langer Stein »mit Zakken« hatte die Urethra im Membrum virile blockiert. Abgesehen davon kann auch der im zweiten Bericht genannte Stein in der Polvis renalis der rechten Niere – »orifico oppositus« spricht für eine Lage am Uretereingang – zur Blockade und damit zu einem (partiellen) Nierenversagen geführt haben. Die Vesica urinaria war frei von Konkrementen (dahingehend deute ich »vesica prorsus inianis inventa est«). Außer

Betrachtet man die Krankheitsgeschichte des Fürsten, drängt sich einem die Vermutung auf, daß sein gesundheitlicher Zustand seit 1519 nicht dazu angetan war, seine politischen Aktivitäten zu fördern – der dem Kurfürsten eigene Zug, den Dingen ihren Lauf zu lassen, bis sich womöglich eine für ihn günstige Wendung abzeichnete, ist durch seine Krankheiten eher begünstigt worden. Als sicher kann gelten, daß die Ursachen für seine pessimistische Grundhaltung, wie sie sich in seinen letzten Lebensjahren öfter zeigt, auch in seinem körperlichen Verfall zu suchen sind. Es wäre freilich falsch anzunehmen, daß es analog der Verschlechterung des physischen Zustandes bei Friedrich zu einem fortschreitenden Abbau auch auf psychischem Gebiet gekommen sei. Die Krankheiten des Fürsten ließen zwar auch sein Seelenleben nicht unberührt, haben aber hier höchstens akzentuierend gewirkt. Das gilt gleichfalls für die Auswirkungen anderer persönlicher Erlebnisse, durch die einzelne anlagemäßig und konstitutionell bedingte psychische Eigenarten des Ernestiners besonders scharf ausgeprägt wurden. Ehe wir jedoch näher auf diese Eigenarten eingehen, einige grundsätzliche Bemerkungen über die Persönlichkeit Friedrichs.

Sie weist eine Reihe von Merkmalen auf, die für einen Menschen charakteristisch sind, der vom Habitus her den stämmigen, wohlbeleibten Pyknikern zuzurechnen ist[441] und dem Temperamentskreis der Zyklothymiker[442] angehört: Auffällig ist der Wechsel zwischen Behäbigkeit und Beweglichkeit je nach Stimmungslage und Erfordernissen; ausgesprochen langsames steht raschem Han-

---

an Urolithiasis litt Friedrich an Cholelithiasis: Bei der Öffnung des Toten fand man in der Vesica fellea drei »lapilli« unterschiedlicher Größe, die als Ursache der bei ihm öfter auftretenden Koliken, an denen auch seine Harnsteine nicht unbeteiligt waren, anzusehen sind. Gelegentliche Entzündungen von Niere und Gallenblase infolge der Steinleiden werden vorgekommen sein (vgl. Anm. 431). Dafür spricht der Umstand, daß die Leber als zersetzt (»corruptus«) bezeichnet wird: Es lag offensichtlich eine biliäre Zirrhose vor – obgleich andere Noxen nicht ausgeklammert werden können (der Kurfürst trank z.B. sehr gerne Wein; s. Anm. 869), muß man in erster Linie an einen Zusammenhang mit dem Gallensteinleiden denken. Für den schlechten Zustand der Milz (»splen penecomutruerat«) finde ich keine eindeutige Erklärung; meist tritt eine pathologische Veränderung des Splen als Folge einer Mitbeteiligung an anderen Grundkrankheiten – so auch bei einigen Hepatopathien und der Malaria (vgl. Anm. 431) – auf. Vgl. GERHARD BRÜSCHKE; FRIEDRICH HORST SCHULZ: Innere Medizin: systematisches Lehrbuch und Leitfaden für die ärztliche Praxis. Jena 1970, 118.120.215.243. – An der zu Beginn des 16. Jh. rasend um sich greifenden Syphilis – von der auch sein Bruder, der Magdeburger Erzbischof, nicht verschont blieb (vgl. REDLICH: A.a.O., II) – ist Friedrich nicht erkrankt. Beiläufig sei hier erwähnt, daß er eine Brille benutzte (FWLZ, 67); schon 1515 ließ er sich durch den Nürnberger Veit Glaser drei Paar Augengläser zuschicken (GÜMBEL: A.a.O., 56).

441 Vgl. Anm. 425. – Über Friedrichs Habitus sind wir nicht nur durch seine bildlichen Darstellungen (vgl. Anm. 421. 422), sondern auch durch eine gehässige Bemerkung Aleanders unterrichtet, der den Fürsten 1521 (KALKOFF: Depeschen, 213) als »ganz feist« bezeichnete und ihn mit einem »fetten Murmeltier« verglich.

442 Das folgende basiert auf Kretschmers Untersuchung über »Körperbau und Charakter« (s. Anm. 425) und auf DERS.: Medizinische Psychologie. 13. Aufl. Stuttgart 1971, 143.149.

deln gegenüber. Dem entsprechen Schwankungen des Gemütszustandes zwischen gehobener und gedrückter, fast depressiver Stimmung. Auch das Pendeln zwischen Hartnäckigkeit und Labilität gehört mit hierher. Der bei Friedrich hervorstechende Charakterzug, sein Hang zum Pessimismus, ist für den Typ des schwerblütigen Zyklotymen in extremer Ausprägung ebenso kennzeichnend wie seine Neigung zum Zaudern.

Von seiner Lebenseinstellung her läßt sich der sächsische Kurfürst jenem pyknischen Grundtypus zuordnen, dessen Vertreter man als gemütlich-gutherzig bezeichnen kann. Sie treten öfter in der Rolle des wohlwollenden, verständigen Vermittlers oder des großzügigen Organisators in Erscheinung, sind emotional direkt ansprechbar, ihr Tätigkeitsstil ist mehr improvisatorisch als systematisch, während ihr Denken als beweglich, konkret, bisweilen auch als naiv charakterisiert werden muß, was auch generell für den Kurfürsten zutrifft.

Die geistigen Fähigkeiten Friedrichs dürfen nicht zu niedrig eingestuft werden. Sein Gedächtnis war hervorragend: Sentenzen aus Werken lateinischer Autoren, die er während seiner frühen Jugendjahre gelesen hatte, und Bibelsprüche kannte er in großer Anzahl auswendig.

Die Erinnerung an viele Beispielgeschichten und Sprüche aus Predigten blieb in ihm ebenso lebendig wie die an Vorfälle, Reden und persönliche Bekanntschaften auf den einzelnen Reichstagen.[443] Neben scharfsinnigem Denken, wie es sich unter anderem bei der Formulierung rechtlich mehrdeutiger Briefpassagen und auch in verschiedenen Äußerungen zeigt,[444] trifft man bei Friedrich bisweilen auf Bemerkungen, die erkennen lassen, daß er in mancher Hinsicht durchaus naiv sein konnte.[445] Ein großer Geist ist er kaum gewesen, wenn es ihm auch nicht an Klugheit, Verstand, Geschicklichkeit und Weisheit mangelte:[446] Sein Denken war mehr praxisbezogen – Spalatin rühmt sein Geschick im Erteilen von Ratschlägen; was er angefaßt habe, habe Hand und Fuß gehabt.[447]

Theoretische Reflexionen lagen ihm ferne, ein Zug, der auch in seiner Frömmigkeit seine Entsprechung findet: Der Umstand, daß er kein theologischer Denker war und deshalb die Vorgänge nach 1517 weniger nach ihrem theologischen Stellenwert als von seinem schlichten Glauben her beurteilte,[448] ist bis heute zu wenig gewürdigt worden.

---

443 FWLZ, 22. 29. 49.

444 So soll er – nach WATR 2, 285 (Nr. 1976), K. Cordatus, vor 16. Juni 1531 – einmal geäußert haben, er hätte wahrgenommen, daß durch die Vernunft nichts so subtil erdacht würde, was durch sie nicht wieder umgestoßen werden könne.

445 Als z. B. 1524 das Gerücht auftauchte, Friedrich stehe mit anderen Fürsten in einem geheimen Bündnis gegen die Habsburger, hatte er nichts besseres zu tun, als Planitz zu beauftragen, zu dementieren (näheres bei Kirn: A. a. O., 13).

446 FWLZ, 25:

447 FWLZ, 25. 27. Über die von Spalatin angesprochene Vermittlertätigkeit Friedrichs s. Anm. 589.

448 Seine häufig vorgebrachte Entschuldigung, diesen oder jenen Fall verstehe er als Laie nicht (z. B. FWLZ, 30), ist keinesfalls nur als Ausflucht zu werden. Vgl. Abschnitt 2.3.

Der Nimbus der Weisheit, der den Ernestiner schon zu Lebzeiten umgab,[449] wird mehr auf seine Beherrschung der »Formen des diplomatischen Verkehrs und seine Personen- und Geschäftskenntnis in innerdeutschen politischen Fragen gegründet sein«, denn »die auswärtige Politik, in staatsmännischem Sinne zu betrachten und zielbewußt an ihr mitzuarbeiten, war ihm nicht gegeben«.[450]

Im großen und ganzen ist an Friedrich eine gewisse Neigung zur Unkompliziertheit feststellbar, die eng mit seiner Abneigung gegen weitschweifige theoretische Erörterungen in Verbindung steht und sich beispielsweise darin artikulierte, daß er mit Vorliebe Bibelzitate und Sprichworte benutzte, die in knappster Form seine eigene Meinung präzise wiedergaben und eine lange Diskussion erübrigten.[451] Seine geistigen Interessen bewegten sich entsprechend in nicht allzu hohen Sphären. Die Lektüre unterschiedlichster Literatur diente ihm weniger zur systematischen Weiterbildung, wie sie beispielsweise in Italien

---

[449] Sein Beiname »der Weise« kam nach Hubert Ermisch: Die geschichtlichen Beinamen der Wettiner. NASG 17 (1896), 28. 31, erst um die Mitte des 16. Jh. in Gebrauch. Zwar wird Friedrich bereits in der 1521 erschienenen prolutherischen Satire »Determinatio secunda almae facultatis theologiae Parisiensis super apologiam Philippi Melanchthonis pro Luthero ...« (vgl. dazu WA 8. 264) als »sapiens« bezeichnet, sicher aber noch nicht im Sinne eines stehenden Epithetons – s. Gess: Akten 1, 197, Anm. 2

[450] Kirn: A.a.O., 12.

[451] FWLZ, 25. 29. 32; vgl. Huizinga: A.a.O., 249–251. – Die von Spalatin (FWLZ, 32f.) angeführten Lieblingssprichworte des Fürsten (vgl. Anm. 503) besitzen stellenweise Maximencharakter und spiegeln – wie auch Wahlsprüche, Devisen und Sentenzen, die er gebrauchte – deutlich charakteristische Eigenarten Friedrichs, zumal es sich um von ihm selbst gewählte Sätze handelt (vgl. Max Löbe: Wahlsprüche, Devisen und Sinnsprüche der Kurfürsten und Herzöge von Sachsen Ernestinischer Linie. Leipzig 1878, VIIf. 3–5). Daß Friedrichs Devise »Tantum, quantum possum« – sie war übrigens auch der Wahlspruch des niederländischen Malers Jan van Eyck (Huizinga: A.a.O., 286) – einen pessimistischen Grundzug trägt, ist für »eine Zeit heftiger Depression und gründlichen Pessimismus« (ebd., 276) zwar nicht verwunderlich, ist aber doch für ihn ungemein bezeichnend (gegen Kirn: A.a.O., 11). Seine Vorliebe für moralisierende Sprüche ging so weit, daß er sein Zimmer damit ausschmückte; wohl zu diesem Zweck ließ er am 12. Okt. 1493 im Wallfahrtsort Andechs »reyme« abschreiben (Röhricht-Meisner: A.a.O., 82). Der Grund für die Freude des Kurfürsten an Sinnsprüchen wurde offensichtlich in seiner Kindheit gelegt. Noch sein Neffe Johann Friedrich mußte in sein Schulheft eine deutsch-lateinische Spruchsammlung eintragen (Mentz: Johann Friedrich 1, 8; s. auch Anm. 143). Friedrichs Zeitgenossen war seine Vorliebe für Sentenzen und Epigramme offensichtlich nicht unbekannt; Hermann von dem Busche trug sich einmal mit dem Gedanken, dem Ernestiner eine Sammlung von Epigrammen zu widmen (Hermann Joseph Liessem: De Hermanni Buschii vita et scriptis: commentatio historica ... Bonnae 1866, 38) und Mutian sandte ihm 1509 lateinische Epigramme von einem gewissen Emanuel (nicht zu identifizieren), die Spalatin ins Deutsche übertragen sollte – vgl. Mutians Schreiben an Crotus Rubeanus vom 17. Jan. 1509 in: Der Briefwechsel des Conradus Mutianus. Hrsg. Karl Gillert. Bd. 1. Halle 1890, 165 (Nr. 119). – Vgl. Anm. 503.

Alfonso I. von Ferrara anstrebte,[452] sondern der Information[453] und Erbauung.[454] Der Besuch von außerordentlichen Vorlesungen Petrus Tomais' von Ravenna an der Wittenberger Universität im Jahre 1505 muß unter gleichem Aspekt gesehen werden.[455] Den Gegenstand von Ravennas »Sermones extraordinarii« bildeten moralisch-religiöse Probleme, wie sie im Denken des Kurfürsten immer wieder eine Rolle spielten. Moralische Erwägungen bestimmten zweifellos manche von Friedrichs Handlungen, wobei sein konstitutionell mitbedingter Hang zur Gutmütigkeit ein Übriges getan haben wird, ob er nun Geld verborgte, von dem er genau wußte, er würde es nie zurückerhalten, ob er Wildbret verschenkte oder das Hofgesinde auf der Reise durchs Land anhalten ließ, wenn auch nur dem geringsten ein Schaden widerfahren war – um nur wenige Beispiele zu nennen.[456] Doch nicht nur seine »patriarchalische« Güte läßt ihn menschlich anziehend erscheinen, da sind noch andere positive Charakterzüge an ihm fest-

---

452 JACOB BURCKHARDT: Die Kultur der Renaissance in Italien. Hrsg. LEOPOLD HEINEMANN. Berlin 1928, 49. – Von einem »fortdauernden Studium« des Kurfürsten (so JOHANN CHRISTIAN AUGUST GROHMANN: Annalen der Universität Wittenberg. Bd. 1. Meissen 1801, 6) kann ebenso wenig die Rede sein wie davon, daß sich sein »Bedürfnis nach Belehrung« nur »im Geleis historisch-genealogischer Interessen« bewegte (vgl. ANDREAS: A.a.O., 267). Ganz abwegig ist es vollends, aus der Widmung von humanistischen Druckerzeugnissen ein Interesse Friedrichs »in humanistic studies« (so GROSSMANN: HAW, 228) abzuleiten.

453 Friedrich ging es hier vor allem darum, urteilsfähig zu bleiben beziehungsweise zu werden. Getreu seinem Leitsatz, daß man, wenn man urteilen wolle, den Grund der Sachen von Anfang an kennen müsse (FWLZ, 32), las er z.B. Luthers Schrift »De votis monasticis« (1522) mit einem Mal durch, so daß er davon angeblich zwei Tage krank wurde, bemühte sich um ein Büchlein, das der Adel an das Reich ausgeben lassen wollte (1522), und hat sich bereits 1518 der Lektüre einer lutherfeindlichen Schrift gewidmet, falls es sich bei der von Luther überlieferten diesbezüglichen Äußerung des Fürsten auf dem Wormser Reichstag von 1521 nicht nur um eine taktische Bemerkung handelt; s. WATR 4, 624 (Nr. 5034). J. Mathesius, 21. Mai - 11. Juni 1540; ebd., 3, 46f. (Nr. 2878), K. Cordatus, 2. - 26. Jan. 1533; WÜLCKER-VIRCK: A.a.O., 279 (Nr. 125).Was es mit dem im zuletzt angeführten Schreiben erwähnten Buch auf sich hat, das »uf Reymburg« geschrieben und von Friedrich gelesen wurde, ist unklar.

454 Vgl. Anm. 606. 610. – Noch auf dem Sterbebett las er eine »Trostschrift« Spalatins (FWLZ, 67).

455 Einige der gehaltenen Reden wurden auf Wunsch Friedrichs und Johanns 1505 in Wittenberg von Hermann Trebel gedruckt unter dem Titel: Sermones extraordinarii et pulcherrimi ... Näheres bei THEODOR MUTHER: Aus dem Universitäts- und Gelehrtenleben im Zeitalter der Reformation. Erlangen 1866, 96, wo die Vermutung geäußert wird, daß beide Ernestiner eben die gedruckten »Sermones« persönlich gehört hatten; GUSTAV BAUCH: Wolfgang Schenk und Nikolaus Marschalk. ZBBW 12(1895), 377; DERS.: Bünau, 60f.; MAX STEINMETZ: Die Universität Wittenberg und der Humanismus 1502–1521. FUHW 1, 118.

456 FWLZ, 31f. 34f. Die Lochauer Hofrechnungen von 1524 (STOY, A.a.O., 287) enthalten Hinweise auf verschiedene Geldgeschenke Friedrichs: So erhielt ein kranker Bauer in Audenhain 1 fl., ein verarmter Jessener Bürger 2 fl. und ein ehemaliger Halberstädter Franziskaner 1 fl. – Vgl. aber Anm. 358.

zustellen: Spalatin und andere Hofbeamte wollen ihn nie fluchen gehört haben. Ganz und gar abhold soll er Lügnern gewesen sein, da er die Wahrheit sehr liebte:[457] Seine Vorliebe für formale Distinktionen und verklausulierte Formulierungen in der politischen Praxis läßt sich damit erklären, daß er auf diesem Wege versuchte, Lügen auszuweichen. Dem Wahlspruch, was man zusage, solle man halten,[458] ist er zeitlebens treu geblieben; Vertragsbrüche sind mir von ihm nicht bekannt.

Obwohl er ein sehr humorvoller Mensch war,[459] konnte er recht ungemütlich werden. An Anlässen für Verärgerungen hätte es selbst dann nicht gefehlt, wenn er weniger leicht kränkbar und für Ärger nicht so empfänglich gewesen wäre, was man wiederum als Zeichen eines keineswegs starken Selbstbewußtseins deuten kann.[460] Die Art und Weise, wie er seinem Zorn Ausdruck verlieh, ist bezeichnend: offene Ausbrüche gab es nur in den seltensten Fällen, denn in der Regel schluckte er den Ärger in sich hinein. Schlimmstenfalls kam es zu einer bösen Bemerkung, wie sie über Kardinal Albrecht von Brandenburg tradiert wird.[461] Wer durch Friedrichs Zorn in Ungnade fiel – sie äußerte sich in der Regel durch bedrohliches Schweigen – mußte diese lange ertragen, ob er nun Staupitz hieß oder ein einfacher Diener war.[462] In dieser Hinsicht konnte der Fürst ebenso hartnäckig sein wie in anderen Fällen:

---

457 FWLZ, 35. 48.

458 FWLZ, 33.

459 Falls es sich bei den Geschichtchen in WATR 5, 290 (Nr. 5641), Handschrift Clm. 737, o. J., und in CR 20, 532 (Nr. 44), nicht um Wanderanekdoten handelt, zeigt auch Friedrichs Brief an Wilhelm II. von Hessen 16. Mai 1508, Frankfurt/M.), daß er durchaus scherzhaft sein konnte: Er erklärt darin dem Landgrafen, der aus seinem Gebiet die Pfarrköchinnen hatte vertreiben lassen, er solle nur nach Sachsen kommen, wo es sehr schöne Köchinnen gäbe; wenn er die dann (ver)jage, hoffe er (scil.: Friedrich) »auch ein par ader ij ausz der beuthe« nach Lochau gesandt zu bekommen (Teilabdruck des Schreibens bei Kolde: Friedrich, 8, Anm. 4).

460 Verletzung des Selbstwertgefühls versetzte schon den jungen Friedrich in Zorn, als er in Dresden erstmals an einem Turnier teilnahm und ihn eine Frau dabei als »Kind« bezeichnete (FWLZ, 23. 52). Versuche, ihn zu belehren, brachten ihn noch in seinen späteren Jahren in Wallung – vgl. FWLZ, 31; Tentzel: A.a.O., 23–25 (Nr. 16. 17); bzw. Gillert: A.a.O. 2, 72f. (Nr. 413). 82f. (Nr. 422) –, ebenso eine Infragestellung seiner »fürstlichen Prärogativen« (s. Barge: Karlstadt 1, 59) und noch vieles andere; vgl. z.B. FWLZ, 31f. 48; WATR 3, 72f. (Nr. 2910a), K. Cordatus, 26. - 29. Jan. 1533.

461 S. Anm. 311. – Luther hatte recht, als er den Kurfürsten einen von Natur aus zornigen Menschen nannte, der sich aber selbst im Zaum halten konnte – WATR 5, 225 (Nr. 5540), Kaspar Heydenreich, Winter 1542/43; vgl. FWLZ, 35. 28–31. Nach Melanchthon – CR 20, 537 (Nr. 72) – ging Friedrich, wenn seine Erregung überhandzunehmen drohte, in ein Zimmer und kam nicht eher heraus, als bis er sich wieder beruhigt hatte.

462 Vgl. FWLZ, 44. – Welche Folgen es haben konnte, bei Friedrich in Ungnade zu stehen, zeigen die Fälle von Stefan Wild, Gabriel Zwilling und Karlstadt (vgl. Anm. 374–376). Angesichts dessen erscheint es nicht verwunderlich, daß der Wittenberger Jurist Wolfgang Stehelin, bevor er nach einer Verstimmung mit dem Kurfürsten seinen Dienst wechselte, 1518 Herzog Heinrich von Sachsen, in dessen Dienst er dann trat, bat, ihn zu

Unnachgiebigkeit und Eigensinn sind für ihn auf der einen Seite genauso charakteristisch[463] wie ein nicht zu übersehender Hang zur Labilität auf der anderen. Diese zeigt sich bei ihm nicht so sehr darin, daß er sich schwer zu definitiven Entscheidungen durchringen konnte, der Ruf, ein Zauderer zu sein, eilte ihm schon zu Lebzeiten voraus,[464] als in den Versuchen, sich gegen unliebsame Gesprächspartner abzuschirmen. Das waren solche, von denen er annehmen mußte, daß sie ihn mit geschickt vorgebrachten Argumenten entgegen seinen eigentlichen Intentionen beeinflussen konnten. Ob bei diesen Abschirmungsversuchen er selbst oder seine Räte die führende Rolle spielten, muß hier dahingestellt bleiben, ebenso, inwieweit dabei seine Menschenscheu mit im Spiel war.[465]

---

unterstützen, damit er von Friedrich nicht in Ungnaden entlassen und dann von ihm »zu forderst« bei Heinrich »vnd anndern verhindert« werde (EGA Reg. O 309, 5r). Besonders ungnädig wurde der Kurfürst, wenn man ihm gegen seinen Willen den Dienst aufkündigte. Das bekam nicht nur Stehelin, sondern auch Jodocus Trutvetter (1508, 1509/10 Dekan der theologischen Fakultät Wittenberg; über ihn s. Kleineidam: A.a.O. 2, 292f.) zu spüren, der 1510 »kurz« nach Erfurt ging, wo er ein Kanonikat an der Marienkirche erhielt, und nicht zurückkehrte (Gustav Plitt: Jodocus Trutfetter von Eisenach, der Lehrer Luthers, in seinem Wirken geschildert. Erlangen 1876, 41). Welche Gründe dazu führten, daß Staupitz 1516/17 bei Friedrich in Ungnade fiel (s. Kolde: Staupitz, 308; Jeremias: A.a.O., 38), wird nicht ganz einsichtig: Jeremias (ebd., 309. 313f.) denkt an eine Verstimmung wegen Reliquienangelegenheiten; Luther spricht aber in seinem Brief an den Kurfürsten vom ca. 6. Nov. 1517 nur davon, daß Staupitz »etlich schreybens« halber in Ungnade fiel – vgl. WABr 1, 120 (Nr. 51). Möglicherweise waren Staupitz in den erwähnten Schreiben ähnlich offenherzige Bemerkungen entschlüpft wie in seinen Nürnberger Tischreden (Anfang 1517), in deren Verlauf er festgestellt hatte, daß er lieber »vnd mit (!) mynder beschwert regirt werden« wolle »von ainem geschickten vernunfftigen puben dan ainem fromen narren« (Iohannis Staupitii ... Opera ... Hrsg. Joachim Karl Friedrich Knaake. Bd. 1. Potisdamiae 1867, 49). Vielleicht besteht auch ein Zusammenhang zwischen Friedrichs Verstimmung und dem gescheiterten Plan des kursächsischen Hofes, Staupitz zum Bischof von Chiemsee zu machen (1516) – s. WABr 1, 44 (Nr. 16).

463 Vgl. Anm. 94. Nach Spalatin (FWLZ, 37. 49) ist Friedrich dann »beständig« geblieben und hat »wie eine Mauer gehalten«, wenn er »gute Sach« (es wird nicht ganz klar, ob er damit »gute Gründe« meint oder ob »gute Sach« im Sinne von »wenn es in einer guten Sache war« zu interpretieren ist) hatte. Auf einmal gefaßten Meinungen soll der Fürst beharrt haben, sofern er deren »Grund aus Gottes Wort und heiliger Schrift, ehrlicher Ehrbarkeit und gutem Verstand« (scil.: seiner Ratgeber) hatte (FWLZ, 49).

464 FWLZ, 25f. – Ein Beispiel für unangebrachtes Zögern, das verhängnisvolle Folgen zeitigte, bietet sein Verhalten in der Erfurter Angelegenheit: 1509 hatte er gegenüber Mainz ein Übergewicht an »positiven Machtmitteln« (Faulde: A.a.O., 43), so daß ein militärisches Eingreifen von seiner Seite erfolgreich gewesen wäre, aber er blieb unschlüssig und half damit, den Konflikt über Jahre hinaus auszudehnen. Vgl. auch Anm. 327.

465 Als Thun am 14. Juli 1509 die Mainzer Gesandten daran hinderte, in Gotha beim Kurfürsten vorstellig zu werden (vgl. Anm. 316; Burkhardt: Tolles Jahr, 354), geschah dies auf eigene Initiative des Beamten, während in zwei anderen Fällen Friedrich selbst Urheber der Abschirmungsversuche gewesen sein dürfte, wenn auch sicher im Konsens

Neben seiner »natürlichen Langsamkeit in Entschlüssen«,[466] seiner Bedächtigkeit und Langmut,[467] die aber auch auffällige Hast nicht ausschloß,[468] fallen an ihm noch weitere Eigenarten auf: Er war ein ausgesprochen vorsichtiger und korrekter Mensch. Daß ihm Genauigkeit über alles ging, kann als positiver Zug vermerkt werden; mit seinem zunehmenden Alter nahm sie jedoch Formen an, die schon anankastische Züge tragen. Korrespondierend damit lassen sich Überakzentuierungen auch an anderen Punkten feststellen: Vorsicht schlägt in reine Ängstlichkeit um, eine ausgesprochene Menschenscheu bildet sich heraus, gedrückte Grundstimmungen weichen offenen Depressionen, und Realitätssinn wird zu Skepsis und Pessimismus deformiert, wobei sich gerade hier immer wieder der Einfluß von unangenehmen Erfahrungen auf politischem Sektor niederschlägt: Spricht aus einigen von Friedrich häufig gebrauchten Kernsätzen und anderen seiner Äußerungen Menschenkenntnis und ein klarer Blick für die politischen Realitäten,[469] so drücken sich Resignation, Mißtrauen und eine pessimistische Einschätzung der Lage noch deutlicher aus, wenn er zwei Wochen vor seinem Tod feststellt, es sei weder Liebe, Treue, Wahrheit noch irgendetwas Gutes auf der Erde.[470] Die skeptische Grundhaltung

---

mit seinen Räten: 1518 versuchte Johann Eck in Augsburg – wie er ihm am 22. Juli 1519 schriftlich klagte – mehrere Male vergeblich, zum sächsischen Kurfürsten vorzudringen – s. WABr 1, 460 (Nr. 192), Anhang. Nicht anders erging es Ende Oktober 1520 Aleander in Köln (Kalkoff: Depeschen, 25; RTAJR 2, 459. 464f.), wenn es ihm schließlich auch nach einem Gottesdienst in der dortigen Barfüßerkirche gelang, mit Marinus Carraciola gewissermaßen in einem »Überraschungsangriff« (Höss: Spalatin, 181) zu Friedrich vorzudringen.

[466] Lau: A. a. O., 1150.

[467] FWLZ, 35. – Weil sich der Fürst selbst als geduldiger Mensch verstand, ergrimmte es ihn sehr, daß Mutian ihn 1514 (am 13. Aug.) im Blick auf seine politischen Schwierigkeiten aufforderte, diese mit starkem Gemüt zu ertragen, »bessern Glücks« zu erwarten und die Hoffnung nicht fallen zu lassen. Friedrich räumte in seiner Antwort (23. August 1514, Altenburg) zwar ein, daß der Rat des Gelehrten »sonder Zweiffel aus getreuen (!) und guten Hertzen« käme, wies Mutian aber mit unmißverständlichen Worten zugleich darauf hin, daß nicht jeder seine Probleme mit Geduld überwinden könne, daß er allerdings in seines »Zustandes Wiederwertigkeit (!) allewege getultig« gewesen sei und es mit Gottes Hilfe auch zu bleiben gedenke – vgl. Gillert: A. a. O. 2, 72f. (Nr. 413). 82f. (Nr. 422); bzw. Tentzel: A. a. O., 23f. (Nr. 16). 24f. (Nr. 17).

[468] So bei der ersten Vermählung Johanns (s. Anm. 258) 1500 und bei der auffällig hastigen Präsentation des Matthäus Beskau zum neuen Wittenberger Stiftsdekan im Jahre 1523 (s. N. Müller: A. a. O., 242f.).

[469] Man vergleiche seine resignierenden Bemerkungen über Verträge und ihre Einhaltung in der Instruktion für die Gesandtschaft an Papst Julius II. (1512; Kalkoff: Ablaß, 100) und das von Luther überlieferte Dictum des Fürsten, es sei gut, Verträge zu machen, aber wehe dem, der sie hielte – WATR 5, 508 (Nr. 6138), A. Lauterbach, o. J. – Vgl. auch die entsprechenden von Friedrich oft benutzten Sentenzen in FWLZ, 33; bzw. Anm. 503. – Seine Zweifel pflegte Friedrich kurz mit »narraverunt« oder »procurator non credit« auszudrücken (FWLZ, 33).

[470] FWLZ, 40. 64. 62f. Etwa 1523 sagte Friedrich zu Spalatin, er habe und kenne auf der Welt keinen Freund außer seinem Bruder (FWLZ, 63). – Vgl. dazu seine Warnung an

des ernestinischen Fürsten prägte in den letzten Lebensjahren nicht nur sein Verhältnis zu anderen Politikern, sie hat, wie es scheint, auch sein Verhältnis zu Luther nicht unberührt gelassen.[471] Weit stärker als Friedrichs Skepsis und Vorsichtigkeit wirkte sich eine weitere Wesensart von ihm auf sein persönliches Verhältnis zu dem Reformator aus, seine offenbar ererbte,[472] aber erst nach der Jahrhundertwende deutlicher in Erscheinung tretende und größere Ausmaße annehmende Menschenscheu und Neigung zur Introversion, wie sie uns zum Beispiel entgegentritt, wenn er 1521, als etwa 200 Edelleute vor seiner Herberge in Worms ihm zur Ehre ein Lied anstimmen, die Sänger unbeachtet läßt und immer von neuem mit Unwillen seiner Pflicht zur jährlichen, persönlichen Rechtsprechung nachkommt.[473] Dem Bestreben des Kurfürsten, sich abzukapseln, ist es neben taktisch-politischen Überlegungen mit anzulasten, daß es kaum zu einer persönlichen Begegnung zwischen ihm und Luther kam.[474] Die

---

Johann vor einem falschen Freund (ebd., 63) aus dem Jahr 1524 und die Äußerungen in seinem Brief an den Bruder vom 2. Jan. 1521 in NUB, 4 (Nr. 6).

[471] Ich stimme mit F. H. Schubert (a. a. O., 570) in der Annahme überein, Friedrich habe dem Reformator »sehr viel skeptischer« gegenübergestanden als »seine Umgebung«. Für bisweilen auftauchende Zweifel des Fürsten an der Richtigkeit von Luthers Sache könnte m. E. der Umstand sprechen, daß er sich – wohl um mögliche Zweifel an der Berechtigung seines Verhaltens zu zerstreuen – kurz vor seinem Tod die eigenhändig exzerpierte lutherfreundliche Passage aus einem Brief Lorenz‘ von Bibra von 1519 zusenden ließ (FWLZ, 161), auch die von Spalatin (ebd., 164) erwähnte Reminiszenz des Kurfürsten (1524) an die Beurteilung Luthers durch Erasmus (1520) läßt sich dahingehend deuten, daß ihn die Frage nach der Rechtmäßigkeit der Lutherprotektion immer wieder bewegte.

[472] Nach Spalatin munkelten einige Leute, die Abneigung des Kurfürsten gegen persönliche Anhörungen seiner Untertanen sei von seinen wittelsbachischen Vorfahren ererbt; Friedrichs Onkel Albrecht IV. von Bayern soll dieser Zug auch zu eigen gewesen sein (FWLZ, 48). – Vgl. Luthers Äußerung über den Zorn des Kurfürsten, wenn ihn Bürger um persönliche Rechtsprechung baten: WATR 3, 72f. (Nr. 2910a), K. Cordatus, 26. – 29. Jan. 1533.

[473] Friedrich liebte es nicht, von »Jedermann überlaufen« zu werden (vgl. FWLZ, 64). – Vgl. Anm. 472; zum Vorfall von Worms s. NUB, 9 (Nr. 13), zur Verweigerung der Audienz für Christoph Scheurl (1507) s. Anm. 416; vgl. auch Anm. 465. – Auffällig scheint die Eigenart des Fürsten, zumindest Leuten wie Aleander beim Gespräch nicht offen in die Augen zu blicken (Depeschen, 213. 85).

[474] Die Meinungen über mögliche Zusammenkünfte Luthers mit seinem Landesherrn gehen weit auseinander. So vertritt z. B. Schubert (a. a. O., 571) die Ansicht, der Fürst habe – wenn auch nur wenige Male – mit Luther gesprochen, während Köstlin (Friedrich, 56) meint, ein Treffen zwischen beiden sei nie zustandegekommen, weil es Friedrich als seiner Unbefangenheit wenig zuträglich ablehnte. Tatsächlich lag ein Treffen mit dem Reformator nicht im Sinn des Fürsten, was freilich kaum dagegen spricht, daß sich beide nicht nur 1521 in Worms von Angesicht zu Angesicht gegenüberstanden: Vor 1517 gab es für den Ernestiner keinerlei Grund, dem Mönch aus dem Wege zu gehen. Da der Landesherr ein begeisterter Predigthörer war (vgl. Anm. 636-639), hat Melanchthons Angabe, Luther sei 1512 auf kurfürstliche Kosten promoviert worden, weil Friedrich ihn predigen gehört habe und davon sehr angetan gewesen wäre, einiges für sich – s. CR 6, 160 (Nr. 3478): 1. Juni 1546; vgl. auch Köstlin-Kawerau: A. a. O. 1, 102.

»absunderung von den leuten« ist schon in einem 1522 für Friedrich erstellten Horoskop als krankhafte Erscheinung gewertet worden, »welche seyner natur« sei. Der Kurfürst soll sich, so rät der Astrologe, davor ebenso hüten wie vor anderen Krankheiten, die in seinem Wesen liegen; genannt werden neben rein körperlichen Erkrankungen[475] bezeichnenderweise »melencolia, forcht, zyteren

---

Oft scheint Friedrich Luther aber nicht predigen gehört zu haben, falls sich Luther bei seiner diesbezüglichen Bemerkung nicht nur auf seine Predigttätigkeit an der Wittenberger Stadtkirche bezieht. Der Reformator erinnerte sich am 16. Mai 1540 daran, daß er nun schon 28 Jahre im Predigtamt stehe und daß er in dieser Zeit an einem Sonntag dreimal und noch einmal zusätzlich gepredigt habe, »da hertzog Friedrich da war« - WATR 5, 99 (Nr. 5372). - Wenn es nach 1517 zu einer persönlichen Begegnung Luthers und des Fürsten kam, dann ging die Initiative dabei sicher nicht von Friedrich aus, denn seine Abneigung gegen ein Treffen mit dem Reformator war groß: Wie groß sie gewesen sein muß, kann man einer scherzhaften Bemerkung des Wittenberger Professors entnehmen, der am 24. Juni 1523 Spalatin schrieb: Conuenit inter nos, vt proficiscentes animi causa, principem & aulam eius & e schweynitz & Locha (!) fugemus propediem« - WABr 3, 100 (Nr. 628). 100, Anm. 1. Trotzdem sind sich Fürst und Reformator möglicherweise doch begegnet: Auf seiner Reise nach Augsburg traf Luther am 28. Sept. 1518 in Weimar ein, wo sich der Kurfürst, der am 22. Sept. von Augsburg abgereist war, gerade aufhielt (Heinrich Böhmer: Der junge Luther. 6. Aufl. Leipzig 1954, 194; Höss: A.a.O., 133; nach EGA Reg. E 64 III, 40); am Tag darauf predigte er in der Weimarer Schloßkirche - ob Friedrich diese Predigt gehört hat, muß offenbleiben. Aus dem Umstand, daß sich Spalatin später die Predigt zusenden ließ, läßt sich allerdings nicht zwingend ableiten, daß Friedrich sie nicht hörte (gegen Höss: A.a.O., 133); ebensowenig sprechen die von Höss (ebd., 133, Anm. 28) angeführten Stellen generell gegen eine Begegnung des Reformators mit dem Fürsten, denn Luthers Neigung, aus taktischen Erwägungen eine unmittelbare Verbindung mit dem Kurfürsten abzustreiten, ist ebenso offensichtlich wie Spalatins Hang zur Unvollständigkeit und sein Versuch, von vornherein eine direkte Beziehung zwischen Fürst und Reformator zu leugnen. Daß Luther 1517 schon geraume Zeit in »kurfürstlichem Dienst« stand, eine Zeit, in der Friedrich nicht den geringsten Grund hatte, ihm aus dem Weg zu gehen, wird von Höss (ebd., 131) leider übersehen. - Auch für die Zeit nach 1518 ist ein Zusammentreffen Luthers und seines Beschützers nicht ausgeschlossen. Am 13. Nov. 1520 hielt sich der Reformator in Eilenburg auf, wo er - wenn auch vergeblich - die Rückkehr des Kurfürsten und seines Gefolges abwartete; vgl. WABr 2, 213 (Nr. 352). 218 (Nr. 354). 219, Anm. 1. - Mehr Erfolg scheint ihm im Mai 1524 vergönnt gewesen zu sein: Am 30. dieses Monats ist Luther in den Lochauer Hoflagerrechnungen verzeichnet, zu einer Zeit, in der sich Friedrich in Lochau aufhielt, er war dort schon am 30. April, auch noch am 28. Mai und am 11. Juni, denn das Hoflager befand sich vom 1. Mai bis zum 26. Juni 1524 in Lochau. Am 7. Juni trafen auch Johann und Johann Friedrich dort ein, um mit dem Kurfürsten auf die Jagd nach dem nahegelegenen Schweinitz zu ziehen. Spalatin befand sich vom 29. bis 31. Mai in Wittenberg - s. Pallas: Urkunden, 95, ARG 11 (1914), 72; WABr 3, 292, Anm. 1; Stoy: A.a.O., 277. 285, Georg Buchwald: Zu Spalatins Reisen, insbesondere nach Wittenberg, in Angelegenheiten der kurfürstlichen Bibliothek. Archiv für Bibliographie, Buch- und Bibliothekswesen 2 (1929), 102.

475 EGA Reg. D 285, 4^r: »... gel vnd schwartze sucht, grind, geschwer, podagra vnd dergleichen.«

der glider«.[476] Dabei war es nicht so sehr die Melancholie, die ihn plagte (obschon wegen politischer Mißerfolge nur allzu begreiflich),[477] als sein Hang zu zwanghaftem Handeln und Denken, der gerade bei der Abfassung von Briefen die seltsamsten Auswüchse hervorbringen konnte.[478] Dies alles läßt sich als Folge einer permanenten Verunsicherung werten, die auch an anderer Stelle in ihren Auswirkungen erkennbar wird, in seiner Ratsuche bei Astrologen.

Von der Astrologie, der damals auch bedeutende Humanisten wie Konrad Celtis, Christoph Scheurl, Konrad Peutinger und auch Philipp Melanchthon verfallen waren,[479] erhoffte er Sicherheit, ob nun in politischen oder in anderen Fragen. Damit stand er weder im Haus Wettin noch unter seinen fürstlichen Zeitgenossen allein da.[480]

---

[476] Ebd., 4r.

[477] Die »Schwermütigkeit«, in die Friedrich im Oktober 1514 verfiel (vgl. Anm. 332), kann man als reaktive Depression (vgl. Maxim Zetkin; Herbert Schaldach: Wörterbuch der Medizin, Berlin 51973, 167) werten. – Ob Adam von Fulda (s. Anm. 811) den sächsischen Kurfürsten vor Augen hatte, als er über die Nützlichkeit der Musik für den Staat schrieb und die Aufgabe der Musik u. a. darin sah, daß sie dazu diene, die Melancholie zu vertreiben, deren Auswirkungen die Herrscher dauernd ausgesetzt seien (nach Ehmann: A. a. O., 179), läßt sich schwer sagen.

[478] Daß er sogar auf der Jagd und bis in die Nacht hinein über alle möglichen »Händel« nachdachte (FWLZ, 46f.), läßt sich lediglich als Zeichen großer Gewissenhaftigkeit deuten. Anders verhält es sich, was seine größtenteils unwesentlichen, stark gehäuften Korrekturen in den Briefentwürfen der kurfürstlichen Kanzlei und die Abfassung mehrerer Konzepte zu einzelnen Schreiben betrifft (vgl. FWLZ, 25. 47). Hier drängt sich der Verdacht auf, daß dabei außer Genauigkeitsstreben auch Skrupulosität und anankastische Neigungen ihren Niederschlag gefunden haben.

[479] Während Johannes Reuchlin ein Gegner der Astrologie war (vgl. Ludwig Geiger: Johannes Reuchlin: sein Leben und seine Werke. Leipzig 1871, 178), müssen die genannten deutschen Humanisten als ihre Anhänger gelten. Zu Celtis vgl. Friedrich von Bezold: Konrad Celtis, der deutsche Erzhumanist. HZ 49 (1883), 203f.; Wilhelm Knappich: Geschichte der Astrologie. Frankfurt/M. (1967), 188. 243; Gustav Braunsperger: Beiträge zur Geschichte der Astrologie der Blütezeit vom 15. bis zum 17. Jahrhundert. Phil. Diss. München 1928, 13. 44; zu Scheurl s. Wilhelm Graf: Doktor Christoph Scheurl von Nürnberg. Leipzig; Berlin 1930, 32. 50f.; Gustav Bauch: Zu Christoph Scheurls Briefbuch. NMGHF 19 (1898), 413 (Nr. 38a); zu Peutinger vgl. Paul Joachimsen: Geschichtsauffassung und Geschichtsschreibung in Deutschland unter dem Einfluß des Humanismus. T. 1. Leipzig 1910. 205; über Melanchthon s. Braunsperger: A. a. O., 14–16; Knappich: A. a. O., 192. 252; Karl Hartfelder: Der Aberglaube Philipp Melanchthons. Historisches Taschenbuch F. 6, 8 (1889), 237–245.

[480] Vgl. Anm. 484. – Friedrichs Großmutter Margarethe warnte beispielsweise 1472 Albrecht den Beherzten unter Berufung auf Leute, »die sich der astronomey und hymelsleuffte wol vorstehen«, vor seiner geplanten Palästinareise – s. Steinhausen: A. a. O. 1, 100 (Nr. 140) – , während Herzog Johann mit Spalatin über außergewöhnliche Himmelserscheinungen korrespondierte (EGA Reg. O 46: 1523–1533). Über die große Astrologiegläubigkeit Maximilians I. und seines Vaters Friedrich III. s. Baltl: A. a. O., 70f. 172 (nicht gez.); Knappich: A. a. O., 251. 242f.; Braunsperger: A. a. O., 43–45; über das astrologische Interesse Karls V. s. Braunsperger: A. a. O., 45f.

Er zeigte nicht erst in seinen letzten Lebensjahren eine Vorliebe für Nativitäten und Prognostikationen, obwohl gerade aus dieser Zeit erstaunlich viele vorliegen.[481] Falls das im Ernestinischen Gesamtarchiv befindliche Verzeichnis von Sachgebieten, über die Sterndeuter Auskünfte erteilen, in seinem Auftrag erstellt worden ist,[482] müßte er sich schon recht früh von astrologischer Seite Rat geholt haben. Ganz sicher hat er das im Falle der Wittenberger Universitätsgründung getan. In welchem Maße sein Verhalten in der Luthersache durch vorherige »Befragung der Sterne« beeinflußt worden sein kann, läßt sich nur ahnen; daß er diesbezügliche Anfragen stellte, steht außer Zweifel.[483]

---

[481] EGA Reg. D 285, 3-6 (Friedrichs Nativität für 1522); Reg. O 147 (ein umfangreiches Konvolut, in dem außer von Spalatin herrührenden Eintragungen Nativitäten und »revolutiones« von verschiedenen Schreibern enthalten sind, die im folgenden genannt werden sollen), 1-9 (o. J.). 11-28. 29-36 (o. J.). 37-40 (Auszug Spalatins aus einer »Practica« für 1524). 60-64 (1520), 72-78 (1521). 79-98 (1521, von Johann Volmar; vgl. N. MÜLLER: A.a.O., 347f.). 99-113 (1522, von J. Volmar). 115-121 (1523, von Magister Heinrich Lauterfelsch aus Saalfeld). 122-129 (1519). 130-136 (kurzer Auszug von Spalatins Hand aus »doctor Josue practica«).

[482] EGA Reg. O 145; nach einem Vermerk aus dem 19. Jh. aus der 2. Hälfte des 15. Jh. Das Verzeichnis könnte somit während Friedrichs erster Regierungsjahre entstanden sein. Unter den »Gegenständen«, über die Astrologen Aussagen machen können, sind z. B. Geldwert, Wert der Erze, politische Verhandlungen, Krieg und Frieden, Pest und Sterben, der Stand der Könige u. a. genannt.

[483] Das Horoskop der Universität Wittenberg wurde 1502 von Mellerstadt auf Friedrichs Geheiß angefertigt (s. GRÜNEBERG: A. a. O., 88; KROKER: Nativitäten, 15; GROHMANN: A. a. O. 1, 8; BAUCH: Leipzig, 10). – Auf den Umstand, daß der Kurfürst in der Luthersache auch die Sterne befragte, hat KOLDE (Friedrich, 19) hingewiesen, ein Umstand, der keinesfalls unterbewertet werden sollte. Wahrscheinlich ist die EGA Reg. O 146, 1. 2^{v} (o. O., o. J.) befindliche Nachricht (die möglicherweise von Spalatins Hand stammt, aber kleiner und flüssiger geschrieben ist, als bei Spalatin sonst üblich) über die Prophezeiung eines italienischen Barfüßers (um 1510/11), von der damals Staupitz in Rom gehört haben soll und die lautete, daß unter dem nächsten Papst (Leo X.) ein (Augustiner-)Eremit aufstehen werde, für Friedrich bestimmt gewesen. Ob die Übersendung von Joachim von Fiores »Expositio apocalypseos« durch Michael Hummelberg (1522) an Melanchthon und ihre Weiterleitung an Spalatin auf kurfürstliches Ersuchen geschah, ist zweifelhaft – vgl. CR 1, 565f. (Nr. 205); bzw. SM 6I, 181f. (Nr. 246); CR 1, 565 (Nr. 204); bzw. SM 6I, 181 (Nr. 245) – , sicher stand der Kurfürst aber bei Spalatins Bemühungen um Luthers Nativität – also dem Horoskop aus dem Geburtsdatum – im Jahre 1524 im Hintergrund: Da nach der Nativität vom 10. Nov. 1483 Luther nicht zum Ketzer und Bösewicht prädestiniert war, stellte man sie in Italien auf den 22. Okt. 1483, was Friedrich sehr schockiert haben dürfte und ihn getrieben haben mag, über Spalatin als Mittelsmann Luthers Meinung dazu einzuholen. Der Reformator erklärte am 23. März 1524 Spalatin, daß ihm die Nativität bekannt sein, und machte sich darüber lustig: Da die Astrologen hinsichtlich des (scil.: gegenwärtigen) Jahres so gefaselt hätten, eine Sintflut war vorhergesagt worden, sei es nicht verwunderlich, daß auch einer im Bezug auf seine Nativität fasele – WABr 3, 260 (Nr. 724). 260, Anm. 1. Daß es Versuche gegeben hat, den Fürsten mit astrologischen Zukunftsdeuteleien gegen die reformatorische Bewegung aufzustacheln, zeigt seine Nativität für 1522 (EGA Reg. D 285, 3^{rv}): Er wird darin aufgefordert, nicht von Gottes

Einen fest angestellten Hofastrologen besaß Friedrich der Weise nicht,[484] dafür holte er sich Rat bei verschiedenen Gelehrten, so bei Martin Pollich, seinem Leibarzt.[485]

Es ist kaum anzunehmen, daß Ankündigungen von Astrologen auf politischem Gebiet seine Entscheidungsfindung unberührt ließen;[486] Beispiele für die

---

Lob und Danksagung abzuweichen »als etzliche ytzunder ... angeben vnd leren, dye do dy gantz welt wollen vmbkeren« und von denen man nichts Gutes erwarten dürfe; dies möge er »nach notdorft bas behertzen«. – Falls Friedrich die damals in vielen Drucken verbreitete »Prognosticatio« (erstmalig 1488 erschienen) Johann Lichtenbergers gelesen hat – 1512 soll übrigens in Wittenberg die sogenannte Lichtenbergerpostille gedruckt worden sein –, wäre es möglich, daß er Luthers Auftreten mit dem von Lichtenberger prophezeiten Erscheinen eines geistlichen und sehr heiligen Mannes oder mit dem des kleinen Propheten in Verbindung brachte, der die Schrift gut auslegen werde; im reformatorischen Lager wurde diese Verbindung bekanntlich hergestellt – vgl. Knappich: A. a. O., 200; Dietrich Kurze: Johannes Lichtenberger (+1503): eine Studie zur Geschichte der Prophetie und Astrologie. Lübeck; Hamburg 1960, 7–10. 81–87. passim.

484 Die Beschäftigung von Hofastrologen war an vielen Höfen üblich: Kaiser Friedrich III. hatte mehrere Astrologen um sich (Knappich: A. a. O., 242), für Maximilian I. waren neben Celtis und Johannes Stabius noch Georg Tannstetter und Joseph Grünpeck tätig (ebd., 243). Der Astrologe von Matthias Corvinus, Hans Tolhopf, ist uns deshalb bekannt, weil er noch 1480 eine Kollegiatur an der Leipziger Universität besaß – vgl. Urkundenbuch der Universität Leipzig von 1409 bis 1555. Hrsg. Bruno Stübel. Leipzig 1879, 220f. (Nr. 182). Johann Carion stellte seine Prognostiken und Nativitäten für Joachim I. von Brandenburg und Herzog Albrecht von Preußen (Schuster-Wagner: A. a. O. 1, 263; Johannes Voigt: Briefwechsel der berühmtesten Gelehrten des Zeitalters der Reformation mit Herzog Albrecht von Preußen. Königsberg 1841, 140).

485 Vgl. Anm. 481. 483; Anm. 1287. – Nach Friedensburg (Geschichte, 10) hat sich Mellerstadt, der auch astrologische Studien betrieb – laut Jugler (a. a. O., 8) soll er den Fürsten sogar auf diesem Gebiet unterrichtet haben –, um 1495 von der Astrologie abgewandt. Daß der Astrologe Hartung Gernath, dem Friedrich um die gleiche Zeit (10. Juni 1495, Worms) einen Schutzbrief ausstellte (EGA Kop. A 1, 69^{v}), dem Ernestiner mit einer Nativität o. ä. dienlich war, ist anzunehmen. – Über die Stellung Spalatins zur Astrologie vgl. Höss: A. a. O., 55, Anm. 51. – Möglicherweise stand bei den Versuchen des Ernestiners, einige Bücher aus dem Nachlaß des Astronomen und Astrologen (s. Knappich: A. a. O., 247) Johannes Regiomontanus aufzukaufen (vgl. Anm. 1561), das Interesse an astrologischer Literatur im Vordergrund, wofür m. E. spricht, daß sich Friedrich beharrlich weigerte, den Gesamtnachlaß aufzukaufen – vgl. Hildebrandt: A. a. O., 55–59; H. Petz: Urkundliche Nachrichten über den literarischen Nachlaß Regiomontans und B. Walters, 1478 bis 1522. MVGN 7(1888), 247–262. besonders 251, Anm. 11.

486 Nicht von ungefähr enthalten die Prognostikationen in EGA Reg. O 147 auch politische Prophezeiungen (vgl. Anm. 1287), so wenn u. a. (ebd., 38^{v}-39^{v}) für 1524 Auflehnung des »gemeinen« Volks gegen die Obrigkeit, »doch on sonderlichen vorteil des gemeynen manns«, und ein glückliches Jahr für Sachsen und Meißen vorhergesagt werden. 1523 hatte Planitz – nach Wülcker-Virck: A. a. O., 585 (Nr. 258) – dem Kurfürsten sogar eine »Practica« über das Reichsregiment im Februar des kommenden Jahres zugesandt, das in Nürnberg tagte; Friedrich hielt sich dort vom 28. Nov. 1523 bis zum 26. Febr. 1524 auf (Kirn: A. a. O., 158). Leider läßt sich nicht feststellen, inwieweit astrologische und andere Prophezeiungen in der politischen Praxis des sächsischen Kurfürsten ihren

unmittelbaren Folgen der Astrologiegläubigkeit anderer Fürsten sind zur Genüge bekannt.[487]

Neben astrologischen Vorhersagen bewegten Vatizinien und Prodigien die Gemüter der mittelalterlichen Menschen mit uns schwer begreiflicher Gewalt. Sie können als sichere Indikatoren einer allgemeinen Krisenstimmung gelten, wirkten zum einen selbst verunsichernd, verliehen zum anderen aber ein – wenn auch trügerisches – Gefühl der Sicherheit. Auch den sächsischen Kurfürsten beeindruckten sie als ein echtes Kind seiner Zeit stark. Träume[488] konnten ihn ebensosehr beunruhigen wie Vorzeichen[489] und die Ankündigung einer Sintflut,[490] wenn sich auch seine Angst nicht so extrem äußerte wie beim Wittenberger Bürgermeister Johann Hohndorf.[491]

Niederschlag fanden. Daß es nicht ungewöhnlich war, sie zur Entscheidungsfindung heranzuziehen, zeigt daß noch 1635 Andreas Goldmeyer in seiner »Astrologisch-schwedischen-Kriegs-Chronika« feststellen konnte, ein Kriegsoberst bedürfe neben geistlichen und politischen auch astrologischen Rates (Carl Meyer: Der Aberglaube des Mittelalters und der nächstfolgenden Jahrhunderte. In: Einladungsschrift zur Promotionsfeier des Pädagogiums [scil.: zu Basel]. Basel 1876, 9).

487 Über den Einfluß der Astrologie auf die Kriegszüge italienischer Condottieri vgl. Meyer: A.a.O., 8. Ein näherliegendes Beispiel bietet Kaiser Friedrich III., dessen »fatalistische Seelenruhe« (Braunsperger: A.a.O., 42) mit seiner Neigung zur Astrologie zusammenhing. Knappichs (a.a.O., 242) Urteil über ihn könnte ebensogut über Friedrich den Weisen – bekanntlich Großneffe des Kaisers – gefällt worden sein. Knappich meint, der Kaiser habe »... sich angewöhnt, widrige Zufälle mit Gleichmut zu ertragen, durch kluges Hinhalten und Verträge mehr als durch Siege auf Erfolg zu hoffen und die Zeit für sich wirken zu lassen«. Der mangelnde Eifer des Habsburgers soll – was die Erfüllung von Regierungsgeschäften betrifft – genauso auf die Vorliebe für die Astrologie zurückzuführen sein (Braunsperger; A.a.O., 42) wie der Energiemangel seines Sohnes Maximilian (vgl. Baltl: A.a.O., 70) und eine gewisse Sprunghaftigkeit in dessen Entscheidungen. Nachweislich auf die Einflüsterung von Astrologen ist dagegen – um ein Beispiel aus späterer Zeit zu nennen – das Mißtrauen Kaiser Rudolfs II. (1552–1612) gegenüber seinem Bruder Matthias zurückzuführen; vgl. Knappich: A.a.O., 245f.

488 S. z.B. Spalatins Ausführungen bei J. B. Mencke: A.a.O. 2, 623 (28. Mai 1523). – Der sagenhafte »Traum« von 1517 (vgl. Anm. 12) könnte durchaus einen historischen Kern besitzen.

489 Als beispielsweise beim Besuch Kardinal Albrechts in Torgau (Januar 1519) plötzlich ein Zaunkönig aus dem Zimmer flog, deutete dies Friedrich als Zeichen für den Tod Maximilians (FWLZ, 58).

490 Sie war für 1524 vorhergesagt worden (vgl. Knappich: A.a.O., 252) und erregte mächtig die Gemüter (vgl. Anm. 491). Daß der Kurfürst von der allgemeinen Aufregung mitgerissen wurde, schließe ich aus den für ihn zur Beruhigung angefertigten zwei Prognostikationsexzerpten Spalatins (EGA Reg. O 147, 40r. 130–136), in denen gesagt wird, daß die Flut nicht kommen werde.

491 Er zog sich mit einem »Viertel Gebräude« Bier auf den Dachboden seines Hauses zurück, um dort die Sintflut abzuwarten (Grohmann: A.a.O. 1, 187f.; Richard Erfurth: Geschichte der Stadt Wittenberg. T. 1. Wittenberg 1910, 19f.). Nach NMN JN 1915c war Hohndorf 1517 und 1520 Bürgermeister, 1521 und 1524 Anton Niemeck, 1522, 1523 und 1525 Christian Beyer.

In seinem Bestreben, sich gegen alle möglichen Widrigkeiten zu schützen, griff Friedrich auch zu magischen Mitteln, wobei die Grenze zwischen Magie und Äußerungsformen spätmittelalterlicher Frömmigkeit nicht leicht zu ziehen ist.[492] Der Zug zur Absicherung ist auch an Friedrichs Glauben nicht zu verkennen, von dem noch ausführlicher die Rede sein wird. Seine Devotion ist wesentlich durch das »do ut des« bestimmt, läßt sich aber noch unter einem anderen Aspekt sehen: In einer Zeit des Umbruchs, die zwangsläufig den Abbau von Althergebrachtem in allen Bereichen des menschlichen Lebens nach sich zog, mußte es für den Fürsten naheliegen, nach stabilen Werten zu suchen, die er – massiv fundamentalistisch – auch im Glauben fand.

Dem entspricht völlig seine im besten Sinne des Wortes konservative Grundhaltung, die in gewisser Hinsicht auch ein Zeichen des Bestrebens ist, seine Identität als Politiker und Mensch zu wahren, ein Bestreben, in dem auch ein wesentlicher Ansporn für seine Bemühungen um genealogische Forschungen zu sehen ist.[493]

Die Neigung des Kurfürsten zur Bewahrung von Überkommenem läßt sich besonders gut an seiner Stellung zum Recht erkennen: Verbissen verteidigte er selbst das geringste seiner Rechte; umgekehrt durfte aber auch jeder – auch einfache Untertanen – auf sein Verständnis und seine Hilfe hoffen, wenn er widerrechtlich in Schwierigkeiten war,[494] ein Umstand, dem der Ernestiner größtenteils seine Hochschätzung bei den Zeitgenossen verdankte.

Als »konservativ« erwies er sich jedoch auch in anderer Hinsicht: Ideale und Moralkodex des Rittertums waren in ihm noch höchst lebendig. Sie zeigen sich ebenso in seiner Freude an »ritterlichen Leibesübungen«[495] wie an seiner »Höflich-

[492] Bei der »Kunst, so ein Jude« 1510 (18. März, Augsburg) für Friedrich anfertigen sollte (EGA Reg. Bb 4197), hat man vielleicht an ein kabbalistisches Werk oder an ein Zauberbuch zu denken. Ob Friedrich wie z. B. Maximilian (vgl. BALTL: A. a. O., 76) Zauberbücher besaß, muß dahingestellt bleiben. Magischen Vorstellungen war er aber sicher verhaftet; sie stehen im Hintergrund, wenn er auf seiner Pilgerfahrt (1493) fünf Zechinen durchlöchern läßt, die man an »die heiligen sted ruren« soll, um sie als Schutzmittel zu gebrauchen (RÖHRICHT-MEISNER: A. a. O., 176). Auch bei der Guldenweihe, wie sie 1510, 1513 und 1514 in Friedrichs Auftrag durchgeführt wurde (EGA Reg. Bb 4197, 3ᵛ. 4ᵛ. 5ʳ) fanden sie ihren Niederschlag.

[493] Vgl. KIRN: A. a. O., 19f.

[494] S. Anm. 573–578. 586. Hier sei nur ein Beispiel genannt: 1499 ging Friedrich gegen einen Gothaer Stiftsherrn vor, der den Bürger Konrad Vogler mit dem Bann belegt hatte, weil dieser ihm den Hauszins schuldig war (nach CHRISTIAN FERDINAND SCHULZE: Geschichte des Gymnasiums zu Gotha. Gotha 1824, 8).

[495] S. auch Anm. 858–865. Aus der großen Anzahl der Turniere, an denen Friedrich teilnahm, seien nur einige genannt: ca. 2. Mai 1487, Nürnberg (ChrDSt 10, 381, H. Deichslers Chronik); 27. Juni 1491, Nürnberg (ebd., 11, 732, »Etliche Geschicht«); 1493, o. D., Torgau (HAENEL: A. a. O., 18); 1502, o. D., Torgau (HAENEL: A. a. O., 19); November 1504, Naumburg (KARL PETER LEPSIUS: Fürstenversammlungen zu Naumburg. In: DERS.: Kleine Schriften. Bd. 1. Magdeburg 1854, 160f.); 1510, o. D., Augsburg (ChrDSt 23, 128, C. Senders Chronik); 16. Febr. 1518, Zwickau (E. FABIAN: Fürstenbesuche, 122).

keit«, die genaue Kenntnis der Etikette und der formvollendete Umgang mit Frauen gehören hierher,[496] und an seinem starken Ehrgefühl,[497] das ihn trotz des Scheiterns anderer Eheprojekte[498] veranlaßte, unverheiratet zu bleiben,[499] obwohl er eine Li-

---

[496] Nicht nur gegenüber fremden Gesandtschaften wußte Friedrich die Umgangsformen zu wahren (vgl. FWLZ, 31. 54), denn auch die Frauen hielt er »allezeit ehrlich und wol« (ebd., 44), ob sie nun von Adel waren oder nicht: Als der Kurfürst 1496 (6. Juli) im Erfurter Rathaus einen Empfang gab, schenkte er mit seinem Bruder den anwesenden Ratsältesten, Frauen und Jungfrauen selber ein und hatte »dar zu eyne grosse lust und freude« (THIELE: A. a. O., 521). Kennzeichnend für seine Stellung zu Frauen ist eine kleine Begebenheit aus dem Jahre 1524; damals gab er Melanchthon, den er für eine Reise in die Heimat beurlaubt hatte, Geschenke für dessen Mutter mit – vgl. SM 6I, 240f. (Nr. 337).

[497] Wenn er sich in seiner Ehre gekränkt fühlte, konnte er sehr nachtragend sein; man denke nur an den schon erwähnten Vorfall bei seinem ersten Turnier (FWLZ, 23; vgl. Anm. 460). Deutlich genug war seine Erwiderung, als ihm sein Bruder Ernst vorwarf, Anna Weller heiraten zu wollen (s. Anm. 500); hier argumentierte er expressis verbis mit seiner »ere«, die ihm diese Heirat verbiete.

[498] Eine eheliche Verbindung Friedrichs ist nur wenige Male angestrebt worden. 1484 faßte man wahrscheinlich seine Verlobung mit einer dänischen Prinzessin ins Auge (vgl. Anm. 168). Über die angeblich um 1498 geplante Heirat mit Margarethe von Österreich, die 1497 mit Johann von Kastilien vermählt und im gleichen Jahr Witwe geworden war (vgl. ADB 20, 323f.; Literatur u. a. bei GEORG TROESCHER: Conrat Meit von Worms. Freiburg/Br. 1927, 59, Anm. 32) vgl. Anm. 258. – In die Zeit zwischen 1500 und 1510 fällt der Plan einer Verbindung mit Marie von Jülich-Berg (s. dazu KIRN: A. a. O., 16), ein Plan, der wegen der zu erwartenden politischen Verwicklungen infolge der projektierten Heirat und auch deshalb scheiterte, weil Staupitz, der Marie aufgesucht hatte, fand, daß sich beide nicht zu einander »reimten«. Möglicherweise ist das letztgenannte Eheprojekt außer auf machtpolitische Erwägungen auch darauf zurückzuführen, daß der Kurfürst damit den Gerüchten über seine angebliche heimliche Ehe mit Anna Weller von Molsdorf (s. Anm. 500) die Spitze abbrechen wollte; 1506 hatte ihm schon sein Bruder Ernst vorgeworfen, er beabsichtige, eine »Pübin« zu heiraten (KIRN: A. a. O., 16; nach EGA Reg. B 518). Wenn man der Sage glauben darf, hatte Friedrich zu Beginn der neunziger Jahre schon einmal eine Liebesaffäre, wahrscheinlich mit Amalie von Mansfeld (+ 18. Juli 1517), die gegen Ende April 1493, also während der Palästinareise ihres »Liebhabers«, Graf Günther XXXIX. von Schwarzburg-Blankenburg ehelichte; sie soll den Kurfürsten zu der Pilgerfahrt veranlaßt haben (CLODIUS: A. a. O., 22. 24).

[499] Ist Friedrichs Ehelosigkeit von seinen Zeitgenossen teils als auffällig (Konrad Stolle kommt z. B. bei der Erwähnung des Fürsten in seinem »Memoriale« unvermittelt darauf zu sprechen, daß er, obwohl Anfang dreißig, »noch keyn elich wip« besaß – THIELE: A. a. O., 458. 462), teils als Zeichen »mirabilis castitatis et pudicitiae« – WATR 4, 322 (Nr. 4455), A. Lauterbach, 30./31. März 1539 – gewertet worden (vgl. auch AGRICOLA: A. a. O., 365), so haben seine Verbindung mit Anna Weller und die aus dieser Liaison hervorgegangenen Kinder zu bösen Deutungen (z. B. in Johann Lindners »Onomasticum«, bei J. B. MENCKE: A. a. O. 2, 1471; vgl. Anm. 934), aber auch zu unterschiedlichen Versuchen Anlaß gegeben, Friedrich von diesem Makel zu befreien: Luther und wahrscheinlich auch der größte Teil der Bevölkerung sind den Weg gegangen, von einer heimlichen Ehe des Fürsten zu sprechen oder der Weller zumindestens den Charakter einer »coniunx« zuzugestehen – vgl. WATR 4, 322 (Nr. 4455), A. Lauterbach, 30./31. März 1539 –, während im

aison mit der Freibergerin Anna Weller von Molsdorf[500] hatte, aus der außer einer

18. Jh. der Pietist Christian Gerber (a.a.O., 67–71), der sich des Problems in auffälliger Weise annimmt, das Ärgernis durch Rückgriff auf die Gesinnungsethik zu beseitigen suchte und H. W. Behrisch (a.a.O., 107f.) das ganze für eine Erfindung Maimbourgs hielt.

500 Sie entstammt dem Freiberger Patriziergeschlecht der Weller von Molsdorf – vgl. dazu Weller von Molsdorff: A.a.O., 42–45; Zedler 54, 1569f.; Cornel Weller: Die Weller von Molsdorf. Genealogie 22 (1973), 399–406. Da der Name Anna in der Familie keineswegs selten ist, unter den in der Literatur genannten Familienmitgliedern der Zeit um 1500 aber nicht genannt wird, lassen sich nur Vermutungen über ihre Identität anstellen. Falls Anna der bei Weller von Molsdorff erwähnten Hauptlinie des Geschlechts entstammte, könnte sie aus einer der drei Ehen Hans Wellers von Molsdorf (Weller von Molsdorff: A.a.O., 44f.), der von 1450 bis 1509 lebte, hervorgegangen sein; Hans wurde 1494 erstmals Freiberger Bürgermeister und soll als Rat der Herzöge Heinrich und Georg von Sachsen in großem Ansehen gestanden haben. Eine seiner Stiefschwestern hieß Anna und ist offenbar mit der 1461 bei einem Vergleich ihres Vaters mit den Brüdern Berweßdorf erwähnten Anna identisch – s. Ermisch: Urkundenbuch 3, 351 (Nr. 459). Unter Hans' Töchtern befand sich – der Literatur zufolge – zwar keine Anna, dies kann jedoch darauf zurückzuführen sein, daß man die »Fürstenkonkubine« als »Schandfleck« des Geschlechts schon zu Lebzeiten totschwieg, falls man sie nicht erst später geflissentlich überging. Eine Verbindung von Hans Weller mit den Ernestinern ist keineswegs ausgeschlossen: Seine dritte Gemahlin Barbara war die Tochter Hans Bocks, des Kämmerers von Kurfürst Ernst, der auch als »Zucht- und Hofmeister« des »jungen Fürsten«, also Friedrichs, wirkte (vgl. Zedler 43, 1570; Weller von Molsdorff: A.a.O., 45f. 49). Luther bezeichnet Anna Weller als »Wantzlerinne« – WATR 4, 322 (Nr. 4455), A. Lauterbach, 30./31. März 1539; die Lesart »Waltzlerinne« (ebd., 322, Anm. 6) ist freilich einleuchtender und möglicherweise auch korrekter. – Als terminus a quo von Annas Verhältnis mit dem Kurfürsten kann 1499 gelten. Dafür sprechen sowohl seine Abwesenheit von Sachsen in den vorhergehenden Jahren und das gerade gescheiterte habsburgische Heiratsprojekt (vgl. Anm. 258) wie auch das Alter ihrer Söhne Friedrich und Sebastian (s. Anm. 501). Bei dem von Luther (ebd., 322) als dritten Sohn erwähnten Hieronymus, der sonst nirgends in den Quellen auftaucht, handelt es sich offensichtlich um den Theologen Hieronymus Weller von Molsdorf, den der Reformator hier im Scherz – Luthers Tischgästen war Weller wohlbekannt – mit dem Kurfürsten in Verbindung bringt. Ob Anna auch die Mutter von Friedrichs Töchterchen gewesen ist, das um 1512 geboren wurde und sich 1525 bei Dr. Pasca (vgl. Anm. 424, 3) in Magdeburg in Pflege befand (Kirn: A.a.O., 16), scheint mir nicht ganz so fraglich, wie Kirn annimmt: Luther – WATR 4, 322 (Nr. 4455) – erwähnt außer den Söhnen noch eine Tochter, die der Fürst samt ihrer Mutter in Ehren aus seiner Nähe entfernte (»ablegavit«). Falls die Geliebte des Ernestiners nach 1500 in Freiberg geblieben ist, wäre es möglich, eine Verbindung zwischen der Geburt des Mädchens und Friedrichs Aufenthalt in Freiberg anläßlich der Heirat Herzog Heinrichs herzustellen (1512; vgl. Andreas Moller: Theatri Freibergensis Chronice pars posterior ... Freiberg 1653, 157f.; AHS, 67). Daß Anna Weller noch 1525 am Leben war, ist Friedrichs Testament zu entnehmen, in dem er ihr eine einmalige Summe von 200 fl. vermachte (Kirn: A.a.O., 16). An eine Heirat mit ihr hat der Kurfürst kaum gedacht: So töricht war er nach eigener Aussage nicht, »,ere und standes'« zu vergessen (Kirn: A.a.O., 16); dabei mag ihm das Beispiel der ersten Ehe seines Großvaters Albrecht III. von Bayern mit Agnes Bernauer vor Augen gestanden haben. Daß er sich trotzdem keiner anderen Frau zuwandte, wie es nach Luther – WATR 4, 322 (Nr. 4455) –

Tochter zwei Söhne, Friedrich und Sebastian von Jessen,[501] hervorgingen.

Anna Weller vorhergesagt hatte, die ihn demnach gut gekannt zu haben scheint, spricht freilich für ihn. Wie lange sich die Weller in seiner unmittelbaren Umgebung befand, ist unklar. Es muß dahingestellt bleiben, ob sie es war oder Johanns Frau, mit der er am 23. Sept. 1501 in Lochau 4 fl. verspielte und die noch in der Folgezeit als g(nädige) Frau im Rechnungsbuch EGA Reg. Bb 4177 (5[rv]. 7) erwähnt wird; Sophie von Sachsen wird an anderer Stelle der gleichen Quelle (35[v]) als »hertzogin« aufgeführt.

501 Über die Geburtsdaten von Friedrichs Söhnen liegen keine Informationen vor. Immerhin kann man festhalten, daß die beiden frühestens 1499/1500 das Licht der Welt erblickt haben dürften. Vielleicht sind sie mit den zwei Knaben identisch, die Herzog Johann 1506 bis 1511 auf Schloß Leuchtenburg erziehen ließ (vgl. W. GURLITT: J. Walter, 29, Anm. 1). Das 1506 vom Kurfürsten gekaufte hölzerne Pferd, das er verschenken wollte (GÜMBEL: A. a. O., 70; es kostete 8 fl. und war geschnitzt), war möglicherweise für seine Söhne bestimmt. Erste Belege über Sebastian und Friedrich von Jessen finden sich EGA Reg. Bb 4222 (nach NMN JN 1922/13); sie lassen die Erziehung auf der Leuchtenburg wahrscheinlicher werden, zumindest was die zeitliche Abfolge betrifft: Sebastian (auch Bastlein resp. Bastel) hielt sich noch Anfang Dezember 1512 bei der »Folckamerin« (offensichtlich Barbara Volckamer, die 1507/08 als Nürnberger Agentin des Kurfürsten in Erscheinung trat, ihm in dieser Zeit ein Faß mit »Silberbildern« und wenig später politische Informationen über den Kaiser zuschickte; nach BRUCK: A. a. O., 314 – nach EGA Reg. Bb 4183, offenbar mit Lesefehlern; GÜMBEL: A. a. O., 46. 46, Anm. 67) in Nürnberg auf, wo er zusammen mit seinem Bruder Friedrich (der ältere von beiden?) und anderen »Gesellen« erzogen wurde. Kurze Zeit später reiste er mit Pfeffinger über Weimar, wo er sich zwischen dem 18. und 28. Jan. 1513 aufhielt, nach Wittenberg, während »Fritz« zunächst in Nürnberg geblieben zu sein scheint. 1513 hat auch der junge Friedrich Nürnberg verlassen und ist 11 Wochen mit Pfeffinger durchs Reich gezogen »zu sampt seim pferdlein«; man hat dabei vor allem an Pfeffingers Reise an den Kaiserhof im Frühjahr 1513 zu denken (vgl. MENTZ: Johann Friedrich 1, 10, Anm. 13). Wo sich »Bastel« zu dieser Zeit und in den folgenden Monaten aufhielt, ist ungewiß; man könnte an einen Aufenthalt im Gefolge seines Vaters denken. Im Sommer 1514 wurde er an der Wittenberger Universität intituliert und studierte hier die folgende Zeit zusammen mit Johann von Hirschfeld unter der Leitung Spalatins – s. HÖSS: A. a. O., 70; dies.: Georg Spalatins Bedeutung für die Reformation und die Organisation der Lutherischen Landeskirche. ARG 42 (1951), 107. 107, Anm. 29f. Als Herkunftsort gibt die Matrikel Freiberg, als Familiennamen (laut HÖSS: A. a. O., 107, Anm. 29) Besse an (Besse ist wohl als Gesse zu lesen, denn in der gotischen Kursiv- und Kurrentschrift sind die Majuskeln B und G kaum auseinanderzuhalten und leicht zu verwechseln; Gesse aber könnte auf Jessen hindeuten: Ein Wechsel des Medioalatals J in das Postpalatal G ist sprachgeschichtlich keine Seltenheit und auch heute noch in einigen Dialekten zu beobachten). In Anbetracht dessen ist anzunehmen, daß Sebastian schon zu dieser Zeit und nicht erst 1525, nachdem er und sein Bruder von Friedrich testamentarisch außer mit jährlich 500 fl. mit dem Schloß Jessen und anderen Gütern bedacht worden waren (KIRN: A. a. O., 16), als »von Jessen« bezeichnet wurde. Bis Anfang September 1516 läßt er sich zusammen mit Spalatin und Hirschfeld in Wittenberg nachweisen (HÖSS: Bedeutung, 107, Anm. 30). Ein Jahr darauf – wo sich »Bastel« gerade aufhielt, ist unklar – teilte Spalatin Veit Warbeck den Wunsch des Kurfürsten mit, er, Warbeck, solle mit Sebastian französisch korrespondieren – s. GEORG MENTZ: Die Briefe G. Spalatins an V. Warbeck, nebst ergänzenden Aktenstücken. ARG 1(1904), 198. 1519 erfolgte dann ein Angebot König Franz I. von Frankreich an Fried-

Vom möglichen Einfluß ritterlicher Ideale auf das Verhältnis des Ernestiners zu seinen Untertanen ist schon die Rede gewesen; man sollte dergleichen Einflüsse nicht generell von der Hand weisen.[502] Bestimmte Grundsätze, die er »dick und oft« im Mund führte, scheint er immerhin befolgt zu haben – vielleicht sind sie auch als eigene Verhaltensinterpretationen zu deuten. Auf jeden Fall lassen sich Querverbindungen zwischen Eigenarten von Friedrichs Politik und seinen Maximen herstellen, die ihrerseits auch Rückschlüsse auf sein Selbstverständnis gestatten,[503] dessen Bedeutung für die Regierungstätigkeit auf der

---

rich den Weisen, den illegitimen Sohn des Fürsten zur französischen Sprachausbildung an seinen Hof zu nehmen (Kirn: A. a. O., 16). Ein Jahr zuvor hatte Papst Leo X. versucht, den Ernestiner für sich zu gewinnen, indem er – offenbar im Blick auf Sebastian und Friedrich – (vgl. Kirn: A. a. O., 16) Karl von Miltitz das Recht erteilte, zwei Personen vom defectus natalium zu dispensieren und ihnen den Erwerb normalerweise unvereinbarer Pfründen zu gestatten. Schon zuvor (nach RTAJR 2, 768, Anm. 2; Kalkoff: Depeschen, 41f.) muß, wenn man Aleander glauben darf, einer von Friedrichs Söhnen – ich nehme an, es war »Fritz« – in Rom zum Koadjutor einer Kommende ernannt worden sein: Aleander bringt das Verhalten des Kurfürsten in der Luthersache damit in Verbindung, daß sich dieser nicht beruhigen konnte, weil sein Sohn an den ehemaligen Kommendeninhaber eine große Abfindung zahlen mußte. In den Jahren nach 1519 (so 1520, 1522 und 1525) hielt sich Sebastian von Jessen – 1522 auch in Begleitung seines Bruders – immer wieder in Lochau in der Umgebung des Kurfürsten auf: Am 18. Mai 1522 saßen die Brüder obenan in der Lochauer Hofstube, während am Tisch ihres Vaters nur Spalatin und der Narr Albrecht sitzen durften – NUN, 1 (Nr. 1); Stoy: A. a. O., 280f.; FWLZ, 67. In Friedrichs Testament von 1525 wurden seine beiden Söhne großzügig bedacht (s. o.; vgl. EGA Urk. 676), nachdem der Kurfürst am 30. April Herzog Johann – NUB, 274 (Nr. 40) – noch einmal an dessen Zusage, die Neffen »in genedigem beffel zu haben«, erinnert und ihn gebeten hatte, sie mit 1000 fl. »jerlicher nüczung« zu versehen. Weitere Nachrichten über die unehelichen Söhne Friedrichs enthält EGA Reg. Rr pag. 1–316. Nr. 786: Am 4. Okt. 1525 wandten sich die beiden (ebd., 2. 3) wegen ihrer Erbschaft an Herzog Johann, jetzt Kurfürst (vgl. Kirn: A. a. O., 17), der ihnen nur je 300 fl. jährlich gegen Quittung verschrieb (12. Nov. 1525, Torgau; ebd., 8–10), eine Verschreibung, die Johann Friedrich für sich und seinen unmündigen Bruder Johann Ernst nach Johanns Tod konfirmierte (ebd., 11–13; o. O., o. D.) – Kopie ebd. 21–22. Sebastian, der am 12. Mai 1533 über 80 fl. quittierte (ebd., 18), wird anläßlich einer Verschreibungsangelegenheit für Friedrich von Jessen (9. Mai 1536, Torgau; ebd., 20) als verstorben erwähnt; nach Seckendorf (a. a. O., Sect. 23, § 49, Add.) lebte er noch 1535. Daß Friedrich von Jessen, über dessen weiteres Schicksal nichts bekannt ist, in kursächsischen Diensten stand, geht aus einer Dienstgeldquittung vom 24. Febr. 1535 (Weimar; ebd., 17) hervor.

[502] Vgl. Huizingas (a. a. O., 95) Urteil über den Einfluß des Ritterideals auf die politische Geschichte des ausgehenden Mittelalters.

[503] FWLZ, 32. – Bei den nachfolgend genannten Sätzen kann jedesmal nur anhand von Einzelbeispielen auf mögliche Querverbindungen hingewiesen werden:

1. »Was man nicht haben mag, des soll man sich gütlich verzeigen« (FWLZ, 32). – Es liegt nahe, Friedrichs Verhalten bei der Kaiserwahl (vgl. BLDG, 139) 1519 und seinen Rückzug vom Hof Maximilians 1498, wo er seiner Rolle nicht gerecht zu werden vermochte, damit in Verbindung zu bringen.

2. »Wenn man urteilen will, so soll man den Grund der Sachen von Anfang wissen« (FWLZ, 32). – Ein an Friedrich auffälliger Zug ist es, daß er sich vor anstehenden

Hand liegt. Man kann davon ausgehen, daß es schon während der Erziehung des jungen Fürsten entscheidend geprägt wurde. Eine besondere Rolle fiel dabei den »Fürstenspiegeln« - einer Art Lehrbüchern mit Lebens- und Regierungsregeln für angehende Herrscher – zu,[504] deren Lehren – natürlich graduell verschieden – von den zukünftigen Potentaten beherzigt werden sollten und es manchmal auch wurden: Friedrich blieb jedenfalls ihrem Gedankengut kaum verschlossen.[505]

---

definitiven Entscheidungen gründlich über die Hintergründe des jeweils anstehenden Falles informierte: Vor seinem Einschreiten im Fall Reuchlin (1514) ließ er z.B. durch Spalatin entsprechende Erkundigungen einziehen (Barge: Karlstadt 1, 47; vgl. auch Anm. 588). Die Bitte um Nachrichten über die näheren Umstände eines an ihn herangetragenen Falles steht auch bei seinem ersten Schreiben in der Müntzersache (28. Sept. 1523) im Mittelpunkt – NUB, 231 (Nr. 6). Es handelt sich also keineswegs um Ausflüchte, wenn er gelegentlich unterlassene Maßnahmen damit entschuldigt, daß er sich erst gründlich informieren müsse. Die Einziehung von Gutachten in der Causa Lutheri und seine private Lutherlektüre werden, wenn man sie im Lichte des oben genannten Satzes betrachtet, genauso verständlich wie seine Bemühungen um die eigene »Weiterbildung« durch Lektüre verschiedener politischer Schriften (vgl. Anm. 453). – Vgl. auch Anm. 570–571. 558–559.

3. »Man soll nicht leichtlich ja sprechen, was man aber zusagt, das soll man halten« (FWLZ, 33). – Es wurde dazu schon bemerkt, daß mir Vertragsbrüche Friedrichs nicht bekannt sind; auch bei seinen Gegnern ist davon nicht die Rede.

4. »Ich glaube dem Schuster um die Schuhe, dem Schneider um die Hosen, und dem Schmidt um das Eisen« (FWLZ, 33). – Ein Satz, der die Frage nach dem Selbstverständnis des Ernestiners tangiert und damit seine Stellung in Kompetenzfragen, die für sein Verhalten in der Luthersache eminent wichtig ist; vgl. Anm. 513–517.

5. »Fromm (vgl. dazu Ernst Wasserzieher: Kleines etymologisches Wörterbuch der deutschen Sprache. Leipzig [18]1975, 72) sein gereuet niemands« (FWLZ, 33). – »Fromm« ist hier im ursprünglichen Sinn als »tüchtig« zu verstehen. Das Sprichwort widerspiegelt – von Friedrich gebraucht – m.E. die für einen Vertreter der patriarchalischen Regierungsweise bezeichnende Haltung, die sich im politischen Handeln des Fürsten dahingehend niederschlägt, daß es weniger vom »Geist der Renaissance« als von einer gewissen »hausbackenen Nüchternheit« bestimmt erscheint (letztgenannter Ausdruck stammt von Kirn: A.a.O., 9).

6. »Ein itzlichs Werck lobet seinen Meister« (FWLZ, 33). – Von diesem Satz her läßt sich beispielsweise Friedrichs Kulturpolitik als Versuch verstehen, sich mit Hilfe von Kunst- und Wissenschaftsförderung politisch und menschlich aufzuwerten und sich dadurch auch bleibenden Ruhm bei der Nachwelt zu verschaffen.

Das Besprechen und Lernen maximenähnlicher Sprüche – ob auch der genannten, muß dahingestellt bleiben – gehörte zu Friedrichs Zeit zur »Grundausbildung« der angehenden jungen Fürsten (s. Anm. 143). Daß Sätze wie der folgende, der sich im Schulheft Johann Friedrichs befand, im Mittelpunkt standen, ist sehr wahrscheinlich, wird hier doch ein Verhältnis zur Geschichte gefordert, das für den Kurfürsten bestimmend war (s. Anm. 1166): »Ain furst und edel mensch sal nummer vergessen rumlicher und redlicher thate, er esse oder spil, sondern sal alezeit enczwar selbst eczwas grosses thun oder der ihenen gedencken, die redlich that gethan haben« (Mentz: Johann Friedrich 1, 8). – Vgl. auch Anm. 451).

[504] Vgl. Anm. 136; Münch: A.a.O., passim.

[505] Da wir keine zweifelsfreien Nachrichten über die entsprechende Jugendlektüre Friedrichs besitzen, können wir nur vermuten, daß ihm Regeln wie z.B. die folgenden

Läßt sich en detail auch nur wenig über das Selbstverständnis des Kurfürsten sagen, so ist seine Charakteristik en bloc eher möglich: Es wurde bereits darauf hingewiesen, daß der Ernestiner einem Fürstentypus zuzurechnen ist, der innerhalb eines bestimmten Entwicklungsstadiums des Territorialstaates keineswegs vereinzelt anzutreffen ist. Er ist bestimmt durch eine Art »latenten Staatsgedanken«, der in der Regierungsweise des »Patriarchalismus« Gestalt gewinnt;[506] für ihn ist kennzeichnend, daß der Fürst gewissermaßen als »pater familias« oder »pater patriae« verstanden wird und sich selbst so versteht,[507] was auch in der Bezeichnung der Diener und Untertanen mit »Kinderlein«, wie sie Friedrich beispielsweise gebrauchte,[508] zum Ausdruck kommt.

Da Friedrich der Weise Herr eines Territorialstaates war, dessen Entwicklungsstand den Einzelentscheidungen des Fürsten noch großen Spielraum gewährte, und als solcher den »Mittelpunkt der gesamten Staatstätigkeit« bildete, muß auch die Frage nach seinem engeren Selbstverständnis gestellt werden.

Wenn es sich bei den von Luther und anderen überlieferten Äußerungen des Fürsten um Originaldicta handelt, und das trifft offensichtlich größtenteils zu, dann hat Friedrich sein Amt nicht leicht genommen. Wahrscheinlich fühlte er sich in seiner Rolle als Herrscher auch überfordert: Regieren war für ihn ein »schweres Ding«. Als Regent von Gottes Gnaden, durch Geburt zu seinem Amt bestimmt, mußte er – wie er meinte – aber trotzdem seinen entsprechenden Verpflichtungen nachkommen, denn wer, wenn nicht er, sollte denn sonst die Geschicke des Landes bestimmen.[509] Je länger er herrschte, desto mehr scheint er sich der Grenzen seiner Möglichkeiten bewußt geworden zu sein: Gegen Ende seines Lebens erklärte er: »Je lenger ich regir, ie weniger ich regiren kan.«[510]

Aus diesen Worten spricht Realitätssinn und eine klare Selbsteinschätzung des »biederen Reichsfürsten«, die auch darin zum Ausdruck kommt, daß er sich

---

(nach Münch: A.a.O., 57–62) nicht unbekannt waren und sein Handeln in gewissem Maße mitbestimmt haben könnten:

1. Gott soll die Norm für das Verhalten des Fürsten sein.
2. Die Untertanen dürfen nicht willkürlich bedrückt werden.
3. Der Fürst soll so handeln, daß die Menschen seines Landes von ihm das beste halten.
4. Von jedem Krieg, wenn nicht völlig unerläßlich, sei abzuraten.
5. Wo der Staat nach außen würdig vertreten werden muß, soll zwar kein Luxus, aber doch angemessener Glanz entfaltet werden.

In diesem Zusammenhang ist erwähnenswert, daß der »Fürstenspiegel« des Erasmus von Rotterdam, also seine »Institutio principis Christiani« (1516), durch Friedrichs Geheimsekretär Spalatin – wohl in kurfürstlichem Auftrag (Münch: A.a.O., 53; Höss: Spalatin, 84f.) – ins Deutsche übersetzt wurde.

[506] S. Anm. 215–216. 353–357; über den Begriff der »patriarchalischen Regierung« s. auch Kirn: A.a.O., 127f.

[507] Vgl. WA 20, 181,4 (Luthers Vorlesung über Prediger Salamo; 1526); WATR 3, 250f. (Nr. 3287b), K. Cordatus, Frühjahr 1535.

[508] FWLZ, 31. 35. 65.

[509] WATR 1, 117 (Nr. 276), E. Bindseil, 1546.

[510] WA 20, 67,11 (Luthers Vorlesung über Prediger Salomo; 1526).

getreu seinem Wahlspruch »Quantum, tantum possum« von allzu waghalsigen Projekten fernhielt, dabei alles andere als ein »von hohen Idealen und weitgesteckten Zielen erfüllter Staatenlenker«.[511] So betrachtet scheint es zutreffend, wenn Bornkamm die Regierungstätigkeit von Luthers Landesherrn damit charakterisiert, daß er zwar oft nicht gewußt habe, »was er tun sollte, aber immer wußte, was er nicht tun durfte«.[512]

Obwohl Friedrich seine Grenzen genau kannte, stellt sich sein Standesbewußtsein ziemlich unerschüttert dar, was nicht so sehr auf sein offenbar weniger starkes Selbstvertrauen als auf seine Ansichten in der Kompetenzfrage zurückzuführen ist, die in seinem Grundsatz: »Ich glaube dem Schuster um die Schuhe, dem Schneider um die Hosen und dem Schmidt um das Eisen«,[513] in zusammengedrängter Form vorliegen; für den ernestinischen Fürsten war jeder Stand für sein jeweiliges Fachgebiet kompetent, aber auch nur dafür. So handelt es sich keineswegs um ein Scheinargument, wenn er sich in der Luthersache immer wieder als für Lehrfragen unzuständig erklärte.[514] Er ist auch deshalb nicht gegen den Reformator vorgegangen, weil ihm von kompetenter Seite – also von einheimischen und auswärtigen Gelehrten – nicht nachgewiesen wurde, daß Luther geirrt habe.[515] Was Friedrichs Verhältnis zu den Gelehrten betrifft, so fällt auch an anderer Stelle auf, daß er geneigt war, ihnen im Blick auf seine eigene Inkompetenz in wissenschaftlichen Fragen voll zu vertrauen und ihre Fähigkeiten eher zu überschätzen; er zeigte sich erstaunt, wenn die Wittenberger Universität ein anstehendes Problem nicht bewältigen konnte oder in irgendeiner Frage keinen Rat wußte.[516] Seine Angewohnheit, lateinische Schrift-

---

511 Nach Blaschke: Friedrich, 316.

512 Bornkamm: A.a.O., 84; vgl. auch Grossmann: LuJ, 14.

513 Vgl. Anm. 503, 4.

514 Auch im Zusammenhang mit der Wittenberger Bewegung gebrauchte er während einer Besprechung mit seinen Räten dieses Argument (s. FWLZ, 30).

515 Friedrich begründete sein Verhalten in der Luthersache gegenüber Gegnern des Reformators u.a. damit, daß Luthers Lehre von vielen Gelehrten nicht für ketzerisch gehalten werde; vgl. z.B. Friedrichs Schreiben an Cajetan vom 8. Dez. 1518 (Altenburg) bei Georg Spalatin: Annales Reformationis ... Hrsg. Ernst Salomo Cyprian. Leipzig 1718, 2f., und sein Schreiben an Herzog Georg vom 29. Dez. 1519 (Lochau) bei Gess: Akten 1, 112f. (Nr. 148). Vgl. auch Luthers Äußerungen über die Gründe von Friedrichs Verhalten in seiner Angelegenheit: WATR 5, 103 (Nr. 5375c), nicht von Mathesius, o. J.

516 Falls das Schreiben des Kurfürsten an die Universität vom 16. Aug. 1513 (Weimar) – wie Kirn (a.a.O., 58, Anm. 94) annimmt – tatsächlich von den Räten verfaßt worden sein sollte (der Verfasser erklärt darin, es sei »erschrecklich« zu hören, daß die Wittenberger Professoren als gelehrte Leute keine Wege finden sollten, sich mit ordentlichem Recht gegen die »Beschwerung« von seiten des Bischofs Hieronymus von Brandenburg zu schützen), so ließen sich Hinweise auf ähnliche Ansichten Friedrichs durchaus auch an anderen Stellen finden; so wenn er der Universität am 20. Okt. 1521 (EGA Reg. O 501, 5. 6; UBUW 1, 120, Anm. 2) auf ihr Ersuchen, im Falle einer Verlegung nach Herzberg (wegen der Pest) den dortigen Stadtrat zur Nichtantastung ihrer Privilegien aufzufordern, mitteilt, daß sie als die »gelarten« selber ermessen könnten, ob sie dazu ein Recht hätten.

stücke ins Deutsche übertragen zu lassen, obwohl er Latein recht gut verstand, ist damit zu erklären, daß er trotz seiner Kenntnisse Übersetzungen lieber kompetenteren Leuten überließ.

Andererseits konnte er recht unfreundlich werden, wenn man versuchte, ihn auf Gebieten zu belehren, für die er seiner Sicht nach allein zuständig war. Wenn er schon Fürst sei, so gab er einmal zu verstehen, dann wolle er auch selbst regieren.[517]

Entsprechend gestaltete sich sein Verhältnis zu den Räten, deren Empfehlungen er nur beherzigte, wenn sie ihm gut erschienen, und gegen deren Ratschläge er sich manches Mal regelrecht zur Wehr setzte, weil er ihnen nur das Recht zugestand, Entscheidungshilfen zu geben, nicht aber eigenständig Politik zu machen,[518] jedenfalls nicht, was »großs und swere hendel«[519] betraf.

Mehr in seinem Verhalten als in direkten Äußerungen wird eine andere Eigenart des sächsischen Kurfürsten sichtbar: Er versuchte mit allen Kräften, seiner ihm durch Herkunft und Zeitumstände vorgezeichneten Rolle als Herrscher eines bedeutenden Territorialstaates gerecht zu werden, indem er sich bemühte, um jeden Preis die von seiner Umwelt auf ihn gesetzten Erwartungen zu erfüllen, ja zu übertreffen, wobei zweifellos die Absicht dominierte, sich politisch und moralisch aufzuwerten und sein – modern ausgedrückt – Image zu verbessern und zu pflegen, was ihm, wie ein Blick auf seine Beurteilung durch die Zeitgenossen zeigt, auch gelang.

Die Hochschätzung, wenn nicht gar Überschätzung Friedrichs III. von Sachsen durch seine Umwelt ist offensichtlich: Für Luther und die Anhänger der Reformation war er der Inbegriff eines weisen Fürsten,[520] aber auch der lutherfeindliche Dominikaner Johannes Lindner bescheinigte ihm, »ein vornemlicher, erfarner vnd anslegiger Furst« zu sein.[521] Der Kreis derer, bei denen er sich hoher Achtung und Beliebtheit erfreute, umfaßt Vertreter aller Stände und reicht über die Grenzen seines Herrschaftsgebietes hinaus.[522] Zwar blieben

---

517 WATR 2, 69 (Nr. 1358), J. Schlaginhaufen, 1. Jan. – 23. März 1532.

518 Vgl. WATR 6, 324 (Nr. 7009), J. Aurifaber, o. J.; WATR 5, 50 (Nr. 5297), J. Mathesius, 19. Okt. 1540; WATR 3, 601 (Nr. 3769), A. Lauterbach, 22. Febr. 1538; FWLZ, 31.

519 Brather: A. a. O., 273.

520 Vgl. FWLZ, 25; Melanchthons Leichenrede für Friedrich in CR 11, 90–98 (s. dazu Winkler: A. a. O., 222f.). Für Luther, der den Kurfürsten allerdings auch kritisch beurteilte, war Friedrich schlechthin ein guter, verständiger und weiser Herrscher – vgl. etwa WA 19, 646 (Ob Kriegsleute auch in seligem Stande sein können; 1526); WATR 2, 545 (Nr. 2610b), K. Cordatus, 18. – 21. Aug. 1532; WATR 3, 250f. (Nr. 3287a.b), K. Cordatus, Frühjahr 1533; WATR 4, 425 (Nr. 4669), A. Lauterbach, 20./21. Juni 1539; WATR 6, 290f. (Nr. 6955), J. Aurifaber, o. J.; WATR 2, 259 (Nr. 1906b), Ludwig Rabe, 30iger Jahre.

521 Bei J. B. Mencke: A. a. O. 2, 1471.

522 Über die Hochschätzung Friedrichs bei auswärtigen Potentaten s. FWLZ, 45. Welche Achtung der sächsische Kurfürst auch außerhalb des Reiches genoß, zeigt z. B. die Tatsache, daß ihm auf seiner Palästinareise 1493 während des Aufenthaltes in Venedig der Doge ein Haus zur Verfügung stellte (Röhricht: A. a. O., 181). – Wie beliebt er beim »gemeinen Volk« war, ist schon im Zusammenhang mit dem Bauernkrieg erwähnt worden

auch seine Schwächen der Umwelt nicht verborgen – Spalatins biographische Aufzeichnungen über Friedrich enthalten einzelne Passagen, in denen darauf apologetisch eingegangen wird –,[523] aber die Vorwürfe, die ihm in späterer Zeit gelegentlich gemacht wurden und noch gemacht werden – besonders wenn es um den Schutz Luthers aus angeblich niederen Motiven geht –, sucht man auch in den ersten Jahren nach seinem Tod vergeblich.

Die Porträts Friedrichs zeigen darüber hinaus, daß das negative Bild, was man gelegentlich von ihm zu entwerfen suchte, wenig mit der Realität gemein hat. So blickt uns der Kurfürst von seinem letzten Porträt – Dürers bekanntem Kupferstich von 1524 – eher mit einem »Ausdruck gütiger Menschlichkeit«[524] und durchaus nicht herrisch entgegen; das gleiche gilt auch für seine 1498 von Adriano Fiorentino angefertigte Bronzebüste.[525]

Von seinen Zeitgenossen wurde an Friedrich neben seiner Friedensliebe,[526] der Förderung von Kunst und Wissenschaft[527] und der Sorge fürs Allgemeinwohl[528] besonders sein Gerechtigkeitssinn geschätzt,[529] der einer irrationalen

(s. Anm. 362). Daß sich diese Beliebtheit nicht auf Sachsen beschränkte, zeigt eine Äußerung Planitz' in seinem Brief an den Fürsten vom 8. Jan. 1523 – bei Wülcker-Virck: A.a.O., 311 (Nr. 134) – : Der Adlige teilte seinem Herrn darin mit, daß das »gemeine volk« Nürnbergs die Ankunft des sächsischen Kurfürsten sehr gerne sähe.

[523] Spalatin leugnet Friedrichs Schwächen nicht, versucht aber, sie positiv zu deuten, wie etwa seine Menschenscheu und mangelnde Entschlußkraft (FWLZ, 48. 25). Ein Vorwurf, auf den er nicht eingeht, ist interessanterweise der von Luther erhobene, daß der Fürst (infolge seiner natürlichen Gutmütigkeit?) zögerte, gegenüber Gesetzesbrechern energisch aufzutreten, und deshalb sein Land mit Missetätern füllte – WATR 3, 72f. (Nr. 2910a), K. Cordatus, 26. – 29. Jan. 1533.

[524] Deutsche Kunst und Literatur in der frühbürgerlichen Revolution: Aspekte, Probleme, Positionen. Hrsg. v. d. Akademie der Wissenschaften der DDR, Zentralinstitut für Literaturgeschichte. Berlin 1975, 26.

[525] Vgl. Cornelius von Fabriczy: Adriano Fiorentino, JPKS 24(1903), 81; er deutet Friedrichs Blick als »offen, treuherzig«.

[526] Schon in Melanchthons Leichenrede (vgl. Winkler: A.a.O., 222, der die Friedensliebe des Ernestiners – ebd., 224 – mit »einer gewissen Trägheit« in Verbindung bringt); in Luthers Schrift »Ob Kriegsleute auch in seligem Stande sein können«: WA 19, 646; auch im Nachruf Eobanus Hessus' auf Friedrich (Karl Krause: Helius Eobanus: Sein Leben und seine Werke. Bd. 1. Gotha 1879, 409).

[527] Eobanus in seinem »Epicedon in mortem Divi Friderici Principis ...« (Krause: A.a.O., 1, 408f.). Vgl. Peutingers Brief an Mutian vom 25. Juli 1513 – König: Briefwechsel, 211 (Nr. 125) – , in dem der Kurfürst als »maiestas bene agentium et praecipue eruditorum« bezeichnet wird. S. auch Caspar Brusches Beurteilung von Friedrichs Stellung zu den Gelehrten in: Johannes Aventin: Sämmtliche Werke. Hrsg. v. d. Bayerischen Akademie der Wissenschaften. Bd. 1. München 1881, 305. – Vgl. Anm. 762–763.

[528] Vgl. Krause: A.a.O. 1, 409; Otto Clemen: Die Brücknersche Sammlung von Briefen aus der Reformationszeit. ARG 27(1930), 261 (Nr. 2): Erasmus ruft in seinem Schreiben an Spalatin vom 13. März 1521 (Löwen) im Blick auf Friedrich aus: »Vtinam eodem animo essent principes omnes et priuatos affectus utilitati publice posthaberent!«

[529] So wird Friedrich in einem an ihn gesandten Schreiben des Nürnberger Rates als »Liebhaber der Gerechtigkeit« tituliert (1500; RTThMax 2, 720). Daß diese Bezeich-

Überhöhung der auf ihn gerichteten Erwartungen nur noch entgegenkam. In seinem letzten Lebensjahrzehnt gab es gelegentlich Versuche, den Kurfürsten mit dem sagenhaften Kaiser Friedrich zu identifizieren, der das Reich retten sollte:[530] Entsprechende Vorstellungen standen bei den Gerüchten über seine angebliche Kaiserwahl von 1519 und bei den auf ihn gesetzten irrealen Hoffnungen in Kreisen aufständischer Bauern in den Jahren 1524 und 1525 mit im Hintergrund,[531] die noch dadurch gesteigert wurden, daß Friedrich der Ruf besonderer menschlicher Integrität vorausging.

---

nung nicht von ungefähr kam, wird sich später zeigen (vgl. z. B. Anm. 572. 586. 589. 596).

530 Über die Hoffnungen auf einen Kaiser Friedrich s. näheres bei Walther Köhler: Die Deutsche Kaiseridee am Anfang des 16. Jahrhunderts. HZ 149 (1933), 51; Franz Kampers: Die deutsche Kaiseridee in Prophetie und Sage. Aalen 1969, 95, 97. 99–101. 107f. 137f. 141f. 143f.; Will-Erich Peuckert: Die große Wende: das apokalyptische Saeculum und Luther. Hamburg (1948), 606–619. – Um 1500 erschienen zahlreiche »abstruse« visionäre »Machwerke«, die die Ankunft eines »Friedrich« vorhersagten (vgl. Peuckert: A. a. O., 223, Anm. 30–33. 224, Anm. 34). Im »Somnium« des Hans von Hermannsgrün (1495) gilt der Ernestiner – »unausgesprochen und doch greifbar« (Peuckert: A. a. O., 228) – als »Friedrich redivivus«, während eine direkte Identifikation zwischen der Sagengestalt und dem Fürsten in Luthers »De abroganda missa privata« (1522) stattfindet (vgl. WA 8, 562). Daß diese Identifikation kein Zufall war, zeigen u. a. die Deuteleien um die Kaiserwahl (vgl. Anm. 531). Der sagenhafte »Friedrich« taucht bezeichnenderweise auch in der Reformschrift des Oberrheinischen Revolutionärs (um 1500) und in der unechten »Reformation Kaiser Friedrichs III.« (1523) auf – s. dazu Peuckert: A. a. O., 223–227; Kampers: A. a. O., 141f.; Heinrich Werner: Reformation Kaiser Friedrichs III. Deutsche Geschichtsblätter 19 (1918), 189–193; Otto Schiff: Forschungen zur Vorgeschichte des Bauernkrieges 3.: Die unechte Reformation Kaiser Friedrichs III. HV 19 (1919/20), 189–219.

531 Daß man bei der Kaiserwahl Hoffnungen auf den sächsischen Kurfürsten setzte, zeigt recht anschaulich der Holzschnitt des Petrarcameisters »Von einem König, der keinen Sohn hat« (1521), auf dem eine Kaiserkrönung dargestellt ist, bei der anstelle Karls V. Friedrich von Sachsen gekrönt wird (s. Deutsche Kunst und Literatur in der frühbürgerlichen Revolution, 83) – vgl. Anm. 337. 530. – Auf die Erwartungen der Bauernschaft nimmt Müntzer Bezug in seinem Brief an Friedrich vom 3. Aug. 1524, in dem er ihn daran erinnert, daß des Volkes »grosses Verhoffen« auf ihn gerichtet sei – s. Franz; Kirn: A. a. O., 431. Offen gehegt wurden solche Hoffnungen im Süddeutschen: So predigte Ende Februar 1525 Hanß Ul von Oberndorf im Obersonthofener Lager der Allgäuer Bauern, »der Herzog von Sachsen zug daher mit 60000 Mannen und wellte das Evangelium helfen beschiermen«, und der Straßburger Pfarrer Zell soll sogar verkündet haben, daß das »Furnemen und Meinung« der Aufständischen »... ein Furgang gewinnen werde und müße, dan Herzog« Friedrich von Sachsen »werde es fürtriben und ein Volk mit ime bringen und weren ime alle Lutherischen zuziehen« (Franz: Quellen, 138. 238). Diese und ähnliche Ankündigungen wurden im vergangenen Jahrhundert von Joseph Edmund Jörg (a. a. O., 279–285) dahingehend interpretiert, daß Friedrich einer Herrenpartei angehörte, die den Bauernkrieg für ihre Zwecke zu nutzen versuchte und demzufolge »dem drohenden Triumphe der Rebellion mit Befriedigung entgegensah« (ebd., 280).

Dieser Ruf bestand zwar zu Recht, aber betrachtet man, wie er zustandekam, drängt sich einem – unbeschadet der Tatsache, daß bei dem sächsischen Kurfürsten eine Neigung zur Gutmütigkeit nicht zu verkennen ist – der Verdacht auf, der Ernestiner habe ihn bewußt gefördert, wie er auch sonst nichts unversucht ließ, sich ins rechte Licht zu rücken. Daß diese Vermutung nicht weit hergeholt ist, zeigt eine kleine Begebenheit: So ließ er manchmal, wenn er durchs Land zog und Kinder sah, an diese kleine Geschenke verteilen, was er damit begründete, daß sie sich deshalb in Zukunft noch an ihn erinnern würden.[532] Noch deutlicher werden die Absichten Friedrichs, wenn man sein Verhalten gegenüber den Dienern, seine Art, Geldspenden und Geschenke zu verteilen, und den ihn kennzeichnenden Wechsel zwischen Sparsamkeit und Großzügigkeit näher betrachtet. Hier läßt sich eine Spaltung seiner Verhaltensweisen feststellen, die mit dem Ausdruck »Rollenverhalten« am zutreffendsten zu charakterisieren ist: Während er zu Hause seine Diener hart hielt, war er ihnen auf seinen Reisen ins Reich »gnädiglich«.[533] Im Austeilen von Geschenken und bei Aufwendungen, die seinen Ruf, ein »ehrlicher« und guter Fürst zu sein, stärken halfen, erwies er sich als recht freigiebig.[534] Wenn es darum ging, größere Geldbeträge an andere Fürsten zu verborgen, so tat er dies bereitwillig, auch wenn er selbst gleichzeitig Schulden machen mußte.[535] Dies alles ist freilich nicht nur für den sächsischen Kurfürsten charakteristisch; es entspricht völlig einem Grundzug des damaligen aristokratischen Lebens, das von Huizinga zutreffend als eine »Flucht aus der harten Wirklichkeit in den schönen Schein« und damit als ein Versuch gewertet worden ist, »einen Traum zu spielen«.[536]

Auch für weitere Charakteristika von Friedrichs Politik finden sich Analogien bei seinen Zeitgenossen, obwohl sie sich in ihrer Akzentuierung und von ihren Voraussetzungen her von vergleichbaren Eigenarten anderer Fürsten abheben. Das zeigt sich deutlich bei seinem Hang, kriegerischen Konflikten aus dem Wege zu gehen, mit dem er keineswegs so allein dasteht, wie man auf den ersten Blick anzunehmen geneigt ist. War jedoch für andere Staatsmänner die Kostenfrage ausschlaggebendes Motiv ihrer »Friedensliebe« und stand dabei meist die Spekulation auf einen günstigen Moment für ein militärisches Ein-

---

532 FWLZ, 35. 58.

533 FWLZ, 44f.

534 FWLZ, 31. 47. Natürlich war der Wert der Geschenke recht unterschiedlich; er stieg mit der Wertschätzung, die der Empfänger bei Friedrich genoß und hing auch von politischen Erwägungen ab: So schenkte der Kurfürst 1514 Markgraf Casimir von Brandenburg ein Rennzeug für 43 fl. (Bruck: A. a. O., 324), während entsprechende Aufwendungen für Diener und Untertanen niedriger ausfielen: Hanns von Berg erhielt, als er erkrankt war, 2 fl. zur »steuer«, eine arme »Kindbetterin« nur 1 fl., ein armer Mann aus Eisenberg sogar lediglich 3 Gr. (1502; EGA Reg. Bb 4177, 43v,25v,38r) – S. Anm. 922.

535 Vgl. Kius: Finanzwesen, 62–64.

536 Huizinga: A. a. O., 34. 38. – Die Neigung, mehr zu scheinen als zu sein, wurde dadurch gefördert, daß die Diplomatie um 1500 den »moralischen Eindruck« hoch einschätzte (Barnays: A. a. O., 22).

greifen im Mittelpunkt,[537] so kam bei Friedrich außer seiner Aversion gegen Gewaltanwendung[538] noch eine Reihe weiterer Faktoren hinzu, die ihn von kriegerischen Handlungen Abstand nehmen ließen und auch sonst auf seine Politik nicht ohne Einfluß blieben: Langsamkeit und ein gewisses Phlegma, Abneigung gegen definitive Entschlüsse und gegen jede Art von Konflikten, vor allem aber der ihm fehlende »große Schwung« und der Mangel an einer »ausgeprägten Neigung zum politischen Handeln«.[539] Es lag ihm näher, mit Gewaltanwendung zu drohen, als sie durchzuführen, das war seinen Kontrahenten leider nur allzugut gekannt.[540]

Die von ihm mit viel Erfolg praktizierte Hinhalte- und Verzögerungstaktik entsprach völlig einem anderen Zug der Diplomatie seiner Zeit, der sich im Warten auf die günstigste politische Konstellation und dem dadurch zwangsläufig auftretenden Dissimulieren zeigt.[541]

Unzuverlässigkeit und Bestechlichkeit, wie sie für die meisten Fürsten und Diplomaten des beginnenden 16. Jahrhunderts charakteristisch sind,[542] kann man ihm dagegen nicht anlasten. Daß er sich auch darin als ein echter Sohn seines Zeitalters erwies, daß er mit anderen Politikern »eine geradezu naive Unterschätzung«[543] seiner Gegner an den Tag legte, läßt sich nicht generell von ihm sagen, denn trotz vereinzelter Beispiele, die sich dafür anbringen ließen, kann man davon ausgehen, daß seine nahezu ängstlich anmutende Vorsicht,

---

537 BARNAYS: A. a. O., 21f.

538 Sie kommt u. a. in seinem Schreiben an Johann vom 28. April 1525 – NUB, 273 (Nr. 38) – zum Ausdruck. – Daß die Friedfertigkeit des Ernestiners einem Gefühl der Stärke entsprang (so PLITT: Friedrich, 4), erscheint mir sehr unzutreffend.

539 KÖTZSCHKE-KRETZSCHMAR: A. a. O., 165. – Spalatin erwähnt, daß Friedrich schon zu Lebzeiten seine Neigung zum Zaudern vorgehalten wurde; um Konflikten auszuweichen, habe er sich »gedruckt, geschmiegt und gelitten« (FWLZ, 25. 56). Der hessische Regent Ludwig von Boyneburg verglich Friedrichs Politik in der hessischen Vormundschaftssache einmal (s. Anm. 327) mit dem Verhalten eines Mannes, der am Tisch das Essen verschlafen habe (GLAGAU: A. a. O., 82, Anm. 1). Weniger scharf, doch nicht minder zutreffend charakterisiert KIRN (a. a. O., 13) die Politik des Kurfürsten; er bescheinigt ihm Mangel an angeborenem »politischen Instinkt«. So kann es nicht verwundern, daß Friedrichs Gegner seine Schwächen in ihr Kalkül mit einbezogen.

540 1509 erklärten die Mainzer Amtleute des Eichsfelds den Erfurtern ganz offen, daß von den sächsischen Fürsten kein Krieg drohe, denn sie »... seyen ange (d. h.: ängstlich), des Krieges ungewohnt und nye bey irer Regierung (scil.: sei) gehöret (scil.: worden), dasz sie mit einiger gewalt ichts was vssgefuret, denn das sie mit stolzen« Briefen und Worten »gethan haben« (THÜNA: A. a. O., 339). Daß sich Friedrich auf »stolze Worte verstand«, zeigt eine von Luther (WA 19, 646) überlieferte Kriegsdrohung des sächsischen Kurfürsten: Auf die Frage, warum er sich ungestraft reizen ließe, soll er geantwortet haben: »Ich will nicht anheben; mus ich aber kriegen, so soltu sehen, das auff hören soll bey mir stehen.«

541 BARNAYS: A. a. O., 22. – Auch Friedrichs Verhalten in der Luthersache läßt sich unter diesem Blickwinkel sehen.

542 BARNAYS: A. a. O., 4. 9.

543 BARNAYS: A. a. O., 4. 8.

die stetig sichtbar wird,[544] seine zweifellos vorhandene Neigung zur Unterschätzung der Kontrahenten dämpfte.

Friedrichs Akribie in Fragen der Sicherheit ist als unmittelbare Folge seiner großen Achtsamkeit anzusehen, die ihrerseits seiner permanenten Verunsicherung entsprang. Absicherung nach allen Seiten wurde von ihm mit den unterschiedlichsten Mitteln angestrebt, so daß man das Absicherungsbestreben als ein wesentliches Charakteristikum der kurfürstlichen Politik bezeichnen kann.

Jedem energischen »kühnen Vorgehen abhold«,[545] hat Friedrich der Weise dabei zeitlebens mit wechselndem Erfolg seine Zuflucht zum reichhaltigen Instrumentarium der Diplomatie seiner Epoche genommen, ohne es freilich gewissenlos zu gebrauchen.

Neben den Abschluß von Verteidigungsbündnissen[546] tritt als Mittel der Absicherung ein zwar noch nicht durchorganisiertes, aber leistungsfähiges Informationssystem, durch das er gut über allerlei Vorgänge innerhalb und außerhalb seines Territorium unterrichtet wurde.

Es handelt sich dabei um die Vorform eines Nachrichtendienstes, die den Fürsten mit den neuesten »Zeitungen« – also Nachrichten über politische Zeitereignisse – versah, und deshalb am zutreffendsten mit dem etwas irritierenden Namen »Zeitungswesen« zu umschreiben wäre. Friedrich stand damit nicht

---

[544] Ob die Gefahren wirklich immer so groß waren, wie es Friedrichs Gegenmaßnahmen erscheinen lassen, ist zweifelhaft. Sicher hat hier seine Ängstlichkeit und zwanghaft anmutende Genauigkeit oft zuviel des Guten getan. In Fragen der rechtlichen Absicherung der Wittenberger Universität gegenüber der Kurie (s. Anm. 1394 -1397. 1451 -1453) können z. B. die emsigen Bemühungen des Kurfürsten, alle defectus juris zu beseitigen (vgl. Borth: A. a. O., 175), zu dem Schluß verleiten, der Bestand der Universität wäre von kirchlicher Seite gefährdet gewesen; wahrscheinlich kam es ihm aber nur darauf an, alle Unsicherheitsfaktoren aus dem Weg zu räumen. Berechtigt war Friedrichs Vorsicht, die er im Zusammenhang mit der Luthersache walten ließ. Er ging dem Reformator nicht nur aus dem Wege und bediente sich bei der Korrespondenz mit ihm Spalatins als Mittelsmannes, sondern verhinderte beispielsweise beim Druck der »Tessaradecas consolatoria« – möglicherweise unmittelbar – zu Luthers Ärger den Druck der ihm dedizierten Widmungsvorrede – WABr 2, 30 (Nr. 249): 5. Febr. 1520. – Vgl. Anm. 547.

[545] Darin wußte er sich im diametralen Gegensatz zu Luther, über den er 1521 in Worms gegenüber Spalatin äußerte: »er ist mir vil zu kune« (Spalatin: Annales Reformationis, 49f.).

[546] An dieser Stelle seien die von ihm abgeschlossenen Verteidigungsbündnisse kurz genannt. Erwähnt werden nur die Vertragspartner Friedrichs und Johanns:

1. 1487, 23. April: Pfalzgraf Georg (AHS, 52).
2. 1487, 25. Juni: Herzog Albrecht von Sachsen, Erzbischof Hermann IV. von Köln, Johann Cicero von Brandenburg und dessen Brüder (AHS, 53).
3. 1489, Februar: Herzog Albrecht von Sachsen (?), Johann Cicero von Brandenburg (RTAMR 3I, 265, Anm. 295).
4. 1499, 23. Dez.: Bischof Heinrich von Bamberg (AHS, 59).
5. 1508, 12. März: Lorenz von Bibra, Bischof von Würzburg (AHS, 65).
6. 1515, 22. März: Kurfürst Ludwig von der Pfalz und dessen Bruder (Philipp) (AHS, 69).
7. 1515, 22. März: Herzog Ulrich von Württemberg (AHS, 69).

allein da, wie seine Furcht vor unliebsamen fremden Spähern gelegentlich deutlich werden läßt.[547] Auch sein Vater und Großvater wurden schon reichlich mit »Zeitungen« versorgt;[548] ihr Informantensystem war ähnlich aufgebaut wie unter Friedrich: Politische Lageberichte wurden natürlich vorwiegend von Gesandten des Fürsten geliefert;[549] auch andere fürstliche Beamte gaben Informationen.[550] Daneben existierte ein kleinerer Kreis von Personen, die als direk-

[547] Am 2. Juni 1519 erinnerte er Fabian von Feilitzsch: »Es sein alle ding iber land zu schreiben nicht fugsam ...« – RTAJR 1, 747 (Nr. 321). Weil er dies wußte, ließ er bei der Übersendung eines Lutherbuches an Dürer (1520) den Begleitbrief sehr gut verstecken – s. Dürers schriftlicher Nachlaß ... Hrsg. Konrad Lange; Franz Fuhse. Halle 1893, 66; vgl. Anm. 561. 563. Die Annahme, sein Brief könne von Unbefugten gelesen werden, erklärt auch die offensichtliche Teilnahmslosigkeit, mit der Friedrich am 16. Mai 1521 seinen Bruder über Luthers Verschwinden informiert – vgl. NUB 17 (Nr. 25). Daß er mit der Möglichkeit rechnete, ausgespäht zu werden, könnte der Grund gewesen sein, daß er am 1. Juni 1502 einen ehemaligen Kanzleibeamten Maximilians, der ausgerechnet zu einer Zeit in kurfürstlich sächsische Dienste treten wollte, als die Spannungen zwischen der Zentralgewalt und den Reichsfürsten einen Höhepunkt erreichten (vgl. Anm. 275–277), mit 2 fl. »abfertigen« ließ (EGA Reg. Bb 4177, 33r). – Zur Problematik der Kundschaftertätigkeit in der 1. Hälfte des 16. Jh. vgl. den interessanten Beitrag von Walter Friedensburg: Ein englischer Spion in Wittenberg zur Zeit Luthers (1539). ARG 14 (1917), 301–310.

[548] Man vergleiche dazu die Repertoriumspassagen zum früher im Wittenberger Archiv des SAD befindlichen, inzwischen aber verschollenen Aktenfaszikels Loc. 4379: Zeitungen, 1–16. Sie belegen eindeutig, daß schon unter Friedrich II. von Sachsen an fremden Höfen regelrecht spioniert wurde: Von ca. 1463 lag ein Bogen mit z. T. noch unchiffrierten Neuigkeiten aus den Papieren einer Gesandtschaft in Brüssel vor (ebd., 14); weitere Nachrichten vom burgundischen Hof (von einem Anonymus; ca. 1462/63 enthielten fol. 11 und 12 des verschollenen Faszikels. In SAD Loc. 4372: Sagansche Sachen, Zeitungen, 618–636, befinden sich »Zeitungen« von verschiedener Hand aus Ernsts Regierungszeit (einige undatiert, die anderen zwischen 1478 und 1482), die sich mit Angelegenheiten befassen, die Ernst und Albrecht aus dem Ankauf der Herrschaft Sagan erwuchsen.

[549] Die Gesandschaftsberichte enthielten fast immer entsprechende Nachrichten, so SAD Loc. 4340: Gesandtschaften, 1. 2. 5. 7. 9. 11–14. 16f. 20f. Die im November 1512 bei Friedrich aus Rom einlaufenden Berichte über politische Unternehmungen Papst Julius' II. (vgl. Kalkoff: Ablaß, 23, Anm. 5) stammen offenbar von seiner im selben Jahr (Kalkoff: A. a. O., 100f.) nach Rom abgereisten Gesandtschaft. Räte des Kurfürsten, die in diplomatischer Mission unterwegs waren, dienten in der Regel auch als Weitervermittler von Informationen Dritter, wie es in den Schreiben Planitz' an den Kurfürsten zu beobachten ist, z. B. im Brief des Gesandten vom 29. Okt. 1521 – Wülcker-Virck: A. a. O., 21 (Nr. 10) – ; in diesem Fall war er als Verbindungsmann zwischen Anton Tucher und Friedrich tätig – wie übrigens seinerzeit Degenhart Pfeffinger (EGA Reg. Aa 2299, 52; Reg. Aa 2300, 16).

[550] Im Falle Sagans war es der dortige sächsische Verweser Heinrich von Miltitz (SAD Loc. 4372: Sagansche Sachen, Zeitungen, 618. 621. 625. 627–630), der seinerseits seine Nachrichten von unterschiedlichen Informanten bezog, so von Georg von Stain (ebd., 619. 622. 623) oder von Anonymi (ebd., 634). Unter Friedrich wurden Amtleute und andere Beamte ebenfalls gelegentlich um Informationen gebeten, so z. B. wenn es darum ging, Erkundigungen über die mangelhafte Lehrtätigkeit Wittenberger Juristen (ca.

te »Kundschafter« wirkten – an sie denkt Luther, wenn er Friedrichs Weisheit damit in Verbindung bringt, daß dieser »... in omnibus aulis principum ... suos exploratores« hatte.[551] Zu ihnen gehören fremde Höflinge wie Balthasar von Wolfsthal, der kaiserliche Rat und Kammermeister Erzherzog Ferdinands,[552] und Berufsemissäre wie Petrus Alamire, der nicht nur für den sächsischen Kurfürsten tätig war, sondern mehreren Herren gleichzeitig diente.[553] Wesentlich umfangreicher ist die Gruppe derjenigen, die dem Kurfürsten nur gelegentlich Nachrichten übermittelten.[554] Besondere Bedeutung kommt jedoch den Kauf-

---

Anfang 1520) oder die Gesamtlage in Wittenberg einzuziehen (Dez. 1520) – s. EGA Reg. O 307, 1–3 (nicht von Spalatins Hand); bzw. UBUW 1, 94 (Nr. 77); EGA Reg. C 368, 9–10 (von Spalatins Hand); bzw. UBUW 1, 109 (Nr. 100). Es kam auch vor, daß der Wittenberger Rat mit Mitteilungen zur Stelle war, wie etwa im Zusammenhang mit den Vorgängen von 1521/22: Wir sind darüber nur unterrichtet, weil der noch unerfahrene Kanzleischreiber Hans Feyhel im Konzept für Friedrichs Schreiben an Christian Beyer vom 4. Dez. 1521 (die Vorgänge in der Stadtkirche betreffend) angegeben hat, daß der Fürst vom Stadtrat über die Ereignisse in Kenntnis gesetzt worden war; der erfahrenere Hieronymus Rudlauff strich die entsprechende Stelle – s. N. Müller: A. a. O., 75 (Nr. 34).

551 WATR 2, 472 (Nr. 2467a). K. Cordatus, 22. Jan. – 28. März 1532.

552 Vgl. seine Schreiben an Friedrich NUB, 121f. (Nr. 7): 20. Okt. 1523; ebd., 149 (Nr. 32): 22. Febr. 1524. 158f. (Nr. 42): 15. März 1524. 169f. (Nr. 50): 23. März 1524. 186–188 (Nr. 66): 17. April 1524. 226f. (Nr. 103): 4. Mai 1525. – Wolfsthal stellte den wichtigsten Verbindungsmann zwischen dem sächsischen Kurfürsten und Erzherzog Ferdinand dar – s. z.B. NUB, 198–200 (Nr. 76): 7. Juli 1524 (Werbung Ferdinands an Friedrich durch Wolfsthal). Von fremden Diplomaten, die für den Ernestiner tätig waren, sei hier noch Urban von Serralonga, der Gesandte des Markgrafen von Montferrat, erwähnt, der Friedrich seit 1517 mit politischen Nachrichten versorgte (EGA Reg. N; Kalkoff: Ablaß, 71). Offensichtlich ist er identisch mit einem gewissen Sena Longa (so Repertorium zu EGA Reg. O 35; der Faszikel war mir nicht zugänglich), der 1506 Informationen über Vorgänge in Frankreich und Aragonien lieferte.

553 Ein kurzer Blick auf seine Biographie ist recht aufschlußreich: Er war von Beruf Musiker und wird 1516 als Kaplan Karls (V.) erwähnt. Gleichzeitig arbeitete er als Spion Heinrichs VIII. von England gegen Richard de la Pole (nach RTAJR 1, 416, Anm. 3). Er stand auch in Diensten der Erzherzogin Margarethe und trat (spätestens) im Herbst 1517 in Verbindung mit Friedrich von Sachsen, für den er u. a. an Erasmus mündliche Botschaften übermittelte. Im März 1519 sollte er in habsburgischem Auftrag die Stellung des Ernestiners in der Kaiserwahlfrage auskundschaften (Kalkoff: Ablaß, 72f.). Eine ähnliche Rolle wie Alamire könnte Paul Dolnstein gespielt haben, der, nachdem er ab 1496 einige Zeit für Friedrich als Torgauer Brückenbaumeister tätig gewesen war und sich dann in verschiedenen Teilen Europas als Soldat verdingt hatte, zwischen 1509 und 1513 wieder in seinen Diensten stand. Daß er trotz enger Beziehungen zum Hof dort nicht fest angestellt war, ist weniger merkwürdig als der Umstand, daß ihm Kleidungsstücke zugeteilt wurden, die sonst nur die Fürsten erhielten – möglicherweise zog man ihn zu geheimen Missionen heran. Näheres über ihn bei Helene Dihle; Adolf Closs: Das Kriegstagebuch eines deutschen Landsknechts um die Wende des 15. Jahrhunderts. ZHWK 12 (1929–1931), 1–11. besonders 2.

554 Sie umfaßt Leute aus verschiedenen Ständen. Ihre Mitteilungen sind mehr beiläufige Erwähnungen neuester politischer Gerüchte als Ergebnis gezielter Informationssuche. Möglicherweise gehört der Kaplan Martinus hierher, der 1478 (7. Aug., Breslau) Ernst

leuten der großen Handelsmetropolen zu, die für Friedrich und andere Fürsten verschiedene Geschäfte abwickelten und daneben dank ihrer weitreichenden Verbindungen wertvolle Informationen sammelten oder als Umschlagstelle dafür dienten.[555] Der sächsische Kurfürst war sich ihrer Wichtigkeit wohl bewußt, weshalb er gelegentlich selbst versuchte, den einen oder anderen zur Lieferung politischer Nachrichten zu überreden.[556] Bei seinem Freund, dem Nürnberger Patrizier Anton Tucher, hatte er das nicht nötig, denn dessen Briefe enthalten fast immer entsprechendes Material.[557]

---

und Albrecht von Sachsen mit politischen Nachrichten versorgte (SAD Loc. 4329: Zeitungen, 106; ob er mit dem Saganer Abt Martin – Loc. 4372: Sagansche Sachen, Zeitungen, 631: o. D. – identisch ist, kann ich nicht sagen), vielleicht auch der in Venedig lebende Franziskaner Burkhard Schenk von Simau, der für Friedrich seit 1516 Reliquien erwarb und (nur?) einmal auch Informationen von der politischen Szene lieferte (Hildebrandt: A. a. O., 66), sicher aber Konrad Peutinger, der in seinem Brief an den sächsischen Kurfürsten vom 1. Sept. 1513 beiläufig auch über den Sieg Maximilians über die Franzosen bei Guinegate berichtet – König: Briefwechsel, 221–223 (Nr. 131).

555 Sie erwiesen sich damit als Agenten im ursprünglichen Sinne des Wortes. Außer A. Tucher (s. u. Anm. 557) sind dieser Gruppe beispielsweise folgende Personen zuzuordnen:

1. Barbara Volckamer: über sie vgl. Anm. 501.

2. Wolf Hofmann: Am 27. Jan. 1520 (Altenburg) bestätigte ihm Friedrich den Empfang seines Schreibens »sambt etlichen Newen Zeitungen« (EGA Reg. Aa 2304, 2). Man hat dabei an einen Geschäftsbrief mit beigefügtem Informationsmaterial zu denken, wie es auch der Nürnberger Georg Ketzel übersandte (Reg. Aa 2305, 2. 5).

3. Georg Ketzel: Nürnberg. Er ließ für den Kurfürsten nicht nur Geschütze gießen (1518), ein Buch illuminieren (1523?) und Preziosen anfertigen (1524), sondern lieferte auch (1524) politische Nachrichten (EGA Reg. Aa 2305, 1–5). – Bruck (a. a. O., 332) liest Ketzels Namen (nach Reg. Aa 2305, 1) fälschlich als »Ratzel« und fügt damit seinen zahlreichen Lesefehlern noch einen weiteren hinzu.

4. Caspar Nützel, d. A.: Nürnberg. Er informierte Friedrich z. B. am 27. Mai 1524 über das Kammergericht, das Reichregiment u. a. Aus seinen Schreiben wird auch ersichtlich, daß er mit Wolfsthal in Verbindung stand; nach EGA Reg. Aa 2307, 1 (Auszug gedruckt bei Bruck: A. a. O., 332). – Interessant ist, daß Nützel gleichzeitig auch Kardinal Albrecht mit Nachrichten versorgte, und zwar mit Informationen über den sächsischen Kurfürsten (Redlich: A. a. O., 62*. 65*. 66*).

556 Am 26. Mai 1517 schrieb Friedrich beispielsweise an einen gewissen Georg Schnitzbaumer u. a., er bitte ihn, zu erkennen zu geben, »was das hof leben vnd sonst dasz geschrey vnd diese zeit die zeitung seyn«, weil er sich ja am kaiserlichen Hof aufhalte, wo Friedrich auch einen Gesandten (»geschickten«) habe »vnd da alle tage naw zeitung furfallen«. Er solle ihm also Entspechendes mitteilen, freilich (im Konzept nachträglich eingeschoben!) so »vil sich zymen wil« (EGA Reg. Aa 2302, 2). Der Kurfürst unterscheidet sich mit diesem Ersuchen nicht von Herzog Albrecht von Preußen, der 1541 mit einer ähnlichen Bitte an Spalatin herantrat, der dieser prompt Folge leistete (s. Voigt: A. a. O., 548. 550–552).

557 Bei Tucher tritt (zwischen 1508 und 1523) die Umschlagstellenfunktion der Kaufleute besonders deutlich zu Tage. Über ihn wurden nicht nur Finanzangelegenheiten mit anderen Fürsten abgewickelt (EGA Reg. Aa 2300, 5. 6. 10. 12) – von der Auftragsübermittlung an Nürnberger Handwerker und Künstler ganz zu schweigen (Reg. Aa 2299, 8. 13. 38. 47; Reg. Aa 2300, 4. 90). Dank seiner weitreichenden Geschäftsbeziehungen

Die eingezogenen Informationen befassen sich mit den verschiedensten Materien. Neben direkt angeforderten Berichten über die Hintergründe einzelner Vorkommnisse[558] überwiegen Lageschilderungen und Mitteilungen über unterschiedliche Vorfälle in einzelnen Teilen des Reiches und Europas.[559] Daß unmittelbare Auswirkungen auf Friedrichs Lutherschutzpolitik von den für ihn gesammelten Informationen über die Vorgänge im gegnerischen Lager und die allgemeine lutherfreundliche Stimmung im Reich ausgingen, ist sicher.[560]

---

war es ihm auch möglich, über die aktuellsten politischen Ereignisse – und sei es nur gerüchteweise – Nachrichten zu erhalten (vgl. Anm. 559), die er an Friedrich weitergehen ließ (Reg. Aa 2299, 18v. 20. 22. 24). Darüber hinaus hatte er gute Verbindungen zum Kaiserhof (1521 sind es Diener eines Freundes, die sich dort aufhalten – Reg. Aa 2300, 43v), die es ihm z.B. ermöglichten, am 28. Sept. 1509 »etlich schrifften« an den sächsischen Kurfürsten zu senden, die ihm »vom kayserlichen hoff« zugekommen waren (Reg. Aa 2299, 37; weitere Nachrichtenübermittlungen sind bezeugt ebd., 39). – Über den Briefwechsel Tuchers mit Friedrich s. Köstlin: Briefe, 691–702.

[558] Vgl. auch Anm. 550. – Zwei Beispiele: Als 1517 die Fugger Dr. Georg Pusch in Rom im Auftrag des sächsischen Kurfürsten Geld auszahlen sollten und die Zahlung verweigerten, versuchte Friedrich über Wolf Hofmann Informationen über die Hintergründe einzuziehen. (9. Aug. 1517, Altenburg; EGA Reg. Aa 2304, 1. 3). Auf das im Herbst 1521 in Nürnberg aufgetauchte Gerücht, er sei lebensgefährlich erkrankt, reagierte er mit dem Auftrag an Planitz, den Urheber des Gerüchts ausfindig zu machen – Wülcker-Virck: A.a.O., 22 (Nr. 11). 31 (Nr. 13).

[559] Art und Gegenstand der Informationen sind so mannigfaltig, daß auch hier nur einige bezeichnende Beispiele aus Tuchers Briefen genannt werden können: Neben Nachrichten über Maximilian I. (EGA Reg. Aa 2299, 14: 26. Dez. 1510) und die Türken (Reg. Aa 2300, 44r: 12. Okt. 1521) steht z.B. die Ankündigung (25. Aug. 1508), daß die Fürstbischöfe von Bamberg, Würzburg und Eichstätt mit Markgraf Friedrich von Brandenburg einen Vertrag auszuhandeln gedächten (Reg. Aa 2299, 8). Informationen, die ausländische Herrscher betrafen, wurden schon Friedrichs Vorgängern geliefert (über das Verhältnis Burgunds zu Frankreich und England, ca. 1463: SAD Loc. 4379: Zeitungen, 12; über König Kasimir IV. von Polen, 1478: Loc. 4329: Zeitungen, 106).

[560] Es dürfte beispielsweise für Friedrichs Verhalten gegenüber Luther und der reformatorischen Bewegung nicht unerheblich gewesen sein, daß er am 25. Mai 1523 von Planitz – der zuvor Tucher konsultiert hatte – erfuhr, eine unmittelbare militärische Bedrohung durch den Schwäbischen Bund bestehe nicht – Wülcker-Virck: A.a.O., 440 (Nr. 184). Zwar fehlte es auch in der Folgezeit nicht an Hinweisen auf Unternehmungen, die sich gegen den Kurfürsten richteten, dank seiner Verbindungen konnte er sich aber ein Bild von der tatsächlichen Lage verschaffen. So stellte Tucher in seinem Brief an den Ernestiner vom 1. Okt. 1523 das Gerücht in Frage, Joachim von Brandenburg stehe in »einer grossen ristung« (EGA Reg. Aa 2300, 64), während Wolfsthals Berichte aus dem gegnerischen Lager (1523/24) offenbarten, daß zwar Pläne zur Absetzung Friedrichs existierten, daß aber die Wahrscheinlichkeit ihrer Realisierung gering war, zumal der päpstliche Legat Lorenzo Campeggi im Frühjahr 1524 zu verstehen gab, er wisse, daß Friedrich noch ein »gutter Christ« sei – RTAJR 4, 772 (Nr. 259); vgl. Heinrich Ulmann: Miscelle (scil.: über päpstliche Pläne zur Absetzung Friedrichs des Weisen wegen lutherischer Gesinnung, 1522–1523). ASG 12 (1874), 212–215.

Über den Einzug von politischen Nachrichten hinaus erstreckten sich die Absicherungsbestrebungen des Fürsten auch auf die Modalitäten seiner Diplomatie. Weil er sich der entsprechenden Gefahren bewußt war, legte er großen Wert auf Geheimhaltung bei der Behandlung brisanter Fragen, ein Umstand, dem wir es zu verdanken haben, daß wir uns über die Hintergründe seiner wichtigen politischen Maßnahmen kein befriedigendes Bild machen können. Langjährige Erfahrungen im diplomatischen Verkehr ließen ihn zu den Mitteln der Geheimdiplomatie greifen: Das Chiffrieren von Briefen gehörte ebenso dazu[561] wie der heimliche Einzug von Erkundigungen.[562] Die Übermittlung von Botschaften an andere Fürsten erfolgte bisweilen mündlich, wenn auch in der Regel der Transport wichtiger Briefe durch einen speziellen Kurier üblicher war.[563] Wichtige Angelegenheiten wurden teils mit, teils ohne Hinzuziehung von Räten[564] in unmittelbaren Gesprächen[565] behandelt.

---

[561] Beispielsweise forderte Friedrich 1512 Wolfgang Reißenbusch auf, den Text einer Instruktion für die Gesandtschaft an Julius II. abzuschreiben und zwar so, daß »es nimends verate, ab es in ander hend komen solte« (nach Kalkoff: Ablaß, 100f.).

[562] Am 18. April 1519 (Grimma) etwa befahl der Kurfürst Spalatin, daß er in Wittenberg Erkundigungen einziehen sollte, wie es mit der Königswahl nach »Ordnung der Recht« gehalten werden möge; bei seinen Nachforschungen habe Spalatin so vorzugehen, daß Friedrich als sein Auftraggeber unerkannt bleibe – RTAJR 1, 567 (Nr. 229).

[563] An eine unmittelbare Überbringung von Botschaften hat man zu denken, wenn 1487 der Kanzleischreiber Thomas nach Hessen und 1488 der Schreiber Johann zu Matthias Corvinus gesandt werden (Kettmann: A. a. O., 44; nach EGA Reg. Bb 4138, 39.58). Die Weitergabe von Aufträgen Friedrichs auf mündlichem Wege ist bezeugt in seinem Schreiben an Dr. Günther von Bünau in Rom vom 16. Aug. 1509 (?), in dem er ankündigt, daß er Dr. Ulrich Sack zu Bünau zu senden gedenke, der ihm zu erkennen geben werde, was er in der Stadt verrichten solle (EGA Reg. O 149, 2).

[564] Etwa als Sigmund von Herberstein 1516 mit Friedrich in Torgau über die »Puelschaft« König Christians II. von Dänemark sprach (Karajan: A. a. O., 89).

[565] Dem Satz »Tutissimum administrandarum rerum vinculum taciturnitas«, der die Tür zum »Aestuarium« des Wittenberger Schlosses schmückte – vgl. Gustav Bauch: Zur Cranachforschung. REW 17(1894). 428 – , kann man fast programmatischen Charakter zubilligen, denn Friedrichs Sorge um Geheimhaltung war, wie verschiedene Nachrichten zeigen – sehr ausgeprägt: Er zog öfter persönliche Aussprachen einem Schriftwechsel vor, so, wenn er 1504 Mellerstadt zur Besprechung von Universitätsangelegenheiten nach Torgau kommen ließ – EGA Reg. O 363, 1; bzw. UBUW 1, 9 (Nr. 11). Die Aufträge an Veit Warbeck, insgeheim nach Frankfurt/M. zu reisen (26. Mai 1519) oder schnell nach Lochau zu kommen (11. Okt. 1519; Mentz: Briefe, 199), zielen offenbar auf vertrauliche Unterredungen, die der Fürst aus Gründen der Geheimhaltung mit Warbeck zu führen wünschte. Wie man dem Brief Spalatins und Feyhels an Kurfürst Johann vom 9. Mai 1525 (Lochau) entnehmen kann (EGA Reg. D 211, 4^{r}), ist Friedrich sogar in den letzten Stunden seines Lebens noch auf Geheimhaltung bedacht gewesen: Als es galt, das Testament zu erstellen, ließ er es »mit guter christlicher vnd furstlicher vernunfft« von Feyhel in Gegenwart Spalatins (FWLZ, 67) aufsetzen, ohne andere Zeugen hinzuzuziehen, damit es nicht unter »vil leut komen sold (!)«. Darüber hinaus befahl er den beiden, einige »artickel ... vnvermeld zu behalten«.

Im diplomatischen Umgang Friedrichs mit seinen Standesgenossen zeigt sich noch eine weitere Eigenart des Fürsten: Er war ein Meister in der Formulierung rechtlich nicht eindeutiger Aussagen[566] und in der Benutzung von formalistischen Argumenten.[567] Das hatte den Vorteil, daß er mit ihrer Hilfe seine Gegner guten Gewissens hinhalten oder in einzelnen Punkten sogar zurückweisen konnte. Er zog diesen Weg Lüge, Vertragsbruch und offener Konfrontation vor, wählte ihn aber auch wegen seines ausgeprägt rechtlichen Denkens, das uns in den Quellen immer wieder entgegentritt und seiner gesamten Politik ihre spezifische Note gibt, weil es ihm die Hauptwaffen für die Auseinandersetzungen mit seiner Umwelt lieferte. Am folgenreichsten hat sich Friedrichs Rechtsdenken im Fall Luther ausgewirkt, dessen Behandlung im wesentlichen als ein Kampf um »rechtliche Formen und Grundsätze« aufzufassen ist.[568]

Das juridische Moment im Denken und Handeln des Kurfürsten läßt sich freilich nicht erst seit 1517 als besonders wichtiger Faktor nachweisen.[569] Eine gründliche Information über die jeweilige Rechtslage ging den Entscheidungen des Ernestiners regelmäßig voran, ob es sich nun um einen Fall von unbefugter Fischerei[570] oder um die Kaiserwahl handelte.[571] Konsequent hielt er auch bei der weiteren Behandlung der einzelnen Fälle den vorgeschriebenen Rechtsweg ein,[572] wobei seine Neigung, die Entscheidung hinauszuzögern, mehr als einmal

566 Ein treffliches Beispiel, wie man rechtlich unklare Verhältnisse schuf, um besser taktieren zu können, bietet Herzog Georgs Vorgehen bei den Verhandlungen mit den Ernestinern im Jahre 1524 (nach Karstens: A. a. O., 323). Georg richtete dabei seine Fragen nicht an Friedrich, sondern an dessen Räte, denen es dadurch, mit allen Konsequenzen, möglich wurde, »alle etwaigen Besprechungen mit Georgs Räten als private Unterhandlungen zu betrachten«.

567 Vgl. das entsprechende Urteil Kirns (a. a. O., 13). Friedrichs Empfindlichkeit in Formfragen, die ihn zu formalistischen Argumentationen besonders befähigte, zeigt sich beispielsweise in seiner Beurteilung (18. April 1519) der Werbung des päpstlichen Legaten um die Zustimmung der Kurfürsten – s. RTAJR 1, 567 (Nr. 229) –, schlägt sich aber auch in seiner Angewohnheit nieder, Briefentwürfe so oft ändern zu lassen, bis sie formal unanfechtbar waren (FWLZ, 47).

568 In diesem Sinne Borth: A. a. O., 55f.; Blaschke: Friedrich, 320. Die rechtliche Begründung von Friedrichs Lutherschutzpolitik sollte keinesfalls als vorgeschütztes Argument abgetan werden, wie es z. B. Mühlpfordt (a. a. O., 899) versucht, der sich gegen eine Überschätzung rechtlicher Beweggründe in der realen Politik ausspricht (ebd., 897).

569 Ohne einen unmittelbaren Zusammenhang zwischen Friedrichs Rechtsdenken und den in seinem Auftrag entstandenen Kunstwerken konstruieren zu wollen, sei hier der m. E. bezeichnende Umstand erwähnt, daß das kurfürstliche Schlafzimmer im Wittenberger Schloß mit einer allegorischen Darstellung einer falsch verstandenen Unparteilichkeit des Rechts und das Ratszimmer mit vier »Gerechtigkeitsbildern« (s. Bruck: A. a. O., 149f.; bzw. Bauch: Cranachforschung, 431f.) ausgeschmückt waren.

570 Vgl. Anm. 350 (nach EGA Kop. F 20, 77r).

571 Im April 1519 ließ der Kurfürst Erkundigungen durch Spalatin einziehen, wie es rechtlich mit der Wahl gehalten werden möge – RTAJR 1, 567 (Nr. 229); vgl. Anm. 562.

572 Man vergleiche dazu z. B. seine Erklärung zum weiteren Vorgehen in der Rechtssache des Wittenberger Stiftskapitels gegen den Ritter Sigmund List vom 12. Okt. 1521

offensichtlich wird. Das Verhalten Friedrichs in Rechtssachen spiegelt darüber hinaus seine spezifische Stellung zum Recht wider, für die die Vorstellung vom Recht als einer positiven, stabilen Größe, deren Abbau auf jeden Fall zu vermeiden sei, bestimmend gewesen zu sein scheint: Gelangte der Kurfürst zu der Überzeugung, daß erhobene Ansprüche legitim waren, dann verteidigte er sie verbissen und mit einer auf den ersten Blick befremdlichen Kleinlichkeit,[573] besonders dann, wenn es sich um seine persönlichen Rechte handelte. Das spricht nicht unbedingt gegen seine menschliche Integrität und wird verständlicher, wenn man sich vor Augen führt, daß das Mittel des Rechtsstreites seine Hauptwaffe war, weil ihm der Entwicklungsstand des kursächsischen Territorialstaates und sein starkes Billigkeitsgefühl keine andere Wahl ließen.

Auch Friedrichs Stellung zum Recht ist im wesentlichen gekennzeichnet durch sein Absicherungsbestreben nach allen Seiten. Es ist kein Zufall, daß es unter seiner Herrschaft zur Anlage von Amtserbbüchern kam, in denen die Gerechtsame des Landesherrn und die Befugnisse der Ämterverwaltungen genau fixiert wurden.[574] Die hier zutage tretende Tendenz zur Rechtsbewahrung ist auch für sein starres Pochen auf seine persönlichen Rechte maßgeblich gewesen, ob es nun dazu diente, alte Ansprüche zu erhärten,[575] oder der Entstehung von Gewohnheitsrechten Dritter zu wehren.[576]

(Lochau), bei N. Müller: A. a. O., 30 (Nr. 11), und sein Verhalten im Fall Moritz Mette, der sich von 1523 bis 1525 hinzog (Einzelheiten bei N. Müller: A. a. O., 391–393): Obwohl Friedrich 1523 den Propst durch die Universität auffordern ließ, sein Predigtamt besser zu versehen, und, als Mette dem nicht nachkam, 1524 seine Entlassung anordnete, befahl er trotz mehrfach erwiesener Unfähigkeit des Propstes 1525 noch einmal der Universität, über ihn zu ermitteln, und erteilte erst kurz vor seinem Tod die Erlaubnis zu Mettes Absetzung.

[573] Verwiesen sei hier nur auf den Umfragestreit zwischen Sachsen und Mainz (1521; RTAJR 2, 249–252) und den Präzedenzstreit zwischen Sachsen, Pfalz und Bayern (1495; RTThMax 1, 485–491.

[574] Vgl. Kötzschke-Kretzschmar: A. a. O., 166.

[575] Dies war der Fall bei der von Spalatin erwähnten (FWLZ, 54) mehrmaligen Einsetzung des »Salzgreven« zu Halle durch Friedrich (kraft seines Titels »Burggraf zu Magdeburg«). Auf der gleichen Linie liegt sein Bestreben, das dem sächsischen Kurfürsten zustehende »privilegium de non evocando« zu sichern: Nachdem es Friedrich I. von Sachsen 1423 für sich und alle seine Nachfolger hatte bestätigen lassen, ließ es Friedrich der Weise 1497 durch Maximilian I. erneut konfirmieren (vgl. Lobe: A. a. O., 19; RTThMax 1, 530–532). Schon um es in seiner Wirksamkeit nicht zu gefährden, mußte er sich im Falle Luthers gegen die Vorladung seines Untertanen vor ein fremdes Gericht wenden, zumal ein anderes wesentliches Recht des Fürsten, das »privilegium de non appellando« nach der Gründung des Reichskammergerichts immer mehr unterlaufen zu werden drohte.

[576] Das war sicher der Hauptgrund, daß Friedrich 1492 den Lichtenberger Antonitern nicht zugestehen wollte, in der Lochauer Heide Bienenstöcke aufzustellen und Holz zu schlagen (Herbert Vossberg: Luther rät Reißenbusch zur Heirat: Aufstieg und Untergang der Antoniter in Deutschland; ein reformationsgeschichtlicher Beitrag. Berlin 1968, 68).

Der im wortwörtlichen Sinne »konservative« Charakter von Friedrichs Rechtspolitik, wie er uns hier entgegentritt, zeigt sich auch in anderen Fällen: Der Eifer, mit dem er noch das kleinste seiner fürstlichen Rechte in Anspruch nimmt, weicht einem zögernden, unentschlossenen Verhalten, wenn bestimmte seiner Ansprüche auf rechtlich schwankender Grundlage stehen.[577]

Der Grund dafür ist in seiner Empfindlichkeit in Rechtsfragen zu suchen, die manchmal seltsame Früchte hervorbrachte,[578] ihn aber auch befähigte, von vornherein alle möglichen Kollisionspunkte aus der Welt zu schaffen,[579] und sich unliebsamen Forderungen mit einem Hinweis auf die Rechtslage zu entzie-

---

577 Um das Verhalten des Kurfürsten richtig einschätzen zu können, muß man sich vergegenwärtigen, daß die Rechte des Fürsten damals noch nicht auf ein «einheitliches Hoheitsrecht« zurückgeführt wurden, sondern ein »lockeres Bündel einzelner Gerechtsame« darstellten (Eschenhagen: A. a. O., 55). Eine Zurückhaltung Friedrichs bei der Durchsetzung von Ansprüchen – vorwiegend aus rechtlichen Motiven abzuleiten – ist öfter zu beobachten: Während es sich um Ermessensfragen handelt, ob man (wie F. Mehl: A. a. O., 36) den Verzicht auf Gewaltanwendung in der Erfurter Sache mit seiner Erkenntnis in Verbindung bringt, daß hier das Recht nicht auf seiner Seite war, oder andere Erklärungen dafür heranzieht, ist sein behutsames Vorgehen in der Frage des »Gemeinen Pfennigs« (1495) sicher (wie J. J. Müller in RTThMax 1, 442, vermutet; s. auch Anm. 212) im engen Zusammenhang mit seinem mangelnden Vertrauen auf sein »Jus imperii« zu sehen. Ähnlich verhält es sich bei der Hinauszögerung von Friedrichs Reichsvikariatsausschreiben im Jahre 1519, die weniger als ein Zeichen mangelnden Interesses des Kurfürsten an seinem Vikariatsamt (vgl. Rossberg: A. a. O., 8. 10), sondern vor allem als Indiz dafür zu werten ist, daß er seinen Vikariatsrechten nicht traute, weil Sachsen erst seit 1496 zur Ausübung des Reichsvikariates hinzugezogen wurde (vgl. Wendehorst: A. a. O., 15–23,87–90).

578 So bat Friedrich im November 1507 den Nürnberger Rat um Geleit, weil er in die Reichsstadt zu reisen gedachte, eine Bitte, die er natürlich nur pro forma vorbrachte. Der Rat war durch das Ersuchen des Ernestiners sehr verärgert und das umso mehr, als der sächsische Kurfürst von den Nürnbergern hoch geschätzt wurde und dies natürlich auch wußte (nach Gümbel: A. a. O., 11).

579 Diesem Zweck dienten seine Bitten um die kaiserliche Versicherung, daß durch seine Annahme neuer Ämter auf Reichsebene oder durch die Bewilligung von Reichstagsabschieden seinen bisherigen Rechten kein Abbruch geschehe: Als Friedrich 1507 zum Reichsgeneralstatthalter während Maximilians Romzug ernannt wurde, erwirkte er einen Assecurationsbrief, in dem der Habsburger ihm bestätigte, daß dieses Amt seinen Vikariatsrechten nicht »schädlich« sei (AHS, 64; Wendehorst: A. a. O., 90). 1512 und 1521 ließ er sich zusammen mit den anderen Wettinern vom Kaiser bestätigen, daß die Zustimmung zur Kammergerichtsordnung, die eine Infragestellung des »privilegium de non appellando« darstellte, seinen Freiheiten nicht abträglich sei (Lobe: A. a. O., 19). Die Tatsache, daß die Wittenberger Universität die erste Zeit nach ihrer Gründung eine »auf rechtlich prekärer Lage beruhende Institution« (Borth: A. a. O., 94) war – ein Zustand, den der Kurfürst zu ändern suchte (vgl. Borth: A. a. O., 172–175) – , kann angesichts von Friedrichs immer wieder zu Tage tretendem Absicherungsbestreben zu dem Schluß veranlassen, daß er beim Gründungsgeschehen keine tragende Rolle spielte (s. dazu Abschnitt 2.2.1.).

hen.[580] Diese Empfindlichkeit, gepaart mit scharf rechtlichem Denken,[581] wird an vielen Stellen unvermittelt wirksam: Sie läßt ihn öfter ein Veto aussprechen,[582] versagt aber auch dann nicht, wenn es darum geht, für Rechte seiner Untertanen einzutreten. Zwar wachte er streng über die Einhaltung seiner Privilegien,[583] hielt sich aber offensichtlich doch an den in der Hofratsordnung von 1499 formulierten Grundsatz, er begehre nur das Seine zu haben, wolle aber den Untertanen das Ihre lassen.[584]

---

[580] Eine Eigenart, die sich nicht erst in der Luthersache zeigt. Verwiesen sei hier nur auf den erfolgreichen Versuch des Kurfürsten, sich 1492 mit einem Hinweis auf die Rechtslage der Aufforderung des böhmischen Königs Wladislaw zu entziehen, ihm militärische Hilfe für einen Eroberungsfeldzug zu gewähren (s. RTThMax 1, 168; Anm. 385).

[581] Die Freunde Luthers, die ihm im August 1518 rieten, von Friedrich einen Geleitbrief nach Augsburg zu erbitten, kalkulierten dies offenbar mit ein. Ob der Kurfürst nun Luthers Ersuchen nachkam oder nicht, in beiden Fällen geriet er in eine ihm unangenehme Situation: Falls er das Geleitschreiben verweigerte, hatte Luther die Entschuldigung, der Zitation nicht nachkommen zu können, erteilte er es, stand er als Beschützer des Reformators da – s. WABr 1, 190 (Nr. 87). Die Wahl dürfte Friedrich nicht leicht gefallen sein.

[582] Einige Beispiele aus der Geschichte des Allerheiligenstifts: Friedrich erklärte sich 1510 gegenüber der Universität nicht bereit, den zum Stiftspropst gewählten Ulrich von Denstedt anzuerkennen, weniger deshalb, weil die Wahl ohne sein Wissen erfolgt war – dies spielte zweifellos auch eine Rolle –, sondern mehr wegen Denstedts »leiblicher Schwachheit«, die diesen hinderte, die »leccion ordinarien« zu versehen, was der Fürst mit den Stiftsstatuten für unvereinbar hielt (WUA Tit. VIII. Nr. 3, 1). Etwa fünf Jahre später verweigerte er dem Juristen Christoph Blanck, obwohl er ihn in Wittenberg zu halten gedachte und entsprechende Zusicherungen gemacht hatte, die Anstellung als Stiftssyndikus, weil er durch Henning Goede darauf aufmerksam gemacht worden war, daß Blancks Anstellung mit Simonie verbunden sei; er verlieh ihm stattdessen Dekanat und Prokuratur des kleinen Chores der Schloßkirche (nach N. Müller: A. a. O., 254). Ähnlich verhielt sich Friedrich, als Nikolaus von Amsdorf 1524 zum Pfarrer an St. Ulrich zu Magdeburg gewählt worden war und die dortige Gemeinde bat, den Geistlichen für ein Jahr zu beurlauben, ihm aber seine Stiftspfründe zu lassen; er lehnte dies ab, weil mit dem Pfründenbesitz Residenzpflicht verbunden war, ließ aber Amsdorf eine entsprechende Summe aus der Kammer auszahlen (nach Höss: Spalatin, 258). – Die Nichtbestätigung der Leisniger Kastenordnung (1523) durch den Kurfürsten hat ebenfalls rechtliche Gründe (vgl. Kirn: A. a. O., 117).

[583] S. auch Anm. 573. 575–576. 579. – Wie kleinlich Friedrich gegenüber Untertanen sein konnte, von denen er sich in seinen Rechten »beschädigt« fühlte, zeigt sein Vorgehen gegen einen armen Fischer, der – wie schon einmal erwähnt – den dem Kurfürsten vorbehaltenen Fanggründen zu nahe gekommen war und deshalb 10 silberne Schock Strafe zahlen sollte (1522) – s. WABr 2, 556 (Nr. 506).

[584] Emminghaus: A. a. O., 104. Daß es trotz dieser Versicherung an Reibungsflächen zwischen den Interessen des Fürsten und denen einzelner Untertanen nicht mangelte und daß die so entstandenen Konflikte auch nicht immer optimal gelöst wurden – was sicher weniger dem Kurfürsten als seinen Beamten anzulasten ist –, zeigen die Bitten einiger Schrift- und Amtssassen auf dem Altenburger Landtag von 1523, die Untertanen vor Mutwillen und Gewalt zu schützen und die Beamten anzuhalten, keine unerträglichen Bußen zu verhängen – ELTA, 156 (Nr. 287). Der Kurfürst antwortete darauf, er begreife dies alles nicht, da es wenig Klagen gebe und er »allewege solche amtleute« zu haben

Die wiederholt in seinen Briefen auftauchende Versicherung, er wolle »Vnbillichkeit« verhüten und das Recht fördern,[585] ist mehr als nur eine Floskel: An Beispielen für sein Einschreiten gegen Unrecht, das Leuten aus dem Volk widerfahren war, fehlt es während seiner ganzen Regierungszeit nicht,[586] gehörte doch die Wahrung und Pflege des Rechts zu den Hauptobliegenheiten des Fürsten. Die Rolle, die Friedrich in zahlreichen Rechtssachen innerhalb seines Landes und auf Reichsebene spielte, bestätigt darüber hinaus, daß sein Rechtsdenken mehr war als eine Quelle von Scheinargumenten. Allerdings muß auch hier festgehalten werden, daß er sich der Bedeutung seiner Richter- und Schlichtertätigkeit für sein Ansehen im Reich und im übrigen Europa wohl bewußt gewesen ist und sie entsprechend einzusetzen verstand.

Bei der Hochschätzung des moralischen Eindrucks in der Diplomatie um 1510[587] ist es nur zu verständlich, daß ihm sein Verhalten in der Luthersache auch zur Unterstreichung eigener Rechtsansprüche und zur politischen Selbstaufwertung diente. Wenige Jahre vor Luthers Auftreten hatte sich der sächsische Kurfürst – gerade auf dem Höhepunkt politischer Schwierigkeiten angelangt – aus ähnlichen Gründen schon einmal zum Sachwalter eines der Ketzerei Beschuldigten gemacht: Sein Eintreten für Johannes Reuchlin ab 1513 weist nicht von ungefähr manche Parallelen zur »Causa Lutheri« auf.[588]

---

bestrebt gewesen sei, die Gerechtigkeit handhaben – ELTA, 157f. (Nr. 288).

[585] Sie kehrt variiert in seinen Schreiben regelmäßig wieder, so z. B. in seinem Reichsvikariatsausschreiben vom 29. Sept. 1496 (RTThMax 2, 5), in einer Werbung an Bischof Adolf von Merseburg (1522) – NUB, 86 (Nr. 3) –, und klingt auch in der Instruktion für das Gespräch Johann Oswalds mit Luther (Ende Febr. 1522) an – vgl. WABr 2, 450f. (Nr. 454, Anhang).

[586] Zu einem Einschreiten Friedrichs kam es freilich nicht nur, wenn es darum ging, Mißbräuche geistlicher Gerichtsherren abzustellen, wie sie offenbar im Hintergrund standen, als er 1492 den Propst von Wurzen aufforderte, »sein beswerlich furnemen« gegen die Leisniger abzustellen und seinen Offizial anzuhalten, einer gewissen Anna Malerin Absolution »auß dem banne« zu gewähren (EGA Kop. F 20, 30[r]). Dies bezeugt schon das Briefmissivenregister der kurfürstlichen Kanzlei von 1493: So erging – ganz im Sinne des gerade abwesenden Kurfürsten – an einen Amtmann die Anordnung, die armen Leute von »Batzdorf« von »vnzymlicher fron« zu befreien, sofern ihre Klage rechtens sei, und der Zwickauer Bürger Balthasar Eyring erhielt den Befehl, er solle sich wegen einem »mutwilligen frevel, an eynem arm(M)anne geubt«, mit dem Schösser »vertragen« (EGA Kop. F 21, 36[rv]). So gesehen verwundert es nicht, daß Friedrich auf dem Höhepunkt der Bauernunruhen (28. April 1525) Herzog Johann vorschlug, jemanden zu den Aufständischen zu senden, um ihre Beschwerden – sofern diese die Ernestiner betrafen – zu hören und friedliche Wege zur Beilegung des Aufstands zu suchen, und daß er noch am Tag vor seinem Tod dazu riet, durch eine Vertrauensperson eine gütliche Einigung zu erzielen – NUB, 272f. (Nr. 38). 280 (Nr. 47).

[587] Barnays: A. a. O., 22.

[588] Als die Luthersache akut wurde, war der Fall Reuchlin noch nicht abgeschlossen (vgl. den kurzen, aber guten Überblick über den Verlauf des Streites zwischen seinem Ausbruch 1511 und 1520 in Wolfgang Hechts Einleitung zu: Briefe von Dunkelmännern. Übers. Hans-Joachim Müller. Berlin 1964, 12–16): Nachdem Reuchlin Fried-

rich 1518 auf dessen Bitte mitgeteilt hatte, daß in seiner Sache mit den Dominikanern noch kein Endurteil gefällt sei – er übersandte gleichzeitig ein »verzeichniss aus dem gerichtehandel« –, mußte er Anfang 1521 den Kurfürsten noch einmal um Fürsprache beim Kaiser bitten, obwohl die Ketzereianklage fallengelassen worden war – vgl. GEIGER: Briefwechsel, 289f. (Nr. 252). 298 (Nr. 256). 327 (Nr. 298). Es ist anzunehmen, daß Friedrich die anfängliche Entwicklung der Luthersache gewissermaßen als Parallelfall zum Reuchlinschen Streit auffaßte: Hier wie dort sind es die Dominikaner gewesen, die sofort mit dem Ketzereiverdacht zur Hand waren und einen Prozeß anstrebten. Seit 1511 war Reuchlin in immer stärker werdenden Gegensatz zu den judenfeindlichen Dominikanern geraten, weil er gegen das – von den Universitäten Köln, Mainz, Erfurt, Heidelberg und dem Großinquisitor der Erzbistümer Köln, Mainz und Trier, Jakob von Hochstraten (Hoogstraten), unterstützte – Ersuchen des jüdischen Konvertiten Johann Pfefferkorn, die Bücher der Juden im Reich zu vernichten, auftrat. Sein »Augenspiegel« – die Erwiderung auf eine Schmähschrift Pfefferkorns – wurde 1512 verboten, wie 1513 auch seine an den Kaiser gerichtete Verteidigungsschrift »Defensio contra calumniatores suos Colonienses«. Im Herbst 1513 zitierte ihn Hochstraten vor das Mainzer Inquisitionsgericht, worauf er beim Papst Berufung einlegte, was nach einer Untersuchung durch Georg von der Pfalz, Bischof von Speyer, den Freispruch vom Verdacht der Häresie zur Folge hatte, der die Dominikaner freilich nicht davon abhielt, in Rom einen Prozeß gegen den Humanisten anhängig zu machen. Noch bevor es zu diesem Prozeß kam, schaltete sich Friedrich ein, ob aus eigenem Antrieb oder auf Ersuchen Reuchlins bzw. seiner Freunde, ist unklar. Ende August 1513 war Reuchlin schon die Bemerkung des Fürsten gegenüber Mutian bekannt, daß er ihn »für ainen fürtreffentlichen mann« halte und ihn nicht »hinziehen« lassen wolle. Zu diesem Zeitpunkt hatte Reuchlin auch schon einen Brief des Fürsten erhalten, der die Zusicherung enthielt, daß sich Friedrich »so vil sich mit ichten leiden will« ihm gegenüber gnädig erzeigen wolle, und darüber hinaus noch die Bitte, ihm über seine Lage zu berichten – GEIGER: Briefwechsel, 193 (Nr. 168). 196f. (Nr. 170). Berücksichtigt man den Brief des Erfurter Humanisten Peter Eberbach an Reuchlin (vor 22. Aug. 1513) – vgl. GEIGER: A. a. O., 191 (Nr. 166) – , in dem davon die Rede ist, daß Mutian Friedrich, der zum Kaiser reise, die Sache des Verfemten anempfohlen habe, und führt sich vor Augen, daß der Ernestiner zwischen 18. Juni und 16. Juli 1513 von Gotha nach Frankfurt/M. zu Maximilian und wieder zurück reiste (EGA Reg. Bb 5532), legt sich der Schluß nahe, daß der Kurfürst schon im Frühsommer 1513 mit der Reuchlinschen Angelegenheit befaßt war, nachdem ihn Mutian auf den Fall aufmerksam gemacht hatte. Gegen die letztgenannte Annahme spricht m. E. der Umstand, daß Spalatin vor dem 22. Aug. in Friedrichs Auftrag Mutian um seine Meinung über den Fall Reuchlin bat, die er nach anfänglichem Zögern auch darlegte (nach Höss: Spalatin, 77f.). Außer Mutian äußerte sich von Spalatin angeregt noch Heinrich Urban, der gemeinsame Freund Spalatins und Mutians, über die Angelegenheit. Anfang 1514 wurden von Spalatin noch Luther – über Johann Lang als Verbindungsmann – und Andreas Karlstadt um gutachtliche Äußerungen zur gleichen Sache gebeten, Äußerungen, die zugunsten Reuchlins ausfielen (Höss: A. a. O., 75–77; der Einzug von Gutachten über die Reuchlinsche Fehde dürfte kaum auf Spalatins Eigeninitiative – gegen Höss – zurückzuführen sein, sondern spricht mehr für eine Auftraggeberschaft des Kurfürsten; vgl. Anm. 570. 571). Im Gegensatz zu den Stellungnahmen Mutians und Urbans gab für die beiden letztgenannten Gutachen ein Vorstoß von gegnerischer Seite den Anlaß (das folgende nach BARGE: Karlstadt 1, 47f.): Am 17. Jan. 1514 hatte sich Laurentius Auffkirchen, der Provinzial des Dominikanerordens, mit Verdächtigungen gegen Reuchlin an Friedrich gewandt, der daraufhin durch Spalatin Erkundigungen einziehen ließ und sich dann am 16. Juni 1514 mit einem Schreiben an den Dominikaner wandte, das inso-

Freilich trat Friedrich im Fall Reuchlin mehr als Fürsprecher denn als wohlwollender Vermittler in Erscheinung, als der er im Reich durch seine Schlichtertätigkeit in vielen Streitfällen nur zu gut bekannt war.[589] Während er aber auf

---

fern für ihn charakteristisch ist, als es neben Korrekturen von seiner Hand die für viele seiner Schreiben bezeichnende Doppeldeutigkeit einzelner Formulierungen aufweist; so kann seine Erklärung, er habe ungern vernommen, daß Reuchlin sehr geirrt und gegen den christlichen Glauben »gehandelt Sol (!) haben«, auf den ersten Blick zuungunsten des Gelehrten gedeutet werden (so Barge: Karlstadt 1, 48), während sie sich auch als reiner Beschwichtigungsversuch interpretieren läßt. Für die letztere Deutung läßt sich das weitere Verhalten des Kurfürsten in der Reuchlinsache ins Feld führen (vgl. Höss: A.a.O., 77f.), denn er setzte sich in der Folgezeit zusammen mit anderen Fürsten mit Erfolg für Reuchlin ein (die drei Schriftstücke zum Reuchlinschen Streit befinden sich EGA Reg. N 31).

[589] Im folgenden ein Überblick über Fälle, in denen Friedrich – persönlich oder durch seine Räte – als Vermittler in Erscheinung trat. Man kann Spalatin glauben, wenn er versichert, der Fürst habe, um erfolgreich zu vermitteln, weder Fleiß, Mühe noch Unkosten gescheut (FWLZ, 56). In welchem Maße die Schlichtungsbemühungen des Ernestiners von Erfolg gekrönt waren, kann hier nicht untersucht werden; der Ruf, der ihm als Schlichter vorauseilte, war jedenfalls der beste: Reuchlins Versuch, ihn 1519 durch Melanchthon und Spalatin zu bewegen, als Vermittler zwischen Herzog Ulrich von Württemberg und dem Schwäbischen Bund aufzutreten – vgl. Geiger: Briefwechsel, 356–359 (Nr. 280a.b) – , muß vor diesem Hintergrund gesehen werden. Friedrichs gelegentliches Scheitern bei Vermittlungsversuchen resultierte aus der Unverträglichkeit der streitenden Parteien und weniger aus persönlichen Fehlern bei der Verhandlungsführung. Seine Erfahrungen als Schlichter lassen sich am besten mit einem Satz zusammenfassen, den er im Alter bisweilen gebraucht haben soll. Sinngemäß meinte er, daß in Rechtsstreitigkeiten leicht ein Ausgleich zu erzielen sei, wenn nur die streitenden Parteien veranlaßt werden könnten, sich zu vergleichen – nach WATR 6, 294 (Nr. 6962), J. Aurifaber, o. J. – Bei einer Vermittlungstätigkeit scheint Friedrich vor allem versucht zu haben, gütliche Einigungen zu erzielen, weil Schiedssprüche oft nur zu einer Verlängerung der Streitigkeiten führten. Doch nun zum Überblick über einzelne Fälle:

1. Streitsachen zwischen weltlichen bzw. geistlichen Herren und einzelnen Städten: Zwischen Markgraf Friedrich IV. von Brandenburg und Nürnberg: 1506 beigelegt, nachdem der sächsische Kurfürst vorher neben anderen als Schiedsfürst in dieser Sache tätig gewesen war – vgl. Willibald Pirckheimer: Briefwechsel. Hrsg. Emil Reicke, Bd. 1. München 1940, 405 (Nr. 119). Später vermittelte Friedrich auch zwischen Markgraf Casimir von Brandenburg und Nürnberg (FWLZ, 56, Faselius: A.a.O., 19). Zwischen Pfalzgraf Philipp und Nürnberg: ca. 1507; um eine Schlichtung bemühte sich auch Lorenz von Bibra (Reicke: A.a.O. 1, 534). Zwischen Siegmund von Gleichen und Erfurt: 1524 brachte Friedrich die Streitenden durch ein Urteil zum Abschluß (Faselius: A.a.O., 73). Zu einem ähnlichen Fall – dem Streit zwischen Rudolf von Bünau und Leipzig um Brandis und den Brandiser Wald, den Friedrich gleichfalls durch einen Urteilsspruch beendete – s. Georg Müller: Kurfürst Friedrich der Weise und das Leipziger St. Johannis-Hospital. NASG 54 (1933), 1–15. Zwischen Bischof Johann III. von Naumburg und dem Naumburger Rat (wegen des Judenzinses): 1514 durch Vermittlung Friedrichs beendet (Fraustadt: A.a.O. 1A, 235f.). Über einen erfolgreichen Vermittlungsversuch des Fürsten zwischen der Wormser Bürgerschaft und Geistlichkeit (Bischof Reinhard von Rippur ausgenommen) im Jahr 1509 berichtet Johannes Trithemius: Chronik des Klosters Sponheim ... Hrsg. Carl Velten. Bad Kreuznach 1969, 243.

Reichsebene oft und nicht ungern die Rolle eines Schlichters übernahm, da sie ja auch sein Ansehen heben half, hat er in seinem Herrschaftsgebiet ebenfalls eine Reihe von Irrungen beigelegt[590] und ist immer wieder seiner richterlichen Tätigkeitspflicht, die als »selbstverständliches Fürstenrecht« und »besonders

---

2. Irrungen innerhalb einzelner Herrscherhäuser: Zwischen Erzherzog Sigismund von Österreich, dessen Frau Katharina und ihren Räten: 1489 vermittelte Friedrich hier im Auftrag Kaiser Friedrichs III. (Moser: Hofhaimer, 44). Zwischen Albrecht IV., Wolfgang und Christoph von Bayern: 1493. Die Entsendung Heinrichs von Bünau zu Albrecht IV. (22. Jan. 1493) und Adams von Selwitz zu Wolfgang und Christoph (17. Febr. 1493) erfolgte zum Zwecke der Vermittlung zwischen den bayrischen Fürsten (EGA Kop. F 21, 11^r. 50^r). In den Testamentsirrungen des verstorbenen Philipp von Anhalt-Bernburg: 1500. Näheres bei Paul Braun: Anhalter Urkunden im Thüringer Staatsarchiv. Anhaltische Geschichtsblätter 8/9 (1932/33), 80–83. Zwischen den Herzögen Heinrich V. (III.) und Albrecht VII. von Mecklenburg: 1520 (FWLZ, 165).

3. Streitigkeiten zwischen Reichsfürsten: Zwischen Berthold von Henneberg und Kurfürst Philipp von der Pfalz: 1495. Außer Friedrich wirkten hier die Erzbischöfe Hermann IV. von Köln und Johann II. von Trier als Vermittler (Schröcker: A.a.O., 123). Zwischen Erzbischof Ernst von Magdeburg und Herzog Heinrich dem Mittleren von Braunschweig-Lüneburg: 1501 (ChrDSt 7, 419, Magdeburger Schöppenchronik). Zwischen Heinrich dem Mittleren von Braunschweig-Lüneburg, Heinrich dem Jüngeren von Braunschweig-Wolfenbüttel und anderen (Hildesheimische Stiftsfehde): 1519/20. Hier traten auch Joachim I. von Brandenburg und Kardinal Albrecht als Vermittler in Erscheinung (FWLZ, 56. 163. 165). Ohne nähere Angaben erwähnt Spalatin (FWLZ, 56) auch eine Schlichtertätigkeit Friedrichs im Streit zwischen Pfalzgraf Philipp und Landgraf Wilhelm II. von Hessen und zwischen Lorenz von Bibra und Bischof Georg III. von Bamberg.

4. Zwistigkeiten zwischen Reichsfürsten und dem Kaiser: 1504 bemühte sich Friedrich mit Albrecht IV. von Bayern um Beilegung der Mißhelligkeiten zwischen Berthold von Henneberg und Maximilian I., freilich ohne großen Erfolg (Schröcker: A.a.O., 349). Im selben Jahr soll er (nach Ulmann: Maximilian 2, 251) auch zwischen Philipp von der Pfalz und dem Kaiser vermittelt haben.

5. Streitfälle mit fremden Potentaten: Zwischen Maximilian I. und Ludwig XIII. von Frankreich: 1498. Außer Friedrich war hier noch Herzog René II. von Lothringen als Vermittler tätig (vgl. FWLZ, 130–133; Anm. 259. 264). Zwischen Albrecht von Brandenburg-Ansbach, Hochmeister von Preußen, und König Sigismund von Polen: 1520 (FWLZ, 166). Zwischen Kaiser Karl V. und König Christian II. von Dänemark: nach 1522 (FWLZ, 56). Ob Friedrich 1510 der Bitte der »welschen Nation« nachgekommen ist, den Kaiser gegenüber Venedig »gnädig« zu stimmen (so Spalatin in FWLZ, 149), konnte ich nicht feststellen.

Der Kurfürst griff freilich nicht nur auf hoher Ebene schlichtend ein, wie beispielsweise die von Maximilian initiierte, von den Räten Thun, Pfeffinger und Mugenhofer mitgetragene Schlichtung zwischen den Nürnberger Familien Tetzel und Ketzel (1507/08; nach Gümbel: A.a.O., 12) zeigt. Daß Friedrich Streitigkeiten seiner Räte beizulegen versuchte, versteht sich von selbst. Ein Beispiel dafür bietet sein Eingreifen in den Streit zwischen Balthasar von Schwarzburg und Johann von Kitzscher (nach 1506) – s. dazu Gustav Bauch: Dr. Johann von Kitzscher. NASG 20(1899), 312.

590 Vgl. Brather: A.a.O., 267.

wichtige Fürstenpflicht« galt,[591] nachgekommen, allerdings – wenn man Luther glauben darf – mit weniger großer Begeisterung.[592] Sicher hat daran seine Abneigung gegen rasche, endgültige Entscheidungen, die auch seine Aversion gegen Todesurteile verständlicher werden läßt,[593] keinen unwesentlichen Anteil. Sie wurde nicht zuletzt auch für den Verlauf der Luthersache entscheidend, deren Ausgang allerdings noch durch andere Faktoren maßgeblich beeinflußt wurde: Friedrichs klares Unterscheidungsvermögen für Recht und Unrecht ließ ihn – von seiner Korrektheit in Verfahrensfragen einmal abgesehen – für Luther eintreten, da ja dessen Freunde[594] und auch Gegner[595] den Kurfürsten darauf hinwiesen, daß der Mönch nicht im Unrecht sei. Dazu kam noch, daß der Ernestiner, so unerbittlich er sonst in Fragen der Rechtsdurchsetzung sein konnte, aus den unterschiedlichsten Motiven – eine gewisse Gutherzigkeit nicht ausgeschlossen – selbst darin zur Milde neigte. Das zeigte sich immer

---

[591] Goerlitz: A. a. O., 170.

[592] WATR 3, 72f. (Nr. 2910a), K. Cordatus, 26. – 29. Jan. 1533; vgl. FWLZ, 48.

[593] Nach Luther – WATR 3, 72 (Nr. 2910a), K. Cordatus, 26. – 29. Jan. 1533 – soll Friedrich ungern (scil.: mit dem Tod) «gestraft" und dazu gesagt haben, es sei leicht, das Leben zu nehmen, man könne es aber nicht wiedergeben. Ob die relative Seltenheit der Todesstrafe, wie sie z. B. zu Friedrichs Regierungszeit im Amt Eisenach zu beobachten ist (Debes: A. a. O., 52), damit in Verbindung gebracht werden kann, ist aber zumindest fraglich.

[594] Die Wirkung lutherfreundlicher Erklärungen auf den Kurfürsten sollte keinesfalls unterschätzt werden, in welcher Art auch immer sie vorgetragen wurden: Neben flammenden Appellen, Luther zu schützen, wie sie z. B. von Friedrichs »Rat und Diener« Hans Lantschad zu Steinach (über ihn s. Anm. 86) 1520 (s. Berbig: Brief, 391–395) und von Argula von Stauff (Grumbach) 1523 an den Kurfürsten gerichtet wurden (1523 erschien in Augsburg eine Aufforderung Argulas an den Ernestiner, beim nächsten Reichstag das Evangelium standhaft zu beschützen; s. Newe Zeitungen, Relationen, Flugschriften, Flugblätter, Einblattdrucke von 1470 bis 1820 – Katalog 70 des Antiquariats J. Halle/München. München 1929, Nr. 155), dürften Stellungnahmen, wie sie beispielsweise von Erasmus von Rotterdam vorliegen, Friedrich besonders beeindruckt haben (selbst als Erasmus von Luther abzurücken begann, erklärte er gegenüber Spalatin (1523), daß Luthers Gemüt wahrhaft christlich sei). 1519 hatte er an den Fürsten appelliert, den Mönch als einen Unschuldigen zu schützen, und ein Jahr darauf nach einer persönlichen Unterredung mit Friedrich für den Fürsten seine lutherfreundlichen »Axiomata« erstellt, die Friedrich in seiner Haltung gegenüber dem Reformator bestärkten und ihm überdies passende Argumente für die Auseinandersetzung mit seinen Gegnern lieferten – s. Opus Epistolarum Des. Erasmi Roterodami ... Hrsg. Percy Strafford Allen. Oxonii 1906–1958. 5, 251 (Nr. 1348); 3, 577f. (Nr. 963). 604 (Nr. 979). 527–532 (Nr. 939) – zum Brief Nr. 939 s. Irmgard Höss: Der Brief des Erasmus von Rotterdam an Kurfürst Friedrich den Weisen vom 30. Mai 1519. Bemerkungen zu der Ausgabe der Erasmus-Briefe von P. S. Allen. ARG 46 (1955), 209–213; Karl Hartfelder: Friedrich der Weise von Sachsen und Desiderius Erasmus von Rotterdam. ZVLR 4 (1891), 208f. 211–213.

[595] Erwähnt sei hier, daß Bischof Lorenz von Würzburg 1519 Friedrich bat, Luther nicht wegziehen zu lassen, denn ihm geschähe Unrecht (FWLZ, 161). 1520 erklärte einer der geistlichen Kurfürsten dem Ernestiner gegenüber sinngemäß, daß Luther kein Vergehen anzulasten sei, nur hätte er lateinisch und nicht deutsch schreiben sollen (FWLZ, 165).

wieder, wenn er sogar gegenüber rechtmäßig Verurteilten von seinem Recht der Freibitte mit wechselndem Erfolg Gebrauch machte.[596] Sollte Luthers Nachricht, daß Friedrich den Ablaßkrämer Johann Tetzel in Innsbruck einmal »vom Sacke erlöset« habe,[597] tatsächlich eine wahre Begebenheit zugrundeliegen,[598] dann hätte hier seine Gutmütigkeit weitreichende Folgen gehabt.

So wichtig aber die genannten Aspekte für die Beurteilung von Friedrichs Verhalten in der Luthersache auch sind, sie dürfen nicht von dem losgelöst werden, was sein gesamtes Denken und Handeln genauso entscheidend beeinflußt hat wie seine Rechtsvorstellungen: von seinem Glauben und seiner Frömmigkeit.

1.3. Die Frömmigkeit des Kurfürsten

Wer es sich zur Aufgabe macht, sich näher mit der religiösen Überzeugung[599] Friedrichs des Weisen zu befassen, begibt sich auf ein Gebiet, auf dem es an Anlässen zu Fehldeutungen nicht mangelt: Bis heute sind Glaube und Frömmigkeit des sächsischen Kurfürsten vorwiegend vom Ergebnis der Reformation her betrachtet und mit recht unterschiedlichen Resultaten in Korrelation zu »Luthers Lehre« gesetzt worden.[600] Gerade diese Fehldeutungen sind es aber,

---

[596] Welche Ausmaße das annehmen konnte, zeigen Friedrichs Freibitten in Nürnberg 1507/08, mit denen er den dortigen Stadtvätern wenig Freude bereitete: Auf seiner Durchreise zum Konstanzer Reichstag erwirkte er Anfang Juni 1507 für drei mit Stadtverweis Bestrafte Straferlaß, im August bat er wieder einige »Übeltäter« frei. Weniger Erfolg hatte er mit seiner Fürsprache für Verurteilte im Dezember desselben Jahres. Am 7. Jan. 1508 lehnte der Rat seine Fürbitte für zwei Deliquenten ab, was Friedrich nicht hinderte, am 18. desselben Monats erneut um Straferlaß für mehrere Personen zu bitten, der allerdings in einem Fall gewährt wurde. Im Juni 1508 gelang es dem sächsischen Kurfürsten dagegen in drei Fällen, einen Gefangenen loszubitten (nach Gümbel: A. a. O., 10–12. 17).

[597] WA 51, 538, 25–29 (Wider Hans Worst; 1541): Nach Luther hat Tetzel gegenüber den Wittenbergern aus dem Vorfall keinen Hehl gemacht.

[598] Nikolaus Paulus zweifelt das in seinem Aufsatz: Zur Biographie Tetzels. HJ 16 (1895), 62–66, an, kann dagegen allerdings keine absolut stichhaltigen Gründe anführen: Wenn (so ADB 37, 606f.) sich der Vorfall zwischen 1510 und Ende 1514 abspielte, dann ist zumindest für diesen Zeitraum eine Begegnung zwischen Maximilian und Friedrich in Innsbruck – wie sie Paulus ausschließt – nachweisbar und zwar 1514 (nach Gatt: A. a. O., 157).

[599] Der Terminus ist von Kirn (a. a. O., 164) übernommen, der im 8. Kapitel seiner Arbeit (ebd., 164–177) die »religiöse Überzeugung« Friedrichs zum Gegenstand seiner näheren Betrachtungen macht.

[600] Die Frage, ob Friedrich der Weise »Lutheraner« war, bewegt die Gemüter seit der Reformationszeit und wird recht verschieden beantwortet, wie sich schon an zwei Beispielen aus der ersten Hälfte des 16. Jahrhunderts zeigt: Während Spalatin, der den Fürsten ja wie kein anderer kannte, sich recht vorsichtig und keineswegs so ausdrückte, daß eine Identifikation von Friedrichs Ansichten mit »Luthers Lehre« zwingend wäre (FWLZ, 28: Als das »Evangelium« wieder angegangen sei, wäre der Fürst »... je länger je mehr näher und baß daran« gekommen, »wie wol säuberlich und mit Mußen (!)«.),

die eine Beschäftigung mit dem Ernestiner als gläubigem Menschen des Spätmittelalters unumgänglich machen und die Frage nach dem Wesen seiner Frömmigkeit aufwerfen, über das sich freilich schwieriger Aussagen machen lassen als über die Äußerungen dieser Frömmigkeit, die bei aller Verschiedenartigkeit Rückschlüsse auf seine Frömmigkeitsstruktur gestatten.

Als am wenigsten aussagekräftig erweisen sich in dieser Hinsicht die den religiösen Bereich tangierenden Aufträge des sächsischen Kurfürsten für Künstler und Gelehrte. Besonders deutlich zeigt sich dies beim »Wittenberger Heiltumsbuch« von 1509, das in Form eines Kataloges mit Holzschnitten Lucas Cranachs eine Auswahl aus dem damals schon 5005 Partikel umfassenden Reliquienschatz der Wittenberger Schloßkirche zeigte und auf Anregung Friedrichs und seines Bruders Johann entstand.[601]

Der Auftrag zur Schaffung dieses Werkes entsprang auch materiellen Interessen, da das Buch viele Gläubige zum Besuch der Stiftskirche veranlassen sollte. Außerdem erhöhte es das Prestige der kurfürstlichen Residenzstadt, was es durchaus denkbar erscheinen läßt, daß es als Pendant zum »Wiener Heiltumsbuch« von 1502 gedacht war.[602]

---

bezeichnete nach dem Wormser Reichstag von 1521 eine Flugschrift – wenn auch in satirischer Überhöhung – den Ernestiner, der mit dem leugnenden Petrus verglichen wird, als einen »Lutherischen«, den seine Worte oft offenbarten (Oskar Schade: Satiren und Pasquille aus der Reformationszeit. Bd. 2. Hannover ²1863, 110). Auf verschiedene Stellungnahmen zur Problematik aus jüngerer Zeit wurde schon im Abschnitt 1 Bezug genommen (vgl. o. Anm. 18.19.33.36), trotzdem sollen hier noch einmal die wichtigsten Vertreter der unterschiedlichen Positionen genannt werden: Gegen die Ansicht, Friedrich der Weise sei der Lehre Luthers zugetan gewesen, haben sich u. a. Kolde (Friedrich, 26), Bezold (a. a. O., 270), E. Wagner (a. a. O., 389) und Höss (Spalatin, 137) gewandt – vgl. auch Zeeden (a. a. O., 386); Blaschke (Friedrich, 323). Die Meinung, der Fürst habe sich der lutherischen Lehre zugeneigt, vertraten z. B. – mehr oder minder vorsichtig – Gerber (a. a. O., 74), Nasemann (a. a. O., 53), Kroker (Friedrich, 81), Köstlin (Friedrich, 107), Kolde (RE 6, 282), Friedensburg (Geschichte, 174), Kalkoff (z. B. in: Friedrich der Weise, dennoch ..., 199); Friedrich der Weise und Luther, 42), W. Köhler (RGG³ 2, 1077), Lortz (a. a. O. 1, 29), Aland (Wendepunkte, 24) und Lau (RGG³ 2, 1150). Erstaunlicherweise bringt auch Kirn (a. a. O., 174) den Begriff »Lehre« in seine Ausführungen über Friedrichs religiöse Überzeugung ein und spricht davon, daß sich der Fürst »der evangelischen Lehre«, wenn auch zögernd, hingegeben habe.

[601] Richard Muther: Die Heiligtumsbüchlein des sechzehnten Jahrhunderts. BDBH 51(1884), 4732; Hildegard Zimmermann: Lucas Cranachs d. Ä. Folgen der Wittenberger Heiligtümer und die Illustrationen des Rhau'schen Hortulus animae. Halle 1929, passim; Ernst Schulte-Strathaus: Die Wittenberger Heiligtumsbücher vom Jahre 1509 mit Holzschnitten von Lucas Cranach. GuJ 5 (1930), 175–186; W. Schade: A. a. O., 31f. – Das »Heiligtumsbuch« erschien in zwei Ausgaben 1509/10 und bildete die Vorlage für das im Auftrag Kardinal Albrechts erstellte »Hallische Heiligtumsbuch« (s. R. Muther: A. a. O., 4732f.) von 1520 (vgl. dazu den Brief Stromers von Auerbach an Spalatin vom 29. Jan. 1519 bei Wustmann: A. a. O., 87).

[602] Schulte-Strathaus (a. a. O., 175) vermutet, daß Anstöße zum Druck des Buches vom Druck des »Wiener Heiligtumsbuches« ausgingen. – Was Friedrichs mögliche finanzielle

Ebenso unergiebig für Fragen nach dem Wesen von Friedrichs Frömmigkeit sind – isoliert betrachtet – seine Aufträge zur Ausgestaltung von Gebetbüchern[603] durch den Nürnberger Illuministen Jakob Elsner[604] oder andere Künstler.[605] Anders verhält es sich, was den Druck von Erbauungsliteratur auf Geheiß des Kurfürsten betrifft: Der Auftrag für die Drucklegung der Ablaßpredigten des Johann von Paltz unter dem Titel »Himmlische Fundgrube« (1490) ging nachweislich von ihm aus,[606] während das bei dem 1512 in Wittenberg von Wolfgang Cyklop herausgegebenen »Ein ser andechtig cristenlich Buchlein aus hailigen Schrifften vnd Lerern von Adam von Fulda in teutsch reymenn gesetzt«[607] fraglich ist.[608] Von den Motiven Friedrichs für seine Druckaufträge wird noch die Rede sein. Er stand damit keineswegs allein da; Herzogin Zedena von Sachsen – um nur ein Beispiel zu nennen – ließ gleichfalls erbauliche Bücher drucken.[609]

Freilich blieb er bei den entsprechenden Druckaufträgen nicht stehen; er gab darüber hinaus den Anstoß zur Abfassung religiöser Schriften, was nicht verwundert, denn er zeigte zeitlebens eine ausgesprochene Vorliebe für fromme

---

Erwägungen betrifft vgl. Justus Hashagen: Landesherrliche Ablaßpolitik vor der Reformation. ZKD 45 (1926), 13f.

603 Diese Büchergattung war in der damaligen Zeit sehr beliebt und entsprechend weit verbreitet, ob nun gedruckt oder von Schreibern und Illuminatoren gestaltet. Näheres bei WOLDEMAR VON SEIDLITZ: Die gedruckten illustrierten Gebetbücher des XV. und XVI. Jahrhunderts. JPKS 5 (1884), 128–130.

604 Vgl. ROBERT BRUCK: Der Illuminist Jacob Elsner. JPKS 24 (1903), 302f. – Elsner arbeitete 1505, 1507 und 1509 für Friedrich. Am 28. Sept. 1509 meldete Tucher dem Kurfürsten, daß Elsner eine ihm aufgetragene Gebetbuchilluminierung beendet habe (EGA Reg. Aa 2299, 38).

605 So ließ Friedrich durch einen Maler Kunz (1488) und durch einen Ungenannten (1496) je ein »pett buchleyn« ausschmücken und 1499 für 185 fl. (Angabe BRUCKS korrekt?) in Nürnberg ein Gebetbuch anfertigen (nach BRUCK: Friedrich, 283. 302). EGA Reg. O 37 ist der Brief eines Magisters Fabian Frangk (16. Aug. 1517, Leipzig) erhalten, in dem auf ein Gebetbuch eingegangen wird, das Frangk für den Kurfürsten anzufertigen gedachte.

606 Paltz hatte vor den ernestinischen Fürsten in Torgau gepredigt (1490), und Friedrich war von seinen Worten so beeindruckt, daß er die Drucklegung anordnete. – Zu den einzelnen Ausgaben und der Vorgeschichte des Erstdrucks s. FRITZ JUNTKE: Über die im 15. Jahrhundert in Leipzig gedruckten Ablaßpredigten des Johannes von Paltz. GuJ 48 (1973), 203–209; WILLI MASSA: Die Eucharistiepredigt am Vorabend der Reformation. Steyl 1966, 45. 234. – 1491 erschien – ebenfalls auf Friedrichs Anregung – eine weitere Predigt von Paltz, gedruckt unter dem Titel: De septem foribus seu festis beatae virginis ... (s. dazu JUNTKE: A. a. O., 209–212).

607 Vollständiger Titel bei BAUCH: Schenk, 386. Der Drucker war höchstwahrscheinlich der aus Straßburg stammende Symphorian Reinhart (vgl. Anm. 1519).

608 Hinweise darauf fehlen – vgl. BAUCH: Schenk, 386–388; DERS.: Cranachforschung, 421–424.

609 So druckte der Leipziger Buchdrucker Melchior Lotter für sie »Das buch geistlicher gnaden .. der heiligenn iungfrawen Mechtildis vnd Gertrudis ...« (1503) und »Das buch der botschafft ... gotlicher guttikeit ...« (1505) – s. HARALD BRETSCHNEIDER: Der Leipziger Buchdrucker Melchior Lotter d. Ä. Phil. Diss. (Masch.) Leipzig 1924, 97.

Traktate.[610] Einige Werke Luthers haben ihre Entstehung seinen Anregungen zu verdanken. Obwohl dabei die Absicht mit im Hintergrund gestanden haben mag, den Reformator vom Schreiben »verdrießlicher Büchlein« abzuhalten und durch die Erbauungsschriften indirekt dessen Gegner von seiner Rechtgläubigkeit zu überzeugen,[611] legen sie doch ein beredtes Zeugnis von der Frömmigkeit des Auftraggebers ab. Der Befehl zum Druck der »Dictata super Psalterium«, dem Luther 1516 nicht sofort nachkommen wollte,[612] ging höchstwahrscheinlich ebenso vom Kurfürsten aus wie der Anstoß zum Druck der »Sieben Bußpsalmen« (1517).[613]

Da sich der schriftliche Verkehr zwischen Friedrich und Luther vor und nach 1517 vorwiegend über Spalatin als Mittelsmann vollzog, muß davon ausgegangen werden, daß besonders nach 1517 die Korrespondenz zwischen dem kurfürstlichen Geheimsekretär und dem Reformator zum Teil als eine Art verkappter Schriftwechsel zwischen dem Kurfürsten und seinem Universitätsprofessor aufzufassen ist.[614] Daher kann man es nicht ausschließen, daß hinter

[610] Daß sie bekannt war, zeigt Mutians Aufforderung an Spalatin und Urban (Ende 1505), eine erbauliche Schrift zu verfassen und sie ihm nach ihrer Fertigstellung zuzusenden; er werde sie dann »Federicho« geben – Gillert: A.a.O. 1, 48 (Nr. 37). Auch Luther kannte die Vorliebe seines Landesherrn für erbauliche Lektüre; in der Widmung der lateinischen Adventspostille (3. März 1521; WA 7, 465, 5–8) bestätigte er ihm, daß er geistliches Schrifttum »sacrae literae«) fördere (»favere«) und danach lechze (»inhiare«). Nicht zu Unrecht hat Theodor Lockemann (Technische Studien zu Luthers Briefen an Friedrich den Weisen. Leipzig 1913, 163) darauf hingewiesen, daß der Reformator bei seinen drei Dedikationsepisteln für Friedrich diesen für sein jeweiliges Werk interessiert wissen konnte.

[611] Der Kurfürst gab sein Mißfallen über zu polemische Schriften Luthers mehr als einmal zu erkennen, so z.B. in seinen Briefen an Planitz vom 25. Febr. 1522 und 11. Jan. 1523 – s. Wülcker-Virck: A.a.O., 157 (Nr. 66). 315 (Nr. 136). Dem Gedanken, daß er mit »sacris et placidis studiis« vom Kurfürsten friedlich gestimmt werden sollte, verlieh Luther selbst in der Adventspostillendedikation (vgl. Anm. 610; WA 7, 463, 14f.) Ausdruck. – Daß der Kurfürst auch daran gedacht hat, die Rechtgläubigkeit des Mönchs indirekt unter Beweis zu stellen, indem er ihn zur Abfassung erbaulicher, nicht anstößiger Schriften anregte, wird angesichts der Tatsache wahrscheinlicher, daß er ihn auch veranlaßte, seine »Assertio omnium articulorum ... per bullam Leonis X. novissimam damnatorum« (1521) zu veröffentlichen – vgl. dazu WABr 2, 220 (Nr. 335): 29. Nov. 1520; ebd., 221, Anm. 3. 249 (Nr. 368).

[612] WABr 1, 56 (Nr. 21): 9. Sept. 1516 (?). Vgl. dazu Luthers an Friedrich gerichtetes Schreiben (nicht genau datierbar, ca. 1515–1519) in WABr 1, 386f. (Nr. 173), in dem er um zwei Kappen bittet, die er sich mit dem »Psalter« (den »Dictata super psalterium«, den »Sieben Bußpsalmen« oder der Widmung der »Operationes in psalmos«?) verdient habe.

[613] Vgl. Anm. 612. – In WABr 1, 90 (Nr. 35): 1. März 1517, einem Schreiben, das sich auf die »Bußpsalmen« bezieht, ist von Friedrich freilich nicht die Rede.

[614] So auch Lockemann (a.a.O., 47), dessen an Kalkoff (Ablaß, 45) orientiertem pauschalisierenden Verständnis des Spalatin-Luther-Briefwechsels als »Denkmal des ununterbrochenen Gedankenaustausches« zwischen dem Fürsten und dem Reformator ich mich allerdings nicht anzuschließen vermag.

Spalatins Bitte vom Frühjahr 1519, Luther möge eine Anweisung für das priesterliche Leben schreiben, Friedrich steht.[615] Noch im gleichen Jahr trat Spalatin in ausdrücklichem Auftrag des Fürsten an den Reformator mit der Bitte heran, eine Anleitung für Geistliche zu schreiben, durch die sie »... puram Christi Theologiam in populo vulgarent et errores pellerent«.[616] Luther kam dem entgegen und begann an den »Enarrationes epistolarum et evangeliorum«[617] zu arbeiten, die Anfang 1521 in Druck gingen. Ob die an ihn gerichtete Bitte Spalatins, einen Sermon über die Sakramente zu schreiben, auf die der Reformator in seinem Schreiben vom 18. September 1519 eingeht,[618] im Einvernehmen mit Friedrich gestellt worden ist, wird nicht klar ersichtlich. Luther gibt jedenfalls unmißverständlich zu erkennen, daß für ihn auch ein anderer Auftraggeber als der Hofbeamte hinter dem Ersuchen stehen kann.[619] Bei dem von Spalatin in den ersten Novembertagen 1521 zunächst an Melanchthon, dann an Luther gerichteten Wunsch, für den Kurfürsten eine Trostschrift zu verfassen,[620] sind dagegen Zweifel an der Auftraggeberschaft gegenstandslos.

Hatte Friedrich bei seinen Druck- und Schreibaufträgen wie auch bei seinen Aufträgen zur Anfertigung von Bildern mit religiöser Thematik[621] vor allem auch die Öffentlichkeit im Auge, so ergingen seine Bitten an verschiedene Theologen um Auslegung bestimmter Bibelstellen allein in seinem eigenen Interesse. Obwohl er dabei vorwiegend – gerade was die Anfragen an Luther betrifft – als Fragesteller im Dunkeln bleibt und Spalatin für ihn die Antworten einholt, sei es, daß der Fürst die Fragen ursprünglich an ihn gerichtet hatte, sei es, daß er ihn nur um ihre Weiterleitung bat, kann man bei einigen von ihnen mit größerer Sicherheit vermuten, daß sie nicht für den Geheimsekretär,[622] sondern

---

[615] WABr 1, 394 (Nr. 175): Luther an Spalatin, 16. Mai 1519.

[616] WABr 1, 538 (Nr. 211): Luther an Spalatin, (ca. 16. Okt. ?) 1519.

[617] WABr 1, 553 (Nr. 218): 7. Nov. 1519.

[618] WABr 1, 594 (Nr. 231).

[619] WABr 1, 594 (Nr. 231): Luther teilt Spalatin mit, daß er den Sermon nicht schreiben könne, den Spalatin »... vel ullus hominum ex me speret«.

[620] In beiden Fällen wurde dem Wunsch nicht nachgekommen – s. CR 1, 455 (Nr. 135); WABr 2, 403 (Nr. 438).

[621] Ich denke hierbei weniger an die Gemälde, die Friedrich stiftete (vgl. Anm. 732. 733), als an die Druckgraphiken mit religiöser Thematik, die in größerer Zahl verbreitet werden konnten und auf denen der Fürst bisweilen selbst in andächtiger Haltung mit abgebildet ist, so z.B. bei Hans Suess von Kulmbach: Friedrich, das Schiff der Heiligen Ursula anbetend (ca. 1513/14), oder Lucas Cranach: Friedrich, den Heiligen Bartholomäus (seinen Schutzheiligen) verehrend (ca. 1512/15) – vgl. dazu Koepplin-Falk: A.a.O. 1, 223 (Nr. 106); 2, 489 (Nr. 338). 492 (Nr. 341). Hierher gehören auch Graphiken mit Devotionaliencharakter, wie Cranachs frühester Wittenberger Holzschnitt (1505), die »Verehrung des Herzens Jesu« (LCGW, 7), und vielleicht auch Cranachs »Passio D. N. Jesu Christi ...« (LCGW, 216–244); zur »Verehrung des Herzens Jesu« s. auch LCKG, 92 (von Werner Timm).

[622] Vgl. Anm. 614. – Das Fehlen eindeutiger Kriterien für die jeweilige Urheberschaft macht natürlich definitive Aussagen unmöglich. Anfragen, bei denen offensichtlich text-

für den Kurfürsten bestimmt waren, weil sie auf Probleme eingehen, mit denen sich, wie wir aus anderem Zusammenhang wissen, Friedrich der Weise sehr beschäftigte.[623]

---

kritische Probleme einzelner Bibelversabschnitte im Mittelpunkt stehen, werden ebenso direkt von Spalatin stammen wie solche zu rein dogmatischen Fragestellungen. Auch Anfragen zu einer Reihe von Bibelstellen dürften kaum Friedrich zum Auftraggeber haben. Es führt m. E. zu weit, wenn KALKOFF (Ablaß, 39f.) meint, hinter Spalatins Anfrage an Luther über die scholastische Unterscheidung der »ignorantia« (Nov. 1517) stehe der Kurfürst – vgl. WABr 1, 124 (Nr. 53). Luther antwortete in diesem wie auch in den folgenden Briefen wohl eher auf eine Anfrage Spalatins: WABr 1, 82f. (Nr. 31): 31. Dez. 1516; 595 (Nr. 231): 18. Dez. 1519; 607 (Nr. 237): (1519?); 2, 533f. (Nr. 492): (ca. 17.Mai 1522); 557f. (Nr. 507): (ca. 8. Juni 1522; 625 (Nr. 553): (11. Dez. ? 1522); 637 (Nr. 559): 20. Dez. 1522.

623 Daß Luther auch für Herzog Johann als Bibelstellenerklärer tätig war, zeigt sein Brief an Spalatin (ca. 17. Sept. 1521) in WABr 2, 391f. (Nr. 431). Im Gegensatz zu seinem Bruder hatte es der Herzog nicht nötig, jeden Kontakt – und sei er auch schriftlich – mit dem Reformator zu vermeiden, weshalb es unwahrscheinlich ist, daß er hinter Spalatins anderen Anfragen stand. Friedrich ist in Luthers Korrespondenz mit Spalatin nur einmal ausdrücklich als Auftraggeber der Erklärung einer Schriftstelle erwähnt und zwar am 12. Febr. 1519: An diesem Tag sandte Luther dem kurfürstlichen Geheimsekretär als Briefbeilage eine längere Auslegung zu Joh. 6, 37 – s. WABr 1, 326–331 (Nr. 145). Anlaß für Friedrichs Anfrage könnte Joh. 6, 37b gewesen sein, eine Stelle, die einem von Verwerfungsangst gequälten Menschen – wie es der Kurfürst möglicherweise war – Trost geben konnte. Luther betont in seiner Auslegung bezeichnenderweise, daß der Glaube an Christus zum ewigen Leben genüge (ebd., 330). Wiederholungen ähnlicher Aussagen des Reformators bei der Auslegung anderer Schriftstellen bieten zwar kein sicheres Indiz für eine Auftraggeberschaft Friedrichs, lassen sie aber wahrscheinlicher werden, so etwa bei der Erklärung von Hosea 2, 19 (3. Nov. 1522), s. WABr 2, 613f. (Nr. 546), zu Joh. 8, 51 und Luk. 11, 28 (12. April 1522) – s. WABr 2, 493 (Nr. 472). Berücksichtigt man Spalatins Hinweis, daß der Kurfürst besonders gern die Evangelien las und den Jesusworten große Aufmerksamkeit schenkte (FWLZ, 29), legt es sich nahe, die Erklärung der entsprechenden Stellen mit Friedrich in Verbindung zu bringen, besonders wenn in ihnen den Fürsten sehr bewegende Fragen anklangen. Von seiner deterministischen Grundhaltung her kann man z. B. seine Auftraggeberschaft für die Erklärung von Joh. 15, 5b (April 1520) – WABr 2, 80–82 (Nr. 277); CR 1, 153–155 (Nr. 68) – annehmen. Jesusworte stehen im Mittelpunkt der Erklärungen zu Joh. 6, 37, Joh. 8, 51, Luk. 11, 28, Matth. 6, 33, Matth. 18, 22, Joh. 14, 31, Matth. 24, 30, Matth. 18, 15–17; s. WABr 1, 326–331 (Nr. 145); WABr 2, 493 (Nr. 472). 605 (Nr. 541); WABr 3, 45 (Nr. 593); CR 1, 607 (Nr. 236); WABr 3, 109f. (Nr. 633). 146 (Nr. 656); CR 1, 607f. (Nr. 236), bzw. SM 6I, 214 (Nr. 290). Eine Auftraggeberschaft Friedrichs ist m. E. in Frage zu stellen bei Luthers bzw. Melanchthons Erklärungen zu Jes. 11, 2, Mark. 7, 31–37, Mal. 3, 4, Joh. 1, 51, Luk. 22, 29f.; vgl. WABr 2, 552 (Nr. 503); WABr 2,137f. (Nr. 650). 368 (Nr. 789). 439 (Nr. 829); CR 1, 624f. (Nr. 252). Bei anderen Schriftstellenauslegungen, die Spalatin von Luther zugesandt oder in Aussicht gestellt wurden, ist eine Auftraggeberschaft des Kurfürsten dagegen wahrscheinlicher; sie lassen sich als unmittelbare Reflexe der Schwierigkeiten und Hoffnungen Friedrichs verstehen, so etwa bei den Erklärungen zu Ps. 43 (Herbst 1522) und bei Ps. 1, 6 und Ps. 4,4 (Herbst 1523) – vgl. WABr 2, 606 (Nr. 542); WABr 3, 163 (Nr. 662).

Darüber hinaus belegen sie auf anschauliche Art, daß der Fürst ein eifriger Bibelleser war, der schon deshalb die Übersetzung Luthers erfreut zur Kenntnis genommen haben dürfte.[624] Abgesehen von seiner Bibellektüre hat er auch sonst gern erbauliche Literatur gelesen und das nicht erst im Alter.[625] Die auf seine Anregung entstandenen Bücher gehörten ebenso zu seinem Lesestoff wie anderes für ihn erworbene oder ihm dediziertes geistliches Schrifttum, Lutherschriften mit eingeschlossen.[626] Als er 1518 nicht mehr wußte, was er über Karfreitag und Ostern Erbauliches lesen sollte, ließ er sich in dieser Frage durch Luther beraten.[627]

---

[624] Vgl. FWLZ, 29. – Der Kurfürst war einer der ersten, die die Bibelübersetzung Luthers zu lesen bekamen. Ab Mai 1522 erhielten der kurfürstliche Geheimsekretär und sein Herr Bogen um Bogen des im Druck befindlichen »Septembertestaments« – s. WABr 2, 524 (Nr. 488). 552 (Nr. 503). 573 (Nr. 515). 580 (Nr. 523). 586 (Nr. 529). Am 20. Aug. 1522 konnte Luther Spalatin schreiben: »Memento duplex te habere exemplar noui testamenti ..., vnum pro te, alterum pro principe« – WABr 2, 589 (Nr. 531). Gegen Ende September 1522 besaßen Spalatin, der Kurfürst und Herzog Johann je ein komplettes Exemplar des »Septembertestaments« – vgl. WABr 2, 598 (Nr. 536). 599 (Nr. 537). Daß Friedrich mit seiner Bibellektüre unter den Fürsten seiner Zeit nicht allein dastand, versteht sich von selbst; für Eberhard von Württemberg war schon Jahre vor Luther eine deutsche Übersetzung des Alten Testaments, in dem er besonders gerne las, angefertigt worden (Geiger: Reuchlin, 23).

[625] Ähnlich wie sein Neffe Johann Friedrich, für dessen Unterweisung man 1512 einen »Hortulus animae« kaufte (Mentz: Johann Friedrich 1, 6), ist Friedrich sicher schon als Kind mit Erbauungsliteratur bekannt gemacht worden. Leider können wir über die Titel der von ihm in seiner Jugend gelesenen geistlichen Werke nur Vermutungen anstellen und sind auch für die Folgezeit nur unzureichend über seine geistliche Lektüre informiert, wenn sich auch hier konkretere Hinweise finden: Palmarum (12. April) 1500 wurde z.B. ein Passionsbüchlein gekauft und nach Torgau gesandt, wo sich der Kurfürst anscheinend gerade aufhielt (Bruck: A.a.O., 285; nach EGA Reg. Bb 4171). Das 1518 von Luther an Spalatin geschickte zweite Exemplar der vollständigen Ausgabe der »Theologia deutsch« war höchstwahrscheinlich auch für Friedrich bestimmt – vgl. WABr 1, 180 (Nr. 80).

[626] Außer den von Friedrich angeregten Lutherschriften gehören diejenigen Werke des Reformators hierher, die er dem Kurfürsten widmete, also die »Operationes in Psalmos« (1519; vgl. WA 5, 19–23), die »Tessaradecas consolatoria pro laborantibus et oneratis« (1520; s. WA 6, 104–106) und die lateinische Adventspostille (1521, s. WA 7, 463–465). Ob der Kurfürst 1519 schon die Schriften Luthers besaß, wie sein Neffe Johann Friedrich (vgl. Mentz: A.a.O. 1, 30), läßt sich schwer sagen. Der 1519 von Luther Spalatin übersandte »Sermon von der Betrachtung des heiligen Leidens Christi« und die »Auslegung des Vaterunsers« – vgl. WABr 1, 367 (Nr. 166) – sind sicher von ihm gelesen worden, ebenso die ihm im Mai 1522 durch Melanchthon zugeschickte Schrift »Von beider Gestalt, das Sakrament zu nehmen« – vgl. CR 1, 570 (Nr. 211). Daß Friedrich auch »De votis monasticis« las, ist in Luthers Tischreden bezeugt – s. WATR 4, 303 (Nr. 4414), A. Lauterbach, 18. März 1539; ebd., 624 (Nr. 5034), J. Mathesius, 21. Mai – 11. Juni 1540. Wenn der Kurfürst als Verteiler von Lutherschriften in Erscheinung trat (vgl. Anm. 715), dann sicher nicht, ohne die entsprechenden Schriften vorher selbst gelesen zu haben.

[627] Offiziell ging die Bitte von Spalatin aus; vgl. WABr 1, 164 (Nr. 69); Kalkoff: Ablaß, 39, Anm. 3.

Nun wäre es aber falsch anzunehmen, daß sich Friedrichs Christsein auf das Lesen von Erbauungsliteratur beschränkt habe. Es erschöpfte sich auch nicht in den Auswüchsen spätmittelalterlicher Frömmigkeit, an die man unwillkürlich denkt, wenn von ihm und seiner Reliquiensammlung die Rede ist. Als überzeugter Sohn seiner Kirche besuchte er, wenn er es ermöglichen konnte, die Messe, und das war fast täglich;[628] davon ging er auch nicht ab, wenn er auf Reisen war.[629] Dabei läßt sich schwer sagen, mit welcher Häufigkeit er kommunizierte. Das gleiche gilt für seine Beichtgänge, obwohl manche Anzeichen dafür sprechen, daß er öfter beichtete: Als sein ständiger Beichtvater war über 30 Jahre der Franziskaner Jakob Vo(i)gt tätig,[630] den er kaum zweimal von dessen Ordensoberen in seine unmittelbare Nähe hätte versetzen lassen, wenn er seiner nicht bedurft hätte.[631] Nach Vogts Tod im Jahre 1522 wurde Johannes Wag(e)ner dessen Nachfolger,[632] was allerdings nicht ausschließt, daß der Kurfürst auch anderen Geistlichen seiner Umgebung beichtete.[633] Den Einfluß, den Friedrichs

---

628 Die Hofrechnungsbücher bieten dafür gute Belege. Beispielsweise stehen in Friedrichs Ausgabenverzeichnis von 1501/02 und 1504/05 (EGA Reg. Bb 4177. 4187) die Opfergeldaufwendungen – was ihre Häufigkeit betrifft – bei weitem an erster Stelle (s. auch FWLZ, 28; Kalkoff: Depeschen, 28).

629 Bei diesen Gelegenheiten ließ er sich meist von ortsansässigen Priestern die Messe lesen, so z. B. am 6. Sept. 1513 in Zerbst (Buchwald: Frömmigkeit, 80; s. auch Röhricht-Meisner: A. a. O., 97). Auf seiner Palästinareise begleitete ihn dagegen ein Priester, der ihm die Messe hielt (Röhricht-Meisner: A. a. O., 64).

630 Über Vo(i)gt s. Paul Flemming: Zur Geschichte der Reliquiensammlung der Wittenberger Schloßkirche unter Friedrich dem Weisen. ZVKGPrSa 14 (1917), 88–90; WABr 1, 79f., Anm. 2; Kirn: A. a. O., 25f. Vogt war schon als Beichtvater Herzog Wilhelms III. von Sachsen tätig gewesen, als er Friedrichs Beichtiger wurde; der Einfluß, den er in diesem Amt auf »‚Religiosität und Kirchlichkeit'« (WABr 1, 79, Anm. 2) des Kurfürsten ausübte, kann nicht hoch genug veranschlagt werden. Daß er die Reformbestrebungen des Andreas Proles unterstützte – vgl. Kolde: Staupitz, 114. 118f. (Nr. 2) –, sei hier nur deshalb erwähnt, weil auch Friedrich mit Proles in Verbindung stand (vgl. Anm. 1263) und ihm bei seinen Reformversuchen seine Hilfe nicht versagte, vgl. Kirn: A. a. O., 86–88).

631 Am 6. Juni 1492 bat Friedrich darum, Vogt von Nordhausen in die Torgauer Gegend versetzen zu lassen, damit er ihn in der Nähe habe, wenn er seiner bedürfe (EGA Reg. Kk 1062, 1). 1515 (1. Jan.) erging eine erneute Bitte des Ernestiners an die Ordensoberen; diesmal sollte Vogt nach dem Kloster in Steinlaussig versetzt werden (EGA Reg. Kk 776, 1).

632 Über ihn s. Kirn: A. a. O., 176, Anm. 46.

633 Das gilt vor allem für seine Hauskapläne und die Pfarrer in den Orten, wo er sich recht häufig aufhielt. – Über das Verhältnis des Kurfürsten zu seinem und seines Bruders Kaplan Johann Schawer, für den beide Fürsten 1489 (13. Aug., Torgau) einen Schutz- und Verspruchbrief ausstellten (EGA Kop. A 1, 2v), läßt sich nichts näheres sagen, während das bei Spalatin, der ab 1517 auch Hofgeistlicher Friedrichs war (s. Höss: Spalatin, 91), völlig anders ist: Im März 1518 wurden ihm von Leo X. umfassende Beichtvollmachten übertragen (Höss: A. a. O., 91. 127, Anm. 9) und er hat für die Folgezeit als der eigentliche Seelsorger des Kurfürsten zu gelten. Außer ihm wirkte in den letzten Lebensjahren des Fürsten u. a. noch Franz Günther – ab 1520 Pfarrer in Lochau (N. Müller: A. a. O., 379–381) – als Beichtiger des Ernestiners. Friedrichs letzter Beichtvater war der Herzberger Pfarrer Johannes Wagner; s. dazu Anm. 438.

Beichtväter und Seelsorger auf seine Entscheidungsfindung ausübten, sollte man – gerade im Blick auf fürstliche Beichtiger späterer Zeiten – keineswegs überschätzen, aber auch nicht unterbewerten.[634] Ähnliches ließe sich auch von seiner möglichen Beeinflussung durch verschiedene Prediger sagen, denn er war ein leidenschaftlicher Predigthörer. Über seine Vorliebe für Predigten sind wir verhältnismäßig gut informiert. Er unterschied sich darin nicht von seinen Zeitgenossen, unter denen sich besonders gedruckte Predigtsammlungen großer Beliebtheit erfreuten.[635] Es ist kein Zufall, daß auf sein Geheiß ein Druck der Ablaßpredigten des Johann von Paltz zustandekam.[636] Begabte Prediger standen bei ihm in hohem Ansehen.[637] Deshalb verwundert es kaum, wenn er auch an Luthers Predigten Gefallen fand.[638] Überhaupt hörte oder las er Predigten »über

---

[634] Vgl. Anm. 639. Friedrich ist in seiner Haltung in der Luthersache sicher dadurch bestärkt worden, daß Vogt anfangs zu Luther hielt (vgl. WABr 1. 79f., Anm. 2). Welche Bedeutung Spalatin für Friedrichs Verhalten gegenüber dem Reformator zukommt, braucht hier nicht erörtert zu werden. Trotzdem sei hier davor gewarnt, Spalatins Einfluß auf den Fürsten in der Lutherfrage zu überschätzen (gegen Höss: A. a. O., 91f.): Der Einfluß des Hofgeistlichen war zwar groß, aber er hatte [...] seine Grenze, denn der Kurfürst war stets bemüht, sein eigener Herr zu bleiben. Das zeigt nichts so deutlich wie der krampfhafte, vergebliche Versuch Spalatins, den Fürsten noch auf dem Sterbebett (am 1. Mai 1525) mit einer »Trostschrift« (EGA Reg. O 368, 12–14; gedruckt bei Kirn: A. a. O., 193–195) [...] dazu zu bewegen, »alle stift, closter vnd geistlichkeit« seines Fürstentums aufzufordern, den Gottesdienst »nach dem lautern gotts wort zu richten« und die alten »cerimonien« abzustellen (zu der Trostschrift vgl. Anm. 752; zu Friedrichs Stellung zur Reformation s. Anm. 651).

[635] Vgl. Rudolf Cruel: Geschichte der deutschen Predigt im Mittelalter. Detmold 1879, §§ 41–43; Massa: A. a. O., 10. 29; Döring-Hirsch: A. a. O., 41.

[636] S. Anm. 606, Kunzelmann: A. a. O., 440. – 1502 lud der Kurfürst Paltz ein, in Naumburg, Torgau und Schneeberg Ablaßpredigten zu halten (Kunzelmann: A. a. O., 441).

[637] Von Nikolaus von Amsdorf wird berichtet, daß Friedrich großen Gefallen an seinen Predigten gefunden habe – vgl. Hans Stille: Nikolaus von Amsdorf: sein Leben bis zu seiner Einweisung als Bischof in Naumburg (1483–1542). Phil. Diss. Leipzig 1937, 11. Da auch Jodocus Trutfetter – seit 1507 Archidiakon an der Wittenberger Schloßkirche (Kleineidam: A. a. O. 2, 293) – ein großer Prediger war (Plitt: Trutfetter, 9. 39), könnte Friedrichs großer Zorn über dessen Weggang von Wittenberg (ebd., 41) mit darauf zurückzuführen sein, daß er den Verlust des befähigten Predigers bedauerte. Im Gegensatz dazu kann es als sicher gelten, daß der Kurfürst deshalb 1522 Wenzeslaus Linck zum Prediger in Altenburg ernannte (Kirn: A. a. O., 114), weil er ihn schon mehrmals hatte predigen hören. Möglicherweise besteht auch ein Zusammenhang zwischen der Förderung der Augustinereremiten durch Friedrich und der hervorragenden Predigtpflege durch diesen Orden (vgl. Kolde: Staupitz, 202).

[638] Vgl. Anm. 474; zur Frage der Finanzierung von Luthers Doktorat s. auch Scheel: A. a. O. 2, 555–557; Hermann Steinlein: Luthers Doktorat. Leipzig 1912, 21f. – Es spricht für sich, daß Herzog Johann Ende Januar 1525 den durch Luther verstimmten Kurfürsten mit Hinweis auf eine jüngst gehaltene Predigt des Reformators zu beschwichtigen suchte (Kolde: Friedrich, 58). Wenn Spalatin bisweilen von Luther Nachschriften seiner Predigten anforderte, dann stand dabei höchstwahrscheinlich auch Friedrich im Hintergrund – s. z. B. WABr 1, 282f. (Nr. 125). 284–287 (Nr. 126); WABr 2. 613 (Nr. 546).

die massen« gern (in den drei Wochen vor seinem Tod ließ er sich zweimal »zu Meß und Predigt« tragen)[639], und er behielt auch manche Einzelheiten daraus im Gedächtnis.[640]

Dabei waren es besonders diejenigen Predigten, die nicht – wie er sagte – mit »Scharfsinnigkeiten und dogmatischem Ballast« prunkten, durch die er am meisten bewegt wurde.[641] Diese Aussage erhellt schlaglichtartig einen Wesenszug seiner Frömmigkeit, den eine pauschalisierende Betrachtungsweise unmittelbar auf den Einfluß Luthers zurückgeführt hat: Für Friedrich ist eine unverkennbare Abneigung gegen die dogmatisch überfrachtete Verkündigung seiner Zeit charakteristisch, wozu sein im Grunde unkompliziertes Gemüt das Seine beitrug. Theologisches Denken lag ihm fern. Theologie war für ihn eine Sache der Gelehrten, weshalb er sich in der Luthersache immer wieder und mit gutem Grund wegen seiner Inkompetenz in dogmatischen Fragen herauszureden versuchte.[642]

Im Gegensatz zu Herzog Georg von Sachsen, der theologisch gebildet war, konnte er deshalb die Konsequenzen von Luthers Äußerungen nicht in vollem Umfang[643] voraussehen und sich einreden, Luthers Glaube sei der wahre katholische.[644] Wenn auch von einer generellen Übereinstimmung zwischen den Glaubensansichten Luthers und seines Landesherrn nicht die Rede sein kann, so ist sie doch an einzelnen Punkten festzustellen, wobei sich jedoch in der Frage, wie es dazu kam, die Geister scheiden. Zu offensichtlichen Überschneidungen von Friedrich und dem Reformator eigenen Vorstellungen kam es dort, wo Luther Gedanken formulierte, die im beginnenden 16. Jahrhundert vielerorts mehr oder minder latent vorhanden waren, auch beim sächsischen Kurfürsten. Eine partielle Kongruenz von Ansichten, die überdies noch aus recht verschiedenen Erfahrungen erwachsen waren, als sicheres Indiz dafür zu werten, daß

Einmal hat der Kurfürst Luther sogar direkt zur Abfassung einer Predigt veranlaßt, die für die Lichtenberger Antoniter bestimmt war (1522; vgl. Vossberg: A. a. O., 124f.; WA 10 III, 80–85).

639 Am 14. und 30. April 1525 (FWLZ, 29f.).

640 FWLZ, 49.

641 Laut Luthers Widmungsvorrede für die »Operationes in Psalmos« (1519) hat Friedrich gegenüber Staupitz, als die Rede auf die Prediger kam, gesagt, daß jene Predigten, »quae argutiis et traditionibus hominum constant, mire frigere, ac ad persuadendum in rebus nostris elumbes et eviratas« seien – WA 5, 21,28–29.

642 Vgl. Anm. 451. 514. 515.

643 Das soll nicht heißen, daß sich der Kurfürst der Tragweite einzelner theologischer Ansichten des Reformators nicht bewußt war: So hat er 1521, als er mit den Thesen zur »Disputation von der rechten Buße« bekannt wurde, gegenüber Spalatin zu erkennen gegeben, daß der Papst das nicht werde leiden können (Spalatin: Annales Reformationis, 39). Falls sich Friedrich von seinem Geheimsekretär etwa zur gleichen Zeit tatsächlich eine Aufstellung der in Konstanz verdammten Artikel des Johann Hus anfertigen ließ (vgl. Höss: A. a. O., 171), dann sicher weniger aus theologischem Interesse als zu seiner persönlichen Information.

644 So versuchte Aleander Friedrichs Haltung zu deuten (s. Kalkoff: Depeschen, 211).

der Fürst »überzeugter Lutheraner«[645] wurde, geht ebensowenig an, wie einen ähnlichen Schluß aus der Tatsache zu ziehen, daß er die letzte Kommunion[646] sub utraque empfing.[647]

---

[645] Lortz: A.a.O. 2, 29.

[646] Vgl. den Bericht über Friedrichs Abendmahlsempfang in FWLZ, 67. 30; Spalatin (FWLZ, 30) deutete den Vorgang allerdings nur indirekt als ein Bekenntnis zur Reformation (vgl. Anm. 647). Das Ausschreiben der Räte (Entwurf EGA Reg. D 211, 7) vom 7. Mai 1525 enthält den ausdrücklichen Hinweis, daß der Verstorbene vor seinem Tod »mit geistlicher andacht vnd gutter vernunfft« gebeichtet und das Abendmahl nach »Christi aussetzung« empfangen habe, womit er ein Vorbild sei. Ich bin der Meinung (u.a. im Gegensatz zu Aland: Wendepunkte, 26), man sollte die communio sub utraque durch den sterbenden Fürsten keineswegs zum Bekenntnisakt hochstilisieren, für den die konfessionelle Polarisierung zwischen Anhängern und Gegnern Luthers zum fraglichen Zeitpunkt noch nicht weit genug fortgeschritten war.

[647] Gegen diesen Schluß spricht auch die Tatsache, daß der Fürst sich erst angesichts des Todes zum Abendmahlsempfang unter beiderlei Gestalt durchrang, obwohl er schon in den Wochen zuvor – ab 9. April 1525 durfte in Lochau nach neuer Ordnung Gottesdienst gehalten werden (Kirn: A.a.O., 176) – dazu Gelegenheit gehabt hätte. Daß Spalatin in der Abendmahlsangelegenheit auf Friedrich einen ähnlichen moralischen Druck ausgeübt hat wie in seiner »Trostschrift« (vgl. Anm. 634), ist ebenso auszuschließen wie eine nachträgliche Vorspiegelung des Sub-utraque-Empfangs durch den Geheimsekretär, denn dazu waren bei der letzten Kommunion des Kurfürsten zu viele Zeugen anwesend (vgl. FWLZ, 30). Gegen die Überbewertung des Abendmahlsempfangs als Bekenntnisakt spricht dessen ungeachtet noch anderes: Ein eindeutigeres Bekenntnis des Fürsten zur Reformation wäre es gewesen, wenn er Spalatins Ersuchen in dessen »Trostschrift« stattgegeben und gewissermaßen testamentarisch die Geistlichkeit seines Machtbereiches zur Annahme reformatorischer Neuerungen verpflichtet hätte, die Möglichkeit war immerhin gegeben. Die Frage des Abendmahlsempfangs unter beiderlei Gestalt scheint den Fürsten schon vor 1525 bewegt zu haben: Vom Frühjahr 1524 liegen drei Gutachten Luthers, Melanchthons und Johann Bugenhagens vor, »Das man das hochwirdig Sacrament gantz nemen soll ...«, als deren Auftraggeber nur der Kurfürst in Frage kommen kann – vgl. WABr 3, 265 (Nr. 727); CR 1, 652 (Nr. 272); beide mit Bugenhagens »Bedenken« im EGA Reg. O 663). Ob Friedrich tatsächlich, wie Luther vermutete (ebd.), schließlich doch noch zu der Erkenntnis gelangte, er könne das Abendmahl nicht mehr sub una specie empfangen, muß dahingestellt bleiben. Wahrscheinlicher ist es, daß in ihm angesichts der von überall aus dem Reich eingehenden Nachrichten über die immer mehr um sich greifende Sitte, sub utraque zu kommunizieren, die selbst vor der Verwandtschaft Erzherzog Ferdinands nicht haltmachte (vgl. FWLZ, 194), Zweifel auftauchten, ob diese Art des Abendmahlsempfangs wirklich zu verwerfen sei. Es waren Zweifel, die auch anderen Altgläubigen kommen mußten, da bekanntlich bis übers 12. Jh. hinaus der Empfang sub utraque üblich war (s. Massa: A.a.O., 204). 1524 tauchte das Gerücht auf, der sächsische Kurfürst habe befohlen, sub utraque zu kommunizieren, was Balthasar von Wolfsthal, der den Fürsten ja gut kannte, veranlaßte, 10 fl. dagegen zu wetten – RTAJR 4, 772 (Nr. 259). Tatsächlich mußte jedem Eingeweihten ein solches Vorgehen des Ernestiners als unmöglich erscheinen, denn dazu hätte er sich noch weniger bereit gefunden, als zum persönlichen Abendmahlsempfang in der genannten Weise; er war zu sehr Diplomat, um sich darauf einzulassen. – Vgl. auch Anm. 719; CR 20, 525 (Nr. 16).

Ohne außer acht zu lassen, wie positiv sich die Beziehungen des Fürsten zu Luther gestalteten[648] (das gilt im wesentlichen auch für das umgekehrte Verhältnis)[649] spricht einiges gegen eine generell »lutherische Einstellung« Friedrichs des Weisen, so vor allem seine Versuche, sich, wenn auch nicht

---

[648] Vgl. FWLZ, 34. Friedrich, der zu Recht immer wieder betonte, daß er sich »... Luthers sachen, lere, schrifft unnd predigt zu vertretten nie unterwunden ...« habe – so z.B. gegenüber Francesco Chierigati (24. Jan. 1523): Kolde: Breve, 216; gegenüber Herzog Georg (Aug. 1524). NUB, 252 (Nr. 17) – , stand zu Luther in einem Verhältnis, das spätestens seit 1521 (Blaschke: Friedrich, 335) gekennzeichnet ist von Hochschätzung und persönlicher Zuneigung. Als entscheidend für sein Verhalten gegenüber dem »Ketzer« erwies es sich möglicherweise, daß Luthers Schriften nicht so »überwunden« wurden, daß ihre Verbrennung gerecht gewesen wäre (RTAJR 2, 465: Verhandlung mit Carraciolo und Aleander in Köln, 6. Nov. 1520). Die Folge war, daß der Kurfürst, der in Luther auch den geistlichen Schriftsteller schätzte, dessen Schriften – die »verdrießlichen Büchlein« ausgenommen – guten Gewissens lesen und weitergeben konnte, zumal ihm versichert wurde, wie hier von Planitz (1523, nach Kolde: Breve, 224): »Es seynt aber die pfaffen dem Luther alßo feyntt, wer auch etwas heyligers schribe ader lerett, den ye eyner gethan hatt nach Christo, ßo müst es doch seyne namens halben vorworffen und vorachtett werden.« Daß Friedrich der Weise schon früher Luther nicht mit Antipathie gegenüberstand, zeigt sein Schreiben an Staupitz vom 9. April 1518 (EGA Reg. C 366, 1), in dem er diesem, der ihm einst versichert hatte, er werde ihm an Luther »einen aigen doctor ... ziehen«, zu erkennen gibt, er habe an dem Mönch »fast gut gefallen« (zu »fast« vgl. GDWB 3, 1348f.). Bereits 1516 konnte Spalatin Luther mitteilen, daß Friedrich seiner oft und ehrenvoll gedenke – WABr 2, 78 (Nr. 30). – Vgl. auch Anm. 649, vor allem aber WABr 2, 449–452 (Nr. 454, Anhang).

[649] Es kann hier nicht detailliert auf Luthers Verhältnis zu seinem Landesherrn eingegangen werden. Nach Friedrichs Tod neigte der Reformator dazu, ihn positiver zu beurteilen als zu seinen Lebzeiten. Das zeigt sich ganz deutlich in seiner Ecclesiastesvorlesung von 1526 (näheres s. Maurer: A.a.O., 120f. passim), die zu Recht als eine Art Denkmal Luthers für den Fürsten gilt. Während der Regierungszeit des Ernestiners fand er aber mehr als einmal tadelnde Worte für ihn, so z.B. 1516 in seinen Briefen an Spalatin – s. WABr 1, 44f. (Nr. 16). 78 (Nr. 30). Luther konnte Friedrich gegenüber auch sehr harte Formulierungen gebrauchen: Er erklärte später mehr als einmal, er habe keinem Fürsten so scharf geschrieben wie ihm (WABr 2, 453f., Anm. 1). Es spricht für den Kurfürsten, daß er Luthers gelegentliche Ausfälle ohne nachhaltige Verstimmung hinnahm. Ein anderer wäre an seiner Stelle kaum ruhig geblieben, wenn er wie Friedrich auf dem Höhepunkt der Wittenberger Unruhen (1522) von Luther zu den auftauchenden Schwierigkeiten beglückwünscht wurde – s. WABr 2, 448f. (Nr. 454). Wenn der Reformator Friedrich anfangs durchaus skeptisch und kritisch gegenüberstand, dann könnte dies mit darauf zurückzuführen sein, daß er die Erfurter Wirren und ihre Folgen als einer der vielen Leidtragenden von Friedrichs Politik in dieser Angelegenheit erlebte. Trotzdem scheint er den Fürsten zu seinen Lebzeiten nicht nur mit Ablehnung, sondern auch mit Hochschätzung begegnet zu sein. Nicht zuletzt aus Rücksicht auf ihn erwog er im Dezember 1518, Kursachsen zu verlassen – vgl. WABr 1, 260f. (Nr. 116). Wenn er ihm auch vorhielt, einen zu schwachen Glauben zu besitzen – vgl. Kirn: A.a.O., 176; WABr 2, 444 (Nr. 452) – , unterließ er es nicht, ihn zu trösten und Fürbitte für ihn zu tun; vgl. z.B. WABr 2, 103 (Nr. 287); WABr 3, 169 (Nr. 668).

energisch,[650] ihm ungelegenen reformatorischen Neuerungen entgegenzustellen.[651]

---

[650] Vgl. Anm. 204. 467. – Die Tatsache, daß Friedrich den Sturm auf die Klöster nicht direkt behinderte, hängt z. B. mehr mit seinem Mangel an Tatkraft zusammen als mit der von HOYER (Militärwesen, 123) vermuteten Absicht der Einverleibung der Klostergüter (vgl. dazu N. MÜLLER: A. a. O., 52 [Nr. 20]).

[651] Spalatins Äußerungen (FWLZ, 29f.) über Friedrichs Stellung zu reformatorischen Neuerungen sind trotz aller Zurückhaltung noch aussagekräftig genug. Sie lassen deutlich werden, daß sich der Fürst nicht nur als in »den Ceremonien sehr verteufft« erwies, sondern sich auch »übel« gegen »etliche Veränderung« stellen konnte. Spalatin versucht zwar, diese Aussage dadurch zu entschärfen, daß er betont, der Kurfürst habe nicht »übel« von den Veränderungen gesprochen und sie am Ende »fast wol leiden« mögen, weist auch auf die große Andacht hin, mit der er zuletzt den deutschen Messen beiwohnte, aber einen Beweis für seine unbedingte Hingabe an die Reformation und Luthers Lehre bietet er damit nicht, denn ein tiefreligiöser Mensch wie Friedrich, der im wesentlichen einer dogmatisch uninteressierten Frömmigkeit lebte, zog wahrscheinlich den Besuch einer deutschen Messe dem Verzicht auf Teilnahme an jeglichen gottesdienstlichen Handlungen vor. Ein Blick auf die Versuche des Ernestiners, den Neuerungen Einhalt zu gebieten, zeigt, daß schon sein »konservativer« Wesenszug ihn letztlich hindern mußte, mit der reformatorischen Bewegung gemeinsame Sache zu machen, obwohl gerade dieser mit dafür verantwortlich zu machen ist, daß sich Fürst und Reformator in ihrer Stellung zu einzelnen Fragen tangierten: Alles, was die Reformation an Ursprünglichem, durch die Tradition Verschüttetem oder Verdunkeltem freilegte, was sie vor Mißbrauch »bewahren« wollte, mußte seine Zustimmung finden; der Konsens zwischen Friedrich und Luther in ihrer Stellung zur Bibel ist mit unter diesem Aspekt zu sehen. Der »Konservatismus« des Kurfürsten wird z. B. sichtbar in einer Instruktion vom (ca. 25.) Oktober 1521, wo er gegenüber Karlstadt, Amsdorf und anderen zu verstehen gibt, er möge ja keinen Bericht erhalten, daß die seit Apostelzeiten bestehende Ordnung zu zelebrieren abgeschafft sei – N. MÜLLER: A. a. O., 52 (Nr. 20). Folgerichtig handelte sich Luther, nachdem er am 2. Aug. 1523 das Wittenberger Stiftskapitel aufgefordert hatte, einige Zeremonien »abzutun«, Friedrichs Schelte und die Aufforderung ein, von »solcher Unsinnigkeit« Abstand zu nehmen – CR 1, 621 (Nr. 250). Im selben Jahr präsentierte der Fürst den wegen seiner antireformatorischen Gesinnung bekannten Matthäus Beskau zum Dekan des Allerheiligenstifts, und das obendrein in auffälliger Eile (N. MÜLLER: A. a. O., 242f.), mit dem Erfolg, daß sich dieser zusammen mit seinem Gesinnungsgenossen Georg Elner bis Ende 1524 erfolgreich allen Neuerungsversuchen in der Stiftskirche widersetzte. In Anbetracht dieser Tatsache erscheint es abwegig, daß – wie Gerhard Enders vermutet – der Kurfürst Anfang 1525 an eine Säkularisierung des Stifts gedacht habe; dagegen spricht u. a. auch das Scheitern von Luthers Versuch, seinen Landesherrn zur Übernahme des fast leeren Wittenberger Augustinerklosters zu bewegen, sowie die Tatsache, daß die von Friedrich damals angeforderten Einkommensverzeichnisse des Stifts weniger mit fürstlichen Säkularisierungsplänen als mit der finanziellen Kalamität der Universität zu tun haben – s. GERHARD ENDERS: Die wirtschaftliche Ausstattung der Universiät Wittenberg 1502 bis 1547. Phil. Diss. (Masch.) Halle 1951, 41; WABr 3, 196f. (Nr. 687). Hätte der Fürst wirklich mit dem Gedanken gespielt, Klöster und Stifter zu säkularisieren, um sich ihres Besitzes zu bemächtigen, so würde er sich nicht so sehr gegen eine Kultreform gestemmt haben – und dies tat er ja noch auf dem Sterbebett, als er Spalatins Forderungen nicht nachkam (s. Anm. 634; HÖSS: A. a. O., 276f. – Höss wertet

Im Gegensatz dazu war ihm anderes, was Luther propagierte, durchaus recht, allerdings nicht deshalb, weil es von Luther kam, sondern weil dabei Fragen berührt wurden, die ihn selbst stark bewegten und das nicht erst seit 1517. Mithin sind Übereinstimmungen zwischen Ansichten des Reformators und seines Landesherrn am zutreffendsten als eine Art Resonanzphänomene zu interpretieren, wie sich deutlich an Friedrichs Stellung zur Heiligen Schrift zeigt:

Mit anderen Zeitgenossen teilte er, wie er gegenüber Staupitz zu erkennen gab, seine Abneigung gegen Spitzfindigkeiten scholastischer Theologie,[652] die den Kern der christlichen Botschaft, der er ernsthaft zugetan war, zu verschütten drohten.[653] Aus diesem Grunde mußte eine stärkere Hinwendung zur Bibel als der reinsten Quelle des »Verbum Dei«, wie sie unmittelbar vor Luthers Auftreten unter vielen seiner Zeitgenossen festzustellen ist,[654] unbedingt seine Zustimmung finden. Diese verstärkte Orientierung auf die Schrift mag es gewesen sein, die er mit dem Licht meinte, das dem Glauben so lange gefehlt habe und das von »Martin« gebracht worden sei.[655]

Daß er schon vor 1517 ein reger Bibelleser gewesen ist, ist angesichts des Gesagten nicht erstaunlich. Auffälligerweise hatten es ihm dabei besonders die Evangelien und in ihnen die Jesusworte angetan,[656] von denen er viele mit in sein Sprücherepertoire aufnahm;[657] eine Eigenart, die deutlich sein Quellen-

---

die »Trostschrift« im Gegensatz zu Kirn aus und charakterisiert sie zutreffend als eine »eindeutige Aufforderung« zu einer »Reform von oben«), die er auch deshalb ablehnte, weil er wußte, daß durch sie Kirchen und Klöster in ihrer Existenz gefährdet wurden, da sie ja vorwiegend aufs Messehalten gestiftet waren – vgl. die Instruktion für Christian Beyer (ca. 25. Okt. 1521) bei N. Müller: A. a. O., 52 (Nr. 20).

[652] Vgl. das Anm. 641 angeführte Zitat.

[653] Luthers Satz: »Pascuntur (scil.: oves Christi) ... solo verbo dei, non opinionibus aut traditionibus hominum« (WA 5, 22,5), liegt auf der gleichen Ebene wie die Ansichten seines Landesherrn und Mutians Äußerung: »‚Ocamicum Scoticumque praesidium ... non desideramus contenti Christo et Paulo'« (nach Fritz Halbauer: Mutianus Rufus und seine geistesgeschichtliche Stellung. Leipzig; Berlin 1929, 109). Die Verwerfung von Spitzfindigkeiten und Äußerlichkeiten, die sich vor Christus und das Wort Gottes drängen, findet sich auch bei Erasmus, Beatus Rhenanus und vielen anderen (s. Georg Weise: Dürer und die Ideale der Humanisten. Tübingen 1953, 5f. 8–14).

[654] So z. B. in Mutians Forderung nach der Erneuerung der »prisca theologia« (Halbauer: A. a. O., 109) und Erasmus' Lob der Einfachheit und Klarheit der ursprünglichen Botschaft (Weise: A. a. O., 11). Zum Biblizismus Staupitz' und Trutfetters, der lange vor 1517 gegenüber Luther erklärt hatte, daß allein den kanonischen Büchern Glauben gebühre, vgl. Ernst Wolfs Äußerung in RGG[3] 6, 343; WABr 1, 171 (Nr. 74).

[655] Aleander zufolge (Kalkoff: Depeschen, 211) soll sich Friedrich so gegenüber Joachim I. von Brandenburg geäußert haben.

[656] FWLZ, 29. 31. Vgl. Friedrichs Äußerung über die Jesusworte in WATR 5, 305 (Nr. 5662), Hieronymus Besold, 1544.

[657] Nach Spalatin (FWLZ, 29) konnte er sich die Sprüche »über die Massen nutz machen«. Wie gut er in der Bibel Bescheid wußte, erkennt man daran, daß er bei vielen Gelegenheiten einen passenden Bibelspruch oder zumindest eine entsprechende Reminiszenz zur Hand hatte: Als Staupitz ihn einmal mit einem Vulgatazitat foppte (Ps. 145,

und Schriftverständnis widerspiegelt, das an anderer Stelle in dem bekenntnishaften Satz seine Entsprechung findet, er sei immer der Meinung gewesen, die Sachen des Glaubens sollten so rein sein wie ein Auge.[658] Wie genau er die Worte der Bibel nehmen konnte, zeigt außer einigen Anfragen an Luther[659] die Tatsache, daß er, wie Spalatin berichtet, dann fest auf einer Meinung beharrte, wenn sie biblisch begründet war.[660] Zwangsläufig war es für denjenigen, der analog der Dicta-probantia-Methode zu argumentieren verstand, nicht schwer, den Fürsten von der Richtigkeit seines Standpunktes zu überzeugen.

Das blieb auf die Dauer nicht ohne Folgen, zumal sich das Friedrich fehlende theologische Differenzierungsvermögen gerade dann als verhängnisvoll erweisen mußte, wenn Worte wie »Verbum Dei« und »Evangelium« von den Vertretern verschiedener Richtungen innerhalb des reformatorischen Lagers und von Altgläubigen mit unterschiedlicher Sinnfüllung, aber mit gleicher Häufigkeit und Begeisterung benutzt wurden.[661] Der Kurfürst, dessen Zuneigung

2f.: »Nolite confidere in principibus.«), wies er ihn – wenn auch nicht völlig zutreffend – darauf hin, daß die nachfolgende Textpassage schließlich auch für ihn gelte – WATR 5, 290 (Nr. 5641), Handschrift Clm. 737, o. J. 1512 ergänzte er eigenhändig eine Verfügung über das Gebet der Gläubigen in der Wittenberger Stiftskirche, indem er sie zum Gebet eines Credos und von sieben Paternostern verpflichtete, weil »‚die lerer davon schreiben'«, daß Jesus sieben Stunden am Kreuz gehangen habe (nach Kalkoff: Ablaß, 99). Friedrichs Neigung, Bibelsprüche zu zitieren, zeigte sich bei vielen Gelegenheiten; möglicherweise wird sie sogar in einer in Luthers Tischreden – WATR 6, 365 (Nr. 7065), J. Aurifaber, o. J. – überlieferten Anekdote von dem kurfürstlichen Narren Albrecht persifliert. Noch auf dem Sterbebett zitierte der Fürst Hiob 1,12 (FWLZ, 66), in seiner Instruktion für Johann Oswald (1522) versicherte er gegenüber Luther unter Berufung auf Matth. 11,30, daß er sich vor den ihm drohenden Schwierigkeiten nicht fürchte – WABr 2, 451 (Nr. 454, Anhang). Seine Zweifel am freien Willen des Menschen begründete er mit einem Hinweis auf Joh. 15,5 (FWLZ, 29). Vgl. auch die von Melanchthon überlieferten Anekdoten in CR 20, 525 (Nr. 16). 532 (Nr. 44).

658 FWLZ, 29.

659 Vgl. Anm. 623. – Spalatins Anfrage vom Dezember 1518, ob sich »ex sacris literis« ein Krieg gegen die Türken rechtfertigen ließe, kann ohne weiteres vom Kurfürsten ausgegangen sein; s. WABr 1, 282 (Nr. 125). Sie entspricht völlig seinem massiven Schriftverständnis, das ihn Bibelstellen wortwörtlich nehmen ließ – vgl. z. B. seine Äußerung über Joh. 15, 5 (FWLZ, 29) und die (Anm. 657) Art des Fürsten, Schriftstellen zu verwenden. Möglicherweise steht Friedrich auch hinter Spalatins Bitte an Melanchthon, das Gleichnis vom Zinsgroschen zu erklären (Matth. 22, 21!) – s. CR 1, 547 (Nr. 193): 6. Febr. 1522.

660 FWLZ, 49.

661 Die Begriffsverwirrung zeigt sich bereits am unterschiedlichen Gebrauch von »Heilige Schrift«, womit infolge einer im Mittelalter eingetretenen Begriffserweiterung – vgl. Robert Leuenberger: Die Bibel in der deutschen Predigt des Mittelalters vor den Anfängen der Mystik. Münsingen (1948), 6f. Phil. Diss. Bern 1948 – außer der Bibel auch Kirchenväterschriften und liturgische Texte bezeichnet werden konnten, obwohl in der Reformationszeit wieder eine begriffliche Einengung festzustellen ist. »Wort Gottes« und das synonym gebrauchte »Evangelium« sind, wie sich schon anhand von Spalatins Verwendung beider Termini (FWLZ, 29–31. 49) feststellen läßt, keinesfalls nur mit der »göttlichen Schrift« identisch, sie umfassen die übrige geistliche Literatur, können, wie

zum »Gotteswort« sich nicht nur in der Verwendung einer damals häufig gebrauchten Devise,[662] dem »Verbum Dei manet in (a)eternum«, kurz VDMIE,[663] artikulierte, verkörperte es doch eine stabile Größe in einer Zeit, in der alles im Fluß war, geriet folgerichtig in völlige Verwirrung, als er sah, daß sich Vertreter unterschiedlichster Richtungen der ihm so werten Begriffe »Gotteswort« und »Evangelium« bedienten. Was dahinterstand, konnte er und manch anderer nicht durchschauen.[664] Für ihn bot sich als Unterscheidungsmöglichkeit zwischen den einzelnen Gruppierungen nur noch das Gamalielprinzip an,[665]

---

es bei den aufständischen Bauern geschah, als eine Art »christliches Naturrecht« betrachtet werden und tragen zunehmend abstrakten Charakter, der sich bis zur Hypostasierung steigern kann.

662 So trug das Siegel des süddeutschen Bauernführers Wendel Hipler (1525) die Aufschrift »Das Wort Gots bleipt ewig« – s. Gerd Wunder: Wendel Hipler. In: Schwäbische Lebensbilder, Bd. 6. Hrsg. Max Miller; Robert Uhland. (Stuttgart) 1957, 77. Derselbe Spruch (1. Petr. 1, 25) stand auch auf der Fahne des Eberheimmünsterer Bauernhaufens (Günther Franz: Der deutsche Bauernkrieg. Bad Homburg v. d. H. [8]1969, 144). Friedrich der Weise benutzte ihn gleichfalls als Devise (näheres Anm. 663). Es kann als sicher gelten, daß er dabei »Verbum Dei« in manchem anders verstand als Spalatin – im Gegensatz zu ihm war er offensichtlich nur begrenzt bereit, Teile der reformatorischen Botschaft als Gottes Wort anzuerkennen, während sich sein Geheimsekretär voll damit identifizierte. Die Ausbreitung von »Gottes Wort«, die sich der Fürst angelegen sein ließ (vgl. Anm. 711–719), war, wie er sie verstand, eine andere, als die in Spalatins »Trostschrift« angemahnte (s. Kirn: A.a.O., 194).

663 Neben dem »C(rux) C(hristi) N(ostra) S(alus)« und »IHS Maria« wurde es auf den Ärmeln der Hofkleidung eingestickt und auf Friedrichs Münzen geprägt (s. M. Löbe: Wahlsprüche, 3f.; Dihle: A.a.O., 1234; Kirn: A.a.O., 11). 1524 (vgl. Anm. 907) ließ Friedrich in Nürnberg ein goldenes, mit Diamanten besetztes Kreuz herstellen, auf dem in Diamanten fünf Buchstaben eingelassen werden sollten, bei denen es sich höchstwahrscheinlich um das VDMIE handelte (EGA Reg. Aa 2305, 4). Leider ist mir keine Äußerung des Kurfürsten bekannt, in der er auf das VDMI(A)E Bezug nimmt. Herzog Johann ist dagegen in einem Brief an den Bruder darauf eingegangen (15. Febr. 1524), indem er die Schwierigkeiten, in denen sich beide Ernestiner befanden, von dem genannten Spruch her zu deuten versuchte (»dan da wirdt nichts anders aus dem VDMIE«) – RTAJR 4, 681 (Nr. 190). Einen ähnlichen Gedanken wie Johann sprach Luther im Februar 1522 aus, als er Friedrich zu seinem Kreuz, d. h. den Wittenberger Unruhen, beglückwünschte. So wie Friedrich gehe es jedem, der Gottes Wort haben wolle – WABr 2, 448 (Nr. 454).

664 Das zeigt sich schon vor dem »Fall Müntzer« bei der Wittenberger Bewegung: Im Februar 1522 klagte Friedrich gegenüber Luther – vgl. WABr 2, 451 (Nr. 454, Anhang) –, daß es in Wittenberg »so wunderlich getrieben« werde, daß jeder darüber irre würde und niemand wüßte, »wer Koch oder Kellner« wäre. Daß er es nicht wagte, gegen einzelne dieser Gruppen, die in Wittenberg ihr Wesen trieben, vorzugehen, ist mit darauf zurückzuführen, daß er nicht wußte, welche sich zu Unrecht auf »Gottes Wort« berief (FWLZ, 30). Er zog deshalb Abwarten Maßnahmen vor, die sich möglicherweise gegen das wahre »Verbum Dei« hätten richten können.

665 Es ist kein Zufall, daß sich in der kurfürstlichen Korrespondenz zur Lutherfrage (EGA Reg. N 175) die Stelle über das Urteil des Gamaliel aus Acta 5, 38f. in Abschrift Spalatins befindet (Höss: A.a.O., 223f.). Ob es nun Spalatin war, der den Fürsten auf diesen Text aufmerksam machte, oder nicht, das Gamalielprinzip wurde von Friedrich voll über-

das seinem Hang, die Dinge ihrem Selbstlauf zu überlassen, sehr entgegenkam. Trotz der in ihm angesichts der Aufsplitterung der reformatorischen Bewegung erwachsenen Erkenntnis, daß »Wort Gottes« inhaltlich recht verschieden zu fassen sei, blieb er seinem Verbum-Dei-Verständnis treu,[666] das ihn dem »Wort Gottes« mit tiefer Ehrfurcht gegenüberstehen ließ[667] und sicher davon abhielt, es als Werkzeug politischer Interessen zu mißbrauchen. So sind auch seine Versicherungen, das »Evangelium« schützen und für seine Ausbreitung sorgen zu wollen, von denen noch die Rede sein wird, alles andere als reine Argumentationshilfen:

---

nommen; es kam ja seiner Neigung, die Dinge treiben zu lassen, sehr entgegen. Daß es in enger Verbindung mit von Matth. 7, 20 abzuleitenden Gedanken seine Vorstellungen stark bestimmte, tritt gelegentlich deutlich zu Tage: So hielt er es für möglich, daß den lutherfeindlichen Bischöfen, »wohe syhe nicht gotes erhe vnd dye libe des nachsten ... suchen« die »sache (vgl. KIRN: A. a. O., 146) zcu maysterlichen werde« – NUB, 22 (Nr. 33): 18. April 1522. Im Zusammenhang mit der Wittenberger Bewegung (1521) brachte er gegen die Neuerer das Argument vor, daß ihrer Sache zweifellos mehr Leute zufallen würden, wenn diese Sache im »Evangelium« gegründet wäre – N. MÜLLER: A. a. O., 52 (Nr. 20). Ähnlich argumentierte er später auch gegenüber dem Allstedter Schösser Hans Zeiß (9. Aug. 1524), als er ihn im Hinblick auf die Allstedter Vorgänge daran erinnerte, was »Gutes« aus Müntzers Lehre bis jetzt erwachsen sei (nach HINRICHS: A. a. O., 136). 1522 konnte er einmal sogar die Möglichkeit ins Auge fassen, daß es durch die u. a. von Bischof Johann VII. von Meißen angekündigte Aussendung antilutherischer Prediger »gut und recht« gemacht werde – WABr 2, 451 (Nr. 454) –, denn schließlich verkündigten diese doch auch das »Wort Gottes«.

666 Für den Kurfürsten stellte das »Evangelium« schlechthin die Wahrheit dar (vgl. dazu seine Äußerung über den Wahrheitsgehalt mancher Sprichworte; FWLZ, 32), wobei man wie bei »Wort Gottes« auch bei »Evangelium« in erster Linie direkt an Bibeltexte oder an biblisch fundierte Glaubenssätze zu denken hat. Auf die Bibel bezieht sich Friedrich offensichtlich, wenn er, wie Luther in seinen Tischreden erwähnt, Gottes Wort bewunderte, »quod in simplicitate maiestatem haberet maximam« – WATR 3, 697 (Nr. 3904), A. Lauterbach, 28. und 30. Juni 1538. So gesehen kann man Spalatins Versicherung (FWLZ, 68), der Fürst habe bis ans Ende fest an Gottes Gnadenwort gehangen, durchaus Glauben schenken. Das gleiche gilt für seine Feststellung, daß es dem Ernestiner »je gewisslich« leid gewesen wäre, wäre das »Evangelium« unterdrückt worden (FWLZ, 28); wobei auch hier das spezifische Evangeliumsverständnis des Fürsten berücksichtigt werden muß. In diesem Zusammenhang sei auf Friedrichs vielsagenden Versuch hingewiesen, bei der Formulierung des Reichsregimentsmandats vom 6. März 1523 den Ersatz des Wortes »Evangelium« durch das von den Altgläubigen vorgeschlagene »die Wahrheit Gottes« zu verhindern, was ihm auch glückte (s. KIRN: A. a. O., 155).

667 Sie äußerte sich auch darin, daß er, wie es Luther ausdrückte (WA 7, 465,5), nach den heiligen Schriften förmlich lechzte (»inhiare«) und sie (scil.: ihre Verbreitung) begünstigte (»favere«), was zeigt, daß sein Herz diese Schriften »pure et caste« liebte (WA 5, 21; 20–22). Diese Liebe spiegelt sich in seinen Reaktionen auf bestimmte Mißbräuche: Nach Spalatin hatte Friedrich schon vor Luthers Auftreten »ein gross Mißfallen und Verwundern darob«, daß man mit dem Gotteswort »so untreulich umging« (FWLZ, 29). In der Ehrfurcht des Fürsten vor dem »Verbum Dei« liegen letztlich auch die Gründe dafür, daß er alles vermied, was ein Handeln gegen »Gottes Wort« hätte sein können (vgl. Anm. 664), und dazu gab es nur zu oft Anlaß in einer Zeit, in der sich alle auf das »Wort Gottes« zu berufen pflegten.

Sie konnten es schon deshalb nicht sein, weil Friedrichs Gottesverständnis solche mißbräuchliche Benutzungen von vornherein ausschloß oder stark einschränkte. Die Ansichten des Kurfürsten über Gott spiegeln sich nicht nur in seinen Vorstellungen über das »Verbum Dei« wider, sondern werden auch in anderen Äußerungen, vor allem aber in bestimmten Verhaltensweisen greifbar. Wir sind zwar nicht darüber unterrichtet, wo die Wurzeln seines Gottesverständnisses liegen, und es wäre auch müßig, einzelnen Vermutungen darüber nachzugehen, dessen ungeachtet müssen wir doch die Frage nach dessen Woher stellen, zumal sich hier Analogien zu Ansichten von Friedrichs Zeitgenossen zeigen, zu Ansichten, die in keinem ursächlichen Zusammenhang mit den Vorstellungen des Fürsten stehen müssen, aber es durchaus können. Das zeigt sich außer in der schon berührten Frage des Schriftverständnisses besonders deutlich bei der Leugnung der menschlichen Willensfreiheit durch Friedrich den Weisen, die leicht dazu verführen kann, eine unmittelbare Verbindung zu Luther zu konstruieren. Bereits Spalatin hat jedoch darauf verwiesen, daß der Kurfürst schon Jahre vor Erscheinen von Erasmus' »De libero arbitrio Diatribe« (1524) am freien Willen des Menschen zweifelte.[668]

Dieser Zweifel am »liberum arbitrium« ist aber – und das verkennt auch Spalatin offensichtlich – gänzlich anderer Natur als der Luthers.[669] Er ist erwachsen aus Friedrichs Gottesverständnis und wurde genährt durch Erfahrungen in seinem persönlichen Bereich und im öffentlichen Leben, in dem der Fürst mehr als einmal erkennen mußte, daß viele seiner Bemühungen durch ungünstige Verkettung der Umstände erfolglos blieben oder gar zu völlig gegenteiligen Ergebnissen führten – wie im Falle der Auseinandersetzungen mit Erfurt, in denen er nach 1509 einem offenen Krieg aus dem Wege ging und durch den dadurch bedingten langewährenden Kleinkrieg trotzdem große Schuld auf sich lud. Zweifellos wirkte sich auch dabei Friedrichs natürlicher Hang zur Passivität aus, der ihn zu einem »geborenen Anhänger der prädestinatianischen Weltanschauung«,[670] oder besser ausgedrückt, zu einem Fatalisten machte. Seine Leugnung der Willensfreiheit stellt somit in gewissem Sinne eine Emanation seiner fatalistischen Grundhaltung dar,[671] die nicht zuletzt seine Wertschätzung der Astrologie verständlicher macht,[672] aber gleichzeitig auch im voraus einer Überbewertung astrologischer Deuteleien die Spitze abbrach, weil der Fatalismus des Ernestiners wesentlich durch seine Vorstellung determiniert war, daß Gott auch der Herr der Geschichte sei.[673]

---

[668] FWLZ, 29. Friedrich erklärte (ebd.), er habe nie denken können, daß die Menschen einen freien Willen hätten.

[669] Vgl. z. B. WA 1, 359. 365f. (Thesen zur Heidelberger Disputation, 1518).

[670] Krencker: A. a. O., 47; seine Charakterisierung von Friedrichs Weltsicht als »prädestinatianisch« ist etwas unglücklich, »fatalistisch« halte ich für zutreffender.

[671] Krencker (a. a. O., 48) hält sie dagegen für eine Folge der Zeitstimmung.

[672] S. auch Krencker: A. a. O., 48.

[673] Einen ähnlichen Gedanken äußerte auch der Verfertiger der Nativität für den Kurfürsten von 1522 (EGA Reg. D 285, 6^r. 3^r).

Die fatalistische Weltsicht des Kurfürsten äußerte sich darüber hinaus noch auf andere Weise. Die Häufung deterministisch gefärbter Aussagen in seinen letzten Regierungsjahren fällt dabei besonders auf. Sie läßt es als recht wahrscheinlich erscheinen, daß – wie bereits angedeutet – zwischen ihnen und den sich ab 1507 häufenden politischen Schwierigkeiten Friedrichs ein Zusammenhang besteht. Umgekehrt dürfte es auch nicht an Auswirkungen von Friedrichs Fatalismus auf seine Regierungstätigkeit gefehlt haben, wenn auch kaum in so extremer Weise, wie man bisweilen annimmt.[674] Der Ernestiner blieb durchaus politisch aktiv, aber in schwierigen Fragen ging er mehr und mehr dazu über, Gott über ihren Ausgang entscheiden zu lassen, ein Verhalten, bei dem es ihm um mehr zu tun war als um die fromme Bemäntelung der für ihn und die Diplomatie seiner Zeit so typischen Aufschubtaktik, denn es entsprang im wesentlichen seinen Vorstellungen über Gottes Wirksamkeit und Wesen.

In Gott sah der Fürst den allmächtigen[675] Lenker der Geschichte, von dem er sich abhängig wußte.[676] Das zeigt sich weniger an seiner häufigen Benutzung der Conditio Jacobea[677] als an seinem nahezu blinden Gottvertrauen, an dem er selbst im Bauernkrieg festhielt;[678] es tritt uns auch in anderem Zusammen-

---

[674] Vgl. WOLTER: A. a. O., 96. Friedrichs Fatalismus ist recht verschieden gedeutet worden: So ist er z. B. für SEELHEIM (a. a. O., 45) lediglich »ein deutlicher Beweis« seiner »Charakterschwäche«, die nur durch Spalatins Schilderung »den Schein einer innigen Gottesverehrung« erhielt. Nach BORNKAMM kann Friedrichs fatalistische Neigung (a. a. O., 82) damit in Verbindung gebracht werden, daß sich Gott in Friedrichs Augen »auf seltsame, nicht immer durchschaubare Weise« in der Geschichte kundtun konnte, was ihn in seinem »tief verwurzelten Lebenszug« bestärkt habe, »in zweifelhaften Fragen lieber nicht zu handeln und den Lauf der Dinge abzuwarten«.

[675] Nicht zufällig steht »Gott« in Friedrichs Briefen an seinen Bruder und auch sonst nicht selten in Verbindung mit dem Epitheton »allmächtig« – s. NUB,

[676] Das Wissen um seine Abhängigkeit von Gott drückt sich indirekt in der Benutzung der Conditio Jacobea (nach Jak. 4, 15; s. Anm. 677) aus, wird aber an anderer Stelle auch direkt artikuliert: So gibt Friedrich – gerade im Blick auf seine Krankheit – gegenüber Johann zu verstehen, daß er »in gottes gewalt und willen« liege. Daß er auch die politische Lage unter diesem Aspekt sah, zeigt sich, wenn er diesbezüglich äußert, er denke, die weitere Entwicklung der Dinge stehe nicht in der Macht der Menschen. Noch deutlicher kommt das allgemeine Wissen um die menschliche Abhängigkeit von Gott in einem Ausschreiben Friedrichs vom 30. April 1490 (Konzept von Johann Seyfried; Druck bei KIRN: A. a. O., 178) zum Ausdruck, in dem es heißt, das menschliche Geschlecht könne nicht mehr haben, als Gott ihm durch seine Gnade geben und lassen wolle – nach NUB, 3 (Nr. 4); AGBM 2, 189f. (Nr. 1303); NUB, 16 (Nr. 24); vgl. auch Anm. 678.

[677] Natürlich kann hinter der häufigen Benutzung der Conditio Jacobea in seinen Privatbriefen auch der Gedanke stehen, dadurch Gottes Zorn und Ungnade zu umgehen, daß er mit seiner Wirksamkeit rechnete und an seiner Allmacht nicht zweifelte oder sie sogar mißachtete. Wie häufig Friedrich die Conditio Jacobea gebrauchte, verdeutlichen die im NUB abgedruckten Schreiben an Herzog Johann: Allein die Briefe Nr. 1–6 (ebd., 1–4) enthalten sie – wenn auch leicht variiert – fünfzehnmal.

[678] So konnte der Fürst (April 1525) angesichts der Bauernunruhen an Johann schreiben: »In suma, got muss uns helfen. An das wird wahrlichen nicht gutes aus dißen

hang in seinen schriftlichen Äußerungen entgegen.[679] Seine Fähigkeit, sich in Geduld zu fassen,[680] kam seiner Neigung, Gott alles anheimzustellen, natürlich sehr entgegen, so daß es wie Hohn wirken mußte, wenn ihn Spalatin in seiner »Trostschrift« vom 1. Mai 1525 zu stärkerem Gottvertrauen aufforderte,[681] war es ja bei anderer Gelegenheit Friedrich selber, der dazu aufrief.[682] Es ist nicht auszuschließen, daß in die deterministischen Vorstellungen des Fürsten – und nicht nur dort – Gedankengut Johanns von Staupitz[683] eingesickert ist.

Die Übersendung von Staupitz' »Büchlein über die zeitliche Vollziehung der ewigen Vorsehung« im Jahre 1517[684] an den kurfürstlichen Geheimsekretär und die Erklärung einer von Friedrich bevorzugt gegen das »liberum arbitrium« ins Feld geführten Bibelstelle durch Luther im Jahre 1520[685] bezeugen indirekt, wie stark den Kurfürsten die Frage nach der Abhängigkeit des Menschen von Gott bewegte, wenn auch hier der fatalistische Aspekt im Vordergrund stand. Letztlich ging es ihm bei dem allen darum, seine Stellung als Mensch und Politiker vom Glauben her zu deuten und damit für sich Antwort auf die Frage

---

wildlaufigen hendelen.« An anderer Stelle äußerte er sogar , daß der »gemeine Mann« regieren werde, wenn es Gottes Wille sei – AGBM 2, 189f. (Nr. 1303).

679 In seiner fatalistischen Gottergebenheit konnte sich Friedrich zu recht merkwürdigen Sätzen hinreißen lassen: Im Blick auf eine abhandengekommene Kette drückte er sich z. B. so aus: »Ist syhe verloren, ßo sey syhe im namen gotes verloren« – NUB, 20 (Nr. 31). Sein Vertrauen auf Gott spricht nicht nur aus Äußerungen kurz vor seinem Tod, sondern zeigt sich auch im Zusammenhang mit der Luthersache, in der er sein Vertrauen darauf setzte, daß Gott die Wahrheit an den Tag kommen lassen werde – s. FWLZ, 39; NUB, 274 (Nr. 40). 8 (Nr. 12); ähnlich auch NUB, 16 (Nr. 24).

680 Spalatin (FWLZ, 24. 35f.) verweist mehrmals auf Friedrichs große Geduld in »allen seinen Anliegen, Anfechtung und Beschwerung« und bringt entsprechende Beispiele. S. auch Anm. 467.

681 Vgl. Anm. 634. Spalatin ermahnt den Fürsten unter Hinweis auf 2. Sam. 15, 26, Röm. 14, 8 und Joh. 10, 28, sich ganz Gott anheimzustellen (EGA Reg. O 368, 12v; auch Kirn: A. a. O., 193f.).

682 So forderte er Johann nicht nur einmal auf, seine Sorgen Gott »aus christlichem Gemüt und Vertrauen« anheimzustellen, da es dieser recht zu machen wisse – s. FWLZ, 62, NUB, 259 (Nr. 22); AGBM 2, 189f. (Nr. 1303). Auch Mutian wurde von ihm ermahnt (1523). »Dei gratia fretus sublimi ... animo« zu sein – Gillert: A. a. O. 2, 292 (Nr. 616).

683 Vgl. auch Anm. 706–708. – Einen Vergleich zwischen den Ansichten Staupitz' und des Fürsten hält Grossmann (HAW, 94) für sachdienlich. Krencker (a. a. O., 48) vertritt direkt die Ansicht, daß Friedrich »von Staupitz nicht unbeeinflußt« war.

684 Im Mai 1517 übersandte Luther Spalatin die lateinische Ausgabe von Staupitz' Werk über die Prädestination und bot ihm auch die Zusendung der deutschen Übersetzung an, bei der er möglicherweise den Kurfürsten im Auge hatte – WABr 1, 96 (Nr. 39); s. auch WABr 1, 105f. (Nr. 46). 107 (Nr. 47).

685 Vgl. FWLZ, 29: Bei Joh. 15, 5 (»Ohne mich könnt ihr nichts tun.«) handelt es sich um eine Stelle, die Friedrich »meisterlich zu führen« wußte, was außer der Tatsache, daß Spalatin Luther mündlich den Auslegungsauftrag überbrachte und auch noch Melanchthon um eine Erklärung bemühte, für eine Auftraggeberschaft des Kurfürsten spricht – s. WABr 2, 80–82 (Nr. 277); CR 1, 153 (Nr. 68); bzw. SM 6 I, 95 (Nr. 93). Vgl. Höss: A. a. O., 168; Kolde: Staupitz, 282, Anm. 3.

nach dem Sinn seines Lebens und Amtes zu finden, die ihn schon vor Luthers Auftreten bewegte. Man wird kaum in der Annahme fehlgehen, daß die politischen Schwierigkeiten des Fürsten nach 1506 und nicht zuletzt die Luthersache seine Beschäftigung mit der Sinngebungsfrage förderten und damit vertiefend auf seine Frömmigkeitsentwicklung wirkten, durch die sich schließlich die Glaubensüberzeugung und -haltung herauskristallisierte, wie sie uns in seinen letzten Lebensjahren entgegentritt, wobei sie insofern mit Luther und seinen Anschauungen in Verbindung zu bringen ist, als diese dabei gewissermaßen wie Katalysatoren wirkten.

Wir haben es somit bei den Glaubensansichten des alten Kurfürsten auch mit Ergebnissen eines langwährenden Entwicklungsprozesses seiner Glaubensansichten zu tun, der durch seine persönlichen Erfahrungen in verschiedenen Lebensbereichen und nicht zuletzt auf politischem Sektor mitbestimmt wurde und sich streng in den Bahnen kirchlicher Devotion vollzog. Für den Zusammenhang dieser Entwicklung mit der Veränderung von Friedrichs politischer Lage spricht ebensoviel wie für einen Zusammenhang zwischen dieser Veränderung und den Maßnahmen des Kurfürsten im kulturellen Bereich: Nachdem Friedrich III. von Sachsen an Maximilians Hof nicht den gewünschten Erfolg hatte, zog er sich nach 1499 weitgehend auf die Pflege der Belange seines Hauses und Territoriums zurück und wandte sich nach 1500 verstärkt der Förderung von Kunst und Wissenschaft in Kursachsen zu. Es dauerte nicht lange, und seine Schwierigkeiten mit benachbarten Fürsten begannen sich zu häufen, Schwierigkeiten, die ihm zwischen 1508 und 1516 einen spürbaren Machtverlust einbrachten.[686]

Gerade in dieser Zeitspanne aber – das ist schwerlich ein Zufall – verstärkte der sächsische Kurfürst seine Bemühungen auf kulturellem Gebiet. So fallen beispielsweise in diese Zeit die Gründung der Wittenberger Universitätsbibliothek (1512)[687] sowie die Verstärkung historischer Forschungen im kurfürstlichen Auftrag.[688] Parallel dazu läßt sich – folgerichtig, möchte man sagen – eine nicht zu übersehende Steigerung bei der Pflege spätmittelalterlicher Frömmigkeitsformen festzustellen: Die Anzahl der Reliquien der Wittenberger Schloßkirche stieg in den Jahren zwischen 1509 und 1517 von 5005 auf etwa 15000 Partikel,[689] im gleichen Zeitraum kam es auch zu einer stetigen Vermehrung von Meßstiftungen durch Friedrich.[690]

Diese Steigerung kann zwar kaum als sicheres Indiz für die Tiefe von Friedrichs Frömmigkeit herangezogen werden, offenbart jedoch einen ihr wesentlichen Zug, den er mit vielen seiner Zeitgenossen teilte und der seinem Gottes-

---

686 Vgl. Abschnitt 2.2.1. vorliegender Arbeit.

687 Höss: A. a. O., 65–70; Hildebrandt: A. a. O., 47–51; Anm. 1545. 1547. 1548.

688 Höss: A. a. O., 71–74; vgl. Anm. 1165–1193.

689 Wentz: A. a. O., 105.

690 Wentz: A. a. O., 100–103: Die Anzahl der Messen in der Schloßkirche stieg auf etwa 9000 pro Jahr.

und Gnadenverständnis entsprang: Sein Verhältnis zu Gott erscheint als ein juridisches,[691] das zu oft durch das »do-ut-des«-Prinzip bestimmt ist, wie es gelegentlich durchschimmert, so zum Beispiel, wenn er seine Opfergeldausgaben im Krankheitsfall plötzlich erhöht, um sie nach der Genesung wieder herabzusetzen.[692] Unter diesem Blickwinkel betrachtet kann die auffällig intensive Pflege der Frömmigkeitsformen seiner Zeit durch den Kurfürsten nicht verwundern. Die Gründe, die ihn dazu veranlaßten, waren jedoch auch noch anderer Natur. Gerade angesichts des Ernstes, mit dem er allem Heiligen gegenüberstand,[693] ist kaum daran zu zweifeln, daß ihn dazu auch die Ehrfurcht vor Gott und das ehrliche Bestreben trieb, ihm zu dienen.[694] Daneben trat aber die Absicht, sich auf diese Weise Gottes Gnade zu vergewissern, deren Wirkung man sich teilweise recht dinglich dachte. Auch Friedrichs Gnadenbegriff tendiert eindeutig in diese Richtung, was angesichts des Hanges zur Verdinglichung in der spätmittelalterlichen Frömmigkeit nicht weiter erstaunt.[695]

---

[691] So auch Krencker: A. a. O., 47.

[692] Am 22. Mai 1502 (Trinitatis) wurden für Friedrich 6 fl. an Apothekerkosten aufgewandt: Gleichzeitig ließ der Fürst dem Torgauer Franziskanerkloster 20 fl. mit der Bitte geben, für ihn bis Pfingsten 1503 Messen zu halten, was den Schluß zuläßt, daß es ihm zu dieser Zeit gesundheitlich nicht besonders gut ging. Hatte er am Freitag vor Trinitatis nur 2 Gr. Opfergeld gespendet, so stieg es in den nächsten Tagen auf 10 Gr. an, um dann wieder abzusinken (EGA Reg. Bb 4177, 30^{v}-31^{v}).

[693] Seine Reaktionen auf Mißbräuche im religiösen Bereich sind auch Ausdruck dieses Ernstes und sprechen eine deutliche Sprache: So zeigte er sich 1495 sehr verwundert und befremdet über das Verhalten der Wormser Geistlichkeit, die das Sakrament nicht zu schätzen schien (s. RTThMax 1, 674), und gab sein Mißfallen darüber zu erkennen, daß man mit »Gottes Wort« oft »untreulich« umging (FWLZ, 29). Religiöser Ernst war auch eine der Triebfedern der von ihm angeregten oder geförderten Klosterreformen (vgl. Kirn: A. a. O., 71–89) und ließ ihn gewiß auch die Reformbedürftigkeit der Kirche an anderen Stellen erkennen.

[694] S. NUB, 26 (Nr. 40).

[695] Der Zug zur Verdinglichung steht in einem Analogieverhältnis zu Entwicklungstendenzen im spätmittelalterlichen Denken, das gekennzeichnet ist durch »ein Ausströmen, ein Versanden des Gedankens in das Bild« (Huizinga: A. a. O., 158). Er ist letzten Endes nichts anderes als ein Versuch, Begriffe wie »Heil«, »Gnade« und »Erlösung« aus abstrakter Begrifflichkeit zu lösen, sie augenfällig und greifbar zu machen. Das zeigt sich, wenn Heilstatsachen etwa in der Form von Passionsspielen vergegenwärtigt werden – s. z. B. Karl Eduard Förstemann: Einige Mittheilungen aus Wittenberger Kämmerei-Rechnungen. NMGHF 2(1836), 647f.; Otto Richter: Das Johannisspiel zu Dresden im 15. und 16. Jahrhunderte. NASG 4(1883), 101f. 104. Der Zug zur Verdinglichung wird auch daran sichtbar, daß sich Devotionalien und Reliquien ungeheurer Beliebtheit erfreuten – nicht zuletzt auch bei Friedrich. Leider machte dieser Drang hier nicht halt, sondern griff auch auf bestimmte Glaubensvorstellungen über: So konnte sich sogar Johann von Paltz – über ihn s. Robert H. Fischer: Paltz und Luther. LuJ 37(1970), 9–12 – zu der Behauptung versteigen, der Empfang der Hostie bei der Kommunion führe zu einer »›Steigerung vieler körperlicher Güter‹«, mache den Körper flinker und gegen Leiden unempfindlicher (nach Massa: A. a. O., 203)! Am Ende des Weges stand folgerichtig die Verfremdung des Glaubens durch halbmagische Anschauungen, wie sie im Hintergrund standen, als

Zwar manifestierte sich Gnade für ihn, im ursprünglichen Sinne als Hinwendung und Unterstützung verstanden,[696] auch darin, daß sie zu gottgefälligem Leben befähigt,[697] andererseits wird sie aber mit recht handfesten weltlichen Belangen in Verbindung gebracht.[698] Die Frage, wie er einen gnädigen Gott bekomme, hat somit auch den sächsischen Kurfürsten bewegt, obwohl er sie aus anderen Beweggründen stellte und anders beantwortete als Luther. Das Verrichten guter Werke, die Pflege aller möglichen Frömmigkeitsformen dienten ihm vor allem zum Gnadenerwerb, worüber er allerdings auch nicht vergaß, Gott durch Gebete[699] und durch Bemühungen, sich möglichst von Sünden fernzuhalten, gnädig zu stimmen. Gnadenverlust, durch Gottes Zorn verursacht, war für ihn eine direkte Folge der Sünde,[700] und seiner Sündhaftigkeit ist sich Friedrich durchaus bewußt gewesen, wenn auch nicht ersichtlich wird, an welche Fehltritte er im einzelnen dachte, wenn er in seinen Briefen darauf zu sprechen kommt.[701] Die Sünde, gegen Gottes Wort und Willen zu handeln, hat er jedenfalls nach bestem

---

sich Friedrich der Weise auf seiner Palästinareise in der Jerusalemer Grabkapelle geweihte Medaillen kaufte (Röhricht-Meisner: A. a. O., 55) und nach 1510 zu Epiphanias öfter Goldstücke weihen ließ (EGA Reg. Bb 4197, 3v. 5rv; auch Buchwald: Allerlei, 58f.).

696 Vgl. Ernst Wasserzieher: Kleines etymologisches Wörterbuch der deutschen Sprache. Leipzig 181975, 86.

697 Friedrich läßt gelegentlich erkennen, daß sein Vertrauen zu Gott von dessen Gnadenzuwendung ebenso abhängig ist wie die Fähigkeit, seinen Willen zu tun – s. AGBM 2, 189f. (Nr. 1303); Pallas: Briefe, 300 (Nr. 32). An welche Gnadenwirkung er denkt, wenn er im April 1522 gegenüber Johann dem Wunsch Ausdruck verleiht, Gott möge Bischof Johann VII. von Meißen, der sich gerade auf einer Visitationsreise befand, und ihnen beiden Gnade schenken, bleibt dagegen offen – NUB, 20 (Nr. 30).

698 So kann der Entzug der Gnade wegen Sündhaftigkeit des Volkes als Grund für landwirtschaftliche Mißerträge angesehen werden (Ausschreiben Friedrichs vom 30. April 1490; Kirn: A.a.O., 178). Umgekehrt manifestiert sich Gottes Gnade für den Fürsten auch darin, daß sie von Seiten der aufständischen Bauern drohende Schwierigkeiten abwenden und den Aufstand in Güte stillen helfen könne – NUB, 273 (Nr. 38). 275 (Nr. 41). 252 (Nr. 17). 279 (Nr. 45).

699 Friedrichs Briefe an Johann sind voll mit stoßgebetartigen Wünschen: Gott solle ihn gnädig behüten, alles zum besten schicken, Gnade verleihen usw. Daß im Blick auf den Erwerb von Gnade der Verdienstgedanke trotzdem nicht aufgegeben wurde, zeigt sein Schreiben an Mutian vom 30. Juni 1520, in dem es heißt: »Egemus enim omnes Dei Opt. Max. favore, gratia et benignitate, quam ut nobis clementer imperitat merito obsecramus.« – Nach Pallas: Briefe, 298 (Nr. 30). 245 (Nr. 5); NUB, 1f. (Nr. 1). 2 (Nr. 2). 3 (Nr. 3). 3 (Nr. 4). 4 (Nr. 5). 4 (Nr. 6). Passim; Gillert: A. a. O. 2, 264 (Nr. 592).

700 Vgl. Anm. 698. Wie unmittelbar man sich zu Friedrichs Zeit die Folgen der Sünde vorstellte, zeigt sich z. B. in der projektierten Landesordnung vom 9. Juli 1498 – s. ELTA, 35 (Nr. 67). So verwundert es auch nicht, daß der Kurfürst den Bauernkrieg als Folge seiner Sünden auffassen konnte, wie in seinem Brief an Johann vom 4. Mai 1525 – s. AGBM 2, 190 (Nr. 1303).

701 Angesichts verschiedener Schwierigkeiten spricht es Friedrich offen aus, dass er sie mit seinen Sünden verdient habe; so z. B. 1521 in einer nicht näher bezeichneten Angelegenheit und 1525 im Blick auf die Bauernunruhen – s. NUB, 16 (Nr. 24). 259 (Nr. 22). 26 (Nr. 40); CR 1, 641 (Nr. 259); vgl. Anm. 700.

Wissen und Gewissen zu vermeiden gesucht;[702] er ist konsequenterweise, weil er Gottes Willen nicht zu erkennen vermochte und auch nicht immer wußte, ob das, was als sein Wort ausgegeben wurde, diese Bezeichnung zu Recht trug, lieber zwei Schritte zu wenig als einen zu weit gegangen.[703] Er konnte dies aus dem festen Glauben heraus tun, daß Gott es letztlich gut mit den Menschen meine.[704]

---

[702] Es war letztlich seine Gottesfurcht, die ihn dabei bewegte. Sie ist es auch gewesen, die ihn sogar bei seinem Wunsch nach einer Verbesserung des Verhältnisses zu Herzog Georg mit Skrupeln erfüllte. Sie ließ ihn schreiben: »Wan eß allain wider got nicht werhe, mochte ich wol leyden, das er (scil.: Herzog Georg) meyn gancz müssig gynhe« – NUB, 26 (Nr. 40). So erscheint es nur folgerichtig, daß er 1522 Johann schrieb, daß Gott alle Sachen nach seinem Willen den Menschen zum besten schicken könne, wenn er wolle. Deshalb sei nichts besseres, als »vnßern wyllen gantz in den ßeynen zcu seczhen vnd Inen machen« zu lassen – NUB, 22 (Nr. 33); bzw. Pallas: Briefe, 305 (Nr. 36). Friedrichs religiöser Ernst, der hier an den Tag tritt, zeigt sich auch in seinen offiziellen Erklärungen zur Wittenberger Bewegung, die er gegenüber seinen Räten und Luther abgab und die schon deshalb besonders aussagekräftig sind: In seiner Instruktion für den Eisenacher Amtmann (ca. 26. Febr. 1522), der Luther die Meinung des Kurfürsten zu erkennen geben sollte, erklärte er, er wolle nicht gern etwas tun, was Gottes Willen oder Wort zuwider wäre. Er sei »des Gemüts«, wenn er »eigentlich und gründlich wüßte, was in Gottes Willen recht und gut« sei, »darob zu leiden ...« – WABr 2, 450f. (Nr. 454, Anhang). Ähnlich drückte er sich (nach FWLZ, 30) gegenüber den in Prettin versammelten Räten aus: »Wenn ich nu die Sache verstünde, ehe ich wollte mit Wissen wider Gott handeln, ehe wollt ich einen Stab an mein Hand nehmen und darvon gehen.«

[703] Daß dabei auch die Angst, sich durch ein Handeln gegen Gott seinen Zorn zuzuziehen, mit im Spiele war, ist anzunehmen. Ebenso scheint er befürchtet zu haben, daß es durch »vorbittung des word gotes« zu Volksunruhen kommen könne: Kurz vor seinem Tod hat er einen entsprechenden Verdacht über die Ursachen des Bauernkrieges geäußert – s. NUB, 259 (Nr. 22). Spalatin war sich in diesem Punkt sicherer: Er erklärte in seinem Trostbrief offen, die Ursache des Aufruhrs sei, daß man »Gotts wort vorhindert« habe (EGA Reg. O 368, 13^{v}).

[704] Was nicht bedeutet, daß Friedrich von Verwerfungsangst und Furcht vor Gottes Zorn und »Ungnade« frei war. Sein Glaube an Gottes Güte brach aber dessen ungeachtet immer wieder durch und konnte ihn (1522) sogar zu der Bemerkung veranlassen, man müsse Gott vertrauen und dürfe sich nicht auf eigenes Werk und Weisheit verlassen – NUB, 20 (Nr. 31). Hier könnte ein Einfluß Luthers vorliegen, wenn auch mehr in dem Sinne, daß der Fürst durch die Lektüre von Lutherschriften auf Bibelstellen aufmerksam wurde, die gegen eine Überbewertung der guten Werke sprechen. Möglicherweise hat ihn aber auch nur das Bewußtsein der eigenen Unzulänglichkeit gegenüber Gottes Allmacht zu dieser Äußerung getrieben. Ein Zweifel an der Verdienstlichkeit guter Werke kommt in der genannten Bemerkung Friedrichs nur implizit zum Ausdruck und muß auch nicht gerade auf Luther zurückgeführt werden. Der Gedanke des Ungenügens menschlicher Werke ist nicht genuin lutherisch und wurde gerade von Friedrich nahestehenden Geistlichen wie Proles und Staupitz vertreten – vgl. Adolar Zumkeller: Das Ungenügen der menschlichen Werke bei den deutschen Predigern des Spätmittelalters. ZKTh 81(1959), 299f. Bestimmend war für die Äußerung des Kurfürsten sicher nicht zuletzt die Erkenntnis, daß es Gott gut mit den Menschen meine, eine Erkenntnis, wie sie auch in anderen Bemerkungen des Ernestiners ihren Niederschlag findet, so, wenn er angesichts der Wittenberger Bewegung schreibt, er wolle die durch sie verursach-

Deshalb war er auch fähig, sich in seinem Gottvertrauen bisweilen völlig von den Ereignissen treiben zu lassen, einem Gottvertrauen, das durch seine fatalistische Note den sächsischen Kurfürsten zu Positionen hätte bringen können, die faktisch einer Untergrabung der Werkgerechtigkeit gleichgekommen wären,[705] ohne daß er deshalb zum Kern von Luthers Rechtfertigungslehre hätte vorstoßen müssen. Dies erklärt in gewisser Weise auch sein passives Verhalten gegenüber dem Abbau alter Frömmigkeitsformen in seiner unmittelbaren Umgebung nach 1521. Die Frage, ob in Friedrichs Ansichten über den Lauf der Geschichte und seine Stellung als Herrscher deterministische oder fatalististische Vorstellungen überwogen, muß wohl zugunsten des Fatalismus beantwortet werden. Sie entsprangen kaum eigenen theologischen Reflexionen, sondern basierten auf einem schlichten, an der Bibel und erbaulichen Schriften orientierten Glauben. Dies schließt freilich die Rezeption bestimmter theologischer Lehrmeinungen nicht aus: Man glaubt bisweilen, auf die Übernahme von Ansichten Staupitz' zu stoßen, so gerade in der Frage der Stellung des Regenten zu Gott,[706] im Blick auf das Verhalten des Ernestiners gegenüber der reformatorischen Bewegung[707] und nicht

ten »Beschwerungen« gerne tragen und habe keine Angst davor, wenn er nur wüßte, daß dieses »Kreuz« von Gott käme, der ohne Zweifel Hilfe und Stärkung, es zu tragen, verleihe – WABr 2, 451 (Nr. 454, Anhang). An anderer Stelle zeigt er sich überzeugt, daß Gott es recht zu machen wisse, daß er ihn und seinen Bruder »im Zeitlichen und Ewiglichen« nicht verlassen werde und der rechte »hawßvater« sei, der es zweifellos zum besten schicken werde – nach FWLZ, 62; AGBM 2, 189f. (Nr. 1303); NUB, 273 (Nr. 38). 20 (Nr. 31).

[705] Krencker (a. a. O., 47) äußert eine ähnliche Vermutung, wenn er schreibt: »Wäre er (scil.: Friedrich) Theologe gewesen, mit dem Bedürfnis zu systematisieren, so hätte vielleicht bei einer derartigen Veranlagung (scil.: zum Fatalismus) sein Vertrauen zu den Ablässen und der Verdienstlichkeit [...] keine so übermäßige Rolle gespielt.

[706] Beispielsweise wird Friedrichs Neigung, manches treiben zu lassen und die Lösung bestimmter Probleme ganz Gott anheimzustellen, verständlicher, wenn man sich Staupitz' Ansichten vergegenwärtigt. Für ihn stehen alle Dinge auf Erden »in gots verwaltung«. Die »grossen sachen vnd hohen haupter« werden demzufolge »von got furnemlich vnd wunderperlich regirt, verordent vnd geschickt«, eine Ansicht, die das Selbstverständnis des Fürsten geprägt haben könnte und seine gewisse Gleichgültigkeit im Blick auf die Zukunft erklärt. Die menschliche Vernunft genügt nicht, um die göttliche Ordnung zu durchschauen und zu begreifen, wie Gott es weiter fügen will. Gott wolle in »den dingen allein der herr vnd regirer sein, will auch das Ime alle menschliche vernunfft des on mittel stat geben« (Knaake: Opera, 29). Wenn man Gott nicht mitregieren lasse, werde man deshalb nichts »fruchtbars oder guts« ausrichten (ebd., 43).

[707] 1517 (aus dieser Zeit stammen auch die Zitate in der vorhergehenden und nachfolgenden Anmerkung) vertrat Staupitz eine Meinung, die wir ähnlich auch bei Friedrich wiederfinden: Er meinte, es sei beschwerlich und ärgerlich, andere Menschen ihrer Glaubensansichten wegen zu verurteilen, denn niemand wisse, wo Gott wohnen und wo er »am hochsten gnad wurcken« wolle (Knaake: A. a. O., 33). An anderer Stelle äußerte der Augustiner sogar, daß alles, was gegen das Gewissen geschehe, »zu der helle« baue (ebd., 41).

zuletzt, was sein Selbstverständnis als Fürst betrifft.[708] Friedrich der Weise hat sich immer, und nicht nur in floskelhaften Wendungen seiner Briefe,[709] als ein christlicher Fürst verstanden und war bemüht, sich dementsprechend zu verhalten. Nicht zufällig gab er 1523 gegenüber Herzog Johann einmal zu verstehen, daß Gott es ja wisse, daß er ihm gern dienen wolle, was er bisher auch »warlichen gethan« habe.[710]

Es stellt sich die Frage, was er unter diesem Dienst verstand. Der Kurfürst hat in verschiedenen Schreiben – wenn auch in etwas stereotypen Wendungen – darauf eine Antwort gegeben: Er erklärte, es sei von jeher seine Absicht gewesen, das »treulich« und soviel in seinen Kräften stehe zu fördern, was zur Ehre Gottes, der Stärkung seines heiligen Wortes und der Liebe des Nächsten dienlich sei.[711]

Das klingt recht gut. War es aber vielleicht nur so dahergesagt? Ein Blick auf bestimmte Gepflogenheiten Friedrichs zeigt, daß sich seine Absicht, »das fördern zu helfen, so dem heiligen christlichen Glauben zur Stärke gereichen mag«,[712] nicht in leerem Gerede erschöpfte. Neben den schon erwähnten Aufträgen zum Druck erbaulicher Werke[713] – hier war zweifellos auch ein gewisses Ruhmstreben des Fürsten mit im Spiel – fällt es besonders auf, daß er sich auch die Verteilung geistlichen Schrifttums angelegen sein ließ, wie sich zeigt, wenn 1502 in seinem Auftrag eine größere Anzahl von Exemplaren der Paltzschen »Fundgrube« offenbar zwecks Verteilung erstanden wird[714] und wenn er Jahre

---

[708] Der Gedanke, daß er von Gott zu seinem Amt bestimmt sei, und somit die Vorstellung eines eigenen Gottesgnadentums dürfte bei Friedrich seit seinem Regierungsantritt vorhanden gewesen sein. Es war auch Staupitz' Ansicht, daß die Regenten von Gott für ihr Amt ausersehen und gekennzeichnet worden wären (Knaake: A.a.O., 36. 42). In welchem Maße sich der Kurfürst Staupitz' Forderungen zu eigen machte, der Herrscher solle festen Gemütes, beständig und bescheiden sein, den »gemainen nutz dem aignen« voranstellen und sich so halten, daß »er mer geliebt dann geforcht« werde, läßt sich schwer sagen, daß sie sich in seinem Verhalten als Fürst spiegeln, ist aber ebenso offensichtlich wie bei der Forderung des Theologen, die Vernunft dem Schwert vorzuziehen und sich als wahrhaftig und gottesfürchtig erweisen (ebd., 36–39).

[709] So versicherte er gegenüber Gregor Brück, sein »Gemüth, Wille und Meinung« wäre nie anders gewesen, als sich als »ein christlicher Fürst zu halten und zu erzeigen« und betonte u. a. gegenüber Chierigati und Papst Hadrian VI., ein gehorsamer Sohn der heiligen christlichen Kirche zu sein – CR 1, 459 (Nr. 138); Kolde: Breve, 217; Spalatin: Annales Reformationis, 78.

[710] NUB, 26 (Nr. 40).

[711] CR 1, 622 (Nr. 250); bzw. WABr 3, 123 (Nr. 642): 7. Aug. 1523, Schreiben an Hieronymus Schurff. Eine fast gleichlautende Formulierung enthält Friedrichs Schreiben an die Räte vom 4. Okt. 1523 – CR 1, 642 (Nr. 259) – und sein Brief an Ernst von Mansfeld vom 28. Sept. des gleichen Jahres – NUB, 232 (Nr. 7).

[712] CR 1, 459 (Nr. 138); bzw. N. Müller: A.a.O., 26 (Nr. 8): 10. Okt. 1521, Schreiben an Gregor Brück.

[713] S. Anm. 606. Kolde erwähnt (RE 6, 280) außer dem Druck der schon erwähnten Bücher auch den von Paltz' »Hortulus aromaticus«.

[714] Die Rechnung verzeichnet 26 fl. für eine nicht näher bezeichnete Anzahl von Bü-

später sogar als Verteiler von Lutherschriften[715] und der Bibelübersetzung[716] im Bekanntenkreis in Erscheinung tritt.[717]

Der ernestinische Fürst erwies sich allerdings nicht nur als »sacrarum litterarum praecipue amator«, wie ihn Paltz einmal bezeichnete,[718] sondern förderte das »Wort Gottes« noch auf andere Weise. So kam er Aktivitäten verschiedener reformatorischer Gruppierungen dann entgegen, wenn sie der »merung vnd aufbauung« des »Evangeliums« und des Glaubens dienten[719] und sich nicht durch allzu radikales Vorgehen diskreditierten. Bezeichnenderweise äußerte er einmal die Vermutung, die Bauernerhebung sei durch »vorbittung« von Gottes Wort mitverursacht worden,[720] denn sehr viele Beschwerden, die ihn 1525 aus der Bevölkerung erreichten, wandten sich gegen eine Unterdrückung des

---

chern, »funtgrub« genannt (MMN JN 1915a; nach EGA Reg. Bb 4178). 1504 (EGA Reg. Bb 4187, 10v) werden in Erfurt für 12 fl. Eine Reihe von Exemplaren der »Himmlischen Fundgrube« erworben.

715 Gegen Ende 1519 oder Anfang 1520 übersandte Friedrich Dürer eine nicht näher bezeichnete Lutherschrift und wurde von ihm daraufhin um weitere Schriften gebeten (s. Lange-Fuhse: A.a.O., 66f.). Am 13. Aug. 1520 schickte der Kurfürst Herzog Johann »Doctor martinus buchlein«, soviel er davon augenblicklich neue hatte, und ließ ihnen am 25. Aug. ein weiteres folgen – NUB, 1 (Nr. 1). 2 (Nr. 2). Auch an Katharina von Sachsen, Herzog Heinrichs Gemahlin, sandte er eine Schrift des Reformators (vgl. Planitz' Schreiben bei Kirn: A.a.O., 192). 1522 wurden (nach Stoy: A.a.O., 283) auf Friedrichs Kosten drei Exemplare des Neuen Testaments und je vier Exemplare eines »Büchleins vom geistlichen Glauben«, eines Buches vom »etzlichen Stand« (vielleicht ist Luthers »Sermon vom ehelichen Leben« gemeint) und andere Sermone erworben, die offenbar nicht für den Kurfürsten allein bestimmt waren (vgl. Anm. 716).

716 Am 2. Dez. 1522 dankte Anton Tucher für die Zusendung eines Neuen Testaments durch Friedrich, dem er dann am 23. Febr. 1523 mitteilen konnte, daß er es schon zur Hälfte gelesen habe. Im darauffolgenden Herbst erhielt er vom Kurfürsten den ersten Teil des Alten Testaments, nachdem dieser ihm schon vorher zu verstehen gegeben hatte, daß er sich freue, weil Tucher einen »so [...] guten willen« habe, das Neue Testament zu lesen, und daß er hoffe, »der ewig got wird gnad« verleihen, damit dies zu Tuchers Seligkeit geschehe (nach EGA Reg. Aa 2300, 90. 42. 64. 65). – Vgl. Anm. 715).

717 Mit seiner Verteilung geistlichen Schrifttums bildete Friedrich keine Ausnahme, wie das Beispiel der Herzogin Zedena von Sachsen zeigt (vgl. Werl: A.a.O., 15). Wahrscheinlich konnte er deshalb guten Gewissens auch Lutherschriften verbreiten, weil er ähnlich wie Katharina von Sachsen der Ansicht war, daß Luther trotz des Vorwurfs der Ketzerei »doch gutt und seligk dyngk« schriebe (vgl. Kirn: A.a.O., 192).

718 Nach Kolde: RE 6, 280.

719 Zitat nach Friedrichs Schreiben an Kaspar Nützel d. Ä. (8. Juni 1524, Lochau, EGA Reg. Aa 2307, 2v), in dem er seiner Hoffnung Ausdruck verleiht, daß Gott Gnade zur Mehrung und Auferbauung seines Wortes und des Glaubens durch die in Nürnberg beschlossenen reformatorischen Neuerungen geben werde. Nützel hatte ihm am 27. Mai u.a. mitgeteilt, daß dort in Zukunft die Messe deutsch gelesen und das Abendmahl ausgeteilt werde, wie es Christus eingesetzt habe (EGA Reg. Aa 2307, 1). S. auch Anm. 721).

720 NUB, 259 (Nr. 22).

»Evangeliums«, was auch immer darunter verstanden wurde.[721] Da er es als seine Fürstenpflicht ansah, das »Evangelium« zu schützen, bemühte er sich auch hier, ihr soweit wie möglich nachzukommen. Wie ernst er die Aufgabe des Schutzes von »Gottes Wort« nahm, zeigen vor allem die 1523 für ihn erstellten Gutachten Luthers, Melanchthons, Bugenhagens, Amsdorfs und Wenzeslaus Lincks über die Frage, ob ein Fürst mit Waffengewalt für den Schutz des »Evangeliums« sorgen solle.[722]

Über den Schutz und die Förderung von »Gottes Wort« hinaus bemühte sich der Kurfürst noch auf andere Weise, sich als christlicher Fürst zu erweisen, wobei hier – wie auch bei den eben erwähnten Bestrebungen Friedrichs – natürlich auch rein weltliche Motivationen mit im Spiele sein konnten.[723] Die Verquickung von Weltlichem und Geistlichem in seiner Kirchenpolitik mutet bisweilen seltsam an,[724] sollte aber keineswegs zu dem Schluß verleiten, seine religiösen Motive seien in diesem Bereich nur vorgeschoben, um landesherrli-

---

[721] Daß er in solchen Fällen, wenn die Rechtslage es zuließ, zugunsten der Klagesteller einschritt, hängt mit seiner Absicht zusammen, die Ausbreitung des »Verbum Dei« nicht zu hindern, sondern zu fördern. Beispielsweise ging er auf Bitten der Gemeinde Schlieben hin gegen den Propst Moritz Mette vor (zwischen 1523 und 1525), weil dieser »›das heylige Evangelium vnnd wort gots zu predigenn, gantz vngeschickt, demselben auch entgegen‹« sei (N. Müller: A.a.O., 391–393). Anfang 1525 ließ Friedrich durch Götz vom Ende den Leuten von Hartroda einen anderen Pfarrer geben, der ihnen »das heilige evangelium paß (vgl. GDWB 1, 1153) wußte vorzutragen« und kam einem Ersuchen der Gemeinde Wartenburg (vom 6. März 1525) nach, die sich durch ihren Pfarrer sehr beschwert und »erbermlich an irer selen selikait vorterbt und vorfurt« fühlte. Dabei vertröstete er sie zwar mit einer Entscheidung bis Michaelis, stellte aber den Gemeindegliedern sein sofortiges Eingreifen für den Fall in Aussicht stellt, daß ihnen »an dem wort gots und cristlicher underweisung abbruch beschee« – nach AGBM 2, 60–62 (Nr. 1146). 62f. (Nr. 1148). 71–73 (Nr. 1159a). 79f. (Nr. 1171a). 80, Anm. 1.

[722] CR 1, 600–602 (Nr. 230). 602 (Nr. 231); bzw. SM 6 I, 211 (Nr. 284). 211 (Nr. 285): 8. Febr. 1523. Das Gerücht über eine Bedrohung Friedrichs durch den Schwäbischen Bund war zu diesem Zeitpunkt noch nicht aufgetaucht, kann also für den Kurfürsten nicht als Auftragsmotiv in Frage kommen (vgl. Anm. 560).

[723] Für Friedrichs Kirchenpolitik verweise ich generell auf Kirns grundlegende und profunde Arbeit (vgl. Anm. 4), auf die ich im vorliegenden Abschnitt aus Platzgründen nicht so ausführlich Bezug nehmen kann, wie es wünschenswert wäre.

[724] Sie war aber durchaus nicht ungewöhnlich. Die Motivverflechtung zeigt sich an verschiedenen Stellen, besonders aber in der Ablaßfrage. Ablässe faßte man zu Friedrichs Zeit als »eine Art kirchlicher Steuersatz« auf (Hashagen: A.a.O., 13; s. auch ebd., 12f.). Daher ist es nicht verwunderlich, daß beispielsweise für den 1503 der Wittenberger Stiftskirche verliehenen hundertjährigen Ablaß fiskalische Gründe ausschlaggebend waren (vgl. Kalkoff: Ablaß, 9). Er wurde ausgerechnet 1516 durch Leo X. bestätigt, bei gleichzeitiger Erweiterung des ersten Ablasses von 1398 (s. Aloys Schulte: Die Fugger in Rom 1495–1523: mit Studien zur Geschichte des kirchlichen Finanzwesens jener Zeit. Bd. 1. Leipzig 1904, 67f.). Wozu finanzielle Erwägungen des Fürsten noch führen konnten, läßt ein anderer Vorgang erkennen: 1518 ließ Friedrich als einziger Reichsfürst die auf dem Reichstag beschlossene Besteuerung der Abendmahlsgänger durch den Jenaer Landtag annehmen (nach Kalkoff: Ablaß, 5, Anm. 2).

che Machtgelüste oder materielle Interessen zu kaschieren. Das gilt besonders für seine Stellung zu den Mönchsorden: Natürlich waren Friedrichs erfolgreiche Bemühungen, die Klöster in seinem Gebiet zu reformieren, auch Ausdruck seines Strebens, den landesherrlichen Einfluß im kirchlichen Bereich zu erhalten, aber das war nicht sein einziger Beweggrund, denn der kirchlichen Mißstände und der Notwendigkeit von Reformen ist er sich durchaus bewußt gewesen.[725] Dazu kam ein für ihn bezeichnender moralischer Zug, der sich weniger in seiner persönlichen sittlichen Integrität[726] als darin ausdrückt, daß er beispielsweise bei der Anstellung von Geistlichen streng auf deren »ordentliches Wesen und Leben« achtete.[727]

---

[725] An Konfrontationen mit entsprechenden Mißständen fehlte es nicht – s. z. B. die Kapitel 3 und 4 in Kirns Arbeit, in denen auf Friedrichs Kampf gegen den Mißbrauch der geistlichen Gerichtsbarkeit und auf die Klosterreformen eingegangen wird (KIRN: A. a. O., 36–106). Wenn es sich, wie Förstemann wohl richtig vermutet, bei der am 25. Aug. 1520 Herzog Johann durch seinen Bruder zugesandten Lutherschrift tatsächlich um »An den christlichen Adel deutscher Nation« handelte, dann hat die Lektüre dieser Schrift dem Kurfürsten sicher über das ganze Ausmaß kirchlicher Mißstände die Augen geöffnet, denn er gibt im Blick auf das Buch zu erkennen, daß darin »dynge an tagk« kämen, die viele Leute verbergen würden – NUB, 2 (Nr. 2). – Vgl. auch die Anekdote in CR 20, 532 (Nr. 44).

[726] KRENCKER (a. a. O., 49) verweist zu Recht auf die enge Verbindung zwischen Friedrichs Religiosität und seiner »praktisch sittlichen Lebensauffassung«, die sich m. E. anhand von Eigenaussagen des Fürsten kaum belegen läßt, aber offensichtlich seine Verhaltensweisen stark prägte. Der Ernestiner bewegte sich dabei ganz in Staupitz' Bahnen, für den der Mensch von Gott dazu erschaffen war, daß er in dessen Gnade tugendhafte Werke wirke (KNAAKE: Opera, 39). Die religiösen Motive von Friedrichs Verhalten können dabei durchaus unterschiedlicher Natur gewesen sein: Ob die Absicht, mit einem tugendhaften Leben Gott zu ehren und sich damit die Seligkeit zu erwerben, ausschlaggebend war oder die Furcht, sich im entgegengesetzten Falle Gottes Zorn zuzuziehen, muß dahingestellt bleiben. Fest steht, daß er im persönlichen Bereich einen unanstößigen Lebenswandel zu führen bestrebt war. So hat er nach Aussagen seiner Hofbeamten nie geflucht (FWLZ, 35). Sein Ausschreiben gegen Fluchen, Gotteslästerung und »vnpflegliches zutrincken« vom 20. (bzw. 15.) Juni 1513, das er gemeinsam mit seinem Bruder und Herzog Georg erließ (s. GOERLITZ: A. a. O., 209; AHS, 67; EGA Reg. Q 137), und ähnliche politische Maßnahmen belegen seinen Hang zu moralischer Integrität freilich nur bedingt.

[727] Die Forderung, die Priester sollten »eins guten geruchts vnd vnuordechtigs ordenlichs wesens vnd lebens« sein, enthält z. B. die Chorstiftungsurkunde für die Torgauer Schloßkapelle vom 19. März 1493, deren Konfirmationsurkunde von 1494 konkret verlangt, daß die Geistlichen, falls sie unpriesterlich leben, den Gottesdienst versäumen und nicht »vleißig auswartten« beurlaubt oder abgesetzt werden (nach ABER: A. a. O., 38f.). Ähnlich fordert es auch Friedrichs Chorstiftung vom 11. Nov. 1506 (Coburg; EGA Urk. 4537, 1ᵛ), wo es hinsichtlich der anzustellenden vier Chorschüler heißt, daß sie die redlichsten sein sollen, »die man gehaben mag«. Scheurl konnte es wohl mit Recht als einen Vorzug des Wittenberger Allerheiligenstifts rühmen, daß dort nach Friedrichs Willen nicht auf den Adel, sondern auf Gelehrsamkeit und einwandfreien Lebenswandel geachtet werde (PLITT: Trutfetter, 37).

Konsequenterweise förderte Friedrich innerhalb der Orden deshalb die jeweils strengere Richtung, die Observanz. Besondere Aufmerksamkeit widmete er der Reformkongregation der Augustinereremiten, die im Ruf vorbildlicher Lebensführung und Lehre sowie anderer Tugenden stand,[728] aber auch den Franziskanern war er sehr geneigt. Er unterstützte die Observanten der genannten Orden auf vielfältige Weise, sei es durch die Hilfe bei der Durchführung von Klosterreformen, sei es durch die Förderung von Bauvorhaben[729] oder anderweitig. Der religiöse Ernst,[730] der hier zweifellos eine Triebkraft seines Handelns war, leitete den Kurfürsten auch bei anderen Maßnahmen, die ihn als einen christlichen Fürsten kennzeichnen sollten, aber gleichfalls nicht frei von weltlichen Motiven waren, wie sich immer wieder zeigt. So diente die Errichtung und Erneuerung von Kirchen im Auftrag oder mit Unterstützung des Landesherrn[731] zwar zu

---

[728] Des Ordens »exemplaris vita et doctrina ac alii comprobati mores« erwähnt eine Bulle Alexanders VI. vom 19. Sept. 1500 (Zitat nach Kolde: Staupitz, 150, Anm. 3), in der er die Gründung des Augustinerklosters Sternberg durch Herzog Magnus von Mecklenburg bestätigt (Kunzelmann: A. a. O., 490f.). – S. z. B. Wentz: A. a. O., 444–499; Kolde: A. a. O., passim.

[729] Beispielsweise unterstützte er 1492/93 und 1499 die Bauarbeiten am Wittenberger Franziskanerkloster, angeblich mit größeren Beträgen, und steuerte zu der Errichtung des Wittenberger Augustinereremitenklosters nach 1502 das Seine bei (Wentz: A. a. O., 384. 443f. 458; Kunzelmann: A. a. O., 496. 499). Der Bau des Augustinerklosters steht im engen Zusammenhang mit der Universitätsgründung (s. Anm. 1266–1276). – Die Meinungen, ob vor 1502 schon ein Kloster des Ordens in Wittenberg bestand, sind geteilt: Gegen Kolde (Staupitz, 147), der annahm, schon 1488 habe es in der Stadt ein Augustinerkloster gegeben, wendet sich Wentz (a. a. O., 443) und mit ihm Kunzelmann (a. a. O., 494) unter Hinweis auf die Existenz einer Terminei des Ordens in Wittenberg vor 1502. Im Verwaltungsarchiv der SLH Sign. 500/bst (Anfrage von Dr. med. Wilfried Vogeler; 20. März 1977) liegt ein Schreiben vor, das der Ansicht Wentz' zu widersprechen scheint: Hier wird (ohne Nennung der archivalischen Quelle) auf einen Dethard von Leteln Bezug genommen, der 1460 bis 1474 Dechant bzw. Kanoniker an St. Martin zu Minden war und am 8. Febr. 1499 als Kanoniker der Augustiner(eremiten) in Wittenberg dem Kapitel St. Martin eine Schenkung machte. Leteln starb offenbar bald darauf, denn am 2. Mai 1500 verkauften der Prior Stephan (nach Kunzelmann: A. a. O., 494f., war der erste Prior des Wittenberger Augustinerklosters ab 1504 Johann Domeczer!) und der Konvent des Augustinerklosters in Wittenberg an Hardeke von Lente, Vikar zu St. Martin in Minden, einen auf Dethard von Leteln ausgestellten Rentbrief.

[730] Er äußert sich vorwiegend in Kleinigkeiten, so wenn Friedrich den Weimarer Franziskanern im Februar 1513 10 fl. reichen läßt, damit sie sich Fische kaufen und dem Fastengebot desto besser nachkommen können (Buchwald: Frömmigkeit, 78).

[731] Mit Friedrichs Unterstützung wurde z. B. 1497 in Eicha bei Grimma eine Kirche errichtet oder erneuert (Vossberg: A. a. O., 50) und 1501 die Altenburger Brüderkirche erweitert (E. von Braun: A. a. O., 301, Anm. 252). Der größte Kirchenbau im Auftrag des Kurfürsten war der der Wittenberger Schloßkirche, der zwischen 1490 und 1509 11363 Schock verschlang (s. Heinrich Heubner: Der Bau des kurfürstlichen Schlosses und die Neubefestigung Wittenbergs durch die Kurfürsten Friedrich den Weisen, Johann den Beständigen und Johann Friedrich den Großmütigen. Wittenberg 1936, 12–14). Die z. B. von Schulte (a. a. O. 1, 67; auch von Heubner: A. a. O., 15; Grossmann: HAW, 258)

Gottes Lob und Ehre, zur Ausbreitung seines Wortes und damit zur Hebung der Frömmigkeit im Land, gereichte aber gleichzeitig dem Stifter zum Ruhm, half das Gedenken an ihn auch nach seinem Tod wachzuhalten und vermehrte dessen gute Werke.

Das gleiche gilt für die Anfertigung von Altargemälden[732] und anderen Devotionalien,[733] die einem größeren Personenkreis als Andachtsgegenstände dienten, vor allem aber für die Anhäufung von Ablässen und Sammlung von Reliquien durch Friedrich den Weisen, bei denen sich neben fiskalischen Erwägungen der Verdienstgedanke als Leitmotiv erwies: Der Erwerb jedes einzelnen Partikels kam einem guten Werk gleich, weshalb eine Erweiterung der Reliquiensammlung unmittelbar zur Vermehrung seiner Verdienste vor Gott führte, die ihrerseits auf verstärkte Zuwendung von Gottes Gnade hoffen ließen und durch ihre Bindung an die sichtbaren und zählbaren Partikel zugleich dem Anspruch auf diese Gnade sinnfällig Ausdruck verliehen. Das Anwachsen von Friedrichs Reliquiensammlung nach 1508[734] verdeutlicht recht anschaulich,

---

vertretene Ansicht, daß der Bau der Schloßkirche 1499 abgeschlossen war, läßt sich u. a. dadurch widerlegen, daß erst 1496 wegen des Abrisses der alten Schloßkirche die Erlaubnis eingeholt werden mußte, in der Hofstube Messe zu halten (Buchwald: Frömmigkeit, 68; vgl. auch Wentz: A. a. O., 98).

[732] Es können hier nur die bedeutendsten Altargemälde, die in Friedrichs Auftrag entstanden, genannt werden:
1. Albrecht Dürer; Dresdner Altar, ehemals in der Wittenberger Schloßkirche (ca. 1497; Thausing: A. a. O., 1, 130; Max J. Friedländer: Albrecht Dürer. Leipzig 1921, 66f.) St. Veiter Altar (Entwurf 1502; Thausing: A. a. O. 1. 131).
2. Hans Burgkmair: Nothelferaltar (1505; s. Anm. 427).
3. Lucas Cranach: Annenaltar (nach 1506; Friedländer-Rosenberg: A. a. O., Nr. 13; W. Schade: A. a. O., Taf. 45); Katharinenaltar (1506; Friedländer-Rosenberg: A. a. O., Nr. 14; W. Schade: A. a. O., Taf. 33); Nothelferaltar (ca. 1507; Friedländer-Rosenberg: A. a. O., Nr. 15); Torgauer Fürstenaltar (1509; Friedländer-Rosenberg: A. a. O., Nr. 18. 20; W. Schade: A. a. O., Taf. 56); Dessauer Fürstenaltar (ca. 1510; Friedländer-Rosenberg: A. a. O., Nr. 19).

[733] Hierher gehören auch Tafelbilder, wie sie die Kirchen abseits der Altäre schmückten, etwa Dürers »Anbetung der Könige« (1504) und seine »Marter der 10000 Christen« von 1507 (Thausing: A. a. O. 1, 228. 288); Friedländer: A. a. O., 100; Wentz: A. a. O., 152), und vor allem Kruzifixe und Heiligenstatuen für einzelne Altäre, wie das höchstwahrscheinlich von Tilman Riemenschneider angefertigte große Kruzifix für die Schloßkirche (1506; EGA Reg. Bb 4187, 34v. 35v. 36r; Bruck: A. a. O., 275; Wentz: A. a. O., 153), die für den Kurfürsten erworbenen »Silberbilder« von St. Anna (1496) und St. Antonius (1501) und die Doppelbildsäule der Maria von Konrad Meit (Bruck: A. a. O., 311f.; Wentz: A. a. O., 153).

[734] Zur Geschichte von Friedrichs Reliquiensammlung sei generell auf Kalkoffs »Ablaß und Reliquienverehrung an der Schloßkirche zu Wittenberg unter Friedrich dem Weisen«, die diesbezüglichen Richtigstellungen Kirns (a. a. O., 168–171) und den entsprechenden Abschnitt bei Wentz (a. a. O., 105–107) verwiesen. Trotzdem muß hier kurz darauf eingegangen werden, weil die Intensität, mit der der Kurfürst Reliquien sammelte, ihresgleichen sucht. Ich schließe mich in dem Punkt Kalkoff an (Ablaß, 10), daß es erst ab 1507 zu planmäßigen Reliquienerwerbungen in kurfürstlichem Auftrag kam,

wie sehr es ihm gerade in dieser Zeit um den Erwerb von Gottes Gnade zu tun war, und widerspiegelt somit – wenn man die damaligen Vorstellungen von der dinglichen Wirkung der Gnade berücksichtigt – zugleich die Schwierigkeiten, in denen er sich damals befand. Trotzdem wäre es falsch anzunehmen, daß der Kurfürst bei allem Verdienstdenken nur die irdischen Wirkungen der Gnade im Auge hatte, denn ihn bewegte nicht zuletzt auch die Sorge um sein Seelenheil, in der wir ein Motiv für seine Wallfahrten zu suchen haben,[735] unter denen die

wenn auch schon vor dieser Zeit die Übernahme von Partikeln bezeugt ist – vgl. z.B. Johann Joachim Müller: Von dem Daumen der heiligen Coronae in dem Stifft Allerheiligen zu Wittenberg. In: ders.: Entdecktes Staats-Cabinet 7(1717), 328–336. Wurden 1507 die Reliquien der Wittenberger Schloßkirche noch in 6 Gängen gezeigt, so stieg die Zahl der Gänge bis 1515 auf 12 an. Von 1509 bis 1520 wuchs die Menge der Partikel etwa um das Vierfache: 1509 waren es 5005, 1513 5262, 1516 über 13600, 1517 ca. 15000, 1518 ca. 17500 und 1520 bereits 19013 Stück (Wentz: A.a.O., 105; Schulte: A.a.O. 1, 67). Der Reliquienschatz der unter Friedrichs Vetter Georg errichteten Annaberger Annenkirche hält einem Vergleich damit nicht stand – vgl. Robert Wolfram: Von dem »großen Heiligthum der St. Annenkirche« zu Annaberg. ASG 1 (1863), 229–235. Anders als Georg hat sich Friedrich persönlich sehr um die Erweiterung »seiner« Reliquiensammlung bemüht: So erwirkte er ein päpstliches Breve, das die Bischöfe des Reiches aufforderte, ihm beim Sammeln behilflich zu sein (Kalkoff: Ablaß, 10), aber dabei ließ er es nicht bewenden. Sein Beichtvater Jakob Vogt mußte für ihn um 1515 Reliquien erwerben (s. Flemming: A.a.O., 87–92), zwischen 1516 und 1522 ließ er durch den Franziskaner Burkhard Schenk von Simau in Venedig entsprechende Käufe tätigen (Kirn: A.a.O., 168f.) und darüber hinaus bemühte er sich in persönlichen Schreiben selbst um die Überlassung von Reliquien: 1511 wandte er sich beispielsweise an Christoph von Utenheim, Bischof zu Basel, der ihm schon früher Partikel zur Verfügung gestellt hatte, und bat ihn um weiteres »heilthum« (EGA Reg. O 214, 4). Wegen der Reliquien stand er noch mit vielen anderen Personen inner- und außerhalb des Reiches in Verbindung, etwa mit Graf Günther (XXXIX.) von Schwarzburg (1514), Erzherzogin Margarethe von Österreich (1518), mit Friedrich von Baden, Bischof zu Utrecht, und dem dortigen Kapitel St. Salvator (ca. 1515–1519), ferner mit Johann Franz X., Gonzaga, Markgraf von Mantua, und seinem Bruder Kardinal Sigismund Gonzaga (1518), sowie mit König Franz I. von Frankreich (1516–1519) – nach EGA Reg. O 214, 5. 14. 15. 16. 11. 21.-23. 10. I. II. 6. 7. 24. 17. – S. auch Kirn (a.a.O., 169–171), der anhand des Materials in Reg. O 214 des EGA Kalkoffs Unterstellung zurückweist, daß Friedrich seit 1517 an Reliquien nicht mehr interessiert gewesen sei, und der die Einstellung des Reliquienkults nach 1522 mit der Erkenntnis des Fürsten in Verbindung bringt, daß die Reliquienverehrung ihren Halt in der Bevölkerung verloren habe. Zum eifrigen Erwerb von Ablaßprivilegien durch den Fürsten, der in engem Zusammenhang mit der Reliquiensammlung zu sehen ist vgl. Wentz: A.a.O., 107–110; Kirn: A.a.O., 124f.

[735] Bei seinem ersten Nürnbergaufenthalt 1481 unternahm er Ende Juli mit seinem Vater eine Wallfahrt nach St. Wolfgang bei Salzburg (ChrDSt 10, 365, H. Deichslers Nürnberger Chronik). Auch aus den Jahren nach seinem Regierungsantritt liegen Nachrichten über Pilgerreisen Friedrichs vor: So ritt er am 7. Nov. 1488 nach St. Wolfgang bei Meißen (St. Wolfgang bei Nürnberg – vgl. Röhricht-Meisner: A.a.O., 90, Anm. 405 – oder der gleichnamige Ort im Salzkammergut sind kaum gemeint), pilgerte 1489 mit Herzog Johann zu den »14 Nothelfern« (Vierzehnheiligen bei Jena), von dort nach St. Wolfgang bei Meißen und nach Eicha bei Grimma (Buchwald: Frömmigkeit, 65f.), um

Reise zum Heiligen Grab im Jahre 1493 die bekannteste ist.[736] Von der Sorge um sein Seelenheil und um ein seliges Ende gleichfalls wesentlich mitbestimmt

---

im folgenden Jahr nach dem umstrittenen Wallfahrtsort Wilsnack in der Prignitz (vgl. KLEINEIDAM: A. a. O. 1, 146; 2, 100) aufzubrechen (vgl. OTTO CLEMEN: Die Volksfrömmigkeit des ausgehenden Mittelalters. Leipzig; Dresden 1937, 29f.; BUCHWALD: Frömmigkeit, 66f. – Im Gegensatz zu Buchwald ist sich KIRN: A. a. O., 166, Anm. 7, nicht sicher, ob diese Reise 1490 oder 1491 stattfand). Vielleicht hat sich der Kurfürst später noch einmal nach Wilsnack begeben; im März 1504 reiste sein Bruder Johann dorthin, ohne daß klar wird, ob ihn Friedrich dabei begleitete (BUCHWALD: A. a. O., 69). Ebenso unklar ist es, ob die 1512/13 von Pfeffinger verzeichneten Ausgaben für in kurfürstlichem Auftrag gespendete Almosen auf seiner Reise durch Altötting, St. Wolfgang, St. Leonhard und St. Sebastian (NMN JN 1922/13; nach EGA Reg. Bb 4222) mit einem Aufenthalt des Kurfürsten in den genannten Orten zur gleichen Zeit in Verbindung zu bringen sind.

736 Zum Ablauf der Reise s. RÖHRICHT: A. a. O., 172–177; FWLZ, 76–89; RÖHRICHT-MEISNER: A. a. O., passim. Friedrich wurde dabei von zahlreichen anderen Personen begleitet (vgl. die Liste der Teilnehmer an der Wallfahrt in FWLZ, 89–91). Gründe für seine Pilgerreise hatte der Kurfürst mancherlei: Reisen ins Heilige Land waren unter den Fürsten seiner Zeit Sitte – 1461 brach z. B. Wilhelm III. von Sachsen, 1476 Herzog Albrecht der Beherzte und 1480 Kurfürst Ernst nach Palästina auf (RÖHRICHT: A. a. O., 127. 142–148). Aber nicht nur das Bestreben, diesem Brauch Genüge zu tun, nicht nur die Freude am Abenteuer und Sehnsucht nach fremden Ländern trieben Friedrich, die Gnadenorte des Heiligen Landes kennenzulernen, sondern auch echte Devotion. Möglicherweise besteht eine Verbindung zwischen der Reise und der Vollendung seines 30. Lebensjahres am 17. Jan. 1493 (EGA Kop. F 21, 71r); man könnte dabei an die Erfüllung eines Gelübdes denken. Die in einer zeitgenössischen Erzählung geäußerte Vermutung, der Ernestiner habe mit der Reise dem Wunsch einer Geliebten Folge geleistet (CLODIUS: A. a. O., 22. 27), ist bestenfalls das Ergebnis tatsächlich am Hof umgehender Gerüchte, während die von Georg Fabricius (s. CLODIUS: A. a. O., 27, Anm. 1) erwähnte Palästinareise des Fürsten von 1480 offensichtlich nicht den Tatsachen entspricht (vgl. Anm. 119). Die Wallfahrt Friedrichs begann am 19. März 1493 in Torgau, führte über Venedig nach Jerusalem, wo er am 29. Juni von Heinrich von Schaumberg zum Ritter des Heiligen Grabes geschlagen wurde, und dann über Rhodos, Venedig, Innsbruck und München zurück in die Heimat. Am 26. Okt. war er wieder in Coburg (RÖHRICHT-MEISNER: A. a. O., 93. passim). Während seiner Reise unterließ er es selbstverständlich nicht, Wallfahrtsorten einen Besuch abzustatten, in deren Nähe er vorbeikam. In Candia (10./12. Juni) ließ er sich von den dortigen Franziskanern das »Heiltum« zeigen und besuchte auf der Rückreise die bekannten Wallfahrtsorte Andechs und Altötting (RÖHRICHT-MEISNER: A. a. O., 47. 82; s. CLEMEN: Volksfrömmigkeit, 25). Der Eindruck, den die Erlebnisse seiner Pilgerfahrt bei Friedrich hinterlassen haben, scheint groß gewesen zu sein. Genau dreißig Jahre später erinnerte er sich am 29. Juni 1523 im Gespräch mit Spalatin dieser Reise (FWLZ, 26), ohne dabei freilich den Ritterschlag zum Ritter des Heiligen Grabes zu erwähnen, der sich an diesem Tage jährte; möglicherweise vergaß Spalatin auch nur, ihn zu erwähnen. Einen Monat zuvor, am 28. Mai 1523, hatte der Fürst (laut Spalatins »Chronicen« bei J. B. MENCKE: A. a. O. 2, 623) in Lochau geträumt, »... sese denuo maritima profectione ingressum Syriam, in magno fuisse metu, ne tertio (!?) quoque proficisci in Judeam cogeretur«.

waren seine Schenkungen[737] und fromme Stiftungen,[738] bei denen jedoch die

---

[737] Hierher gehören Geldspenden, wie das »Opfergeld«, und Primizgeschenke für junge Geistliche, Geldzuwendungen für Kirchenbauten und Klöster, aber auch Sachgeschenke in Form von Altargeräten, Meßgewändern u. a. Es ginge zwar zu weit, die Höhe dieser Aufwendungen zum Gradmesser für Friedrichs Frömmigkeit zu machen, doch ist ein Blick auf sie nicht uninteressant. Dabei hat man allerdings zu berücksichtigen, daß Geschenke der genannten Art durchaus zahlreich waren und schon deshalb nicht unterbewertet werden dürfen. Die Ausgaben des Kurfürsten für Opfergeld bewegten sich meist im Groschenbereich (EGA Reg. Bb 4177, 5v. 39v. passim), um an Feiertagen auf über einen Gulden anzuwachsen (ebd., 8r; Reg. Bb 4187, 2rv), was auch dann zu beobachten ist, wenn sich der Fürst auf Reichstagen aufhält, die sämtliche Ausgaben übermäßig erhöhen (Reg. Bb 4187,30r). Gegenüber den Beträgen, die auf Reichstagen für Spiele – am 27. Juli 1504 waren es beim Spiel des Ernestiners mit anderen Fürsten in seiner Kölner Herberge z. B. 100 fl., 14 Tage zuvor aber immerhin nur 20 fl. (Reg. Bb 4187, 30r. 31r. 33r) –, für Schmuck (20. Juli 1504: 20 fl. für ein Perlenhalsband; ebd., 31r, 6. Aug. 1504: 88 fl. für einen für Friedrich bestimmten goldnen Halsring; ebd., 33r) und Trinkgeschirre (30. Juli 1504: 69 fl.; ebd., 32r) ausgegeben wurden, nehmen sich jedoch selbst Opfergeldbeträge von 1 bis 3 fl. (ebd., 30r. 31v. 33r) gering aus, von den Almosen für Arme ganz zu schweigen (ebd., 3rv). Große Summen wandte der Kurfürst für die Wittenberger Stifts- und Schloßkirche auf, wobei diese Zuwendungen aber insofern wenig signifikant sind, als es sich bei dieser Kirche auch um ein »Repräsentationsobjekt« handelte. Die Rechnungen verzeichnen immer wieder entsprechende Ausgaben für »Wittenberg«: Ornate werden bestickt (Reg. Bb 4187, 6v) oder mit Bildern geschmückt (Bruck: A. a. O., 319), Kelche oder Patenen gekauft (so 1516, wo einmal 87 fl. dafür ausgegeben werden; Bruck: A. a. O., 315) und Devotionalien erworben (s. Anm. 733). Die Angabe Spalatins, daß Friedrich für die Ausstattung der Stiftskirche 200000 fl. zur Verfügung gestellt habe (Wentz: A. a. O., 99), erscheint nicht abwegig, wenn man sich vor Augen führt, daß allein das goldene Altarkreuz einen Wert von 8000 fl. besaß (Wentz: A. a. O., 153, s. auch die Angaben über die Innenausstattung der Kirche ebd., 150–154). Verglichen mit den Aufwendungen für das Allerheiligenstift hielten sich die Ausgaben des Fürsten für andere kirchliche Einrichtungen in Grenzen. Neben Finanzhilfen für Klosterbauten der Wittenberger Franziskaner – 1508 stellte er z. B. 200 fl. zur Verfügung (Buchwald: Frömmigkeit, 71) – und für die Augustinereremiten in Höhe von 500 fl. (Wentz: A. a. O., 458) stehen niedrigere Zuwendungen für Geistliche und kirchliche Einrichtungen: So wurden 1512 Bücher für 10 fl. dem Leipziger Franziskanerkloster übereignet (Buchwald: A. a. O., 72) und den Wittenberger Augustinern Altartuch und -decke im Wert von 2 fl. geschenkt (NMN RB 1905a, nach EGA Reg. Bb 4216), 1505 zur Primiz eines ehemaligen Chorschülers 5 fl. und für die Koblenzer St. Anna-Bruderschaft 10 fl. gespendet (EGA Reg. Bb 4187, 39r. 34r); die Beispiele ließen sich beliebig vermehren.

[738] Alle Meßstiftungen Friedrichs aufzuzählen und detailliert darauf einzugehen, würde den Rahmen dieser Arbeit sprengen, deshalb sollen nur die wichtigsten in chronologischer Reihenfolge angeführt werden.

1. 1491: Erweiterung und Neudatierung der Stiftung am Peter-Paul-Altar der Frauenkirche Torgau (Druck bei Aber: A. a. O., 35–37; nach EGA Reg. Mm 656).

2. 1493: Stiftung für die Martins-(Schloß-)Kirche Torgau (Druck bei Aber: A. a. O., 38; nach EGA Reg. D fol. 91. Nr. 3). Die Stiftung wurde nach Friedrichs Rückkehr von seiner Palästinareise 1494 mit Regelung von Einzelheiten hinsichtlich der Stellenbesetzung

Tendenz nicht zu verkennen ist, der Ehre seines Hauses zu dienen und gleichzeitig sein Gedächtnis bei der Nachwelt zu sichern.[739]

Die enge Verwobenheit von weltlichen und geistlichen Motiven, wie sie in den erwähnten Fällen sichtbar wird, erschwert es, zum Kern von Friedrichs Frömmigkeit vorzudringen und sie angemessen zu beurteilen, zumal seine Devotion letztlich das Ergebnis einer Synthese zweier in seiner Persönlichkeit angelegter Komponenten darstellt, die analog der Motivationsverquickung zu einem einheitlichen Ganzen verschmolzen und deshalb ebensowenig von einander zu trennen sind. Die Devotion des Kurfürsten entsprang einer Verbindung zwischen seiner durchaus religiösen Natur und seinem praktischen, nüchternen, mit utilitaristischem Denken gepaarten Sinn. Beide Komponenten isoliert betrachten zu wollen, hieße, sich selbst den Zugang zum Verständnis von Friedrichs Frömmigkeit zu verbauen – davon abgesehen, daß man bei ihrer isolierten Betrachtung schon an der Frage nach dem Verhältnis der Komponenten zueinander scheitern müßte. Die ganze Schwierigkeit des Problems tritt beispielhaft dort zutage, wo es um die Deutung der den Frömmigkeitsäußerun-

---

konfirmiert (Druck bei Aber: A. a. O., 39–43; nach EGA Reg. Mm 654). Beide Stiftungen erhielten 1495 Ergänzungen (s. Aber: A. a. O., 43f.).

3. 1506: Errichtung einer Stiftung »von den Festen und Zeiten der heiligen Maria« (EGA Urk. 4537; WUA Tit. II. Nr. 82, bzw. Israel: A. a. O., 62–66).

4. 1511: Stiftung des Begängnisses des heiligen Leidens Christi u. a. (Wentz: A. a. O., 101) in der Stiftskirche Wittenberg.

5. 1514: Stiftung von Seelenämtern und anderen Begängnissen in der Stiftskirche (WUA Tit. II. Nr. 101; bzw. Israel: A. a. O., 77–79).

6. 1517: Stiftung der Abnahme des Bildnisses Christi (Wentz: A. a. O., 102) in der Stiftskirche.

7. 1519: Stiftung der Betrachtung des heilsamen Leidens Christi (Wentz: A. a. O., 102) in der Stiftskirche. – Vgl. die Äußerungen Luthers über diese Stiftung vom August 1519 in WABr 1, 434 (Nr. 190). 503 (Nr. 194). 504f. (Nr. 195).

[739] Die Stiftungen vom 19. März 1493 und vom 11. Nov. 1506 (vgl. Anm. 738, 2. 3) tragen eindeutig testamentarischen Charakter. 1493 schickte sich Friedrich gerade an, nach Palästina aufzubrechen, und mußte damit rechnen, nicht zurückzukehren, und 1506 war es die Pest, die ihn in der Begründung der Stiftung auf die Vergänglichkeit menschlichen Lebens hinweisen ließ (EGA Urk. 4537, 1^{r}). Gerade bei den genannten Stiftungen spielte der Gedanke, durch sie das Andenken an den Stifter nach seinem möglicherweise baldigen Ableben aufrechtzuerhalten, neben der Sorge um sein Seelenheil eine wesentliche Rolle. In der Stiftungsurkunde von 1506 heißt es wörtlich, daß die Stiftung außer zur »merung gots dinst« auch »zw ewigenn gedechtnus« errichtet worden sei (EGA Urk. 4537, 1^{v}). Außerdem wird wie bei der Stiftung von 1493 angeordnet, für Friedrich und seinen Bruder zu beten und auch das Volk zu solchem Gebet aufzufordern (ebd., 3^{v}; Aber: A. a. O., 40). Gleichzeitig dienten die gestifteten Begängnisse dazu, die Erinnerung an früher verstorbene Angehörige des Hauses Wettin wachzuhalten; die Sorge um deren Seelenheil stand dicht neben dynastischem Interesse, wenn gefordert wurde, ihrer bei den fürstlichen »Begängnissen und Gedächtnissen« in Fürbitte zu gedenken und für sie Seelenmessen abzuhalten – in der Stiftung von 1506 wurden z. B. vierteljährlich 60 Seelenmessen angeordnet (EGA Urk. 4537, 3^{v}. 4^{r}).

gen des Kurfürsten streckenweise innewohnenden Tendenz zur Steigerung und Intensivierung geht. Selbst wenn man geneigt ist, hier seiner persönlich bedingten Religiosität, in der sich Ängstlichkeit, Skrupulosität und Ehrfurcht vor allem Heiligen überlagern, den Vorrang einzuräumen, muß man andererseits doch feststellen, daß es dem Fürsten dabei vorwiegend um seine ureigensten Belange zu tun war, auch wenn diese weitgehend geistlicher Natur gewesen sein mögen. Denn seine Frömmigkeit ist nur zu oft durch den Hang gekennzeichnet, durch gottgefällige Werke für sein irdisches Wohl wie für sein ewiges Heil zu sorgen.

Diese Feststellung soll Friedrichs Devotion keineswegs abwerten und auch nicht die grundsätzliche Lauterkeit seiner Gesinnung in Frage stellen, sondern nur aufzeigen, wie schnell durch die – wenn auch nur ansatzweise – Überbetonung einer Komponente ein verzerrtes Bild seiner Frömmigkeit entstehen kann; eine Gefahr, der man am besten begegnet, indem man beide Aspekte berücksichtigt. So läßt sich die Frömmigkeit des Kurfürsten nur dann gerecht beurteilen, wenn man auch die Frömmigkeitsäußerungen, die ihrem Wesen nach nicht »spektakulär« – im wortwörtlichen Sinne – waren, mit in Rechnung stellt und nicht nur seinen Bestrebungen, sich als christlicher Fürst zu erweisen oder mehr noch sich als solcher zu zeigen,[740] sondern auch seinem Bemühen Aufmerksamkeit schenkt, als rechter Christ zu leben. Dies ist umso notwendiger, als hier unmittelbar seine ausgeprägte Religiosität sichtbar wird, an der man schon zu seinen Lebzeiten nicht zweifelte,[741] woran sich bis heute nichts geändert hat,[742] obwohl die Meinungen über ihr Wesen auseinandergehen.[743]

---

[740] Das ist bisweilen durchaus wörtlich zu verstehen, denn Friedrich war offensichtlich auch bestrebt, seine Frömmigkeit augenfällig zur Schau zu stellen, etwa durch die in seinem Auftrag angefertigten Graphiken (mit vermutlich hoher Stückzahl), die ihn in Verehrung von Heiligen zeigen – man denke an Cranachs »Friedrich, St. Bartholomäus verehrend« (ca. 1508/09), an dessen »Friedrich in Verehrung der Madonna« (ca. 1512/15) – vgl. Koepplin-Falk: A.a.O. 2, 489 (Nr. 338). 492 (Nr. 341). Außerdem hat man an seine Darstellung als Stifterfigur auf Altargemälden zu denken (vgl. z.B. Friedländer-Rosenberg: A.a.O., Nr. 14. 18. 19). Auch bei seinen Wallfahrten und bei der Teilnahme an Prozessionen (z.B. an der Zwickauer Fronleichnamsprozession von 1505 – s. dazu Ernst Fabian: Fürstenbesuche, 120) mag der Gedanke, sich als christlicher Fürst zu »zeigen«, mehr oder minder unterschwellig, eine Rolle gespielt haben. S. auch Anm. 907.

[741] Spalatins Urteil (FWLZ, 29) wiegt in diesem Zusammenhang nicht so schwer wie die Äußerung Aleanders (1520), auf den Friedrich den Eindruck eines sehr frommen Mannes und fleißigen Kirchgängers machte (Kalkoff: Depeschen, 28), und wie die Versicherung des Kardinals Laurentio Campeggi (1524), er wisse, daß der Fürst »noch ein gutter Crist sei« – RTAJR 4, 772 (Nr. 259).

[742] So wird er z.B. als ein Mann »von ziemlich ausgesprochen religiösen Interessen« (Lortz: A.a.O. 2, 29) und »ausgesprochen religiöse Natur« (Höss: A.a.O., 92), als gläubiger Christ im Sinne spätmittelalterlicher Frömmigkeit (Blaschke: Friedrich, 334) und »aufrichtig und eifrig frommer Mann« (Bornkamm: A.a.O., 80) bezeichnet.

[743] So bringt Blaschke (Friedrich, 334) Friedrichs Frömmigkeit mit einem »sehr offenen Reformkatholizismus erasmianischer« Prägung in Verbindung, während Krencker

Eine unumstößliche Glaubensgewißheit, die weder an der Allmacht und Güte Gottes noch an der Wirksamkeit der Ablässe und der Heiligenverehrung zweifelte,[744] ist eines der Wesensmerkmale der Devotion Friedrichs, das sich vor allem in den Frömmigkeitsäußerungen des persönlichen Bereichs, die ihrer Natur nach weitgehend in Dunkel gehüllt sind, als bestimmende Größe erwies. Hier, fernab von allen Verhaltenszwängen, vollzog sich das eigentliche Glaubensleben des Fürsten, das nach Spalatin gekennzeichnet war durch »Andacht und Innigkeit«,[745] die sich im Lesen frommer Lektüre, der stillen Verehrung Gottes und der Heiligen und im Gebet[746] niederschlugen. Zwar zeigen die Käu-

---

(a. a. O., 47) sie als »naiv ... und weltenfern von jeder verstandesmäßigen Kritik am kirchlichen Lehrgebäude« charakterisiert und Grossmann (HAW, 94) sogar zu dem Schluß gelangt: »His religion was not an outward religion, but an inner, intuitive belief and trust in god.« Demgegenüber bemüht sich Wolter (a. a. O., 90. 96), die Frömmigkeit des Ernestiners in möglichst abwertender Weise zu kennzeichnen. Er weist zwar zu Recht darauf hin, daß Friedrichs Katholizismus theologisch uninteressiert gewesen sei, stellt aber die Sache so dar, als ob seine Frömmigkeit – weil ohne dogmatisch religiöses Interesse – dadurch abqualifiziert würde, und gesteht nur Herzog Georg zu, eine »wirkliche Leuchte der Frömmigkeit« unter den Wettinern gewesen zu sein.

[744] In Fragen des Ablasses war er sich möglicherweise nicht im klaren, wieweit sich dessen Kraft erstrecke und mit welchem »Maß an Erleichterung« einzelne Ablässe verbunden waren – vgl. WABr 1, 141–147 (Nr. 59 und Anhang), Kalkoff: Ablaß, 34. 105. Gegen Zweifel des Fürsten an der Wirksamkeit der Ablässe spricht nicht zuletzt sein Bemühen, möglichst viele zu erwerben (s. Wentz: A. a. O., 107–110; Kirn: A. a. O., 120–125). Ähnliches gilt auch für die von ihm besonders gepflegte Heiligenverehrung. Zweifel an deren Wirksamkeit und Berechtigung sind zwar nicht auszuschließen, dürften aber recht selten gewesen sein. Wie er über die Wirksamkeit der Heiligenverehrung dachte, zeigt z. B. seine Versicherung gegenüber Günther (XXXIX.) von Schwarzburg (1514; EGA Reg. O 214, 5), daß die Übersendung von Reliquien an die Wittenberger Stiftskirche »an zweivel die belonung durch furbit aller lieben heiligen bei got« nach sich ziehen werde.

[745] FWLZ, 29.

[746] Auf die Lektüre Friedrichs wurde bereits verwiesen. Über die Art und Häufigkeit seiner Gebete läßt sich nur sagen, daß er sich, was seine Gebetspraxis betraf, ganz in den Bahnen spätmittelalterlicher Frömmigkeit bewegte, wobei auch hier das Mittelmaß überschritten worden zu sein scheint. Durch Zufall ist uns ein gebetsartiger Ausspruch des Kurfürsten überliefert, der, falls er tatsächlich aus seinem Munde kam, sehr bezeichnend ist. Am Anfang einer Reihe von Briefen (nach 1516), die der kurfürstliche Sekretär Hieronymus Rudlauff wohl nach Diktat des Fürsten zu Papier brachte, finden sich die Worte »Gott walts«, die merkwürdigerweise nur in den Konzepten, aber niemals in den Ausfertigungen von Rudlaufs Hand vorkommen und auch in den Konzepten Johann Feyels fehlen. Ich deute diesen Sachverhalt dahingehend, daß der Kurfürst »Gott walts« vor Beginn des Briefdiktats gebrauchte, um damit auszudrücken, daß er die anstehende Sache ganz in Gottes Willen setze, Rudlauf nahm die Worte mit in den diktierten Text auf, ließ sie jedoch in der Ausfertigung weg. »Gott walts« findet sich z. B. EGA Reg. Aa 2304, 1; Reg. Aa 2306, 1; Pallas: Briefe, 253 (Nr. 12); N. Müller: A. a. O., 49 (Nr. 19). 57 (Nr. 24). 66 (Nr. 26). 123 (Nr. 56). 206 (Nr. 99). Die Worte fehlen in Rudlaufs Schreiben bei N. Müller: A. a. O., 26 (Nr. 8). 31 (Nr. 12), und in denen Feyels: ebd., 74 (Nr. 33). 75 (Nr. 34). 80 (Nr. 38). 80 (Nr. 39). 116 (Nr. 52). 117 (Nr. 53). – S. Anm. 604. 605.

fe von Devotionalien, also andachtsfördernden Gegenständen,[747] daß Friedrich auch dabei dem für seine Zeit typischen Zug zur Verdinglichung verhaftet blieb, sie sind aber zugleich Belege für die Tiefe seiner Frömmigkeit, die nicht zuletzt auch darin ihren Ausdruck fand, daß er oft die Osterzeit in der Abgeschiedenheit eines Klosters zubrachte, wo er sich ganz der Andacht hingab.[748]

Läßt all dieses etwas von der tiefen Religiosität des sächsischen Kurfürsten spüren, führt es uns doch nicht zu ihrem Wesenskern. Um zu ihm vorzudringen ist es hilfreich, sich den um 1513 entstandenen Einblattholzschnitt Lucas Cranachs vor Augen zu führen, der Friedrich den Weisen in andächtiger Haltung mit einem Rosenkranz vor der »Leiter des heiligen Bonaventura« zeigt,[749] deren Holme und Sprossen Hinweise für den Weg zur Seligkeit enthalten, Hinweise, die für den Fürsten eine Art geistliche Leitsätze dargestellt haben mögen, denen zu folgen er sich offenbar bemühte: Angesichts dessen, was wir über sein Gottes- und Gnadenverständnis wissen, ist nicht daran zu zweifeln, daß er der Forderung, in »widderwertigen dingen« geduldig zu sein und Gott demütig zu lieben, ebenso nachkam wie der, die ewige Pein zu fürchten. Es ist auch anzunehmen, daß er die geforderte »Messigkeit in glückseligen dingen« anstrebte. Als problematischer erwiesen sich dahingegen für ihn sicher die Forderungen nach »Verschmehung der welt« und »Sein selbs kleinmechtigung«,[750] obwohl gerade in letztgenannter Frage ein Berührungspunkt zu Friedrichs Ansichten über Gott und Mensch gegeben war. In diesen Ansichten spiegeln sich wie in der Frömmigkeitspraxis des Fürsten dessen Persönlichkeit und mentale Eigenheiten in ganz eigener Weise.[751] Seinem Wissen um die Allmacht Gottes und seinem fatalistischen Vertrauen darauf stand die Kenntnis der eigenen menschlichen Unzulänglichkeit, sein keineswegs ungebrochenes Selbstverständnis gegenüber, das durch sein auffälliges Streben nach Ruhm, Ehre und Wahrung

---

[747] Die Rechnungen verzeichnen immer wieder Ausgaben für Rosenkränze, Heiligenstatuen, gemalte Tüchlein und Tafelbilder mit Darstellungen Christi oder einzelner Heiliger (s. Bruck: A.a.O., 313f. 311f. 298–300; W. Schade: A.a.O., 23. 87. 407. 409).

[748] So hielt er sich vom 19. bis 26. April 1519, vom Dienstag in der Karwoche bis zum Dienstag nach Ostern, im Augustinereremitenkloster Grimma auf, wo er an den Gottesdiensten in der Klosterkirche teilnahm (Lorenz: A.a.O., 615), während er 1522 die Osterzeit in Colditz verbringen wollte – vgl. Pallas: Briefe, 293 (Nr. 28) – und wohl auch verbrachte.

[749] LCGW, 338.

[750] Gemeint ist hier die »kleinmechtigung« vor Gott.

[751] Auch zwischen persönlichen Eigenarten des Kurfürsten und Eigenheiten seiner Devotion kann man immer wieder Analogien, wenn nicht gar Abhängigkeiten feststellen: Beispielsweise entspricht seine Neigung zur Unkompliziertheit und seinem mangelnden Systematisierungsvermögen die Abneigung gegen dogmatische Spitzfindigkeiten bzw. der Hang zum Verzicht auf dogmatische Fixierung, seinem Zug zur Introversion die – trotz allen Festhaltens an den durch starke Veräußerlichung gekennzeichneten spätmittelalterlichen Frömmigkeitsformen – nicht zu verkennende Neigung zur Verinnerlichung, während die maßlose Anhäufung von Reliquien und auch sein sonstiger Eifer beim Tun verdienstlicher Werke stellenweise nahezu anankastische Färbung tragen.

seiner Ansprüche keineswegs verdeckt, sondern nur noch deutlicher sichtbar wird, und in dem wir eine der Wurzeln seiner Frömmigkeit zu suchen haben. Diesem gebrochenen Selbstvertrauen, das mit Friedrichs ständiger Verunsicherung durch die gesellschaftliche Entwicklung in der Zeitenwende, aber auch durch seine stetige Konfrontation mit Krankheit und Tod, korrespondiert, entsprang letztlich sein Streben, im Glauben Trost[752] und Entscheidungshilfe,[753] eine Sinngebung seiner Stellung als Mensch und Politiker[754] und nicht zuletzt

---

[752] Daß Friedrich im Glauben Trost suchte und fand, zeigt sich mehr als einmal: So ließ er sich aus der Bibel Trostsprüche geben, die er »zu Augen, Händen und Herzen« faßte (FWLZ, 29), und suchte in der Schrift auch selbst nach solchen Sprüchen, die er sich »auch über die Massen nutz« machen konnte (ebd.). Dem entspricht, daß er Trostschriften sehr schätzte: Luthers »Tessaradecas consolatoria« (1519), die ihm ja gewidmet war, fand bei ihm so großen Anklang, daß er ihn 1521 um die Abfassung einer neuen Trostschrift bitten ließ – vgl. WABr 2, 403 (Nr. 438); CR 1, 455 (Nr. 135). Auf seinem Sterbebett las er selbst ein entsprechendes Schriftstück Spalatins (FWLZ, 76; falls es sich bei Spalatins Mitteilung in FWLZ, daß er die damals dem Fürsten vorgelegte Trostschrift erst in der Nacht vom 4. zum 5. Mai 1525 abgefaßt hatte und daß diese später gedruckt worden sei, nicht um einen Irrtum handelt – die Anm. 634 erwähnte Schrift des Geheimsekretärs trägt als Datum »Montag Philippi und Jacobi« (1. Mai) –, müßte es sich bei dem von Kirn: A. a. O., 193–195, abgedruckten, Anm. 634 erwähnten Schreiben um eine andere Trostschrift handeln, da diese erst in neuerer Zeit gedruckt wurde). Abgesehen davon sprechen auch die Auslegungen bestimmter Bibelstellen durch Luther, die für Friedrich oder für seinen Seelsorger bestimmt waren, eine deutliche Sprache; es handelt sich dabei oft um Stellen, die angetan waren, den Fürsten zu trösten, seien es nun Heilszusagen (Hos. 2,19; Luk. 11,28) oder Versicherungen, daß der Herr den Weg des Gerechten kenne (Ps. 1,6) und daß er die, die an ihn glauben, wunderbar führe (Ps. 4,4) – s. WABr 2, 613f. (Nr. 546). 493 (Nr. 472); WABr 3, 163 (Nr. 662). Trostbedürftigkeit entspringt auch die Bitte um Auslegung von Ps. 43 – s. WABr 2, 606 (Nr. 542). – Vgl. auch Anm. 755. 757.

[753] Dahingehend könnte man beispielsweise die Erklärungen von Matth. 22, 15–22 (besonders V, 21: »Gebt des Kaisers, was des Kaisers ist, und Gott, was Gottes ist.«) durch Melanchthon und von Matth. 18, 22 (wie oft man vergeben soll) durch Luther und Melanchthon deuten. Bei ihnen kommt Friedrich indirekt als Auftraggeber in Frage – vgl. CR 1, 547 (Nr. 193). 607 (Nr. 236); WABr 3, 45 (Nr. 593). In diesem Zusammenhang ist es auch interessant, daß Spalatin im August 1522 bei Amsdorf und Luther Erkundigungen über die guten Werke einzog; sicher stand der Kurfürst dabei im Hintergrund – vgl. WABr 2, 586 (Nr. 529).

[754] Die Suche des Fürsten nach einer religiösen Sinngebung seines Lebens und Handelns spiegelt sich m. E. in einigen mittelbar oder unmittelbar für ihn angefertigten Bibelstellenerklärungen oder gutachtenähnlichen Auskünften, etwa in den Auslegungen zu Joh. 15, 5 (»Ohne mich könnt ihr nichts tun.« – Vgl. Anm. 685) und Matth. 6, 33. Bei der letztgenannten Stelle mag ihn besonders die Frage bewegt haben, inwieweit das Streben nach Gottes Reich und Gerechtigkeit – Begriffe, an deren Erklärung er sehr interessiert sein mußte – seinen irdischen Belangen förderlich sei – s. WABr 2, 605 (Nr. 541). Wie unvermittelt Friedrich auch bei der Betrachtung rein politischer Angelegenheiten religiöse Aspekte mit einzubringen imstande war, zeigt sich z. B. daran, daß ihn die Frage, ob »ex sacris literis« ein Krieg gegen die Türken zu rechtfertigen sei und ob man nach dem mosaischen Gesetz regieren könne, umtrieben. Sie veranlaßten ihn zu Anfragen bei Luther bzw. Melanchthon. Daß er 1522 – wieder über Spalatin und ohne

auch Hoffnung über den Tod hinaus zu finden,[755] ein Streben, wie es uns in seinen Anfragen an Luther entgegentritt.[756]

Gerade diese Anfragen lassen die Glaubensprobleme erkennen, die den Kurfürsten besonders umtrieben, und spiegeln somit seine innersten Ängste, Sorgen und Hoffnungen.[757] Gleichzeitig lassen sie erkennen, daß Friedrichs Frömmigkeit nicht vorgeschützt war oder ihm nur als Quelle scheinheiliger Ausflüchte diente. Wen das Jesuswort: »Alles, was mir mein Vater gibt, das kommt zu mir, und wer zu mir kommt, den werde ich nicht hinausstoßen«, so stark bewegte, daß er sich die Bibelstelle von Luther erklären ließ,[758] und wen die Frage, ob außer Christus auch Heilige ins Himmelreich gekommen seien, dazu veranlaßte, darüber durch seinen Geheimsekretär und »Gewissensrat« eine Art Gutachten erstellen zu lassen,[759] dem mag es auch mit der Ankündigung ernst gewesen sein, eher einen Stab zu nehmen und auf und davon zu gehen, als mit Willen gegen Gott zu handeln.[760] Machtpolitische Erwägungen allein reichen deshalb nicht aus, um seine auf jede Druckausübung verzichtende Kirchenpolitik zu verstehen.

Nennung seines Namens – die Nachschrift einer Predigt Luthers »de regno dei et potestate seculari« anforderte, spricht ebenfalls für sich – vgl. WABr 1, 282 (Nr. 125); WABr 3, 146 (Nr. 655). 254 (Nr. 720); CR 1, 639 (Nr. 258); WABr 2, 613 (Nr. 546).

755 Friedrich unterschied sich, was seine Furcht vor einem unerwarteten Tod, dem Weltende und dem Verlust der ewigen Seligkeit betraf, in nichts von seinen Zeitgenossen (vgl. dazu Döring-Hirsch: A.a.O., 9–12). Gerade deshalb ist es nicht auszuschließen, daß er hinter Spalatins Anfrage an Luther stand, die die Fegefeuerproblematik betraf, und daß er auch den Anstoß zu Luthers Erklärung von Joh. 8, 51 (»So jemand mein Wort wird halten, der wird den Tod nicht sehen ewiglich.«) und Matth. 24, 30 (Endzeitproblematik) gab, was nicht zuletzt angesichts der nachweislich durch ihn veranlaßten Erklärungen (s. Anm. 757) wahrscheinlicher wird – s. WABr 1, 553 (Nr. 218); 2, 2 (Nr. 243). 493 (Nr. 472); 3, 146 (Nr. 656).

756 S. Anm. 752–755.

757 S. Anm. 752. 755. – Die nachweislich auf Friedrich zurückgehenden Schriftstellenerklärungen Luthers und Spalatins spiegeln gleichzeitig Ängste und Hoffnungen des Fürsten, so Luthers Auslegung von Joh. 6, 37 (vgl. Anm. 758) und Spalatins Erklärung von 1. Kor. 15, 51 (»Wir werden nicht alle entschlafen, wir werden aber alle verwandelt werden.«) sowie dessen Ausführungen »über die Belohnung der Seligen und die Bestrafung der Verdammten« (Höss: A.a.O., 223, Anm. 12 nach Landesbibliothek Weimar Q 16, 777–783).

758 WABr 1, 326–331 (Nr. 145): 12. Febr. 1519.

759 Höss: A.a.O., 223, Anm. 12.

760 FWLZ, 30.

2. Das Verhältnis Friedrichs des Weisen zu Kunst und Wissenschaft

Obwohl es Kurfürst Friedrich III. von Sachsen vor allem seinem Eintreten für Martin Luther zu verdanken hat, daß man heute noch seiner Person Aufmerksamkeit schenkt, wäre es falsch anzunehmen, daß er der Vergessenheit anheimgefallen wäre, hätte er Luther nicht geschützt: Der Fürst hat auch dadurch für seinen Nachruhm gesorgt, daß er bedeutende bildende Künstler für sich arbeiten ließ, fähige Musiker an seinen Hof zog, eine Universität gründete und mit namhaften Gelehrten in Verbindung stand. Auf diese Weise kam er schon zu Lebzeiten zu dem Ruf, »alle gelehrten und kunstreichen Leute ... lieb und werth« zu halten[761] und »guten Schrifften vnd Kunsten ... hoh vnd gnediglich« geneigt zu sein.[762] Ja, er galt schon bald neben Kaiser Maximilian I. und Erzbischof Albrecht von Magdeburg als einer der bedeutendsten Förderer von Kunst und Wissenschaft, ein Ruf, der ihm bis heute erhalten geblieben ist.[763]

---

761 FWLZ, 34. Ähnlich wie Spalatin bezeichnete 1541 auch Caspar Brusche in seinem Vorwort zur Ausgabe von Aventins »Chronica ... der uralten Teutschen« (Aventin: A. a. O. 1, 305) Friedrich als einen Fürsten, der alle Gelehrten »fast lieb gehabt« (zu »fast« vgl. GDWB 3, 1348) habe.

762 So Erasmus 1519 in einem Schreiben an den Kurfürsten – s. Allen: A. a. O. 3, 528 (Nr. 939).

763 Friedrich erscheint z. B. bei Erasmus neben Kardinal Albrecht von Brandenburg als Wissenschaftsförderer – s. Allen: A. a. O. 3, 407 (Nr. 871). 495 (Nr. 919). Der Leipziger Humanist Petrus Mosellanus stellt ihn in seiner Vorrede zur »Oratio de variarum linguarum cognitione paranda ...« (Basel 1519) mit Georg von Sachsen, Franz I. von Frankreich, Maximilian I., Karl (V.), Ludwig von der Pfalz und Kardinal Albrecht in eine Reihe (nach Schottenloher: Widmungsvorrede, 18). Auch in späterer Zeit zählt man den sächsischen Kurfürsten zu den bedeutendsten fürstlichen »Mäzenen« des Reichs und neigt dabei dazu, ihm in der Gruppe dieser Mäzene einen der vorderen, wenn nicht sogar den ersten Platz zuzugestehen, wofür offenbar das Bestreben verantwortlich zu machen ist, Friedrich angesichts seiner Bedeutung für die Reformationsgeschichte auch an anderer Stelle aufzuwerten: Bei Karl Lamprecht (Deutsche Geschichte, Bd. 5. Berlin ^{4}1911, 140f.) gilt er neben Eberhard von Württemberg und Kardinal Albrecht als »eigentlicher Mäzen« und für Köstlin (Friedrich, 107) ist er, was seine mäzenatenhafte Liebe »zu den schönen Künsten und freien Wissenschaften« betrifft, natürlich der erste unter den deutschen Fürsten seiner Zeit. Infolge fehlender Vergleiche mit anderen Fürsten und aus Gründen, von denen noch zu reden sein wird, kommt es sogar in Arbeiten, die sich eingehender mit der Kulturpolitik Friedrichs des Weisen befassen, zu Überbewertungen seines Mäzenatentums, beispielsweise bei Bruck (a. a. O., 115), Händler (a. a. O., 34–37; Händler fußt auf Bruck!) und nicht zuletzt bei Grossmann, die stark von Bruck abhängig ist, was nicht nur für die Materialverwendung zutrifft, sondern sich z. B. deutlich zeigt, wenn sie schreibt (HAW, 275): »As a collector and patron of paintings Frederick excelled above all«, und an anderer Stelle äußert, daß der Fürst als »Maecenas« nur Maximilian und Kardinal Albrecht gleichgestellt werden könne (ebd., 278; beide Äußerungen fehlen in Grossmanns HIW).

Umso erstaunlicher muß es wirken, daß Friedrichs Maßnahmen im kulturellen Bereich bis heute noch keiner Gesamtdarstellung gewürdigt worden sind, sondern bestenfalls in Einzelabhandlungen mehr oder minder ausführlich Erwähnung finden,[764] ohne daß dabei der Grad seiner unmittelbaren Einflußnahme auf die Entwicklung von Kunst und Wissenschaft in Kursachsen, die ihn dabei bewegenden Motive und die Bedeutung seiner gesellschaftlichen Position wie der seiner Persönlichkeit für seine kulturpolitischen Maßnahmen[765] eingehender untersucht werden.

Die Folgen sind entsprechend. Das Auftauchen von Allgemeinplätzen in Arbeiten, die sich nicht speziell mit Fragen von Friedrichs Kulturpolitik befassen, mag man noch hinnehmen, unerfreulicher ist es dagegen, wenn Darstellungen, die sich ausführlicher damit befassen, mit teilweise stark pauschalisierenden Behauptungen aufwarten. Das zeigt sich vor allem, wenn es um die Charakterisierung und Wertung der kurfürstlichen Kulturpolitik geht, bei der Fehleinschätzungen in nicht geringer Zahl auftreten. Schon 1895 hat Felician Gess darauf verwiesen, daß man »Initiative und Mäcenatentum« des ernestinischen Fürsten oft zu überschätzen geneigt sei,[766] nichtsdestoweniger fehlte es auch in der Folgezeit nicht an entsprechenden Überschätzungen.

So ist die Neigung groß, generell von einer »Förderung von Kunst und Wissenschaft« durch den sächsischen Kurfürsten zu sprechen, wobei man dahin tendiert, Förderung nicht so sehr als eine indirekte De-facto-Förderung, sondern als gezielt einem großangelegten Plan entspringende Förderung zu charakterisieren.[767] Dabei wirkt sich besonders verhängnisvoll aus, daß den

---

764 Vgl. Abschnitt 1 (Anm. 61–66).

765 Vgl. Anm. 60.

766 Felician Gess: Leipzig und Wittenberg. NASG 16 (1895), 42.

767 Diese Ansicht wird vor allem im Zusammenhang mit Friedrichs Bemühungen um seine »Residenzstadt« Wittenberg vertreten. Hier könnte man sie durchaus akzeptieren, stände hinter ihr nicht unübersehbar die Vorstellung von einer Kunst- und Wissenschaftsförderung des Fürsten um ihrer selbst willen, wie sie uns bis heute immer wieder entgegentritt. Darüber hinaus wird noch die Meinung vertreten, der Ernestiner habe mit seiner Kulturpolitik hochgesteckte Ziele verfolgt und dies letztlich tieferer Einsichten (vgl. Anm. 768. 769) wegen: So äußert sich Faselius (a.a.O., 26) im Blick auf die Universtitätsgründung dahingehend, daß Friedrich sich »aus der größern und bessern Aufnahme der ... Künste und Wissenschaften ein besonderes Geschäfte« machte, während Händler (a.a.O., 34) die Behauptung aufstellt, er sei in jeder Hinsicht bemüht gewesen, sein Land zu kulturellem Höchststand zu bringen und Wittenberg zu einem Mittelpunkt geistigen Lebens »im Sinne der italienischen Renaissancehöfe« (!) zu machen. Die Ansicht, daß Friedrich bestrebt gewesen sei, Wittenberg durch die Verpflichtung der besten Meister zu einer »neuen Kunstmetropole« zu erheben und durch die Berufung von Gelehrten »zu einem geistig-kulturellen und wissenschaftlichen Zentrum von weitreichender Bedeutung« zu machen, wurde erst in jüngster Zeit wieder vertreten (Deutsche Kunst und Literatur in der frühbürgerlichen Revolution: Aspekte, Probleme, Positionen. Berlin 1975, 126). In die gleiche Richtung zielt Lewis W. Spitz, wenn er schreibt, daß Friedrich entschlossen war, »... to ornament his ›Sparta‹ not only with new buildings ...,

unterschiedlichen Motiven der kurfürstlichen Kulturpolitik nicht eingehend genug nachgespürt wird – bei gleichzeitigem Verzicht auf eine komplexe Betrachtungsweise und bei ungenügender Berücksichtigung der sie entscheidend determinierenden politischen und persönlichen Faktoren. Oft muß deshalb der »Kunstsinn« des Fürsten[768] oder analog dazu seine »humanistische Bildung«[769] erklären helfen, warum unter seiner Herrschaft Kunst und Wissenschaft in Kursachsen eine gute Zeit hatten.

Infolge einer dadurch oder durch die Überbetonung anderer Motivbereiche bedingten einseitigen Betrachtung kommt es zu Überbewertungen, sowohl was Friedrichs persönliches Verhältnis zu Kunst und Wissenschaft, als auch was seine Stellung zu Gelehrten und Künstlern betrifft: So konnte Cornelius Gurlitt äußern, der Fürst habe die Aufträge für Werke der bildenden Kunst mit »voller Sachkenntnis« vergeben,[770] während in jüngerer Zeit Paul Grotemeyer die Medaillenprägungen im Auftrag des Kurfürsten als Anzeichen für Friedrichs »ausgeprägten Sinn für die künstlerische [...] Bedeutung [...] der gerade ins Leben tretenden deutschen Renaissancemedaille« wertete[771] und Werner Schade sogar annimmt, daß der Fürst selbst für die 1500 geschaffene kleine Kruzifixtafel Dürers in Verbindung mit Staupitz den »Bildgedanken« bereitet habe.[772]

Die Tendenz zur Überschätzung der kurfürstlichen Aktivitäten auf kulturellem Gebiet zeigt sich nicht weniger deutlich an anderer Stelle, und zwar bei der Benutzung der Bezeichnung Friedrichs des Weisen als »Mäzen«. Der Gebrauch des Wortes »Mäzen« im Zusammenhang mit der Person des säch-

---

but ... by bringing teachers of the Humaniora« (Lewis W. Spitz: The Cource of German Humanism. In: Itinerarium Italicum: the Profil of the Italian Renaissance in the Mirror of its Europeans Transformations. Hrsg. Heiko A. Oberman. Leiden 1975, 415).

[768] Spricht W. Gurlitt (J. Walter, 8f.) noch allgemein von einem »stolzen Kunstsinn«, der an Friedrichs Hof geherrscht habe, so vertritt Kirn (a.a.O., 22) die Ansicht, daß dem Fürsten wirklicher Sinn »für künstlerische Größe in mehr als gewöhnlichem Maße« eigen war, und Grotemeyer (a.a.O., 147) kann die Anfertigung von Gußmedaillen für den Ernestiner sogar als Indiz einer neuen Kunstgesinnung werten. Bruck (a.a.O., 52) geht hier am allerweitesten, wenn er Friedrichs Kunstförderung synonym als »künstlerische Betätigung des Fürsten« bezeichnet. – Vgl. auch Anm. 770–772.

[769] Heinrich Heubner (Die Stadt Wittenberg und die Universität. In: FUHW 1,150) spricht ganz unbekümmert von der »Kunstbegeisterung des humanistisch gebildeten« Ernestiners, womit er sich eine schon von älteren Autoren vertretene Ansicht zu eigen macht (vgl. etwa Jugler: A.a.O., 6), die man einem Kompilator des 18. Jh. noch nachsieht, während sie einem Autor des 20. Jh. wenig ansteht. In Hildebrandts Dissertation über die Anfänge der Wittenberger Universitätsbibliothek zeigt sich beispielhaft, daß ein solcher Gemeinplatz selten allein auftritt: Hildebrandt (a.a.O., 21–23. 25) vertritt gleichfalls die Meinung, daß Friedrich eine »gelehrte Bildung« genossen habe, kommt dann zu gleichrangigen Äußerungen über die Wittenberger Universitätsgründung und die Beziehungen des Kurfürsten zu den Humanisten, um schließlich zu behaupten, der Lieblingsschriftsteller des Fürsten sei Erasmus gewesen.

[770] C. Gurlitt: Kunst, 100; ähnlich auch Bruck: A.a.O., 10f.

[771] Grotemeyer: A.a.O., 157.

[772] W. Schade: A.a.O., 87.

sischen Kurfürsten ist an sich durchaus legitim. Was hier jedoch Vorbehalte weckt, ist die undifferenzierte Art, mit der der Terminus gebraucht wird. Das gilt in erster Linie für seine Verwendung in allgemeinen Ausführungen über den Kurfürsten, aber auch für Arbeiten, die näher auf sein Verhältnis zu Wissenschaft und Kunst eingehen.[773] In beiden Fällen rächt sich ein Verzicht auf eine klare Definition von »Mäzen« dadurch, daß Charakter und Typ von Friedrichs Mäzenatentum entsprechend einseitig geschildert werden. Trotz gelegentlich geäußerter abweichender Ansichten – wie sie beispielsweise Willy Andreas und Willibald Gurlitt vertreten, die wahrscheinlich der Wahrheit am nächsten kommen, wenn sie in dem Ernestiner vor allem den vom Geist »spätgotischer höfischer Repräsentation«[774] umwehten »fürstlichen Biedermann in nüchterner Alltagsumgebung« sehen, »die auch in festlicher Stimmung nie an die geistige Beschwingtheit des florentinischen Mediceerkreises oder die prächtig stolze Romantik spätmittelalterlichen Rittertums im Stil des burgundischen Hofes heranreichte«[775] – haben die meisten Autoren, wenn es die kulturpolitischen Maßnahmen des Kurfürsten zu beurteilen gilt, mehr oder minder unbewußt das Bild eines fürstlichen Mäzens der italienischen Renaissance vor Augen.

Damit ist schon angedeutet, in welche Richtung die Interpretation des kurfürstlichen Mäzenatentums tendiert: Grossmann drückt sich in diesem Zusammenhang noch recht vorsichtig aus, wenn sie schreibt, daß Friedrich als ein »Maecenas oft he Northern Renaissance« bezeichnet werden könne.[776] Mühlpfordt zeigt sich da weniger zurückhaltend; er meint, der Kurfürst habe sich »als Mäzen im Geist des Humanismus der Renaissance gefühlt«,[777] eine Behauptung, die in einer Rezension aufgestellt wird und deshalb nicht so streng zu bewerten ist wie die Äußerungen Händlers, der näher auf das Mäzenatentum des sächsischen Kurfürsten eingeht und es recht einseitig betrachtet, was ihn dazu verleitet, Friedrich mit Maximilian I., Karl V. und Kardinal Albrecht von Brandenburg auf eine Stufe zu stellen und ihn damit dem willensbetonten, monumental-egozentrischen Mäzenatentyp[778] zuzurechnen, eine Zuordnung, die nach allem, was wir über Friedrichs Persönlichkeit wissen, als wenig zutreffend erscheint. Gerade hinter Händlers Ansichten über Friedrich den Weisen steht unverkennbar die Vorstellung von einem Renaissancefürsten ähnlich dem italienischen Typus. Wenn auch nicht geleugnet werden soll, daß bei dem Ernestiner Ruhmbedürfnis, Ehrgeiz und Prachtliebe eine gewisse Rolle spielten, wird man kaum fehlgehen in der Annahme, daß ihm echt renaissancehaftes Fühlen und Denken, wie es Händler voraussetzt, fremd blieb. Gründe dafür gibt es

[773] S. Anm. 763.
[774] W. Gurlitt: A. a. O., 24. 6.
[775] Andreas: A. a. O., 267f.
[776] Grossmann: HAW, 255; bzw. HIW, 113.
[777] Mühlpfordt: A. a. O., 902.
[778] Händler: A. a. O., 6; er unterscheidet noch drei weitere Haupttypen von Mäzenen: einen intellektualistisch wissenschaftlich interessierten, einen gefühlsmäßig ästhetisch eingestellten und einen Übergangstypus.

mancherlei. Letztlich sind sie in seiner Weltsicht und Persönlichkeit zu suchen, denn er war im Gegensatz zu den Herrschern der italienischen Renaissance keinesfalls ein Mensch, der – um mit Jacob Burckhardt zu reden – »sein Maß in sich selbst«[779] trug.

Die bei den italienischen Mäzenen zu beobachtende Liebe zur Kunst um der Kunst willen und ihr »ästhetisches Behagen« gingen ihm weitgehend ab.[780] Wie seine Förderung von Kunst und Wissenschaft im Ganzen gesehen immer zweckgebunden war, später wird noch näher die Rede davon sein, dominiert auch bei seinen Aufträgen zum Kauf oder zur Anfertigung von Kunstwerken das Interesse an deren Inhalt und weniger an deren Form.

Damit wird ein Wesenszug angesprochen, der für Friedrichs Mäzenatentum charakteristisch ist und sich auch bei Maximilian I. feststellen läßt.[781] Dessen Mäzenatentum ähnelt in manchem dem des sächsischen Kurfürsten. Der Grund dafür ist weniger in einer gewissen Geistesverwandtschaft beider Fürsten als darin zu suchen, daß das Mäzenatentum des Ernestiners und des Habsburgers letztlich auch Ausdruck der gleichen Zeitverhältnisse, der sich verändernden gesellschaftlichen und wirtschaftlichen Konstellationen an der Wende vom 15. zum 16. Jahrhundert ist. Daher trägt es Übergangscharakter, was besonders im Fall des sächsischen Kurfürsten eine genaue Positionsbestimmung seines Mäzenatentums erschwert. Der Mäzenatentyp, dem man Friedrich den Weisen zuordnen kann, unterscheidet sich wesentlich – und das wird zu oft übersehen – nicht nur von dem Typus eines Mäzens der italienischen Renaissance, sondern ebenso von dem eines deutschen fürstlichen Mäzens des späten 16. Jahrhundert. Seine Vertreter sind noch stark der spätmittelalterlichen höfischen Kultur verhaftet und vor allem am Inhalt der Kunstgegenstände und ihrem Gebrauchswert interessiert, was mit anderen Worten bedeutet, daß sie in erster Linie als Konsumenten von Kunst und weniger als Kunstliebhaber und - sammler auftreten.[782] Angesichts dieses Sachverhaltes wird deutlich, wie fragwürdig es ist, von einer gezielten Kunstförderung des Kurfürsten zu sprechen.

Zu vieles am Mäzenatentum des Ernestiners kann man bestenfalls von der Tendenz her als renaissancehaft bezeichnen, auch wenn man dabei die deutsche Renaissance im Auge hat. Hier stellt sich erneut die Frage, ob man Friedrich überhaupt mit Recht als Mäzen bezeichnen kann. Betrachtet man »Mäzen« im engeren Sinne als kunstsoziologischen Begriff, der eine Sonderform des Auftraggebers bezeichnet und zwar einen Auftraggeber, der »in der

---

779 Burckhardt: A. a. O., 333.

780 Kalkoff: Friedrich der Weise, dennoch ..., 201; Kalkoff weist hier E. Wagners Bezeichnung Friedrichs als »fürstlicher Humanist« zurück und verwahrt sich im selben Zusammenhang auch gegen eine Überschätzung seines Mäzenatentums, freilich weniger aus genauer Kenntnis des Sachverhalts, sondern deshalb, weil Wagners Ansichten nicht in sein Gesamtkonzept passen wollen.

781 Vgl. Ludwig Baldass: Der Künstlerkreis Kaiser Maximilians. Wien 1923, 20.

782 Vgl. Arnold Hauser: Sozialgeschichte der Kunst und Literatur. Bd. 1. München 1953, 319; Huizinga: A. a. O., 270.

Regel als Individuum auftritt«,[783] dann sind ernste Bedenken an einem solchen Wortgebrauch berechtigt, weil sich ein unmittelbarer Einfluß des sächsischen Kurfürsten auf die Gestaltung der in seinem Auftrag geschaffenen Werke so gut wie überhaupt nicht nachweisen läßt. Nicht anders verhält es sich mit dem Gebrauch von »Mäzen« im ursprünglichen Sinn als Bezeichnung für einen aktiven Kunstförderer und -gönner, während man den Begriff dann für den sächsischen Kurfürsten verwenden kann, wenn er als Bezeichnung für eine Persönlichkeit benutzt wird, die durch zahlreiche Aufträge zur Schaffung von Kunstwerken, durch Ankauf und Anhäufung von Kunstgegenständen wie auch durch die Indienststellung von Künstlern faktisch Kunst und Künstler förderte.

Mit dieser Definition ist freilich noch nichts über das persönliche Verhältnis Friedrichs zur Kunst und über den Wesenskern seines Mäzenatentums gesagt. Ein Blick auf die allgemeinen Grundlagen dieses Mäzenatentums erscheint darum als unumgänglich. Es muß vor allem in seinem engen Zusammenhang mit der politischen und wirtschaftlichen Entwicklung im Reich betrachtet werden, ein Zusammenhang, auf den bereits hingewiesen wurde. Die politische Lage im Reich gegen Ende des 15. Jahrhunderts war gekennzeichnet durch die Herausbildung von Territorialstaaten, durch Wachstum und Stabilisierung der politischen und ökonomischen Macht ihrer Landesherrn, die nun auch darangingen, »ihre gestiegenen materiellen und kulturellen Lebensansprüche zu realisieren«,[784] und darüber hinaus begannen, sich durch verschiedenartige Aktivitäten auf kulturellem Gebiet politisch aufzuwerten und ihre gesellschaftliche Position zu festigen, da das Mäzenatentum zunehmend an politischer Relevanz gewann. Das mußte dazu führen, daß die bedeutendsten Reichsfürsten um 1500 »mit Notwendigkeit in die Mäzenenrolle« gedrängt wurden, weil Glanz und Reichtum eine erhöhte Ausdrucksbedeutung erlangt hatten und zum Symbol »machtvollen Herrentums« geworden waren.[785] Dies alles geschah freilich zu einer Zeit, in der infolge des noch niedrigen Entwicklungsstandes der fürstlichen Finanzverwaltungen und die dadurch mitbedingte mißliche Finanzlage der meisten Fürsten, aber auch aus einem anderen Grund die Voraussetzungen für ein »konsequentes Mäzenatentum« im ursprünglichen Sinne nicht gegeben waren: Verglichen mit den Verhältnissen in den Residenzen Italiens und des niederländisch-burgundischen Kulturkreises befand sich dieser Typ des Mäzenatentums an den deutschen Fürstenhöfen – wenn auch graduell verschieden – gewissermaßen noch »in statu nascendi« – Kunst ist weitgehend angewandte Kunst; auch wenn sie zunehmend stärker der privaten Sphäre eingeordnet wird,[786] kann von einem liebhaberischen Interesse an ihr nur in den seltensten Fällen die Rede sein, wie sich nicht zuletzt am Charakter der Kunstsammlun-

---

[783] LK 3, 234.

[784] Reinhard Alex: Aufgaben und Entwicklung der höfischen Kunst Deutschlands in der ersten Hälfte des 16. Jahrhunderts. LCKG, 143.

[785] Händler: A. a. O., 5.

[786] Vgl. LK 3, 234; Händler: A. a. O., 3.

gen dieser Zeit erkennen läßt, die vorwiegend eine Anhäufung von Kunstgegenständen darstellten, die durch ihre Anhäufung »nutzlos« und zunehmend »als Luxus, als Kuriosität, als kostbare Teile des fürstlichen Schatzes« genossen wurden.[787] Aus den genannten Gründen erscheint es ratsam, wenn man vom Mäzenatentum Friedrichs des Weisen und seiner reichsfürstlichen Zeitgenossen spricht, zu betonen, daß es gleichermaßen Übergangscharakter trägt wie andere fürstliche Grundhaltungen und Verhaltensweisen in der Zeitenwende.

Mit dieser eingrenzenden Feststellung zum Mäzenatentum des sächsischen Kurfürsten ist jedoch sein Standort als Kulturpolitiker[788] nur annähernd bestimmt. Um ihn eindeutiger zu lokalisieren und seine Verwurzelung in Politik und Persönlichkeit des Kurfürsten aufzuzeigen, gilt es nun, sein Verhältnis zu Kunst und Wissenschaft und seine persönliche Bedeutung für die kulturelle Entwicklung Kursachsens näher zu untersuchen.

2.1. Zur Förderung von bildender Kunst und Musik durch den Kurfürsten

Selbst wenn man über Motivation und Charakter der Aktivitäten Friedrichs des Weisen auf kulturellem Gebiet unterschiedlicher Ansicht ist, sind diese Aktivitäten und ihre Endresultate im Gesamtzusammenhang betrachtet ungemein beeindruckend, ein Umstand, der der Überschätzung des Fürsten immer wieder Vorschub geleistet hat.[789] Eine besondere Faszination geht dabei schon von den Namen der für den Kurfürsten tätigen bildenden Künstler und Musiker aus, die – ob sie nun nur gelegentlich von Friedrich mit Aufträgen bedacht wurden oder fest in seinen Diensten standen – als Meister ihres Fachs fernab von provinzieller Enge zu den hervorragendsten Künstlern ihrer Zeit gehörten.

Da es zu weit führen würde, alle Maler, Bildhauer, Gießer, Medailleure, Baumeister, Steinmetzen, Plattner und andere Kunsthandwerker, die für den ernestinischen Fürsten tätig waren, aufzuführen[790] (das gleiche gilt auch für die Mitglieder der kurfürstlichen Instrumental- und Vokalkapelle), sollen im

[787] Nach Huizinga: A. a. O., 270. Im niederländisch-burgundischen Raum, den Huizinga vor Augen hat, vollzog sich dieser Prozeß jedoch wesentlich früher. – Vgl. Händler: A. a. O., 3.

[788] Vgl. Anm. 60.

[789] S. z. B. Anm. 763.

[790] Ein Unternehmen, das nicht nur aus Platzgründen wenig sinnvoll wäre, da über die Identität vieler Künstler und über die Urheberschaft mancher Kunstwerke, die in Friedrichs Auftrag entstanden sind, die Meinungen auseinandergehen. Davon einmal abgesehen soll mit vorliegender Arbeit ja keine Geschichte der Kunst unter Friedrich dem Weisen geschrieben werden; im Mittelpunkt des Interesses stehen weniger Künstler und ihre Werke, sondern vor allem der fürstliche Auftraggeber. – Ein Verzeichnis der für den kursächsischen Hof tätigen Künstler und Handwerker findet sich bei Bruck: A. a. O., 334–336.

folgenden – um zugleich einen Eindruck von der Vielfalt künstlerischer Betätigung im Auftrag des sächsischen Kurfürsten zu vermitteln – besonders bedeutende Künstler, die vorwiegend oder längere Zeit im Umkreis des kursächsischen Hofes wirkten, Erwähnung finden.

Unter den Hofmalern Friedrichs ist der bekannteste Lucas Cranach der Ältere, der 1505 sein Amt antrat,[791] das vor ihm ab 1503 der Italiener Jacobo de Barbari innehatte.[792] Ob es sich bei dem niederländischen Maler Jan, der ab 1492 in kursächsischen Diensten stand und sich in dieser Stellung mindestens bis 1495 nachweisen läßt, um Jan Gossaert, genannt Mabuse handelt, wie bisweilen angenommen wurde,[793] ist sehr fraglich.

Neben den Hofmalern erhielten auch auswärtige Maler gelegentlich Aufträge, so vor allem Albrecht Dürer, der in enger Verbindung zum kursächsischen Hof stand.[794] Die Beschäftigung fremder, nicht in kursächsischen Landen

---

[791] Cranach (1472–1553) kam bereits Ende 1504 – nach dem bayerischen Erbfolgekrieg (vgl. Anm. 305) – nach Sachsen, wurde aber erst 1505 in Dienst gestellt. Vgl. Lukas Cranach der Ältere im Spiegel seiner Zeit. Hrsg. Heinz Lüdecke. Berlin 1953, 84; Bruck: A. a. O., 296; W. Schade: A. a. O., 21.

[792] Über Barbari (um 1450-ca. 1516) s. André de Hevesy: Jacopo de Barbari. Le maitre au caducée. Paris; Bruxelles 1925, passim. besonders 10f.; Kirn: Barbari, 130–134; Bruck: A. a. O., 286–288. 164–166.

[793] Buchwald (Allerlei, 30) wendet sich gegen Brucks Ansicht, der Maler sei 1495 aus dem kurfürstlichen Dienst ausgeschieden (Bruck: A. a. O., 142), und weist noch für 1499 einen Maler Johann in den Rechnungen nach, womit die Identitätsfrage allerdings noch nicht geklärt ist. Bruck (a. a. O., 142. passim) identifiziert den Maler mit Mabuse. Durch einen für Bruck bezeichnenden und keineswegs singulären Lesefehler – er liest in EGA Reg. Bb 4145 statt »Peter Bestoltz« (Bestoltz war Friedrichs niederländischer Agent) »durch Peter bestalt« – kommt er außerdem dazu (Bruck: A. a. O., 290,142), zu behaupten, der Agent habe den Maler »bestallt«. Grossmann (HAW, 280; HIW, 115. 122) schließt sich mit Vorbehalt Brucks Identifizierungsversuch an, obwohl die Lebensdaten Mabuses, die sie nach Thieme-Becker (14, 410–412: ca. 1478–1532) anführt, ebenso gegen eine Identität beider Maler sprechen wie der Umstand (s. Bruck: A. a. O., 142. 290; nach EGA Reg. Bb 4145), daß 1491 »Hans Maler« seine Frau aus den Niederlanden holen ließ. Zweifel an der Identität Mabuses mit dem niederländischen Maler Friedrichs hegt auch Kirn: Barbari, 130. – Zu den Lebensdaten Mabuses vgl. Helmut Börsch-Supan: Jan Gossaert genannt Mabuse, Kunstchronik 18 (1965), 197–202. – Die 1968 im Bryn Mawer College angenommene Dissertation von J. S. Herzog: Jan Gossaert called Mabuse (ca. 1478–1532): a Study of his Chronology with a Catalogue of his Works, war mir bis jetzt nicht zugänglich.

[794] Dürer (1471–1528) erhielt 1496 seinen ersten großen Bildauftrag von Friedrich dem Weisen, für den er in der Folgezeit wiederholt tätig war. 1507 schuf er mit der »Marter der 10000 Christen« sein letztes Gemälde für den sächsischen Fürsten, den er 1524 noch einmal auf dem bekannten Kupferstich porträtierte (Thausing: A. a. O. 1, 130–132. 228. 289. 465; Bruck: A. a. O., 289f.). – Die von Bruck (a. a. O., 289f.) wiedergegebenen Rechnungsauszüge, in denen seiner Meinung nach der Nürnberger Maler erwähnt wird, betreffen kaum alle Dürer, worauf schon Buchwald (Allerlei, 110f.) ausdrücklich hingewiesen hat, der seinerseits allerdings in das Bruck entgegengesetzte Extrem verfällt; so erscheint es fraglich, daß, wie er annimmt, Dürer nie in Wittenberg malte. Hinsichtlich der von

ansässiger oder angestellter Künstler, wie sie im Falle Dürers vorliegt, bildete während Friedrichs Regierungszeit allerdings keineswegs die Ausnahme, sondern eher die Regel – das Goldschmiede- und Plattnerhandwerk einmal ausgenommen. Das gilt nicht nur für die Maler, sondern auch für andere Künstler: So waren außer Dürer und den Malern Hans Burgkmair aus Augsburg[795] und Michael Wolgemut aus Nürnberg[796] beispielsweise der Illuminist Jakob Elsner,[797] die Medailleure Hans Kraft[798] und Hans Krug der Jüngere[799] sowie Peter Vischer der Ältere und sein gleichnamiger Sohn[800] als Gießer in Nürnberg für den sächsischen Fürsten tätig. Während sich der Bildhauer Conrad Meit von Worms, der eine Doppelmadonna für die Wittenberger Schloßkirche schuf, nur kurz in Kursachsen aufgehalten hat,[801] ist der Gießer Adriano Fiorentino, dem wir die 1498 entstandene Büste Friedrichs zu verdanken haben, nur außerhalb Sachsens mit dem Ernestiner zusammengekommen.[802] Bisweilen geschah es auch, daß ein in fremden Diensten stehender Künstler für eine vorübergehende Beschäftigung am kursächsischen Hof freigestellt wurde, wie im Falle des Baumeisters Konrad Pflüger, der 1496 auf Friedrichs Bitten vom Görlitzer Rat Urlaub erhielt, um in Wittenberg arbeiten zu können.[803]

Was eben über die Beschäftigung bildender Künstler gesagt wurde, trifft nur bedingt auf die für den Kurfürsten tätigen Musiker zu, da er eine ständige Instrumental- und Vokalkapelle besaß.[804] Eine Beschäftigung auswärtiger

---

Bruck (a. a. O., 289) angeführten Stelle (EGA Reg. S. fol. 23 b. Nr. 1), die besagt, daß 1503 »Albrecht Maler« im Wittenberger Schloß und in der Stiftskirche Dekorationsarbeiten ausführte, und die Bruck und mit ihm Grossmann (HAW, 281; HIW, 123) auf Dürer deutet, sind jedoch möglicherweise Bedenken angemeldet, ob hier wirklich Dürer am Werke war. Auffälligerweise wurde von Sibylle Harksen in ihrem Vortrag anläßlich des Wittenberger Cranach-Colloquiums von 1972 (dies.: Die Gemäldeausstattung des Wittenberger Schlosses beim Einzug Lucas Cranachs. LCKG, 111–114) des Malers Albrecht nicht gedacht.

[795] Burgkmair (1473–1531) lieferte 1506 ein von Friedrich gestelltes Altargemälde (vgl. Anm. 427).

[796] Von Wolgemut (1434–1519), dem Lehrer Dürers, bezog Friedrich 1503 ein Tafelgemälde (Bruck: A. a. O., 125).

[797] Vgl. Anm. 604.

[798] Er war 1510–1523 für den sächsischen Kurfürsten tätig (Bruck: A. a. O., 103).

[799] Bruck: A. a. O., 103: Er stand 1508–1513 in Verbindung mit dem Ernestiner.

[800] S. Bruck: A. a. O., 275. 87.

[801] Troescher: A. a. O., 10f.

[802] Fabriczy: A. a. O., 85. 88.

[803] Ewald Wernicke: Sächsische Künstler in Görlitzer Geschichtsquellen. NASG 6 (1885), 255. – Zu Pflüger s. Anm. 830.

[804] Die Instrumentalkapelle existierte schon unter Kurfürst Ernst, wurde aber von Friedrich erweitert und umfaßte um 1510 acht Trompeter, je einen Zinkenbläser, Lautenschläger, Pauker und Trommelknecht sowie zwei Pfeifer (nach Aber: A. a. O., 54f.). Im Gegensatz dazu läßt sich die Vokalkapelle, die 1499 z. B. aus fünf Kaplänen, sieben großen »Singern« und zwölf »Singerknaben« bestand (nach W. Gurlitt: A. a. O., 16; vgl. ders.: Adam von Fulda, 125f.) – den Kapellmeister, den »Componisten« und die Organisten nicht mitgerechnet –, erst und ausschließlich unter Friedrich nachweisen. Sie

Musiker erübrigte sich deshalb weitgehend, nur auf Reisen ließ sie sich nicht immer vermeiden.[805] So stand der kaiserliche Hofkomponist Heinrich Isaak zwischen 1497 und 1500 in Verbindung mit dem Ernestiner,[806] zu dessen Ehre Josquin Desprez, damals der führende europäische Musiker,[807] seine 1505 für Herzog Ercole I. von Ferrara komponierte Huldigungsmesse umdeutete.[808] Engere Beziehungen bestanden auch zwischen Friedrich und dem Organisten Paul Hofhaimer,[809] der sich immer wieder einmal am sächsischen Hof aufhielt.[810]

---

wurde nach seinem Tod von Kurfürst Johann aufgelöst. Unbedingt zu trennen ist sie von den Chorstiftungen (s. Anm. 738, 1. 2. 3.) – auch hier waren Chorschüler neben erwachsenen Sängern (»Chorales«) tätig –, von denen sie sich weniger durch ihr Repertoire unterschied – die in der Jenaer Universitätsbibliothek erhaltene Musikaliensammlung mit den Chorbüchern der Hofkapelle läßt deutlich die kirchliche Zweckbestimmung erkennen (vgl. W. Gurlitt: J. Walter, 20f.; Karl Erich Roediger: Die geistlichen Musikhandschriften der Universitäts-Bibliothek Jena. Bd. 2. Jena 1935, 3. passim) –, als durch ihre Bindung an die »wesentliche« Hofhaltung und ihre gelegentliche Teilnahme an Reisen des Fürsten. Die Bedeutung der Hofkapelle und der Chorstiftungen liegt nicht zuletzt darin, daß durch sie dem Land ausgebildete Musiker zugeführt wurden, was ebenso wie die Existenz zahlreicher Laienchöre am Vorabend der Reformation günstige Voraussetzungen für eine rasche Entwicklung und sorgfältige Pflege reformatorischer Kirchenmusik im sächsisch-thüringischen Raum schuf (vgl. Johannes Rautenstrauch: Luther und die Pflege der kirchlichen Musik in Sachsen ... Leipzig 1907, 15–23. 25–57).

805 Obwohl den Kurfürsten auf seinen Reisen Instrumentalmusiker und bisweilen auch Sänger begleiteten – 1493 reiste beispielsweise der Trompeter Wilhelm mit nach Palästina (Röhricht-Meisner: A. a. O., 61. 71. 75), auf derselben Reise sind auch Sänger erwähnt (ebd., 65. 72) –, verzeichnen die Rechnungen gelegentlich besondere Ausgaben für fremde Musiker: Auf der Palästinareise musizierten z. B. in Rhodos Pfeifer, Geiger, Harfner, Pauker und Trompeter des Hochmeisters für Friedrich und auf der Rückreise in Innsbruck die Sänger Maximilians (ebd., 55. 58. 72). Die Nachricht von der angeblichen Anstellung des Organisten Paul Hofhaimer in Sachsen (1498; vgl. Anm. 809) beruht offensichtlich darauf, daß der Organist während Friedrichs Aufenthalt an Maximilians Hof 1498 für diesen ebenso tätig war wie seinerzeit die Musikanten auf Rhodos, also nur »gastweise«. Ähnliches läßt sich von Heinrich Isaak sagen (s. Anm. 806).

806 Über Isaak (ca. 1450–1517) s. MGG 6, 1418–1427. Der Musiker hielt sich etwa ab 1496 an Maximilians Hof auf, wo er 1497 zum Hofkomponisten ernannt wurde und mit dem sächsischen Kurfürsten in Verbindung trat. Seine Erwähnung in den kursächsischen Kammerrechnungen 1497 hat W. Gurlitt (Adam von Fulda, 126f.) zu dem Fehlschluß verleitet, Isaak habe sich in der fraglichen Zeit an Friedrichs Hof aufgehalten – Gurlitt denkt natürlich an den sächsischen »wesentlichen« Hof (vgl. W. Gurlitt: J. Walter, 11). Das ist ein Irrtum, denn 1497 weilte der Ernestiner in Maximilians unmittelbarer Nähe in Süddeutschland und Österreich – vgl. Brather: A. a. O., 270; ADB 3, 51; Ulmann: A. a. O. 1, 512). Am 25. Sept. 1497 war Friedrich noch in Innsbruck (EGA Kop. A 1, 70^{v}). Im Winter 1499/1500 läßt sich dagegen Isaaks Aufenthalt in Kursachsen belegen (W. Gurlitt: J. Walter, 17).

807 Über Desprez (ca. 1440–1521) s. MGG 7, 190–199.

808 So vermutet es jedenfalls W. Gurlitt (a. a. O., 23f.), ohne freilich entsprechende Belege bieten zu können.

809 Über Hofhaimer (1459–1537) s. MGG 6, 551–554.

810 Hofhaimer wirkte ab 1480 als Hoforganist Erzherzog Sigmunds in Innsbruck, wo

Außer den Genannten gehörten auch einige Musiker der kursächsischen Hofkapelle zu den führenden Vertretern ihres Faches. Erwähnenswert sind hier besonders Adam von Fulda[811] und Adam Rener,[812] die als Komponisten tätig waren, aber auch Konrad Rupsch, der Kapellmeister,[813] und nicht zuletzt Johann Walter, der 1517 als Sänger der Kapelle beitrat.[814]

---

ihn Friedrich der Weise während seines dortigen Aufenthaltes 1489 (s. Anm. 227) kennengelernt haben könnte. 1490 wurde er Hoforganist Maximilians. Nachdem bereits 1488 der Torgauer Organist Corbinian Temlinger (vgl. Buchwald: Allerlei, 82) in Innsbruck gewesen war, wo er sich wahrscheinlich auch bei Hofhaimer weiterbildete, ließen die beiden ernestinischen Fürsten 1494 Linhart Argen von Hofhaimer ausbilden (zur Nedden: A.a.O., 27), der sich im folgenden Jahr (nach Moser: Hofhaimer, 45; Aber: A.a.O., 74f.) besuchsweise in Sachsen aufhielt und 1498 wieder mit dem sächsischen Kurfürsten zusammentraf (vgl. Anm. 805), allerdings nicht – wie Moser (a.a.O., 45) und Buchwald (a.a.O., 83) annehmen – in Sachsen, denn im Frühjahr dieses Jahres, in dem eine Zahlung an Hofhaimer bezeugt ist (Buchwald: A.a.O., 83: 20. März; Aber: A.a.O., 75), hielt sich Friedrich an Maximilians Hof auf (vgl. EGA Reg. Bb 5523). 1508 bis 1518 war Hofhaimer in Augsburg ansässig (zur Nedden: A.a.O., 29), wo Friedrich und Johann von Sachsen 1509 bis 1512 bei ihm ihren späteren Organisten Johann Oyart ausbilden ließen (Buchwald: A.a.O., 83). 1516 weilte der kaiserliche Organist vorübergehend in Torgau, wo er am 16. Aug. mit den beiden Ernestinern einen Ausbildungsvertrag über zwei Orgelschüler abschloß (EGA Reg. Rr. pag. 1–316. Nr. 737; Aber: A.a.O., 75f.; Moser: A.a.O., 45).

811 Über Adam von Fulda (ca. 1445–1505) s. MGG 1, 79f.: Moser: Leben, 7–16 (stellenweise veraltet). Fulda ist ab 1489 als Mitglied der kurfürstlichen Hofkapelle nachweisbar (W. Gurlitt: Walter, 10f.) und arbeitete in der Folgezeit für den sächsischen Kurfürsten auch als Geschichtsschreiber (vgl. Anm. 1165; auch Anm. 607). Nach Ehmann (a.a.O., 198) stehen seine Kompositionen am Anfang der deutschen mehrstimmigen Musik; seine Vorbilder entstammen dem niederländisch-burgundischen Raum (ebd., 145). Ehmann bezeichnet ihn als einen Vertreter der »Seinsmusik«, der auch Luther verpflichtet war (ebd., 159.175f.) und die den Gegenpol zur neueren (artifizielleren) »musica reservata« darstellte. – Zur Rezeption von Fuldas Hymnenbearbeitungsweise in der protestantischen Kirchenmusik bis Johann Sebastian Bach s. Ehmann: A.a.O., 79.

812 Mit Adam Rener (ca. 1485-ca. 1520; s. MGG 11, 291f.), der anfangs Sänger in Maximilians Hofkapelle war, zwischen 1504 und 1507 am kaiserlichen Hof als Komponist wirkte und 1507 in Friedrichs Dienste trat, kam ein Musiker nach Kursachsen, der die kurfürstliche Hofkapelle endgültig aus provinzieller Enge führte. Nach Jürgen Kindermann: Die Messen Adam Reners. Phil. Diss. (Masch.) Kiel 1962, 284, bewegte er sich »mitten im Strom« damaliger Kompositionstendenzen. Auch nach seinem Eintritt in Friedrichs Vokalkapelle blieb dort die Pflege der spätmittelalterlichen Musik aus dem niederländischen Raum vorherrschend, wie sich anhand der Musikaliensammlung der Jenaer Universitätsbibliothek erkennen läßt (W. Gurlitt: A.a.O., 21f.; Roediger: A.a.O. 2, 130–137).

813 Rupsch (ca. 1475–1530; näheres bei W. Gurlitt: A.a.O., 17–19; N. Müller: A.a.O., 395–403) gehörte schon vor 1500 der kursächsischen Hofkapelle an, wurde 1505 zum Priester geweiht und war in den folgenden Jahren für Proben und Aufführungen der Kapelle und für ihren Personalbestand zuständig. Zusammen mit Johann Walter fungierte er später auch als Berater Luthers in musikalischen Fragen.

814 Johann(es) Walt(h)er (1496–1570) trat 1517 als Bassist in die Kapelle ein. Näheres über den bedeutenden Musiker der Reformationszeit bei W. Gurlitt: A.a.O., 25–101.

Lassen die eben angeführten Namen von Künstlern und Musikern, die für Friedrich den Weisen tätig waren, etwas von Umfang und Wirkung seiner kulturfördernden Maßnahmen ahnen, so ermöglichen sie doch keinesfalls nähere Aussagen über das Wesen der Kulturpolitik des Fürsten. Um diese zutreffend bewerten zu können, muß man sie vor allem im Lichte vergleichbarer Maßnahmen anderer zeitgenössischer deutscher Fürsten betrachten. Da diese Maßnahmen letzten Endes auch Ausdruck der gesellschaftlichen und wirtschaftlichen Zeitverhältnisse sind und zugleich die wachsende politische und ökonomische Stabilisierung, aber auch die Erschütterung territorialfürstlicher Macht widerspiegeln, liegt die Vermutung nahe, daß der sächsische Kurfürst mit seinen kulturpolitischen Maßnahmen keine Einzelerscheinung darstellt. Tatsächlich werden beim Betrachten von Friedrichs Kulturpolitik immer wieder Parallelen zu anderen Fürsten sichtbar.

Das gilt gerade im Blick auf das Wirken seines Vaters Ernst,[815] dessen Politik er auch im kulturellen Bereich weiterführte, wobei es analog der Weiterentwicklung der territorial-staatlichen Behördenorganisation – die zugleich die zunehmende Konsolidierung kurfürstlicher Macht signalisiert – zu einer Intensivierung und Erweiterung kam, wie sie sich immer wieder feststellen läßt. Die Instrumentalkapelle, die unter Kurfürst Ernst 1482 sechs Trompeter, einen Pauker und zwei Trompeterknechte umfaßte, erhielt unter Friedrich als weitere Musiker Pfeifer, Zinkenbläser und Lautenschläger.[816] Was die Pflege der Vokalmusik betraf, fanden noch größere Veränderungen statt. Zwar zog der Kurfürst wie sein Vater gelegentlich auch Schüler für den Gottesdienstgesang hinzu, darüber hinaus schuf er aber eine im Personalbestand von ihren Anfängen an stetig wachsende Vokalhofkapelle,[817] die über die Grenzen des Reiches hinaus bekannt wurde.[818]

Neben Vokal- und Instrumentalkapelle widmete Friedrich seine besondere Aufmerksamkeit der Pflege der Orgelspielkunst: Er zog gute Organisten in seine

---

815 Vgl. Anm. 199–201.

816 Aber: A.a.O., 54f.

817 Ihre Anfänge liegen (gegen Aber: A.a.O., 65: 1491) in der Zeit um 1488 (vgl. W. Gurlitt: A.a.O., 11). Umfaßte die Kapelle 1492/1493 noch sechs Mitglieder (3 Sänger, 3 Sängerjungen), so wuchs deren Zahl 1496 auf 13, um nach 1503 bei etwa 22 stehenzubleiben (9 Sänger, 10 Sängerknaben, je ein Organist, Kapellmeister und Komponist). Näheres bei Aber: A.a.O., 65–67; vgl. Kirn: A.a.O., 21.

818 Aber (a.a.O., 71) unterliegt einem Fehlschluß, wenn er meint, aus einem Brief Christians II. von Dänemark, eines Verwandten des sächsischen Kurfürsten, die Berühmtheit von Friedrichs Kapelle in der ganzen Welt ableiten zu können. Nichtsdestoweniger war die kursächsische Hofkapelle durch ihre gelegentliche Teilnahme an den Reisen des Fürsten (s. FWLZ, 53), aber auch durch die hohe Qualität ihrer Musik weitbekannt; ihr gehörte ein Sänger an (der »Altist« Johann Schmidt, der »Märker«, vgl. W. Gurlitt: A.a.O., 19) der innerhalb und außerhalb des Reiches seinesgleichen suchte (FWLZ, 53).

Nähe[819] und bemühte sich um die Ausbildung entsprechenden Nachwuchses.[820] Daß er für neue Orgelbauten in seinem Herrschaftsbereich sorgte,[821] erscheint so nur folgerichtig.

Was über die Förderung der Musik durch Friedrich den Weisen – im Vergleich mit entsprechenden Maßnahmen seines Vaters – gesagt werden kann, trifft auf dem Sektor der bildenden Kunst in ähnlicher Weise zu, wie sich beispielhaft an der Entwicklung der Malerei im Umkreis des kursächsischen Hofes erkennen läßt. Bereits unter Ernst wurden Maler beschäftigt,[822] deren Aufgaben sich nicht wesentlich von denen ihrer Nachfolger unterschieden haben dürften: Ob sie nun Turniergerätschaften bemalen mußten, zu dekorativer Malerei hinzugezogen wurden oder Bilder meist religiösen Inhalts anzufertigen hatten, immer kam es vor allem auf den Inhalt und weniger auf die Form an. Trotzdem deutet die zunehmende Beschäftigung bedeutender Künstler durch Friedrich darauf hin, daß auch der formalen Qualität der geschaffenen Werke zunehmend mehr Aufmerksamkeit geschenkt wurde.

Standen die anfangs vom Kurfürsten beschäftigten Maler[823] gewissermaßen noch in gerader Abfolge zu ihren Vorgängern, vor allem in qualitativer Hinsicht, so begann sich das zu ändern, als der Niederländer Jan, Dürer, Burgkmair und Cranach für den Ernestiner tätig wurden, deren Anstellung an sich schon erkennen läßt, daß im Vergleich zu Kurfürst Ernsts Regierungszeit unter seinem Nachfolger auch auf dem Gebiet der Malerei ein gewaltiger Aufschwung stattgefunden hat. Nicht so auffällig sind die Relationen hinsichtlich der Bautätigkeit Friedrichs und seines Vaters verschoben. Wie in anderen Bereichen bewegte

---

819 Als Organisten waren u.a. für Friedrich tätig: Paul Hofhaimer (s. Anm. 809. 810), Georg Petzsch (vgl. W. Gurlitt: A.a.O., 20; dort auch weitere Organistennamen), Johann Oyart (Buchwald: Allerlei, 83–85), Johann Weinmann (N. Müller: A.a.O., 351–353) und Corbinian Temlinger (Buchwald: A.a.O., 82).

820 Vgl. Anm. 809; Anm. 1029. 1030.

821 Nachdem Kurfürst Ernst in seinem letzten Lebensjahr an der Orgel der Torgauer Schloßkapelle größere Arbeiten hatte durchführen lassen, erhielten unter Friedrich z.B. 1498 Torgau und Lochau neue Orgeln von Burkhart Dinstlinger (s. Aber: A.a.O., 74; Moser: Hofhaimer, 97 – das hier angeführte Quellenexzerpt ist etwas undurchsichtig, was die Zahl der gekauften Orgeln betrifft), nachdem 1492 die Orgel der Weimarer Schloßkirche von Hieronymus Keilholtz erneuert worden war (s. Bruck: A.a.O., 267).

822 Vgl. Anm. 201.

823 Ab 1486 war als Maler ein Meister Kunz tätig, der zusammen mit dem Maler Ludwig (ab 1488) und dem Niederländer (s. Anm. 793) um 1500 letztmalig erwähnt wird (lt. Harksen [a.a.O., 112] standen die drei – zumindestens zur Zeit der Schloßausstattung in Wittenberg – dauernd in kurfürstlichem Dienst). Neben ihnen wurden noch andere Maler vorübergehend beschäftigt, über deren Identität man geteilter Meinung sein kann. Vgl. Bruck (a.a.O., 279–302), bei dem unter der Rubrik »Maler« entsprechende Quellenauszüge über alle für Friedrich tätigen Maler abgedruckt sind, die jedoch wie Brucks gesamtes Buch kritischer gelesen werden müssen und eigentlich einer vervollständigenden und korrigierenden Bearbeitung bedürften.

sich der Fürst auch hier in den vorgezeichneten Bahnen,[824] überbot den Vater dabei aber nur, was die Qualität einzelner unter ihm errichteter Bauten betraf. Ihn wegen seiner Bautätigkeit als einen Vertreter der nordischen Renaissance zu bezeichnen, wäre freilich gewagt. Zwar waren Bauten eine der »großen Passionen der Renaissance«,[825] ein Blick auf die während Friedrichs Regierungszeit errichteten Gebäude belehrt uns jedoch, daß eine Charakterisierung der kurfürstlichen Bautätigkeit als renaissancehaft kaum den Kern der Dinge trifft, denn Reparaturarbeiten[826] und Erweiterungsbauten[827] nahmen dabei nicht wenig Raum ein. Daneben stehen nur wenige eigentliche Neubauten,[828] unter denen die bedeutendsten Schloß und Stiftskirche zu Wittenberg sind, die von

---

824 Vgl. Anm. 199.

825 Burckhardt: A.a.O., 188.

826 Zu Friedrichs Bauten s. generell die Übersicht bei BRUCK (a.a.O., 239f.) und die Hinweise SPALATINS (FWLZ, 41, Anm. 2. 42). Um Reparaturarbeiten handelte es sich in folgenden Fällen:
Eilenburger Schloß (1491, 1496f.) – BRUCK: A.a.O., 270. 52; FWLZ, 41, Anm. 2.
Schloß Grimma (1497, 1504) – BRUCK: A.a.O., 270; FWLZ, 41, Anm. 2.
Schloß Torgau (1500) – BRUCK: A.a.O., 23. 241.
Schloß Plauen (1498, 1510) – BRUCK: A.a.O., 52. 271.
Schloß Voitsberg (1493) – BRUCK: A.a.O., 52. 271.
Schloß Treffurt (1499) – BRUCK: A.a.O., 52. 266.

827 Um Erweiterungsbauten bzw. die teilweise völlige Umgestaltung alter Bausubstanz handelte es sich in folgenden Fällen:
Coburger Schloß (1501f.) – BRUCK: A.a.O., 53. 272; FWLZ, 42 (Spalatin erwähnt den Bau einer »herrlichen Kemenate«).
Schloß Grimma (1509, 1518): Ausbau des Ost- und Westflügels – BRUCK: A.a.O., 50f.; FWLZ, 41, Anm. 2. 42 (Friedrich habe »schier das ganze Schloß« gebaut).
Colditzer Schloß (ab 1486 – 1523) – BRUCK: A.a.O., 53. 270; FWLZ, 41, Anm. 2. 42 (von Spalatin gerühmter Bau).
Schloß Lochau (1517f.) – BRUCK: A.a.O., 57. 268; FWLZ, 41, Anm. 2. 42.
Schloß Torgau (1514–1518) – BRUCK: A.a.O., 25f. 241–247; von Spalatin nicht erwähnt.
Schloß Weimar (1503, 1519–1522) – BRUCK: A.a.O., 46f. 48 (auch Schloßkirche); FWLZ, 42 (von Spalatin gerühmter Bau).

828 Um eigentliche Neubauten handelte es sich in folgenden Fällen:
Altenburger Schloß (ab 1518; das Schloß war 1516 abgebrannt) – BRUCK: A.a.O., 55f.; FWLZ, 41, Anm. 42 (von Spalatin gerühmter Bau).
Heilig-Grab-Kapelle Torgau (etwa 1496) – BRUCK: A.a.O., 33–35.
Schloß und Schloßkirche Wittenberg (s. Anm. 829. 830) – BRUCK: A.a.O., 35–46. 256–264; FWLZ, 41, Anm. 2; HEUBNER: Bau, 10–29.
Zu den Neubauten gehört in gewisser Hinsicht auch die Torgauer Elbbrücke, deren Bau sich von 1494 bis etwa 1517 hinzog (s. BRUCK: A.a.O., 30–32. 254–256). Worum es sich bei den von Spalatin (FWLZ, 41, Anm. 2) erwähnten Bauten Friedrichs in Herzberg, Liebenwerda, »Weinberge«, Neulochau und Belzig handelte, ist nicht ganz klar; in den von Bruck ausgewerteten Weimarer Rechnungen werden sie nicht erwähnt.

1490 bis 1498 beziehungsweise 1496 bis 1505[829] von Konrad Pflüger[830] und Claus Roder[831] errichtet wurden.

Der Neubau des Wittenberger Schlosses und seiner Kirche entsprang dem Bestreben des Kurfürsten, sich in Wittenberg als Hauptstadt des Kurkreises[832] eine Residenz zu schaffen, die seiner Stellung als Reichsfürst angemessen war und mit der er repräsentieren konnte. Mit der Errichtung des Wittenberger Residenzschlosses stand Friedrich keineswegs allein da, was nicht erstaunt, stellten doch solche Schlösser gleichsam »Zeichen der Machtfülle« ihrer Besitzer dar. So lassen sich nicht nur architektonisch Querverbindungen zur Meißner Albrechtsburg, die in den Jahren nach 1471 vom Baumeister Arnold von Westfalen für Friedrichs Vater und Albrecht den Beherzten errichtet wurde und mit der Leipziger Teilung von 1485 an Albrecht fiel,[833] und der Moritzburg in Halle, von 1484 bis 1503 für Friedrichs Bruder Ernst erbaut,[834] feststellen. Auch in anderen Teilen des Reiches entstanden gegen Ausgang des 15. Jahrhunderts ähnliche Bauten, so zum Beispiel im norddeutschen Raum, wo unter Bogislaw X. von Pommern Wolgast, Rügenwalde, Stolp und Ückermünde als Residenzen ausgebaut und die Schweriner Burg erweitert wurde.[835] Der sächsische Kurfürst bildete somit mit seiner Bautätigkeit keineswegs eine Ausnahme; nichts andres kann man auch im Hinblick auf andere seiner Maßnahmen feststellen, wo man gelegentlich auf ähnliche Analogien stößt.

Ganz deutlich wird dies, wenn man sich näher mit Erzbischof Ernst von Magdeburg befaßt, der angesichts der verstärkten Aufmerksamkeit, die man seinem Nachfolger Albrecht von Brandenburg schenkt, gerade im Blick auf seine kulturpolitischen Maßnahmen ein unverdientes Schattendasein fristet, obwohl gerade die Anstöße, die von seinem Hof auf den des Bruders ausgingen, alles andere als unbedeutend gewesen zu sein scheinen. Der Kirchenfürst, der

---

[829] Nach Harksen: A. a. O., 111. – Der Bau des Schlosses war 1498 noch keineswegs abgeschlossen, sondern zog sich in drei Bauperioden bis 1525 hin (so Heubner: A. a. O., 10), wobei es sich zuletzt nur noch um An- und Ausbauten handelte; zur Datierung des Stiftskirchenbaus vgl. Anm. 731. Auch über den Beginn der Bauarbeiten am Schloß wurden gelegentlich irrige Meinungen vertreten: Beispielsweise ist das Jahr 1485 als das Jahr des Baubeginns angegeben in dem weitgehend komplilatorischen und auffällig polemisch gefärbten Aufsatz von Albrecht Timm: Wittenberg zur Lutherzeit: Reformations- und sozialgeschichtliche Annotationen. Die Mitte 3 (1967), 123.

[830] Über Pflüger s. Thieme-Becker 26, 534; Bruck: A. a. O., 240. 272.

[831] So Harksen: A. a. O., 111; Bruck: A. a. O., 272

[832] Vgl. z. B. A. M. Meyner: Geschichte der Stadt Wittenberg aus archivalischen und andern zuverlässigen Quellen. Dessau 1845, 17.

[833] Vgl. Irene Roch: Die Baugeschichte der Mansfelder Schlösser mit ihren Befestigungsanlagen und die Stellung der Schloßbauten in der mitteldeutschen Renaissance. Phil. Diss. (Masch.) Halle 1966, 156f.; Roch weist darauf hin, daß der kursächsische Hof insgesamt der Renaissance nicht so aufgeschlossen gegenüberstand wie die erzbischöfliche Residenz Halle. – S. auch Wentz: A. a. O., 98.

[834] Vgl. Heubner: A. a. O., 9; Wentz: A. a. O., 98.

[835] Bethe: A. a. O., 16. 18. 20.

in seiner Erzdiözese die Künste zu hoher Blüte gebracht haben soll,[836] besaß wie andere zeitgenössische Fürsten eine Instrumental-[837] und eine Vokalkapelle,[838] deren Existenz für Friedrich sicher ein Ansporn seiner Musikförderung war.

Spätestens hier taucht die Frage auf, inwiefern die kurfürstliche Kulturpolitik von der anderer Fürsten abhängig war. Nichts wäre unbilliger, als aus der Tatsache, daß diese Kulturpolitik letztlich auch ein Resultat der Zeitverhältnisse darstellt, den Schluß zu ziehen, daß sie ohne entsprechende Vorbilder anderer Fürsten zustandegekommen sei. Im Gegenteil stellt sie, was ihre Verankerung und Verwurzelung, aber auch was ihre Ausformung betrifft, ein ungeheuer komplexes Phänomen dar. Gerade in der Frage nach den Vorbildern der kulturpolitischen Maßnahmen des ernestinischen Fürsten wird dies evident, obwohl nicht immer klar zu erkennen ist, in welchen Fällen er von fremden Vorbildern abhängig war und in welchen er selbst als Vorbild wirkte. Wie schwierig es ist, eindeutig zu klären, wer wessen Vorbild war, zeigt deutlich eine Gegenüberstellung von Friedrich dem Weisen und Erzbischof Ernst von Magdeburg: So mag der Kirchenfürst mit der Errichtung der Moritzburg dem Bruder einen Anstoß zum Bau des Wittenberger Schlosses gegeben haben, während die Wittenberger Schloß- und Stiftskirche das Vorbild für die ab 1509 in der Moritzburg errichtete Maria-Magdalenen-Kapelle, die als Sitz eines Kollegiatstifts vorgesehen wurde,[839] gewesen sein könnte.

Das Verhältnis der kulturfördernden Maßnahmen des Kurfürsten zu denen anderer Potentaten scheint über weite Strecken durch einen ähnlich gearteten Wechsel von Empfang und Weitergabe von Anstößen bestimmt worden zu sein. Dieser hatte seine Wurzeln nicht zuletzt im Bestreben der Fürsten, ihre Standesgenossen mit Mitteln der Kulturpolitik, die ja als Indikator ökonomischer und politischer Macht galt, zu überbieten oder es ihnen auf diesem Gebiet möglichst gleichzutun. Daß ein solches Bestreben für das Aufblühen von Kunst und

---

[836] EHMANN: A.a.O., 31; BERNHARD ENGELKE: Geschichte der Musik im Dom von den ältesten Zeiten bis 1631. Geschichtsblätter für Stadt und Land Magdeburg 48 (1913), 271.

[837] Einzelne Instrumentalmusiker – wie Trompeter und Pauker – gehörten schon zu Beginn des 15. Jh. zu den Hofhaltungen verschiedener Fürsten. Erst in den letzten Jahrzehnten vor der Jahrhundertwende begannen eigentliche Instrumentalkapellen zu entstehen: 1487 etwa wird ein Auftritt von Erzbischof Ernsts Kapelle erwähnt, der u.a. bereits ein Lautenschläger und Pfeifer angehörten (ENGELKE: A.a.O., 271). Hinweise auf Instrumentalisten fremder Fürsten finden sich in den kursächsischen Kammerrechnungen immer wieder; so z.B. 1494/95, wo Instrumentalmusiker des Magdeburger Erzbischofs, Heinrichs von Braunschweig-Lüneburg, Friedrichs V. von Brandenburg-Ansbach und Magnus II. von Mecklenburg-Schwerin Erwähnung finden (ABER: A.a.O., 59). – Vgl. RUHNKE: A.a.O., 200. 180. passim.

[838] Vgl. ENGELKE: A.a.O., 271; EHMANN: A.a.O., 31; s. vor allem RUHNKE, der weitere Instrumental- und Vokalkapellen an deutschen Fürstenhöfen um 1500 erwähnt, ob nun in Stettin, Heidelberg, Freising, ob in Württemberg, Baden oder an den Höfen der Habsburger (A.a.O., 15c. 234. 253. 238. 236. 257. 259). Zweifellos gehörten Friedrichs Hofkapellen dabei zu den bedeutendsten im Reich.

[839] REDLICH: A.a.O., 4.

Wissenschaft um 1500 sehr förderlich war, versteht sich von selbst. Dabei ist davon auszugehen, daß Friedrich von anderen Potentaten mehr Anregungen empfing als er selbst gab. Das gilt besonders für sein Verhältnis zu Maximilian, der den Aktivitäten des Ernestiners auf kulturellem Gebiet mit »sonderlichem Gefallen«[840] gegenüberstand und mit seiner Hofkapelle wie mit seiner Beschäftigung namhafter Künstler hier als das eigentliche Vorbild des sächsischen Kurfürsten zu gelten hat.

Gelegenheiten, sich mit dem Stand von Kunst und Wissenschaft im Umkreis des kaiserlichen Hofes und der Höfe anderer Fürsten bekannt zu machen, boten sich für Friedrich III. von Sachsen immer wieder auf seinen Reisen durchs Reich, deren Bedeutung für seine Kulturpolitik nicht hoch genug veranschlagt werden kann, weil er auf diese Weise mit den verschiedenen Kulturkreisen in Berührung kam. Es waren vor allem die Reichstage, von denen er laut Spalatin nicht »unter dreissig« besuchte,[841] aber auch seine Besuche an fremden Höfen, sein Aufenthalt in Maximilians Hofstaat in den Jahren 1497 und 1498 und noch vorher seine Palästinawallfahrt von 1493 mit der sich 1494 anschließenden Reise in die Niederlande, die seinen Gesichtskreis erweiterten und seine Aktivitäten auf kulturellem Gebiet anregten, vielleicht manchmal sogar erst initiierten.

Besonders die Geschichte der Hofkapelle läßt Zusammenhänge zwischen den Reisen des Fürsten und der Entwicklung der Kapelle offensichtlich werden: Es ist schwerlich ein Zufall, daß nach der Niederlandreise von 1494, in deren Verlauf Friedrich Maximilians oberdeutsche und burgundische Sänger kennenlernte,[842] offenbar verstärkt an der Erweiterung der kursächsischen Hofkapelle gearbeitet wurde, die 1494 noch nicht zehn, 1496 aber bereits dreizehn Mitglieder besaß,[843] eine Zahl, die 1499 auf vierundzwanzig angewachsen war[844] und das ein Jahr, nachdem Maximilian den Gründungserlaß seiner Wien-Innsbruck-Augsburger Hofkapelle hatte ausgehen lassen.[845] Auch ein Blick auf die Beschäftigung einzelner Künstler durch Friedrich unterstreicht die Bedeutung der Reisen des Fürsten. Auf den Reisen knüpfte er persönliche Kontakte mit verschiedenen bildenden Künstlern. Ob sie ihm nun empfohlen wurden oder ob er selbst auf sie aufmerksam wurde, ist hier weniger wesentlich.

Wenn man die Lebensläufe der für den Ernestiner tätigen Musiker und bildenden Künstler auf erste mögliche Kontakte zu ihrem späteren Auftraggeber hin untersucht, läßt sich immer wieder feststellen, daß diese entscheidenden Begegnungen meist bei Friedrichs Reisen ins Reich stattgefunden haben müssen. Auch hier liegen viele Fälle von Kontaktaufnahmen im Dunkeln, so daß

---

840 So äußerte er sich gegenüber Pfeffinger, als ihn dieser im März 1518 über Friedrichs Bautätigkeit, Stiftungen, die Universität und die »Liberey« informierte – EGA Reg. O 476, 1; bzw. UBUW1, 87 (Nr. 66).

841 FWLZ, 39; vgl. dazu – auch im folgenden – Abschnitt 2.2.1. vorliegender Arbeit.

842 FWLZ, 229; zur Kapelle s. Moser: A. a. O., 19.

843 Aber: A. a. O., 65f.

844 W. Gurlitt: A. a. O., 16.

845 W. Gurlitt: A. a. O., 15; Baltl: A. a. O., 112.

meist nicht klar ist, ob Friedrich selbst auf den jeweiligen Künstler aufmerksam geworden ist und eine persönliche Verbindung zu ihm hergestellt hat oder ob der Auftragvergabe oder Bestallung Hinweise von auswärtigen Freunden oder Faktoren des Fürsten vorausgegangen sind, die ja in allen Gebieten des Reichs zu Hause waren. Das könnte etwa bei dem niederländischen Maler Jan[846] und dem Münchner Organisten Corbinian Temlinger[847] der Fall gewesen sein. Bei anderen Künstlern sind dagegen Zweifel weitgehend gegenstandslos: Die erste Begegnung Friedrichs des Weisen mit dem Komponisten Heinrich Isaak im Jahre 1497 fällt beispielsweise in die Zeit seines Aufenthaltes in Maximilians unmittelbarer Nähe,[848] während man über sein erstes Zusammentreffen mit dem Organisten Hofhaimer mit Sicherheit nur sagen kann, daß es spätestens 1495 und auf jeden Fall außerhalb Sachsens stattfand.[849] Bei Jacopo de Barbari und Adriano Fiorentino verhält es sich ähnlich: Barbari begegnete dem Kurfürsten wahrscheinlich im April 1500 in Nürnberg, wo sich beide zu dieser Zeit aufhielten.[850] Fiorentino traf 1498 in Süddeutschland mit dem Fürsten zusammen und schuf bei dieser Gelegenheit eine Büste des Fürsten.[851] Übrigens war dies nicht der einzige Auftrag, den der Kurfürst auf seinen Reisen vergab: Beispielsweise erhielt Dürer von ihm 1496 seinen ersten größeren Bildauftrag, als sich der Ernestiner auf der Durchreise zum Lindauer Reichstag Mitte April in Nürnberg aufhielt.[852]

Über die Begegnung mit verschiedenen Künstlern und die gelegentliche Vergabe von Aufträgen an diese hinaus erlangten die Reisen des Kurfürsten

---

[846] Der Maler hielt sich spätestens ab 1492 in Kursachsen auf (vgl. Bruck: A.a.O., 290; s. auch Anm. 793).

[847] Temlinger, der als Torgauer Organist ab 1488 nachweisbar ist (Buchwald: Allerlei, 82; Moser: A.a.O., 217), könnte von Friedrichs wittelsbachischen Verwandten empfohlen worden sein, denen große Liebe zur Musik nachgesagt wird (vgl. Sigmund von Riezler: Die Kunstpflege der Wittelsbacher. München 1911, 20f.).

[848] S. Anm. 806.

[849] Möglicherweise schon 1489 in Innsbruck (vgl. Anm. 809), vielleicht aber auch erst 1494 bei Friedrichs Niederlandreise. Ob er mit dem Organisten Meister Paul identisch ist, dem der Ernestiner am 14. Okt. 1493 auf seiner Rückreise aus dem Heiligen Land in München 2 fl. geben ließ (Röhricht-Meisner: A.a.O., 82), bleibt unklar.

[850] Zu Barbaris Aufenthalt vgl. Kirn: Barbari, 131; zu Friedrichs Aufenthalt in Nürnberg s. ChrDSt 11, 616f., H. Deichslers Nürnberger Chronik. – Barbaris Schreiben an den Kurfürsten (1500/01; vgl. dazu Kirn: A.a.O., 131) setzt m.E. eine persönliche Begegnung voraus.

[851] Fabriczy: A.a.O., 85.

[852] Bode: A.a.O., 62; Waetzold: A.a.O., 162; ChrDSt 11, 586f., H. Deichslers Nürnberger Chronik. – Im Gegensatz zu dem Bildauftrag von 1496 kann die Bestellung der »Marter der 10000 Christen« (1507) bei Dürer nicht – wie Gümbel (a.a.O., 10) annimmt – während Friedrichs Nürnbergaufenthalt Anfang Juni 1507 erfolgt sein, also nicht mit einer Reise des Fürsten in Verbindung gebracht werden. Dagegen spricht schon Dürers Brief an Jakob Heller vom 28. Aug. 1507, ebenso der vom 19. März 1508 (s. Lange-Fuhse: A.a.O., 46f.).

noch in anderer Hinsicht Bedeutung, denn sie stimulierten ihn zum Kauf von Preziosen,[853] Raritäten[854] und Kunstgegenständen,[855] wofür man verschiedene Gründe geltend machen kann: Neben einem nicht zu übersehenden Repräsentationszwang, der gerade auf den Reichstagen dazu führte, daß Friedrich dort »viel Guts und Gelds« verzehrte,[856] erwies sich auch der Einblick in den hohen Stand auswärtiger Kunstproduktion als ein bestimmendes Agens bei diesen Käufen, ebenso wie seine durch den Vergleich mit dem Lebensstil anderer Fürsten steigenden persönlichen Bedürfnisse. Was für die Reisen galt, galt aber noch lange nicht für den Aufenthalt in der heimischen Hofhaltung. Zwar zeigte sich auch dort, daß die persönlichen Ansprüche des Kurfürsten hinsichtlich seiner Lebensqualität gestiegen waren, sie blieben aber vergleichsweise gering. Es hieße, mit falschem Maß zu messen, wollte man den kursächsischen Hof als Renaissancehof bezeichnen, denn trotz der Beschäftigung einiger namhafter Künstler und ungeachtet mancher zukunftsweisender Maßnahmen Friedrichs auf kulturellem Gebiet herrschte hier wie eh und je der Geist spätmittelalterlicher höfischer Kultur. Gustav Freytags schon zitierte Charakterisierung der deutschen Fürsten des beginnenden 16. Jahrhunderts als »anspruchsvolle Junker«[857] mag – auf Friedrich den Weisen angewandt – etwas lieblos klingen, trifft aber gerade für ihn in besonderem Maße zu.

Das Leben am kursächsischen Hofe spielte sich weitgehend nach überkommenen Grundmustern ab. Die höfische Kultur entsprach ganz der an anderen Höfen im »Herbst des Mittelalters« und erhielt besonders durch die Übernahme und Pflege ritterlichen Traditionsguts ihr charakteristisches Gepräge, zumal der Fürst sie sich besonders angelegen sein ließ. Die Bezeichnung Maximilians I. als letzter Ritter verdient mit gleicher Berechtigung auch Friedrich der Weise, nicht nur, weil die Ideale und der Moralkodex des Rittertums sein Denken und Handeln stark bestimmten,[858] sondern auch aus einem anderen Grund: Von Jugend an beteiligte er sich mit großer Begeisterung an »Ritterspielen«,[859] also an

---

853 Beispielsweise wurden von Friedrich auf dem Kölner Reichstag von 1505 (Juli, August) u.a. ein Perlenhalsband für 20 fl., ein goldenes Halsband für 88 fl. gekauft und – abgesehen von den Kleinodien – 69 fl. für goldene und silberne Trinkgeschirre und 28 fl. für goldene Borten und zwei Goldhauben ausgegeben (EGA Reg. Bb 4187, 31rv. 32r. 33r). Zum Vergleich: Im gleichen Jahr erhielten die an der Wittenberger Universität wirkenden Magister Nikolaus von Amsdorf und Hieronymus Schurff 20 fl. bzw. 63 fl. Jahrsold (vgl. Anm. 1439).

854 So vor allem während der Wallfahrt von 1493, wo u.a. in Venedig mehrere Büsten und nicht näher zu identifizierende Antiken, auf Rhodos zwei große türkische Teppiche gekauft wurden (Röhricht-Meisner: A.a.O., 52. 59).

855 Während des Reichstages in Köln erwarb Pfeffinger im Juli 1505 für Friedrich beispielsweise ein Tafelgemälde für 25 fl. (EGA Reg. Bb 4187, 30r).

856 FWLZ, 39. – Um ein Beispiel zu nennen: Der Wormser Reichstag von 1495 kostete Friedrich 12476 fl. (nach Grosse: A.a.O., Tab. 2).

857 G. Freytag: A.a.O. 3, 8.

858 Vgl. Anm. 357. 496. 497.

859 FWLZ, 52f.; s. auch Anm. 495.

den sich zu seiner Zeit besonderer Beliebtheit erfreuenden unterschiedlichen Arten von Turnieren.[860] Noch in seinen letzten Lebensjahren kreisten seine Gedanken immer wieder um »Rennen und Stechen«,[861] für die er wahrscheinlich auch deshalb eine besondere Vorliebe hegte, weil sie einer Epoche entstammten, deren Lebens- und Wertvorstellungen sich längst überlebt hatten, ihm aber noch lieb und teuer waren. Daneben galt sein besonderes Interesse der Jagd: Spalatin weiß zu berichten, daß er als »guter Jäger und Weidmann« gern »pirschte«; er bezeichnet ihn darüber hinaus auch als einen guten Schützen.[862] Tatsächlich hat sich Friedrich gern als Schütze betätigt, und das nicht nur auf seinen Schlössern[863] oder bei anderen Fürsten,[864] sondern auch bei bürgerlichen Schützenfesten.[865]

Für Kurzweil und Vergnügungen scheint er überhaupt sehr zugänglich gewesen zu sein, was angesichts der rauhen Alltagswirklichkeit, mit der er sich stän-

---

[860] Zu den verschiedenen Arten von Turnieren s. C. Gurlitt: Turniere, 18–24.

[861] Vgl. dazu z. B. seine Briefe an Herzog Johann vom Wormser Reichstag 1521 – etwa NUB, 4 (Nr. 6). 6 (Nr. 8). 7 (Nr. 10). 8 (Nr. 12). 9 (Nr. 13). 9 (Nr. 14). 10 (Nr. 18). 11 (Nr. 19) –, in denen Bemerkungen über Turniere, Rennzeug und Stechpferde einen großen Raum einnehmen. Darüber hinaus lassen sich nicht nur in seinen Privatbriefen – auch aus frühen Regierungsjahren – Belege für seine Liebe zum Turnier»sport« finden. Sie ist auch aktenkundig geworden in einem Verzeichnis der zu einem Ritterspiel einzuladenden Gäste (I; EGA Reg. D 133, 1.2) und dem Fragment einer Aufzeichnung über ein Fastnachtsrennen (II; EGA Reg. D 137). Beide Schriftstücke sind undatiert, stammen offensichtlich aber doch aus seiner Regierungszeit: Nr. I ist nach 1501 entstanden, da unter den Eingeladenen Ernst von Mansfeld mit Frau und Tochter erwähnt wird, Ernsts erste Tochter Katharina aber erst 1501 geboren wurde. Philipp I. wird ebenfalls in I mit eingeladen, ist aber zur Zeit der Abfassung des Schreibens offenbar noch ledig; er heiratete übrigens 1517 die schon erwähnte Katharina von Mansfeld, womit ein terminus ad quem gegeben wäre. Bei Nr. II kann es als sicher gelten, daß es nach 1500 abgefaßt wurde; hier findet Wolf(gang) von Anhalt(-Zerbst) Erwähnung, der 1492 geboren wurde.

[862] Daß Friedrich ein passionierter Jäger war, wird in den Quellen immer wieder deutlich (so FWLZ, 52; von hier stammen auch die Zitate im Text). Offenbar ist er oft ein besserer Schütze gewesen als seine Jagdknechte, falls er in seinem Schreiben an Johann vom 13. Aug. 1520 nicht übertreibt, in dem er darauf hinweist, daß seine »schuczen ... ffyl besser zcu felhen, dan zcu treffen« (scil.: geschickt) seien – NUB, 1 (Nr. 1). Freilich ist auch ihm das Jagdglück nicht immer hold gewesen, wie man z. B. dem Tagebuch der Niederlandreise von 1494 entnehmen kann, wo berichtet wird, daß der Fürst am 5. Aug. »eine lustige Jagd mit Kaninlichen« hatte, aber nichts fing (FWLZ, 226).

[863] So übte sich Friedrich 1502 im Weimarer Schloßgraben im Schießen, ebenso im Torgauer Schloß, das einen Schießgarten besaß (EGA Reg. Bb 4177, 6^{r}. 41^{v}).

[864] Ein Beispiel: Als Friedrich und Johann 1505 ihren Bruder Ernst in Halle besuchten, schossen sie auch im Stadtschießgraben (nach Lentz: A. a. O., 496).

[865] So nahm er 1489 an einem Armbrustschießen in Zwickau teil, zu dem auch Schützengilden aus Straßburg und Mainz angereist waren (Ernst Fabian: Fürstenbesuche, 120; Buchwald: Allerlei, 110). Im November des folgenden Jahres fand in Friedrichs Jenaer Renn- und Schießhof ein Schießen statt, an dem sich außer den Fürsten und der Jenaer Schützengilde auch Erfurter Schützen beteiligten (s. Devrient: Schützenfest, 158–161).

dig konfrontiert sah, kaum verwundert. In dieser Hinsicht unterschied er sich nicht von seinen Zeitgenossen, mit denen er seine Vorliebe fürs Würfelspiel,[866] die sich bei ihm allerdings kaum zu regelrechter Spielwut steigerte,[867] teilte. Darüber hinaus war der Ernestiner auch anderen Freuden nicht abgeneigt; die kurfürstlichen Schatullenrechnungen enthalten immer wieder Hinweise auf Ausgaben für Näschereien[868] und für Wein, den er offenbar sehr gern trank.[869] Da aber schon sein Vater »der trunckenheit gram ... gewest« sein soll,[870] ist anzunehmen, daß auch er dabei in Maßen blieb.

Fürstliche »Lustbarkeiten« zu Friedrichs Zeiten beschränkten sich freilich nicht nur auf Jagd, Turnier, Spiel und Essen und Trinken in mehr oder weniger exzessiver Form. Zwar bildeten Ritterspiele und Gelage den Mittelpunkt der Feste, die der sächsische Kurfürst veranstaltete,[871] aber daneben fanden

---

866 An dieses hat man vor allem zu denken, wenn von Friedrichs Spielen die Rede ist. – Vgl. Heinrich M. Schuster: Das Spiel: seine Entwicklung und Bedeutung im deutschen Recht. Wien 1878, 80; ebd., 72–93, ein guter Überblick über die Entartung des Spiels im ausgehenden Mittelalter. Ein anschauliches Beispiel für die Spielleidenschaft zu Beginn des 16. Jh. und die sich daraus ergebenden Probleme bringt Freudenberger: A. a. O., 66–70. Es ist besonders deshalb interessant, weil Friedrichs Freund Lorenz von Bibra im Mittelpunkt der geschilderten Vorgänge steht.

867 Die Rechnungen enthalten regelmäßig Hinweise auf Spielgeldausgaben und das 1493 ebenso wie 1502, 1505 und später (vgl. Röhricht-Meisner: A. a. O., passim; EGA Reg. Bb 4177. 4187). Die Höhe dieser Ausgaben ist unterschiedlich: Auf der Palästinareise verspielte der Fürst einmal 3 fl.Rh., ein andermal 28fl.Rh., auf der Rückreise ließ er sich in Innsbruck sogar einmal 100 fl. für ein Spiel (wohl mit Maximilian) auszahlen (Röhricht-Meisner: A. a. O., 58. 72). Die Spielausgaben in den Jahren nach 1500 unterscheiden sich ihrer Höhe nach nicht wesentlich davon: Die Beträge bewegen sich meist um 5 fl. (5, 3, 10, 2, 4 fl.; EGA Reg. Bb 4177, 44^r^. 34^r^. 40^r^. 5^rv^. 6^r^. 31^v^), es werden jedoch auch oft höhere Ausgaben angeführt (10, 15, 21, 29, 88 fl. – letzteres im Spiel mit Herzog Georg –; EGA Reg. Bb 4177, 31^v^. 44^v^35^r^), die beim Spiel mit anderen Fürsten auf den Reichstagen – so am 27. Juli 1505 in Köln – sogar bis auf 100 fl. anwachsen können (EGA Reg. Bb 4187, 31^r^). Nach EGA Reg. Bb 4177. 4187 zu urteilen, spielte der Kurfürst nicht täglich, wenn er aber spielte, blieb es kaum bei einem Spiel.

868 Die Rechnungsbücher nennen u. a. Pomeranzen, Konfekt (etwa »zwe schachtel zucker« und »eingemachter« Zucker) und Weinbeeren (EGA Reg. 4177, 33^r^5^v^; Reg. Bb 4187, 3^r^).

869 So befahl er am 18. Jan. 1493, eine Fuhre vom ältesten Rot- und Weißwein nach Torgau zu senden – am Tag zuvor hatte er seinen 30. Geburtstag begangen (EGA Kop. F 21, 10^r^; s. auch ebd., 71^r^). Als der Kurfürst 1523 zum Nürnberger Reichsregiment fahren wollte, erteilte er Hans von der Planitz vorher (am 24. Jan.) den Auftrag, Wein für die kurfürstliche Herberge zu besorgen, denn wenn er käme, möchte er einen guten Trunk vorfinden – Wülcker-Virck: A. a. O., 342 (Nr. 144). Schon vorher war in Nürnberg das Gerücht aufgetaucht, daß Friedrich bald eintreffen werde, wie Herzog Georgs Vertrauensmann Dr. Dietrich von Werthern am 12. Jan. zu berichten wußte, der dem Gerücht deshalb bedingt Glauben schenkte, weil die Herberge des Ernestiners am Vortage »10 fuder weins« erhalten hatte –s. Gess: Akten 1, 435 (Nr. 431).

870 EGA Reg. O 24, 13^r^.

871 Hierher gehören vor allem Festlichkeiten zur Fastnacht und zu Martini, über die aus verschiedenen Jahren Nachrichten vorliegen: So »hielten« Friedrich und Johann

noch Tanzvergnügen statt[872] und bisweilen wurden sogar Komödien aufgeführt.[873]

Zunehmend gewann bei diesen und ähnlichen »Lustbarkeiten« die Beschäftigung von Musikern an Bedeutung, die beispielhaft für die Integration von Kunst und Musik ins Gefüge spätmittelalterlichen höfischen Lebens ist. Dabei waren es weniger die Instrumentalisten, die schon früher zur Ausgestaltung von Festlichkeiten unterschiedlichster Art hinzugezogen worden waren[874] und ihren festen Platz im Hofleben bereits erhalten hatten, als die Mitglieder der Vokalkapelle, bei deren Verwendung den Rahmen spätmittelalterlicher höfischer Kultur Überschreitendes im Ansatz sichtbar wird: Noch trägt die Hofkapelle eindeutig kirchlichen Charakter und ihr eigentliches Aufgabengebiet bleibt die musikalische Umrahmung gottesdienstlicher Handlungen, aber indem sie ihren Brotherrn, den Fürsten, auf seinen Reisen[875] begleitet und dort wie auf höfischen Festen[876] Gottesdienste ausschmücken hilft oder nur zur religiösen Erbauung fernab der Öffentlichkeit beiträgt, wird sie zum Mittel fürstlicher Repräsentation und erhält zunehmend den Charakter einer höfischen Institution, die durch den Fürsten und vorwiegend für ihn existiert, eine Entwicklung, die vor allem daran sichtbar wird, daß die Kapelle – wenn auch sporadisch – zur

---

1518 in Zwickau und 1505 in Naumburg Fastnacht (Ernst Fabian: Annalen, 53; Lepsius: A. a. O., 160f.), während Anfang November 1504 in Naumburg ein »Fürstenhof« zu Martini stattfand (Lepsius: A. a. O., 160f.). – Vgl. die Nachrichten über Friedrichs Jenaer »Schützenhof« von 1490 bei Devrient (Schützenfest, 158–161) und über die erste Hochzeit Johanns von 1500 bei Burkhardt (Vermählung, 289–296); s. auch den Bericht über das Erfurter Turnier vom Juli 1496, das zwar von der Stadt ausgerichtet worden war, zu dem aber auch die beiden Ernestiner das Ihre beisteuerten, und über das Mitte August 1496 gleichfalls in Erfurt stattfindende Schützenfest (bei Thiele: A. a. O., 520–522).

[872] Sie gehörten ebenso zu diesen Festen wie der gemeinsame Besuch der Messe vor Beginn der Veranstaltungen. Vgl. Lepsius: A. a. O., 160f.; Thiele: A. a. O., 520f.

[873] Auf der Zwickauer Fastnacht von 1518 wurden z. B. von den Städtern für die Fürsten zwei Fastnachtsspiele und der »Eunuch« des Terenz aufgeführt (Ernst Fabian: Fürstenbesuche, 122). Die Aufführung von Georg Hibutus' 1506 entstandenem Schaustück »Silvula in Albiorim illustratam ...« im Wittenberger Schloß – offenbar im Rahmen einer Festlichkeit – erwähnt Gustav Bauch: Die Universität Erfurt im Zeitalter des Frühhumanismus. Breslau 1904, 157.

[874] Über die Instrumentalisten und ihre Aufgaben im allgemeinen s. Ruhnke: A. a. O., 277–280. Im Bericht über die erste Hochzeit Johanns (Burkhardt: Vermählung, 289–296) werden die Instrumentalisten mit ihren wichtigsten Aufgaben vorgestellt: Sie hatten bei Umzügen, Turnieren, Gottesdiensten und bei Banketten mitzuwirken und Tanz und Chorgesang zu begleiten.

[875] Vgl. FWLZ, 53; Aber: A. a. O., 70.

[876] Es wurde Anm. 872 schon darauf verwiesen, daß kein größeres Fest ohne Gottesdienst stattfand. Man vergleiche dazu z. B. Thiele: A. a. O., 520; Burkhardt: Vermählung, 296; Lepsius: A. a. O., 160.

Tafelmusik hinzugezogen wird[877] und daß in ihr vorwiegend geistliches Repertoire verstärkt Weltliches einsickert.[878]

Im Gegensatz zu den bildenden Künstlern, die für den Hof tätig waren, aber nicht nur für ihn, wie Cranachs Beispiel zeigt,[879] sind die Mitglieder der Hofkapelle enger an den Hof gebunden gewesen,[880] dem sie trotz der Tatsache, daß sie sich nicht immer in der unmittelbaren Nähe des Kurfürsten aufhielten,[881] ebenso zugehörten wie andere Bedienstete, wie die auch zum Hofstaat anderer Fürsten gehörenden, als eine Art menschlicher Kuriositäten betrachteten Narren[882] und Mohren.[883] Mit dieser Feststellung ist zwar der Stand von Musikern und bildenden Künstlern am Hof Friedrichs des Weisen eingrenzend bestimmt, offen bleibt dagegen noch die Frage nach der Rolle von bildender Kunst und Musik innerhalb der Hofkultur, wenn auch schon auf entsprechende Entwicklungen verwiesen wurde: Während die Instrumentalmusik schon einen integralen Bestandteil spätmittelalterlichen, höfischen Lebens darstellte,[884] war dies bei der Vokalmusik nur insofern der Fall, als sie trotz ihrer vorwiegend liturgischen Ausrichtung letztlich den Interessen des Fürsten diente. Dessen ungeachtet ist auf dem Gebiet der höfischen Vokalmusik die Tendenz feststellbar, von der liturgischen Fixierung wegzukommen, eine Tendenz, die im Bereich von bildender Kunst und Kunsthandwerk ihre Entsprechung findet:

---

877 Ruhnke: A.a.O., 275.

878 Vgl. W. Gurlitt: A.a.O., 20–23.

879 S. BLDG, 85; Ernst Ullmann: Lucas Cranach der Ältere: Bürger und Hofmaler. LCKG, 62

880 Über die Art der Anstellung später näheres im Text des vorliegenden Abschnitts. – Zur engen Verbindung mit dem Hof s. W. Gurlitt: A.a.O., 17.

881 Aber (a.a.O., 69f.) hat mit seiner Behauptung, die Kapelle sei ohne festen Sitz gewesen, nur bedingt recht, denn die Kapellmitglieder waren zum Teil in Torgau ansässig, z.B. der »Märker« Johann Schmidt, Benedikt Zuckenranfft, Steffan Mummler (nach W. Gurlitt: A.a.O., 19).

882 Nach Kirn (a.a.O., 15) hatte er während seiner Regierungszeit insgesamt fünf Narren – mir sind nur vier namentlich bekannt.

1. Klaus (ca. 1425–1515): Bevor er zu Friedrich dem Weisen kam, war er Narr Friedrichs II. von Sachsen, Kurfürst Ernst und Erzbischof Ernsts von Magdeburg. Über ihn s. Ernst Kroker: Hans Pfriem im Märchen und Weihnachtsspiel. SVGL 7 (1901), 178f.; Jeremias: A.a.O., 181f.; WATR 3, 141 (Nr. 3018), K. Cordatus, 13. – 23. März 1533.

2. Hensel: Er wird 1493 auf der Palästinareise erwähnt (Röchricht-Meisner: A.a.O., 49. 60) und taucht noch 1502 und 1504 in den Schatullenrechnungen auf (EGA Reg. Bb 4177, 41r; Reg. Bb 4187, 6v).

3. Fritz: 1521 teilt der Kurfürst seinem Bruder mit, daß ihm der Narr Fritz »aynen guten briff geschriben« habe – NUB, 16 (Nr. 24).

4. Albrecht: Friedrich erwähnt ihn 1524 in einem Brief an Planitz und im folgenden Jahr in seinem Testament – s. NUB, 157 (Nr. 40); EGA Urk. 676.

883 Vielleicht handelt es sich bei dem Mohren »Ector«, der am 11. Dez. 1501 1 fl. »zur Notdurft« erhielt (EGA Reg. Bb 4177, 11v), um denselben, der 1493 mit einer Mohrin den Kurfürsten auf der Heimreise vom Heiligen Land begleitete (Röhricht-Meisner: A.a.O., 78).

884 Vgl. Anm. 874.

Obwohl für den Kurfürsten Gemälde mit religiöser Thematik und Devotionalien[885] in großer Anzahl geschaffen und gekauft wurden, nehmen Bestellungen und Käufe von Werken mit weltlicher Zweckbestimmung in steigendem Maße größeren Raum ein. Sie vermitteln einen Eindruck vom Leben am Hof Friedrichs und spiegeln seine Interessen zum Teil in recht anschaulicher Weise.[886] Die Hochschätzung von Ritterspielen und Jagden findet ihren Niederschlag in der Bestellung von Harnischen[887] und Rennzeug[888] wie in den Aufträgen zur Bemalung von Renn- und Reitdecken,[889] sie läßt sich aber auch an den Darstellungen von Jagd- und Turnierszenen durch den Hofmaler Cranach erkennen,[890] die ihrerseits eine Wandlung signalisieren: Auf den von Friedrich bestellten und erworbenen Gemälden und Graphiken dominieren zwar Darstellungen religiösen Inhalts,[891] doch daneben treten noch andere Bildsujets aus dem Fürstenleben[892] und der antiken Mythologie auf, die sich vor allem bei den dekorativen Gemälden des Wittenberger Schlosses[893] nachweisen lassen, aber hier weniger signifikant sind. Trotzdem steht sowohl bei der dekorativen Malerei als auch

---

[885] S. Anm. 603. 732. 734. 747.

[886] Man vgl. zum folgenden die gesamten von Bruck (a.a.O., 241–333) abgedruckten Quellenauszüge, wenn sie auch stellenweise fehlerhaft sind und keineswegs vollständig.

[887] Man hat dabei vorwiegend an Renn- und Prunkharnische zu denken, an denen Herzog Johann (vgl. Bruck: A.a.O., 319f.) noch mehr interessiert gewesen zu sein scheint als Friedrich, der sich z.B. 1487 bei einem Landshuter Plattner (ebd., 320; offenbar ist Matthes Deutsch gemeint) einen Harnisch kaufte und auch später bei ihm verschiedene Käufe tätigte (ebd., 321). – Über Nürnberger Harnischkäufe s. Bruck: A.a.O., 321f.; über Plattnerarbeiten in Wittenberg, Torgau, Erfurt, Weimar und andernorts – Johann erscheint hier besonders oft als Auftraggeber – s. ebd., 322–328).

[888] Hierher gehört ebenso der Kauf einer Tartsche (Turnierschild) für Friedrich (1496/97) in Nürnberg wie der Erwerb eines vollständigen Rennzeugs in München (1493) – s. Bruck: A.a.O., 321.

[889] Mit dem Bemalen von Renn-, Stech- und Reitdecken wurden verschiedene Maler beauftragt: 1488 war es ein Nürnberger, 1501/02 der sächsische Maler Ludwig und 1488 der »Hofmaler« Kunz (Bruck: A.a.O., 279. 282. 283).

[890] S. die LCGW, 380. 387. passim, wiedergegebenen Graphiken zur genannten Thematik und zu den nachfolgend im Text erwähnten Bildsujets; vgl. auch W. Schade: A.a.O., 38.

[891] Allerdings nicht nur auf Altarbildern, sondern auch auf anderen Bildwerken: Von den neun Gemälden (bis auf eins alle »gemalte Tücher«), die 1494 für den Fürsten gekauft wurden und sich inhaltlich näher bestimmen lassen (Bruck: A.a.O., 292), sind z.B. sechs Darstellungen mit religiöser Thematik, während sich unter den in einem Inventarverzeichnis von 1496 erwähnten zwölf Bildteppichen (laut Bruck: A.a.O., 329) fünf mit Darstellungen biblischer Szenen befinden.

[892] Auf den Anm. 891 erwähnten Gemälden und Gobelins befinden sich u.a. beispielsweise Darstellungen eines Banketts, einer Badeszene, eines Lustgartens mit »mannen und frawen«, eines Turniers und einer Kaiserkrönung (Bruck: A.a.O., 292. 329).

[893] S. Bauch: Cranachforschung, 427f., 432. – Ähnliche Bildsujets sind aber auch auf den Bildern Cranachs, die Friedrich erwarb, vertreten (vgl. W. Schade: A.a.O., 409. 411f.).

bei anderen für Friedrich geschaffenen Kunstwerken immer wieder das gleiche Motiv im Hintergrund, das Bestreben, sich das Leben angenehmer zu gestalten und die eigenen gestiegenen Lebensansprüche zu realisieren, ein Bestreben, aus dem gleichermaßen die Käufe von Preziosen,[894] von kostbarem Tafelgeschirr[895] und Teppichen[896] und nicht zuletzt auch Umbauten und künstlerische Ausgestaltung der kurfürstlichen Schlösser[897] erwuchsen.

Freilich wäre es irrig anzunehmen, daß die »Sehnsucht nach einem schönen Leben«[898] als einzige Triebfeder hinter Friedrichs Aufträgen an bildende Künstler stand. Auf den politischen Stellenwert solcher Maßnahmen, der mit der wachsenden Bedeutung von bildender Kunst und Musik im gesellschaftlichen Leben eng verknüpft ist und eine Beschäftigung, wenn nicht gar Förderung von Künstlern ebenso wie den Stand von Musik und bildender Kunst im Umkreis eines Fürstenhofes zum Gradmesser von dessen politischer und ökonomischer Stärke macht, wurde bereits hingewiesen. Entsprechend hoch muß man bei der Betrachtung der kurfürstlichen Kunstförderung politische Motive mit in Rechnung setzen, die an allen möglichen Stellen evident werden. So kann man davon ausgehen, daß den Anstößen, die Friedrichs Kulturpolitik von Maximilians Kunst- und Wissenschaftsförderung empfing, vor allem eine politische Komponente eigen war: Dem Streben nach Behauptung territorialfürstlicher Macht gegenüber der Zentralgewalt entsprach das Bemühen, das Reichsoberhaupt auf kulturellem Gebiet nachzuahmen, es ihm gleichzutun und ihn wohlmöglich zu überbieten, wobei dieses Bemühen letztlich auch Ausdruck einer keineswegs gefestigten Machtposition war und in dem Maße zunehmen mußte, wie diese erschüttert wurde.

Es fällt auf, daß Friedrich nach seinem Weggang von Maximilians Hof 1498 und besonders nach der weitgehenden Ausschaltung der reichsfürstlichen Opposition durch den Habsburger, die auf dem Kölner Reichstag von 1505 offenkundig wurde,[899] seine Aktivitäten auf kulturellem Gebiet verstärkte: In die Zeit nach 1498 fällt die Beschäftigung von Künstlern, die vorher eigentlich Hofangestellte Maximilians waren, infolge ihres losen Anstellungsverhältnisses

---

[894] Vgl. die Angaben über Ausgaben für Goldschmiede bei Bruck: A. a. O., 307–318. – Gekauft wurden für Friedrich vor allem: Halsketten (1495/96), Armbänder (1493, 1495), Ringe (1489, 1514) und Spangen (1489/90) – nach Bruck: A. a. O., 311. 308. 310. 307. 316. 302. 307.

[895] So wurden 1506 für den Kurfürsten in Coburg niederländische Trinkgefäße vergoldet und 1491 in Nürnberg für 353 fl. Silbergeschirr gekauft (Bruck: A. a. O., 308. 311).

[896] Hans Hundts Rechnung von 1495/96 erwähnt z. B. den Kauf von Gobelins in den Niederlanden für 1000 fl. (Bruck: A. a. O., 319; dort auch weitere Nachrichten über Käufe von »Dapistrey«).

[897] Vgl. Anm. 827. 828.; zur Ausstattung des Wittenberger Schlosses vgl. Harksen: A. a. O., 111–114; Bauch: Cranachforschung, 425–432; s. auch die Rechnungsauszüge über die Dekorationsarbeiten in einigen kurfürstlichen Schlössern bei Bruck: A. a. O., 257. 280. 284. 285. 293. 299. 301.

[898] Huizinga: A. a. O., 34.

[899] Ranke: A. a. O. 1, 115; BLDG, 321.

aber auch für andere Fürsten tätig sein konnten. Zu nennen sind hier Heinrich Isaak,[900] Paul Hofhaimer[901] und Jacopo de Barbari.[902] Von der Wittenberger Universitätsgründung 1502 und den Beziehungen des Ernestiners zu Humanisten aus der Umgebung Maximilians nach 1498 wird später ausführlicher die Rede sein, ebenso vom Aufschwung der Wittenberger Universität nach 1506, der Gründung der Wittenberger Universitätsbibliothek und der Intensivierung genealogischer Forschungen ausgerechnet zu der Zeit, als Friedrichs Schwierigkeiten in der Erfurter und in der hessischen Angelegenheit ihrem Höhepunkt zusteuerten.[903]

Zunächst aber wieder zu den Maßnahmen des Fürsten auf dem Kunstsektor: In das Jahr 1507 fällt der Beginn eines Projekts, in dem wir brennpunktartig vereint alle Motivationen wiederfinden, die der politischen Sphäre zuzuordnen sind. Nachdem Friedrich der Weise schon vor 1506 in Nürnberg Münzen prägen ließ, erteilte er 1507 den Auftrag zur Anfertigung von Bildnismedaillen in der Reichsstadt,[904] der den Auftakt für die Schaffung von insgesamt fünfzehn »Schaumünzen« in der folgenden Zeit bis in die zwanziger Jahre bildete.[905] Unmittelbarer Anlaß war seine Ernennung zum Reichsstatthaltergeneral im Jahre 1507 für die Dauer von Maximilians Italienfeldzug.[906] Mit der Prägung von Statthaltermedaillen, übrigens den ersten deutschen Fürstenmedaillen, verfolgte der Ernestiner verschiedene Absichten: In erster Linie kam es ihm dabei darauf an, Rechtsanspruch und Rechtsposition gegenüber dem Reichsoberhaupt und den anderen Fürsten zu unterstreichen und zu erhärten. Ein Motiv, dem wir in modifizierter Form auch andernorts begegnen und das zusammen mit seinem Streben nach gesellschaftlicher Aufwertung den Kern des politischen Motivkomplexes darstellt. So gesehen erscheinen die Medaillen als »Propagandamittel«,[907] ein Eindruck, der sich noch verstärkt, wenn man sich

---

900 Isaaks Ernennung zum Hofkomponisten Maximilians erfolgte 1497 (W. Gurlitt: Adam von Fulda, 126).

901 Hofhaimer stand seit 1490 im Maximilians Dienst (Moser: A.a.O., 19).

902 Barbari wurde 1500 für ein Jahr zum Hofmaler Maximilians ernannt (Hevesy: A.a.O., 10).

903 S. dazu Abschnitt 2.2.1.

904 S. Grotemeyer: A.a.O., 143; Gümbel: A.a.O., 14f. 45; Ehrenberg: A.a.O., 109. – Bruck (a.a.O., 107) unterliegt offenbar einem Fehlschluß, wenn er aus der Jahreszahl 1507 der ersten Medaille auf eine entsprechende frühe Prägung schließt (vgl. Grotemeyer: A.a.O., 143f.; aber Gümbel: A.a.O., 48).

905 Es handelte sich dabei um Präge- und Gußmedaillen. Vgl. den Katalog und die Beschreibungen der Medaillen bei Grotemeyer: A.a.O., 159. 159–162. Über die Geschichte des Medaillenunternehmens s. Grotemeyer: A.a.O., 143–156; Bruck: A.a.O., 101–108 (veraltet).

906 Vgl. Anm. 281.

907 Grotemeyer: A.a.O., 156. – Die eigentlichen Statthaltermedaillen endeten 1519 (ebd., 156), was allerdings keinesfalls das Ende der Medaillenanfertigungen bedeutete, denn 1522 erging der Auftrag zur Schaffung einer neuen Medaille mit der Aufschrift »Verbum Dei manet in aeternum« (vgl. Anm. 662. 663; s. Grotemeyer: A.a.O., 156; Eh-

vergegenwärtigt, daß ihre Stückzahl nicht gering war[908] und ihre Verbreitung vom Fürsten selbst lanciert wurde.[909]

Freilich tritt die politische Motivation nicht bei allen kulturellen Unternehmungen des sächsischen Kurfürsten in gleicher Offenheit zutage. In der Regel erscheint sie verkappt, aber trotzdem unverkennbar als bestimmende Größe im Streben des Fürsten nach Publizität, nach Ruhm und Ehre, nach angemessener Repräsentanz, wobei die verschiedenen Teilmotive unlösbar miteinander verkettet sind. Gerade hier können die schon mehrfach erwähnten Vermutungen anknüpfen, daß Friedrich III. von Sachsen vielleicht doch besser als Renaissancefürst bezeichnet werden sollte. Wie bereits erwähnt, wäre eine solche Bezeichnung unzutreffend, denn zwar ist der Kurfürst vom Geist der Renaissance nicht unberührt geblieben, aber graduell bestanden dabei doch erhebliche Unterschiede zwischen ihm, Maximilian, Kardinal Albrecht oder gar den italienischen Renaissancefürsten. Hier waren ihm nicht zuletzt von seinem Wesen her Grenzen gesetzt: Eine Überschätzung der eigenen Persönlichkeit wie bei Maximilian,[910] dem man bezeichnenderweise sogar den Wunsch nach eigener Heiligsprechung zutraute,[911] lag ihm – nach allem, was wir über ihn wissen – fern. Er wäre in seinem Publizitätsstreben sicher auch nicht so weit gegangen wie Kardinal Albrecht, der sein Porträt auf einem Hochaltar aufstellen ließ.[912]

Trotzdem sorgte Friedrich in bisweilen seltsam anmutender Weise dafür, daß er nicht aus dem Gedächtnis seiner Zeitgenossen und der Nachwelt entschwand. Eine besondere Bedeutung kam dabei seinen Porträts zu, die ihm – ob nun auf Medaillen, Einzelbildnissen oder als Stifterfigur auf Altargemälden – dazu dienten, »bei menigklich ein ere, rum vnd gedechtnus zu erlangen«,[913]

RENBERG: A. a. O., 110), einer Medaille, die durch die Wahl des genannten Spruches auf der gleichen Linie liegt wie die graphischen Porträts Friedrichs von Cranachs Hand, die – nach 1510 entstanden – den Kurfürsten im Gebet darstellen (LCGW, 206. 338. 403) und so – abgesehen von rein religiösen Motiven – die Absicht erkennen lassen, ihn sowohl den Zeitgenossen als auch der Nachwelt als frommen Fürsten vor Augen zu stellen (s. auch Anm. 740). Der Gedanke, sich mit seinen Porträts – auch auf Münzen – über den Tod hinaus gewissermaßen »ewiges Leben« zu verschaffen (vgl. BRUCK: A. a. O., 102) dürfte Friedrich, der den Tod nicht weniger fürchtete als andere Zeitgenossen (vgl. Anm. 415. 417) und der auch auf andere Weise für seinen Nachruhm sorgte (vgl. FWLZ, 48), sehr nahe gelegen haben.

908 S. GROTEMEYER: A. a. O., 157.

909 GROTEMEYER (a. a. O., 157) vermutet zu Recht, daß Friedrich an der weiten Verbreitung seiner Medaillen sehr gelegen war. Nach Spalatin (FWLZ, 32) verschenkte der Fürst seine »herrlichen gulden und silbern contrafeiten Münz hin und wieder unter und außer den Reichstägen«, nicht zuletzt auch an Gelehrte, wie z. B. 1520 an Erasmus von Rotterdam – s. ALLEN: A. a. O. 4, 297 (Nr. 1119).

910 Vgl. BALDASS: A. a. O., 17f.

911 JEREMIAS: A. a. O., 180; bzw. KNAAKE: Opera, 47.

912 HÄNDLER: A. a. O., 30.

913 Im Schreiben A. Tuchers und Anton Tetzels an Friedrich vom 7. Okt. 1507 (bei GÜMBEL: A. a. O., 45).

um mit Anton Tuchers Worten zu reden. Hier sind es besonders die Bildnisse des Fürsten, die gleich in mehreren Exemplaren hergestellt und dann verteilt wurden, die sein Publizitätsstreben klar erkennen lassen, aber weniger für eine »Hochschätzung des eigenen Bildes«[914] sprechen. Zwar spiegeln auch Unikate, wie Friedrichs 1508 in der Nürnberger Predigerkirche nachweisbares Porträt,[915] seine Sorge um Publizität, aber aussagekräftiger sind die vervielfältigten Bildnisse, denen ein ähnlicher Stellenwert zukommt wie den zweihundert Wappen, die er drucken ließ, bevor er sich 1496 an Maximilians Hof begab.[916] Hier läßt der Zeitpunkt aufmerken, weil 1497 für den Kurfürsten auch elf »gekuntervet antlitz«[917] angefertigt wurden, die offenbar für eine Verteilung vorgesehen waren und dazu dienen sollten, seine Reputation als Reichsfürst, die allein durch den Aufenthalt am Hof des Reichsoberhaupts gestiegen war, förderlich zu sein. Außerdem wollte er sich damit – das gilt auch für andere seiner kulturpolitischen Maßnahmen – wohl seiner gesellschaftlichen Stellung angemessen verhalten. Daß ähnliche Erwägungen sein Handeln tatsächlich mitbestimmten, kann man indirekt an der nicht zu übersehenden Diskrepanz in seinem Verhalten während der Reisen durchs Reich und während des Aufenthalts in der heimischen Hofhaltung gerade in kulturellen Fragen erkennen, worüber noch zu reden sein wird.

Die definitive Note, die Friedrichs Kulturpolitik nach 1498 unverkennbar eigen war, ist im Gegensatz zum Publizitäts- und Repräsentationsstreben des Kurfürsten zum Zeitpunkt seines Eintretens in den Dienst Maximilians höchstens unterschwellig vorhanden. Ein Jahrzehnt später hatte sich das gründlich geändert, wie wir am Beispiel der Bildnismedaillen sahen, deren Prägung auch den Charakter eines »Dennoch« bei zunehmender politischer Isolierung des Fürsten trägt und als eine Art aus der Resignation infolge des Scheiterns der Reichsreformversuche und der eigenen Machterweiterungspläne resultierende Flucht in den »schönen Schein« interpretierbar ist, was gleichfalls für andere seiner kulturpolitischen Aktivitäten zutrifft. Falls Huizingas Satz: »Das ganze aristokratische Leben des späten Mittelalters ... ist der Versuch, einen Traum zu spielen«,[918] auf Friedrich den Weisen anwendbar ist, dann sicher für seine letzten Lebensjahre, obwohl auch seine kulturpolitischen Maßnahmen früherer Jahre die Tendenz erkennen lassen, sich mit ihrer Hilfe nicht nur der Alltagswirklichkeit zu begeben und sich das Leben angenehmer zu gestalten, sondern damit ebenso seiner Rolle als einer der namhaftesten Reichsfürsten gerecht zu werden und zugleich für seinen Ruhm und Nachruhm zu sorgen. Allerdings standen dabei Wollen und Vermögen immer wieder in einem ähnlichen Mißver-

---

914 So Händler: A. a. O., 36.

915 Es wird erwähnt in dem Schreiben Tuchers an Pfeffinger vom 6. Juli 1508 (bei Gümbel: A. a. O., 47).

916 Sie wurden von Melchior Kartenmaler gedruckt und vom Maler Kunz coloriert (Bruck: A. a. O., 285. 302).

917 Vom Maler Kun(t)z angefertigt (s. Bruck: A. a. O., 285).

918 Huizinga: A. a. O., 37.

hältnis wie Schein und Sein: Es war Friedrich mit manchem vorrangig darum zu tun, seine Umwelt zu beeindrucken, sei es mit der Beschäftigung berühmter Künstler oder sei es mit dem Ankauf von Kunstgegenständen.

Repräsentation wurde folgerichtig groß geschrieben, um ihr genügen zu können, kein Aufwand und keine Mittel gescheut – getreu Friedrichs Wahlspruch: »Ein itzlichs Werck lobet seinen Meister«,[919] der als Leitsatz seiner gesamten Kulturpolitik gelten könnte. Zwar trieb der Kurfürst vor allem auf »Lustbarkeiten«,[920] Banketten[921] und bei der Verteilung von Geschenken[922] fürstlich-repräsentativen Aufwand, der übrigens nicht einmal bei Maximilian an den italienischer Fürstenhöfe herangereicht zu haben scheint,[923] doch Repräsentationszwecken diente noch manches andere. Das Wittenberger Schloß erfüllte beispielsweise repräsentative Funktionen: Als eine Residenz im eigentlichen Sinne wurde es weniger genutzt, was schon die kurfürstlichen Lagerbücher deutlich erkennen lassen.[924] Der Kurfürst zog sein Jagdschloß Lochau, dessen Inventarverzeichnis von 1505 nichts von Luxus spüren läßt,[925] dem reicher aus-

---

919 FWLZ, 33. 31.

920 Vgl. Anm. 871. – Von WOLFGANG HÜTT (in: Deutsche Malerei und Graphik der frühbürgerlichen Revolution. Leipzig 1973, 212) ist berechtigterweise darauf hingewiesen worden, daß »das bei jeder Gelegenheit entfaltete ritterliche Gepränge« – man hat dabei nicht nur an Turniere und Festlichkeiten, sondern auch an anderen Repräsentationsaufwand zu denken – »von einem Auftrumpfen des Standesbewußtseins« zeugte, hinter dem sich letztlich »innere Unsicherheit verbarg«.

921 Bankette, wie sie besonders auf Reichstagen gegeben wurden, etwa am 3. Juli 1487, als Friedrich und Johann in Nürnberg Fürsten, Honoratioren und »erbern frawen« zu einem »köstlichen Mahl« mit 20 Gängen und anschließendem Tanz in Tetzels Hof einluden (s. ChrDSt 11, 496, Tuchersche Fortsetzung der – Nürnberger – Jahrbücher); übrigens reichlich zwei Monate nach der Regalienverleihung (ChrDSt 10, 381, H. DEICHSLERS Nürnberger Chronik).

922 Art und Wert der Geschenke Friedrichs (vgl. FWLZ, 31) waren recht unterschiedlich. Einige wenige Beispiele seien im folgenden angeführt (s. auch Anm. 534), wobei Geschenke für kirchliche Einrichtungen nicht mit erfaßt sind; die Empfänger werden jeweils mitgenannt:

1. Herzogin Sophia von Sachsen, 1500, Kleinodien, 1085 fl.; BRUCK: A. a. O., 312.
2. Christian II. von Dänemark, 1515, Kleinodien, 261 fl.; BRUCK: A. a. O., 315.
3. Erzbischof Ernst von Magdeburg, 1491/92, Monstranz; BRUCK: A. a. O., 307 (Wertangabe unklar).
4. Johann von Sachsen, 1491, Kette, 104 fl.; BRUCK: A. a. O., 308.
5. Herzogin ... von Bayern, 1491/92, Goldlöffel, 8 fl.; BRUCK: A. a. O., 308.
6. Georg von Sachsen und Frau, 1512, 2 Marienbildnisse, 50 fl.; BRUCK: A. a. O., 297.
7. Casimir von Brandenburg-Ansbach, 1514, Rennzeug, 43 fl.; BRUCK: A. a. O., 324.
8. Bischof Hieronymus von Brandenburg, 1515, Reliquienbehälter, 70 fl.; BRUCK: A. a. O., 315.

923 Man vgl. dazu GATT: A. a. O., 155f.

924 Vgl. dazu die kurfürstlichen Lagerbücher der Reg. Bb des EGA (z. B. Reg. Bb 5680. 5683. 5686. 5689–5695), denen zufolge er Torgau und Altenburg bevorzugt zu haben scheint.

925 So jedenfalls STOY: A. a. O., 282. – Über Dekorationsarbeiten in Lochau s. BRUCK: A. a. O., 284f. 293. 301.

gestatteten Wittenberger[926] Schloß[927] vor, das er freilich, wenn er sich dort aufhielt, auswärtigen Gästen, wie 1516 dem kaiserlichen Gesandten Herberstein,[928] voller Stolz gezeigt zu haben scheint. Doch nicht nur das Wittenberger Schloß diente ihm als Repräsentationsobjekt, als Mittel zur Vergegenwärtigung landesherrlicher und reichsfürstlicher Macht und Möglichkeiten – wie auch immer es in Wirklichkeit darum bestellt sein mochte –, nein, es waren auch für ihn tätige Künstler aus verschiedenen Bereichen, die er geschickt im gleichen Sinne einzusetzen wußte, sei es, daß er sie wie Cranach und den niederländischen Maler Jan zu Missionen an fremden Höfen hinzuzog,[929] sei es, daß er sie vorübergehend zur Beschäftigung bei anderen Herren freistellte,[930] wodurch sie wie die Musiker, die in seiner Begleitung auf den Reichstagen öffentlich musizierten,[931] seinen Ruhm außerhalb seines Herrschaftsgebietes verbreiten halfen.

---

[926] Über die Stadt selbst, die 1520 nur 2195 Einwohner hatte (Eschenhagen: A. a. O., 40f.; mit Vergleichszahlen), s. Gottfried Krüger: Wie sah die Stadt Wittenberg zu Luthers Lebzeiten aus? Lu 15 (1933), 13–32. – Daß Wittenberg durchaus nicht die Stadt war, als die sie Andreas Meinhardi 1508 in seiner Propagandaschrift »Dialogus illustrate ac augustissime urbis Albiorennae ...« (vgl. Friedensburg. Geschichte, 44) darzustellen versucht, lassen zeitgenössische Äußerungen erkennen. Luther klagte noch 1539 darüber, daß die ernestinischen Fürsten zwar viel auf Wittenberg »gewandt« hätten, Wittenberg aber trotzdem keine Stadt werden wolle – WATR 4, 429 (Nr. 4681), A. Lauterbach, 25./26. Juni 1539. Herzog Georg drückte sich demgegenüber weniger gewählt aus – er bezeichnete die Stadt kurzweg als ein »Loch« (Krüger: A. a. O., 13). Vgl. auch Anm. 928.

[927] S. Anm. 897. – Über die Ausstattung von Friedrichs »Stube« und Schlafzimmer (nach NMN JN 1915c lagen beide im zweiten bzw. dritten Geschoß des Südturms) s. Bauch: Cranachforschung, 429–431; bzw. Bruck: A. a. O., 148f. (nach Meinhardis »Dialogus«).

[928] Herberstein weilte auf der Durchreise (Karajan: A. a. O., 89. 99) in dem »unachtbaren Fleck« (Äußerung Christoph Scheurls!) Wittenberg – s. Gustav Bauch: Christoph Scheurl in Wittenberg. NMGHF 21(1903), 38 ; vgl. auch Anm. 960–961.

[929] Die Verwendung von Künstlern zu berufsfremden Tätigkeiten war, wie wir noch sehen werden (vgl. Anm. 1006. 1009. 1011. 1012), gerade unter Friedrich durchaus üblich. In den genannten Fällen muß also nicht unbedingt der Repräsentationsgedanke vorherrschend gewesen sein (gegen Händler: A. a. O., 36); im Hintergrund gestanden hat er aber sicher. Schon Scheurl sprach in seiner 1509 erschienenen Rede »Oratio ... attingens litterarum prestantiam ...« (vgl. Friedensburg: Geschichte, 84f., Grossmann: HIW, 70) die Vermutung aus, Cranach sei 1508 (BLDG, 85, gibt fälschlicherweise 1509 an, s. Bruck: A. a. O., 296f.; W. Schade: A. a. O., 28) von den Fürsten in die Niederlande geschickt worden, »›bloß um mit seinem Genie zu prangen‹« (Soden: A. a. O., 19). – Zur Reise des niederländischen Malers nach Krakau 1493 vgl. den Rechnungsauszug bei Bruck: A. a. O., 292 (nach einem handschriftlichen Marginal im Exemplar von Brucks Werk in der Universitätsbibliothek Leipzig ist die von Bruck angegebene Jahreszahl 1494 falsch).

[930] Cranach arbeitete z. B. auch für Kardinal Albrecht und für Gabriel von Eyb, Bischof von Eichstätt (W. Schade: A. a. O., 64).

[931] Vgl. FWLZ, 53; ChrDSt 11, 616f., H. Deichslers Nürnberger Chronik. – Maximilian setzte seine Musiker zum gleichen Zweck ein, wie sein Dekret für Hofhaimer von 1494 indirekt zeigt, in dem dieser aufgefordert wird, sich auf Reichstagen »›brauchen zu lassen‹« (zur Nedden: A. a. O., 27). Ein anschauliches Beispiel für den Einsatz der kaiserlichen Musiker auf Reichstagen (1512, Trier) bringt zur Nedden: A. a. O., 30f.

Gerade bei der Verwendung der Musiker zeigt sich aber immer wieder, wie unzutreffend es wäre, wollte man in der Kulturpolitik des Ernestiners einseitig nur den Ausdruck mehr oder minder verhüllten, politisch motivierten Strebens nach Publizität, Ehre und Ruhm sehen, denn auch rein persönlichen Motiven kommt für seine kulturpolitischen Maßnahmen nicht zu unterschätzende Bedeutung zu. Bei der Frage nach der Verankerung dieser Maßnahmen in seiner Persönlichkeit werden die Meinungen zumindest in dem Punkt nicht auseinandergehen, daß sie, wie bereits angedeutet, letzten Endes seinem Bestreben, sich das Leben zu verschönen, und einem gewissen Ehrgeiz entsprangen, während sie im Blick auf sein persönliches Verhältnis zu bildender Kunst und Musik durchaus differieren können. Der Grund dafür liegt hauptsächlich darin, daß sich Aussagen über die Stellung des Ernestiners zur Kunst nur aus seinen Verhaltensweisen ableiten lassen. Eine oberflächliche und einseitige Betrachtung der kurfürstlichen Kunstpolitik kann allzuleicht dazu verführen, hier falsche Akzente zu setzen und beispielsweise Prunkliebe[932] und Kunstsinn[933] des Fürsten überzubewerten. Es erscheint daher als unumgänglich, hinsichtlich Friedrichs Stellung zur Kunst einige Abgrenzungen vorzunehmen: Der Kurfürst war, wie wir gesehen haben, ein Mensch, der den Freuden des Lebens alles andere als ablehnend gegenüberstand, was einen seiner Zeitgenossen zu der Behauptung veranlaßte, er sei »czu fleischlicher wollost ... fast geflissen« gewesen,[934] eine Behauptung, die eindeutig polemisch überspitzt ist, die man aber insofern gelten lassen kann, als sie indirekt belegt, daß Friedrich sinnlichen Erfahrungen recht zugänglich war, was für sein Verhältnis zur Kunst nicht ohne Folgen blieb. Dabei ist weniger an den Inhalt der für ihn geschaffenen Bildwerke gedacht,[935] als daran, daß er beispielsweise für visuelle Eindrücke sehr empfänglich gewesen zu sein scheint. Trotz weitgehender Fixierung Friedrichs auf die gegenständliche Bedeutung für ihn geschaffener oder erworbener Werke der bildenden Kunst wäre es unbillig, ihm Formempfinden wie Sinn für Schönheit und für künstlerische Qualität absprechen zu wollen, wenn dafür auch nur wenige Zeugnisse vorliegen, die darüber hinaus erkennen lassen, daß er noch weit von eigentlichem Ästhetentum entfernt war:

Zwar wird gelegentlich von Besuchen des Fürsten in Künstlerwerkstätten berichtet, nicht zuletzt in der Cranachs,[936] diese Besuche dürften aber mehr einzelnen Auftragswerken gegolten haben, nach deren Fertigungszustand er sich

---

[932] Diese wird von Händler (a.a.O., 35) neben Ehrgeiz als Haupttriebfeder von Friedrichs Mäzenatentum bezeichnet. Dagegen spricht vor allem, daß der Kurfürst zwar ein Freund von »Gepränge« war, aber ausgesprochenen Prunk nur bei besonderen Gelegenheiten entfaltete, wobei das repräsentative Moment überwog.

[933] Vgl. Anm. 768.

[934] Der Pirnaer Mönch bei J. B. Mencke: A.a.O. 2, 1471.

[935] Wie z.B. an die Vielzahl »nackter Weiblein ... in zahlreichen ... Werken Cranachs« (Hütt: A.a.O., 212), die Hütt (ebd.) mit dem Geschmack Friedrichs in Verbindung bringt.

[936] So von Scheurl in seiner Anm. 929 erwähnten Rede (s. Soden: A.a.O., 19). Vgl. Bruck: A.a.O., 260.

erkundigte.[937] Die Möglichkeit einer Begutachtung einzelner Kunstwerke durch Friedrich ist nicht von der Hand zu weisen, was freilich noch nichts über seine Beurteilungskriterien sagt. Sicher handelte es sich dabei um eine Begutachtung nach qualitativen Gesichtspunkten, die ihrerseits auf Geschmackssinn des Fürsten schließen läßt, der uns deutlich entgegentritt, wenn wir uns vor Augen führen, von welcher Qualität die in seinen Besitz übergegangenen Kunstwerke waren und welche Künstler von ihm beschäftigt wurden. Wer wie Friedrich für den persönlichen Gebrauch Bestimmtes – wie Gebetbücher – aufs Schönste ausschmücken ließ,[938] wer große Sorgfalt auf die Bekleidung verwandte[939] und sogar bei Chorbüchern, die seine Hofkapelle gelegentlich benutzte, auf eine prachtvolle Ausstattung nicht verzichtete,[940] dem kann man einen wenn schon nicht überdurchschnittlichen,[941] so doch stark ausgeprägten Schönheitssinn nicht absprechen.

Stärker noch als im Bereich der bildenden Kunst läßt sich auf musikalischem Gebiet Friedrichs Empfänglichkeit für das Schöne erkennen. Nicht zufällig waren die Musiker weit mehr als die bildenden Künstler dem Hof integriert, aber daß der Fürst ein großer Freund der Musik war, zeigt sich an anderer Stelle noch deutlicher. Die Rechnungsbücher belegen, daß Instrumentalisten wie Sänger für ihn mehr gewesen sein müssen als Künstler, die nur fürstlicher Repräsentation zu dienen hatten.[942] Selbst wenn sie ihn auf Reisen begleiteten,

---

937 Das wird der Fall gewesen sein, als er 1491/92 die Werkstatt des Wittenberger Plattners und 1490 die des Malers Kunz besuchte (s. Bruck: A. a. O., 322. 283).

938 Vgl. Anm. 604. 605. Daneben wurden für Friedrich auch andere Bücher illuminiert, nicht zuletzt 1522/23 das Neue Testament (s. Bruck: A. a. O., 302f.).

939 Das Interesse Friedrichs an Kleiderfragen belegt nicht nur ein Brief vom Wormser Reichstag 1495 an Herzog Johann, in dem er diesem »›zwey muster‹« zuschickt, »›wie sich die beyrischen fürsten, der pfalzgraf und hertzog Jorg itzt auf den somer cleyden werden‹« (Kirn: A. a. O., 10; nach EGA Reg. E 22 b. Nr. 43; RTThMax 1, 202), sondern auch die Anfertigung von Figurinen für die Hofkleidung (zwischen 1492 und 1505; s. Bruck: A. a. O., 294f.) und die Kleidung der Amtleute, denen die Entwürfe zugeschickt wurden, sich »darnach zu cleiden« (Bruck: A. a. O., 294f.). Trotzdem haben sich die Ausgaben des Fürsten für Kleidung in erträglichen Grenzen gehalten, wenn er nicht auf Reisen war oder ging (vgl. Dihle: A. a. O., 135).

940 Über die 10 Pergament- und 8 Papierhandschriften von Chorbüchern aus Friedrichs Besitz (heute in der Universitätsbibliothek Jena) s. Roediger: A. a. O. 2, 3–12. Die Pergamenthandschriften sind reich illustriert und stammen aus dem niederländischen Raum (ebd., 4. 8). – Vgl. die Abbildungen bei W. Gurlitt: A. a. O., 104f.

941 Kirn (a. a. O., 22) spricht im Zusammenhang mit der Beschäftigung Dürers, Barbaris, Wolgemuts und Burgkmairs durch Friedrich sogar davon, daß der Fürst »wirklichen Sinn für künstlerische Größe in mehr als gewöhnlichem Maße gehabt« habe.

942 Die Ausgaben in Hans Hundts Rechnungsbuch von der Palästinareise (s. Röhricht-Meisner: A. a. O., 57–100; vgl. Nörtzsch: Waffenkundliches, 331) zeigen deutlich, wie sehr er die Musik liebte, obwohl oder gerade weil die erwähnten Musiker zum großen Teil nicht in seinen Diensten standen. S. auch Abers (a. a. O., 54–83) auf den Weimarer Rechnungsbüchern fußende Nachrichten über Instrumentalisten und Sänger an Friedrichs Hof, Nachrichten, die – obwohl nicht auf einer vollständigen Auswertung der Wei-

musizierten sie vorwiegend zu seiner persönlichen »ergetzlichkeit«.[943] Die Freude an der Musik, sei es am Orgelspiel, am Chorgesang oder am Spiel einzelner Instrumentalisten, die hier zum Ausdruck kommt, war es dann auch, die den Ernestiner – von politischen Erwägungen und einem gewissen Konkurrenzdenken einmal abgesehen[944] – dazu veranlaßte, für die Erweiterung des Personalbestandes der Hofkapelle zu sorgen. Gerade hier wird deutlich, wie vorsichtig man beim Gebrauch des Wortes »Förderung« zur generellen Charakterisierung der kurfürstlichen Kunstpolitik sein muß. Als Synonym für »uneigennützige Unterstützung« sollte es überhaupt nicht benutzt werden, während es bereits durchaus seine Berechtigung hat, wenn es im Sinne einer indirekten Kunstförderung verstanden wird, einer Kunstförderung, die keinem großangelegten, sorgfältig durchdachten Plan zur Förderung der Kunst und der Künstler um der Kunst willen entspringt, sondern die Begleiterscheinung eines wie auch immer motivierten zunehmenden Kunstkonsums durch den Fürsten darstellt. Häufigere Aufträge und höhere Qualitätsansprüche von Seiten des Fürsten zogen auf die Dauer das Aufblühen einzelner Kunstzweige nach sich.

Daneben begann sich freilich eine Entwicklung abzuzeichnen, die in Richtung einer gezielten Kunstförderung tendierte. Der fürstliche Auftraggeber legte zunehmend größeren Wert auf die Qualität der für ihn bestimmten Kunstwerke, weshalb er bemüht war, die besten Künstler zu beschäftigen. Weil diese aber meist außerhalb seines Machtbereiches ansässig waren, versuchte er einige von ihnen in sein Land zu ziehen und dort zu halten, wobei natürlich auch wirtschaftliche Überlegungen eine Rolle spielten. Damit hatte er die Grenze zwischen direkter und indirekter Kunstförderung erreicht, konnte diese allerdings nur in den seltensten Fällen überschreiten, denn seiner kulturpolitischen Wirksamkeit waren bereits vorher unaufhebbare Schranken gesetzt. Selbst wenn Friedrich der Weise bestrebt wäre, sich als großzügiger Kunstförderer zu betätigen, hätten allein seine durch den Entwicklungsstand des Territorialstaates bedingten mangelhaften Möglichkeiten sein Bemühen weitgehend zunichte gemacht.

---

marer Quellen beruhend – ein beredtes Zeugnis von Friedrichs Stellung zur Musik und zu den Musikern ablegen. – Wenn man W. Gurlitt (a. a. O., 30) glauben darf, ist die Liebe des Kurfürsten zu seiner Hofkapelle nach 1520 erkaltet, was für den Bestand der Kapelle nicht ohne Folgen blieb. Ein wesentlicher Grund für den Niedergang der Hofkapelle nach 1520 dürfte allerdings auch im wachsenden Einfluß radikal reformatorischen Gedankengutes auf einzelne Kapellmitglieder – ins Jahr 1522 fällt Karlstadts »De cantu gregoriano disputatio« – zu suchen sein, von finanziellen Schwierigkeiten einmal ganz zu schweigen (s. W. Gurlitt: A. a. O., 30–34).

[943] So wird das Aufgabengebiet des Pfeifers Peter in der Bestätigung seiner Dienstverschreibung vom 4. Juni 1518 durch beide Ernestiner umrissen (s. Aber: A. a. O., 61).

[944] Es bestimmte auch das Verhältnis zu den Albertinern und fand seinen Niederschlag in der Großen Chorstiftung in der Wittenberger Schloßkirche (1508), mit der Wittenberg – auch was den Personalbestand betraf – dem albertinischen Meißen ebenbürtig wurde (s. Aber: A. a. O., 45). Bezeichnenderweise hatten kurz vorher (1507/08) die Beziehungen Friedrichs zu Herzog Georg ihren Tiefstand erreicht – es wäre beinahe zu kriegerischen Auseinandersetzungen gekommen (vgl. Anm. 298).

Betrachtet man einzelne kulturpolitische Maßnahmen des Fürsten, so werden immer wieder Zusammenhänge mit seiner keineswegs sehr günstigen finanziellen Lage augenscheinlich. Besonders deutlich zeigt dies Friedrichs Verhalten in Fragen der Künstlerfinanzierung, wo sein »oeconomicum ingenium«[945] wie auch die Lage der kurfürstlichen Kammer[946] das Ihre dazu beitrugen, Zweifel an seiner Großzügigkeit zu wecken. Luthers Vorwurf, der Ernestiner habe mit Scheffeln eingenommen und mit Löffeln ausgegeben,[947] erscheint nicht mehr so abwegig, wenn man bedenkt, daß Dürer für seine »Marter der zehntausend Christen« ein Betrag in Aussicht gestellt wurde, der ihn zu dem Seufzer veranlaßte: Es »verzehrts Einer schier darob«.[948] Ein Jahrzehnt später überwarf sich der Organist Hofhaimer beinahe mit dem kurfürstlichen Kämmerer Pfeffinger wegen 50 fl., die ihm dieser nur mit Unwillen auszahlte.[949] Man ist versucht, diesen Vorfall Pfeffingers Geiz[950] anzulasten, es ist aber auffällig, daß Hofhaimer befürchtete, wegen der Geldforderung beim Kurfürsten in Ungnade zu fallen.[951] Dabei befand der Organist sich in einer wesentlich günstigeren Lage als die unmittelbar im kurfürstlichen Dienst stehenden Sänger, die sich im September 1521 an den Fürsten wenden mußten, weil sie ihr Gehalt nicht bekamen und ohne Geld dastanden.[952] Läßt sich auch in diesem Fall ein Verschulden von Kassenbeamten nicht ausschließen, so spricht doch noch anderes für eine auffällige Sparsamkeit Friedrichs auf kulturellem Gebiet, die sich nicht zuletzt in Besoldungsfragen,[953]

---

945 S. Anm. 405.

946 Vgl. Anm. 394–396.

947 S. Anm. 405.

948 In seinem Brief an Jakob Heller vom 19. März 1508 (bei Lange-Fuhse: A.a.O., 47). Dürer hatte ein Jahr an dem Gemälde gearbeitet und sollte 280 fl.Rh. dafür erhalten. Zum Vergleich: Als er 1519 Kardinal Albrecht Druckplatte und 200 Exemplare von dessen Kupferstichporträt (der sogenannte »Kleine Kardinal« ist gemeint) zusandte, erhielt er 200 fl. und 20 Ellen Damast (Lange-Fuhse: A.a.O., 67). Cranach bekam von Friedrich 1517 für ein kleines Tafelgemälde der »Heiligen Dreifaltigkeit« 12 fl. und 1524 für zwei »gemalte Tücher« (Parisurteil, Aristoteles und Phyllis) 16 fl. (W. Schade: A.a.O., 409. 412).

949 Vgl. Hofhaimers Brief an den Kurfürsten vom 2. Nov. 1518 (bei Aber: A.a.O., 76).

950 Vgl. Tutzschmann: A.a.O., 46f.; s. auch WABr 1, 386 (Nr. 173).

951 Aber: A.a.O., 76. Dabei handelte es sich bei der Geldforderung Hofhaimers wahrscheinlich nicht einmal um eine zusätzliche Vergütung, sondern um einen Teil der 1516 vertraglich festgesetzten 300 fl., die der Organist für die Ausbildung zweier junger Orgelspieler erhalten sollte (vgl. Aber: A.a.O., 75f.).

952 Vgl. Konrad Rupschs Schreiben an Friedrich vom 9. Sept. 1521 (bei Aber: A.a.O., 68).

953 Von den Besoldungen wird später ausführlicher die Rede sein (s. Anm. 997. 999. 994–996). Hier nun einige Beispiele aus verschiedenen Bereichen: Rupsch, der Hofkapellmeister, erhielt jährlich 32 fl. (Zuwendungen nicht mitgerechnet), der Organist Oyart nur 24 fl. (ebenfalls ohne Zuwendungen), was freilich nicht bedeutete, daß das Geld auch in voller Höhe ausgezahlt wurde (Aber: A.a.O., 67). Als Spalatin als Prinzenerzieher in den Dienst der Ernestiner trat, bekam er außer den üblichen Hofgewändern 20 fl. im Jahr (Höss: A.a.O., 40). Christoph Scheurls Gehalt an der Wittenberger Universität betrug anfangs 80 fl. (Bauch: Scheurl, 36), während es bei Hieronymus Schurff anfangs bei 30 bzw. 40 fl. lag (Muther: Gelehrtenleben, 184; Wiebke Schaich-Klose: D. Hie-

aber ebenso an anderer Stelle[954] zeigte. Freilich hatte auch die Sparsamkeit des Kurfürsten ihre Grenze: Nach Spalatin war er »zu Ehren« – also in Repräsentationsangelegenheiten – nicht »karg«,[955] und Gelegenheit, repräsentativen Aufwand zu entfalten, bot sich ihm immer wieder, besonders auf den schon erwähnten Reisen ins Reich und auf den Reichstagen, die dann folgerichtig gewaltige Summen verschlangen.[956]

Hier stoßen wir auf eine Erscheinung, die für Friedrichs Kulturpolitik charakteristisch ist: Es wurde bereits darauf hingewiesen, daß der Kurfürst auf seinen Reisen außerhalb Sachsens sehr darauf bedacht war, seiner Rolle als bedeutender Reichsfürst um jeden Preis gerecht zu werden und sich einen Namen zu machen, was er in seinem Herrschaftsgebiet weniger nötig hatte. Dieses Bestreben führte zu gewissen Spaltungserscheinungen im Gebaren des Ernestiners. Sie lassen sich nicht nur am Wechsel zwischen Sparsamkeit und Großzügigkeit erkennen, wie er etwa in der Kleiderfrage und[957] bedingt sogar bei den

ronymus Schürpff: Leben und Werk des Wittenberger Reformationsjuristen 1481–1554. Jur. Diss. Tübingen 1966, 18). Auch wenn man sich vor Augen hält, daß zur fraglichen Zeit ein Magister nur bei äußerster Sparsamkeit von 20 fl. ein Jahr leben konnte (so Enders: A. a. O., 64; vgl. dazu die Preisübersicht bei Eschenhagen: A. a. O., 80f.), zeigt sich Friedrichs Neigung zur Sparsamkeit hier nicht so offen wie bei anderer Gelegenheit: So erhöhte der Kurfürst das Gehalt Christian Beyers, der Nachfolger Scheurls an der Wittenberger Universität, Oberhofgerichtsassessor und kurfürstlicher Rat war (N. Müller: A. a. O., 248f.), erst auf Bitten Herzog Johanns von 80 auf 100 fl. (ebd., 249). 1521 nahm er Stephan Wild und Augustin Schurff probehalber als Professoren der Medizin an (für ein Jahr), aber offensichtlich nur deshalb, weil sie sich bereit erklärten, das Gesamtgehalt ihres Vorgängers (100 fl.) unter sich zu teilen. Nach Wilds Weggang (1522) bat Schurff, obwohl er auf seine Familie hinwies und in Wittenberg zu bleiben versprach, den Kurfürsten vergeblich darum, sein Gehalt von 50 fl. zu erhöhen (N. Müller: A. a. O., 324–326). S. Anm. 1446f.

954 S. z. B. Anm. 1448. Daß Sparsamkeit auch an anderer Stelle für das Finanzgebaren des Kurfürsten charakteristisch sein konnte, zeigt m. E. eine ungemein bezeichnende Äußerung Luthers, der 1521 befürchtete, daß Hans von Berlepsch die Unkosten, die ihm aus Luthers Wartburgaufenthalt erwachsen waren, nicht wiedererstattet bekommen könnte – WABr 2, 380 (Nr. 427). Wie das Beispiel Dürers (s. Anm. 948) und des Nürnberger Medailleurs Hans Kraft zeigt, der für seine Tätigkeit für den Ernestiner zu gering entlohnt wurde (Ehrenberg: A. a. O., 103), war Friedrich nicht nur sparsam, wenn er es mit seinen Untertanen zu tun hatte.

955 FWLZ, 31. 47. 54; vgl. Anm. 922.

956 FWLZ, 39; Kius: A. a. O., 5. – Zu den Reichstagskosten vgl. Anm. 856; die Reise zu Maximilian 1496/97 brachte z. B. Gesamtkosten in Höhe von 47552 fl. mit sich (Grosse: A. a. O., Tab. 2; bei Grosse wird allerdings nicht ganz klar, ob sich der Rechnungszeitraum bis 1498 erstreckt; zu der Reise vgl. Anm. 250). Zum Vergleich: Der Wittenberger Schloßbau kostete Friedrich von 1490 bis 1509 32466 fl. (nach Bruck: A. a. O., 39; nach Heubner: Bau, 12, waren es 11363 Sch.).

957 Die Bekleidung Friedrichs auf seinen Reisen und bei repräsentativen Anlässen war kostbar, bestickt und aus erlesenem Material (s. Bruck: A. a. O., 318; Dihle: A. a. O., 133f.), während er in der heimischen Hofhaltung keineswegs immer festlich gekleidet ging, wie wiederholte Anfertigungen einfacher Kittel für ihn und seinen Bruder erken-

Spielausgaben[958] sichtbar wird, sondern auch an der Behandlung der Diener, die er zu Hause »hart« hielt, während er sich ihnen im Reich »gnädiglich« erzeigte.[959] Obwohl diese Spaltungserscheinungen besonders auffallen, wenn man Friedrichs Verhalten innerhalb und außerhalb seines Landes vergleicht, sind sie auch in Fällen feststellbar, wo er gezwungen war, in seinem Herrschaftsbereich repräsentativen Aufwand zu entfalten, etwa wenn er Besuch von anderen Fürsten erhielt: Als er Ende Januar 1513 fürstlichen Besuch aus Württemberg empfing, unterbrach er seinen Aufenthalt in Torgau und Lochau, um die Gäste in seiner Wittenberger Residenz zu empfangen.[960] Bei dieser Gelegenheit durfte natürlich seine Hofkapelle nicht fehlen, und so wurden vierundzwanzig Sänger, vier Geiger und ein Organist mit nach Wittenberg beordert,[961] die sich ja keineswegs ständig im Hoflager oder am »gewöhnlichen« Hof aufhielten und auch nicht kontinuierlich zum Einsatz kamen.

Zuvor hatte Friedrich mit der Kapelle eine ständige Institution zur Musikpflege geschaffen, aber ihr Dauerbestand vermag nicht darüber hinwegzutäuschen, daß bei ihrer Verwendung eine Diskontinuität vorherrschte, die aus der Abhängigkeit von den wechselnden Stimmungen und Bedürfnissen des Fürsten resultierte und sich auch im Bereich der bildenden Kunst feststellen läßt, wo sie noch verständlicher ist, denn Käufe von Gemälden und kunsthandwerklichen Erzeugnissen wurden vorwiegend ihres Gebrauchswertes wegen getätigt und fanden nicht alle Tage statt.

Damit soll keineswegs geleugnet werden, daß einzelne kulturpolitische Maßnahmen des Fürsten durchaus auch Kontinuität erkennen lassen, aber diese Kontinuität ist kaum das Ergebnis eines großangelegten Planes des Kurfürsten, sondern entspringt vielmehr seiner persönlichen Hartnäckigkeit beim Verfolgen ureigenster Interessen, ob sie nun mehr politischer Natur waren wie bei der Medaillenanfertigung oder mehr aus persönlicher Neigung erwuchsen wie auf dem Gebiet der Musik. Bei den Medaillenprägungen zeigt sich aber auch, daß in manchem, was an Friedrichs Kulturpolitik den Anschein von Stetigkeit erweckt, letztlich bestimmte zeitbedingte Unzulänglichkeiten ihren Niederschlag finden: Hätten sich die Bemühungen um die Schaffung einer Prägemedaille nicht von

---

nen lassen (vgl. Dihle: A. a. O., 135). Ähnliches läßt sich von der Kleidung der Hofbeamten sagen, denen für ihr »Hofgewand« nur Leinwand und Wollzeug gegeben wurde, während sie bei Reisen ins Reich und bei entsprechenden anderen Anlässen bessere Gewänder erhielten, wie beispielsweise 1516 Johann Oyart (ABER: A. a. O., 77), 1513 Cranach, 1509 bis 1513 öfter Paul Dolnstein (DIHLE-CLOSS: A. a. O., 2) und 1490/91 der Organist Temlinger (BUCHWALD: Allerlei, 82).

958 Vgl. Anm. 867.

959 FWLZ, 44f.

960 Vom 4. bis 7. Jan. 1513 hielt er sich in Torgau, vom 8. bis 10. in Lochau, vom 11. bis 17. wieder in Torgau und anschließend bis zum 21. Jan. in Lochau auf, von wo er nach Wittenberg aufbrach, wo er (ab 22. Jan.) drei Tage zubrachte, um sich dann wieder nach Torgau und Lochau zu begeben (nach BUCHWALD: Frömmigkeit, 76f.).

961 N. MÜLLER: A. a. O., 402

1507 bis 1513 hingezogen,[962] so könnte man hier – auch im Blick auf spätere Prägungen – ohne weiteres von sporadischen Medaillenanfertigungen reden.

Umgekehrt erwecken die genannten Unzulänglichkeiten – man hat dabei vor allem an materielle Schwierigkeiten und an den Mangel an einheimischen Fachkräften zu denken – selbst bei Vorgängen, die sich über längere Zeit hinzogen und hinter denen ein fester Plan des Kurfürsten gestanden haben könnte, oft den Eindruck von Diskontinuität. Das gilt besonders für die Bautätigkeit Friedrichs des Weisen, wo sich gelegentlich Gesamtbauzeiten feststellen lassen, die für unsere Begriffe ungewöhnlich lang sind: Die Arbeiten am Wittenberger Schloß zogen sich beispielsweise von 1490/91 bis 1525 hin,[963] am Colditzer Schloß wurde von 1486 bis 1523 gebaut,[964] und der Bau der Torgauer Elbbrücke kam erst nach zweiundzwanzig Jahren zum Abschluß,[965] wobei allerdings größere Unterbrechungen der Bauarbeiten keine Seltenheit waren.

Zwar fungierte bei diesen und auch bei anderen Bauten der Kurfürst nominell als oberster Bauherr, aber er trat als solcher nur gelegentlich in Erscheinung. Wie er sich bei seiner Auftragsvergabe an fremde Künstler und bei Käufen von Kunstgegenständen meist bestimmter Mittelsmänner, etwa seiner Nürnberger Agenten Anton Tucher, Georg Wetzel, Hieronymus Ebner und Caspar Nützel[966] bediente, schaltete er auch hier Mittelspersonen ein,[967] die als die eigentlichen Bauleiter tätig waren. Das schließt nicht aus, daß er den Fortgang der Bauarbeiten verfolgte, ob allerdings »mit höchstem Interesse«, wie Bruck behauptet,[968] ist fraglich. Darüber hinaus wurde er gelegentlich auch unmittelbar in Bauangelegenheiten aktiv. Dies geschah aber meist nur, wenn akute Notstände eingetreten waren oder sich abzuzeichnen begannen,[969] und natürlich

---

962 Vgl. Grotemeyer: A. a. O., 143f.

963 Vgl. Heubner: A. a. O., 10. 14–19.

964 Bruck: A. a. O., 53.

965 Bruck: A. a. O., 30–32.

966 Vgl. EGA Reg. Aa 2299. 2300. 2305. 2307; bzw. Bruck: A. a. O., 329–333 (in manchem fehlerhaft, etwa wenn er Ketzel als Ratzel bezeichnet; ebd., 332). – Vgl. auch Anm. 555. 557.

967 Vgl. Bruck: A. a. O., 29f.

968 Bruck: A. a. O., 19.

969 Der Kurfürst wurde darüber durch seine Mittelsmänner informiert, wie z. B. beim Torgauer Brückenbau vom Baumeister Paul Dolnstein, der ihm 1498 mitteilte, daß der Bau am Geldmangel zu scheitern drohe, oder vom Torgauer Schösser Hans Eysenman, der ihn 1517 auf Schäden an der Brücke aufmerksam machte (Bruck: A. a. O., 255f.; EGA Reg. S. fol. 293a. II 5; fol. 294b. II 9). Wahrscheinlich steht hinter Friedrichs Aufforderung an den Torgauer Spitalmeister Thomas Moler (1502), das Buttergeld für Buttergenuß in der Fastenzeit, das zur Mitfinanzierung des Brückenbaus vorgesehen war, von allen Orten einzufordern, eine für den Fortgang der Bauarbeiten ebenso hinderliche Finanzschwäche wie 1498 (Bruck: A. a. O., 255; EGA Reg. S. fol. 293a. II 5). Bei seinen Bemühungen (1504/05), einen geeigneten Baumeister und sachverständigen Handwerker für den Brückenbau zu finden (Bruck: A. a. O., 255f.; EGA Reg. S. fol. 293a. II 7), ist dagegen eine akute Notlage offensichtlich (vgl. Anm. 978).

vor Beginn der Bauarbeiten.[970] Belege für eine Einflußnahme des Fürsten auf die künstlerische Gestaltung der in seinem Auftrag errichteten Gebäude lassen sich dabei kaum finden,[971] wohl aber dafür, daß er sorgsam auf Effektivität und Qualität der Arbeiten achtete. Aus diesem Grund ließ er sich über den Fertigungszustand einzelner Bauten berichten,[972] machte sogar die Bereitstellung von Geldmitteln von solchen Berichten abhängig[973] und forderte bisweilen in unmißverständlichem Ton dazu auf, »vleißiger, als geschehen«,[974] zu bauen. Diesem Verhalten entspricht, daß er besonders in Anstellungsfragen darauf Wert legte, möglichst fähige Künstler und Handwerker zu beschäftigen, die ihren Lohn wert waren – wenn er diese, um mit Spalatin zu reden, in Handwerken »kunstreichen Leute ... lieb und wert« hielt und ihnen »Gnad, Wohlthat und Vortheil in manchfältige (!) Wege« erzeigte,[975] dann keineswegs nur darum, weil er ihnen persönlich sehr zugetan war.

Der Verwirklichung von Friedrichs Wunsch, die bestmöglichen Künstler zu beschäftigen, die mit ihren Werken seinen gestiegenen Qualitätsansprüchen am weitesten entgegenkamen, stand freilich einiges entgegen, was es zu überwinden galt und was zu überwinden sich dann der Kurfürst auch redlich mühte, ein Bemühen, das sich auf die Entwicklung der Kunst in Kursachsen recht segensreich auswirkte und der fürstlichen Personalpolitik auf dem Kunstsektor ihr charakteristisches Gepräge verlieh. Spätestens nach seinem Regierungsantritt sah

[970] So ließ er beispielsweise 1492 ein Ansuchen an Amtleute und einzelne Städte ausgehen, für seine Wittenberger Bauten Maurer abzustellen (BRUCK: A. a. O., 256; EGA Reg. S. fol. 23a. 1), und forderte 1497 einige Adlige in einem Ausschreiben dazu auf, bei Bauarbeiten am Grimmaer Schloß mit Fuhrwerken und anderem behilflich zu sein (Bruck: A. a. O., 270; EGA Reg. S. fol. 272a. 1). 1502 befahl er dem Weidaer Amtmann Heinrich Münnich (Münch), sich mit zwei sachverständigen Bauleuten nach Weimar zu begeben, um für Bauten am Schloß einen Voranschlag zu machen und dementsprechend für Bauholz zu sorgen, ein Befehl, dem der Amtmann offenbar nur widerwillig nachkam (BRUCK: A. a. O., 266; EGA Reg. S. fol. 227ab. 1–4).

[971] Friedrichs Anweisung an Albrecht von Lindenau vom 29. Juli 1517, wie der Bau in Lochau (vgl. BRUCK: A. a. O., 268) weiterzuführen sei (EGA Reg. S. fol. 5b; fehlt bei Bruck), kann nicht als ein solcher Beleg gelten.

[972] Entsprechende Berichte liegen über verschiedene Bauten vor, so über die Arbeiten am Coburger Schloß (1502, Bericht des Schössers Konrad von Witzleben; BRUCK: A. a. O., 271; nach EGA Reg. S. fol. 311a), am Colditzer (1521–1523, Berichte des Schössers Benedikt Sporner; EGA Reg. S. fol. 265a. 4; ebd. Fol. 265b. 5; nicht bei Bruck), Weimarer (1503, BRUCK: A. a. O., 266; nach EGA Reg. S. fol. 228a) und Wittenberger Schloß (1517, Bericht des Schössers Anton Niemeck; BRUCK: A. a. O., 258f.; EGA Reg. S. fol. 25a. 1) und das Gebäude im Torgauer Schießgarten (1521, Bericht des Geleitsmannes Wolf Metzsch; BRUCK: A. a. O., 247; nach EGA Reg. S. fol. 282a. 1g).

[973] Am 28. März 1492 wurde dem Wittenberger Schösser geschrieben, er solle »gewisse botschaft« nach Torgau senden, dann werde ihm der Fürst auch »gelt zu bawe« zusenden (EGA Kop. F 20, 76r).

[974] 1505 wird dem Wittenberger Schösser Geld zum Bau mit den zitierten Begleitworten »verordnet« (nach EGA Reg. S. fol. 23b; nicht bei Bruck).

[975] FWLZ, 34.

sich der Kurfürst mit der Tatsache konfrontiert, daß er bei der Beschäftigung von Künstlern und Kunsthandwerkern nur zu oft auf fremde angewiesen war, einmal, weil die Qualität einheimischer Kunstproduktion noch zu wünschen übrig ließ, zum anderen, weil es in Kursachsen an Vertretern einzelner Kunstzweige mangelte: Maler, Plattner, Seidensticker und Goldschmiede gab es zwar auch hier,[976] trotzdem mußten immer wieder fremde Künstler wie der Maler Hans von Amberg, der Landshuter Plattner Matthes Deutsch und der Nürnberger Goldschmied Paul Möller[977] bemüht werden. Noch unerfreulicher sah es im Blick auf erfahrene Baumeister und Werkleute aus, die außerhalb von Friedrichs Herrschaftsbereich ansässig waren und bisweilen regelrecht »zusammengeborgt« wurden.[978] Auf die Dauer mußte sich die Beschäftigung von Künstlern, die außerhalb Kursachsens wohnten, und die »Ausleihe« in Diensten anderer Herren stehender Künstler[979] als unhaltbarer Zustand erweisen, und das nicht nur, weil beides im gewissen Sinn dem territorialherrlichen Souveränitätsstreben zuwiderlief und mit verschiedenen Unannehmlichkeiten einherging, sondern auch aus ökonomischen Gründen, denn auf diese Weise floß eine Menge Geld aus dem Land ab.

---

[976] Vgl. Bruck: A.a.O., 281-285. 322f. 308-310. 318f.

[977] Vgl. Bruck: A.a.O., 279f. 321. 312-315.

[978] So überließ der Nürnberger Rat 1494 den Ernestinern den »verstentigen werckmann« Hans Behaim (als Gutachter) für den Torgauer Brückenbau (Bruck: A.a.O., 254; EGA Reg. S. fol. 292a. II 2), 1496 stellte der Görlitzer Rat den Baumeister Konrad Pflüger für die Wittenberger Bauten frei (Wernicke: A.a.O., 255) und 1508/09 taucht sogar Hans, der Baumeister des Pfalzgrafen, in den Wittenberger Amtsrechnungen auf (Bruck: A.a.O., 260; nach EGA Reg. Bb 2751). Keinen Erfolg hatten Friedrich und Johann dagegen mit ihren Versuchen, 1504 vom Würzburger Bischof brauchbare Werkleute für die Torgauer Brücke vermittelt zu bekommen (Bruck: A.a.O., 255; EGA Reg. S. fol. 293a. II 7). Im selben Jahr erging es ihnen ähnlich mit Meister Hans von Magdeburg, den der Magdeburger Rat höchstens für zwei Wochen beurlaubt hätte, der aber immerhin versprach, einige sachkundige Arbeiter nach Sachsen zu senden (Bruck: A.a.O., 255f.; EGA Reg. S. fol. 293b. II 7).

[979] Vgl. Anm. 978. – Die Künstler«ausleihe« blieb keineswegs auf Baumeister beschränkt, sondern läßt sich auch bei Musikern beobachten, etwa wenn 1493 Trompeter Herzog Georgs vorübergehend beschäftigt werden (EGA Kop. F 21, 75^{v}), der Posaunenmacher und Trompeter Hans Neuschel 1508 für den Aufenthalt an Friedrichs Hof während der Fastenzeit vom Nürnberger Rat freigestellt wird (Gümbel: A.a.O., 14, Anm. 1) und der Organist Georg Walheuser vom Coburger Rat eine Absenzerlaubnis erhält, um an der Weimarer Hofkapelle wirken zu können (ca. 1496–1500; näheres bei Helmut Talazko: Morizkirche und Propstei in Coburg: ein Beitrag zur Geschichte der geistlichen Vermögen im Spätmittelalter. Nürnberg 1971, 339). Neben der »Ausleihe« im eigentlichen Sinne steht die Beschäftigung von Künstlern, die in fremden Diensten standen, außerhalb Sachsens, wie die von Maximilians Goldschmied Lucas in Nördlingen (1495; Bruck: A.a.O., 311; vgl. Ulmann: A.a.O. 1, 396); sie gehört freilich strenggenommen nicht hierher und sei nur vollständigkeitshalber erwähnt. Friedrich griff übrigens nicht nur auf fremde Künstler zurück, sondern stellte auch seine eigenen fremden Fürsten zur Verfügung, wie sich im Falle Lucas Cranachs zeigt, der u.a. auch für Kardinal Albrecht und Herzog Heinrich von Sachsen tätig war (s. W. Schade: A.a.O., 405; Anm. 930).

Die Personalpolitik des Fürsten läßt deutlich erkennen, daß er bestrebt war, hier Abhilfe zu schaffen, wobei hinsichtlich seiner Motivation die Akzente natürlich recht unterschiedlich gesetzt waren. Da bei Friedrichs personalpolitischen Maßnahmen zu unterscheiden ist, ob die entsprechenden Personen unmittelbar in den Hofdienst übernommen oder nur gelegentlich zu Dienstleistungen herangezogen wurden, ist sein direkter Einfluß auf die Künstlerbestallungen recht verschieden zu veranschlagen. Zwar hatte er in Anstellungsfragen das letzte Wort, so daß die Indienststellungen in ihrer Gesamtheit letztlich als sein Werk gelten und so auf bestimmte personalpolitische Besonderheiten hin untersucht werden können, aber das bedeutet noch lange nicht, daß er die Auswahl unter den Künstlern selbst traf und etwa auf diese Weise künstlerischen Sachverstand offenbarte,[980] womit ihm jedoch andererseits Sinn für künstlerische Qualität nicht abgesprochen werden soll. So mag er gelegentlich durchaus selbst auf bestimmte Künstler aufmerksam geworden sein und sie deshalb in seinen Dienst gestellt haben. Am wahrscheinlichsten ist dies noch bei Musikern wie Hofhaimer und Rener,[981] aber auch bei Kunsthandwerkern wie den Landshuter Plattnern.[982] Trotzdem dürften in den meisten Fällen Empfehlungen Bekannter und Sachverständiger den Anstellungen vorausgegangen sein, deren nähere Umstände leider gerade bei bedeutenderen Künstlern wie Cranach und Barbari im Dunkeln liegen.

Während im Falle Cranachs nicht auszuschließen ist, daß der Fürst bestrebt war, ihn in seine Nähe zu holen, weil er schon früher seine Arbeiten schätzen gelernt hatte,[983] legt sich bei Barbaris[984] Anstellung der Verdacht nahe,

---

[980] Gegen Kirn: A. a. O., 22.

[981] Vgl. Anm. 809. 810. 812.

[982] Vgl. Bruck: A. a. O., 321, s. Anm. 1023.

[983] Cranach kam 1504/05 nach Sachsen (vgl. Anm. 791) und war zu diesem Zeitpunkt für Friedrich kein Unbekannter mehr, selbst wenn er an dessen Pilgerreise ins Heilige Land nicht teilgenommen haben sollte (W. Schade: A. a. O., 13, schließt die Teilnahme daran keinesweg aus; zur Problematik vgl. Heinrich Röttinger: Beiträge zur Geschichte des sächsischen Holzschnittes. Straßburg 1921, 11f.), denn 1501 hatte er schon einmal in Coburg für den Fürsten gearbeitet (s. W. Schade: A. a. O., 15). Ingrid Schulze (Lucas Cranach und die Universität Wittenberg. In: LCKG, 71) vermutet, daß Cranachs Beziehungen zum Wiener Humanistenkreis (vgl. dazu Alexander M. Namilow: Lucas Cranach d. Ä. und der Celtis-Humanistenkreis. LCKG, 65–67) zu seiner Berufung durch den sächsischen Kurfürsten führten, eine Meinung, der ich mich ebensowenig anschließen kann wie der Dieter Koepplins (Humanistische Tendenzen in Cranachs Frühwerk. LCKG, 68) der behauptet, daß Cranachs Berufung »kulturpolitisch in der Folge der Gründung der Wittenberger Universität 1502 und der Humanisten-Förderung durch« Friedrich steht. Damit soll keineswegs geleugnet werden, daß zwischen Friedrichs kulturpolitischen Maßnahmen auf den Gebieten von Wissenschaft und Kunst eine Reihe von Querverbindungen und Analogien besteht; von einer kulturpolitischen Abfolge – wie sie Koepplin vor Augen hat – kann jedoch nicht die Rede sein und das schon deshalb nicht, weil bei der Berufung Cranachs wahrscheinlich bereits daran gedacht wurde, ihn zum Nachfolger Barbaris zu machen.

[984] Vgl. dazu auch Anm. 792. 850.

daß der Maler selbst den Anstoß dazu gegeben haben könnte, denn bevor er 1503 in Friedrichs Dienste trat, hatte er bereits 1500/01 versucht, durch ein an den Ernestiner gerichtetes Schreiben »De Excelentia di Pittura«[985] dessen Aufmerksamkeit auf sich zu lenken.[986] Wie dem auch sei, der Kurfürst empfing den Italiener mit offenen Armen, ähnlich wie im selben Jahr den Gelehrten Petrus von Ravenna, der sich bis 1506 an der Wittenberger Universität aufhielt.[987] Ob er dies deshalb tat, weil er sich von Ausländern leicht beeindrucken ließ,[988] muß dahingestellt bleiben, ebenso, ob er die Bedeutung des Malers voll zu würdigen wußte, fest steht dagegen, daß für den »Welschen« ausreichend gesorgt wurde; zeitweise beköstigte man ihn sogar auf Wittenberger Amtskosten.[989] Die finanzielle Versorgung Barbaris scheint sich bestenfalls in der Höhe der an ihn ausgezahlten Beträge von denen anderer Künstler in kurfürstlich-sächsischen Diensten unterschieden zu haben. Auch was die Art der Anstellung betrifft, sind keine großen Unterschiede festzustellen. Eine Bestallung hat er offensichtlich ebensowenig erhalten wie Cranach, dessen Einkünfte als »Hofmaler« sich aus einem Jahresgehalt und Geld für Einzelarbeiten zusammensetzten,[990] was gleichfalls für Barbari gilt, dem von 1503 bis 1505 jährlich 100 fl. gezahlt wurden,[991] zu denen noch Zusatzvergütungen[992] und wohl auch verschiedenartige Zuwendungen kamen, wie sie auch anderen Künstlern und Hofangestellten zuteil wurden. Meist waren in den Bestallungsschreiben neben der Höhe des Jahrgelds entsprechende Zusagen vertraglich fixiert: Die Bereitstellung eines oder mehrerer Hofgewänder[993]

---

985 S. dazu Kirn: Barbari, 130–134; Mauricio Bonicatti: Dürers Verhältnis zum Venezianischen Humanismus. In: Albrecht Dürer: Kunst im Aufbruch; Vorträge der kunstwissenschaftlichen Tagung ... zum 500. Geburtstag von Albrecht Dürer ... Leipzig 1973, 168f. (Abdruck). Das Original des Schreibens befindet sich EGA Reg. O 156, 209–210.

986 Bonicatti: A.a.O., 149; Kirn: A.a.O., 133.

987 Vgl. Muther: A.a.O., 95f.

988 Dieser Vorwurf (vgl. Kirn: A.a.O., 130) wurde in anderem Zusammenhang von Melanchthon – CR 1, 363 (Nr. 106) – gemacht: »Iam toties imponunt illustriss. Principi ignoti advenae, ut qualemcunque malle debeamus, ..., quam ex hoc genere palabundum aliquem et circumforaneum doctorem.«

989 Im Jahre 1504; vgl. die Rechnungsauszüge bei Bruck: A.a.O., 298f. (nach EGA Reg. Bb 2745). Bruck (a.a.O., 166) deutet die Beköstigung des Malers »aus der ... Schlossküche« dahingehend, daß er im Vergleich mit den deutschen Meistern eine Ausnahmestellung eingenommmen habe.

990 W. Schade: A.a.O., 23.

991 Nach Hevesy: A.a.O., 10f.; Bonicatti: A.a.O., 149.

992 Vgl. die Rechnungsauszüge bei Bruck: A.a.O., 286–288, wo in Stef(f)an Stro(e)ls Rechnungen (ebd., 286f.; nach EGA Reg. Bb 4188) zwischen Zahlungen »auf Erbait« und »vf ... solt vnd Erbait« unterschieden wird. – Vgl. Anm. 999. – Bei einigen Beträgen könnte es sich auch um geschenkartige Zuwendungen handeln.

993 Sie läßt sich bei allen möglichen Angestellten feststellen und war auch an anderen Höfen üblich (vgl. Redlich: A.a.O., 39^{r}; P. Schmidt. A.a.O., XXIX). Hofgewänder erhielten z.B. Spalatin (1509; Höss: A.a.O., 40) als Prinzenerzieher, der Zeug- und Büchsenmeister Paul Resch (1516, EGA Reg. Nr. pag. 1–316. Nr. 1513), der Pfeifer Peter (1518,

gehört ebenso hierher wie die Zusage von freier Kost[994] und Futtergeld[995] bei der Beschäftigung am Hofe. Darüber hinaus sind auch geschenkartige Zuwendungen bezeugt.[996] Die bisweilen niedrigen Jahressoldbeträge[997] erklären sich zum

---

Aber: A.a.O., 61), der Steinmetz Georg von Prag (1496 für den Torgauer Brückenbau angestellt, EGA Kop. A 1, 69ᵛ) und der Organist Temlinger (1490/91; Buchwald: Allerlei, 82). – Zum Material der Hofgewänder vgl. Anm. 957. – Die in EGA Reg. Bb 4177, 41ᵛ. 18ᵛ, erwähnten Ausgaben für den Winterrock des Koches Michel und für Kleidermachlohn, den ein Organist erhielt, tragen offenbar den Charakter von Zuwendungen, die mit der Bereitstellung von Hofgewändern nichts zu tun haben. Gleiches gilt für die Bezahlung eines schwarzen Gewandes für Johann Oyart und die Fütterung seines Gewandes »mit marder« (1516; NMN RB 1905a; nach EGA Reg. Bb 4247).

994 Natürlich nur für den Fall unmittelbarer Tätigkeit bei Hofe, wie beispielsweise die Dienstgeldverschreibung Adolf Rauhes (1504, EGA Kop. A 1, 74ᵛ) und die Bestallung des Steinmetzes Kunz Meißner (1503; EGA Kop. A 1, 74ʳ) deutlich werden lassen. Angestellte, die ständig bei Hofe tätig waren, wurden dagegen laufend verköstigt, etwa Büchsenmacher (EGA Kop. A 1, 70ʳ), Trompeter (s. Aber: A.a.O., 61) und andere Instrumentalisten (Aber: A.a.O., 57) und auch die Sänger (ebd., 67). Wenn von »Hofkost« die Rede ist, bedeutet das freilich nicht, daß die Bediensteten immer mit dem »gewöhnlichen« Hof unterwegs waren; man hat dabei auch an eine Beköstigung auf Amtskosten zu denken, wie sie zeitweise Barbari erhielt (vgl. Anm. 989).

995 Neben der Futtergelderstattung, wie sie z.B. Adolf Rauhe (1504, EGA Kop. A 1, 74ᵛ) und Graf Philipp von Waldeck (1495; EGA Kop. A 1, 68ʳ) zugesagt wurde und die meistens kurfürstliche Beamte erhielten, gehörte auch die Erstattung von Reisekosten für Handwerker und Künstler, die für den Kurfürsten unterwegs waren oder zu ihm reisten, zu den zusätzlichen Aufwendungen des fürstlichen Auftraggebers. Die Bezahlung von Reisekosten und anderer Unkosten ist bezeugt für die Maler Kunz (Bruck: A.a.O., 284), Ludwig (ebd., 281), Jan (ebd., 292) und Cranach (ebd., 297. 299), ebenso für den Baumeister Pflüger (ebd., 272), den Organisten Hofhaimer (Buchwald: Allerlei, 83) und seinen Kollegen Oyart (Buchwald: A.a.O., 84f.), sowie für den Harnischmacher Peter Erentrich (Bruck: A.a.O., 325f.).

996 Beispielsweise erhielt Cranach vom Kurfürsten Wildbret und anderes geschenkt (s. W. Schade: A.a.O., 412. 403); auch die 1508 an ihn erfolgte Wappenverleihung (ebd., 403) trägt Geschenkcharakter. Verschiedenartige Zuwendungen sind auch für andere Künstler bezeugt: Oft waren es Geldgeschenke, wie sie am Nikolausabend 1501 die Sängerknaben (EGA Reg. Bb 4177, 10ᵛ) und am 9. Dez. 1493 der Lautenschläger Martin (Röhricht-Meisner: A.a.O., 99) erhielten. Vgl. auch Anm. 993.

997 Im folgenden eine Übersicht über die Höhe verschiedener Jahresgehälter und die dazugehörigen Zuwendungen (auch wenn diese infolge fehlender Bestallungsurkunden oder anderer Unterlagen nicht belegbar sind, kann meist davon ausgegangen werden, daß einzelne von ihnen trotzdem gewährt wurden, besonders wenn ihre möglichen Empfänger Hofangestellte im eigentlichen Sinn waren). Um Vergleichsmöglichkeiten zu bieten, beschränke ich mich dabei nicht nur auf die Künstler (Abkürzungen: K – Hofkost, G – Hofgewand, F – Futtergeld, e – eventuell, Z – Zusatzvergütung, S – Sonderzuwendung):
1. Bildende Künstler, Handwerker und Hofbedienstete:
- J. de Barbari, Maler 1503. 100 fl., Z (Hevesy: A.a.O., 10 f.).
- L. Cranach, Maler, 1505: 100 fl. (80 fl.), Z (Ullmann: A.a.O., 60; aber W. Schade: A.a.O., 402; Bruck: A.a.O., 296f.).
- Johann (der Niederländer), Maler, 1492: 50 fl., Z (Bruck: A.a.O., 291).

- Kunz Meißner, Steinmetz, 1503. 3 n.Sch., G, Z (Wochenlohn; eK (EGA Kop. A 1, 74r).
- Georg (von Prag), Baumeister, 1496: 20 fl., Z (Wochenlohn; 1,5 fl.Rh.), G (EGA Kop. A 1, 69[v]).
- Claus Roder, Steinmetz, 1492: 38 fl., (Z) (BRUCK: A.a.O., 273).
- Ewald Heseler, Harnischmeister, 1514: 40 fl. (BRUCK: A.a.O., 320).
- Peter Mühlich, Büchsengießer, 1523: 50 fl., G (BRUCK: A.a.O., 276; sehr schlechter Abdruck).
- Paul Resch, Tischler, 1492: 12 fl., 2 G, K, Z (Macherlohn), S (EGA Kop. A 1, 65[v]).
- Adolf Rauhe, Bediensteter, 1504: 30 fl.RH., eK, eF (EGA Kop. A 1, 74[v]).
- Jobst, Büchsenmacher und Bediensteter, 1499: 30 fl., G, K (EGA Kop. A 1, 70[r]).
- Paul Resch (s. o.), Zeug- und Büchsenmeister, 1516: 50 fl., 2 G, S (EGA Reg. Rr. pag. 1–316. Nr. 1513).
- Hans Landschad zu Steinach, Rat und Bediensteter mit 5 Pferden, 1497: 100 fl. (EGA Kop. A 1, 70[v]).
- Graf Philipp von Waldeck, Rat und Bediensteter mit 16 Pferden, 1495: 200 fl.Rh., eK, eF (EGA Kop. A 1, 68[r]).
- Dr. Friedrich von Kitzscher, Rat und Bediensteter, 1503: 40 fl.Rh. (EGA Kop. A 1, 75[r]).
- Hans von Berlepsch, Amtmann (vgl. DEBES: A.a.O., 13), 1521: 114 fl. (EGA Reg. Rr. pag. 1–316. Nr. 112).

Daß die Zahlung von Jahrsold und Zusatzvergütung gelegentlich auch von einem entsprechenden Arbeisergebnis abhängig gemacht wurde, zeigt die Bestallung des Baumeisters Georg, die den Passus enthält, daß er seinen Gesamtlohn erst fordern dürfe, wenn er den Pfeiler (scil.: der Torgauer Elbbrücke) über Wasser gebracht habe (Quelle s. o.).
2. Musiker (erhalten alle Z, K, G):

- Konrad Rupsch, Kapellmeister, 1503–1505 (1524): 24 fl. (32 fl.) (ABER: A.a.O., 67; N. MÜLLER: A.a.O., 298).
- Benedikt Zuckenranfft, Sänger, 1524: 24 fl. (ABER: A.a.O., 67).
- Johann Oyart, Organist, 1524: 24 fl. (ebd., 67).
- Peter, Pfeifer, 1518: 28 fl., 2 G, K (ebd., 61).
- Zinkenbläser, 1503: 20 fl. (ebd., 57).
- Lautenschläger, 1503: 10 fl. (ebd., 57).
- Trompeter, Pfeifer, Pauker, 1482–1495 (1503): 12 fl. (36 fl.) (ebd., 57).

Wenn man bedenkt, daß dem fremden Organisten Hofhaimer 1498 einmal 145 fl. für Zehrgeld und als Geschenk gegeben wurden, wird deutlich, daß die Beschäftigung eigener Musiker für den Fürsten doch rentabler war.
3. Legenten der Wittenberger Universität (alle Angaben beziehen sich auf 1520 und stehen bei ENDERS: A.a.O., 27, Anm. 1):

Die drei Juristen erhielten 160, 100 und 80 fl., der Mediziner 100 fl. und zehn der Artisten je 20 fl.; die restlichen Artisten (s. Anm. 1613) bekamen 100, 60, 50 und 30 fl. Die Einkünfte der Theologen und Kirchenrechtler sind hier nicht von Interesse, da sie nicht aus der kurfürstlichen Kasse flossen (vgl. dazu WENTZ: A.a.O., 92f.). S. auch Anm. 953. – Zum Vergleich: Im Amt Wartburg erhielten 1516/17 ein Zimmermann 3 Gr. und ein Maurer 2 Gr., 8 Pf. pro Tag (DEBES: A.a.O., 82). Eine Gans kostete damals 1 Gr., 6 Pf., etwa 4 Liter Rheinwein 3 Gr., 8 Pf. (ebd., 83), 1 Pfund Rindfleisch (1519) 4,5 Pf., ein Hase (1518) 3 Gr., 1 Pfund Hutzucker (1522) 4 Gr., die Elle Zwickauer Tuch (1521) 8 Gr. und die Elle flandrisches Tuch (1520) 12 Gr. (ESCHENHAGEN: A.a.O., 80f.). Dabei ist – wegen der schleichenden Geldentwertung – jedoch zu berücksichtigen, daß die Preise vor 1510 etwas niedriger gewesen sind. 1502/03 und 1507 sollen darüber hinaus sehr »wohlfeile Jahre« gewesen sein (s. AHS, 62; GUNDERMANN: A.a.O., 37; Chronik des Johann Oldecop.

Teil[998] aus den genannten Sonderzuwendungen und aus zusätzlichen Vergütungen,[999] die nicht nur bildenden Künstlern für Einzelarbeiten, sondern auch Musikern gezahlt wurden, und zwar aus einem besonderen Grund: Die Anstellung bei einem Fürsten – auch wenn sie sich über einen langen Zeitraum erstreckte – wies zu Friedrichs Zeiten Besonderheiten auf, die aus den gelegentlichen Finanzkrisen der fürstlichen Kasse, als deren Folge sich Zahlungsschwierigkeiten bei den Gehältern ergeben konnten,[1000] aus dem Fehlen einer ortsgebundenen Hofhaltung, aus der Sporadizität fürstlicher Aufträge und damit – besonders bei den Musikern – aus einer keineswegs ständigen Auslastung der Künstler resultierten. Das Anstellungsverhältnis erscheint dadurch als ein gelockertes, denn infolge der genannten Unzulänglichkeiten mußte den Bediensteten die Möglichkeit von Nebenbeschäftigungen gegeben werden, die dann auch entsprechend genutzt wurden, wie von Cranach, der seit 1507 einen Weinausschank, später sogar eine Apotheke betrieb.[1001] Die »lose« Anstellung ermöglichte außerdem die »leihweise« Beschäftigung eigener Künstler durch andere Fürsten.[1002]

Bei den Musikern, die stärker an den Hof gebunden waren und bei denen sich eine berufliche Tätigkeit außerhalb ihres Beschäftigungsbereiches schwieriger realisieren ließ – sieht man einmal davon ab, daß sie zum Teil Priester waren und zusätzliche Pfründeneinkünfte bezogen[1003] oder daß sie Haus und Hof[1004] besaßen –, wurde der mangelhaften Auslastung auf andere Weise be-

---

Hrsg. Karl Euling. Tübingen 1891. 12). – Zu den gesamten Angaben vgl. Anm. 867. 922. 894–896.

[998] Berücksichtigt man, daß bestimmte Sonderzuwendungen wie Hofgewänder und freie Beköstigung auch an anderen Höfen gewährt wurden, erscheinen die Besoldungen bisweilen gering, etwa im Falle Spalatins (1509), der als Prinzenerzieher anfangs 20 fl. und zwei Hofgewänder (außerdem auch sicher freie Beköstigung) erhielt (Höss: A. a. O., 40); Aventin bekam in einer vergleichbaren Stellung (1508) am bayerischen Hof außer freier Kost und Wohnung 60 fl. jährlich (F. Schmidt: A. a. O., XXIX). Johannes Reuchlin wurden als »Zuchtmeister« der Söhne Kurfürst Philipps von der Pfalz (1497) außer 100 fl. im Jahr ein Hofkleid und zwei Pferde zur Verfügung gestellt – Geiger: Briefwechsel, 53 (Nr. 60).

[999] Bei den Malern bestanden sie beispielsweise aus Geld für Einzelarbeiten (vgl. Bruck: A. a. O., 281–287. 290–292. 296–299; W. Schade: A. a. O., 402–413), bei Baumeistern, Steinmetzen und Hofhandwerkern aus zusätzlichem Wochen- bzw. »Macherlohn« (Beispiele Anm. 997, 1) und bei Musikern wurden sie gewährt, wenn diese vor dem Fürsten musizierten: So erhielt der Organist Temlinger 1493 7 Sch., um »zwischen dem Nawen jar« Friedrich »gewertig« zu sein (Buchwald: Allerlei, 82). Auch andere Instrumentalisten bekamen zusätzlich Geld, etwa dann, wenn sie zu kirchlichen Feiertagen den Kurfürsten »anbliesen« oder »anpfiffen« (s. Aber: A. a. O., 58f.).

[1000] Vgl. Anm. 952; Anm. 1026.

[1001] Ullmann: A. a. O., 62. – Daß Cranach den Kurfürsten nicht nur mit Bildern, sondern auch mit Wein versorgte (s. W. Schade: A. a. O., 412f.), sei hier nur am Rande erwähnt.

[1002] Vgl. Anm. 979.

[1003] So Konrad Rupsch und Paul Knod (W. Gurlitt: Walter, 17. 19).

[1004] Als Besitzer von Haus und Hof in Torgau werden die Sänger Johann Schmidt, Benedikt Zuckenranfft und Stefan Mummler genannt (W. Gurlitt: A. a. O., 19).

gegnet. Hier erzielte man dadurch Zusatzvergütungen, daß man die Musiker bisweilen mit anderweitigen, sachfremden Aufgaben betraute. Diese Doppelverwendung scheint nicht nur für den kursächsischen Hof charakteristisch gewesen zu sein[1005] und beschränkte sich keineswegs auf die Musiker, obwohl sie bei ihnen besonders auffällig ist: Beispielsweise wurden die Instrumentalisten mit Botenritten und anderen Dienstleistungen[1006] beauftragt. Der Kapellmeister Rupsch[1007] und der Organist Hensel[1008] waren 1503 als Kanzleischreiber tätig,[1009] der Chorsänger Simon[1010] besichtigte 1507/08 in Herzog Johanns Auftrag den Altar der Torgauer Liebfrauenkirche, weil dort ein neues Tafelgemälde angebracht werden sollte,[1011] und aus dem Jahre 1494/95 liegt sogar die Nachricht über die Tätigkeit eines Hoftrompeters als Schneider[1012] vor. Wie Kanzleiangestellte,[1013] Gelehrte[1014] und sogar Maler[1015] scheinen auch Musiker gelegentlich in unterschiedlichen Missionen für den Kurfürsten unterwegs gewesen zu sein. So könnte die Reise des Organisten Temlinger 1488

[1005] So wurde der Maler Jan von Eyck von Philipp dem Guten von Burgund (Huizinga: A.a.O., 285) und der Komponist Heinrich Isaak von Kaiser Maximilian I. (Gatt: A.a.O., 100) zu diplomatischen Missionen verwandt.

[1006] Vgl. Aber: A.a.O., 57f.

[1007] Zu Rupsch s. Anm. 813. Er ist offensichtlich mit den bei Kettmann (a.a.O., 46) erwähnten »Rapisch« gemeint, eine Vermutung, die dadurch an Wahrscheinlichkeit gewinnt, daß der Genannte ab 1505 nicht mehr als Schreiber auftaucht; 1505 fand Rupschs Priesterweihe statt (N. Müller: A.a.O., 298).

[1008] Gemeint ist wohl Johann Weinmann, der spätere Organist des Großen und Kleinen Chores der Wittenberger Schloßkirche. Über ihn s. N. Müller: A.a.O., 351–353.

[1009] Kettmann: A.a.O., 46 (nach EGA Reg. Bb 4185, 13ᵛ; Reg. Bb 4199, 40ʳ).

[1010] Bruck (a.a.O., 69) macht aus dem »Choralis« der Berufsbezeichnung einen Familiennamen »Koralis« – aus dem er überdies auf eine niederländische Herkunft des Künstlers schließt – und stellt Simon Koralis dann als einen unbekannten Meister der Holzschnittkunst hin, nur weil er für Herzog Johann in der erwähnten Weise tätig wurde. Wie bereits angedeutet, ist dies nicht der einzige Fehler, der Bruck in Identifizierungsfragen unterlief. Vgl. dazu Buchwald (Allerlei, 54f.), der Bruck noch andere Errata nachweist, aber auch nicht ganz von Irrtümern verschont bleibt, etwa wenn er (ebd., 58) aus der 1506 bezeugten Zahlung von 1098 fl. »für das hofgewandt« den Schluß zieht, es habe sich dabei um »ein« teures Gewand gehandelt – »Hofgewand« bezeichnet hier offensichtlich einige Hofgewänder, und zwar durch eine Synekdoche.

[1011] Bruck: A.a.O., 275; der Quellenauszug ist im Ausdruck etwas verworren, was vor allem Brucks mangelndem editorischen Geschick und gelegentlichen Lesefehlern anzulasten sein dürfte.

[1012] Nach Aber: A.a.O., 58.

[1013] 1487 wurde z.B. der Kanzleischreiber Thomas nach Hessen und 1488 der Kanzleischreiber Johann zum ungarischen König gesandt (Kettmann: A.a.O., 44. 58).

[1014] Hingewiesen sei hier nur auf die Entsendung Scheurls (und Staupitz') zum Berliner Provinzialkapitel der Franziskaner (martinianische Konventualen) im Jahre 1511 (Kolde: Staupitz, 253; Kirn: A.a.O., 86; Soden: A.a.O., 22–24) und auf die Verwendung Henning Goedes bei den Schlichtungsverhandlungen mit Erfurt und in anderen Angelegenheiten (Friedensburg: Geschichte, 62; Kleineidam: A.a.O. 2, 325).

[1015] Der Niederländer Jan und Cranach; vgl. Anm. 929.

nach Innsbruck[1016] den Charakter einer politischen Sendung getragen haben. Ähnlich ließe sich die Erwähnung von »drie zangers van den hertoge van Saxen« und einem von Friedrichs Trompetern in den Mechelner Stadtrechnungen erklären,[1017] obwohl gerade hier noch eine andere Deutung möglich ist. Es wurde vorhin kurz darauf hingewiesen, daß die Personalpolitik Friedrichs des Weisen die Tendenz erkennen läßt, bestimmten zeitbedingten Mißständen auf dem Kunstsektor, vor allem der Abhängigkeit von nicht in seinem Herrschaftsbereich ansässigen Künstlern zu wehren.

Dabei ging er auf recht unterschiedliche Weise vor: So ließ er verschiedentlich durch seine Bediensteten in allen Teilen des Reiches Nachwuchs[1018] für seine Hofkapelle anwerben.[1019] Sänger waren in diesem Auftrag[1020] ebenso unterwegs wie Adam von Fulda, der schon 1489 ausgeschickt wurde, um Sängerknaben zu holen.[1021] In ähnlichem Auftrag könnten auch die in den Mechelner Rechnungen erwähnten sächsischen Musiker auf Reisen gewesen sein.

[1016] Buchwald: Allerlei, 82, Moser: Hofhaimer, 217.

[1017] 1495/96 bzw. 1499 (nach W. Gurlitt: Adam von Fulda, 129, Anm. 9).

[1018] Es gab in der Hofkapelle natürlich auch Sänger, die aus Friedrichs Herrschaftsgebiet kamen, wie Konrad Rupsch, der aus Kahla, und Johann Walter, der aus Großpürschütz bei Kahla stammte (W. Gurlitt: J. Walter, 17. 25); daneben werden auch Sängerknaben aus Torgau, Zwickau, Schneeberg und Freiberg (ebd., 16). Die Herkunftsorte der kurfürstlichen Sänger lagen jedoch oft außerhalb Kursachsens; dabei ist hier nicht einmal an diejenigen Sänger gedacht, die bereits fertig ausgebildet der kurfürstlichen Hofkapelle beitraten. Die Sängerknaben kamen u. a. aus Freiberg – wie erwähnt –, aus Berlin (Johann Schmidt; W. Gurlitt: A. a. O., 19), Straßburg (EGA Reg. Bb 4177, 12v; er ist wahrscheinlich mit dem von Rupsch 1521 erwähnten Straßburger Bassisten identisch – s. Aber: A. a. O., 68), Nürnberg (Aber: A. a. O., 67f.: Jörg Mayer) und Innsbruck (W. Gurlitt: A. a. O., 16).

[1019] Bei den Kapellmitgliedern, die als Jugendliche und Erwachsene nach Sachsen kamen, ist leider unklar, ob sie jeweils angeworben wurden oder auf Empfehlung bzw. aus eigenem Antrieb der kurfürstlichen Hofkapelle beitraten. Als die Kapelle noch in ihren Anfängen steckte, gab es sicher nur Anwerbungen, während sich nach der Jahrhundertwende gewiß auch einzelne Sänger ohne Anwerbung nach Kursachsen begaben: Wenn beispielsweise 1501 ein neuer Altist (Tenor!) 2 fl. zur »Abfertigung« erhält (EGA Reg. Bb 4177, 11v), so läßt sich das am einleuchtendsten damit erklären, daß er nicht angeworben worden war, sondern sich selbst um den Eintritt in die Kapelle bemüht hatte, bei erwiesenem gesanglichen Unvermögen aber den Abschied erhielt. Zwar sind wir nicht darüber informiert, was Benedikt Zuckenranfft, Paul Knod (aus Eger) und Adam Rener (aus Lüttich) – alle drei ehemalige Sänger bzw. Sängerknaben in der Hofkapelle Maximilians I. – letztlich bewogen hat, der Hofkapelle Friedrichs des Weisen beizutreten (1501, 1507, 1508; s. W. Gurlitt: A. a. O., 19), in Anbetracht des Gesagten erscheint es aber nicht zwingend, daß ihr Überwechseln nach Sachsen unbedingt dem Einfluß des Kurfürsten zuzuschreiben ist.

[1020] 1490 wurde Jörg Sweytzer von Worms nach Bayern gesandt, um Sängerknaben zu holen, nachdem schon 1488 Lorenz Schwabach auf der Suche nach geeigneten Kindern für die kurfürstliche Hofkapelle gewesen war (W. Gurlitt: A. a. O., 16). 1514 erhielt Lorenz (!) ca. 3 fl., weil er einen Nürnberger Knaben für die kurfürstliche »Singerei‘« mitbrachte (NMN JN 1915b).

[1021] W. Gurlitt: A. a. O., 16.

Offenbar war bei diesen Anwerbungen daran gedacht, daß die jungen Sänger, die meist noch keine Ausbildung genossen hatten, für längere Zeit, wenn nicht gar für immer in Sachsen bleiben würden. Ihre Einstellung ist somit ein Indiz für Friedrichs Bestreben, den oben erwähnten personellen Schwierigkeiten zu begegnen, indem er Fremde in der Hoffnung ins Land zog, sie würden dort ansässig werden, und indem er sie dort zu halten versuchte, ein Bestreben, das auch in anderem Zusammenhang und nicht nur im Hinblick auf die Künstler zutage tritt: Wenn er 1493 den zugezogenen Schneider Jörg in Torgau gegen die alteingesessenen Handwerker in Schutz nimmt,[1022] so liegt dies auf der gleichen Ebene wie die Begünstigung für den Landshuter Plattner, der 1491 nach Wittenberg zog,[1023] und spätere Zuwendungen an ihn.[1024] Allerdings gelang es Friedrich nicht in jedem Falle, Handwerker und Künstler im Lande zu halten. Gründe dafür sind – wie im Falle des Weimarer Hofkapellorganisten Georg Walheuser – in repressiven Maßnahmen früherer Dienstherren,[1025] aber auch in bestimmten Unzulänglichkeiten zu suchen, die den Künstlern den Aufenthalt in Kursachsen verleideten. Man hat hier etwa an sporadische Gehaltszahlungen zu denken, die beispielsweise 1521 den Bassisten der Hofkapelle veranlaßten, damit zu drohen, er werde auf sein Lehen nach Straßburg ziehen.[1026] Angesichts solcher Zwischenfälle erschien es ratsam, bei der Künstleranstellung auf entsprechend

[1022] EGA Kop. F 21, 45r; als Datum ist »vff den abent zu Wildenhayn« 1493 angegeben – höchstwahrscheinlich ist der 24. Dez. gemeint, da das Schreiben kurz nach dem 22. Dez. abgefaßt wurde.

[1023] EGA Reg. Bb 4142 verzeichnet (nach NMN JN 1915a; BRUCK: A.a.O., 321) am 27. März 1491 die Ausgaben von 20 fl.Rh. für die Landshuter Plattner, die nach Wittenberg ziehen. Wahrscheinlich ist damit nur ein Plattnermeister mit Gesellen gemeint, denn vom selben Tag liegt eine Aufforderung Friedrichs an den Wittenberger Schösser vor, für den neuen Plattner ein Haus zu kaufen oder mit auszurichten, eine Schleifmühle machen zu lassen und der Frau des verstorbenen Plattners dessen hinterlassenes Werkzeug abzukaufen (EGA Reg. S. fol. 360b. 2). Da Friedrich schon vorher bei dem Landshuter Panzermacher Matthes Deut(z)sch arbeiten ließ (vgl. BRUCK: A.a.O., 231. 320f.), liegt die Vermutung nahe, der genannte Plattner könne zuvor in dessen Werkstatt beschäftigt gewesen sein. Sicher handelte es sich bei ihm um Hans Eryngk, der ab 1491 in Wittenberg für den Kurfürsten arbeitete (BRUCK: A.a.O., 232. 323f.); vgl. MAX VON EHRENTAL: Eine sächsische Plattnerwerkstatt zu Wittenberg. NASG 15 (1894), 299–312. Ein ähnlicher Fall wie bei Eryngk scheint beim Plattner Peter Erentrich vorzuliegen (vgl. dazu die Auszüge bei BRUCK: A.a.O., 325f.).

[1024] 1501 verschrieb Friedrich Hans Eryngk und Andreas Rockenberger – beide waren Plattner in Wittenberg – die dortige Antoniusmühle, 24 Scheffel Korn jährlich auf Lebenszeit und verkaufte ihnen ein Haus. 1514 erteilte er ihnen in einer weiteren Verschreibung noch andere Vergünstigungen (EHRENTHAL: A.a.O., 300f.).

[1025] Der Coburger Rat, der Walheuser lediglich freigestellt hatte, zwang ihn mit der Androhung des Lehensentzugs zur Rückkehr (TALAZKO: A.a.O., 339).

[1026] S. ABER: A.a.O., 68. – Die Beschäftigung Isaaks und Hofhaimers durch Friedrich ist wahrscheinlich dadurch zustandegekommen, daß auch bei Maximilian finanzielle Kalamitäten zu Unregelmäßigkeiten bei den Lohnzahlungen führten, die dann die Musiker zwangen, Aufträge fremder Herren entgegenzunehmen (vgl. MOSER: A.a.O., 23).

ausgebildete Landeskinder zurückzugreifen, was sich jedoch nur äußerst selten als möglich erwies, da es solche kaum gab. Folgerichtig begann der Kurfürst, sich um die Ausbildung des Künstlernachwuchses zu bemühen. Wenn man dabei bisweilen auch noch auf fremde Kinder und Jugendliche angewiesen war, besonders im musikalischen Bereich, diente diese doch weitgehend der Heranbildung von einheimischem Nachwuchs, der in Zukunft dem Fürsten ebenso zu Diensten sein sollte wie die Musiker, die nicht aus Sachsen stammten. Während die Sängerknaben und vielleicht auch die Trompeterlehrjungen[1027] sicher schon während ihrer Ausbildung zum Musizieren vor ihrem Herrn hinzugezogen wurden, war das natürlich bei anderen jungen Musikern nicht der Fall, wenn sie außerhalb Sachsens ausgebildet wurden. Ihre Ausbildung bei fremden Meistern zeigt, daß es dem Kurfürsten darum zu tun war, seinen Künstlernachwuchs von den fähigsten Fachleuten heranbilden zu lassen. Von 1501 bis 1503 hatte Dürer im Auftrag des sächsischen Fürsten den Knaben Friedrich bei sich in der Lehre.[1028] Der Organist Hofhaimer bildete in Augsburg für den Ernestiner und dessen Bruder noch mehr Schüler aus. Nachdem zwischen 1509 und 1512 Johann Oyart bei ihm gelernt hatte,[1029] schloß er 1516 mit den beiden Fürsten einen Vertrag über die Ausbildung zweier Knaben ab, zu denen sich offensichtlich noch ein dritter gesellte.[1030]

In Anbetracht der Sorgfalt, die Friedrich der Weise auf die Künstlerausbildung verwandte, ist es nicht auszuschließen, daß die »Sammlung von Plänen, Modellen und Büchern über das Bauwesen«, zu der er den Grundstock legte,[1031] wenn schon nicht zu Ausbildungs-, so doch zu Weiterbildungszwecken gedacht war. Freilich ist es nicht nur die Ausbildung von Künstlern und Kunsthandwerkern gewesen, die er förderte. Direkt an seinem Hof wurde laut Spalatin »eine sehr große Anzahl edler und ander frummer, ehrlicher Leut Kinder«[1032] erzogen. Man hat dabei vor allem an die kurfürstlichen Edelknaben zu denken. Da deren

---

[1027] Nach Aber: A. a. O., 55, sind sie 1495 unter den Hofinstrumentalisten nachweisbar.

[1028] Bruck: A. a. O., 289f. Der Lehrling ist offenbar mit dem Maler Friedrich identisch, der sich mit seinen Knechten 1503 bis 1505 in den Rechnungen nachweisen läßt (Bruck: A. a. O., 295f.).

[1029] Aber: A. a. O., 77; Buchwald: Allerlei, 83f. Oyart war der Sohn des »Welschen« Dietrich Oyart, eines Orgelbauers in Köln (MGG 7, 1339). – Über Linhart Argen, der 1494 im Auftrag Friedrichs von Hofhaimer ausgebildet werden sollte s. zur Nedden: A. a. O., 27.

[1030] Vgl. Aber: A. a. O., 75f.; der Ausbildungsvertrag befindet sich EGA Reg. Rr. pag. 1-316. Nr. 737. – Hofhaimer wurden für die zweijährige Ausbildung – von 100 fl. Reisegeld abgesehen – insgesamt 200 fl.Rh. zugesagt. Ein Vergleich dieses Betrages mit der Höhe des Lohns, den Hofhaimer für die Ausbildung Oyarts und Dürer für die Ausbildung des Malers Friedrich erhielt, wird dadurch erschwert, daß es sich bei den in diesen Fällen genannten Beträgen – Dürer erhält 1502 einmal (?) 26 fl., Hofhaimer 1512 39 fl. Lehrgeld (Bruck: A. a. O., 289; Buchwald: Allerlei, 83) – nur um Teilzahlungen handelt.

[1031] Nach Bruck: A. a. O., 18f.

[1032] FWLZ, 53f.

Zahl jedoch verhältnismäßig gering war,[1033] Spalatin zufolge aber weit mehr Knaben am Hof[1034] ausgebildet wurden, ist anzunehmen, daß dort außer den eigentlichen Edelknaben tatsächlich noch andere Kinder adliger und bürgerlicher Herkunft erzogen worden sind. Bedenkt man, daß aus der Reihe der Edelknaben bedeutende Hofbeamte – wie der spätere Oberhofmarschall Hans von Dolzig und der Landrentmeister Johann von Taubenheim – hervorgingen,[1035] und denkt man an Spalatins Versicherung, aus manchem der am Hof erzogenen Kinder sei ein »ehrlicher feiner Mann« geworden,[1036] drängt sich einem der Verdacht auf, der Kurfürst habe hier zugleich für den Beamtennachwuchs seines Territorialstaates sorgen wollen, ein Motiv, das sich auch an anderer Stelle als bestimmend erweisen sollte, bei der Gründung der Wittenberger Universität, seiner wichtigsten kulturpolitischen Maßnahme im Wissenschaftsbereich, die ebenso wie seine anderen Aktivitäten auf diesem Gebiet einige seiner Grundsätze wiedererkennen läßt, denen wir schon im Kunstbereich begegneten.

2.2. Friedrich der Weise und die Humanisten

Die Neigung, Friedrich III. von Sachsen als einen Kunstförderer par excellence hinzustellen, wie sie häufig in der Literatur festzustellen ist,[1037] findet in manchem ihre Entsprechung bei der Einschätzung seines Verhältnisses zu den Vertretern des Humanismus.[1038] Ähnlich wie auf dem Kunstsektor liegen dabei die Gründe für Fehlbeurteilungen vor allem darin, daß die Kulturpolitik des Fürsten im Wissenschaftsbereich oft zu voraussetzungslos gesehen wird und die Vorstellung von einer gezielten Humanismusförderung durch den Ernestiner dominiert. Da überdies in vielen Fällen die Neigung nicht zu verkennen ist,

---

[1033] 1504 gab es, ebenso wie 1503, 10 kurfürstliche Edelknaben (N. Müller: A.a.O., 364). 1502 waren es etwa ebensoviel, denn im Frühjahr dieses Jahres wurden anläßlich einer Reise nach Stendal (zur Hochzeit Joachims I. von Brandenburg; vgl. Lentz: A.a.O., 467; Bruck: A.a.O., 316) für Friedrichs »Knaben« – die nicht mit den Sängerknaben zu verwechseln sind – 8 schwarze Hüte gekauft (EGA Reg. Bb 4177, 28[r]). Die große Zahl von Edelknaben im Jahre 1490 (24 Knaben) erklärt sich dadurch, daß Friedrichs und Johanns Edelknaben (N. Müller: A.a.O., 408) zusammen genannt werden.

[1034] Er meint damit die Jungen, die »in der Cantorei und der Kammern erzogen« (FWLZ, 54) wurden. Pfeffinger will laut Spalatin einmal mit dem Kurfürsten zusammen »etlich hundert Knaben« am Hof »gezählt und gefunden« haben (FWLZ, 54), eine Zahl, die sicher zu hoch gegriffen ist, aber selbst noch nach Abstrichen auf eine beachtliche Zahl von Knaben bei Hofe schließen läßt. Der Kauf von 24 Paar Schuhen für die kurfürstlichen Knaben (1502; EGA Reg. Bb 4177, 24[r]) könnte ebenfalls darauf hindeuten, daß über den Kreis der Edelknaben hinaus (vgl. Anm. 1033) noch andere Kinder »in der Kammer« erzogen wurden.

[1035] Vgl. N. Müller: A.a.O., 364. 408.

[1036] FWLZ, 54.

[1037] Vgl. Abschnitt 3.

[1038] Zum Begriff »Humanismus« s. Anm. 150.

der persönlichen Initiative des Fürsten bei der Beschäftigung und Indienststellung einzelner Humanisten[1039] zu große Bedeutung zuzumessen, und die Frage nach Möglichkeit und Ausmaß einer Rezeption humanistischen Gedankengutes durch den Ernestiner entweder nicht gestellt oder mit der Wiederholung alter Behauptungen beantwortet wird, kann es nicht verwundern, daß sich mancher Irrtum zu lange gehalten hat.

Leider ist auch Maria Grossmanns schon mehrfach erwähnte Arbeit über den Humanismus in Wittenberg nicht frei davon, die sich ja als Aufgabe gesetzt hat, ein Bild von Friedrich als »Kulturpolitiker« zu zeichnen.[1040] Grossmanns »Humanism at Wittenberg« erweist sich immer wieder als eine Anhäufung »biobibliographischer« Nachrichten[1041] auf der Basis der Arbeiten von Gustav Bauch und eigener Literaturstudien. Allzu unkritische Verarbeitung humanistischer Lobreden und ein bisweilen zu undifferenzierter Gebrauch der Worte »Humanismus« und »Humanist«, die »zu den verschwommensten Begriffen der historischen Terminologie überhaupt«[1042] gehören, tun ein Übriges, um ihre sonst recht verdienstvolle Arbeit[1043] zum Gegenstand kritischer Anfragen zu machen, zumal hier Fehlinterpretationen strenger zu bewerten sind als in Arbeiten, in denen Friedrichs Verhältnisses zum Humanismus nur nebenbei gedacht wird.

Ohne an dieser Stelle einen umfassenden forschungsgeschichtlichen Überblick über die Beurteilung von Teilproblemen der kurfürstlichen Wissenschaftspolitik bieten zu können und zu wollen, sei hier doch kurz ein Blick auf die Meinungspalette hinsichtlich Friedrichs Verhältnisses zu den Humanisten geworfen, bei der die Neigung zu seiner Überbewertung und Überschätzung nicht zu verkennen ist. Das gilt weniger für die Ansichten über seine Motive für die Wittenberger Universitätsgründung, wo in neuerer Zeit die Meinung, dazu habe ihn seine Hochschätzung der Wissenschaft[1044] oder gar der Wunsch, dem Humanismus eine Heimstatt zu bereiten, getrieben, nicht mehr vertreten wird,[1045]

[1039] Im folgenden wird der Terminus »Humanist« – falls nicht ausdrücklich anders erwähnt – von mir nur zur Bezeichnung von Vertretern des irenischen und offensiven Humanismus (s. Anm. 150) gebraucht.

[1040] Grossmann: HAW, 31, bzw. HIW, 20.

[1041] Den genannten Vorwurf erhob Friedrich Benary gegen Gustav Bauch in seiner Studie: Via antiqua und via moderna auf den deutschen Hochschulen des Mittelalters mit besonderer Berücksichtigung der Universität Erfurt. Hrsg. Alfred Overmann. Gotha 1910, 28f.

[1042] Gerhard Ritter: Studien zur Spätscholastik. 2.: Via antiqua und via moderna auf den deutschen Universitäten des XV. Jahrhunderts. Heidelberg 1922, 117.

[1043] Um eine Art Zusammenfassung der Dissertation handelt es sich bei Grossmanns Aufsatz: Humanismus im Wittenberg, 1496–1517. LuJ 39 (1972), 11–30, der die Umarbeitung eines Vortrages darstellt, den die Verfasserin im Dezember 1970 auf einer Tagung der American Society of Church History in Boston gehalten hat. Für den Aufsatz trifft prinzipiell das gleiche zu wie für die Dissertation.

[1044] So Nasemann: A.a.O., 21; Grohmann: A.a.O. 1, 6.

[1045] Steinmetz: Universität, 106; Borth: A.a.O., 173.

auch nicht von Grossmann,[1046] die jedoch andererseits in der Frage nach der persönlichen Bedeutung des Kurfürsten für die Ausbreitung des Humanismus einen Standpunkt einnimmt, der eine Überschätzung Friedrichs erkennen läßt: Sie hält – mehr oder minder vorsichtig formuliert – den Fürsten »für die sich entfaltenden humanistischen Tendenzen« in Wittenberg für verantwortlich[1047] und liegt damit auf der Linie derjenigen, die direkt von einer Förderung und Begünstigung der Humanisten durch den Ernestiner sprechen.[1048] Diese und ähnliche Ansichten kommen nicht von ungefähr; sie entspringen meist unfundierten Ansichten über den Bildungsstand Friedrichs des Weisen, die darin gipfeln, daß man ihm eine gelehrte Erziehung bescheinigt[1049] oder ihn direkt als Humanisten hinstellt, was freilich nur in Extremfällen geschieht.[1050]

Daneben stehen Meinungen über seine Stellung zur Wissenschaft und speziell zu den Humaniora, die bestenfalls Fehlschlüssen entspringen, etwa wenn Grossmann die Widmung einzelner humanistischer Werke für den Kurfürsten als Beweis für »the Elector's interest in humanistic studies« wertet[1051] oder aus der Anstellung Johanns von Kitzscher durch den Fürsten auf dessen Interesse »in the new Humanistic (!) tendencies«[1052] schließt.

Gerade die Indienststellung von Kitzschers aber ist es, die offenkundig macht, daß für Friedrich den Weisen – bei allen Verdiensten, die er sich durch die Wittenberger Universitätsgründung, durch Beschenkung von Gelehrten oder durch deren Beschäftigung um die Wissenschaft erwarb – weniger die Lie-

---

1046 Grossmann: HAW, 95; bzw. HIW, 45.

1047 Grossmann: LuJ, 14; ähnlich auch dies.: HAW, 30.

1048 So Koepplin: A.a.O., 68; Kolde: Friedrich, 14. Kirn (a.a.O., 20) beschränkt sich im Gegensatz dazu darauf, nur auf die mannigfaltigen Beziehungen Friedrichs zu den Humanisten hinzuweisen.

1049 Vgl. Anm. 99.

1050 So wurde der Kurfürst von Elisabeth Wagner (nach Kalkoff: Friedrich der Weise, dennoch ..., 201) als »fürstlicher Humanist« bezeichnet, eine Bezeichnung, die Kalkoff ablehnte. Karl Schmidt (Wittenberg unter Kurfürst Friedrich dem Weisen. Erlangen 1877, 16) vertrat schon vorher eine Ansicht, die der Wagners diametral entgegengesetzt ist. Er erklärte, Friedrich sei für den Humanismus nicht begeistert gewesen. In jüngster Zeit hat Blaschke (Friedrich, 321) eine Meinung vertreten, die der Wagners ähnelt, er behauptete, der Fürst sei »mittelalterlicher Denkweise weit entrückt« gewesen und habe »völlig auf dem Boden humanistischer Geistigkeit« gestanden. W. Gurlitt (a.a.O., 7) drückte sich da vorsichtiger aus, wenn er davon sprach, daß nach Friedrichs Begegnung mit Celtis und anderen Humanisten »die Gedankenwelt des vorreformatorischen internationalen Humanistenkreises eine hervorragende Rolle« am kursächsischen Hof gespielt habe. Für W. Andreas (a.a.O., 267) dagegen war der Fürst durchaus kein Humanist; wahrscheinlich kommt er der Wahrheit am nächsten, wenn er schreibt, daß die Beziehungen Friedrichs zu den Humanisten sein Innenleben wenig berührten und daß ihm die Liebe zur Musik und die Freude an der Malerei wohl näher lagen.

1051 Grossmann: HAW, 228; bzw. HIW, 101. Auf gleicher Ebene liegt Hildebrandts (a.a.O., 25) schon erwähnte Behauptung, Erasmus sei Friedrichs Lieblingsschriftsteller gewesen.

1052 Grossmann: HAW, 114, bzw. HIW, 53.

be zur Wissenschaft als durch und durch praktische Erwägungen die ausschlaggebenden Motive seiner Wissenschaftspolitik waren: Kitzscher wurde etwa 1504 in kurfürstlichen Dienst genommen,[1053] nachdem sein Freund Vincentius von Ravenna, der 1503 mit seinem Vater nach Wittenberg gekommen war und dort später über den Kodex las,[1054] den Kurfürsten auf ihn aufmerksam gemacht hatte. Bezeichnenderweise berief ihn Friedrich aber nicht an die Universität, sondern beschäftigte ihn als Sekretär und Kanzler,[1055] womit er zeigte, daß er weniger an Kitzscher als Humanisten, sondern als hochqualifiziertem Juristen und gewandtem Diplomaten interessiert war, was wiederum Rückschlüsse auf seine generelle Stellung gegenüber dem Gelehrten zuläßt.

In gewissem Sinne mögen die Gelehrten für Friedrich eine den Künstlern analoge Stellung eingenommen haben und nicht nur für ihn, wie man Spalatins Äußerung entnehmen kann, der in den Künstlern »in ... Handwerken«, in den Gelehrten aber »in Schriften ... gelehrte und kunstreiche Leute« sah.[1056] Ähnlich wird auch der Kurfürst gedacht haben, der an ihnen – wie an den Vertretern anderer Berufe – vor allem Sachverstand und Fertigkeiten, wie sie besonders den Humanisten zu eigen waren, zu schätzen wußte, für die er zeitlebens einen sicheren Blick gehabt zu haben scheint, und das umso mehr, als er sich seines eigenen Bildungsstandes[1057] voll bewußt und in Kompetenzfragen sehr empfindlich war.[1058]

Wenn davon gesprochen wird, daß Friedrich in den Gelehrten – ob sie nun humanistisch ausgerichtet waren oder nicht – vor allem sachverständige Fachleute sah, so heißt das keineswegs, daß er nur ihre Fähigkeiten als Juristen, Mediziner oder Theologen, nicht aber andere Fertigkeiten – etwa auf poetischem Gebiet – zu schätzen wußte. Es erscheint durchaus glaubhaft, daß er, wie Konrad Celtis behauptete,[1059] an Gedichten der »Poeten« großen Gefallen fand, wobei ihn allerdings ähnlich wie bei den Werken der bildenden Kunst wohl mehr der Inhalt als die Form interessiert haben dürfte. Nicht weniger konnten ihn Reden humanistischer Gelehrter – etwa die Christoph Scheurls[1060] oder des älteren Ravenna[1061] – beeindrucken. Auch für bestimmte patriotische Töne oder

---

[1053] Über Kitzscher s. Bauch: Kitzscher, 287–290; über die Umstände seiner Anstellung – die Grossmann (HAW, 110f.; bzw. HIW, 52) übrigens sehr wohl bekannt sind – s. Bauch: A. a. O., 308–311. – Der in Bologna ausgebildete Jurist blieb nur bis 1506 in Kursachsen – vgl. Hermann Freytag: Dr. Johann von Kitzscher im Dienste des Deutschen Ordens. NASG 28 (1907), 117–122.

[1054] Friedensburg: Geschichte, 54. 56.

[1055] Bauch: A. a. O., 311.

[1056] FWLZ, 34.

[1057] Vgl. Abschnitt 2.1.

[1058] Vgl. Anm. 503,4. 515. 516.

[1059] In der Widmung seiner »Ars versificandi et carminum« (s. Anm. 1093,1) an Friedrich – vgl. Der Briefwechsel des Conrad Celtis. Hrsg. Hans Rupprich. München 1934, 1 (Nr. 1); Bauch: Leipzig, 18. Celtis stützt sich auf eine Bemerkung Mellerstadts.

[1060] Vgl. Bauch: Scheurl, 37.

[1061] Friedensburg: A. a. O., 55f.

moralisch-theologische Erwägungen in gedruckten Werken von Humanisten war er alles andere als unempfänglich.

All dies sollte man aber keinesfalls als Beweis dafür werten, daß der Kurfürst an sich humanistischem Gedankengut und Lehrmeinungen gegenüber besonders aufgeschlossen gewesen wäre und aus diesem Grund einzelnen Humanisten auf mancherlei Weise »Gnad, Wohlthat und Vortheil«[1062] erzeigte. Wir haben es hier vielmehr mit einer ähnlichen Erscheinung zu tun, wie wir sie im Zusammenhang mit Friedrichs Verhältnis zu Luther beobachten konnten: Bestimmte Aussagen und Anliegen der Humanisten fanden bei ihm Resonanz, weil sie seinen eigenen Vorstellungen und Plänen – wenn auch vielleicht nur oberflächlich – entsprachen, wobei natürlich nicht gänzlich auszuschließen ist, daß er unterschwellig humanistisches Gedankengut gespeichert hatte, das zu rezipieren sich ihm keineswegs selten Gelegenheit bot.

Im Nachhinein lassen sich über das Ausmaß humanistischer Einflüsse auf den Kurfürsten freilich nur Vermutungen anstellen, ja, in der Frage nach der Akzentverteilung hinsichtlich seiner Motive für die Förderung der Nachwuchsausbildung in den unterschiedlichsten Bereichen ist nicht einmal das mehr angebracht, und man muß vorwiegend konstatieren ohne zu werten: So könnte die Aufmerksamkeit Friedrichs, die er einer angemessenen Erziehung sowohl der Kammer- und Chorknaben[1063] als auch der seines Neffen Johann Friedrich und der eigenen, illegitimen Söhne[1064] widmete, ebenso dem Bewußtsein einer eigenen ungenügenden Ausbildung wie einer Beeinflussung durch Vertreter der mehr moralisch-pädagogisch orientierten Richtung des Humanismus[1065] oder seinem vorausschauenden Blick entsprungen sein.

Welchen Stellenwert auch immer man einem möglichen Einfluß humanistischer Ideen auf sein Handeln zuzugestehen bereit ist, utilitaristisches, praxisbezogenes Denken bestimmte die kulturpolitischen Maßnahmen Friedrichs im Umkreis der Wissenschaften nicht weniger als seine Kunstpolitik – auch hier vielfältig und bisweilen in sublimen Formen, wie wir noch sehen werden. Ganz allgemein gesagt, die gesamte Skala unterschiedlichster Motivationen, wie sie uns im Kunstbereich begegnete, tritt uns auch hier vor Augen: Fürstliches Publizitätsstreben wie die Sucht, sich Ruhm und Ehre sogar über den Tod hinaus zu sichern und die eigene Bedeutsamkeit herauszustreichen, durchziehen wie ein roter Faden die kulturpolitischen Maßnahmen des Fürsten, ob er nun einzelnen Gelehrten Geschenke zukommen ließ oder in Wittenberg eine Universität gründete.

1062 FWLZ, 34.

1063 FWLZ, 53f.

1064 Vgl. Höss: A. a. O., 39f. 70f.; Anm. 137.

1065 Otto Herding: Probleme des frühen Humanismus in Deutschland. AKuG 38 (1956), 347. Herding unterscheidet zwischen einer moralisch-pädagogischen und einer mehr historisch-kritischen Richtung im deutschen Humanismus.

Werden an dieser Stelle schon Zusammenhänge zwischen den Problemen, vor die sich Friedrich als Landesherr und Reichsfürst zu Beginn des 16. Jahrhunderts gestellt sah, und seiner Wissenschaftspolitik augenscheinlich, so treten sie noch deutlicher zutage, wenn man sich der Beschäftigung von Gelehrten als fürstliche Räte zuwendet: Wie andere Fürsten seiner Zeit war auch Friedrich gezwungen, im Interesse des Schutzes und Ausbaus seiner Machtpositionen[1066] und damit zugleich im Interesse der Weiterentwicklung des kursächsischen Territorialstaates die bestmöglichen Juristen in seine Dienste zu ziehen, Juristen, denen diplomatische Gewandtheit gleichermaßen zu eigen war wie die Kenntnis des Römischen Rechts. Vertreter dieses neuen, mehr politisch-juristisch als kirchenrechtlich-philosophisch ausgerichteten Rechtsgelehrtentyps[1067] hatten zum größten Teil in Italien studiert, waren humanistisch geprägt, wenn nicht gar selbst Humanisten, so daß ihre Anstellung bei Hof für die Indienststellung weiterer humanistisch orientierter Persönlichkeiten und für die fürstliche Förderung von Humanisten ebenso wichtig wurde wie die anderer Humanisten. Friedrich sah sich mithin – da der Humanismus allgemein im Vormarsch war – von einem ständig wachsenden Kreis humanistisch ausgerichteter Persönlichkeiten und »Humanismussympathisanten« umgeben. Darüber hinaus stand er auch in Verbindung mit fremden Humanisten, die kennenzulernen er auf seinen Reisen – wie im Falle Bohuslav Lobkowitz' von Hassenstein[1068] und Reuchlins[1069] – und auf Reichstagen, aber auch bei seinem Aufenthalt in Maximilians Umgebung Gelegenheit hatte. Gleiches gilt für seine Bekanntschaften mit dem Wormser Bischof Johann von Dalberg, der ein großer Humanistenförderer war,[1070] mit Petrus von Ravenna[1071] und mit Mutianus Rufus.[1072]

Angesichts all dieser Kontakte von Humanisten mit dem sächsischen Kurfürsten tauchen Zweifel daran auf, daß der Ernestiner für das Vordringen des

---

[1066] Vgl. MAX STEINMETZ: Humanismus und Reformation in ihren gegenseitigen Beziehungen. LCKG, 34; RÖSSLER: A.a.O., 236.

[1067] KLEINEIDAM: A.a.O. 1, 180.

[1068] Über ihn s. ADB 19, 47. Friedrich traf mit ihm am 15. Mai 1493 in Venedig zusammen (RÖHRICHT: A.a.O., 181).

[1069] Vgl. GEIGER: Reuchlin, 52.

[1070] Über Dalberg s. ADB 4, 701–703; NDB 3, 488. – Dalbergs Bekanntschaft mit Friedrich rührt wahrscheinlich von einer Begegnung auf einem Reichstag her. Daß sie freundschaftlicher Natur war, ist anzunehmen: Die Schatullenrechnung von 1502 erwähnt (EGA Reg. Bb 4177, 37^{r}), daß der Kurfürst dem Bischof durch Mellerstadt ein Buch zusenden ließ, wobei es sich vielleicht um Celtis' von Friedrich finanzierte Ausgabe der Werke Roswithas von Gandersheim handelte – vgl. JOSEF BENZING: Wer war der Drucker für die Sodalitas Celtica in Nürnberg? Mitteilungen aus der Stadtbibliothek Nürnberg 4 (1955) 2, 1; s. Anm. 1150. 1151.

[1071] 1497 traf er in Begleitung Bogislaws X. von Pommern in Innsbruck mit Maximilian und dessen Hofstaat, in dem sich damals gerade Friedrich befand, zusammen (Th. MUTHER: A.a.O., 70; ADB 3, 51, FRIEDENSBURG: A.a.O., 54).

[1072] Die Bekanntschaft Mutians mit dem sächsischen Kurfürsten könnte während der Tätigkeit des Gelehrten als hessischer Rat geschlossen worden sein (vgl. GILLERT: A.a.O. 1, XX).

Humanismus in Kursachsen allein oder in dem Maße verantwortlich war, wie gelegentlich angenommen wird, Zweifel, die sich noch verstärken, wenn man einen Blick auf die über die Reichsgrenzen hinausreichende »res publica litteraria« wirft,[1073] jene amorphe Interessengemeinschaft von humanistisch gesinnten Persönlichkeiten, die untereinander enge Verbindungen aufrecht erhielten, obwohl sie keinesfalls Vertreter einer »homogenen Bildungsschicht« waren,[1074] sondern sich – sowohl was einzelne Zielsetzungen und Aktivitäten als auch ihre persönlichen Fähigkeiten betraf – deutlich von einander unterschieden.[1075] Trotzdem nützten sie sich auf vielerlei Weise, ob sie nun für Gleichgesinnte eintraten, die in Schwierigkeiten geraten waren, man denke nur an den Fall Reuchlin,[1076] oder ob sie sich gegenseitig halfen, vorteilhafte Stellungen zu erlangen, in denen sie der Ausbreitung des Humanismus Vorschub leisten konnten. Für die kurfürstliche Kulturpolitik konnte die Existenz der »res publica litteraria« – deren Bedeutung für die Erhöhung seiner Publizität Friedrich der Weise sicher erkannt hat – auf die Dauer ebensowenig ohne Folgen bleiben wie das Vorhandensein kleinerer Humanistenzirkel, die in manchem ein verkleinertes Abbild der »res publica litteraria« darstellten und unter der Bezeichnung »literarische Sodalitäten« bekannt sind. In ihnen scharten sich verschiedene humanistisch gebildete Persönlichkeiten um einen oder mehrere bedeutendere Humanisten. Bezeichnenderweise waren auch zwei von Friedrichs Räten und Vertrauten Mitglieder solcher Sodalitäten: Sein Leibarzt Martin Pollich, genannt Mellerstadt, der bei der Wittenberger Universitätsgründung eine nicht unwesentliche Rolle spielte, gehörte der »Sodalitas Polychiana« an, die – obwohl er streng genommen nur ein Vertreter des Frühhumanismus war – möglicherweise sogar nach ihm ihren Namen hatte,[1077] während Heinrich von Bünau 1495 auf Einladung des

---

[1073] S. Höss: A.a.O., 18.

[1074] Max Steinmetz: Die Konzeption der deutschen Universitäten im Zeitalter von Humanismus und Reformation. In: Les Universités Européennes du XIVe au XVIII Siècle. Aspects et Probèmes = Actes du Colloque international à l' occasion du VIe Centenaire de l' Université Jagellonne de Cracovie. 6. – 8. Mai 1964. Genève 1967, 119.

[1075] Neben großen Humanisten wie Erasmus und Reuchlin erscheinen etwa Mutianus Rufus (vgl. ADB 23, 109f.) und Spalatin eher als Durchschnitt (Höss: A.a.O., 37), während sie sich wiederum deutlich von den kleinen »Literaten« unterscheiden, »von denen doch keiner originell« war »und bei denen die goldene Herrlichkeit der bonae litterae in das Kleingeld schwatzhafter Alltagspoesie umgewechselt« wurde – nach Bernd Moeller: Die deutschen Humanisten und die Anfänge der Reformation. ZKG 70 (1959), 47.

[1076] Vgl. Anm. 588.

[1077] Carl Georg Brandis: Sodalitas Polychiana und Sodalitas Leucopolitana. ZVThüGA Beiheft 8 (1917), 12f. – Die Existenz der Sodalitas Polychiana ist durch eine für Friedrich bestimmte handschriftliche Widmung im Jenaer Exemplar von Celtis' »Opera Hrosvite« bezeugt (etwa 1501/02). Brandis nimmt an, der Sitz der Sodalität sei Leipzig gewesen (ebd., 15), und ist auch, die Leucopolitana betreffend, vorwiegend auf Vermutungen angewiesen. Er bringt die Leucopolitana mit Wittenberg in Verbindung, ohne freilich schlüssige Beweise bieten zu können (ebd., 19–26) – Leucopolis als humanistische Bezeichnung für Wittenberg ist eine Ausnahme (ebd., 26), so daß hier ebensogut ein ande-

»Erzhumanisten« Celtis der »Sodalitas literaria Rhenana« beitrat,[1078] wodurch er unter anderem mit Johannes Trithemius bekannt wurde.[1079] Bünau kann als erster juristisch gebildeter Ratgeber des sächsischen Kurfürsten gelten, der dem Humanismus mehr als aufgeschlossen gegenüberstand.[1080] Leider sind wir, was seinen Einfluß auf die Kulturpolitik Friedrichs betrifft, vorwiegend auf Vermutungen angewiesen, genau wie bei Johann Mugenhofer, dem Doktor beider Rechte, dessen Anstellung im Jahre 1501 insofern eine Zäsur darstellte, als danach das gelehrte Element am kursächsischen Hof ähnlich wie an anderen Höfen[1081]

---

rer Ortsname - wie Weißenstadt oder Weißenburg – in seiner gräzisierten Form zugrundeliegen könnte. Auffällig ist ferner, daß es sich bei den zwei Mitgliedern der Leucopolitana, deren Namen bekannt sind, nicht um Personen handelt, die in Kursachsen ansässig waren oder sich nachweislich dort aufhielten; das gilt sowohl für Bohuslaw Lobkowitz von Hassenstein (vgl. Anm. 1068) wie für Matthäus Lupinus. Die Mitgliedschaft Mellerstadts und Heinrichs von Bünau in der Leucopolitana läßt sich dagegen nicht belegen, und so ist auch Bauch, der die Sodalität gleichfalls mit Wittenberg in Verbindung bringt, in dieser Frage auf bloße Vermutungen angewiesen (Bauch: Bünau, 57). Grossmann (HAW, 78; bzw. HIW, 38) sieht wie Brandis eine Verbindung zwischen der Sodalitas Leucopolitana und der von Celtis neben sechs anderen Sodalitäten erwähnten Sodalitas Albinus Luneburgensis und schließt sich auch sonst Brandis an (Grossmann: HAW, 76–78).

1078 Bauch: Bünau, 43–45.

1079 Mit Trithemius verband Bünau, wie Grossmann zu Recht hervorhebt (Grossmann: HAW, 80; bzw. HIW, 39), eine besonders enge Freundschaft. – Über Trithemius s. Klaus Arnold: Johannes Trithemius (1462–1516). Würzburg 1971.

1080 Bünau (ca. 1460 - ca. 1506) hatte 1476 in Erfurt, ab 1477 in Leipzig und ab 1484 in Ingolstadt studiert. 1480 wurde er Baccalaureus artium und wandte sich dem Rechtsstudium zu. Noch vor 1493 trat er als Sekretär, Rat und Orator in den Dienst Friedrichs und Johanns (nach Bauch: Bünau, 42f.). Als er 1495 nach einem Unfall in Worms, der ihm den Beinamen »mit den Stelzen« einbrachte, der Sodalitas Rhenana beitrat, mußte er sich als einen »fast aller Wissenschaften Unkundigen« bezeichnen (ebd., 45), aber schon im Jahr darauf war diese Bezeichnung nicht mehr zutreffend, denn er hatte die Zeit seiner Krankheit zu humanistischen Studien genutzt und vor allem die griechische Sprache erlernt. Seine Kontakte zu den Mitgliedern der Rheinischen Sodalität, die er im selben Zeitraum anknüpfte und deren Bedeutung keinesfalls unterschätzt werden darf, rissen auch in den folgenden Jahren nach seiner Rückkehr an den kursächsischen Hof nicht ab, in denen er immer wieder als Friedrichs Gesandter auf verschiedenen Reichstagen und als sein Rat tätig war (vgl. Bauch: Bünau, 53–60).

1081 Wie am Hof Eberhards von Württemberg (Ernst: Eberhard, 23–26), Johann Ciceros von Brandenburg (ADB 14, 156) Philipps von der Pfalz (ADB 26, 16) und an Maximilians Hof, wo fast alle Mitglieder der Sodalitas Danubiana tätig waren (Baltl: A.a.O., 28). – Daß Friedrich bei der Einstellung gelehrter, humanistisch gebildeter Räte bisweilen auch dem Vorbild der genannten Fürsten und anderer humanistenfreundlicher Herren nacheiferte – was generell auch für seine Stellung zu den Humanisten zutreffen mag –, ist recht wahrscheinlich, zumal gerade ihm sehr nahestehende Fürsten humanistenfreundlich gesonnen, wenn nicht gar selbst stark humanistisch beeinflußt waren, wie z.B. Lorenz von Bibra, der Würzburger, und Gabriel von Eyb, der Eichstätter Bischof – vgl. Knod: A.a.O., 43f. (Nr. 310); Neuhofer: A.a.O., passim.

ständig zunahm,[1082] ohne daß dadurch gewisse »bildungsfeindliche« Höflinge völlig an Einfluß verloren.[1083]

Zwar gilt auch für Friedrichs Ratgeber in kulturellen Fragen prinzipiell das gleiche wie für seine Räte in innen- und außenpolitischen Angelegenheiten, und zwar, daß er trotz aller ihrer Entscheidungshilfen in seinen Entschlüssen

---

[1082] Dabei muß unterschieden werden zwischen Räten, die kurfürstliche Hofbeamte waren, und solchen im weiteren Sinne, deren Rat nur gelegentlich eingeholt wurde. Zu den letztgenannten gehörten verschiedene Universitätsgelehrte, die für den Kurfürsten beratend tätig wurden, wie Johann Biermost (über ihn KLEINEIDAM: A. a. O. 2, 326f.), Henning Goede (ebd., 325) und Christoph Scheurl, letztlich auch – obwohl nicht akademisch tätig – Mutian (vgl. HALBAUER: A. a. O., 127). Uns interessieren in diesem Zusammenhang vor allem die Räte der erstgenannten Kategorie (vgl. FWLZ, 34), wie z. B. Mugenhofer, der 1501 den juristisch nicht vorgebildeten Heinrich vom Ende in der kursächsischen Kanzlei ablöste (BRATHER: A. a. O., 277). Mugenhofer hatte in Perugia promoviert und danach ab 1490 im Dienst Erzbischof Ernsts von Magdeburg gestanden (WENTZ: A. a. O., 120). Nach der Wittenberger Universitätsgründung wurde er ordentlicher Professor des kanonischen Rechts an der Leucorea und starb 1510 (KETTMANN: A. a. O., 44). Wie Johann von Kitzscher, der u. a. in Bologna studiert und dort 1497/98 das Rektorat beider juristischer Fakultäten bekleidet hatte (BAUCH: Kitzscher, 287–290), stand er dem Humanismus sehr aufgeschlossen gegenüber, wie seine Freundschaft mit Hermann von dem Busche, einem »Apostel des Humanismus in Deutschland« (FRIEDENSBURG: A. a. O., 69) erkennen läßt (vgl. LIESSEM: A. a. O., 33). Als weitere gelehrte Räte des Kurfürsten, die zum Teil auch humanistisch gebildet waren, seien hier nur noch Gregor von Brück (EKKEHART FABIAN: A. a. O., 12), Johann von Hirschfeld (N. MÜLLER: A. a. O., 388–390), Hugold von Einsiedel (ebd., 372) und Hans von der Planitz – über ihn vgl. WÜLCKER-VIRCK: A. a. O., XXIX-XXXVIII. passim; JOHANNES REIMERS: Dr. Hans Edler von der Planitz: Ritter, kursächsischer Rat und Amtmann zu Grimma (+1535). Herbergen der Christenheit 2 (1957), 88–116 – erwähnt. Eine besonders hervorragende Stellung unter den Räten nimmt Georg Spalatin (1484–1545) ein (HÖSS: A. a. O., passim; BLDG, 445f.), dem als Humanisten in unmittelbarer Nähe Friedrichs des Weisen eine eminente Bedeutung für dessen Kulturpolitik zukommt. Spalatin trat nach der Ausbildung an der Stiftsschule Spalt und der Nürnberger Sebaldusschule Ostern 1498 in die Erfurter Universität ein, wo er 1499 zum Baccalaureus artium promovierte. 1502/03 ließ er sich an der Universität Wittenberg intitulieren, erwarb dort 1503 den Grad eines Magister artium und studierte dann Jura. 1504/05 (vgl. HÖSS: A. a. O., 15) kehrte er nach Erfurt zurück und trat dem Freundeskreis des Mutianus Rufus bei, dem so bekannte Humanisten wie Ulrich von Hutten (ADB 13, 464–475), Crotus Rubianus (ADB 4, 612–614; s. auch Vlrichi Hutteni ... Operum Supplementum ... Hrsg. EDUARD BÖCKING. Bd. 2II. Lipsiae 1870, 353–355) und Eobanus Hessus (ADB 12, 316–319; BÖCKING: A. a. O. 2II, 390–393) angehörten (HÖSS: A. a. O., 17). Nach einem Aufenthalt als Klosterpraeceptor in Georgenthal von 1505 bis 1508 trat er 1508 als Erzieher in ernestinische Dienste und wurde, nachdem er schon vorher von Friedrich dem Weisen als Rat mit vielfältigen Aufgaben – sei es mit Bücherkäufen, historischen Studien, Übersetzungen oder anderem – betraut worden war, 1516 zum kurfürstlichen Geheimsekretär berufen, als der er – ebenso wie als Hofkaplan – zu einer der einflußreichsten Persönlichkeiten am kursächsischen Hof aufstieg (HÖSS: A. a. O., 60. 81f.).

[1083] Vgl. Luthers Brief an Johann Friedrich vom 20. Mai 1525 in WABr 3, 501 (Nr. 870).

selbständig blieb.[1084] Da er sich aber für bestimmte Problembereiche der Kulturpolitik als Nichtfachmann unzuständig fühlte,[1085] wandte er sich bei solchen Gelegenheiten an kompetentere Persönlichkeiten, die dann Vorentscheidungen trafen, denen er meist zustimmte, wenn er sie – wie Spalatin schreibt – »in ehrlicher Ehrbarkeit und gutem Verstand«[1086] gegründet wußte und sie seinen Grundsätzen nicht widersprachen. Der angeführten Bemerkung Spalatins muß man umso größeres Gewicht beimessen, als Spalatin derjenige der kurfürstlichen Räte war, dessen Einfluß auf Friedrichs Kulturpolitik im Wissenschaftsbereich – im Gegensatz zu dem Bünaus, Mellerstadts und Mugenhofers – recht gut nachweisbar und am höchsten zu veranschlagen ist.

Das alles soll freilich nicht bedeuten, daß die Kulturpolitik Friedrichs III. von Sachsen faktisch von seinen Räten betrieben wurde. Dies anzunehmen wäre ebenso falsch wie die Ansicht, die für den Humanismus günstige Entwicklung in der kurfürstlichen Kulturpolitik sei allein ihm zuzuschreiben, eine Ansicht, der mit den allgemeinen und abgrenzenden Ausführungen über die Rolle der kurfürstlichen Räte bei Friedrichs kulturpolitischen Maßnahmen grundsätzlich begegnet werden sollte. Die Frage nach dem Grad seiner persönlichen Verantwortlichkeit für die Ausbreitung des Humanismus in seinem Herrschaftsbereich steht nach wie vor im Raum und harrt ebenso ihrer Beantwortung wie die Frage nach dem Wesen seiner Beziehungen zu den Humanisten außerhalb der Wittenberger Universität und Kursachsens.

2.2.1. Friedrichs Beziehungen zum außerakademischen Humanismus

Aus dem Jahre 1516 ist eine Bemerkung Mutianus Rufus' überliefert, die uns Friedrich den Weisen in einem ungewohnten Licht zeigt, berücksichtigt man, mit welchem Lob der Kurfürst in der Regel von den Humanisten überschüttet wurde. Mutian, den offenbar das Scheitern der Berufung des Petrus Mosellanus[1087] nach Wittenberg[1088] verstimmte, findet in diesem Zusammenhang für den Ernestiner harte Worte, indem er ihn als einen Fürsten bezeichnet, der als Anwerber wissenschaftlichen Nachwuchses geiziger denn je sei und aus Rücksicht auf die Staatskasse nicht wenigen seine Wohltaten verweigere, obwohl er zu Recht ein Mäzen aller genannt werden müsse.[1089]

[1084] Vgl. Abschnitt 2; s. auch Anm. 512.
[1085] Vgl. Anm. 513–517.
[1086] FWLZ, 49.
[1087] Vgl. BLDG, 342.
[1088] Vgl. Höss: A. a. O., 87. – Es handelt sich um den ersten Berufungsversuch, der allerdings scheiterte (vgl. FRIEDENSBURG: A. a. O., 115).
[1089] GILLERT: A. a. O. 2, 226 (Nr. 562): »Princeps delector (=Rekrutenanwerber) tenacior est quam fuit. Negat stipendia non paucis suo consulens fisco, etsi omnium Mecenas dici iure debeat.«

Von Vorwürfen dieser Art ist sonst wenig zu spüren, ob nun in anderen Briefen Mutians oder in den Schreiben seiner humanistischen Freunde.[1090] In den für Friedrich bestimmten Widmungsvorreden von Humanisten aller Schattierungen wird man sie vollends vergeblich suchen, weshalb hier besondere Vorsicht bei ihrer Benutzung als Quelle für Friedrichs Stellung zum Humanismus geboten ist,[1091] und das umso mehr, als schon die Anzahl der Widmungen beeindruckt und so zu Fehlschlüssen verleiten kann: Es liegen mindestens dreißig Widmungen[1092] von Gelehrten und Druckern vor, die bereits bei der Betrachtung

---

1090 Sonst wird der Kurfürst von Mutian beispielsweise als «göttlicher (»divus«) Friedrich« bezeichnet – so in Briefen an Herebord von Marthen und Crotus Rubianus –; Scheurl nennt ihn und Johann »Maecenates nostri«, und auch Erasmus hat die beste Meinung von ihm – Gillert: A.a.O. 1, 147 (Nr. 105). 165 (Nr. 119); Soden-Knaake: A.a.O. 1, 52 (Nr. 36); Allen: A.a.O. 4, 32 (Nr. 1001). 297 (Nr. 1119); ebd. 5, 575 (Nr. 1512); auch 3, 407 (Nr. 871); König: Peutinger, 211 (Nr. 125). 215 (Nr. 126).

1091 Vgl. Schottenloher: Widmungsvorrede, 194–196. 208.

1092 Hildebrandt (a.a.O., 27) hat dreißig Widmungen feststellen können. Es ist jedoch zu unterscheiden, ob die Dedikationen aus dem Umkreis der Wittenberger Universität oder von fremden Gelehrten stammen. Da für die Widmungsvorreden Wittenberger Gelehrter zwar prinzipiell die gleichen Motive in Rechnung zu setzen sind wie für die Widmungen Auswärtiger, dabei aber gewissermaßen eine Ausnahmesituation vorliegt, weil die Dedikatoren im kurfürstlichen Dienst standen, gehe ich im folgenden hauptsächlich von Widmungsvorreden der zweiten Art aus. Trotzdem seien hier auch einige Widmungen von Wittenbergern aufgeführt – die Widmungen von Lutherschriften werden dabei ausgeklammert, denn sie wurden bereits erwähnt (s. Anm. 626):

1. Petrus Ravenna: Clypeus ... contra doctorem Caium ...(1503); Grossmann: HAW, 227; bzw. HIW, 101.
2. Petrus Ravenna: Compedium pulcherrimum Juris canonici ... (1504); Muther: A.a.O., 96; Grossmann: HAW, 227; bzw. HIW, 101.
3. Johann von Kitzscher: Dialogus de Sacri Ro. Imperii Rebus ... (1504); Grossmann: HIW, 101. 89f.; dies.: Wittenberger Drucke 1502 bis 1517: ein bibliographischer Beitrag zur Geschichte des Humanismus in Deutschland. Wien; Bad Boklet 1971, Nr. 22.
4. Petrus Ravenna: Sermones extraordinarii et pulcherrimi ... (1505); Grossmann: A.a.O., 101; dies.: Drucke, Nr. 24.
5. Henricus Aquilonipolensis (Fischer): Dimetromachia de virtutum et viciorum conflictu ... (o. J.); Bauch: Erfurt, 172f.
6. Kilian Reuter: Comedia gloriose ... (1507), Gustav Bauch: Wittenberg und die Scholastik. NASG 18(1897), 323.
7. Christoph Scheurl: Libellus de Laudibus Germaniae et Ducum Saxoniae ... (^{2}1508); Grossmann: HIW 61f.; Graf: A.a.O., 154; Felix Edmund Streit: Christoph Scheurl: der Ratskonsulent von Nürnberg und seine Stellung zur Reformation. Plauen 1908, 26 - Phil. Diss. Erlangen 1908
8. Andreas Karlstadt: Distinctiones Thomistarum ... (1507); Bauch: Erfurt, 153; Grossmann: HIW, 95.
9. Hrsg. Kilian Reuter: Liber de anima Aristotelis ... (1509); Grossmann: HIW, 92; dies.: Drucke, Nr. 48.
10. Martin Mellerstadt: Cursus logici ... (1511); Bauch: Wittenberg, 325.
11. Martin Mellerstadt: Cursus physici ... (1514; postum); Bauch: A.a.O., 325.

der einzelnen Verfassernamen und der Titel[1093] den Eindruck erwecken, daß die Verdienste Friedrichs des Weisen um die Wissenschaft nicht gering gewesen sein müssen, ein Eindruck, der sich festigt, wenn man die Erklärungen der einzelnen Verfasser über ihre Beweggründe liest, die Widmungen an den sächsischen Kurfürsten zu adressieren. Der Ernestiner wird darin immer wieder wegen seiner Wissenschaftsförderung gepriesen,[1094] wobei die Dedikatoren oft

---

Laut Hildebrandt (a.a.O., 27f.) waren u.a. noch Bugenhagens Psalmenkommentar (1524; vgl. RE 3, 527), der Hoseakommentar Franz Lamberts von Avignon (1524; vgl. RE 11, 221) und Melanchthons Übersetzung von Lucians Rede »In calumniam«, mit einer Widmung für Friedrich versehen. Auch Spalatins Übersetzung von Erasmus' »Querela pacis« (1520) war dem Ernestiner gewidmet (Höss: A.a.O., 442; WABr 2, 83, Anm. 1), ebenso Johann Böschensteins »Hebräische Elementargrammatik« (1518; vgl. Friedensburg: A.a.O., 123) und Andreas Meinhards »Dialogus ...« (Wittenberg 1507, vgl. Haussleiter: A.a.O., 6–8).

[1093] Eine kurze Übersicht über Widmungen, die nicht von Gelehrten aus Friedrichs Nähe stammen:

1. Konrad Celtis: Ars versificandi et carminum ... (ca. 1486, vor Friedrichs Regierungsantritt); Bauch: Leipzig, 18; Rupprich: A.a.O., 1 (Nr. 1); Victor von Klemperer: Konrad Kachelofen, Johannes Kachelofen. GuJ 4 (1929), 139; Grossmann: HAW, 228f.; bzw. HIW, 101.
2. Priamus Capotius (Capocci): Fridericeis ... (1488); Bauch: A.a.O., 23; Grossmann: HIW, 103.
3. Hans von Hermannsgrün: Somnium ... (1495); Ulmann: Traum, 78; Peuckert: A.a.O., 228. 233; Grossmann: HIW, 102f.
4. Hrsg. Konrad Celtis: Opera Hrosvite ... (1501); Rupprich: A.a.O., 561–567 (Nr. 267); Schottenloher: Widmungsvorrede, 11f.; Grossmann: HIW, 101f.
5. Hrsg. Jakob Wimpfeling. Lupoldus (scil.: de Bebenburg) Episcopus Bambergensis, de iuribus et translatione imperii ... (1508); Grossmann: HAW, 232; bzw. HIW, 103.
6. Johannes Reuchlin: Constantinus Magnus ... (1513); Geiger: Briefwechsel, 190 (Nr. 165); Grossmann: HIW, 104.
7. Johannes Kuschwert: Historia Hebreorum ... (1515); Grossmann: HAW, 236f.; bzw. HIW, 105; vgl. auch Otto Clemen: Ein Rektor der Dresdner Kreuzschule, 1511–1514. NASG 30 (1909), 139f.
8. Erasmus von Rotterdam: Ausgabe des Sueton und der »Scriptores historiae Augustae« (1518); Hartfelder: Friedrich, 207; Kirn: A.a.O., 20; Gess: Akten 1, 350, Anm. 1; Allen: A.a.O. 2, 578–586 (Nr. 586); 3, 539 (Nr. 947).
9. Hrsg. Petrus Mosellanus: Isokrates: De bello ... (1518); Hildebrandt: A.a.O., 32; Tutzschmann: A.a.O., 138.
10. Hrsg. Beatus Rhenanus: Velleius Paterculus: Historia Romana ... (1520); Horawitz-Hartfelder: A.a.O., 250, Anm. 2. 257f. (Nr. 186).
11. Hrsg. Thomas Anshelm: Moses Kimchi: (Mahalakh Schebile Ha-dacath) (1519); SM 6I, 61 (Nr. 58); Friedensburg: A.a.O., 126, Anm. 1; vgl. RE 10, 285, Schottenloher: Widmungsvorrede, 199 – Schottenloher nennt als Verfasser David ben Kimchi, dessen Grammatik «Cheleq ha-diqdaq" (nach RE 10, 284) jedoch zuerst 1525 in Italien erschien.

Weitere Titel bei Hildebrandt: A.a.O., 29. 31. 33.

[1094] So von Wimpfeling, Kuschwert, Reuchlin, Beatus Rhenanus (s. Anm. 1093, 5. 7. 6. 10) und im Zusammenhang mit der Suetonwidmung auch von Erasmus (s. Anm. 1093, der Gefahr erliegen, ihm zuviel Ehre anzutun, was man einem Celtis, Wimpfeling und Beatus Rhenanus gern nachsieht,[1095] da sie Friedrich nur außerhalb Sachsens und ausschließlich von seiner besten Seite kennenlernten, was aber bei Martin Mellerstadt, der den Fürsten besser kannte, ihm aber trotzdem Liebe zur Philosophie und die Kenntnis Platos und Homers nachsagte,[1096] umso befremdlicher wirken muß, zumal der Humanist Hermann von dem Busche, den es nur ein Jahr an der Wittenberger Universität hielt,[1097] trotz allen Lobes für den Kurfürsten auch einen kritischen Ton nicht vermissen läßt.[1098]

So häufig Friedrichs positives Verhältnis zur Wissenschaft und ihren Vertretern und das Bestreben der Dedikatoren, ihn auf dem eingeschlagenen Weg zu halten, als Hauptgründe erscheinen, dem sächsischen Kurfürsten einzelne Werke zu widmen, sind sie kaum ausschlaggebend gewesen. Teils verkappt, teils offen spielen dabei noch andere Gründe eine Rolle, denn den Verfassern von Widmungen ging es vor allem um ihre eigenen Belange, weshalb es nicht ratsam ist, schriftliche Zueignungen der genannten Art als Indizien für eine besonders positive Stellung des Fürsten zum Humanismus zu werten. Die Menge der Widmungen weist lediglich auf eine besondere Empfänglichkeit Friedrichs für Dedikationen hin, die freilich ebensogut seinem Streben nach Publizität und der Sorge um seinen Nachruhm entsprungen sein könnte.[1099]

---

8). Sie alle loben Friedrich wegen der Unterstützung der Gelehrten, wegen seiner Liebe und Hingabe für sie, wegen seiner Universitätsgründung und der Einrichtung einer Universitätsbibliothek – vgl. Grossmann: HAW, 232. 237; bzw. HIW, 103. 105; Geiger: Briefwechsel, 190 (Nr. 165); Horawitz-Hartfelder: A. a. O., 257f. (Nr. 186); Allen: A. a. O. 3, 528 (Nr. 939, Anhang). 604 (Nr. 979).

[1095] Celtis (Anm. 1093, 4) rühmt an Friedrich u. a. sein »mirum ... in litteras studium«, Wimpfeling (s. Anm. 1093, 5) sein Interesse an den Humanior und Rhenanus (s. Anm. 1093, 10) bezeichnet ihn als »potissimum (= hauptsächlich) elegantiorum studiorum Germanicus Mecoenas (!)« – vgl. Rupprich: A. a. O., 467 (Nr. 267); Grossmann: HIW, 103; Horawitz-Hartfelder: A. a. O., 257 (Nr. 186).

[1096] In seiner Widmung von Aristoteles' »Metaphysik« (s. Anm. 1092, 9) – nach Grossmann: HIW, 92. – Was Friedrichs Kenntnis von Plato und Homer betrifft, dürfte sie sich bestenfalls auf die Kenntnis einzelner Sentenzen aus ihren Werken beschränkt haben.

[1097] Liessem: A. a. O., 30f.; Friedensburg: A. a. O., 69f.

[1098] Als Busche einmal ein Buch Epigramme Friedrich zu widmen gedachte, begründete er sein Vorhaben in einem Schreiben an Mellerstadt u. a. mit den »'plurimae egregiaeque virtutes ... Humanissimi principis'« und mit der Wissenschaftsförderung durch den Kurfürsten, die er mit einer vielsagenden Randbemerkung charakterisiert (nach Liessem: A. a. O., 38): »Favet (scil.: Fridericus) litteris (ut fertur) et praesertim humanioribus.«

[1099] Daß Friedrichs Streben nach Ruhm den Humanisten nicht unbekannt war, zeigen indirekt Äußerungen Mutians und Erasmus': So entschuldigte sich Mutianus Rufus, als er 1521 das Angebot des Kurfürsten ausschlug, die Probststelle des Wittenberger Allerheiligenstifts zu übernehmen (vgl. Friedensburg: A. a. O., 143f.), damit, daß er in Gotha alt zu werden gedenke und seine Muße zum Ruhm des Fürsten nicht ohne Nutzen für dessen Ruf (»non sine fructo famae«) einsetzen (»deducare«) werde – Gillert: A. a. O. 2, 278f. (Nr. 603). Erasmus dagegen ermunterte den Kurfürsten, in der Förderung von

Wesentlich mehr als über den Adressaten sagen die Widmungen über ihre Verfasser aus. Das gilt auch für die Dedikationen derjenigen Werke, deren Thematik für den Kurfürsten von Interesse gewesen sein dürfte, ohne daß er deshalb die Intentionen der Verfasser beziehungsweise der Editoren geteilt oder sich ihre Ansichten zu eigen gemacht haben muß. So mag Friedrich, dessen historisch-genealogisches Interesse auch an anderer Stelle sichtbar wird, die Widmung von Beatus Rhenanus' Ausgabe des »Velleius Paterculus« ebenso erfreut zur Kenntnis genommen haben wie die der Edition der römischen Kaiserbiographien durch Erasmus von Rotterdam oder die von Reuchlins »Constantinus magnus«,[1100] in der der Gelehrte, um dem Fürsten zu schmeicheln, sogar vor einer Identifizierung von Sachsen, Meißnern und Thüringern mit den alten Axenern, Mysern und Tyrigeten nicht zurückschreckte,[1101] was ihm den Spott des Crotus Rubianus eintrug.[1102] Da der Kurfürst außerdem für patriotische Töne, wie sie etwa Celtis anschlug,[1103] scheinbar ein offenes Ohr hatte[1104] und sich darüber hinaus der Mißstände im Reich bewußt war, verwundert es nicht, daß die zeitkritischen Schriften Hermannsgrüns und Johanns von Kitzscher[1105] ihm von den Verfassern ebenso zugeeignet wurden wie Wimpfelings Ausgabe von Lupold von Bebenburgs »De iuribus et translatione imperii«.[1106] Trotzdem sind die Widmungen der letztgenannten Werke als Ausgangspunkt für Schlußfolgerungen über die reichspolitischen Ansichten des sächsischen Kurfürsten denkbar ungeeignet, zumal sie wie gesagt gleich anderen Dedikationen ihre Entstehung recht nüchternen, sachlichen Erwägungen ihrer Verfasser verdanken. Daß dabei hinsichtlich ihrer Motive die Akzente recht unterschiedlich zu setzen sind, muß wohl nicht besonders betont werden. In den vorliegenden Fällen könnten die Dedikatoren durchaus die Absicht verfolgt haben, das politische Handeln des Fürsten zu beeinflussen. Ähnliche, wenn auch anders geartete Intentionen, standen sicher auch 1486 bei der Widmung von Celtis' »Ars versificandi«[1107] im Hintergrund, durch die Friedrich, der zur Zeit der Dedikation noch Kurprinz war, bestärkt werden sollte, zugunsten der Gelehrten und der humanistischen Studien aktiv zu werden, ein Motiv, das mit unterschiedlicher Intensität auch in anderen Widmungen zum Tragen kommt und gewissermaßen ihren Hauptnenner darstellt, so verschieden auch die Anlässe für die einzelnen Dedikationen waren.

Kunst und Wissenschaft fortzufahren, denn damit werde er sich unsterbliche Ehre verschaffen – Allen: A.a.O. 3, 529 (Nr. 939, Anhang).

1100 Vgl. Anm. 1093, 10. 8. 6.

1101 Geiger: Briefwechsel, 190 (Nr. 165).

1102 Vgl. Gillert: A.a.O. 1, 415f. (Nr. 321).

1103 Vgl. BLDG, 78.

1104 Vgl. Kirn: A.a.O., 132.

1105 Vgl. Anm. 1093, 3; 1092, 3.

1106 Vgl. Anm. 1093, 5.

1107 Vgl. Anm. 1093, 1.

Widmungen erfolgten, um die Aufmerksamkeit des Fürsten zu erregen und auf diese Weise in den Genuß finanzieller Zuwendungen oder anderweitiger Unterstützung zu kommen. Allerdings geschah es dabei nur selten, daß die Dedikatoren ihre Absichten so klar erkennen ließen wie der von 1515 bis 1517 in Leipzig lehrende Richard Crocus,[1108] der etwa 1516 Friedrich ein Büchlein in der Hoffnung übersandte, dafür Geld zu erhalten.[1109] In der Regel ließ der Erfolg nicht lange auf sich warten: Die Dichterkrönung des Konrad Celtis im Jahre 1487, die auf eine Empfehlung des jungen sächsischen Kurfürsten zurückgehen soll,[1110] könnte durchaus im Zusammenhang mit der Widmung der »Ars versificandi« stehen, während an anderer Stelle der Zusammenhang zwischen einer Widmung und einer daraufhin erfolgten Zuwendung offenkundig ist und zwar im Falle der Dedikation von Erasmus' Suetonausgabe,[1111] die die Übersendung einer Porträtmedaille an den Gelehrten zur Folge hatte.[1112]

Umgekehrt dienten Widmungen bisweilen auch dazu, dem Kurfürsten für schon erfolgte Zuwendungen oder seine Unterstützung Dank abzustatten, wobei der Verfasser nicht selten auf weitere Unterstützung gehofft haben wird. Um Widmungen dieser Art handelt es sich im Falle von Celtis' »Opera Hrosvite«, zu deren Druck Friedrich Geld beigesteuert hatte,[1113] und bei Reuchlins Dedikation des »Constantinus magnus«, die eine Art Dank für die Unterstützung des Gelehrten durch den Kurfürsten in den Auseinandersetzungen Reuchlins mit den Dominikanern darstellt.[1114] Bei der letztgenannten Widmung ermöglicht vor allem das Datum ihrer Abfassung Rückschlüsse auf die eigentlichen, nicht offen ausgesprochenen Beweggründe ihres Verfassers.[1115]Ähnlich verhält es sich auch bei Mosellans Widmung einer Rede des Isokrates, einer Dedikation, die 1518 erfolgte, also in demselben Jahr, in dem Mosellanus sich bemühte, in Wittenberg als Legent der griechischen Sprache angestellt zu werden.[1116] Verglichen mit diesem Fall liegen die eigentlichen Motive des Hagenauer Verlegers Thomas Anselm, der 1519 Friedrich dem Weisen den Neudruck einer

[1108] Jöcher 1, 2206.

[1109] HEKELIUS: A. a. O., 23 (Nr. 8); Crocus schrieb an Friedrich: »Editum nuper a me Libellum, ..., facturum me operae pretium existimabam, si ad Tuam celsitudinem unicum exemplar transmitterem.«

[1110] Vgl. BLDG, 77; GROSSMANN: HAW, 229; bzw. HIW, 101; Anm. 1149.

[1111] Vgl. Anm. 1093, 8. – Erasmus widmete sie Friedrich nicht allein, sondern auch Herzog Georg von Sachsen (vgl. auch CR 1, 79, Anm. 1).

[1112] ALLEN: A. a. O. 3, 603 (Nr. 978). – Auch Beatus Rhenanus erhielt für seine Widmung eine Medaille – s. HORAWITZ-HARTFELDER: A. a. O., 272 (Nr. 198).

[1113] Vgl. Anm. 1093, 4; Anm. 1150. – Sollte die Drucklegung von Mellerstadts »Cursus logici« (s. Anm. 1092, 10) ebenfalls mit kurfürstlicher Hilfe erfolgt sein (vgl. BAUCH: Wittenberg, 327), wäre die Widmung dieses Werkes hier mit einzuordnen.

[1114] Vgl. Anm. 1093, 6. 588.

[1115] Sie ist – nach GEIGER: Briefwechsel, 190 (Nr. 165) – auf den 13. Aug. 1513 datiert. Etwa zur gleichen Zeit hatte die Auseinandersetzung Reuchlins mit seinen Gegnern einen Höhepunkt erreicht (vgl. Anm. 588).

[1116] Vgl. Anm. 1093, 9; FRIEDENSBURG: A. a. O., 115.

hebräischen Grammatik dedizierte,[1117] im Dunkeln. Wahrscheinlich war es ihm darum zu tun, den Absatz des Werkes zu steigern,[1118] vielleicht wollte er auch seinem Namen Geltung und sich einen Gönner verschaffen, Motive, die wir auch bei anderen Widmungsverfassern wiederfinden und die besonders für die Humanisten unter ihnen bezeichnend sind, denn gerade die Humanisten waren, wie sie wohl wußten, auf fürstliche Gönner angewiesen.

Trotz oder vielleicht auch wegen des Wissens um ihre Unterstützungsbedürftigkeit gestaltete sich das Verhältnis einzelner Humanisten zu den Fürsten nicht immer konfliktfrei, weil es an einem Grundwiderspruch krankte, dem Gegensatz zwischen Streben nach persönlicher Freiheit und Unabhängigkeit und der notwendigen Abhängigkeit von einem Fürsten, der materielle Unterstützung gewähren und für die Realisierung bestimmter Pläne von Nutzen sein konnte. Besonders zeigt sich dieser Grundwiderspruch bei Mutian: Einerseits konnte der Gelehrte Freunde daran erinnern, wie nötig es sei, um die Bekanntschaft hochgestellter Männer zu werben,[1119] andererseits teilte er mit anderen gelehrten Zeitgenossen die Abneigung gegen den Hofdienst,[1120] die ihren treffendsten Ausdruck in dem damals gebräuchlichen Satz: »Lang zu Hofe, lang zur Höll«,[1121] fand und die ihn, der selbst kurze Zeit hessischer Rat gewesen war und deshalb die »wissenschaftliche Muße« doppelt schätzte,[1122] davon abhielt, trotz verlockender Angebote des sächsischen Kurfürsten direkt in dessen

---

[1117] Vgl .Anm. 1093, 11. – Nach Schottenloher (Widmungsvorrede, 199) eignete er sie dem Fürsten für den noch zu errichtenden »hebräischen« Hörsaal der Wittenberger Universität zu. Wie die meisten Dedikatoren nach 1502 mag auch Anselm an eine Unterbringung des dedizierten Buches in der Universitätsbibliothek gedacht haben.

[1118] Vgl. Schottenloher: A.a.O., 199.

[1119] In einem Schreiben an Heinrich Urban und Spalatin – bei Gillert: A.a.O. 1, 48 (Nr. 37) – : »... notitiam summorum virorum ambire volumus.«

[1120] Die Abneigung gegen den Hofdienst, die vor allem daraus resultierte, daß »alle Menschen des Hofes von einem allein abhängig« (Rössler: A.a.O., 243) waren, artikulierten verschiedene Gelehrte: Heinrich Stromer von Auerbach gab 1517 in Mainz den »Libellus aulicorum miserias copiose exponens« des Aeneas Sylvius heraus, und etwa ein Jahr später wurde das Problem des Hoflebens von Hutten, Mosellanus und Stromer kritisch und unter negativem Aspekt weiter erörtert (Wustmann: A.a.O., 22). Daneben sind auch Aussagen anderer Persönlichkeiten dieser Zeit überliefert, die entsprechende Aversionen erkennen lassen: 1509 forderte der Nürnberger Anton Kress Christoph Scheurl auf, sich nicht den Fürsten zu widmen; Scheurl seinerseits erklärte gegenüber dem Leipziger Astrologen Caspar Noricus, es sei nicht immer sicher, auf die Fürsten zu rechnen, und es sei wenig oder nichts von ihnen zu erwarten – vgl. Graf: A.a.O., 50; Gustav Bauch: Zu Christoph Scheurls Briefbuch. NMGHF 19 (1898), 414 (Nr. 38c). Auch Luther machte aus seiner Abneigung gegenüber dem Hof keinen Hehl, als er schrieb – WABr 2, 492 (Nr. 472): 12. April 1522 -: »Ego natura mea ab aula abhorreo.«

[1121] Wustmann: A.a.O., 22.

[1122] Gillert: A.a.O., 1, XX. – Wie es den Gelehrten gehen konnte, wenn sie sich an einen Hof banden, zeigt Reuchlins Beispiel, der durch den Hofdienst zwar um seine »Muße« gebracht wurde, aber anderweitig für den Humanismus wirken konnte (s. Geiger: Reuchlin, 49).

Dienst zu treten.[1123] Obwohl er prinzipiell auch einem Eintritt seiner Freunde in den Hofdienst skeptisch gegenüberstand,[1124] änderte er seine Haltung, wenn der Dienst bei Hofe Möglichkeiten zur Verbreitung humanistischer Ideen eröffnete, was bei Spalatins Eintritt in den Hofdienst der Fall war, weshalb er ihn 1508 Friedrich als Prinzenerzieher empfahl.[1125] Wie seine Pläne hinsichtlich Spalatins zeigen, nachdem dieser nicht mehr als Erzieher Johann Friedrichs, sondern als Rat des Kurfürsten tätig war,[1126] scheint Mutian sich anfänglich der Bedeutung von Spalatins Tätigkeit bei Hofe außerhalb des pädagogischen Bereichs nicht voll bewußt gewesen zu sein,[1127] was sich jedoch spätestens unter dem Eindruck von Spalatins Wirksamkeit in der Reuchlinschen Angelegenheit änderte.

Trotz der Tatsache, daß Mutian eine enge Bindung an den Hof nicht einging und an seiner grundsätzlichen Abneigung gegen den Hofdienst festhielt, ist er auch für den Kurfürsten in verschiedenen Angelegenheiten beratend tätig gewesen,[1128] ja, er war Friedrich und einigen seiner Räte[1129] in fast freundschaftlicher Weise verbunden. Nicht minder positiv gestalteten sich andererseits auch die Beziehungen Friedrichs zu Mutian, wie auch immer sie geartet und motiviert gewesen sein mögen. Da Mutian[1130] derjenige Humanist außerhalb des

---

[1123] 1521 lehnte er es ab, als Nachfolger Henning Goedes nach Wittenberg zu gehen, nachdem er offenbar schon kurz nach 1505 ein Angebot des Kurfürsten ausgeschlagen hatte – vgl. Gillert: A. a. O., 2, 278 (Nr. 603); 1, 138 (Nr. 96). LVf. Daß er nicht der einzige Humanist war, der den Hofdienst mied, zeigt m. E. das Beispiel des Johannes Rhagius Aesticampianus, der von 1501 bis 1505 als Professor der Rhetorik und Ethik in Mainz wirkte und später nach Wittenberg ging; Aesticampian nahm nicht einmal ein Angebot für eine »Hofstelle« an, das von Johann von Dalberg ausging – vgl. dazu Knod: A. a. O., 447 (Nr. 3030); Hans-Heinrich Fleischer: Johannes Rhagius Aesticampianus: ein humanistischer Dichter als Professor in Mainz (1501–1506). Mainzer Zeitschrift 63/64 (1968/69), 79–85.

[1124] Dies wird aus einem Schreiben an Urban ersichtlich (1505), in dem er auf Spalatin zu sprechen kommt, der damals vor der Wahl stand, entweder als Stadtschreiber nach Zwickau zu gehen oder »apud principes scriba« zu werden, falls er nicht Praeceptor im Kloster Georgenthal werden wollte – s. Gillert: A. a. O. 1, 11 (Nr. 7); vgl. Höss: A. a. O., 24.

[1125] Gillert: A. a. O. 1, 147 (Nr. 105); Höss: A. a. O., 39–41; Friedrich Wilhelm Krapp: Der Erfurter Mutiankreis und seine Auswirkungen. Phil. Diss. (Masch.) Köln 1954, 72. – Zu Mutians Absichten, gezielt für die Verbreitung humanistischen Gedankengutes an den Universitäten zu sorgen, und zur planmäßigen Verteilung seiner Anhänger auf einflußreiche Stellen s. Halbauer: A. a. O., 123–125. 127.

[1126] Ab 1511 (Höss: A. a. O.; 60).

[1127] Dafür spricht m. E., daß er zwischen 1511 und 1515 immer wieder mit dem Gedanken spielte, Spalatin nach Gotha zu ziehen (vgl. Höss: A. a. O., 60).

[1128] Halbauer: A. a. O., 127.

[1129] Z. B. Christian Beyer, Gregor Brück, Hans von Gräfendorf (Krapp: A. a. O., 72; Halbauer: A. a. O., 127), aber offenbar auch Pfeffinger – vgl. Gillert: A. a. O. 2, 251 (Nr. 584).

[1130] Mutianus Rufus (1470–1526) hieß eigentlich Konrad Muth und stammte aus Homburg (Homberg) in Hessen. Er war zusammen mit Erasmus in Deventer ausgebildet worden, wurde 1486 in Erfurt intituliert und erwarb dort 1488 bzw. 1492 den Grad kurfürstlichen Hofes und der Wittenberger Universität gewesen ist, dessen Verbindungen zum sächsischen Kurfürsten über einen längeren Zeitraum hinweg nicht abrissen, lassen sich an seinem Beispiel besonders gut Erkenntnisse über das Wesen von Friedrichs Beziehungen zum außerakademischen Humanismus gewinnen.

Betrachtet man die Korrespondenz des Kurfürsten mit Mutian, so gewinnt man den Eindruck, daß Spalatins Versicherung, der Fürst habe die Gelehrten »in allen Gnaden lieb und werth gehalten«,[1131] durchaus begründet ist, wenn auch sicher in keinem anderen Fall die Beziehungen Friedrichs zu einem Humanisten so von persönlicher Zuneigung und Ehrerbietung bestimmt wurden wie im Falle des Mutianus Rufus. Das gute persönliche Verhältnis des Fürsten zu dem Gothaer Kanonikus zeigt sich auf unterschiedliche Weise: Wenn der Kurfürst 1520 auf seiner Reise nach Köln und zurück seinen Weg über Mutians Geburtsort nimmt,[1132] so hat dies noch nicht viel zu bedeuten. Aufschlußreicher ist die Tatsache, daß der oft nachtragende Fürst seine Beziehungen zu dem Gelehrten auch dann nicht abbrach, als sich dieser während der Erfurter Wirren der sachsenfeindlichen Partei zuwandte.[1133] Ausdruck des guten Verhältnisses Friedrichs zu Mutian sind ferner die verschiedenartigen Gefälligkeiten und Zuwendungen, die dem Gelehrten von seiten des Fürsten zuteil wurden, ob er nun ein Damastgewand[1134] und finanzielle Beihilfen[1135] erhielt oder ob ihm der

---

eines Baccalaureus bzw. Magister artium. Nach anschließendem Jurastudium in Rom, Bologna und Ferrara promovierte er 1501 in Ferrara zum Doktor der Rechte, um sich dann nach kurzer Tätigkeit als hessischer Kanzleibeamter (ab 1502) in Gotha als Kanonikus niederzulassen, wo er einen Kreis humanistisch Gesinnter um sich zu sammeln und starken Einfluß auf das Vordringen »humanistischer Geistigkeit an der Universität Erfurt« – und nicht nur dort – auszuüben begann (vgl. Kleineidam: A.a.O. 2, 145f.; Gillert: A.a.O. 1, XV-LXIV; Krapp: A.a.O., passim). Mutian kann mit Recht als Humanist bezeichnet werden, wenn er auch im Vergleich mit Erasmus weniger bedeutend wirkt. Er ist m.E. dem offensiven Humanismus zuzuordnen (vgl. Anm. 150).

[1131] FWLZ, 34. Auffälligerweise fehlt Mutian in Spalatins Aufzählung der Gelehrten, die Friedrich besonders nahe standen; er erwähnt aber an anderer Stelle, daß der Kurfürst seiner noch kurz vor seinem Tode »gnädiglich« gedachte (FWLZ, 64f.).

[1132] Vgl. Spalatins »Chronicon« bei J. B. Mencke: A.a.O. 2, 502; Buchwald: Spalatins Reisen, 102; Gillert: A.a.O. 2, 270 (Nr. 595).

[1133] Mehl: A.a.O., 42; Horst Rudolf Abe: Der Erfurter Humanismus und seine Zeit. Phil. Diss. (Masch.) Jena 1953, 286.

[1134] Die erwähnte »toga Damascena« war offensichtlich als Anreiz gedacht, Friedrichs Angebot einer Übersiedlung nach Wittenberg nicht auszuschlagen – vgl. Gillert: A.a.O., 2, 275 (Nr. 600). 287f. (Nr. 610). – Die Datierung von Nr. 610 ist nicht ganz richtig, denn Spalatin hielt sich am 26. Dez. 1520 in Eisenach auf (vgl. Buchwald: Spalatins Reisen, 102).

[1135] Sie wurden deshalb nötig, weil Mutians Einkünfte aus seinen Pfründen nach 1522 immer unregelmäßiger eingingen, ein Umstand, der ihn 1523 veranlaßte, sich an den Kurfürsten zu wenden, der ihm zunächst einige Gulden zusandte und dabei versprach, sich seiner Sache anzunehmen, für eine Pfründe zu sorgen und die Belästigung durch die Bauern, die Mutian die ihm zustehenden Zahlungen verweigerten, abzustellen. Frei-

Kurfürst gefällig war, indem er seinen Bitten für Bekannte nachkam[1136] und ihm griechische Bücher aus der Wittenberger Universitätsbibliothek zur Verfügung stellte.[1137]

Was die Motive betrifft, die hinter allen diesen »Gnadenerweisen« stehen, kann man gleichermaßen geteilter Meinung sein wie bei den Zuwendungen an andere humanistische Gelehrte. War es persönliche Achtung und Hochschätzung, war es der Wunsch, Gelehrte zu fördern, oder waren es nur praktische Erwägungen, die Friedrich den Weisen hier leiteten? Eine eindeutige Antwort wird sich wohl schwerlich finden lassen, denn zu unterschiedlich sind die Akzente verteilt. Im Falle Mutians kam sicher der persönlichen Hochschätzung durch den Kurfürsten wesentliche Bedeutung zu, denn nicht von ungefähr versicherte der Ernestiner oder der von ihm beauftragte Spalatin den Humanisten der fürstlichen Zuneigung[1138] und nicht ohne Grund konnte er ihn förmlich anflehen, ob es nun um die Übernahme einer Wittenberger Professur[1139] oder

---

lich änderte sich nach diesen Versprechungen für den Kanonikus nur wenig, ja, seine finanzielle Lage wurde noch kritischer. 1524 sandte Friedrich dem Gelehrten zwar wieder Geld – Mutian hatte inzwischen auch 16 fl. von seinen ausstehenden Einkünften erhalten –, aber bereits im folgenden Jahr – auf dem Höhepunkt des Bauernkrieges – stand der Humanist ziemlich mittellos da und mußte deshalb den Kurfürsten kurz vor dessen Tod (vgl. FWLZ, 64f.; GILLERT: A. a. O. 2, 306, Anm. 23) wiederum um Hilfe ersuchen – nach GILLERT: A. a. O. 2, 290f. (Nr. 614). 291 (Nr. 615). 292 (Nr. 616). 294 (Nr. 618). 301f. (Nr. 621); vgl. auch ebd., 312 (Nr. 626); ebd., 306–309 (Nr. 625); bzw. JOHANN FRIEDRICH KÖHLER: Zwey merkwürdige Schreiben an Churfürst Friedrich den Weisen zu Sachsen ... In: DERS.: Lebensbeschreibungen merkwürdiger deutscher Gelehrter (!) und Künstler ... T. 1. Leipzig 1794, 269–174.

1136 So könnte Spalatin 1507 den Rang eines öffentlichen Notars durch eine Fürsprache Mutians bei Friedrich erhalten haben (vgl. HÖSS: Bedeutung, 105; DIES.; Spalatin, 38f.). In zwei anderen Fällen ist die Lage klarer: 1513 verwandte sich Mutian mit Erfolg für gefangene Eisenacher Bürger; 1520 kam der Kurfürst wieder Bitten des Gelehrten nach, diesmal für den Geistlichen Jakob Sperber – s. GILLERT: A. a. O. 1, 328f. (Nr. 249); 2, 264 (Nr. 592).

1137 Mutian hatte ihn Ende 1524 darum gebeten – nach GILLERT: A. a. O. 2, 304 (Nr. 623); vgl. auch ebd., 294 (Nr. 618); 1, 20 (Nr. 31).

1138 Vgl. Friedrichs persönlich gehaltene Schreiben an Mutian bei GILLERT: A. a. O. 2, 82f. (Nr. 422). 264 (Nr. 592). 292 (Nr. 616), und Spalatins Schreiben ebd., 250 f. (Nr. 584). 272f. (Nr. 597). 287f. (Nr. 610). 289f. (Nr. 613).

1139 Es handelte sich um die Übernahme der durch den Tod Henning Goedes 1521 vakant werdenden ordentlichen Professur für Kirchenrecht und die damit verbundene Stelle eines Propstes an der Wittenberger Schloßkirche, für die der Kurfürst Mutian schon vorgesehen hatte, als sich Goedes Gesundheitszustand zu verschlechtern begann (Nov. 1520). Nachdem Goede am 21. Jan. 1521 verstorben war (KLEINEIDAM: A. a. O. 2, 326), richtete Friedrich am 12. Febr. 1521 von Worms aus an Mutian die Bitte, Goedes Stelle zu übernehmen. Da der Gelehrte wohl schon früher zu erkennen gegeben hatte, daß er nicht daran denke, nach Wittenberg zu gehen (vgl. HÖSS: A. a. O., 204), versuchte ihn der Kurfürst zur Änderung seiner Meinung zu bewegen: Er erklärte, niemanden von den Sterblichen lieber auf den Posten des Verstorbenen wählen zu wollen als Mutian, versprach, daß er ihm seine Muße nicht vorenthalten werde, und noch anderes mehr – Gillert: A. a. O. 2, 272f. (Nr. 517). 276f. (Nr. 601).

um die weitere Zusendung persönlicher Schreiben Mutians an den Fürsten, die dieser sehr schätzte, ging.[1140]

Trotzdem waren es auch hier nicht nur persönliche Motive, die Friedrichs Verhalten bestimmten. Es würde zwar zu weit führen, wollte man aus einer gelegentlichen Unterstützung von Humanisten auf eine Interessengleichheit zwischen ihnen und dem Fürsten schließen oder sogar auf dessen Identifizierung mit ihren Ansichten, dessen ungeachtet kann man jedoch davon ausgehen, daß manches, was die Humanisten verkündeten oder auf ihre Fahnen geschrieben hatten, die Zustimmung des Ernestiners fand, wie schon einmal festgestellt wurde. Nicht zuletzt bei Mutian fallen mögliche Berührungspunkte und Überschneidungen mit Friedrichs Ansichten auf: Man hat dabei beispielsweise an die verstärkte Hinwendung zur Bibel und an die Betonung lebendiger Innerlichkeit bei gleichzeitiger Abneigung gegen dogmatische Fixierung,[1141] besonders aber an das stark ausgeprägte Nationalbewußtsein und die damit eng verbundene Hochschätzung der Geschichte[1142] zu denken, wie sie sich auch bei anderen Humanisten feststellen lassen[1143] und für den Kurfürsten, dessen patriotische Gesinnung ebenso bezeugt ist wie sein historisches Interesse (von dem noch die Rede sein wird),[1144] ein zusätzlicher Grund gewesen sein mögen, Mutian und anderen seine Gunst zu erzeigen.

Nur das wenigste, was bei flüchtiger Betrachtung als uneigennütziger fürstlicher Gunsterweis erscheint, verdient es, so bezeichnet zu werden. Bei einigen Geschenken an Humanisten handelt es sich genaugenommen um

---

[1140] Was Friedrich an Mutians Briefen besonders schätzte, können wir nur vermuten. Daß er sie schätzte, kommt in seinen Briefen und Spalatins Bitten (alle 1523) zum Ausdruck, ihm wieder bzw. ihm öfter zu schreiben – vgl. Gillert: A. a. O. 2, 289, Anm. 3. 289 (Nr. 612). 289f. (Nr. 613). 292 (Nr. 616). 294f. (Nr. 618). Auch sonst scheint es der Kurfürst nicht ungern gesehen zu haben, wenn er von bekannten Gelehrten Briefe erhielt: Man vergleiche dazu das Schreiben Johann Stabius' an Spalatin vom 22. Febr. 1517 – bei Hekelius: A. a. O., 26f. (Nr. 10) – in dem er seinem Ärger Luft macht, weil Pfeffinger ihn gedrängt hatte, Friedrich zu schreiben oder ihn zumindest grüßen zu lassen.

[1141] Vgl. Halbauer: A. a. O., 109. 108. 105; Abschnitt 2.3. (z. B. Anm. 452–454).

[1142] Vgl. Halbauer: A. a. O., 121f. – Krencker (a. a. O., 29) erklärt übrigens die freundschaftlichen Beziehungen Friedrichs zu Mutian und Reuchlin mit dem »Nationalstolz« des Fürsten.

[1143] Wie beispielsweise bei Celtis und Trithemius (Paul: A. a. O., 74–108). Die Hochschätzung der Geschichte bewahrte die genannten Humanisten allerdings nicht davor, sich zu Geschichtsfälschungen zu verirren (vgl. Bezold: Celtis, 42f. 217).

[1144] Als 1519 die Wahl des neuen Kaisers bevorstand, erklärte Friedrich unumwunden, daß denen, die dabei Frankreich und Spanien zugute handeln würden, ein Horn aus der Stirn wachsen möge (Kirn: A. a. O., 132; bzw. RTAJR 1, 542, Anm. 2). Etwa zwei Jahre zuvor war er dem Bündnis von Noyon (vom 13. Aug. 1516) zwischen Frankreich und Burgund auf Ersuchen König Karls von Spanien erst beigetreten, nachdem er sich informiert hatte, ob der Beitritt mit seinen reichsfürstlichen Pflichten vereinbar sei (s. Höss: A. a. O., 85f.; auch EGA Reg. C 363). – Vgl. auch seine Äußerungen gegenüber Herzog Georg (1512) über die Liga von Cambrai (Kalkoff: Ablaß, 17, Anm. 2) und seine Anfragen an Aventin vom 2. Okt. 1514 (bei Buder: A. a. O., 9f.).

Gegengeschenke,[1145] andere widerspiegeln eher fürstliches Publizitätsstreben[1146] oder wurden in der Hoffnung auf Gegenleistungen gegeben.[1147] Von einer

---

[1145] Wenn Friedrich von Mutian Bücher geschenkt wurden – wie z. B. 1514 die »Heroiden« des Eobanus Hessus und 1508 die »Epigramme« eines nicht näher zu identifizierenden Autors sowie ein Aristotelesdruck aus der Druckerei des Venetianers Aldus Manutius; vgl. dazu Gillert: A. a. O. 1, 165 (Nr. 119); 2, 72f. (Nr. 413). 82f. (Nr. 422); Hildebrandt: A. a. O., 32f.; Kleineidam: A. a. O. 2, 209 – , erhielt der Gelehrte daraufhin sicher ebenso wie andere Humanisten kleine Gegengeschenke: So wurde Beatus Rhenanus eine silberne Porträtmünze zugesandt, nachdem dieser dem Fürsten den »Velleius Paterculus« gewidmet und zugeschickt hatte (1521), und Erasmus erhielt für seine Widmung des »Sueton« 1519 ebenfalls eine Bildnismedaille Friedrichs, die freilich bald verloren ging; Reuchlin wurde 1513 eine ähnliche Münze geschenkt, ohne daß unbedingt der Fürst für dieses Geschenk verantwortlich zu machen ist – s. Horawitz-Hartfelder: A. a. O., 271 (Nr. 198); Allen: A. a. O. 3, 603 (Nr. 978); 4, 31 (Nr. 1001); CR 1, 79, Anm. 1; Geiger: Briefwechsel, 193f. (Nr. 168). Bei dem Kleiderstoff, den Erasmus nach dem persönlichen Zusammentreffen mit dem Kurfürsten (1520) erhielt, handelte es sich (nach Hartfelder: Friedrich, 213) um ein Geschenk für sein lutherfreundliches Gutachten »Axiomata«.

[1146] Das gilt besonders für die Porträtmedaillen, die nicht nur zum Dankerweis (s. Anm. 1145) vergeben wurden, sondern auch dazu dienten, persönliche Verbindungen anzuknüpfen (s. Anm. 1147). – Daß das Publizitätsstreben bei den Humanisten nicht weniger stark ausgeprägt war als bei dem sächsischen Kurfürsten, mit dem in Verbindung zu stehen für einzelne Gelehrte einer Unterstreichung der eigenen Bedeutung gleichkam, zeigt sich beispielsweise bei Erasmus, aber auch bei Aventin – vgl. Allen: A. a. O. 3, 596 (Nr. 970); 4, 94 (Nr. 1030); 5, 575 (Nr. 1512). 250–252 (Nr. 1348); Aventin: A. a. O. 1, 603.

[1147] Daran könnte man bei der Übersendung von zwei Porträtmedaillen an Erasmus im Sommer 1520 denken – vgl. Allen: A. a. O. 4, 297 (Nr. 1119) – , bei der der Kurfürst möglicherweise schon an ein Gutachten des Humanisten zur Luthersache dachte, wie es im folgenden Herbst dann auch erstellt wurde (vgl. Höss: A. a. O., 182f.). Der Gedanke legt sich deshalb nahe, weil die zweite Kontaktaufnahme Friedrichs mit Erasmus, bei der vielleicht schon an eine Hilfeleistung in der Luthersache gedacht wurde, ebenfalls mit einem Münzgeschenk einherging: Als im Herbst 1518 Eobanus Hessus und Johann von Werther »mit vielen Huldigungsbriefen der Erfurter« (Kleineidam: A. a. O. 2, 235f.; dort auch näheres) zu Erasmus reisten, nahmen sie auch eine Schaumünze des Kurfürsten mit nach Löwen, was im Auftrag Friedrichs geschah (Höss: A. a. O., 161). 1516 hatte Spalatin schon einmal an Erasmus geschrieben (ebd., 98f.); vgl. dazu Paul Kalkoff: Erasmus, Luther und Friedrich der Weise. Leipzig 1919, 13; gegen Hartfelder: Friedrich, 207. 1518 begann sich die Luthersache zuzuspitzen, was es dem Kurfürsten wohl opportun erscheinen ließ, mit dem Haupt der »res publica litteraria« Verbindungen anzuknüpfen und sich seiner Stellungnahme zu versichern, die am 17. Okt. 1518 zunächst gegenüber Luthers Ordensbruder Johann Lang – dessen Schreiben an Erasmus übrigens die Medaille Friedrichs beigelegt war (Kleineidam: A. a. O. 2, 235. 307) – und am 14. April 1519 in einem Schreiben an den Kurfürsten selbst abgegeben wurde – vgl. Allen: A. a. O. 3, 408–410 (Nr. 872). 527–532 (Nr. 939) – , allerdings wohl erst, nachdem ein erneuter Versuch Friedrichs, mit Erasmus in Verbindung zu treten, stattgefunden hatte: Im April 1519 reisten Justus Jonas und Caspar Schalbe von Erfurt zu Erasmus, und zwar in Begleitung eines kurfürstlichen Geleitmannes. Sie überbrachten dem Gelehrten ein Schreiben des Kurfürsten und Luthers. Vor Beginn ihrer Reise waren sie in Erfurt mit Spalatin und Friedrichs Rat Eucharius von Rosenau selbstlosen Förderung humanistischer Gelehrter kann somit kaum gesprochen werden, selbst dann nicht, wenn der sächsische Kurfürst Humanisten mehr ideell unterstützte wie etwa im Falle Reuchlins, dem er gegen seine Widersacher Hilfe gewährte,[1148] oder bei Celtis, dessen Dichterkrönung mit auf sein Betreiben zustandegekommen sein soll.[1149] In beiden Fällen mag Friedrichs Streben nach Publizität eine ebensogroße Rolle gespielt haben wie 1501 bei der Unterstützung der Drucklegung von Celtis' Ausgabe der »Opera Hrosvite«,[1150] von der er vierzig Exemplare erhielt,[1151] die offensichtlich von ihm verschenkt wurden[1152] und so sein Prestige erhöhen halfen.

Die Beziehungen Friedrichs des Weisen zu humanistischen Gelehrten lassen sich freilich nicht nur auf den Austausch von Geschenken und die Vergabe von Zuwendungen eingrenzen. Abgesehen von seinen Kontakten zu Mutian dominierte bei seinen Verbindungen mit anderen Humanisten deren Inanspruchnahme für mannigfaltige Aufgaben und damit der pragmatische Aspekt. Der Ernestiner bediente sich der auswärtigen Gelehrten in ähnlicher Weise, wie es

---

zusammengetroffen, von denen sie höchstwahrscheinlich mündliche Instruktionen erhielten (Kleineidam: A. a. O. 2, 239).

1148 Vgl. dazu Anm. 588. – Hier mag u. a. sein Rechtsempfinden, aber auch das Bestreben mit im Hintergrund gestanden haben, sich durch sein Eintreten für Reuchlin angesichts seiner erschütterten Machtpositionen aufzuwerten.

1149 Wegen Friedrichs vermutlicher Fürsprache für Celtis in dieser Angelegenheit und seiner Unterstützung des Drucks der Roswitha-Ausgabe (s. Anm. 1150) von einer »frühen und dauernden« Förderung Celtis' durch den Fürsten zu sprechen (so Koepplin: A. a. O., 68), erscheint mir doch zu gewagt. Wenn der Kurfürst Celtis zur Dichterkrönung empfahl (so RTThFr 2VI, 144f.), könnte das auch ein Ausdruck seines Dankes für die Widmung der »Ars versificandi« sein – vgl. das Diplom über die Dichterkrönung bei Rupprich: A. a. O., 14f. (Nr. 7). Die Krönung fand am 18. April 1487 in Nürnberg statt. Vorher hatte sich Celtis vom Ende des Wintersemesters 1485 bis zum Sommersemester 1486 an der Erfurter Universität aufgehalten (vgl. Kleineidam: A. a. O. 2, 53; Ernst Bernleithner: Sechshundert Jahre Geographie an der Wiener Universität. StGUW 3, 74f.).

1150 Friedrich unterstützte den Druck finanziell und erwirkte – als Vorsitzender des Reichsregiments – zugleich ein Nachdruckverbot für zehn Jahre – s. Benzing: A. a. O., 1; Rupprich: A. a. O., 465f. (Nr. 267). Zu den damaligen Nachdruckverboten vgl. Karl Schottenloher: Die Druckprivilegien des 16. Jahrhunderts. GuJ 8 (1933), 89–110.

1151 Im Frühjahr 1502 wurden Celtis (»Zeltus«), der damals noch in Nürnberg weilte – vgl. Bernhard Hartmann: Konrad Celtis in Nürnberg. MVGN 8 (1889), 48 – , durch Friedrichs Nürnberger Faktor Hans Unbehau(en) 10 fl. für 40 dem Kurfürsten »zusteende« Bücher gezahlt (NMN JN 1915a; nach EGA Reg. Bb 4178), die zwar nicht näher bezeichnet, mit denen aber offensichtlich doch Exemplare der »Opera Hrosvite« gemeint sind, wofür vor allem das Wort »zusteende« spricht; dem Fürsten waren für seine Unterstützung des Druckes wohl einige Exemplare zugesagt worden, wenn er seine Hilfe nicht sogar von entsprechenden Gegenleistungen abhängig gemacht hat. Vielleicht bestand seine Unterstützung des Druckes auch darin, daß er sich von vornherein zum Kauf einer größeren Anzahl von Exemplaren verpflichtete.

1152 Um ein solches Geschenk könnte es sich beispielsweise in dem Anm. 1070 erwähnten Fall handeln.

bei seinen Räten und einigen Wittenberger Universitätsangehörigen der Fall war: Er holte schriftlich oder mündlich[1153] ihren Rat ein, wobei er auch auf die nötige Geheimhaltung achtete,[1154] ein Umstand, dem wir es mit zu verdanken haben, daß mancher Ratschlag, der ihm etwa von Mutian gegeben wurde, in den Quellen keinen Niederschlag fand. Da der Kurfürst die Neigung zeigte, sich Urteilen zu unterwerfen, die von sachverständiger Seite kamen,[1155] erwies es sich für die Humanisten als sehr günstig, daß er sich mit der Bitte um Rat an sie wandte, konnten sie doch auf diese Weise richtungsweisende Ratschläge im eigenen Interesse erteilen. Das gilt vor allem für ihre Empfehlungen, die den kulturpolitischen Bereich betrafen, Empfehlungen, die nur selten aus eigenem Antrieb erfolgten, sondern denen meist eine Anfrage des Kurfürsten vorausging. Daß er seine Anfragen ausgerechnet an humanistisch orientierte, hochgebildete Persönlichkeiten richtete, ist für Friedrich ebenso bezeichnend wie die Tatsache, daß er in der Regel diesen Ratschlägen Folge leistete.

Man fragt sich bisweilen, wie sich manches entwickelt hätte, wenn dem nicht so gewesen wäre, wenn er beispielsweise Reuchlins Vorschlag, seinen Neffen Melanchthon an die Wittenberger Universität zu berufen,[1156] oder Mutians Empfehlung, Spalatin als Prinzenerzieher einzustellen,[1157] nicht nachgekommen wäre. Nicht nur in diesen Fällen zeigt sich, daß der Einfluß Außenstehender auf die Kulturpolitik des ernestinischen Fürsten stets mit in Rechnung

---

[1153] Natürlich überwog der Schriftverkehr, doch sind auch persönliche Unterredungen bezeugt, so im Falle Mutians, der ca. 1509/11 von Friedrich in seinem Hoflager zu einem privaten Gespräch über Johann Friedrichs Erziehung empfangen wurde, und bei Erasmus, mit dem der Kurfürst am 5. Nov. 1520 in Köln über die Causa Lutheri sprach – s. Gillert: A. a. O. 1, 147 (Nr. 105); Tutzschmann: A. a. O., 268; Anm. 1162.

[1154] Als Friedrich am 12. Febr. 1521 Mutian bat, sich über Justus Jonas zu äußern, ließ er ihn wissen, daß er, wie üblich, vorsichtig, heimlich und aufrichtig (»prudenter, clanculum et fideliter«) handeln solle – Gillert: A. a. O. 2, 277 (Nr. 601). Umgekehrt ließ er auch selbst Vorsicht walten, wenn es ihm nötig erschien. Das geschah besonders dann, wenn diffizile Probleme zu erörtern waren: Briefe wurden bei solchen Gelegenheiten durch unmittelbare Vertraute des Fürsten überbracht (vgl. Anm. 563) – vgl. den ähnlich gelagerten Fall bei Gillert: A. a. O. 1, 159 (Nr. 116) – und bestimmte Botschaften auch mündlich übermittelt, was zur Folge hat, daß wir, was Friedrichs persönliche Rolle in einzelnen Angelegenheiten bertrifft (vgl. z. B. Anm. 1147), oft nur noch auf Vermutungen angewiesen sind.

[1155] Vgl. FWLZ, 49.

[1156] Über die Berufung Melanchthons (1518) und ihre Vorgeschichte s. Kurt Hannemann: Reuchlin und die Berufung Melanchthons nach Wittenberg. In: Johannes Reuchlin. 1455–1522 ... Hrsg. Manfred Krebs. Pforzheim (1955), 108–138; Höss: A. a. O., 111–115; Friedensburg: A. a. O., 115f.; Geiger: Reuchlin, 464, Anm. 1; Geiger: Briefwechsel, 289f. (Nr. 252). 294–298 (Nr. 256). 302f. (Nr. 264). 303f. (Nr. 265). – Friedrich hatte Reuchlin am 30. März 1518 gebeten, ihm zwei Gelehrte für die griechische bzw. hebräische Lektur der Wittenberger Universität zu empfehlen (s. auch Anm. 1574–1577).

[1157] Der Kurfürst hatte zuvor bei Mutian wegen eines geeigneten Lehrers für seinen Neffen Johann Friedrich angefragt. Näheres bei Höss: A. a. O., 39–41; s. auch Gillert: A. a. O. 1, 147 (Nr. 105).

gestellt werden muß, auch wenn er die endgültigen Entscheidungen selber zu treffen hatte: So erbat Friedrich 1521, nachdem der Versuch fehlgeschlagen war, Mutian nach Wittenberg zu ziehen, von diesem eine Beurteilung des von Spalatin[1158] als Nachfolger Henning Goedes vorgeschlagenen Justus Jonas[1159] und ließ sich von Mutian auch beraten, als es darum ging, für die Wittenberger Bibliothek griechische Drucke des venezianischen Druckers und Verlegers Aldus Manutius[1160] zu erwerben.[1161] Außer in kulturpolitischen Fragen suchte der Kurfürst auch in anderen Angelegenheiten den Rat ihm bekannter Humanisten, wobei – nach allem, was wir von ihm wissen – davon ausgegangen werden kann, daß die Ratschläge, die ihm von humanistischer Seite erteilt wurden, für ihn in dem Maße den Charakter bloßer Entscheidungshilfen annahmen, je mehr sie sich mit unmittelbar staatspolitischen Problemen befaßten, für die er sich selbst kompetent wußte. Während er sich mit Erasmus' Stellungnahme zum Fall Luther, die er 1520 im persönlichen Gespräch mit dem Humanisten und unmittelbar danach auch schriftlich einholte,[1162] voll identifizieren konnte, da sie seinen eigenen Vorstellungen entsprach, ist ein Konsens mit Mutian, den er bisweilen in staatspolitischen Fragen konsultierte,[1163] kaum durchgängig anzunehmen. Das widerspricht nicht Spalatins Versicherung, daß der Fürst Mutians Urteil hoch einschätzte,[1164] und bedeutet ebensowenig, daß er es bei seinen Entscheidungen unberücksichtigt ließ.

[1158] Vgl. Höss: A.a.O., 203f.

[1159] Gillert: A.a.O. 2, 277 (Nr. 601). 277 (Nr. 602). 278 (Nr. 603); s. auch Höss: A.a.O., 204; Rudolf Ehwald: Drei Stücke aus dem Briefwechsel Friedrichs des Weisen. Aus den coburg-gothaischen Landen 1(1903), 26f.

[1160] Zu Manutius vgl. Pierre de Nolhac: Les Correspondants d' Alde manuce. Studi e Documenti di Storia e Diritto 8 (1887), 248–254; Julius Schück: Aldus Manutius und seine Zeitgenossen in Italien und Deutschland. Berlin 1862. 1–19. 20–52.

[1161] Vgl. Mutians Brief an Urban (Mitte 1513) bei Gillert: A.a.O. 1, 374 (Nr. 285). Es ist allerdings nicht auszuschließen, daß Mutian in dem genannten Brief seine eigene Rolle mehr oder weniger überbewertet.

[1162] Am 5. Nov. 1520 in Köln, wo er in seiner Herberge mit dem Gelehrten zusammentraf, der ihm zunächst nur mündlich zu verstehen gab, was er über Luther dachte, dann auf Friedrichs Bitte seine Meinung auch schriftlich darlegte. Das so entstandene vertrauliche Schriftstück – die »Axiomata« – erschien wenig später zu Erasmus' Ärger infolge einer Indiskretion im Druck (s. Höss: A.a.O., 182f.; FWLZ, 164; Hartfelder: Friedrich, 211–213; Heinrich Lutz: Konrad Peutinger. Augsburg 1956, 323; vgl. auch ebd., 188.

[1163] So Halbauer: A.a.O., 127. – Möglicherweise enthielt Pfeffingers Brief, den Friedrichs Gesandte ca. 1508 Mutian überreichten – vgl. Gillert: A.a.O. 1, 159 (Nr. 116) –, eine entsprechende Anfrage. Aus Mutians Korrespondenz ist mir nur ein Fall bekannt, bei dem der Gelehrte vom Kurfürsten um ein reichspolitisch relevantes Gutachten angegangen wurde, was allerdings nicht ausschließt, daß Friedrich auch in anderen Fällen seinen Rat einholte: am 26. Nov. 1520 übersandte Spalatin im Auftrag seines Herrn an Mutian Gesetze und Konstitutionen einiger Kaiser und Reichstage mit der Bitte um Beurteilung, Korrekturen und Ergänzungen – Gillert: A.a.O. 2, 272 f. (Nr. 597).

[1164] Gillert: A.a.O. 2, 272 f. (Nr. 597)

Der Bewältigung tagespolitischer Probleme, der Stützung und Festigung von Friedrichs Stellung als Landesherr und Reichsfürst diente über Gutachten und Ratschläge von seiten humanistischer Gelehrte hinaus manches, was auf den ersten Blick keinen unmittelbaren Bezug zur Tagespolitik erkennen läßt: Die Vorliebe des Fürsten für die Geschichte und seine Bemühungen um die Sammlung historischer Materialien für eine »Sachsenchronik« waren zum Teil auch von politischen Erwägungen determiniert. Einmal davon abgesehen, daß die Abfassung einer »Historie« Sachsens und seines Fürstenhauses, wie sie der Ernestiner anregte,[1165] der Verherrlichung des eigenen Geschlechts diente und auch seinem persönlichen Ruhm förderlich war und daß er in der Geschichte Vorbilder für sein politisches Handeln,[1166]

[1165] Die Anfänge der Arbeit an einer »Sachsenchronik« reichen bis 1492 zurück. Etwa von dieser Zeit an bis 1505 war Adam von Fulda, ein Mitglied der Hofkapelle (s. Anm. 811), als Sammler historischen Materials und als Geschichtsschreiber für Friedrich tätig: Am 12. März 1492 erhielt der Musiker »eynen gemeynen offenen briff« aus der kurfürstlichen Kanzlei, »sich daruff in etlichen clostern, stiften vnd andern enden, da er sich hinfugen soll, umb alte historien, chroniken vnd geschichten zu erkunden vnd wo er die funde, abezuschreiben« und Friedrich zu bringen (EGA Kop. F20, 28ʳ; auch bei W. Gurlitt: A. a. O., 10, Anm. 6). Unter demselben Datum erging eine Aufforderung an »den von Querfurt« (?), dem Kurfürsten – falls er sie hätte – alte Chroniken über das Herkommen der Landgrafen von Thüringen und meißnischen Markgrafen zuzusenden; Friedrich wolle sie besichtigen, abschreiben und ihm unverlangt wieder zuschicken (EGA Kop. F 20, 63ʳ). Als der Fürst ein Jahr später nach Palästina reiste, erwarb er auf der Rückreise in Süddeutschland zehn gedruckte Chroniken (Röhricht-Meisner: A. a. O., 82), die wohl auch im Blick auf die noch zu erstellende Geschichte Sachsens und seines Herrscherhauses gekauft wurden. Wann Adam von Fulda begann, an diesem Werk zu schreiben, ist ungewiß. 1504/05 – also kurz vor seinen Tode – erhielt er 4 Gr. für Schreibarbeiten, die er an der »Chronik« hatte durchführen lassen (dahingehend deute ich die bei W. Gurlitt: A. a. O., 11, Anm. 1, zitierte Rechnungsnotiz aus EGA Reg. Bb 2733, 53ᵛ). – Über den Fortgang der Arbeiten an dem Geschichtswerk s. Anm. 1168.

[1166] Vgl. Anm. 503. – Die Bedeutung der Beschäftigung Friedrichs mit der Geschichte für sein Selbstverständnis, seine Identitätsfindung und -bewahrung sollte nicht unterschätzt werden. Nicht von ungefähr verstärken sich seine Bemühungen, historisches Material zusammenzutragen, um 1514, also in der Zeit seiner größten politischen Schwierigkeiten (vgl. Anm. 1168; Anm. 332), und erscheinen so als ein Ausdruck eines keineswegs fürstlichen Selbstbewußtseins (gegen Krencker: A. a. O., 26), das sich stärken und festigen ließ, indem sich der Fürst Niederlagen und Erfolge seiner Vorfahren vor Augen führte. Historische Vorbilder konnten für den Ernestiner allerdings noch eine andere Funktion erfüllen: Wenn er einmal schrieb, die Geschichte entflamme zur Tugend, und aus ihrer Betrachtung erkenne man, wie man das Leben einzurichten habe (Geiger: Reuchlin, 66, Anm. 2), verlieh er damit einem Gedanken Ausdruck, der auch anderen seiner Zeitgenossen nicht fremd war (vgl. Mentz: Johann Friedrich 1, 8; Joachimsen: A. a. O., 213). Deshalb ließ Friedrich sein Zimmer im Wittenberger Schloß mit Bildern der Herzöge und Kurfürsten von Sachsen ausschmücken (vgl. Bruck: A. a. O., 148 f.; Voigt: A. a. O., 547), und das nicht nur zum Ruhme des Hauses Wettin, sondern in der Absicht, sich der Beispiele seiner Vorfahren und Amtsvorgänger stets bewußt zu bleiben. Meines Erachtens zeigt sich hier Friedrichs Zug zum Gegenständlichen, zur bildliin mancher Hinsicht sogar Trost[1167] suchte und fand, war Friedrich dem Weisen wohl bewußt, daß ihm die Beschäftigung mit der Historie auch zur Stützung alter Rechtsansprüche dienlich sein konnte, denn die große historische Materialsammlung seines »Hofhistoriographen« Spalatin[1168] weist nicht um-

---

chen Vergegenwärtigung. Nicht zufällig befanden sich unter den Gemälden auch Reime, die auf die Taten dieser Fürsten hinweisen und die uns erhalten sind – eine Abschrift davon befindet sich EGA Reg. O 156, 173r-185r; vgl. auch Carl Georg Brandis: Deutsche Verse auf Friedrich den Weisen und die deutschen Verse unter den Fürstenbildern im Schlosse zu Wittenberg. ZVThüGA Beiheft 8 (1917), 62–84. Es ist nicht auszuschließen, daß Friedrich wenn er »zum Zweck historischer Belehrung die Trümmer antiker Städte abmalen und die Bilder mit erklärenden Inschriften versehen ließ« (Kirn: A.a.O., 18), auch an eine – allerdings abschreckende – Vorbildwirkung des Schicksals dieser Städte dachte. Daß diese Vermutung nicht ganz abwegig ist, zeigt m.E. die Tatsache, daß z.B. von den vier Gemälden im »Consistorium« des Wittenberger Schlosses (Bruck: A.a.O., 149f.) zwei die Strafe für ungerechtes Richten zum Inhalt hatten.

[1167] So z.B., als er wegen seines Eintretens für Martin Luther mit päpstlichen Gegenmaßnahmen rechnen mußte und 1523 von Spalatin eine historische Abhandlung über die Frage erstellen ließ (vgl. Kirn: A.a.O., 20; daß Spalatin sein Gutachten aus eigenem Antrieb erstellte, ist zwar nicht auszuschließen, erscheint aber doch recht unwahrscheinlich), »Was etlich bebste in vorzeiten mit verbannung der romischen keyser ausgericht haben« (EGA Reg. O 31h; abgedruckt bei Kirn: A.a.O., 188f.). Daß Spalatins Schrift für Friedrich »tröstlich« war und ihn bestärkte, auf seinem Weg zu bleiben, versteht sich fast von selbst.

[1168] Über Spalatin als Geschichtsschreiber s. Seelheim: A.a.O., passim; Flach: A.a.O., 211–230; Höss: A.a.O., 46–48. 71–73. passim. – Aventin bezeichnete ihn in seinem an ihn gerichteten Brief vom 3. März 1515 als »hystoriographus Saxoniae«, nachdem Friedrich ein Jahr zuvor gegenüber Aventin Spalatins Tätigkeit als kurfürstlicher Geschichtsschreiber – bekanntlich eine Tätigkeit neben vielen anderen – mit der Bemerkung charakterisiert hatte, daß er zur »anrichtung« seiner »chronica verordnet« sei – s. Aventin: A.a.O. 1, 637 (Nr. 5). 634 f. (Nr. 2). Spalatin war damit Nachfolger Adams von Fulda, dessen Arbeit an der »Sachsenchronik« 1505 durch den Tod beendet worden war (s. Anm. 1165). Nachdem 1506 der sächsische Kurfürst vergeblich versucht hatte, Trithemius für die Weiterführung der Arbeit des Verstorbenen zu gewinnen (s. Anm. 1181), zog er ab 1510 Spalatin dazu heran, den er damit betraute, »Chronica et annales ... ex Adami Fuldani collectaneis« zu schreiben (Georg Berbig: Spalatiniana. Leipzig 1908, 53; Flach: A.a.O., 216). Obwohl sich Spalatin bald ans Werk machte – 1511 wurde ihm Papier »zu der chroniken« bezahlt (Höss: A.a.O., 47), und etwa zur gleichen Zeit mag sein Gesamtplan für das Werk entstanden sein (so Höss: A.a.O., 47; der Plan befindet sich EGA Reg. O 156, 91r-92r) –, stand er noch 1514 »in teglicher arbeit« an der Chronik – nach EGA Reg. O 31c, 4r; bzw. König: Peutinger, 238 (Nr. 142), vgl. Peter Drews: Spalatiniana. ZKG 19 (1899), 70. – 1517 erklärte der Kurfürst gegenüber dem Kemptener Abt Johann Rudolf, daß die Chronik fast fertig sei (20. Okt. 1517; EGA Reg. O 40, 1), was Höss' Ansicht (a.a.O., 73), die erste Fassung der Chronik sei 1515 abgeschlossen worden, widerspricht. Daß die Materialsammlung des nunmehrigen Geheimsekretärs Spalatin auch nach 1515 nicht endete, – ein Umstand, der sich mit Ergänzungen und Nachträgen zur Chronik erklären läßt (in diese Richtung tendiert Höss: A.a.O., 73) –, macht es wahrscheinlich, daß von einem Abschluß des Werkes in dem genannten Jahr nicht die Rede sein kann. Zwar liegt ein illustrierter, von Spalatin verfaßter »Auszug sonst einige Exzerpte auf, die dank ihres speziellen Inhalts den Schluß zulassen, daß sie gewisse Ansprüche des Kurfürsten zu stützen vermochten.[1169]

Aber wie auch immer das geschichtliche Interesse des Ernestiners, das er mit anderen Zeitgenossen teilte,[1170] motiviert war,[1171] daran, daß es nicht gering

---

Nahmhafter Mann vnd Weibes Personen...« des sächsischen und thüringischen Hauses vor (s. Bruck: A. a. O., 128), aber er ist auf das Jahr 1513 datiert und somit noch vor dem Jahr 1514 entstanden, in dem der Kurfürst seine Bemühungen um historische Materialien in auffälliger Weise intensivierte (s. Anm. 1179, 1183, 1184, 1191, 1193), was Höss (a.a.O., 71) damit zu erklären sucht, daß Friedrich angesichts des Standes von Spalatins Geschichtsforschung zu dem Schluß kam, er benötige dringend neues Material. Eine fernerliegende, aber nicht völlig von der Hand zu weisende Deutung, die freilich nicht als »mechanistisch« mißverstanden werden sollte, ist von mir Anm. 1166 gegeben worden. Da der »Auszug« ein in späterer Zeit erneuertes Titelblatt trägt, kann man zwar vermuten, der Kopist habe die Jahreszahl 1513 falsch abgeschrieben, aber diese Vermutung trüge nur spekulativen Charakter und würde nichts austragen, zumal feststeht, daß der »Auszug« nur ein beiläufiges Resultat von Spalatins Arbeiten an seiner großen Chronik darstellt, die 1535 (nach Höss: A. a. O., 408) abgeschlossen werden konnten: Die Chronik umfaßt drei reich illustrierte Bände und befindet sich in der Kunstsammlung der Veste Coburg (Sign. MS 3–5).

1169 So z. B. die 1516 von Eustachius von Eylburg überstellten Urkundenauszüge (EGA Reg. O 156, 234^{rv}), in denen Markgrafen von Meißen als Zeugen der Rechtssachen sächsischer Adliger genannt werden, und einige der im selben Jahr dem Kurfürsten übersandten Exzerpte von Erasmus Stella (EGA Reg. O 156, 213^{r}-222^{v}) über verschiedene Käufe und Schenkungen.

1170 Vor allem mit Kaiser Maximilian I., der ihm mit seinen Aufträgen zur Schaffung von Geschichtswerken, mit seiner Sammlung historischer Materialien und mit der Verwendung dieser Unterlagen für die Tagespolitik (vgl. Baltl: A. a. O., 41–47) wenn schon nicht Vorbild (so Neudecker-Preller im Vorwort zu FWLZ; ebd., 7), so doch sicher Ansporn war. Auch am kurpfälzischen Hof in Heidelberg und am bayerischen Hof in München wurde die Geschichtsschreibung gefördert (s. Joachimsen: A. a. O., 199; ADB 26, 16).

1171 Die wichtigsten Motive wurden schon oben im Text und in den Anmerkungen erwähnt. Zu nennen wäre noch ein gewisser Patriotismus, der für ihn – wie für die Humanisten – charakteristisch gewesen sein mag und nicht zuletzt in der Beschäftigung mit der Geschichte der Sachsen und anderer deutscher Stämme seinen Niederschlag findet, wie die bereits erwähnte Auftragsliste für Aventin im Oktober 1514 – s. Buder: A. a. O., 9f.; Aventin: A. a. O. 1, 636f. (Nr. 4) – und nicht nur sie zeigt: Als Johann von Kitzscher 1514 für ein Werk über die deutsche Geschichte eine Chronik aus dem Besitz des Kurfürsten ausleihen wollte, verband er seine Bitte mit der Klage, daß es einem deutschen Menschen wie ihm zu Herzen gehe, daß die Taten der deutschen Kaiser und Kurfürsten in ewiges Vergessen gestellt würden, eine Klage, mit der er bezeichnenderweise gerade bei Friedrich auf besonderes Verständnis und Entgegenkommen zu stoßen hoffte und auch stieß (EGA Reg. O 148, 1. 2; Bauch: Kitzscher, 313f.). So erscheint es zutreffend, wenn von Neudecker-Preller (FWLZ, 7; Vorwort) die patriotische Gesinnung Friedrichs für seine »Lust an der vaterländischen Geschichte« verantwortlich gemacht wird. Neben patriotischen Interessen könnte auch noch etwas anderes die historische Neigung des Ernestiners gefördert haben, und zwar seine konservative Grundhaltung: Je stärker sich um ihn herum Neues anbahnte, desto krampfhafter versuchte er, Altes, Bewährtes festzuhalten und – wenn er es schon nicht vor dem Verfall zu retten vermochte – wenigstens gewesen ist, kann kein Zweifel bestehen. Seit 1492[1172] liegen Nachrichten darüber vor, daß er sich teils persönlich, teils durch Beamte[1173] darum bemühte, historische Materialien zusammenzutragen, die er dann bisweilen selbst las oder abschrieb.[1174] Daß er dabei auch gelehrten Geschichtsfälschungen Glauben schenkte,[1175] sollte man ihm ebensowenig zum Vorwurf machen wie Trugschlüsse, denen er bei seiner Geschichtsbetrachtung unterlag. So hielt er Kaiser Otto III. für einen seiner Vorfahren[1176] und ließ ihm deshalb im Aachener Mün-

---

in einer Scheinexistenz zu halten, wie etwa ritterliche Traditionen. Da ihm das nur unzureichend gelang, bemühte er sich, zumindest die Erinnerung an das ihm werte Alte, aber allzu oft Überlebte wachzuhalten oder neu zu wecken. Wenn »das dunkle Gefühl, ..., vergangene Werte vor dem Vergessen retten zu müssen« jeder Romantik zu eigen ist (so Rössler: A.a.O., 241), dann weist Friedrichs Förderung der Geschichte auch einen romantischen Grundzug auf.

1172 EGA Kop. F 20, 63ʳ. 28ʳ.

1173 Neben Spalatin war es besonders Pfeffinger, dem bei der Beschaffung von Chroniken und Urkundenauszügen eine bedeutende Stellung zukam. Er trieb zum Teil selbst entsprechende Materialien auf, wie 1514, als er Friedrich einige Bücher zusandte, die »wunderparlich vnd alt ding« enthielten (Gümbel: A.a.O., 33, Anm. 53) und von denen er hoffte, Spalatin werde etwas »furchtparlichst« darin finden. Bei dieser Gelegenheit erwähnte er, daß er noch weitere Bücher bestellt habe – er wirkte hier also wie auch bei anderen Gelegenheiten als Mittelsperson: 1517 beauftragte er seinen Vetter Lucas von Thaim zu Dorfbach in kurfürstlichem Auftrag mit Erkundigungen über Bischof Albrecht von Bamberg († 1412), woraufhin Thain Friedrich Exzerpte aus der Passauischen Chronik, Nachrichten über einen Gedenkstein des Bischofs im Passauer Dom und anderes zusandte, wofür der Kurfürst am 4. Jan. 1518 (Altenburg) persönlich dankte (EGA Reg. O 43, 3. 2). Bei der Besorgung zweier Kaisergeschichten aus der Georgenthaler Klosterbibliothek fungierte Pfeffinger 1517 gleichfalls als Mittelsmann (EGA Reg. O 31f.). Neben Pfeffinger wurden noch andere Beamte bemüht, wenn es darum ging, historische Materialien zu beschaffen: 1513 ließ Friedrich von seiner Gesandtschaft, die nach Hessen gereist war, eine Chronik mitbringen, die allerdings einen kleinen Schaden nahm, als die Gesandten auf der Rückreise in einen Graben fielen (s. Kirn: A.a.O., 17, Anm. 65)

1174 Vgl. die Anm. 1165 zitierte Stelle aus EGA Kop. F 20, 63ʳ; auch Aventin: A.a.O. 1, 634 (Nr. 2). – Daß er es nicht dabei bewenden ließ, sondern auch persönlich auf die Gestaltung der »Sachsenchronik« Einfluß ausübte, belegt m.E., die Aufschrift von Spalatins Entwurf für den Aufbau der Chronik, wo es heißt, die Chronik werde »mit rath meines gnedigsten Herren« aus sechs Büchern bestehen (EGA Reg. O 156, 91ʳ).

1175 Von den Geschichtsfälschern, an die er sich wandte, seien hier der Herold Jörg Rixner, genannt Jerusalem (vgl. Anm. 1193 – über ihn s. ADB 30, 62; auch ERAJR 1, 764, Anm. 3), der Zwickauer Erasmus (Stuhler) Stella (vgl. Anm. 1193 – s. Friedensburg: A.a.O., 62; nach Ermisch: Beinamen, 26, fälschte er Stellen z.B. in Giovanni Garzonis »De rebus Saxoniae«) und Johannes Trithemius (vgl. Anm. 1181. 1182 – über seine Fälschungen s. Joachimsen: A.a.O., 67–84) erwähnt, ganz zu schweigen von der Autoren, deren Fabelei er, wie im Falle des Annius von Viterbo (Bezold: A.a.O., 42f.; Wegele: A.a.O., 43; Joachimsen: A.a.O., 161. 270, Anm. 22; s. Anm. 1184. 1191), für Wahrheit zu halten geneigt war. – Vgl. auch Anm. 1186.

1176 Ein Irrtum, der nicht sehr verwundert, da selbst Friedrichs »Hofhistoriker« Spalatin die Ottonen für Vorfahren des Kurfürsten hielt, weil sie Sachsenkaiser waren (Kirn: A.a.O., 18f.). – Weiteres s. Anm. 1186.

ster ein Marmordenkmal setzen, während auf sein Geheiß dem selben Kaiser zu Ehren 1513 im Augsburger Dom eine Gedenktafel angebracht wurde, für deren Anfertigung ausgerechnet Konrad Peutinger zu sorgen hatte,[1177] ein Humanist, mit dem er auch wegen anderer Angelegenheiten in Verbindung stand[1178] und der ihm besonders bei der Beschaffung historischen Materials behilflich war.[1179]

Peutinger blieb nicht der einzige Humanist, der die von Friedrich dem Weisen initiierten geschichtlichen Arbeiten Spalatins unterstützte. Bei anderen Vertretern des Humanismus sind Kontakte mit dem sächsischen Kurfürsten vorwiegend, wenn nicht gar ausschließlich auf dessen Bemühungen um die Beschaffung historischer Informationen zurückzuführen: Beatus Rhenanus widmete ihm den »Velleius Paterculus« vor allem deshalb, weil Spalatin ihn 1516 in Friedrichs Auftrag um die Fragmente des »Paterculus« gebeten hatte.[1180] Mit Trithemius trat der Kurfürst nur zweimal über Mittelsmänner in Verbindung, einmal 1506, als er einen Historiographen für die Fortsetzung von Adam von Fuldas »Sachsenchronik« suchte und dafür den gelehrten Abt ins Auge faßte,[1181] und wiederum zehn Jahre später, als er bei ihm wegen Quellen

---

[1177] Zum Denkmal im Aachener Münster vgl. Kirn: A.a.O., 19. – Über den Stand der Arbeit bei der Anfertigung des Augsburger Gedenksteins berichtete Peutinger dem Kurfürsten 1513/14. Am 8. Feb. 1514 bat Friedrich den Humanisten, für die Aufrichtung des Steins zu sorgen. Den Auftrag zur Fertigung des Denksteins, zu dem Peutinger die Inschrift beisteuerte, hatte der Ernestiner am 11. Mai 1513 erteilt. Näheres s. König: Peutinger, 215, Anm. 4. 215 (Nr. 126). 221 (Nr. 131). 237f. (Nr. 141). 238 (Nr. 142); Nr. 131. 141. 142, nach EGA Reg. O 31c, 1–4.

[1178] 1507 wurden Peutinger durch Friedrichs Kämmerer Pfeffinger Golddrucke Cranachs übermittelt (näheres s. Bruck: A.a.O., 180f.). Im folgenden Jahr konnte der Gelehrte ähnliche, in Augsburg hergestellte Drucke dem Fürsten zur Begutachtung zuschicken und bat ihn gleichzeitig um Auszüge Magdeburger Urkunden für sein »Kaiserbuch«, eine Bitte, der der Fürst nachkam – s. König: Peutinger, 97f. (Nr. 55)). 98, Anm. 3. 1521 ließ sich Friedrich wahrscheinlich von Peutinger in der Frage des Geleites für Luther beraten (so Lutz: A.a.O., 188).

[1179] 1514 übersandte Peutinger dem sächsischen Kurfürsten, weil sich Spalatin über Pfeffinger an ihn gewandt hatte, Abschriften aus Ladislaus Suntheims (Suntheim war Maximilians Historiograph – vgl. Bernleithner: A.a.O., 72; Joachimsen: A.a.O., 200) »Genealogischen Kollektaneen« (die Abschriften sind erhalten im EGA Reg. O 156, 164v-172r), nachdem er dem Kurfürsten auf dessen Bitte 1513 zwar nicht mit angeforderten Lebensbeschreibungen einiger Kaiser und entsprechenden Exzerpten aus Werken mittelalterlicher Geschichtsschreiber, wohl aber mit einer anderweitigen Auskunft und der Ausleihe der »Historica Britannica« des Galfrid Monmuntensis behilflich gewesen war; am 8. Febr. 1514 bat Friedrich Peutinger wieder um Material für Spalatins Chronik – s. König: Peutinger, 237f. (Nr. 141). 261–218 (Nr. 126). 238 (Nr. 142).

[1180] Horawitz-Hartfelder: A.a.O., 257 (Nr. 186). – Möglicherweise hat auch Reuchlin das Seine zur Entstehung von Spalatins »Sachsenchronik« beigetragen – vgl. Geiger: Briefwechsel, 210 (Nr. 179).

[1181] Friedrich bediente sich Bünaus und Mutians als Mittelspersonen bei seinen Anfragen an Trithemius und hat sich somit in der genannten Angelegenheit zweimal an den Abt gewandt, der auf Wunsch des Kurfürsten, die »Sachsenchronik« zu vollenden, auszur Frühgeschichte der Sachsen und Thüringer nachfragen ließ.[1182] Ähnlich verhält es sich bei Aventin und Pirckheimer, die nur 1514 mit Friedrich in brieflichem Kontakt standen, weil sie ihm damals auf sein Ersuchen Material für Spalatins »Chronik« zur Verfügung stellen sollten, was seitens Aventins auch geschah,[1183] nicht aber bei Pirckheimer, denn der Kurfürst hatte von diesem Bücher angefordert,[1184] die es überhaupt nicht gab. Pirckheimer sah sich deshalb zu einer bissigen Bemerkung veranlaßt,[1185] obwohl der Fürst im Grunde schuldlos war, denn nur die wenigsten, die er um Rat und Hilfe bei der Erstellung der

---

weichend antwortete und ihm vielleicht auch nur deshalb schrieb, weil er von Friedrich den einst von Bünau entliehenen Sponheimer Bibliothekskatalog (vgl. Bauch: Bünau, 62; Arnold: A.a.O., 70. 84) zurückzuerhalten wünschte – vgl. Trithemius' Schreiben an den sächsischen Fürsten in: Johannes Trithemius: Epistolarum familiarum libri duo... Hagenoae 1537, 208f. (Nr. 6); s. auch Arnold: A.a.O., 99. 173, Anm. 131.

[1182] In diesem Falle bediente sich Friedrich der Vermittlung Lorenz' von Bibra. Am 17. Febr. 1516 antwortete Trithemius dem Kurfürsten, nannte ihm einige »fabelhafte Quellen« (nach Arnold: A.a.O., 58, Anm. 16. 173. 173, Anm. 132) und informierte ihn über die Aufbewahrungsorte verschiedener Geschichtswerke.

[1183] Am 16. Febr. 1514 dankte der Kurfürst Aventin für »etliche lateinische pücher und anders«, was er Pfeffinger »auf ansuchen« überreicht habe, versicherte, daß die Bücher für die »Chronik« nützlich seien, und sandte ihm einige Sachfragen (»Artikel«) zu, die Aventin auch beantwortete. Am 4. Okt. 1514 wandte sich Friedrich mit weiteren Fragen an den Gelehrten, der diese sicherlich beantwortete – s. Aventin: A.a.O. 1, 634f. (Nr. 2). 635 (Nr. 3). 637 (Nr. 4); Nr. 2. 3. 4 nach EGA Reg. O 31e, 1–3.

[1184] Es waren Werke Annius' von Viterbo (vgl. Anm. 1175), auf die »der sächsische Hof Jagd machte« (Kirn: A.a.O., 18, Anm. 67). Am 18. Mai 1514 bat Friedrich Pirckheimer um die Bücher, um sich daraus etwas zu ersehen, und übersandte ihm ein Titelverzeichnis; er äußerte den Wunsch, ihm die greifbaren Titel auszuborgen bzw. ihm mitzuteilen, wo sie zu erlangen seien – s. Reicke: A.a.O. 2, 429 (Nr. 318). Die Vermutung Reickes (ebd., 443, Anm. 6), die Bitte des Kurfürsten sei mit Blick auf die Universitätsbibliothek geäußert worden, ist offensichtlich irrig (vgl. dazu z.B. ebd., 429, Anm. 1): Falls Friedrich nicht alle Bücher für Spalatins historische Forschung benötigte, könnte er einen Teil von ihnen unter Umständen auch verschiedener Prophezeiungen wegen angefordert haben, wie sie etwa ein 1514 von ihm ausgeliehenes Werk Viterbos enthielt (s. Anm. 1191).

[1185] Pirckheimer antwortete dem Kurfürsten oder einem seiner Vertrauten Ende Juni 1514, daß er die erbetenen Bücher nicht kenne und sich nur wundere, wer einem so großen Fürsten solche Torheiten eingeredet habe; trotzdem sei er mit einem Freund des Annius in Verbindung getreten, um herauszufinden, ob es solche Bücher nicht doch gebe. Am 28. Juni 1514 mußte er Friedrich dann mitteilen, daß auch Viterbos Freund die Titel nicht bekannt waren – s. Reicke: A.a.O. 2, 441 (Nr. 321). 442 (Nr. 322). Etwa aus der gleichen Zeit stammt eine kurze handschriftliche Beurteilung Viterbos durch Pirckheimer, in der die Werke des Italieners als »fragmenta seu potius figmenta« bezeichnet werden (EGA Reg. 32e, 4ʳ), eine Beurteilung, die von Reicke (a.a.O. 2, 442 f.) ungerechtfertigter Weise Pirckheimer abgesprochen wird, was insofern verständlich ist, als Reicke nur ihren Ausdruck – bei Hekelius: A.a.O., 17 (Nr. 5) – kannte. Kirn dagegen hat einen Handschriftenvergleich durchgeführt und konnte die Schrift als die von Pirckheimer identifizieren (s. Kirn: A.a.O., 18, Anm. 67).

»Sachsenchronik« bat, waren Humanisten, und wenn es schon unter diesen genug Männer gab, die auf historischem Gebiet Irrtümern unterlagen oder diese erst selbst hervorbrachten,[1186] wen wundert es da, daß andere ihnen in dieser Hinsicht nicht nachstanden.

Außer den genannten Humanisten halfen auch andere Persönlichkeiten dem sächsischen Kurfürsten mit Bücherverzeichnissen, Herrscherlisten, bestimmten Detailinformationen oder Chroniken aus, ob es sich nun um Fürsten wie Bogislaw X. von Pommern und Joachim I. von Brandenburg handelte, die durch die Anfrage Friedrichs gleichfalls zur Sammlung historischen Materials angeregt wurden,[1187] oder um Angehörige des höheren und niederen Klerus wie Bischof Georg III. von Bamberg,[1188] den Abt Johannes vom Kloster Georgenthal,[1189] Abt Johann Rudolf zu Kempten[1190] und den Prior des Leipziger Dominikanerklosters,[1191] ob um Geschichtsschreiber wie den Hamburger Albert

---

[1186] Zu den Geschichtsfälschern gehörte außer den bereits erwähnten Autoren (s. Anm. 1175) u. a. auch Celtis (Bezold: Celtis, 42 f. 217). Anderen Humanisten – wie Peutinger (vgl. Joachimsen: A. a. O., 205–209. 118; Erich König: Peutingerstudien. Freiburg/Br. 1914, 49) – lagen Fälschungen zwar fern, aber auch sie blieben von Irrtümern nicht verschont, die uns heutzutage auch merkwürdig anmuten; man vergleiche nur Kirns (a. a. O., 18f.) Ausführungen über Spalatins historische »Verfehlungen«.

[1187] Tutzschmann: A. a. O., 140. – Bei Bogislaw läßt sich Friedrichs Einfluß besonders gut feststellen: Der Kurfürst hatte den pommerschen Herzog um Nachforschungen ersucht, ob sich in Pommern für die historische Arbeit Spalatins brauchbare Schriften fänden, woraufhin Bogislaw Johannes Bugenhagen – damals noch Rektor in Treptow an der Rega – im Sommer 1517 mit entsprechenden Ermittlungen beauftragte und ihm außerdem eine Skizze der pommerschen Geschichte und Genealogie für Friedrich erstellen ließ. Bugenhagen verfaßte daraufhin seine »Pomerania« (vgl. RE 3, 526; Wegele: A. a. O., 306; Paul: A. a. O., 108f.; Bethe: A. a. O., 22).

[1188] Friedrich bat ihn1514 durch einen Mittelsmann um Auszüge aus kaiserlichen und königlichen Urkunden des Bamberger Hochstifts, die ihm der Kirchenfürst auch zuschickte, während er der Bitte um einen Katalog nicht nachkommen konnte, jedenfalls nicht sofort (nach dem Schreiben des Bischofs an den Kurfürsten vom 9. Juni 1514; EGA Reg. O 38).

[1189] Er übersandte Pfeffinger 1517 auf dessen Ersuchen zwei Kaisergeschichten. Zwar wird Friedrich im Schreiben des Abtes (EGA Reg. O 32f.) nicht erwähnt, steht aber offensichtlich doch als Auftraggeber im Hintergrund.

[1190] Der Kurfürst wandte sich am 20 Okt. 1517 an den Abt, um ein Buch auszuleihen, das Spalatin für die »Chronik« benötigte. Nach Mitteilung seines Gewährsmannes, der nicht näher genannt wird, sollte es in der Kemptener Klosterbibliothek zu finden sein, was auch zutraf: Der Abt ließ das Werk bei Tucher in Nürnberg deponieren, von wo es an Friedrich gesandt wurde (EGA Reg. Aa 2300, 29), der es 1518 erhielt und zurückzugeben versprach (EGA Reg. O 40, 1–3).

[1191] An ihn richtete Friedrich am 6. April 1514 die Bitte um Zusendung von Annius von Viterbos (vgl. Anm. 1175. 1184) »Exposicio super apocalipsim«, womit offensichtlich dessen »Glosa super apocalipsim de statu ecclesie...« (nach Kirn: A. a. O., 18, Anm. 67; dort auch näheres) gemeint ist. Er begründet diese Bitte damit, daß er diese »Exposicio« für ein angefangenes Werk benötige (EGA Reg. Kk 747). Da das Buch laut Kirn nicht Geschichte, sondern Prophezeiungen enthält, könnte es aus Versehen oder auf Grund

Krantz[1192] oder um Fälscher wie den berüchtigten Jörg Rixner und Erasmus Stella.[1193]

Umgekehrt verlieh auch Friedrich selbst historische Materialien aus seinem Besitz, wenn er darum gebeten wurde. Da vor allem die Humanisten an solchem Material interessiert und durch ihre ständige Verbindung untereinander gut darüber unterrichtet waren, welche Unterlagen und Kodizes der Ernestiner besaß,[1194] traten sie gelegentlich mit entsprechenden Bitten an ihn heran, denen er dann – wie im Falle Peutingers, dem er urkundliches Material zur Verfügung stellte,[1195] bei Johann von Kitzscher[1196] und sicher auch bei Johannes Stabius[1197] – nachkam. Auf diese Weise unterstützte er zugleich die humanistischen Forschungen auf historischem Gebiet in der für ihn bezeichnenden Weise: Seine Unterstützung stellt sich mehr spontan, mehr vom Augenblick getragen, ja mehr als eine Begleiterscheinung in andere Richtung zielender Maßnahmen dar, wenn auch hier die Zweckgebundenheit nicht so evident wird wie bei anderen Gelegenheiten, wenn er Humanisten förderlich war.

---

einer Fehlinformation, vielleicht aber auch wegen der darin enthaltenen Prophezeiungen angefordert worden sein: von den politischen Schwierigkeiten, in denen sich der Kurfürst damals befand, war schon die Rede, ebenso davon, daß er Prognostikationen und ähnlichem alles andere als ablehnend gegenüberstand.

[1192] Über Krantz s. RE 11, 79–81. Er stellte Friedrich 1513 Chronikauszüge zu (im EGA Reg. O 157. 6r-9r) und beantwortete ihm 1514 eine Reihe von Sachfragen (ebd., 10r-18r) über die »alten sachssen«, über die Glaubwürdigkeit von Chroniken und die Fundorte weiterer Geschichtswerke und anderer »verzaichnuss« (ebd., 17r).

[1193] Zu Rixner und Stella vgl. Anm. 1175. – Rixner übersandte 1515 dem Kurfürsten ein »Verzeichnis« für die »Chronik«, das er dann mit einem Begleitschreiben an Spalatin weiterleitete (EGA Reg. O58; das Schreiben Rixners mit den dazu gehörigen Materialien in Reg. O 157, 309r-310r, stammt aus späterer Zeit und steht im Zusammenhang mit den Auseinandersetzungen mit Heinrich d. J. von Braunschweig-Wolfenbüttel – es wurde somit ca. 1540/41 abgefaßt). Stella war Friedrichs Historiographen Spalatin 1516 mit Urkundenauszügen behilflich (EGA Reg. O 156, 212r).

[1194] Vgl. das Schreiben Scheurls an Cuspinian vom Okt. 1515 in: Johann Cuspinians Briefwechsel. Hrsg. Hans Ankwicz von Kleehoven. München 1933, 75 (Nr. 34).

[1195] 1508; s. König: Peutingerstudien, 46. 49 f.; ders.: Peutinger, 98 (Nr. 55); vgl. Anm. 1178.

[1196] 1514 bat Kitzscher Friedrich, ihm für ein Werk über die deutsche Geschichte seine »Deutsche Chronik« auszuleihen, ein Ersuchen, dem der Fürst stattgab, wobei er Kitzscher freilich darauf hinwies, daß er unter seinen Büchern »nit nur dan ain Teutzsche Cronika« habe (EGA Reg. O148, 1. 2; s. auch Bauch: Kitzscher, 313 f.). An Dr. Niklas (von) Heynitz, der den kurfürstlichen Räten zuzuordnen ist (vgl. Kirn: A. a. O., 53, Anm. 72. 56; J. Löbe: Personal, 385; Knod: A. a. O., 192 [Nr. 1386]), übersandte der Kurfürst 1515 eine Chronik (s. EGA Reg. O 39; nach Repertoriumsregest).

[1197] Stabius, ab 1508 Historiograph Maximilians (Bernleithner: A. a. O. 73) und auch mit astrologischen Problemen befaßt, wird von Spalatin (FWLZ, 34) unter die von Friedrich besonders geschätzten Gelehrten gerechnet. Inwieweit er für den Kurfürsten tätig war, konnte ich nicht ermitteln. 1517 wandte er sich an Spalatin mit der Bitte, ihm Historien und Genealogien des sächsischen Hauses zu verschaffen, und bat zugleich, ihn Friedrich zu empfehlen – Hekelius: A. a. O., 27 (Nr. 10).

Inwiefern sich gleiches von Friedrichs Verhältnis zu den humanistischen Gelehrten der Wittenberger Universität sagen läßt, bleibt noch zu untersuchen.

2.2.2. Der Kurfürst und die Wittenberger Universität

Als sich 1602 die Gründung der Wittenberger Universität zum hundertsten Male jährte, hielt Johann Zanger, der Ordinarius der Wittenberger juristischen Fakultät,[1198] eine Festansprache, die kaum erwähnenswert wäre, hätte Zanger in ihr nicht eine merkwürdige Geschichte über die Universitätsgründung erzählt: In der Nacht vor der feierlichen Eröffnung der Hochschule am 18. Oktober 1502, als schon eine große Anzahl von Gelehrten und Gästen in der Stadt zusammengeströmt war, soll Friedrich der Weise durch Einflüsterungen Mißgünstiger so umgestimmt worden sein, daß er am Morgen des 18. Oktober, als alle den Beginn der Einweihungsfeierlichkeiten erwarteten, Befehl gab, die Einweihung der neuen Universität auf eine andere Zeit zu verschieben,[1199] ein Befehl, dem von den Versammelten freilich nicht nachgekommen wurde.

Auf den ersten Blick ist man geneigt, Zangers Ausführungen als pure Erfindung abzutun,[1200] und das umso mehr, als die Gründung der Wittenberger Universität, der »Leucorea«,[1201] recht eigentlich als Werk des sächsischen Kurfürsten und gewissermaßen als Ergebnis eines großangelegten Planes zur Förderung der kursächsischen »Residenzstadt« Wittenberg erscheint.[1202] Betrachtet man jedoch die Vorgeschichte und die Umstände der Universitätsgründung näher, so fällt auf, daß Zangers Geschichte trotz sagenhafter Züge keinesfalls »nach jeder Richtung hin unwahrscheinlich«[1203] ist, sondern zumindest einen wahren Kern enthalten könnte.

Abgesehen davon, daß sich schon bei Mathesius und in einem Schreiben Mellerstadts an den Kurfürsten aus dem Jahre 1504 Hinweise finden, daß es Gegner der Hochschulgründung gab, die sogar Friedrich in ihrem Sinne zu beeinflussen suchten,[1204] mangelte es nicht an Unzulänglichkeiten, die es dem Kurfürsten hätten ratsam erscheinen lassen können, mit dem Gedanken eines Aufschubs der Einweihung zu spielen: Weder war die Frage der Finanzierung

---

[1198] Über Zanger s. Friedensburg: A. a. O., 316f. 437.

[1199] Johannes Zangerus: Oratio Secularis... Witebergae 1602, 5.

[1200] So Friedensburg: A. a. O., 19.

[1201] Zum Namen »Leucorea« s. Friedensburg: A. a. O., 3. 3, Anm. 2.

[1202] Vgl. Anm. 767.

[1203] Friedensburg: A. a. O., 19.

[1204] Bei Mathesius (Loesche: A. a. O., 410) ist davon die Rede, daß man Friedrich unter Hinweis auf »die vnkost vnd beschwerung« von der Universitätsgründung abzubringen versucht habe. Mellerstadt erwähnt in seinem undatierten Schreiben an den Fürsten von 1504 neben den »Schwoben« (!) – ohne freilich konkreter zu werden – noch andere, die die Universitätsgründung verhindern wollten – EGA Reg. O246; vgl. Friedensburg: A. a. O.; 19, Anm. 2, UBUW 1, 8 (Nr. 10).

der neuen Hochschule befriedigend geklärt,[1205] noch war sie rechtlich so abgesichert, wie es dem in Rechtsfragen sehr genauen Kurfürsten vorschwebte. Daß der Universität in den ersten Jahren ihres Bestehens eigene Statuten fehlten, fiel weniger ins Gewicht, da man sich in dieser Zeit offenbar an den Statuten der Tübinger Hochschule orientierte,[1206] mit der die Wittenberger Universität nicht nur durch ihren Aufbau,[1207] sondern auch durch einige Mitglieder ihres Lehrkörpers enger verbunden war.[1208] Als problematischer erwies es sich dagegen, daß die Leucorea zur Zeit ihrer Gründung zwar schon vom Reichsoberhaupt, nicht aber vom Papst privilegiert worden war,[1209] ein Mißstand, dem erst 1507 in befriedigender Weise abgeholfen werden konnte.[1210]

Ob nun die rechtlich prekäre Lage der neuen Universität oder etwas anderes in Friedrich den Gedanken geweckt hat, den Gründungsakt hinauszuzögern, oder ob dies nicht der Fall war, daran, daß er an der Hochschulgründung interessiert sein mußte, besteht kein Zweifel. Es stellt sich allerdings die Frage,

---

[1205] Zwar wollte Friedrich schon 1502 eine größere Anzahl Pfründen zur Finanzierung der Universität mitverwenden, aber die eigentliche Inkorporation des Allerheiligenstiftes erfolgte erst später, und bis 1507 blieb die Finanzierungsfrage prinzipiell ungelöst, wenn sich auch für diese Zeit eine fürstliche Finanzhilfe für die Wittenberger Hochschule nachweisen läßt (Enders: A. a. O., 10–13; s. auch Abschnitt 3. 2. 2. 2 .). Im Vergleich zu Wittenberg ist die Finanzierungsfrage in Tübingen und Frankfurt/O. schon früh gelöst worden: Die Tübinger Universität wurde von vornherein einem Stift angegliedert (vgl. Johannes Haller: Die Anfänge der Universität Tübingen. 1477–1537. Bd. 1. Stuttgart 1927, 29f.; Fritz Ernst: Die wirtschaftliche Ausstattung der Universität Tübingen in ihren ersten Jahrzehnten: 1477–1534. Stuttgart 1929, 11–13), während die Frankfurter Hochschule von Kurfürst Joachim I. mit verschriebenen »Geldrenten aus kirchlichen Mitteln, Abgaben, die ihm ... zustanden, und Beträgen seiner märkischen Städte« finanziert wurde – s. Walter Voss: Die wirtschaftlichen Verhältnisse der Universität Frankfurt a. O. . . 1506–1653. Greifswald 1939, 9. Phil. Diss. Berlin 1939; Gustav Bauch: Die Anfänge der Universität Frankfurt a. O. und die Entwicklung des wissenschaftlichen Lebens and der Hochschule (1504–1540). Berlin 1900, 16f.

[1206] Vgl. Friedensburg: A. a. O., 25. – Die Tübinger Statuten stellen ihrerseits eine Rezeption der Baseler Statuten dar – vgl. dazu Reinhold Rau: Der Beitrag der Baseler Hochschule zu den Anfängen der Universität Tübingen. Baseler Zeitschrift für Geschichte und Altertumskunde 52 (1953), 22. S. auch Anm. 1454.

[1207] Vgl. Friedensburg: A. a. O., 25. – Wittenberg erschien dadurch – wie durch zahlreiche persönliche Verbindungen – als eine Kolonie Tübingens und wird auch in der Literatur gelegentlich als eine solche bezeichnet, etwa bei Haller: A. a. O. 1, 207; Christian Friedrich Schnurrer: De Wittebergensi litterarum universitate ut colonia Tubingensi ... In: ders.: Orationes academicae ... Tubingae 1828, 63.

[1208] So z. B. durch Staupitz, der sich von 1497 bis 1500 an der Tübinger Uinversität aufhielt (Kolde: Staupitz, 213), sowie durch Hieronymus Schurff (Schaich-Kloss: A. a. O., 18f.), Wolfgang Stehelin (Friedensburg: A. a. O., 53), Ambrosius Volland (Irmgard Kothe: Der fürstliche Rat in Württemberg im 15. und 16. Jahrhundert. Stuttgart 1938, 133 Phil. Diss. Göttingen 1938) und Sigismund Epp (Wentz: A. a. O., 461f.), die alle 1502 von Tübingen nach Wittenberg kamen.

[1209] Vgl. Friedensburg: A. a. O., 16.

[1210] UBUW 1, 17 (Nr. 19); s. Friedensburg: A. a. O., 23.

ob es neben ihm nicht noch andere an der Universitätsgründung interessierte Persönlichkeiten und Gruppen gab, womit zugleich die Frage nach seiner persönlichen Bedeutung für die Errichtung und Erhaltung der Wittenberger Universität aufgeworfen wird.

2.2.2.1. Zur Gründung der Wittenberger Universität

Sucht man nach möglichen Gründen, die Friedrich den Weisen bewogen haben könnten, in seinem Land eine Universität zu errichten, findet man genügend, um zu dem Schluß zu kommen, daß er zur Gründung der Leucorea keiner fremden Anstöße bedurft hätte. Alle diese Motive lassen sich grob gesehen zwei Motivreihen zuordnen, in denen jeweils das praktisch-politische beziehungsweise das persönlich-mäzenatenhafte Moment dominiert. Nach allem, was wir bis jetzt über die Zweckgebundenheit von Friedrichs Kulturpolitik feststellen konnten, scheint es fraglich, ob den Motiven der letztgenannten Art die Bedeutung zukommt, die ihnen in der Vergangenheit immer wieder eingeräumt wurde, etwa von Kolde, der einen wesentlichen Beweggrund des Fürsten für die Universitätsgründung in seinem Bestreben sieht, dem Land »eine neue Kulturstätte zu geben«,[1211] oder von Grossmann, die für die Gründung der Leucorea seinen Wunsch verantwortlich macht, das kulturelle Leben Wittenbergs und Kursachsens zu fördern.[1212]

Inwieweit sich für die Wittenberger Hochschulgründung mäzenatenhafte Motive Friedrichs geltend machen lassen, kann letztlich erst sein Verhalten gegenüber der Universität in den Jahren nach 1502 zeigen. Anders verhält es sich mit seinen praktisch-politischen Beweggründen, die offenkundig werden, wenn man sich die politische Lage vergegenwärtigt, in der sich der sächsische Kurfürst und sein Territorialstaat unmittelbar vor und zur Zeit der Universitätsgründung befand. Allein der Zeitpunkt der Gründung ist aufschlußreich genug, um das Jahr 1502 zum Ausgangspunkt von Überlegungen über Friedrichs mögliche Motive machen zu können. Die Gründung der Leucorea fällt in eine Zeit, in der die Konsolidierung der kursächsischen Behördenorganisation mit der Hofratsordnung von 1499 gerade einen Höhepunkt erreicht hatte[1213] und in der mit Dr. Johann Mugenhofer soeben der erste gelehrte Rat in die kurfürstliche Kanzlei berufen worden war,[1214] also in eine Zeit, die gekennzeichnet ist durch einen zunehmenden Bedarf des Kurfürsten an gebildeten Räten und Beamten, die ihm zur Stützung und Erweiterung seiner Machtposition gegenüber andern Reichsfürsten und für den weiteren Ausbau des kursächsischen Territorialstaates dienlich sein konnten.[1215] Die Errichtung einer Hochschule im eigenen Gebiet wurde somit eine »territorial-politische Notwendigkeit«, und zwar in

---

[1211] RE 6, 280.

[1212] Vgl. Anm. 84.

[1213] Brather: A.a.O., 276.

[1214] Vgl. Anm. 84.

[1215] Vgl. Hoyer: Gründung, 9; Steinmetz: Konzeption, 115.

doppelter Hinsicht: Zum einen diente diese Universität der Heranbildung qualifizierten Nachwuchses für alle Bereiche territorialstaatlicher Tätigkeit und des öffentlichen Lebens, zum anderen stellte sie eine Institution dar, die auch für den Fürsten beratend tätig wurde,[1216] vor allem in Rechtsfragen, deren Behandlung an der Wende vom 15. zum 16. Jahrhundert deshalb besondere Bedeutung zukam, weil damals »politische und machtmäßige Veränderungen vor allem als Erhebung, Durchsetzung und Behauptung von Rechtstiteln und Rechtsansprüchen« verstanden wurden.[1217]

Wie die erst 1506 gegründete Frankfurter Universität[1218] hat sicher auch die Wittenberger ihre Entstehung nicht zuletzt dem Umstand zu verdanken, daß ihr Fundator zunehmend auf eine juristische Fakultät als Gutachterinstanz im eigenen Herrschaftsbereich angewiesen war, was sich an einer Reihe von Rechtsgutachten erkennen läßt, die er in den Jahren nach seinem Regierungsantritt zum Beispiel von der Erfurter,[1219] Mainzer,[1220] Heidelberger,[1221] Ingolstädter[1222] und Kölner[1223] Juristenfakultät einzuholen gezwungen war.

[1216] Ranke: A.a.O. 1, 208.

[1217] Borth: A.a.O., 98.

[1218] Nach Bauch (Frankfurt, 64) war die Errichtung der juristischen Fakultät Hauptgrund der Frankfurter Universitätsgründung. – Die wachsende Bedeutung der Juristen ganz allgemein spiegelt sich recht eindrücklich in einigen Zahlenangaben über die Rechtsgelehrten an der Erfurter Universität: Befanden sich 1415 erst vier Juristen im Lehrkörper, so waren es 1462 sieben und um 1500 neun. 1505 gingen 42,8% der Gesamtsumme, die die Stadt Erfurt ihren Hochschullehrern zahlte, an Juristen – nach Horst Rudolf Abe: Die Geschichte der Erfurter medizinischen Fakultät im Zeitalter der Spätscholastik und des Humanismus. Phil. Habil. (Masch.) Rostock 1965, 54.62. Dabei ist jedoch zu beachten, daß Theologen vor der Reformation oft Ordensangehörige und Pfründeninhaber und deshalb »billig« waren.

[1219] 1490 hatten die Erfurter Juristen für die sächsischen Fürsten den »Gerichtshandel« des Ambrosius Schonenberg durchzusehen (EGA Reg. O 531). 1492 erhielten sie zwei »part setze«, um »gerundte rechtsspruche« darüber zu geben (EGA Kop. F 20, 32r). – S. auch Anm. 1223.

[1220] 1492 holte Friedrich aus Mainz ein Rechtsgutachten in einer ungenannten Streitsache ein (EGA Reg O 534; Kop. F 20, 28v; ebd. 32r, zufolge dürfte es sich um die Anm. 1223 erwähnten Streitfälle handeln).

[1221] 1489 wurden der Heidelberger Universität von Friedrich, Johann und Herzog Georg einige »Sätze« zur Durchsicht zugesandt (EGA Reg. O 530).

[1222] 1492 stand Friedrich mit den Ingolstädter Rechtsgelehrten wegen der Abgabe eines Rechtsurteils in einer ungenannten Streitsache in Verbindung (EGA Reg. O 533; Kop. F 20, 28v: 18. März 1492; ebd., 32v: 2. Mai 1492, wird der Empfang des Ingolstädter Gutachtens bestätigt).

[1223] 1493 wandte sich der Kurfürst an die Kölner und an die Erfurter Fakultät mit der Bitte um Rechtsgutachten (EGA Reg. O 535). Grund seines Ersuchens waren Streitigkeiten Erzbischof Ernsts von Magdeburg wegen des Halberstädter Stifts und eine Streitsache Herzog Georgs wegen irriger Lehen. Am 17. März 1492 waren den Kölnern schon einige »setze« zur Begutachtung zugesandt worden (EGA Kop. F 20, 28v).

Auf die Dauer mußte es sich für Friedrich als unhaltbarer Zustand erweisen, bei fremden Universitäten Rat suchen zu müssen und einige seiner Räte dort angestellt zu wissen,[1224] ein Zustand, der weniger deshalb unhaltbar war, weil es mit der Zeit lästig wurde, von auswärtigen Institutionen abhängig zu sein, die auch einmal ein Gesuch abschlägig bescheiden konnten,[1225] sondern vor allem aus finanziellen Erwägungen, denn indem der Fürst oder einer seiner Untertanen sich Rechtsbelehrung in fremden Territorien holte, ging dem Land Geld verloren. Daß man einem solchen Mißstand schon früher zu wehren versuchte, zeigt ein Erlaß von Friedrichs Großvater Friedrich II. von Sachsen, der allerdings nur seinen Untertanen verbot, sich außerhalb Sachsens rechtlich beraten zu lassen.[1226] Freilich floß nicht nur auf die genannte Weise Geld aus dem Territorium ab, sondern mehr noch durch die Ausbildung einheimischer Studenten an fremden Universitäten.[1227] Durch die Errichtung einer Hochschule im eigenen Land ließ sich dem vorbeugen, ja, es wurde sogar möglich, das Geld Auswärtiger ins Land fließen zu lassen, was besonders der Universitätsstadt Wittenberg wirtschaftliche Vorteile brachte. Dies wiederum kam den Intentionen des Kurfürsten sehr entgegen, lag ihm doch viel am Emporkommen der Hauptstadt des Kurkreises, die er auch dadurch aus der Bedeutungslosigkeit riß, in der sie als ehemalige Residenz der askanischen Herzöge nach ihrem Übergang an die Wettiner versunken war,[1228] indem er sie, eine im Norden seines Herrschaftsgebietes gelegene kleine Landstadt, seit 1492 als »Residenz« mit Repräsentativbauten schmückte.[1229]

Daß Friedrich von vorherein daran gedacht hat, die neue Universität in Wittenberg zu errichten, ist deshalb nicht auszuschließen, ebensowenig, daß er

---

1224 Einige Professoren der Universitäten Leipzig und Erfurt waren gelegentlich für Friedrich als Ratgeber tätig und wurden auch als »Räte« bezeichnet (vgl. Brather: A. a. O., 265f.), so z. B. Johann Biermost, der in Erfurt den Lehrstuhl für weltliches Recht innehatte (s. Kleineidam: A. a. O. 2, 326f.) und für den sich der Kurfürst ähnlich einsetzte wie für Mellerstadt (vgl. Anm. 1289): Ein seinetwegen an den Erfurter Rat gerichtetes Schreiben des Fürsten (1494 oder 1499?) wegen der Besetzung einer Lektur an der Erfurter Universität befindet sich EGA Reg. O536 (schwer leserlich). – Dr. jur. utr. Conrad Stein, der sich 1490 in Erfurt aufhielt (näheres bei Kleineidam: A. a. O. 2, 319), wo er schon viele Jahre an der Universität wirkte, ist gleichfalls den kurfürstlichen Räten zuzurechnen; am 16. Nov. 1490 (Weimar: EGA Kop. A 1, 1r) wurde ihm wahrscheinlich auf Grund seiner Ratgebertätigkeit durch Friedrich und Johann ein Schutz- und Verspruchbrief ausgestellt.

1225 Als Friedrich beispielsweise 1489 ein Gesuch an die Erfurter Universität richtete, einige Rechtsbeistände für die in Merseburg inhaftierten Leipziger Universitätsangehörigen Nikolaus Coburg und Magister Andreas Wunsiedel (EGA Reg. O 519) abzuordnen, erhielt er einen abschlägigen Bescheid (EGA Reg. O 529).

1226 ADB 7, 776.

1227 In diesem Sinne auch Steinmetz: Wittenberg, 106.

1228 Friedensburg: A. a. O., 4f.

1229 Über Wittenberg vgl. Anm. 926; über das dortige Schloß und die Schloßkirche Anm. 828. 829. 731.

sie »bewußt zum geistigen Zentrum der Kurlande« erhob,[1230] allerdings will es die Sage anders wissen: Der Vorschlag, die Elbestadt zum Sitz der neuen Hochschule zu machen, soll dem Kurfürsten von Mellerstadt unterbreitet worden sein, der daraufhin angeblich nur ein spöttisches Lächeln des Fürsten erntete, was ihn jedoch nicht davon abhielt, den Landesherrn dann doch noch für seinen Plan zu gewinnen.[1231] Abgesehen davon, daß diese Geschichte wohl zu Recht gegen eine Überbewertung von Friedrichs Rolle bei der Universitätsgründung gerichtet ist, wirkt sie recht unwahrscheinlich, nicht nur, weil kein Gegenvorschlag des Fürsten überliefert ist oder weil kein anderer Ort Kursachsens ernstlich als Sitz der neuen Universität in Frage gekommen wäre, auch nicht wegen der in vielerlei Hinsicht günstigen Lage Wittenbergs, sondern vor allem aus politischen Gründen.

Was lag näher, als die Hochschule in der Hauptstadt des Kurkreises, de jure also gewissermaßen im Herzen des kursächsischen Territorialstaates und dadurch für immer mit der Kur verbunden, einzurichten, denn damit wurde sie gleichsam zum Symbol landesherrlicher Macht und Souveränität, zumal sie mit ihren Gelehrten und ihrer Lehrautorität auch eine repräsentative Funktion erfüllte,[1232] die dem Kurfürsten, der ja auf Prestigezuwachs und Bewahrung seines Ansehens erpicht war, sehr gelegen kam. Daß die neue Hochschule ihren Platz im Norden Kursachsens erhielt, hat man schwerlich dem Umstand zuzuschreiben, daß Kurfürst Joachim I. von Brandenburg, Friedrichs mächtigster Nachbar im Norden und als Hohenzoller einer seiner Antipoden, gleichfalls im Begriff stand, eine Universität zu gründen. Dessen ungeachtet mag es aber dem Ernestiner nicht ungelegen gekommen sein, daß die Leucorea als sinnfälliges Zeichen landesherrlicher Macht nahe dem Herrschaftsbereich seines Widersachers plaziert war. Als sicher kann gelten, daß die Gründung der kursächsischen Universität durch die 1500 erfolgte Zustimmung Maximilians I. zur Errichtung einer Akademie in Frankfurt/Oder[1233] beschleunigt, wenn nicht gar mitinitiiert wurde.

[1230] Max Steinmetz: Deutschland von 1476 bis 1535. In: Deutsche Geschichte in drei Bänden. Bd. 1. Berlin 1965, 496.

[1231] Nach Schumacher: De cura, 9.

[1232] So erscheint es nur folgerichtig, wenn der Kurfürst kurz nach der Hochschulgründung 1503 von der Universität Rechtsgutachten einholt, z. B. wegen einer Rechtsache mit dem Naumburger Bischof und einer Irrung mit Luthold von Schellenberg (EGA Reg. O 417. 418; zu Reg. O 417 s. Kirn: A. a. O., 78). Daß die Erteilung von Gutachten und die Rechtsberatung durch Universitätsmitglieder auch dem Ansehen des Fürsten als Universitätsgründers und -erhalters förderlich sein konnte, wird daran deutlich, daß auch Auswärtige in Wittenberg Rat holten, wie z. B. 1523 der Ritter Hans von Rechberg im Auftrag der Ritterschaft des Fürstentums und der Stadt Groß-Glogau; der Kurfürst befahl der Universität, ihm den geforderten Rat zu erteilen (EGA Reg. O 422).

[1233] Das Gründungsprivileg wurde am 26. Okt. ausgestellt – s. Peter Prinz: Quellenbuch zur brandenburgisch-preussischen Geschichte. Bd. 1. Freiburg/Br. 1892, 325–329.

Die hier indirekt ausgesprochene Vermutung, daß Konkurrenzdenken an der Wiege der Leucorea Pate gestanden hat, ist keinesfalls abwegig, zumal Konkurrenzdenken auch bei der Entstehung und Entwicklung anderer Universitäten eine gewisse Rolle spielte[1234] und überdies bei der Gründung der Wittenberger Hochschule noch in anderer Hinsicht wirksam wurde: Durch die wettinische Hauptteilung von 1485 war die sächsische Universität Leipzig an Herzog Albrecht den Beherzten und seine Nachkommen gefallen. Wenn dadurch auch keineswegs die Verbindungen zwischen den ernestinischen Fürsten und der Leipziger Hochschule abrissen (noch 1506 konnte Friedrich der Weise Rechtsansprüche auf die Universität anmelden[1235] und stand auch sonst mit ihr in Verbindung),[1236] änderte dies nichts an der Tatsache, daß Kursachsen ab 1485 keine eigene Ausbildungsstätte mehr besaß, die akademischen Charakter hatte.

Solange Herzog Albrecht noch Landesherr war, gab es für Friedrich und seinen Bruder keinen zwingenden Grund, an die Errichtung einer eigenen Hochschule zu denken; sollten sie doch entsprechende Pläne erwogen haben, dürften sie vor allem durch ihre ausgedehnten Reisen im letzten Jahrzehnt des 15. Jahrhunderts an deren Realisierung gehindert worden sein. Im September 1500 starb Albrecht, und sein Sohn Georg trat die Herrschaft an. Spätestens jetzt änderte sich die Lage der Ernestiner, was die Universitätsfrage betraf, grundlegend, denn ihr Verhältnis zu Herzog Georg war nicht das beste und sollte sich durch bald einsetzende Streitigkeiten mit dem Albertiner auch keineswegs verbessern. Falls Friedrich vor Albrechts Tod aus Rücksicht auf die innerwettinischen Beziehungen auf die Errichtung einer eigenen Universität verzichtet hatte, mußte er sich jetzt gezwungen sehen, in seinem Territorium zur Gründung einer Hochschule zu schreiten, weil Ansprüche auf die Leipziger Universität von nun an nicht mehr ohne größere Kämpfe durchzusetzen waren. Indem er seiner Einladung zur Eröffnung der neuen Universität mit Blickrichtung Leipzig die Bemerkung beifügte, zu der Hochschulgründung habe ihn unter anderem »unfleiß und mangel guter und gelerter meister«[1237] getrieben, und indem er die Leucorea von Anfang an dem Humanismus öffnete, erhielt die Wittenberger Universität den Charakter einer Konkurrenzgründung zu Leipzig. Der albertinische Herzog Georg hat es sicher ähnlich empfunden, denn genau drei Wochen nach den Wittenberger Einweihungsfeierlichkeiten leitete er in Leipzig eine Universitätsreform ein.[1238] Auch in anderer Hinsicht hat Konkur-

[1234] So etwa im Falle Tübingens (vgl. Haller: A. a. O. 1, 9). Offensichtlich war es auch Konkurrenzdenken, was Herzog Georg leitete, als er am 8. Nov 1502 – einen Monat nach Gründung der Leucorea – die Leipziger Universität reformierte – vgl. dazu Herbert Helbig: Die Reformation der Universität Leipzig im 16. Jahrhundert. Gütersloh 1953, 18; Stübel: A. a. O., 262–267 (Nr. 225).

[1235] Virck: Ernestiner, 42.

[1236] Vor allem durch einige seiner Räte (Brather: A. a. O., 265) und auch durch seinen Leibarzt Mellerstadt (s. Anm. 1288). – Vgl. auch Anm. 1225.

[1237] UBUW 1, 4 (Nr. 2); vgl. Anm. 1293.

[1238] Virck: A. a. O., 42; s. Anm. 1234.

renzdenken Friedrichs Hochschulgründung beeinflußt: Wir erinnern uns, daß der Ernestiner 1498 dem Hof Maximilians I., wo er sich einige Zeit aufgehalten hatte, den Rücken kehrte und von nun an in immer stärker werdenden Gegensatz zum Reichsoberhaupt trat. Konnte er seinen Souveränitätsanspruch gegenüber dem Habsburger nun deutlicher zum Ausdruck bringen, als durch eine Reihe von kulturpolitischen Maßnahmen, die denen des Widerparts ebenbürtig waren oder es sein sollten? Tatsächlich ist die Vermutung nicht von der Hand zu weisen, daß beispielsweise der Glanz der Wiener Universität, an der Maximilian 1499 eine Reform der Artistenfakultät durchführen und 1502 – sieben Monate vor Einweihung der Wittenberger Hochschule – ein neues Kollegium für Poetik und Rhetorik gründen ließ,[1239] für Friedrich ein zusätzlicher Ansporn war, seine Landesuniversität zu errichten.

Freilich trat Maximilian bei der Gründung der Leucorea nicht nur als Vorbild des Universitätsgründers in Erscheinung, sondern gab vielmehr – wie wir gleich sehen werden – auch direkt einen der wesentlichen Anstöße zur Errichtung der neuen Universität.

Damit sind wir wieder bei der Frage angelangt, inwiefern Friedrich der Weise für die Universitätsgründung persönlich verantwortlich zu machen ist. Daß er genügend Motive dafür hatte, haben wir gesehen. Ob sie dazu berechtigen, ihn als Hauptverantwortlichen für die Errichtung der Leucorea zu bezeichnen, ist jedoch fraglich, denn noch andere Kräfte waren dabei im Spiel.

Unter ihnen nimmt Maximilian I. zweifellos den ersten Platz ein. Als er am 6. Juli 1502 das Gründungsprivileg für die neue Hochschule ausstellte,[1240] erwies er damit dem sächsischen Kurfürsten nicht nur einen Gefallen, um ihn vielleicht auf diese Weise als eines der führenden Häupter der Kurfürstenpartei (die seit dem 30. Juni 1502 in Gelnhausen dem Habsburger als geschlossene gegnerische Phalanx gegenüberstand),[1241] an seine Pflichten gegenüber dem Reichsoberhaupt zu erinnern, nein, er half damit Friedrich zugleich, einem Auftrag Folge zu leisten, den er, Maximilian selbst, 1495 auf dem Wormser Reichstag erteilt hatte. Damals legte er den Kurfürsten, deren Territorien noch keine Hochschule besaßen, nahe, in ihren Gebieten eine Landesuniversität zu errichten,[1242] und konnte in der Folgezeit dann auch, nachdem er 1499 das

---

[1239] S. BALTL: A. a. O., 15 f. 19.

[1240] S. UBUW 1, 1 (Nr. 1). Eine Reproduktion der Urkunde befindet sich bei BLASCHKA: A. a. O., 73–74; ebd. ist auch ihr Text (75–77) mit Übersetzung (78–80) abgedruckt.

[1241] Vgl. SCHRÖCKER: A. a. O., 334f.

[1242] Der Gründungsbefehl wurde gelegentlich für eine Erfindung gehalten, etwa von ULMANN (Maximilian 2, 732), nicht aber von BALTL (a. a. O., 35), die sich mit Recht auf die Erwähnung dieses Befehls in Johann Ciceros testamentarischem Schreiben an seinen Sohn Joachim beruft. Zwar ist es im Original verschollen, wurde aber zwischen 1620 und 1640 abgeschrieben (nach ADOLPH MÜLLER: Geschichte der Reformation in der Mark Brandenburg. Berlin 1839, 93) und 1793 erstmals in neuer Orthographie nachgedruckt. Joachim wird darin von seinem Vater aufgefordert, die schon von Albrecht Achilles ins Auge gefaßte Universitätgründung in Frankfurt/O. durchzuführen (über Johann Cice-

Gründungsprivileg für die Universität Reggio erteilt hatte, 1500 und 1502 die betreffenden Urkunden für Frankfurt/Oder und Wittenberg ausgehen lassen.

Daß der letzte Anstoß zur Wittenberger Universitätsgründung von ihm kam, ist damit freilich nicht gesagt,[1243] da es noch weitere Persönlichkeiten gab, die an die Errichtung der neuen Hochschule eigene Interessen knüpften. Besonders Friedrichs Bruder Ernst, der Magdeburger Erzbischof, ließ sich die Gründung der Wittenberger Universität besonders angelegen sein und soll ihm entsprechend auch dazu geraten haben.[1244] Gründe für sein Verhalten lassen sich einige anführen: Wahrscheinlich verfolgte er weniger die Absicht, Ruhm und Ehre des ernestinischen Hauses zu vergrößern, als seinem Erzbistum zu einer akademischen Bildungsstätte zu verhelfen, die ihm bis zu diesem Zeitpunkt fehlte. Daß er dabei auch daran dachte, dem Humanismus eine Heimstatt zu bereiten, ist keinesfalls auszuschließen, denn im Gegensatz zu seinen Brüdern war er wirklich humanistisch gebildet: Pridiamus Pighinucius aus Lucca wird 1486 als sein Lehrer genannt;[1245] sein anderer Lehrer Ivo Wittich, der spätere Rat Bertholds von Henneberg, stiftete 1504 in Mainz eine Lektur für Geschichte,[1246] und sein Erzieher Johann von Hermannsgrün regte 1500 Nikolaus Marschalk, den 1502 von Erfurt nach Wittenberg übersiedelnden, »Bannerträger des Hellenismus'«[1247] zu Angriffen auf die Scholastik an.[1248]

Höchstwahrscheinlich hat Ernst durch seine humanistisch gebildeten Räte – wie Mugenhofer,[1249] der zur Zeit der Wittenberger Universitätsgründung schon

ros diesbezügliche Maßnahmen s. Bauch: Frankfurt, 1–3), zumal Maximilian auf dem jüngstvergangenen Reichstag den Kurfürsten angeraten habe, in ihren Ländern Universitäten zu errichten (nach A. Müller: A. a. O., 93). Für den »jüngstvergangenen Reichstag« hält man gemeinhin den Wormser Reichstag von 1495. Leider fehlt auch Johann Ciceros Schreiben eine Datumsangabe, so daß die genannte Jahreszahl fraglich bleibt. Trotzdem scheint der Gründungsbefehl tatsächlich 1495 erfolgt zu sein: Der Kurfürst von Brandenburg starb 1499, nachdem 1498 auf sein Betreiben das päpstliche Privileg für die neue Universität eingeholt worden war (Bauch: Frankfurt, 2).

1243 Die Angabe über Reggio nach Baltl: A. a. O., 35; ebd. behauptet Baltl, die letzte Initiative zu den genannten Universitätsgründungen sei von Maximilian ausgegangen.

1244 In diesem Sinne Mathesius (Loesche: A. a. O., 22. 410). Auch Nikolaus Selnecker spricht davon, daß Friedrich »suasu Fratris sui Ernesti Episcopi Magdeburgici« die Wittenberger Universität gegründet habe (Nikolaus Selnecker: Historica Narratio et oratio de D. D. Martino Luthero ... Lipsiae 1575, Bvj[r]).

1245 Bauch: Leipzig, 18; ders. Mainz, 12f.

1246 Bauch: Mainz, 15.

1247 Zitat nach Friedensburg: A. a. O., 75; zur Übersiedlung Marschalks s. Bauch: Schenk, 367f.

1248 Abe: Humanismus, 146. – Hermannsgrün stand mit Reuchlin, Dalberg und Lobkowitz von Hassenstein in Verbindung und widmete Friedrich seine bereits erwähnte Schrift (Ulmann: Traum, 73f.; s. auch Anm. 1093, 3).

1249 Mugenhofer war ab 1490 Rat und ab 1493 Kanzler Erzbischof Ernsts (Wentz: A. a. O., 120). Verbindungen zwischen Mellerstadt und Ernst sind auch nicht unwahrscheinlich, da der Gelehrte – vielleicht wegen Ernsts Postulation zum Erzbischof, die ja 1476 stattin Diensten Kurfürst Friedrichs stand – Einfluß auf die Gründung der Leucorea und möglicherweise sogar auf ihre Personalbesetzung genommen, ein Verdacht, der dadurch genährt wird, daß Mugenhofer reichlich ein Jahr vor der Universitätsgründung in den Dienst des Kurfürsten trat,[1250] daß Hermann von dem Busche, der 1502 als »Poet« nach Wittenberg kam, nicht nur mit Mellerstadt befreundet, sondern auch mit Ernsts Sekretär Caspar Steinberg bekannt war,[1251] und daß der Humanist Marschalk vor seiner Übersiedlung in die neue Universitätsstadt mit Ernsts Rat Hermannsgrün in Verbindung stand, wie bereits erwähnt wurde. Trotzdem wäre es falsch anzunehmen, der Erzbischof sei in Angelegenheiten der Universität nur durch Mittelsmänner wirksam geworden, denn auch seine persönliche Fürsorge für die Leucorea wird gelegentlich augenscheinlich.[1252] Daß er mit seinen Brüdern den Grundstein zum Wittenberger Augustinerkloster legte, das mit der Universität eng verbunden war,[1253] hat in diesem Zusammenhang noch nicht viel zu bedeuten, wohl aber, daß er die Streitigkeiten zwischen Mellerstadt und Wimpina, die die Anfänge der Wittenberger Universität überschatteten,[1254] beilegen half und ferner das Seine dazu beitrug, die Leucorea gegenüber der kirchlichen Macht abzusichern: Es ist schwerlich ein Zufall, daß die Bestätigung der Universität durch den päpstlichen Legaten Raimund Peraudi und drei weitere Privilegien des Legaten für die Universitätsangehörigen Anfang 1503 in Magdeburg ausgefertigt wurden.[1255]

Peraudi[1256] scheint seinerseits die genannten Privilegien nicht ungern erteilt zu haben. Von älteren Autoren wird er direkt unter diejenigen gerechnet, die Anstöße zur Universitätsgründung gaben,[1257] was wohl darauf zurückzuführen ist, daß die erwähnten Urkunden früher gelegentlich auf 1502 ange-

---

fand (vgl. Anm. 124) – 1476 in Sachen des Magdeburger Bistums in Rom weilte (Röhricht: A. a. O., 146).

1250 Am 21. Juli 1501 (Wentz: A. a. O., 120).

1251 Busche kannte Steinberg 1508 bereits länger als fünf Jahre (»iam plus quinquennium«; nach Liessem: A. a. O., 52f.).

1252 Vgl. Hausleiter: A. a. O., 33. 13f.

1253 Wentz: A. a. O., 443.

1254 Vgl. Friedensburg: A. a. O., 11f. 45f.

1255 Am 21. Jan., 1. und 2. Febr. 1503 (WJA Tit. III. Br. 3–6; bzw. Israel: A. a. O., 100–103). Bevor Peraudi für vier Wochen nach Magdeburg kam, hatte er sich Ende Dezember 1502 bei Friedrich und Johann aufgehalten und die Wittenberger Schloßkirche und die Magdalenenkapelle im Garten des Lochauer Schlosses geweiht (FWLZ, 144; Kalkoff: Ablaß, 8).

1256 Über den apostolischen Legaten, Kardinal und Bischof Gurk s. Mehring; A. a. O., 334–409; Johannes Schneider: Die kirchliche und politische Wirksamkeit des Legaten Raimund Peraudi (1486–1505). T. 1. Halle 1881 Phil. Diss. Greifswald 1881 (unter demselben Titel vollständig erschienen: Halle 1882); Adolf Gottlob: Der Legat Raimund Peraudi. HJ 6 (1885), 438–461.

1257 So von Rechenberg: A. a. O., § 15. A. bb; Rosinus: A. a. O., 19v; H. Becker: A. a. O., 40; Becker spricht (ebd.) davon, daß Friedrich »crebris cohortationibus Raymundi Cardinalis et Maximiliani« zur Universitätsgründung veranlaßt worden (»exitabatur«) sei.

setzt wurden.[1258] Ob er tatsächlich als einer der Initiatoren der Wittenberger Universitätsgründung zu gelten hat, ist zweifelhaft, nicht aber, daß er einen gewissen Einfluß darauf ausübte, auf den wir später zurückkommen werden. Während dieser Einfluß schwer greifbar ist, liegen die Dinge klarer, was seine Motive betrifft. Selbst wenn Peraudi nichts an der Errichtung der Leucorea gelegen gewesen wäre, die Erteilung von Privilegien für die Hochschule hätte ihm, der 1500 als päpstlicher Ablaßkommissar ins Reich gereist war, in dieser Eigenschaft Geld für den Türkenzug eintreiben und die Reichsfürsten für diesen Zug gewinnen sollte,[1259] ein willkommenes Mittel sein müssen, um sich einen der einflußreichsten Vertreter der Kurfürstenpartei, auf deren Unterstützung er angewiesen war, weil Maximilian ihm von Anfang an ablehnend gegenüberstand,[1260] gewogen zu machen oder zu erhalten. Seine Vorsorge für die Wittenberger Universität könnte aber auch noch anders motiviert gewesen sein: Peraudi war aus dem Orden der Augustinereremiten hervorgegangen, jenem Orden, dem auch der von Friedrich hochgeschätzte Johann von Paltz angehörte, der gerade im Februar 1502 von dem sächsischen Kurfürsten eingeladen worden war, in seinen Landen den von Peraudi verkündeten Jubiläumsablaß zu predigen.[1261] Die Augustinereremiten aber – gerade die Mitglieder der sächsischen Reformkongregation des Ordens – zeigten für die Errichtung der neuen Universität besonderes Interesse und fanden damit natürlich Anklang beim Kurfürsten, der ihnen überdies sehr zugetan war,[1262] nicht zuletzt aber auch bei Erzbischof Ernst von Magdeburg und bei Peraudi.

Für die Zeit vor der Universitätsgründung lassen sich folgerichtig verwirrende persönliche Querverbindungen zwischen Ordensangehörigen und den genannten Persönlichkeiten vermuten und auch nachweisen, ohne daß man ihre Bedeutung für die Errichtung der Leucorea immer voll würdigen kann. Andreas Proles, der Reformator des Augustinereremitenordens, stand schon lange vor der Universitätsgründung in regem Verkehr mit Friedrich III. von Sachsen,[1263] und Verbindungen zu Peraudi[1264] und Erzbischof Ernst[1265] sind gleichfalls bezeugt.

1258 So. z. B. AHS, 61; Grohmann: A. a. O. 1, 20.

1259 Gottlob: A. a. O., 459.

1260 Maximilian wollte Peraudi zunächst überhaupt nicht ins Reich lassen. Als der Legat dann doch einreiste und das Reichregiment ihm die Erlaubnis zur Verkündigung erteilte (1501), weigerte er sich anfänglich, den diesbezüglichen Vertrag anzuerkennen, änderte dann aber seine Haltung und versuchte, 1502 von Peraudi die Verfügung über die eingenommenen Ablaßgelder zu erhalten (Mehring: A. a. O., 339f. 344. 366).

1261 Kunzelmann: A. a. O., 441. Platz hatte schon einmal – von 1488 bis 1490 – als Ablaßprediger für Peraudi gewirkt (Kleineidam: A. a. O. 2, 91f. 284f.).

1262 Vgl. Anm. 728. 729.

1263 Kolde: Staupitz, 153.

1264 Nach Kunzelmann (a. a. O., 428) reformierte er 1490 in Peraudis Auftrag das Augustinerkloster Mindelsheim.

1265 Vgl. Kunzelmann: A. a. O., 431; Ernst wird hier fälschlicherweise als Johannes bezeichnet.

Als sich abzuzeichnen begann, daß Kursachsen eine eigene Hochschule erhalten sollte, mag bei Proles der Gedanke aufgekommen sein, eine ähnlich enge Verbindung, wie sie in Tübingen zwischen dem dortigen Augustinerkloster und der Universität bestand,[1266] auch für Wittenberg anzustreben, wenn nicht gar ein Generalstudium der Observanz seines Ordens dort einzurichten. Hier könnten sich Proles' Interessen mit denen des Erzbischofs Ernst überschnitten haben, da sich in Magdeburg ein Generalstudium der Augustinereremiten befand, das im Vergleich mit dem Erfurter »studium generale« des Ordens zur Bedeutungslosigkeit herabgesunken war, weil seine Mitglieder nicht gleichzeitig an einer Universität studieren konnten.[1267] Wenn nun das verhältnismäßig nahe an Magdeburg gelegene Wittenberg eine Hochschule erhielt, konnte sich das förderlich auf das Magdeburger Generalstudium auswirken.[1268]

Doch noch befand sich in Wittenberg nur eine Terminei des Ordens, aber kein Kloster,[1269] weshalb eine Klostergründung ratsam erschien, die auch bald mit kurfürstlicher Unterstützung durchgeführt wurde.[1270] Wenn für diese Gründung der Wunsch nach einem neuen Ordensstudium auch nicht allein verantwortlich zu machen ist,[1271] bei Friedrich, der sie unterstützte, wenn nicht gar mit anregte, haben sicher auch kirchenpolitische Erwägungen, der Verdienstgedanke und die Sorge um seine Residenzstadt eine nicht unwesentliche Rolle gespielt. Der Bezug zur Universitätsgründung ist nicht zu übersehen: Der Grundstein des Klosters wurde zwar schon 1502 von Ernst und seinen Brüdern gelegt,[1272] mit dem eigentlichen, nie zu Ende gebrachten Klosterbau begann man sogar erst 1504.[1273] Die neue Universität war dessen ungeachtet von vornherein eng mit dem Augustinereremitenorden verbunden. Dies zeigt sich daran, daß bei der Gründung der Leucorea und unmittelbar danach dreizehn Ordensange-

---

[1266] Friedensburg: A. a. O., 15; Haller: A. a. O. 1, 197.

[1267] Vgl. Scheel: A. a. O. 2, 122f.; Kunzelmann: A. a. O., 105. 120. – Nach Kunzelmann (a. a. O., 411) wohnte Proles seit 1465 in Magdeburg, um das dortige Generalstudium durch seine Anwesenheit vor dem Untergang zu retten.

[1268] Tatsächlich studierten ab 1502 immer wieder Magdeburger Augustiner in Wittenberg (Kunzelmann: A. a. O., 120).

[1269] Vgl. Anm. 729.

[1270] Einer Verpflichtung zufolge, die der Orden 1504 auf dem Jubilatekapitel zu Nürnberg abgab, hatten Friedrich und Johannes die Klostergründung und -ausstattung in ihre Hände genommen (Wentz: A. a. O., 444; s. auch Kolde: Staupitz, 147, Anm. 1. 211, Anm. 1).

[1271] Beispielsweise ist der Zusammenhang mit der Gründung eines Augustinerobservantenklosters in Sternberg durch Herzog Johanns Schwiegervater Magnus von Mecklenburg (1500) nicht auszuschließen. Friedrich hatte sich 1501 für Magnus an Proles gewandt, damit dieser Paltz nach Sternberg sende, um bei der Errichtung des Klosters zu helfen (s. Kunzelmann: A. a. O., 490. 490, Anm. 2392).

[1272] Kunzelmann: A. a. O., 496; Wentz: A. a. O., 443.

[1273] Vgl. Wentz: A. a. O., 444. – Ich schließe freilich nicht aus, daß das Heiliggeisthospital schon vor 1504 den Augustinereremiten eingeräumt wurde.

hörige an die neue Hochschule kamen[1274] und daß offenbar von Anfang an daran gedacht war, dem Orden die ständigen Lekturen zu übertragen, die zu übernehmen er sich 1504 verpflichtete.[1275] Es ist schwerlich ein Zufall gewesen, daß einer der beiden Berater und Helfer Friedrichs bei der Universitätsgründung, der auch für die weitere Entwicklung der Hochschule von eminenter Bedeutung sein sollte, Augustinereremit war. Gemeint ist Johann von Staupitz,[1276] der dem sächsischen Kurfürsten höchstwahrscheinlich von Proles empfohlen wurde[1277] und der bei der Universitätsgründung vor allem als Interessenvertreter seines Ordens in Erscheinung getreten sein dürfte.

Der Auftrag, an der Gründung der neuen Universität mitzuwirken, wird erst nach 1499 an Staupitz herangetragen worden sein; ob noch in Tübingen, wo er 1497 dem dortigen Observantenkonvent beitrat und an der Universität intituliert wurde,[1278] die er 1500 nach seiner Promotion zum Doktor der Theologie[1279] verließ, oder in München, wohin er sich von Tübingen wandte und wo er bis 1503 nominell Prior des dortigen Ordenskonvents war,[1280] wird nirgends ersichtlich, aber wahrscheinlich hat ihn der Ruf aus Kursachsen in München erreicht.[1281] Staupitz folgte dem Ruf und wurde eine der maßgeblichen Gestalten

---

1274 Nach Wentz: A.a.O., 443. – Zwischen 1502 und 1522 studierten oder lehrten ca. 170 Augustinereremiten – meist Observanten – in Wittenberg (Kunzelmann: A.a.O., 499; Wentz: A.a.O., 446, gibt ihre Zahl mit ca. 160 an), so daß (Wentz: A.a.O., 447) ein dauernder Bestand von 15 bis 20 Augustinern an der Leucorea angenommen werden kann.

1275 UBUW 1, 12f. (Nr. 14): Am 11. Nov. 1504 sagte der Orden u.a. zu, als Gegenleistung für die Klostergründung die »ordiniaria in biblia und ein lection in morali philosophia« an der Universität zu übernehmen.

1276 Staupitz, war für die Berufung einer Reihe von Legenten an die Leucorea genauso verantwortlich (vgl. Anm. 1563. 1564) wie etwa für die Übersiedlung des Druckers Johann Rhau-Grunenberg nach Wittenberg (1508) – vgl. dazu Johannes Joachim: Die Druckerei Johannes Grunenberg und Georg Rhau in Wittenberg. ZBBW 21 (1904); Johannes Luther: Der Wittenberger Buchdruck in seinem Übergang zur Reformationspresse. In: Lutherstudien zur 4. Jahrhundertfeier der Reformation ... Weimar 1917, 262f.

1277 So Friedensburg: A.a.O., 15; Karl Bauer: Die Wittenberger Universitätstheologie und die Anfänge der deutschen Reformation. Tübingen 1928, 4; Kolde: Staupitz, 220. Kolde (ebd.) nimmt ferner an, eine persönliche Bekanntschaft könne zu Staupitz' Berufung durch Friedrich geführt haben, und er vermutet des weiteren, Staupitz sei deshalb berufen worden, weil der Wittenberger Konvent von vornherein für eine Beteiligung an der Lehrtätigkeit innerhalb der Leucorea vorgesehen war (s. Anm. 1275), wodurch die Universität den Charakter eines Studium generale erhalten habe.

1278 Scheel: A.a.O. 2, 364; Kolde: A.a.O., 213: 1485 war Staupitz in Leipzig inskribiert worden, wo er auch die Grade eines Baccalaureus und den Magister artium erwarb. Einige Zeit später trat er in München einem Augustinereremitenorden bei.

1279 In Tübingen wurde er 1499 Sententiar und 1500 Lizentiat und Doktor der Theologie (Kolde: A.a.O., 213. 219; Scheel: A.a.O. 2, 364f.; Kunzelmann: A.a.O., 434f.).

1280 Kunzelmann: A.a.O., 434.

1281 Vgl. dazu unten im Text des vorliegenden Abschnittes die Passagen über die Ereignisse in den beiden Jahren vor der Universitätsgründung (ab Anm. 1311). – 1499 der frühen Wittenberger Universitätsgeschichte: Die Verfassung der Leucorea ist wohl vor allem durch seinen Einfluß der Tübinger Universität nachgebildet worden, und die Anwerbung von Tübinger Legenten für den Lehrkörper in Wittenberg ist letztlich sein Werk.[1282] Daß er sich darüber hinaus bemühte, das Wittenberger »Ordensstudium zur vornehmsten Bildungsstätte der deutschen Augustiner auszugestalten«,[1283] braucht wohl nicht besonders betont zu werden. Bei der Universitätsgründung wurde Staupitz die erste theologische Professur der Leucorea übertragen, die er allerdings ab 1503 in seiner Eigenschaft als Generalvikar der deutschen Augustinereremiten[1284] nicht mehr voll ausfüllen konnte.

Die Übernahme eines Lehramtes an der neuen Universität verbindet Staupitz mit Martin Pollich aus Mellerstadt, der gleich ihm eine der Zentralgestalten bei der Gründung der Leucorea war[1285] und auch persönliche Gründe hatte, sich für die Errichtung der Wittenberger Universität einzusetzen, ein Umstand, der in der Vergangenheit einer spektakulären Deutung Vorschub geleistet hat. Mellerstadt, wie Pollich genannt wurde, stand zur Zeit der Universitätsgründung schon zwanzig Jahre im Dienst des Kurfürsten Friedrich. Ohne fest an den Hof gebunden zu sein, war er seit 1482 für den Ernestiner als Leibarzt[1286] und anfangs auch als Astrologe tätig,[1287] was seiner Wirksamkeit an der Leip-

mag Staupitz zwar mit Proles zusammengetroffen sein, als dieser durch Bayern und Schwaben reiste (über Proles s. KOLDE: A.a.O., 96–165), der Plan der Hochschulgründung stand zu dieser Zeit und auch in der ersten Hälfte des folgenden Jahres aber sicher noch nicht zur Debatte.

[1282] Vgl. HALLER: A.a.O. 1, 207.

[1283] WENTZ: A.a.O., 445.

[1284] KUNZELMANN: A.a.O., 435.

[1285] Mellerstadt und Staupitz sind – was ihre Bedeutung für die Wittenberger Universitätsgründung betrifft – am ehesten mit Johannes Vergenhans und Johann Heynlin zu vergleichen, die an der Tübinger Universitätsgründung entscheidend beteiligt waren, wobei Heynlin in mancher Hinsicht an Staupitz erinnert. Über Heynlin s. HALLER: A.a.O. 1, 19. 25; über Vergenhans (Nauclerus) s. ebd. 15–19. 251–256; auch KOTHE: A.a.O., 137.

[1286] BAUCH: Leipzig, 10; GRÜNEBERG: A.a.O., 88.; Mellerstadt hatte seit 1470 in Leipzig studiert, wo er 1472 Baccalaureus und 1475 Magister artium geworden war (BAUCH: A.a.O., 6). 1476 hielt er sich im Auftrag des Magdeburger Bistums in Rom auf (RÖHRICHT: A.a.O., 146; vgl. Anm. 1249). Um 1480 studierte er dann in Leipzig und vielleicht auch in Mainz Medizin (BAUCH: A.a.O., 10; DERS.: Mainz, 10) und begleitete 1493 den sächsischen Kurfürsten (vgl. Anm. 424,1) auf seiner Palästinareise: In Venedig mußte er für seinen Herrn Medizin besorgen (RÖHRICHT-MEISNER: A.a.O., 51) und soll ihm wenig später durch einen guten Ratschlag sogar das Leben gerettet haben (FASELIUS: A.a.O., 16). Mellerstadt war noch während seiner Lehrtätigkeit in Wittenberg gelegentlich als Arzt für die Ernestiner tätig, so 1505 für den erkrankten Johann Friedrich (BUCHWALD: Frömmigkeit, 70).

[1287] Mellerstadts astrologisches Interesse könnte für seine Berufung zum kurfürstlichen Leibarzt mitbestimmend gewesen sein: Auffällig ist, daß er im Jahr seiner Ernennung zum Leibarzt eine Prognostikation für 1483 erstellte (BAUCH: Leipzig, 8). 1487 stellte er für den Kurfürsten wieder eine Prognostik auf, diesmal für 1488 – zum Nutzen des ziger Universität freilich keinen Abbruch tat.[1288] 1498, vier Jahre, nachdem der Kurfürst seine Aufnahme unter die Kollegiaten des »Collegium maius« der Leipziger Hochschule durchgesetzt hatte,[1289] wurde Mellerstadt jedoch mit seinem Kollegen Simon Pistoris, der später ebenfalls als Arzt für Friedrich tätig war,[1290] in einen Streit über den Ursprung der Syphilis verwickelt.[1291] Er hatte sich zuvor mehrfach gegen eine irrationale Erklärung der Seuche ausgesprochen. Der Streit zog sich einige Zeit hin und verleidete Mellerstadt den Aufenthalt in Leipzig, besonders deshalb, weil Pistoris zwar klein beigeben mußte, aber die Mehrheit der Universität auf seiner Seite hatte, und weil sich 1500 neue Streitigkeiten anschlossen, diesmal mit dem Leipziger Theologieprofessor Konrad Wimpina, Streitigkeiten, die bis 1504 andauerten[1292] und wohl der Hauptanlaß für Mellerstadt waren, sich nach einem neuen akademischen Wirkungskreis umzusehen.

Hier knüpft nun die spektakuläre Deutung an, von der oben die Rede war: Ein Autor des 18. Jahrhunderts behauptete angesichts der Streitigkeiten, in die sich Mellerstadt um die Jahrhundertwende verwickelt sah, daß der Plan zur Wittenberger Universitätsgründung auf Mellerstadt zurückzuführen sei, der, nachdem Pistoris Johann Cicero zur Gründung der Frankfurter Hochschule veranlaßt habe, an seinen Herrn herangetreten wäre und ihn zur Gründung der Wittenberger Universität veranlaßt hätte; somit sei von Syphilis etwas Gutes gestiftet worden.[1293]

Wenn dies auch alles reiner Spekulation entspringt, daran, daß die Leipziger Gelehrtenfehde auf die Wittenberger Universitätsgründung nicht ohne Auswirkungen blieb, ist kaum zu zweifeln, denn nach Mathesius faßte der sächsische Kurfürst, der zuvor vielen Gelehrten begegnet war, den Entschluß zur Univer-

Gemeinwesens, wie er betonte. Sie wurde ebenso gedruckt, wie eine weitere, 1489 für Friedrich erstellte Prognostikation (s. Bauch: A. a. O., 9). 1502 mußte Mellerstadt für den Ernestiner auch ein Horoskop für die Wittenberger Universität anfertigen (Grüneberg: A. a. O., 88). Nach Jugler (a. a. O., 8) soll er Friedrich auch medizinische und astrologische Kenntnisse vermittelt haben. – Über Mellerstadt als Rat Friedrichs vgl. Brather: A. a. O., 287, Tab. 3).

1288 Vgl. Grüneberg: A. a. O., 88 .

1289 Stübel: A. a. O., 242 (Nr. 205); Bauch: Leipzig, 10.

1290 Vgl. Anm. 424, 2.

1291 Vgl. dazu das von Grossmann benutzte, mir aber nicht zugängliche Werk von C. H. Fuchs: Die ältesten Schriftsteller über die Lustseuche in Deutschland von 1495 bis 1510. Göttingen 1843. Die Streitigkeiten behandelt nicht minder ausführlich Bauch: Leipzig, passim.

1292 Bauch: A. a. O., 166.

1293 So J. K. W. Moehse: Beschreibung einer Berliner Medaillensammlung. Berlin 1781. Bd. 2, 366; nach Grohmann: A. a. O. 1, 7f. – Moehses Darstellung enthält einige Ungereimtheiten, die eine Widerlegung erleichtern: So ist Mellerstadt weder kurz vor der Universitätsgründung Leibarzt Friedrichs geworden, noch fällt Johann Ciceros Universitätsgründungsprojekt erst in die Zeit nach 1497 (vgl. Bauch: Frankfurt, 1f.).

sitätsgründung, nachdem ihm sein Leibarzt Bericht erstattet hatte,[1294] daß die Leipziger Universität »dieser zeyt nicht ordenlich vnd fruchtbarlich bestellet« sei.[1295] Es fällt ferner auf, daß sich Friedrich 1500 zwei Schriften Mellerstadts und Pistoris' übersetzen ließ,[1296] was freilich bestenfalls nur belegt, daß die Wellen des Gelehrtenstreites bis zum sächsischen Kurfürsten schlugen. Somit wird man nicht fehlgehen in der Annahme, daß die Anfänge der Leucorea mit den Streitigkeiten Mellerstadts mit Pistoris und schließlich mit Wimpina in enger Verbindung stehen, nicht nur, was die Vorgeschichte der Universitätsgründung, sondern auch, was die ersten beiden Jahre des Bestehens der Hochschule betrifft. Denn mit der Gründung der Leucorea und Mellerstadts Überwechseln nach Wittenberg war die Gelehrtenfehde noch keineswegs beendet, ja, Mellerstadts Doktorpromotion im Januar 1503 ist letztlich auf sie zurückzuführen.[1297]

Daß Mellerstadt bei der Gründung der Wittenberger Hochschule mehr war als nur ein Berater und Helfer seines Fürsten und entscheidenden Einfluß auf die Geschicke der Universität ausübte, zeigt sich in anderem Zusammenhang: Zwar kann Friedrichs Leibarzt nicht mit Humanisten wie Mutian und Celtis verglichen werden, er hat sich während seiner Wittenberger Jahre auch nicht gerade als Förderer des Humanismus erwiesen, was ihm übrigens von Scheurl die Beschimpfung als »delirus senex« eintrug,[1298] aber er hatte schon genug humanistisches Gedankengut rezipiert, um als Vertreter des Frühhumanismus[1299]

[1294] Bei Mathesius (Loesche: A.a.O., 410) wird nicht ersichtlich, ob dies aus eigenem Antrieb oder auf Veranlassung Friedrichs geschah.

[1295] Loesche: A.a.O., 410; Leipzig wird bei Mathesius zwar nicht expressis verbis genannt, ist aber gemeint, wenn von den »Schulen in diesen (scil.: den sächsischen) Landen, do die Vortriebenen aus Behmen zu Hussen Zeyten erstlich angericht«, gesprochen wird. Anklänge an Mellerstadts Bericht glaube ich in der Intimation von 1502 entdecken zu können (vgl. Anm. 1237). – Mellerstadt soll Friedrich auch Wittenberg als Sitz der neuen Universität vorgeschlagen haben (Schuhmacher: De cura, 9; H. Becker: A.a.O., 41).

[1296] NMN JN 1915a; nach EGA Reg. Bd 4170. Bei den nicht näher bezeichneten Schriften handelt es sich sicher um Schriften aus dem Syphilisstreit.

[1297] Am 27. Jan. 1503 – s. dazu: Liber Decanorum Facultatis Theologicae Academiae Vitebergensis. Hrsg. Carolus Eduardus Foerstemann. Lipsiae 1838, 2; Bauch: Wittenberg, 298.

[1298] Plitt: Trutfetter, 42. – Grüneberg (a.a.O., 87) wirft ihm mit Recht vor, seine Beziehungen zu verschiedenen Humanisten – später wird noch davon die Rede sein – nicht im Sinne des Humanismus genutzt zu haben.

[1299] In Anlehnung an Anm. 150 würde ich ihn als einen Vertreter des penetrierenden bzw. des defensiven Humanismus einstufen. Vergleicht man ihn mit Vertretern des offensiven Humanismus, muß das Urteil über ihn freilich ähnlich vernichtend ausfallen wie bei Bauch (Wittenberg, 293), der davon spricht, daß Mellerstadt »als lateinischer Stilist und Poet alleweil ein ziemlicher Stümper« war und daß seine humanistischen Studien als Früchte nur »einen gewissen Citatenschatz, ein freieres Urteil und einen etwas weiteren Blick« gezeitigt hätten. Kurt Aland (Die Theologische Fakultät Wittenberg und ihre Stellung im Gesamtzusammenhang der Leucorea während des 16. Jahrhunderts. In: ders.: Kirchengeschichtliche Entwürfe. Gütersloh 1960, 303) sieht ihn unter ähnlich und auch als Sachwalter der an der Wittenberger Universitätsgründung interessierten Humanisten gelten zu können, denen die Errichtung einer Hochschule, die sich von Anfang an dem Neuen öffnete, sehr gelegen kam. An persönlichen Bekanntschaften mit solchen Persönlichkeiten mangelte es Mellerstadt keineswegs. Er war unter anderem mit Celtis und Bohuslaw Lobkowitz von Hassenstein[1300] bekannt, nicht zuletzt aber auch mit Bünau und Mugenhofer, [1301] den humanistisch gesonnenen Räten Friedrichs, über deren möglichen Anteil an der Universitätsgründung wir leider ebensowenig unterrichtet sind wie über die Rolle zweier Sodalitäten, der »Sodalitas Polychiana« und der »Sodalitas Leucopolitana«, die in der Zeit vor der Universitätsgründung nachweisbar sind und gemeinhin mit Wittenberg in Verbindung gebracht werden.[1302]

Da Mellerstadt der »Polychiana« und ebenso wie Bünau vielleicht auch der »Leucopolitana« angehörte,[1303] sind Einflüsse der genannten Sodalitäten auf die Anfänge der Wittenberger Universität nicht generell auszuschließen, wenn auch über ihnen das gleiche Dunkel liegt, das die Vorgeschichte der Wittenberger Hochschulgründung so weitgehend deckt, daß über die gegenseitigen Beziehungen der an der Errichtung der Leucorea Interessierten, Anteilnehmenden und Beteiligten wie über das Maß ihrer Einflußnahme auf die Gründung zumeist nur Vermutungen möglich sind, was ja im Grunde auch für den Kurfürsten zutrifft. Daß Friedrich genügend Gründe hatte, eine Universität zu errichten, konnten wir bereits feststellen, offen bleibt indessen die Frage, inwiefern die Gründung als sein Werk zu gelten hat. In Anbetracht dessen, daß noch andere Personen und Gruppen an ihr interessiert waren und ihr vorarbeiteten, liegt der Verdacht nahe, daß sie ebensowenig allein sein Verdienst war wie die Entwicklung von bildender Kunst und Musik in Kursachsen, ein Verdacht, den zu erhärten oder zu zerstreuen wir die Vorgeschichte der Wittenberger Universitätsgründung an uns vorbeiziehen lassen müssen, nachdem auf die dabei in Erscheinung tretenden Personen und ihre jeweiligen Interessen bereits eingegangen wurde.[1304]

Bevor Friedrich III. von Sachsen 1493 zu seiner Pilgerfahrt ins Heilige Land aufbrach, erstellte er eine testamentarische Verfügung, in der er unter

---

negativem Aspekt und wendet sich vor allem dagegen, ihn als einen »Vorkämpfer gegen die Scholastik« zu bezeichnen, während Grossmann (HAW, 91; HIW, 44) stärker seine Mittelstellung zwischen Scholastik und Humanismus betont.

1300 Bauch: Mainz, 10; ders.: Leipzig, 6; Friedrich: A.a.O., 10.

1301 Mugenhofer war zwei Jahre nach Mellerstadt 1472 in Leipzig immatrikuliert worden (Kettmann: A.a.O., 44), Bünau dagegen erst 1477/1478 (Bauch: Leipzig, 6). Es ist nicht auszuschließen, daß beide von ihrer Studienzeit her mit Mellerstadt bekannt waren.

1302 Vgl. dazu Anm. 1077.

1303 Bauch: Bünau, 57.

1304 Im folgenden sollen auch solche Ereignisse berücksichtigt werden, die auf den ersten Blick einen Zusammenhang mit der Universitätsgründung nicht erkennen lassen. Gelegentliche Wiederholungen von schon erwähnten Sachverhalten sind dabei nicht immer zu umgehen.

anderem die Stiftung eines Stipendiums für sechs unbemittelte Studenten verfügte. Dabei wurde vorgesehen, die entsprechenden Mittel in Leipzig oder Erfurt studierenden »Landeskindern« zuzuwenden, jedoch nur so lange, wie das Herrschaftsgebiet Friedrichs und seines Bruders keine eigene Universität besäße.[1305] Es liegt nahe, aus dieser Klausel den Schluß zu ziehen, daß der Kurfürst schon damals die Gründung einer Universität erwog.[1306] Merkwürdigerweise vergingen bis zur Gründung der Leucorea aber noch neun Jahre, aus denen keinerlei Zeugnisse dafür vorliegen, daß sich Friedrich länger mit entsprechenden Plänen getragen hat.[1307] Selbst für die Zeit nach 1495, dem Jahr, in dem Maximilian einen wesentlichen Anstoß zur Universitätsgründung gab,[1308] vermißt man Hinweise auf Gründungspläne, was allerdings darauf zurückzuführen sein könnte, daß sich der sächsische Kurfürst von 1496 bis zum Herbst 1498 in Maximilians Gefolge aufhielt.[1309] Zwar sind auch für die Zeit zwischen 1499 und Anfang 1502 keine Hinweise auf eine geplante Universitätsgründung zu finden, aber spätestens in diese drei Jahre muß der Gründungsentschluß fallen, Jahre, die gekennzeichnet sind durch rege politische Aktivitäten Friedrichs (man denke nur an die auffällig rasche Verheiratung Herzog Johanns im März 1500 und den Versuch des Kurfürsten, 1501 seinem Bruder Ernst zusätzlich noch zum Mainzer Erzbischofsstuhl zu verhelfen),[1310] die ihrerseits dem Fürsten kaum Zeit ließen, sich selbst um die Vorbereitung der Universitätsgründung zu kümmern, falls er sie nicht gar als ein zur Zeit weniger wichtiges Projekt erachtete. 1500 wurde Friedrich Statthalter des Reichsregiments,[1311] und wir sehen ihn

---

[1305] Grohmann: A. a. O. 1, 63; EGA Urk. 674. – Vgl. Otto Kius: Das Stipendiatenwesen in Wittenberg und Jena unter den Ernestinern im 16. Jahrhundert. Zeitschrift für historische Theologie 35 (1865), 96–98; Enders: A. a. O., 96.

[1306] So Friedensburg: A. a. O., 8. Meines Erachtens spricht aus der genannten Klausel ebenso Friedrichs Bestreben, für die Stipendienvergabe eine eindeutige rechtliche Grundlage zu schaffen, wie sie seine Neigung zeigt, möglichst alle Eventualitäten mit peinlicher Genauigkeit mit in sein Kalkül einzubeziehen: Daß er die Möglichkeit einer Universitätserrichtung ins Auge faßte, bedeutet noch lange nicht, daß er sich schon mit Gründungsplänen trug.

[1307] Das ist umso erstaunlicher, als für Friedrich bei der Realisierung unterschiedlichster Vorhaben – von Ausnahmen einmal abgesehen – Bedächtigkeit, Gründlichkeit und ein ausgesprochenes Absicherungsbestreben charakteristisch waren, Eigenarten, die es unwahrscheinlich machen, daß er sich schon lange vor 1502 mit Gründungsplänen getragen hat, ohne daß diese irgendwo aktenkundig wurden. Ein Vergleich mit den vorbereitenden Maßnahmen der Kurfürsten von Brandenburg für die Frankfurter Universitätsgründung zeigt m. E. gleichfalls, daß sich Friedrich kaum längere Zeit mit dem Plan der Hochschulgründung beschäftigt hat: Die Frankfurter Universität wurde 1506 gegründet, nachdem bereits 13 Jahre zuvor entsprechende Pläne offenkundig waren und man 8 bzw. 6 Jahre zuvor die päpstliche bzw. die kaiserliche Bestätigung der neuen Universität eingeholt hatte (Bauch: Frankfurt, 2).

[1308] Vgl. Anm. 1242.

[1309] Vgl. Anm. 250. 266.

[1310] Vgl. Anm. 195. 258.

[1311] Wendehorst: A. a. O., 21, Anm. 21, Anm. 77; Wiesflecker: A. a. O. 2, 376.

in dieser Zeit und später immer wieder in Kontakt mit Personen, denen an der Errichtung der Wittenberger Universität gelegen war: Im April 1500 hielt er sich mit Erzbischof Ernst und mit Mugenhofer auf der Reise nach Augsburg in Nürnberg auf[1312] und war im darauffolgenden Sommer in Augsburg immer wieder mit Maximilian zusammen,[1313] der ein Jahr zuvor die Universität Reggio hatte gründen helfen[1314] und am 26. Oktober 1500 in Nürnberg das bereits 1498 von ihm erbetene Gründungsprivileg für die Hochschule in Frankfurt/O. ausstellte.[1315] Fünf Tage nach Ausfertigung dieses Privilegs kam Friedrich der Weise mit seinem Bruder Ernst nach Nürnberg,[1316] und es ist anzunehmen, daß sie von der Ausstellung der Urkunde erfuhren. Schon nach wenigen Tagen trat der sächsische Kurfürst die Heimreise an,[1317] zur gleichen Zeit, als sich der päpstliche Ablaßkommissar Peraudi zu Maximilians Ärger auf der Reise ins Reich befand, Staupitz Tübingen noch nicht lange verlassen hatte[1318] und Mellerstadts Streit mit Wimpina gerade aufflammte.[1319]

Vielleicht schon vor der Reise nach Nürnberg, aber auf jeden Fall noch im Jahre 1500 ließ sich der Kurfürst – wie erwähnt – zwei Schriften Mellerstadts und Pistoris' übersetzen,[1320] anscheinend um sich selbst ein Bild über deren Streitigkeiten machen zu können. Aus dem folgenden Jahr liegt eine Notiz über die Auszahlung von 40 fl. »quatembergeld vnd für sold« an Mellerstadt vor,[1321] die dieser freilich kaum schon in seiner Eigenschaft als Berater in der Universitätsangelegenheit empfing, sondern wahrscheinlich dafür, daß er den Kurfürsten 1501 auf den Nürnberger Reichstag begleitete,[1322] wo sich der Ernestiner bereits im Januar aufhielt und neben dem Mainzer Erzbischof Berthold als bedeutendste Persönlichkeit des Reichsregiments galt.[1323] Wenn nicht schon im Spätherbst 1500, fiel sicher 1501 die Entscheidung zur Universitätsgründung, und möglicherweise sogar in Nürnberg.

Hier waren zur fraglichen Zeit der Magdeburger Erzbischof sowie Friedrichs Freunde Berthold von Henneberg, Gabriel von Eyb und Ludwig von der Pfalz anwesend,[1324] die den Plan der Universitätsgründung gewiß befürwor-

---

[1312] ChrDSt 11, 616, H. Deichslers Nürnberger Chronik. Übrigens erhielt Mugenhofer im gleichen Jahr einen Geldbetrag aus der kurfürstlichen Kasse, weil er mit Friedrich auf dem Augsburger Reichstag gewesen war (NMN JN 1915a; nach EGA Reg. Bb 4173).

[1313] ChrDSt 23, 82. 89f., C. Senders Augsburger Chronik.

[1314] Baltl: A. a. O., 35.

[1315] Bauch: Frankfurt, 2; Prinz: A. a. O., 325–329.

[1316] ChrDSt 11, 624, H. Deichslers Nürnberger Chronik.

[1317] Nach Soden (a. a. O., 30) Anfang November.

[1318] Nach seiner Promotion zum Doktor der Theologie am 7. Juli 1500 (vgl. Kolde: Staupitz, 213).

[1319] Friedensburg: A. a. O., 11.

[1320] NMN JN 1915a; nach EGA Reg. Bb 4170.

[1321] NMN JN 1915a; nach EGA Reg. Bb 4174.

[1322] Bauch: Bünau, 55.

[1323] Schröcker: A. a. O., 308. 313.

[1324] Schröcker: A. a. O., 307. 322.

teten. Berthold etwa stand in Verbindung mit dem Antoniter Goswin von Orsoy, der zugleich Generalpräzeptor seines Ordens in Höchst und Präzeptor in Lichtenburg bei Torgau war, der als kursächsischer Rat wirkte und der erste Kanzler der Wittenberger Universität wurde.[1325] Außer den Genannten hielten sich damals auch eine Reihe der bedeutendsten deutschen Humanisten in der alten Reichsstadt auf, mit denen Friedrichs Rat Bünau persönlich in Verbindung stand und mit denen er seine Vorliebe für die Humaniora teilte. Bünaus Einfluß auf die Universitätsgründung wird zwar nirgendwo greifbar, nach allem, was wir über ihn wissen, kann er aber ebenso als Befürworter des Gründungsplanes gelten,[1326] wie möglicherweise der mit Sebastian Brant bekannte und dem Kurfürsten nahestehende Meißner Domherr Thammo Löser,[1327]

[1325] VOSSBERG: A. a. O., 83. 29. 66. 72. 69.

[1326] Vgl. BAUCH: Bünau, 62.

[1327] Um sich über Tham (m)o (n) Lösers Stellung zur Wittenberger Universität ein klares Bild machen zu können, ist zu wenig über ihn bekannt. Bis jetzt hat sich nur WOLFGANG OTTO in einer bibliothekswissenschaftlichen Arbeit (vgl. Anm. 152) näher mit ihm beschäftigt. Hier die wichtigsten Angaben über Löser: Er war der älteste Sohn Hans Lösers auf Pretzsch, der sich als Rat Friedrich II. von Sachsen und seines Nachfolgers Ernst einen Namen machte und später Erbmarschall wurde, und dürfte zwischen 1450 und 1460 geboren sein (OTTO: A. a. O. 1, 2). 1470/71 wurde er in Leipzig immatrikuliert, also nur wenig später als Mellerstadt. Kontakte Lösers zu den Leipziger Frühhumanisten sind recht wahrscheinlich und dürften ebensowenig ohne Wirkung geblieben sein wie seine Berührung mit dem Humanismus an der Ingolstädter (nach mündlicher Information von Herrn Otto) und an der Basler Universität, wo er sich 1485/86 – bereits als Propst von Klöden (was er noch 1502 war, wie seine im selben Jahr gegen den Meißner Domdechanten Ulrich von Wolfersdorf erhobene Beschwerde wegen gegebenen und zurückgezogenen Akzesses zum Altar in Klöden für Lösers Kaplan bezeugt – s. EGA Reg. Kk 826) und »Misniensis ecclesiae canonicus« – inskribieren ließ und nach seiner Promotion zum Dr. jur. (1486/87) vom 18. Oktober 1486 bis zum 30. April 1487 das Rektorat bekleidete (Die Matrikel der Universität Basel. Hrsg.: HANS GEORG WACKERNAGEL. Bd. 1. Basel 1951, 189. 194; RUDOLF THOMMEN: Die Rektoren der Universität Basel von 1460 bis 1910. In: Festschrift zur Feier des 450jährigen Bestehens der Universität Basel. Basel 1910, 492). Daß er dem Humanismus aufgeschlossen gegenüberstand, belegt m. E., daß sich unter seinen hinterlassenen Büchern Werke von Heynlin (vgl. Anm. 1285), Sebastian Brant, Reuchlin, Marsilio Ficino, Tacitus, Diodor Siculus, Seneca und sogar eine Gesamtausgabe des Pico della Mirandola befanden (OTTO: A. a. O. 1, 12. 22. 24). Während seines Basler Aufenthalts und vielleicht auch später stand er in Verbindung mit Sebastian Brant, der in seinem Auftrag (oder durch seine Vermittlung?) zwischen 1486 und 1493 Distichen für das Grabmal Kurfürst Ernsts erstellte (näheres bei L. SCHMIDT: Gedicht, 217–219). Möglicherweise stand auch Friedrich der Weise hinter dem Auftrag. Sehr lange scheint sich Löser nicht in Basel aufgehalten zu haben. 1487 wird er als einer der Kandidaten bei der Meißner Bischofswahl erwähnt (OTTO: A. a. O. 1, 16f.) und taucht in der Folgezeit immer wieder in den Urkunden des Meißner Hochstifts auf, so 1489 als Vertreter des Kapitels, 1492 als Archidiakon der Lausitz und Dr. jur. utr. und 1495 sowie 1501 als Domherr und Scholastikus – näheres s.: Urkundenbuch des Hochstifts Meißen. Hrsg. ERNST GOTTHELF GERSDORF. Bd. 3. Leipzig 1867, 278. 288. 294. 315. passim. Am 22. Aug. 1502 wird er als päpstlicher Kommissar erwähnt (nach GESS: Akten 1, LXXIV, dessen Bücherei den Grundstock der Wittenberger Universitätsbibliothek bildete.[1328]

Bünau nun kam zusammen mit dem Kurfürsten und Mellerstadt nach Nürnberg, wo er auch als Vertreter seines Herrn verblieb,[1329] nachdem dieser im August die Stadt verlassen hatte, weil Maximilian dort nicht erschienen und er selbst seiner »unwürdigen Stellung« als Regimentsstatthalter »müde« geworden war.[1330] Doch zu Beginn des Jahres ließ sich dies alles noch nicht absehen, und Bünau traf am Rande des Reichstages mit ihm befreundeten Mitgliedern

der Niederlausitz) und stirbt ein Jahr später am 3. Okt. 1503 (Otto: A.a.O. 1, 22; das Sterbedatum wird gelegentlich falsch angegeben – etwa bei L. Schmidt: A.a.O., 218 –, ebenso sein Vorname, für den dann »Thomas« steht – so z.B. bei Grossmann: HIW, 105). Die Beziehungen Friedrichs des Weisen zu Löser waren unterschiedlicher Natur: Daß er sich seiner als Rat bediente, bezeugt eine an Löser ergangene Aufforderung vom 2. März 1492, sich zum Kurfürsten »zu fugen, sachen halben«, wozu dieser seiner bedürfe (EGA Kop. F 20, 27v), und das am 25. März desselben Jahres an ihn gerichtete Ansuchen, am 31. März oder 1. April zum Fürsten nach Torgau zu kommen, »seiner gnaden meynunge zuvernemen« (ebd., 30r). Darüber hinaus sind auch persönliche Verbindungen zwischen Friedrich und dem Domherrn wahrscheinlich; es ist sicher kein Zufall, daß der Ernestiner zum Obertestamentarius Lösers ernannt wurde, als der er 1503 in Erscheinung trat, als sich Melchior von Meckau, der Bischof von Brixen, der mit Löser in Verbindung gestanden hatte – Otto: A.a.O. 2, 17 Anm. 118; zu Meckau s. Knod: A.a.O., 340 (Nr. 2339) –, über das Meißner Kapitel (wegen einiger von Löser beim Wittenberger Kapitel hinterlegter Kaufbriefe Meckaus) an ihn wandte (näheres im diesbezüglichen Schriftwechsel EGA Reg. Kk 830, 1–3; Kk 831, 1–3; Reg. O 232, 1). Leider ist es mir bis jetzt nicht gelungen zu ermitteln, ob Lösers Testament noch vorhanden ist und in welchem Archiv es liegt; nur wenn es gefunden wird, ist es möglich, Licht in das Dunkel um den Kernbestand der Wittenberger Universitätsbibliothek zu bringen, der aus dem Nachlaß Lösers stammt (s. Anm. 1541), und gleichzeitig Klarheit zu gewinnen, was die das Wittenberger Allerheiligenstift betreffenden Verfügungen des Domherren betrifft. Die Stiftkirchenordnung von 1508 erwähnt (nach Aber: A.a.O., 47), daß Sebastian Küchenmeister (vgl. Friedensburg: A.a.O., 68) »XVIII gulden auf er Heynrich Lösers gutern zw Dossenitz, zweyhundert gulden hewptgelds auff Glawch vnd (scil.; aus) Doctor Lösers Testament« habe und daß wöchentlich 33 Messen in der Kirche gehalten werden sollten, damit Lösers und anderer »gutthete der kirchen bewiesenn vnd yre sele gerethe(t)« und ihr letzter Wille erfüllt werde. Bei dem erwähnten Heinrich Löser handelt es sich um Thamons Bruder, der von 1478 bis 1489 sächsischer Landvogt war (Langenn: A.a.O., 560) und der zusammen mit seinem Bruder 1492 als Adressat eines Schreibens der kurfürstlichen Kanzlei (EGA Kop. F 20, 103r) genannt wird. Thamon selbst erhielt gelegentlich vom Kurfürsten Schreiben, die ihn in einem schlechten Licht erscheinen lassen: So erging 1502 an ihn der Befehl Friedrichs, die Untertanen des Amtes Schweinitz nicht weiter mit dem Banne zu belästigen (EGA Reg. Kk 825), nachdem der Fürst ihn 1499 schon einmal hatte auffordern müssen, einen Bann zurückzuziehen (gegen Hans von Honsperg, den Richter von »Rode«; EGA Reg. Kk 1348) Ein Schreiben Friedrichs an Löser wegen der Schulden seines Vaters bei Hans Knapp (1493; Hans lebte noch 1492 – EGA Kop. F 20, 103r) befindet sich EGA Reg. Gg 1775.

1328 Vgl. Friedensburg: A.a.O., 153.

1329 Bauch: Bünau, 55; Schröcker: A.a.O., 325.

1330 Schröcker: A.a.O., 320; Ulmann: A.a.O. 2, 50.

der »Sodalitas Celtica« zusammen, die sich in Nürnberg zu einem Treffen versammelt hatten und mit Unterstützung Friedrichs des Weisen[1331] Celtis' »Opera Hrosvite« im Druck erscheinen ließen.[1332]

Es ist recht wahrscheinlich, daß auch der Kurfürst mit einzelnen der Sodalen, deren Druckvorhaben er ja unterstützte, ins Gespräch kam; Celtis war ihm kein Unbekannter,[1333] ebensowenig der Wormser Bischof Johann von Dalberg und Eitelwolf von Stein, der Rat des Kurfürsten von Brandenburg und dessen Helfer bei der Gründung der Frankfurter Universität.[1334]

Ob bei diesen Gesprächen von der Wittenberger Universitätsgründung gesprochen wurde, können nur glückliche Quellenfunde klären, ebenso, ob sie auch bei den Verhandlungen, die Bünau neben anderen im September 1501 mit Peraudi »über dessen Zulassung ins Reich zur Verkündigung ... des Jubelablasses« führte,[1335] zur Sprache kam. Daß diese Verhandlungen mit der Genehmigung der Ablaßpredigt durch das Reichsregiment endeten,[1336] dürfte in der Folgezeit für den Legaten nur ein Grund mehr gewesen sein, sich gegenüber den Reichsfürsten, besonders gegenüber Friedrich von Sachsen, erkenntlich zu zeigen.

Als das Jahr 1501 zu Ende ging,[1337] muß der Plan der Wittenberger Universitätsgründung schon schärfere Konturen gewonnen haben. Freilich bewegten den Kurfürsten zu dieser Zeit noch andere Probleme, denn sein Verhältnis zu Maximilian verbesserte sich keineswegs, nachdem am 7. November 1501, vielleicht auf seine und Hennebergs Initiative,[1338] in Frankfurt/Main die Kurfürsteneinung erneuert worden war und er sein Amt als Reichsregimentsstatthalter niedergelegt hatte.[1339] Vom 1. bis 5. Juli 1502 hielt sich Friedrich in Gelnhausen auf,[1340] wo er an dem dort stattfindenden Kurfürstentag[1341] teilnahm, dessen Teilnehmer deshalb Maximilians Zorn erregten, weil sie am 5. Juli auseinandergingen, ohne das Eintreffen seines Sonderbotschafters Hans von Stadion

---

1331 S. Anm. 1150. 1151.

1332 Bauch: Bünau, 56; vgl. Anm. 1093, 4.

1333 Vgl. Anm. 1149.

1334 Zu Dahlberg vgl. Anm. 1070; zu Eitelwolf von Stein s. Bauch: Frankfurt, 4. – Außer den eben Genannten und Bünau und Mellerstadt waren auch Trithemius, Pirckheimer und Stabius anwesend (Bauch: Bünau, 56f.).

1335 Bauch: Bünau, 55.

1336 Mehring: A.a.O., 344.

1337 Es hatte am 21. Juli – also während Friedrichs Aufenthalt in Nürnberg – die Anstellung Mugenhofers als kursächsischer Kanzler gebracht (Wentz: A.a.O., 120; vgl. Anm. 1082). Erwähnenswert ist m.E. ferner, daß am 15. Juli 1501 (nach ELTA, 53) der einzige dort abgehaltene »Landtag« (so Burkhardt in ELTA; genaugenommen handelte es sich dabei um keinen Landtag – vgl. E. Müller: Landtage, 188. 227 f.) stattfand. – Spalatin (FWLZ, 137) verlegt die Gründung der Universität übrigens auf 1501.

1338 Schröcker: A.a.O., 329.

1339 Vor dem 14. Jan. 1502 – vgl. Schröcker: A.a.O., 328.

1340 EGA Reg. Bb 4177, 36^{v}-37^{r}.

1341 Näheres dazu bei Schröcker: A.a.O., 334f.

abzuwarten, und weil sie am gleichen Tag die Kurfürsteneinung erneuert hatten.[1342] Am Tag darauf nun, dem 6. Juli 1502, wurde Maximilians Gründungsprivileg für die Wittenberger Universität in Ulm ausgefertigt, dem Text zufolge auf eine kürzlich vorgetragene Bitte Friedrichs hin,[1343] über die leider nichts Näheres bekannt ist. Es fällt auf, daß sich Peraudi zu dieser Zeit, zwischen dem 27. Juni und 20. Juli, in Ulm aufhielt, so daß nicht auszuschließen ist, daß die Ausfertigung der Gründungsurkunde auch seinem Einfluß zu verdanken ist.[1344] Friedrich kann sich am 6. Juli nicht selbst an den Kaiser gewandt haben, weil ihm dieser in seinem dem Ernestiner persönlich zugesandten Reichstagsausschreiben vom 16. Juli 1502 vorwarf, die Ankunft seines Sonderbotschafters in Gelnhausen nicht abgewartet zu haben;[1345] das wäre ihm bekannt gewesen, hätte ihn Friedrich zur fraglichen Zeit aufgesucht.

Auch wenn Maximilian am 6. Juli schon um die Brüskierung seines Botschafters durch den Sachsen und die anderen Kurfürsten gewußt hätte, was offensichtlich nicht der Fall war, dürfte dies für ihn kein Hinderungsgrund

---

1342 AHS, 61

1343 WUH Tit. III. Nr. 1; Israel: A. a. O., 96–99; UBUW 1, 1–3 (Nr. 1); Friedensburg: A. a. O., 16.

1344 Zum Aufenthalt in Ulm vgl. Freudenberger: AaO, 97; Geiger: Briefwechsel, 76f. (Nr. 82): Am 27. Juni schrieb der Legat von Ulm aus an Reuchlin, ein Schreiben, das ebenso wie das Lob, das Trithemius dem Kardinal zollte (vgl. Arnold: AaO, 226), erkennen läßt, in welchem Verhältnis zum Humanismus Peraudi stand. Ob und wie er Einfluß auf die Erstellung der Gründungsurkunde ausübte, sind durchweg spekulative Fragen und sollen nur der Vollständigkeit wegen angeschnitten werden. Eine persönliche Bekanntschaft Peraudis mit Kurfürst Friedrich ist nicht auszuschließen: Vor 1492 war Peraudi österreichischer Kanzler und auch anderweitig als Diplomat tätig (vgl. LThK 8, 267). Er könnte in dieser Eigenschaft 1497, als er sich zusammen mit Melchior von Meckau (dem Bischof von Brixen, der mit Thamon Löser befreundet war– vgl. Anm. 1327) in Innsbruck aufhielt (vgl. Gatt: AaO, 155), mit dem sächsischen Kurfürsten zusammengetroffen sein, der zwischen dem 14. Aug. und 21. Sept. 1497 auch in Innsbruck weilte (vgl. Brather: AaO, 271, Anm. 52; EGA Kop. A 1, 70v9). Für mich liegt die Vermutung nahe, daß er derjenige gewesen ist, der gegenüber Maximilian Friedrichs Wunsch nach einem Gründungsprivileg zur Sprache brachte, wenn nicht gar unterstützte, und das auch aus eigenem Interesse. Maximilian war Peraudi zwar alles andere als gewogen, doch lag ihm zur fraglichen Zeit nichts daran, es mit dem Legaten zu verderben, hoffte er doch noch auf die Übertragung der Verfügungsgewalt über die eingenommenen Ablaßgelder durch den Kardinal (vgl. Anm. 1260). Damit wäre ein Motiv gegeben, einem Ersuchen Peraudis in der Wittenberger Angelegenheit stattzugeben. Angenommen, der Legat hätte sich tatsächlich um die Ausfertigung der kaiserlichen Privilegierungsurkunde für die Leucorea bemüht, würde dies auch helfen, die Frage zu klären, warum die päpstliche Bestätigung der Wittenberger Hochschule erst nach der Bestätigung durch das Regierungsoberhaupt erfolgte. Peraudi, der sich des Wohlwollens Alexanders VI. (Gottlob: AaO, 458 f.) wohl bewußt war, hat möglicherweise seinen Dispens erteilt, die Urkunde ohne vorherige päpstliche Privilegierung auszufertigen, oder zumindest vorher in Absprache mit Friedrich oder anderen für die Gründung Verantwortlichen Zweifel an der Zulässigkeit des geplanten Vorgehens zu zerstreuen gewußt.

1345 Schröcker: A. a. O., 335.

gewesen sein, das Wittenberger Gründungsprivileg auszufertigen, denn trotz offensichtlicher Mißhelligkeiten mit den Kurfürsten suchte er damals Verständigung mit einigen von ihnen, um dadurch seinen verhaßten Hauptopponenten Berthold von Henneberg zu isolieren,[1346] und war deshalb auch bereit, Friedrich III. von Sachsen gefällig zu sein, zumal er selbst einer der Mitinteressenten an der Wittenberger Universitätsgründung war.

Als Maximilians Gründungsprivileg ausgestellt wurde, liefen die Vorbereitungen zur Gründung der Leucorea schon einige Monate: Mellerstadt hatte sich bereits im April 1502 von Leipzig nach Wittenberg begeben und war zu dieser Zeit bemüht, geeignete Lehrkräfte für die neue Universität anzuwerben.[1347] Der von ihm angeschriebene Hermann Kaiser aus Stolberg wurde noch vor dem 12. Juni Stiftspropst in Wittenberg,[1348] und der gleichfalls von ihm angeworbene Hermann von dem Busche erhielt bereits vor der eigentlichen Universitätseröffnung 10 fl. »vf sein soldt«.[1349] Mellerstadt ist wohl auch selbst, ebenso wie Staupitz, in Sachen Universitätsgründung unterwegs gewesen, denn beide erhielten im Sommer 1502 aus der kurfürstlichen Kasse Geldmittel, weil sie im Auftrag des Fürsten auf Reisen waren. Zwar wird aus den Quellen nicht ersichtlich, welchem Zweck diese Reisen dienten, ein Zusammenhang mit den Vorbereitungen zur Universitätsgründung ist aber stark anzunehmen, so wenn Mellerstadt Anfang Juli von Wittenberg nach Weimar reiste[1350] und Staupitz Ende August länger unterwegs war.[1351] Friedrichs Aufenthalt bei seinem Bruder Ernst in Magdeburg vom 25. bis 29. Juli könnte gleichfalls mit der geplanten Universitätsgründung zusammenhängen.[1352]

Etwa einen Monat nach seinem Aufenthalt in Magdeburg ließ Friedrich am 24. August mit seinem Bruder Johann in Weimar[1353] die Ankündigung der Universitätseröffnung ausgehen,[1354] die dann wie vorgesehen am 18. Oktober 1502[1355] stattfand: Nach der Begrüßung der Stadtoberhäupter durch den »Poeten« Hermann von dem Busche im Schloß zogen die zur Gründung Versammelten zur Stadtkirche, wo sich nach Messe und Predigt die Universität konstituierte und Mellerstadt nach Friedrichs Wunsch zum Rektor, Orsoy zum Kanzler und

---

[1346] Vgl. Schröcker: A.a.O., 335–337.
[1347] Friedensburg: A.a.O., 13. 13, Anm. 2.
[1348] Über Kaiser s. Wentz: A.a.O., 115f.
[1349] Am 25 Sept. 1502 (EGA Reg. Bb 4177, 44^{v}).
[1350] EGA Reg. Bb 4177, 37^{r}: 11. Juli 1502. Mellerstadt brachte nicht näher bezeichnete Dinge von Wittenberg nach Weimar.
[1351] Er erhielt dafür 20 fl. Zehrgeld (NMN JN 1915a; nach EGA Reg. Bb 4177).
[1352] EGA Reg. Bb 4177, 24^{v}.
[1353] EGA Reg. Bb 4177, 41^{v}-42^{r}. Ein Aufenthalt in Wittenberg für den Sommer 1502 ist nicht bezeugt.
[1354] UBUW 1, 4 (Nr. 2). – Merkwürdig ist, daß die Ausgabe von 1 fl. für den Druck von 200 Exemplaren der »Intimacion« erst nach dem 8. Okt. 1502 in den Rechnungen auftaucht (NMN JN 1915a; nach EGA Reg. Bb 4180). Sollte der Druck erst so spät erfolgt sein oder handelte es sich dabei um eine »Nachauflage«?
[1355] Genau 9. 45 Uhr (Kroker: Nativitäten, 15).

Staupitz zum Dekan der theologischen Fakultät ernannt wurde.[1356] Die Fürsten waren nicht anwesend.

Daß der Kurfürst und Herzog Johann den Feierlichkeiten fernblieben, kann mancherlei Gründe haben,[1357] ob man dieses Fernbleiben als Omen für die zukünftige Stellung Friedrichs gegenüber der Wittenberger Hochschule werten darf, wird sich zeigen.

2.2.2.2. Der Einfluß Friedrichs auf die allgemeine Entwicklung der Leucorea

Die Entwicklung der Wittenberger Universität zu Lebzeiten Friedrichs des Weisen verlief alles andere als geradlinig. Hatten der Glanz der Universitätsgründung und der gute Klang, den die Namen einiger Legenten unter den humanistisch gebildeten Gelehrten der damaligen Zeit besaßen, noch über viele organisatorische, rechtliche und ökonomische Unzulänglichkeiten hinwegtäuschen können, so traten diese in der Folgezeit umso deutlicher hervor und blieben nicht lange ohne Auswirkungen: Der Humanist Busche verließ Wittenberg bereits 1503,[1358] der Buchdrucker Wolfgang Stöckel hielt es wenig später nicht einmal ein Jahr in der Stadt aus,[1359] und in den folgenden Jahren kehrten auch der eifrige Gräzist Marschalk[1360] und der italienische Humanist Petrus von Ravenna[1361] Wittenberg für immer den Rücken. Gleichzeitig ging auch die Zahl der Immatrikulationen sprunghaft zurück und erreichte nach noch 390 Einschreibungen im Jahre 1503 und lediglich 127 Inskriptionen im Jahre 1505 endlich 1506 mit 111 Einschreibungen ihren niedrigsten Stand vor 1526,[1362] wobei allerdings zu berücksichtigen ist, daß 1506 die Pest eine vorübergehende Verlegung der Hochschule erzwang.[1363] Die Lage der Leucorea war damals ohnedies nicht die beste: Bezeichnender-

---

1356 Foerstemann: Liber, 1; auch Friedensburg: A.a.O., 19f. – Dekan der Juristen wurde Wolfgang Stehelin und Dekan der Artisten Sigismund Epp.

1357 Scheel: A.a.O. 2, 341. Friedensburg (a.a.O., 18) führt, was Friedrich betrifft, seine Menschenscheu und Bescheidenheit als Grund des Fernbleibens an. Man könnte ebensogut auch an Gesundheitsgründe und anderweitige Verpflichtungen als Gründe seiner Abwesenheit denken. Daß er die Universitätsgründung für nebensächlich erachtete, halte ich für abwegig.

1358 Liessem: A.a.O., 31.

1359 Richard Gerstlauer: Der Buchdrucker Wolfgang Stöckel in seiner Leipziger Zeit (1495–1525). Phil. Diss. (Masch.) Leipzig 1924, 8.

1360 Friedensburg: A.a.O., 75.

1361 Muther: A.a.O., 97.

1362 Franz Eulenburg: die Frequenz der deutschen Universitäten von ihrer Gründung bis zur Gegenwart. Leipzig 1904, 287 f. Vgl. dazu Diagramm 2 im Anhang.

Die genannten Zahlen beziehen sich jeweils auf den Zeitraum zwischen Ostern und Ostern. In den Diagrammen über die Frequenzen der Inskription und bei den Zahlenangaben verzichte ich auf eine genaue Bezeichnung der Zeitspanne und gebe nur die erstgenannte Jahreszahl an (für 1506/07 z.B. also nur 1506).

1363 Am 4. Juli (Friedensburg: A.a.O., 43). – Das Absinken der Inskriptionen 1506 ist bedingt auch mit der Eröffnung der Frankfurter Universität (vgl. Anm. 1362, 2) am 26. April 1506 (Bauch: Frankfurt, 18) in Verbindung zu bringen.

weise hatte sich der sächsische Kurfürst drei Wochen vor Ausbruch der Seuche gezwungen gesehen, durch seine Räte gegenüber Vertretern Herzog Georgs alte Ansprüche auf die Universität Leipzig anzumelden,[1364] ein aufschlußreiches Indiz dafür, daß es damals um die Wittenberger Hochschule ernst stand. In den folgenden Jahren setzte jedoch ein Aufschwung ein, der an den Immatrikulationsziffern gemessen bis 1511 andauerte. Nicht von ungefähr fallen in diesen Zeitraum die päpstliche Bestätigung der Universität[1365] und die Inkorporation des Allerheiligenstifts zur finanziellen Stützung der Hochschule,[1366] die Berufung Jodocus Trutfetters als des ersten Vertreters des Ockhamismus in Wittenberg[1367] und die Einstellung des humanistisch ausgerichteten Juristen Christoph Scheurl,[1368] der wenig später in kurfürstlichem Auftrag der Leucorea neue Statuten gab.[1369]

Mit Trutfetters und Scheurls Weggang von Wittenberg, der 1510 beziehungsweise 1512 erfolgte,[1370] endete die Zeit des Aufschwungs. 1511 kam mit Luther, der sich schon von 1508 bis 1509 in Wittenberg aufgehalten hatte, um dort über Moralphilosophie zu lesen, der Mann an die Leucorea,[1371] durch den sie aus der relativen Bedeutungslosigkeit einer kleineren Provinzuniversität[1372] herausgerissen werden sollte. Doch noch war von einem großen Aufschwung nichts zu spüren. Ganz im Gegenteil, die Entwicklung der Hochschule stagnierte, und daran konnte auch die Errichtung einer Universitätsbibliothek um 1512[1373] nichts ändern. Möglicherweise durch die politischen Schwierigkeiten des Landesherrn mitbedingt, mit denen er in den Jahren nach 1510 zu kämpfen hatte, ging die Zahl der Inskriptionen 1513 auf 151 herunter, um nach kurzem Anstieg 1515 im darauffolgenden Jahr auf 162 abzusinken,[1374] wofür auch ein damals im sächsischen Raum grassierendes pestartiges Fieber[1375] verantwortlich zu machen ist. 1516 sah sich die Universität gezwungen, gegenüber dem

---

[1364] Am 2. Juni bei den Verhandlungen in Wurzen (Virck: Ernestiner, 42).

[1365] Vgl. UBUW 1, 17 (Nr. 19); Anm. 1451–1453.

[1366] Vgl. Enders: A.a.O., 14–17; Anm. 1422–1423.

[1367] Plitt: Trutfetter, 36; vgl. Anm. 1471.

[1368] Bauch: Scheurl, 36; vgl. Anm. 1586.

[1369] Friedensburg: A.a.O., 26, Anm. 1; vgl. Anm. 1456.

[1370] Kleineidam: A.a.O. 2, 293; Soden: A.a.O. 24f.

[1371] Friedensburg: A.a.O., 92–94.

[1372] Vgl. die Inskriptionsziffern Erfurts und Leipzigs bei Eulenburg: A.a.O., 287f.

[1373] Hildebrandt: A.a.O., 11; vgl. Anm. 1545. 1547. 1579.

[1374] 1511 wurden 247, 1515 218 Inskriptionen durchgeführt (Eulenburg: A.a.O., 287f.; vgl. Anm. 1362, 1.2). Ein Vergleich der Wittenberger Immatrikulationsziffern mit denen der unmittelbar vor und nach der Leucorea gegründeten Universität Tübingen und Frankfurt/O. zeigt, daß Wittenberg mit seinen Inskriptionen in den Anfangsjahren stets vor Tübingen und – von 1506 einmal abgesehen (die ungewöhnliche Höhe der Frankfurter Immatrikulationszahl dieses Jahres ergibt sich aus Eulenburgs Zählschema »Ostern-Ostern«) – auch vor Frankfurt rangiert. Auffällig sind gewisse Ähnlichkeiten zwischen der Entwicklung der Wittenberger und der Frankfurter Immatrikulationsziffern.

[1375] Wustmann: A.a.O., 12; WABr 1, 57 (Nr. 22).

Kurfürsten ihrer Befürchtung Ausdruck zu verleihen, daß der Bestand der Leucorea gefährdet sei, wofür man nicht zuletzt die fehlende Fundation der weltlichen Lehrstühle verantwortlich machte,[1376] einen Mißstand, dem zu Friedrichs Lebzeiten freilich nicht mehr abgeholfen werden sollte.[1377]

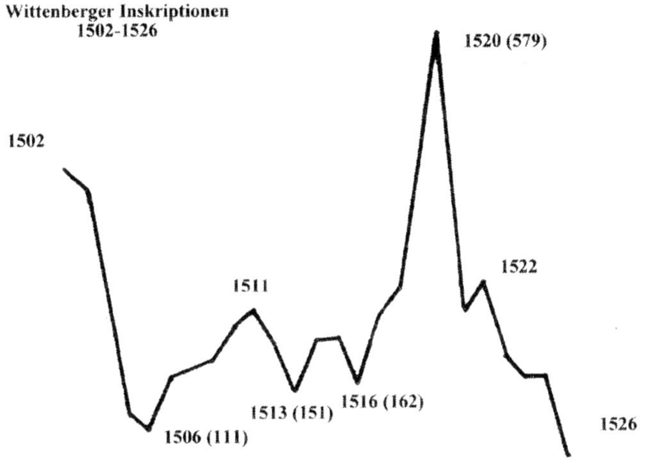

Abbildung 2: Die Entwicklung der Immatrikulationszahlen der Wittenberger Universität zwischen 1502 und 1526 *Illustration: Autor*

Wenn die Wittenberger Universität in den Jahren nach 1516 einen jährlich steigenden Zustrom von Studenten zu verzeichnen hatte, der 1520 mit 579 Inskriptionen seinen Höchststand erreichte und damit selbst Leipzig und Erfurt übertraf,[1378] dann ist dies vor allem Luthers Auftreten, aber auch der unter seiner maßgeblichen Beteiligung in Angriff genommenen Universitätsreform[1379] zuzuschreiben. Die Folgezeit brachte jedoch wieder ein rapides Absinken der Immatrikulationen, das sich freilich auch bei den anderen deutschen Universitäten feststellen läßt[1380] und das den raschen Niedergang der Hochschule seit

[1376] UBUW 1, 74f. (Nr. 55).
[1377] Vgl. FRIEDENSBURG: A. a. O., 176.179.
[1378] EULENBURG: A. a. O., 287f.; s. Anm. 1362, 1.
[1379] FRIEDENSBURG: A. a. O., 110–113. passim.
[1380] Vgl. EULENBURG: A. a. O., 287f.; Anm. 1362, 2.

1522 widerspiegelt, der am 16. April 1525 Luther gegenüber Spalatin zu der Bemerkung veranlaßte, die Universität scheine sich aufzulösen.[1381]

Die Gründe für den Verfall der Leucorea sind vor allem in den reformatorischen Neuerungen und der dadurch bedingten Zerstörung ihrer wirtschaftlichen Grundlagen zu suchen[1382] (sie war durch Inkorporation mit dem Allerheiligenstift verbunden), und kaum in den Versuchen fremder Fürsten, der Wittenberger Hochschule als »Hort der Ketzerei« dadurch Abbruch zu tun, daß man Studenten verbot, nach Wittenberg zu gehen, oder sie zur Rückkehr aufforderte.[1383] Ob man dem Kurfürsten selbst einen Teil der Schuld am Verfall der Universität aufbürden kann, ist eine andere Frage. Sie muß insofern bejaht werden, als Friedrich sich bis zuletzt einer Liquidation des Wittenberger Stifts und einer Fundation der gesamten Hochschule aus den dadurch frei werdenden Geldmitteln widersetzte.[1384] Sie ist aber dann mit »Nein« zu beantworten, wenn man dafür Desinteresse des Fürsten an ihren Belangen verantwortlich macht[1385] und dies aus der Vorstellung heraus, Wohl und Wehe der Universität habe allein von seinem Willen abgehangen und sein persönlicher Einfluß auf ihre Geschicke sei immens gewesen.[1386]

Wie geartet und welchergestalt die Einflüsse Friedrichs III. von Sachsen auf die Wittenberger Universität waren, soll im folgenden näher betrachtet werden. Zuvor jedoch noch einige notwendige Annotationen zur rechtlichen Grundlage kurfürstlicher Einflußnahmen auf die Hochschule, zum Status der Leucorea im Gefüge des ernestinischen Territorialstaates.

Da die Wittenberger Universität ihren Nachruhm vor allem der Tatsache zu verdanken hat, daß sie die Geburtsstätte der lutherischen Reformation darstellt, ist es kaum verwunderlich, daß man in der Vergangenheit gelegentlich bei der Suche nach den Gründen für die Protektion Luthers durch den sächsischen Kurfürsten und für den Anklang, den der Reformator an der Universität fand, jenen Besonderheiten in der frühen Universitätsgeschichte besondere Beachtung schenkte, die auf den ersten Blick Zusammenhänge mit den Ereignissen nach 1516 vermuten lassen, und sie dann auf ganz eigene Weise interpretierte.

Vor allem war es die Tatsache, daß bei der Gründung der Hochschule nur die kaiserliche, nicht aber die päpstliche Privilegierungsurkunde vorlag, die besondere Aufmerksamkeit erregte und oft überbewertet wurde.[1387] Man wertete

[1381] WABr 3, 474 (Nr. 857). – Nach K. Schmidt (a.a.O., 48) soll sogar die Meinung geherrscht haben, Friedrich gedenke die Universität aufzulösen.

[1382] In diesem Sinne auch Höss: A.a.O., 267 f.

[1383] So Herzog Georg in einem Ausschreiben vom 10. Febr. 1522 – s. Gess: Akten 1, 269 (Nr. 299).

[1384] Vgl. Höss: A.a.O., 268.

[1385] Von einem Desinteresse Friedrichs an der Universität spricht K. Schmidt (a.a.O., 47).

[1386] Gegen ähnliche Ansichten wandte sich in anderem Zusammenhang Gerhard Zschäbitz: Staat und Universität Leipzig zur Zeit der Reformation. FKMU 1, 34.

[1387] Darauf weist auch Steinmetz (Wittenberg, 106) hin.

sie nicht als Ergebnis entsprechend verketteter Umstände, sondern als Zeichen, daß Friedrich damit bewußt eigene Wege beschritt,[1388] und kam nach Überlegungen, daß sie als Indiz für Bemühungen gelten könne, »zu Gunsten des Laienfürstentums die Kirche um ihr Universitätsmonopol zu bringen«,[1389] zu dem Schluß, die Leucorea sei die erste deutsche Staatsuniversität gewesen,[1390] wofür man auch einen gegenüber älteren Universitäten größeren landesherrlichen Einfluß geltend machen zu können glaubte.[1391] Die These von der Wittenberger Universität als erster deutscher Staatsuniversität ist freilich nicht unwidersprochen hingenommen worden,[1392] und das aus gutem Grund. Schon was die nachträgliche Einholung des päpstlichen Privilegs betrifft, zeigt sich, daß eine von ihr ausgehende Ableitung eines Sonderstatus der Leucorea auf schwachen Füßen steht.

Auch wenn es vor 1502 keine Universitätsgründung gegeben hätte, bei der die päpstliche Bestätigung entweder erst nach der kaiserlichen Privilegierung oder überhaupt nicht eingeholt wurde,[1393] wäre es für den vorsichtigen, in Rechtsfragen hochempfindlichen sächsischen Kurfürsten schlechterdings ein untragbarer Zustand gewesen, die neue Universität in einem Sonderstatus zu wissen, der rechtliche Nachteile und Infragestellung ihrer Existenz mit sich bringen konnte; nicht zuletzt bemühte er sich ja nach der Gründung, die päpstliche Privilegierung einzuholen.[1394] Daß auf kurialer Seite die erst nachträgliche Einholung des päpstlichen Privilegs nicht als Zeichen eines Wandels des Universitätscharakters schlechthin und als defectus juris betrachtet wurde, [1395] zeigt die Tatsache, daß nach Luthers Auftreten von Rom keine Zweifel angemeldet wurden, ob die Leucorea wirklich zu Recht »kraft der päpstlichen

[1388] In diesem Sinne Grossmann: HAW, 84 f.; bzw. HIW, 41.

[1389] Krencker: A. a. O., 16. Hinter Krenckers Äußerung steht unausgesprochen und doch greifbar die Vorstellung, daß mit der nachträglichen Einholung der päpstlichen Bestätigung eine Lösung der Universität von der unmittelbaren Befehlsgewalt das Papstes angesteuert wurde. Vgl. dagegen Benrath: A. a. O., 33.

[1390] Diese These wurde Mitte des vorletzten Jhs. von Theodor Muther aufgestellt – vgl. Georg Kaufmann: Zur Gründung der Wittenberger Universität. DZGW 11 (1894). 114. Auf der gleichen Linie wie Muther liegen z. B. K. Schmidt und F. Eulenburg, die die Leucorea als landesherrliche Universität bezeichnen (K. Schmidt: A. a. O., 7; Eulenburg: A. a. O., 57). Zutreffender charakterisiert Krencker (a. a. O., 15f.) die Wittenberger Hochschule, indem er von einem Übergangstyp spricht.

[1391] Vgl. Benrath: A. a. O., 91.

[1392] Vor allem hat sich Kaufmann (a. a. O., 114–143) dagegen gewandt; in seinem Sinne äußert sich z. B. auch Enders (a. a. O., 78).

[1393] Von den bis 1400 gegründeten 44 Universitäten erhielten beispielsweise 19 keine päpstliche Stiftungsurkunde und 10 zu kaiserlichen Urkunden noch eine päpstliche; so hat es jedenfalls Heinrich Denifle festgestellt (Enders: A. a. O., 76).

[1394] Borth: A. a. O., 174. – Daß die endgültige Bestätigung erst 1507 erlangt wurde (vgl. Anm. 1453) sollte man keinesfalls überbewerten.

[1395] Borth (a. a. O., 94) setzt voraus, daß die rechtliche Lage der Leucorea nach 1517 noch unsicher war.

Bestätigung funktionierte und ihre Grade«[1396] verlieh, sondern daß man 1523 sogar mit dem Gedanken spielte, durch Privilegienentzug über die Universität die reformatorische Bewegung zu treffen.[1397]

Zwar wird auf diese Weise deutlich, daß sich die Wittenberger Hochschule – was ihre Anerkennung durch die Kurie betrifft – de jure nicht von anderen Universitäten unterschied. Der Verdacht, daß sie sich aber ihrem Charakter nach von diesen unterschied, ist damit noch nicht ausgeräumt. Im Gegenteil, er verstärkt sich, wenn man sich die Gründungsmotive des Stifters vor Augen führt, die hauptsächlich aus seinen eigenen territorialstaatlichen Interessen resultierten. Falls man nun dabei nicht genügend berücksichtigt, daß der kursächsische Territorialstaat unter Friedrich III. nur den ihm immanenten, mehr oder weniger stark ausgeprägten Tendenzen nach mit einem neuzeitlichen Staat vergleichbar ist, dessen Vorform er gewissermaßen darstellt, eine Vorform, die in nuce vieles enthält, was sich erst in den folgenden Jahrhunderten zur vollen Blüte entfaltete, ist der Schritt zu Fehleinschätzungen nicht mehr weit, die auch dadurch zustandekommen, daß man das gerade für Friedrichs Regierungszeit in der Zeitenwende charakteristische enge Neben- und Miteinander von Mittelalterlichem und Neuzeitlichem nicht genügend berücksichtigt. Wie auch in anderen Fällen zeigen sich Fehleinschätzungen hinsichtlich des Charakters der Leucorea meist als Verabsolutierungen wie eben in der Bezeichnung der kursächsischen Landesuniversität als »Staatsuniversität« oder in sublimerer Form, so etwa wenn Grossmann bemerkt, daß die Gründung der Wittenberger Hochschule »nicht mehr von Vorstellung eines universalen christlichen Reiches ..., sondern vom Begriff des territorialen Staates« bestimmt war.[1398] Dabei wäre gerade dieser Satz unter Verzicht auf die verabsolutierende Formulierung voll zu akzeptieren. Es stellt sich freilich die Frage, ob sich die Leucorea auf Grund der Tatsache, daß für die Gründung und ihren Erhalt territorialpolitische Interessen entscheidend mitbestimmend waren, schon wesentlich von den anderen Universitäten ihrer Zeit, besonders aber von der 1477 gegründeten Tübinger Hochschule unterschied. Sie kann ebenso verneint werden wie die Frage nach einer möglichen Sonderstellung der Leucorea, was das Ausmaß landesherrlichen Einflusses auf ihre Entwicklung in den ersten beiden Jahrzehnten ihres Bestehens betrifft.

Wie die Universitäten Leipzig, Heidelberg und Tübingen – um nur einige Beispiele zu nennen – verdankte die Wittenberger Hochschule ihre Entstehung in erster Linie dem Landesherrn, der kraft des Gründungsaktes, zu dem ihn päpstliche und kaiserliche Approbation befähigten,[1399] Patron der Hochschule

---

[1396] Paul Kalkoff: Der Briefwechsel zwischen dem Kurfürsten Friedrich und Cajetan. ZKG 27 (1906), 330, Anm. 4.

[1397] Der Vorschlag stammte von Aleander (vgl. Borth: A. a. O., 92f.).

[1398] Grossmann: LuJ 39 (1972), 17.

[1399] Was letztere betrifft, bin ich geneigt, Blaschka zuzustimmen, der die Auffassung vertritt (a. a. O., 71), daß die Erteilung der kaiserlichen Bestätigung um 1502 dahingehend ausgelegt wurde, daß das Recht der Universitätsgründung Reichsregal sei.

war und als solcher nach dem Patronatsrecht[1400] Möglichkeiten der Einflußnahme auf die Universität hatte, die er in seinem eigenen Interesse und dem seines Territorialstaates auch wahrnahm. Dadurch ergab sich eine merkwürdige Rechtslage: Die Universität blieb zwar eine autonome Korporation (»... eine fest geprägte Form mit genau bestimmtem Inhalt, die der Gründer und Landesherr nur übernehmen, aber seinerseits kaum beeinflussen konnte«),[1401] aber ihre Autonomie war eine »landesherrlich privilegierte Autonomie, in welche der immediate Obrigkeitsanspruch zunehmend seine Keile vorantrieb«.[1402] Freilich geschah das unter Friedrich dem Weisen nicht in dem Maße, daß man mit Fug und Recht von einer landesherrlichen Hochschule sprechen könnte; diese Bezeichnung ist erst für die Zeit nach 1525 angebracht,[1403] wenn auch schon früher Ansätze feststellbar sind, über das Patronatsrecht hinaus Einfluß auf die Universität zu erlangen. Ein Mittel, dieses Ziel zu erreichen, war die finanzielle Unterstützung der Hochschule auf mancherlei Art, zu der Friedrich freilich auch das Bestreben trieb, der Universität zum Aufschwung zu verhelfen, was sowohl seinem Land als auch ihm selbst dienlich war. Unter diesen finanziellen Zuwendungen nimmt die Besoldung eines Teils des Lehrkörpers aus der kurfürstlichen Kammer, genauer aus Friedrichs Privatschatulle, mit der er unter den anderen Universitätspatronen seiner Zeit eine Ausnahme darstellte,[1404] die erste Stelle ein.

Da die Universität unbedingt auf die Unterstützung ihres Patrons angewiesen war, den sie im Gegensatz zum Rat der Stadt Wittenberg und anderen voll als ihren Herrn anerkannte,[1405] wenn sie dabei auch ihre Autonomie betonte,[1406] sah sie sich gezwungen, sich zwar nicht ihrer Autonomie, aber ihrer Souveränität zu begeben, die noch durch einen weiteren Sachverhalt entscheidend eingeschränkt wurde: Im Hinblick auf das für die Universitätsorganisation lebenswichtige jus statuendi stand Rechtsanspruch gegen Rechtsanspruch, da sowohl

---

1400 Vgl. Enders: A. a. O., 78, Anm. 3.

1401 Hans Haussherr: Die Finanzierung einer deutschen Universität: Wittenberg in den ersten Jahrzehnten seines Bestehens, 1502–1547. FUHW 1, 353.

1402 Laetitia Boehm: Cancellarius universitatis: die Universität zwischen Korporation und Staatsanstalt. Chronik der Ludwig-Maximilians-Universität München 8 (1964/65), 194.

1403 So auch Enders: A. a. O., 82.

1404 Vgl. Voss: A. a. O., 9; Enders: A. a. O., 11; Haussherr: A. a. O., 345. 347.

1405 In einem Schreiben der Universität an Friedrich vom 12. Juli 1517 (EGA Reg. O 312, 10) wird er als Patron aller Universitätsmitglieder und des ganzen »wergks« bezeichnet. – Daß die Leucorea nicht gewillt war, sich dem Wittenberger Stadtrat zu unterwerfen, zeigt ihr Schriftwechsel mit dem Kurfürsten vom Sommer 1523 wegen der Tranksteuer –, vgl. EGA Reg. O 500, 2. 8; auch UBUW 1, 125 (Nr. 123). 126 (Nr. 126) – allerdings hier nur als Regesten.

1406 So in einem Schreiben an Friedrich vom 17. Aug. 1523 (EGA Reg. O 500, 8), in dem sie darauf hinweist, »sonderlich vnd gesunderte stende« zu sein; ähnlich auch im Schreiben vom 10. Juli 1523 (ebd., 2), wo sie auf die Tatsache hinweist, daß sie vom Kurfürsten zu den Landtagen »beschriben vnd gefordert« werde – sie war also schriftsässig.

die Hochschule als autonome Köperschaft als auch der Fürst das Recht besaßen, Statuten zu erlassen.[1407] Daß die Universität das kurfürstliche jus statuendi akzeptierte, geht unter anderem daraus hervor, daß sie 1512 den Landesherrn um einige Änderungen der Hochschulstatuten bat.[1408]

Vier Jahre zuvor hatte Friedrich bereits von seinem Recht Gebrauch gemacht und der Leucorea Statuten gegeben, eine Maßnahme, die als fürstlicher Willkürakt zur Erweiterung des landesherrlichen Einflusses auf die Universität gewertet worden ist,[1409] aber keinesfalls so verstanden werden sollte.[1410] Der Verdacht, mit den Statuten von 1508 habe der Fürst eine Einflußerweiterung, die Bevormundung der Universitätsangehörigen und eine Einschränkung der akademischen Selbstverwaltung bezweckt, hat sich vor allem an der Einrichtung des Amtes der »Reformatoren« entzündet,[1411] deren Berufung dem Kurfürsten oblag und die als seine Vertreter vor allem als Aufsichtsinstanz wirkten.[1412] Daß dieser Verdacht zu Recht besteht, ist jedoch zweifelhaft, da die Statuten von 1508 höchstwahrscheinlich die erste eigens auf die Wittenberger Verhältnisse zugeschnittene Verfassung der Leucorea darstellen[1413] und ihre Entstehung in erster Linie dem bisherigen Fehlen solcher Satzungen, aber auch dem Wunsch des Kurfürsten nach einem Aufschwung der Universität durch eine sorgfältige Regelung des akademischen Lebens zu verdanken haben.

[1407] Kaufmann: A.a.O., 130. 125f. (mit Beispielen für das fürstliche jus statuendi)

[1408] UBUW 1, 64f. (Nr. 39).

[1409] So von Theodor Muther (vgl. Kaufmann: A.a.O., 116) und in seiner Gefolgschaft stehenden Autoren wie K. Schmidt (A.a.O., 8); Krencker (A.a.O., 16) spricht von einer Aufoktroyierung der Statuten, ähnlich auch Hans Hartwig (Die Verfassung der Universität Wittenberg, ihre ursprüngliche Form und deren Grundlagen. FUHW 1, 96), der noch hinzufügt, daß Friedrich mit den »oktroyierten« Statuten gegen den damals üblichen Brauch verstoßen habe – offensichtlich waren ihm Kaufmanns (a.a.O., 125f. 131–133) Gegenbeispiele nicht bekannt, die zeigen, daß der Statutenerlaß durch den Fürsten keineswegs unüblich gewesen ist. Auf Muthers Linie liegt auch Borth (a.a.O., 175, Anm. 48).

[1410] Kaufmann: A.a.O., 138.

[1411] Bei Muther (vgl. Kaufmann: A.a.O., 116) und K. Schmidt (a.a.O., 8). Kaufmann (a.a.O., 116) weist dagegen nach, daß es diese »quasi Aufsichtsbehörde« schon an früher gegründeten Universitäten gab.

[1412] Über ihre weiteren Aufgaben s. Friedensburg: A.a.O., 28f.; zum Aufgabenbereich von Rektor und Senat, den eigentlichen Leitern der Hochschule, vgl. ebd., 30–32. – Was die früheren Verbindungsleute zwischen dem Kurfürsten und der Universität betrifft, können nur Vermutungen angestellt werden: Wahrscheinlich war es der Kanzler der Universität, der auch an anderen Hochschulen als Bindeglied zwischen der Universitätskorporation und dem Landesherrn fungierte (vgl. Boehm: A.a.O., 187. 189f. 190–197), der hier an erster Stelle stand. In Wittenberg bekleidete anfangs Goswin von Orsoy das Kanzellariat (Vossberg: A.a.O., 69); er war allerdings nicht der »Prälat niederen Ranges«, als der er bei Friedensburg (a.a.O., 29) bezeichnet wird. Sein Stellvertreter als Vizekanzler war Mellerstadt, der als der eigentliche Verbindungsmann zum Kurfürsten zu gelten hat.

[1413] Vgl. Anm. 1454. 1455.

Darüber hinaus spricht nichts dafür, daß mit der Statutensetzung von 1508 der unmittelbare Einfluß des Kurfürsten auf die Universität im Vergleich zu früheren Jahren gestiegen ist. Die aus Friedrichs Patronat ableitbaren Rechtsansprüche – wie das Präsentationsrecht – bestanden unvermindert fort, und nach allem, was wir über Friedrichs Verhalten in Rechtsangelegenheiten wissen,[1414] war ihm an der Erhebung neuer Rechtsansprüche ohnehin weniger gelegen als an der Fixierung von Gewohnheitsrechten und an der Bekräftigung überkommener Ansprüche. So gesehen kann der Statutenerlaß von 1508 auch dahingehend gedeutet werden, daß der Kurfürst damit sein jus statuendi durch Praktizierung unter Beweis stellen oder erhärten wollte.

Bedeutet dies aber, daß er generell darauf verzichtete, seinen Einfluß auf die Universität über das Patronatsrecht hinaus zu erweitern? War nicht bereits davon die Rede, daß er die Leucorea durch finanzielle Zuwendungen fester in den Griff zu bekommen suchte? Auf den ersten Blick spricht tatsächlich manches dafür, daß die Abhängigkeit der Leucorea vom Landesherrn bewußt durch gezielte Zuwendungen erhöht wurde. Dabei ist weniger an die Einrichtung der Universitätsbibliothek gedacht, für die eine große Anzahl Bücher auf Friedrichs Kosten erworben wurde,[1415] oder an die Mitfinanzierung von Bauvorhaben der Universität,[1416] sondern an die bereits erwähnte Besoldung einzelner Legenten aus der kurfürstlichen Kammer. Ob der Kurfürst damit von vornherein bezweckt hat, auf diese Weise Möglichkeiten für eine zusätzliche Einflußnahme auf die Hochschule zu schaffen (die Berufung von Inhabern der von ihm finanzierten Lehrstühle oblag ihm),[1417] oder ob er die Kammerbesoldung anfangs nur als eine Übergangslösung betrachtete, die notwendig wurde, weil sich der wahrscheinlich von Anfang an gehegte Plan[1418] einer Finanzierung der Universität durch Inkorporation des Allerheiligenstiftes wegen der noch nicht stattgefundenen Stiftserweiterung oder der noch ausstehenden päpstlichen Privilegierung nicht in die Tat umsetzen ließ, muß dahingestellt bleiben. Fest steht dagegen, daß sich Friedrich später der Möglichkeiten, die ihm die Kammerbesoldung bot, voll bewußt war, was sich vor allem daran erkennen läßt, daß er 1516, als ihn die Universität darum bat, auch die weltlichen Lektionen von der Kammerbesoldung auszunehmen,[1419] dem nicht nachkam.[1420]

[1414] Vgl. Abschnitt 2. 2. 2. ab Anm. 569.

[1415] S. z. B. Georg Buchwald: Archivalische Mittheilungen über Bücherbezüge der kurfürstl. Bibliothek und Georg Spalatin. AGDBH 18 (1896), 8–10: Zwischen Juli 1512 und Ostern 1513 wurden von einem Buchführer für 202 fl. 153 Bände erworben (s. auch Friedensburg: A. a. O., 154).

[1416] Wie bei der Errichtung des zweiten Wittenberger Kollegiums (1509–1511), bei der der Fürst im Gegensatz zum späteren Bau des dritten Kollegiums seine Hilfe nicht versagte (s. Friedensburg: A. a. O., 81, Anm. 1. 148f.).

[1417] Vgl. Friedensburg: A. a. O., 32.

[1418] Vgl. Friedensburg: A. a. O., 21.

[1419] UBUW 1, 74f. (Nr. 55); Friedensburg: A. a. O., 107f.

[1420] Enders: A. a. O., 27f.; Haussherr: A. a. O., 350; Friedensburg: A. a. O., 108.

Falls man aber nun glaubt, der Kurfürst habe die Kammerbesoldung aus seiner Kenntnis der Sachlage heraus ausgebaut, um die Souveränität der Hochschule noch mehr zu beschneiden,[1421] so täuscht man sich. Im Gegenteil, er versuchte die Kammer zu entlasten, allerdings nur, soweit dies möglich war, ohne vorhandene Einflußnahmemöglichkeiten aufzugeben. Zu diesem Zweck wurde 1507 das Allerheiligenstift zu Wittenberg mit päpstlicher Zustimmung der Universität inkorporiert,[1422] was auf die Dauer freilich nicht den gewünschten Erfolg brachte: Davon abgesehen, daß der Fürst bei der Inkorporation Rom 2000 Duk. zahlen mußte[1423] und dem Stift in der Folgezeit regelmäßige Zuwendungen machte,[1424] wurde es manchmal nötig, Stiftsangehörige mit Geldmitteln zu unterstützen.[1425] Von einer Entlastung der Kammer durch die Inkorporation kann somit eigentlich nur bedingt die Rede sein,[1426] zumal trotz der Inkorporation die Zahl der vom Kurfürsten besoldeten Dozenten nicht wesentlich zurückgegangen war.[1427] In Anbetracht dessen verwundert es nicht, daß 1521 von Spalatin ein Gutachten erstellt wurde, wie man die Kammer einiger Ausgaben für die Legentenbesoldung entledigen könne, ein Gutachten, in dem der kurfürstliche Geheimsekretär vorschlug, einige artistische Legenten mit Stiftspräbenden zu versehen.[1428] Spalatins Schrift blieb ohne Folgen,[1429] aber kaum nur deshalb, weil Friedrich – der den Anstoß zur Gutachtenerstellung gegeben hatte – [1430] im Falle einer Annahme von Spalatins Vorschlag an Einfluß auf die Universität eingebüßt hätte.

Hier stellt sich die Frage, ob mit dem Übergang von der Kammerbesoldung zur Finanzierung aus Stiftspfründen für den Kurfürsten überhaupt ein Verlust an Einflußnahmemöglichkeiten verbunden gewesen wäre. Die Zuwendungen an das Stift, von denen oben die Rede war, geben zu der Vermutung Anlaß, daß Friedrich auch damit seinen Einfluß auf die Universität vergrößert haben könnte, was bedeuten würde, daß er mit und nach der Stiftsinkorporation unabhängig von der Kammerbesoldung in dem Maße die Leucorea stärker seinem Einfluß öffnete, indem er seine Aufwendungen für das Allerheiligenstift erhöhte. Tatsächlich hat die Stiftsinkorporation dem Fürsten nur die Möglichkeit er-

---

[1421] Man vergleiche dagegen die Bemühungen Eberhards von Württemberg, die Tübinger Universität, für die er übrigens so gut wie keine Finanzmittel aufwandte, seiner Botmäßigkeit zu unterwerfen (Haller: A. a. O. 1, 79. 29–31. 77f.).

[1422] Danach (Kirn: a. a. O., 112) liefen die Vorbereitungen zur Stiftsinkorporation seit spätestens 1504. – WUA Tit. II. Nr. 83; bzw. Israel: A. a. O., 66–68.

[1423] Vgl. Kirn: A. a. O., 111f.

[1424] 1520 wurden beispielsweise 356 fl. aus der Kammer fürs Stift aufgewendet, abgesehen von den Ausgaben für Ornate u. ä. (Enders: A. a. O., 2).

[1425] In Form von Ausgleichszahlungen (vgl. Enders: A. a. O., 21).

[1426] So auch Haussherr: A. a. O., 25.

[1427] Enders: A. a. O., 25.

[1428] EGA Reg. O 313, 14r–15v.

[1429] Nach Friedensburg: A. a. O., 135.

[1430] So Friedensburg: A. a. O., 135.

öffnet, auf die Entwicklung der Universität einzuwirken, indem er auch das Präsentationsrecht für die Stiftspfründen erhielt.[1431] Ob er dieses Recht und auch seine anderen Rechte gegenüber der Leucorea so entschieden ausnutzte, wie er auf deren Wahrung und Respektierung pochte, ist jedoch eine andere Frage. Um sie beantworten zu können und zugleich Klarheit über die persönliche Bedeutung Friedrichs des Weisen für die Entwicklung der Wittenberger Hochschule zu gewinnen, ist es unumgänglich, Modalitäten und Charakteristika seiner Einflußnahmen auf die Universitätsentwicklung etwas näher zu betrachten.

Die kulturpolitischen Maßnahmen Friedrichs III. von Sachsen, die in das Leben der Wittenberger Hochschule eingriffen oder es nur tangierten, sind wie seine Maßnahmen auf dem Kunstsektor ein Spiegel seiner persönlichen Eigenarten, vor allem aber der Probleme, mit denen er sich als Landesherr konfrontiert sah, und widerspiegeln somit auch die Motive, die ihm die Universitätsgründung als Notwendigkeit erscheinen und ihn später für den Erhalt der Hochschule sorgen ließen. Daß diese Motive letzten Endes nicht aus einer mäzenatenhaften Gesinnung des Fürsten, aus dem Bestreben, die Wissenschaften um ihrer selbst willen zu fördern, entsprangen, ist hiermit schon angedeutet, wird allerdings erst an seinen unmittelbaren Einflußnahmen auf die Universität richtig einsichtig, zeigt sich aber auch an der Höhe der finanziellen Aufwendungen für die Leucorea.

Es ist dem Kurfürsten gewiß hoch anzurechnen, daß er die Universität mit mancherlei Geldmitteln aus seiner eigenen Kasse stützte, und zwar umso mehr, als sich solche Aufwendungen bei den Gründern der Tübinger und Frankfurter Universität nicht feststellen lassen.[1432] Trotzdem sollte man sich hüten, ihn wegen dieser Zuwendungen als freigiebigen Förderer der Universität zu bezeichnen. In den ersten Jahren des Bestehens der Leucorea war er direkt gezwungen, finanzielle Beihilfen zu geben, um sie vor dem Verfall zu bewahren, weil er sie durch die Zusicherung von kostenlosen Promotionen – zunächst für drei,[1433] dann für weitere Jahre[1434] – und durch die Befreiung der Studen-

---

[1431] Wentz: A. a. O., 96; Friedensburg: A. a. O., 2.

[1432] Vgl. Haller: A. a. O. 1, 79; Voss: A. a. O., 9; Enders: A. a. O., 8. – Die Aufwendungen Friedrichs sind zu unterscheiden von jährlichen Zuschüssen, die an keinen besonderen Zweck gebunden waren, Zuschüsse, wie sie etwa die Habsburger der Universität Wien zukommen ließen; bei Maximilian I. betrug der Jahreszuschuß beispielsweise 930 fl. (Heinrich Demelius: Beiträge zur Haushaltsgeschichte der Universität Wien, StGUW 1, 141).

[1433] Die entsprechende Zusage findet sich in der Intimation vom 24. Aug. 1502 – UBUW 1, 4 (Nr. 2). Sie wurde auch bei der Frankfurter Universitätsgründung gemacht (Prinz: A. a. O., 329; Bauch: Frankfurt, 8).

[1434] Da wir nicht genau wissen, wann die Verlängerung – deren Grund wir vor allem im Absinken der Immatrikulationen vor 1506 (vgl. Anm. 1362) zu suchen haben – erfolgte, lassen sich keine Angaben über den Verlängerungszeitraum machen. Fest steht dagegen, daß man 1509 (gegen Enders: A. a. O., 33) zur Einnahme von Promotionsgebühren überging – vgl. UBUW 1, 78 (Nr. 57).

ten von Vorlesungsgebühren[1435] wichtiger Einnahmequellen beraubt hatte, um ihre Anziehungskraft auf auswärtige Studenten zu erhöhen und, weil das Allerheiligenstift als weitere wichtige Finanzquelle der Universität noch nicht voll erschlossen war.[1436] Der Einsatz der Kammerbesoldung ist gleichermaßen einer akuten Notlage entsprungen: Daß sie sich ab 1505 in größerem Umfang nachweisen läßt,[1437] hat seinen Hauptgrund sicher darin, daß sich der Fürst angesichts des raschen Niedergangs der Universität genötigt sah, durch weitgehende Kostenübernahme den Verfall aufzuhalten; von seinen Gründen, sie auch in der Folgezeit beizubehalten, war schon die Rede.

Betrachtet man die Höhe der Besoldungen aus der fürstlichen Kasse, werden Zweifel wach, ob Friedrichs Stellung gegenüber der Leucorea mit seiner Bezeichnung als »Mäzen« zutreffend charakterisiert werden kann. Verglichen mit anderen Aufwendungen[1438] erscheinen die Ausgaben für die Besoldungen der Hochschullehrer gering,[1439] zumal die Höhe der an die einzelnen Dozenten ausge-

---

[1435] UBUW 1, 20 (Nr. 22); Friedensburg: A. a. O., 33; Hartwig: A. a. O., 100; vgl. auch WABr 3, 1 f. (Nr. 556). – Vorlesungsgebühren wurden zwar auch in den späteren Regierungsjahren Friedrichs nicht erhoben, aber ebensowenig ist die Zahlung von Stipendien durch den Kurfürsten bezeugt (vgl. Enders: A. a. O., 69, Anm. 8): Die 1493 von Friedrich testamentarisch ausgesetzten Stipendien für sechs Studenten wurden nicht ausgezahlt (Enders: A. a. O., 69; Kius: Stipendiatenwesen, 98); nach Kius (a. a. O., 70) sollen jedoch einige arme Studierende vom Fürsten mit Geldern aus dem Altenburger (Georgen-)Stift und der dortigen »Scholasterei« unterstützt worden sein. Friedrich sorgte ferner dafür, daß mittellose Studenten als Choralen im Altenburger Stift angestellt wurden (s. Enders: A. a. O., 70).

[1436] Vgl. Wentz: A. a. O., 89; Enders: A. a. O., 10. Daß um 1504 bereits Verbindungen zwischen Stift und Universität bestanden, die schon vorher angestrebt worden waren, belegt eine Instruktion Friedrichs aus dieser Zeit (EGA Reg. O 232, 1; die Instruktion ist undatiert, läßt sich aber auf den Zeitraum 1503/04 eingrenzen, da sie wegen eines Ersuchens des Bischofs von Brixen erging, über das wir aus anderem Zusammenhang informiert sind – vgl. Anm. 1327). Höchstwahrscheinlich wurden schon in der fraglichen Zeit Kanoniker des Stifts zur Lehrtätigkeit an der Universität hinzugezogen (näheres bei Enders: A. a. O., 12).

[1437] Enders: A. a. O., 11.

[1438] Vgl. Anm. 867. 894–896. Die Aufwendungen für den Marstall waren nicht geringer: 1505 wurde für den Kurfürsten z. B. ein Pferd für 100 fl. gekauft (EGA Reg. Bb 4187, 20^{v}).

[1439] Einige Beispiele für die Höhe der ausgezahlten Gesamtbeträge: 1505 und in der Folgezeit wurden pro Quartal 113 bis 170 fl. und in den Jahren 1516 und 1520 jährlich 560 bzw. 885 fl. für die Dozentenbesoldung ausgegeben (nach Enders: A. a. O., 11, Anm. 7. 26, Anm. 1). Zwischen 25. Dez. 1504 und 24. Dez. 1505 verzeichnet Friedrichs Schatullenrechnung bei einer Gesamtausgabe von rund 3500 fl. Besoldungsausgaben von etwa 660 fl. (nach EGA Reg. Bb 4187). Da sich in den folgenden Jahren die Höhe dieser jährlichen Ausgabe nicht wesentlich veränderte, kann ein Vergleich mit der Gesamtausgabe der kurfürstlichen Kassenzentrale im Jahre 1509 gezogen werden. Das Ergebnis ist bestürzend, obwohl die Besoldung aus Friedrichs Privatkasse gezahlt wurde: Bei einer Ausgabe von 91906 fl. stellen 660 fl. nur 0, 7% und damit – um mit Hoyer (Gründung, 20) zu reden – eine »lächerlich geringe Summe« dar. Die Stadt Erfurt – um ein Vergleichbeispiel zu nennen – verwandte zwischen 1483 und 1505 jedoch nur 0, 43% ihrer Gesamtausgaben für die Professorenbesoldung (nach Abe: Geschichte, 62).

zahlten Beträge[1440] bis zur Besoldungsneuregelung im Rahmen der Universitätsreform um 1520 konstant blieben, während die Lebenshaltungskosten merklich stiegen.[1441] An diesem Urteil kann auch die Tatsache nichts ändern, daß neben den Besoldungen verschiedene Zuwendungen an die Legenten gingen, ob nun in Gestalt von Büchern[1442] und in anderer Form[1443] oder als Zusatzvergütungen und Ausgleichszahlungen für sonstige geleistete Dienste, denn die Doppelverwendung, auf die wir bei einigen Künstlern stießen, fand bei den Universitätsangehörigen gelegentlich ihre Entsprechung, naturgemäß besonders bei den Juristen.[1444]

[1440] Zur Art der Auszahlung vgl. Enders: A.a.O., 25.

[1441] Vgl. Enders: A.a.O., 26. 96f. – Die Höhe der einzelnen Besoldungen war recht unterschiedlich: 1516 erhielten die Juristen Schurff, Stehelin und Beyer 100, 160 und 80 fl., der Mediziner Johann Schwabe 70, sieben Artisten nur je 20 und Balthasar Vach 30 fl. (nach Enders: A.a.O., 26, Anm. 1). Vgl. dazu Anm. 997, besonders Anm. 997, 3, wo bereits Angaben für die Kammerbesoldung des Jahres 1520 aufgeführt sind. Einige Vergleichszahlen: In Tübingen erhielten 1491 die drei Professoren der Theologie je 100, die Kirchenrechtsgelehrten 120, 90 und 80, die weltlichen Juristen 100, 80 und 30, die Mediziner 100 und 60 und die vier Kollegiaten der Artisten je 25 fl. (Ernst: Ausstattung, 83; Haller: A.a.O. 1, 60), die allerdings nicht aus der Tasche des Landesherrn flossen. – Diejenigen Mitglieder des Wittenberger Lehrkörpers, die ihre Einkünfte nicht vom Kurfürsten, sondern als Mitglieder des Allerheiligenstifts bezogen, waren finanziell besser gestellt als ihre aus der Kammer besoldeten Kollegen: Die zwölf Stiftsherren erhielten 1508 60, 60, 61, 70, 70, 76, 83, 108, 126, 134, 117 bzw. 206 fl. (Wentz: A.a.O., 92 f.), während ein Jahressold von 20 fl. bei den Artisten um 1505 die Regel (EGA Reg. Bb 4187, besonders 11v), um 1516 und 1520 aber keineswegs die Ausnahme war (vgl. Enders: A.a.O., 27, Anm. 1. 96) und selbst die relativ hohen Einkünfte der weltlichen Juristen (s. o.; Schurff erhielt 1521 z.B. 160 und Beyer 100 fl. – nach Enders: A.a.O., 96) hinter denen der Kanoniker zurückblieben. Es geht zwar nicht an, von »Hungerlöhnen der Dozenten« zu sprechen (dagegen wendet sich auch Enders: A.a.O., 64), aber sie waren nicht hoch, als daß man sie insgesamt als »ausreichende Bezüge« (so Höss: A.a.O., 286) bezeichnen könnte.

[1442] 1502 wurden z.B. für Hermann Kaiser 30 fl. für Bücher ausgegeben (NMN JN 1915a; nach EGA Reg. Bb 4180).

[1443] Man hat hier etwa an freie Beköstigung und Stoffgeschenke zu denken, wie sie 1505 Petrus Ravenna zuteil wurden (EGA Reg. Bb 4187, 15r. 16r. 24r; NMN JN 1915b; vgl. Bruck: A.a.O., 287f.), aber auch an die Bezahlung von Promotionskosten, wie 1512 im Falle Luthers (s. Böhmer: A.a.O., 80; vgl. Anm. 638), und an die Erstattung von Reisekos-ten, die sich auch bei Luther nachweisen läßt, der 1521 für seine Reise nach Worms 40 fl. erhielt (Höss: A.a.O., 198, Anm. 41; nach EGA Reg. Bb 5559). Auch die Wildbretgeschenke für die Mitglieder der Universität gehören hierher – vgl. Georg Berbig: Spalatiniana. ThStKr 80 (1907), 532; Anm. 1923.

[1444] Die Juristen der Universität hatten für den Kurfürsten und seinen Bruder nicht nur Gutachten zu erstellen (so z.B. 1519 für Herzog Johann; EGA Reg. O 420), sondern wurden auch für die Erledigung von Rechtssachen der kurfürstlichen Kanzlei verwandt, wie 1517, als sie den Befehl erhielten, mit dem Wittenberger Schösser und Wolfgang Reißenbusch zur Abfertigung mehrerer Rechtshändel zusammenzukommen (EGA Reg. O 419). Da sie darüber hinaus für Friedrich oft als Räte und Gesandte tätig waren (wie etwa H. Goede – Friedensburg: A.a.O., 62; Kleineidam: A.a.O. 2, 325f.) und zumeist noch als Beisitzer des Oberhofgerichts wirkten (so z.B. Stehelin und Scheurl – EGA Reg. O 309,

Indem der Kurfürst die Rechtsgelehrten ohne große Rücksichtnahme auf die Belange der Universität für sich tätig werden ließ, schadete er der Wittenberger Hochschule nicht weniger[1445] als mit seiner übergroßen Sparsamkeit, die nicht nur Berufungen an die Leucorea scheitern ließ,[1446] sondern auch manchen Dozenten von dort forttrieb[1447] und augenfällig Gestalt gewann, als der Bau des dritten Wittenberger Kollegiums infolge fehlender fürstlicher Unterstützung scheiterte und das halbfertige Gebäude als Ruine stehenblieb.[1448]

21; Bauch: Briefbuch, 411f. [Nr. 36a]), waren sie oft unterwegs und erhielten entsprechende Zusatzvergütungen und Kostenrückerstattungen, die ihnen auch von der Stadt Wittenberg gegeben wurden, die sich gleichfalls gelegentlich ihrer Dienste versicherte – vgl. Eschenhagen: A. a. O., 47, Anm. 165; Karl Eduard Förstemann: Mitteilung aus den Wittenberger Kämmerei-Rechnungen in der ersten Hälfte des 16. Jahrhunderts. NMGHF 3 (1827), 108.

[1445] Die vielbeklagte unregelmäßige Lehrtätigkeit der Wittenberger Juristen hat ihre Ursache nicht darin, daß »die hohe Obrigkeit [...] damals geradezu spartanische Anforderungen an den Vorlesungsbetrieb« stellt (so Aland: Fakultät, 293), sondern vor allem in ihrer Belastung durch die Inanspruchnahme von seiten des Kurfürsten. Im Gegensatz zur Advokatentätigkeit der Legenten – wie der Stehelins (Friedensburg: A. a. O., 141) – wurde die Beschäftigung der Juristen der Leucorea in kurfürstlichem Interesse durch Friedrich nicht eingeschränkt.

[1446] Beispielsweise im Falle des Erasmus Stella, der 1517 – beim zweiten Versuch, ihn nach Wittenberg zu ziehen – 100 fl. pro Jahr forderte, die der Kurfürst nicht bereit war zu zahlen (Friedensburg: A. a. O., 110, Anm. 39) Auch der Versuch, Dietrich (Theodor) Bloch 1513 als Professor der Medizin nach Wittenberg zu holen, scheint an der Besoldungsfrage gescheitert zu sein (EGA Reg. O 312, 3. 4. 6).

[1447] Man vergleiche dazu den Brief Spalatins an den Fürsten von 1524 (bei J. F. Köhler: A. a. O., 264 f.), in dem der Beamte darauf hinweist, daß drei fähige Lehrkräfte Wittenberg verlassen hätten, weil der Sold zu niedrig sei. Schon vorher war die Befürchtung laut geworden, daß Melanchthons Gehalt nicht hoch genug wäre und er deshalb leicht abgeworben werden könne (Friedensburg: A. a. O., 119), eine Befürchtung die verständlich wird, wenn man sich vergegenwärtigt, daß er im Falle eines Falles nicht der einzige gewesen wäre, den seine mißliche finanzielle Lage vor 1524 von Wittenberg forttrieb: für Scheurl, der sich 1509 direkt als »arm« bezeichnete – s. Bauch: Briefbuch, 415 (Nr. 39c) –, war sie ein Grund seines Weggangs (vgl. Anm. 1628), desgleichen für Stehelin, der 1518 seine Vorlesung einstellte, weil ihm Friedrich eine Verschreibung von 1000 fl. nicht gewährte (die freilich erfolgt wäre, wenn er seine Advokatentätigkeit eingestellt oder zumindest eingeschränkt hätte – vgl. Friedensburg: A. a. O., 141) und weil das Geld, das er aus seiner Lehrtätigkeit bezog, nicht ausreichte, Haus und Familie zu erhalten (EGA Reg. O 309, 10^{r}; nach Enders: A. a. O., 26, Anm. 1, bezog er 1516 allerdings mit 160 fl. jährlich das höchste Einkommen eines kurfürstlich besoldeten Legenten).

[1448] Der Beschluß zum Bau eines Kollegiums wurde von der Universität 1519 gefaßt. Im folgenden Jahr begann man mit dem Bau, dem Friedrich seine finanzielle Unterstützung versagte, was zur Folge hatte, daß die Arbeiten an dem Gebäude, das als Ruine stehen blieb, 1524 eingestellt werden mußten – s. Friedensburg: A. a. O., 148f.; UBUW 1, 91–93 (Nr. 75). 93f. (Nr. 76). 111f. (Nr. 103). 114 (Nr. 105). 191 (Nr. 206).

Wahrscheinlich ist sich Friedrich der Tragweite seiner unangebrachten Sparsamkeit[1449] nicht in vollem Umfang bewußt gewesen, denn den Verfall der Universität zu verhindern, wenn auch weniger ihm vorzubeugen, war er stets bestrebt. So setzten seine persönlichen Aktivitäten letztlich immer dann ein, wenn ein Niedergang der Leucorea, der mit einem Absinken der Immatrikulationsziffern Hand in Hand ging,[1450] offensichtlich wurde. Von den finanziellen Stützungsmaßnahmen des Kurfürsten für die Wittenberger Universität in ihrer ersten Niedergangsperiode bis 1506 war schon die Rede. In die gleiche Zeit fallen auch seine Bemühungen, die Universität rechtlich abzusichern, und das nicht nur, weil die unsichere Rechtslage der Leucorea seinem ausgeprägt juridischen Denken zuwider war und den Fortbestand der Hochschule gefährdete, sondern vor allem, weil sich der Zusammenhang zwischen ihrer ungenügenden rechtlichen Absicherung und bestimmten Niedergangserscheinungen nicht übersehen ließ.

Friedrichs rechtliche Absicherungsbemühungen gingen in zwei Richtungen. Zum einen galt es, die päpstliche Privilegierung der Hochschule zu erwirken, die immer noch ausstand. Wenn auch bereits im Jahre 1503 eine kirchliche Bestätigung der Universität und entsprechende Vergünstigungen durch den Kardinallegaten Peraudi erteilt wurden,[1451] dessen Ansehen beim Papst keine Nachteile für die Leucorea befürchten ließ, erschien es in der Folgezeit (im August 1503 war Papst Alexander VI. und 1505 Peraudi verstorben),[1452] ratsam, die päpstliche Bestätigung der Wittenberger Universität einzuholen, da ohne sie ja auch an eine Stiftsinkorporation zur finanziellen Absicherung der Leucorea nicht zu denken war. 1507 gelang es dann Staupitz, im kurfürstlichen Auftrag eine Bulle Julius II. zu erwirken, die die ersehnte päpstliche Bestätigung der Universität und die Stiftsinkorporation brachte.[1453]

[1449] Vgl. dazu auch Anm. 953. – Daß er bemüht war, seine Aufwendungen für die Universität in Grenzen zu halten (gegen Grossmann: HAW, 73; bzw. HIW, 35), zeigen seine Versuche, für sie weitere Finanzquellen zu erschließen, damit – um eine von ihm stammende Äußerung zur Frage der Errichtung einer »gemeinen Druckerei« (1503) zu gebrauchen – »die unkost nicht allein« auf ihn käme – UBUW 1, 6 (Nr. 8). Über die Stiftsinkorporation hinaus wurden die unterschiedlichsten Geldquellen erschlossen: Die Gelder aus dem Türkenablaß von 1502 verwandte Friedrich für die Universität, da der Türkenzug nicht zustande kam. Er zog auch die kursächsischen, thüringischen und meißnischen Klöster zur Finanzierung der Leucorea heran (Kirn: A. a. O., 123.92). Er scheute sich schließlich nicht, Bischof Melchior von Brixen um finanzielle Unterstützung anzugehen (EGA Reg. O 232, 1; vgl. dazu Anm. 1436). – Daß dies alles nicht dazu berechtigt, wie Scheel (a. a. O. 2, 344) zu behaupten, daß sich Friedrich mit der Universitätsgründung ebensowenig in Unkosten gestürzt habe wie Eberhard von Württemberg, möchte ich jedoch ausdrücklich betonen.

[1450] Zum folgenden vgl. Anm. 1362, 1.

[1451] Vgl. UBUW 1, 5 (Nr. 4). 4 (Nr. 3). 5 (Nr. 5). 5f. (Nr. 6). 6 (Nr. 7).

[1452] LThK 8, 267

[1453] S. Friedensburg: A. a. O., 53. Die Urkunde ist auf den 20. Juni datiert; vgl. das Regest bei Israel: A. a. O., 66–68; bzw. UBUW 1, 17 (Nr. 19); Original im WUA (Tit. II. Nr. 83). – Vgl. Anm. 544.

Die andere Absicherungsmaßnahme des Kurfürsten galt der Universität als Korporation: 1508 ließ Friedrich der Leucorea Statuten geben, ein Schritt, zu dem ihn – von anderweitigen Motiven einmal abgesehen – vor allem das Fehlen einer eigenständigen Hochschulverfassung, für die durch die frühere Übernahme der Tübinger Verfassung[1454] kein vollwertiger Ersatz gefunden worden war, getrieben haben mag. Ob nun die Leucorea vor 1508 eigene Statuten besaß oder nicht,[1455] 1508 erteilte der sächsische Kurfürst dem Juristen Scheurl den Auftrag zur Abfassung von Universitätsstatuten,[1456] dem dieser ganz im Sinne seines Auftraggebers nachkam.[1457] Möglicherweise war 1505 schon einmal von Friedrich der Versuch unternommen worden, durch Johann von Kitzscher oder dessen Bruder Friedrich Statuten erstellen zu lassen,[1458] Gründe, bereits

[1454] Friedensburg: A. a. O., 25.

[1455] Obwohl die ersten Statuten – ähnlich wie in Frankfurt/O. (Bauch: Frankfurt, 16) – nicht erhalten sind, wird dies allgemein angenommen, so. z. B. von Friedensburg (a. a. O., 24f.) und in Anlehnung an ihn von Hartwig (a. a. O., 95f.). Friedensburg fußt auf einer Arbeit von Nikolaus Müller (vgl. Scheel: A. a. O. 2, 341, der als Titel – offenbar irrtümlich – »Die älteste Gesetzgebung der Wittenberger Universität und ihrer Fakultäten« angibt; angezeigt war sie als »Die Gesetzgebung der Universität Wittenberg von der Gründung bis zu Melanchthons Tode«), von der nur einige Bogen gedruckt wurden. Sie sollte, wie sich anhand der einschlägigen Bücherverzeichnisse ermitteln ließ, 1905 im Leipziger Verlag »Deichert. Heinsius Nachfolger« erscheinen und ließ sich von mir trotz intensiver Bemühungen nirgends auftreiben, nicht einmal in Müllers Nachlaß im Wittenberger Stadtarchiv. Nach Friedensburg (a. a. O., 24, Anm. 2) wandte sich Müller in seiner Arbeit gegen Theodor Muther, der behauptet hatte, die Leucorea habe vor 1508 überhaupt keine Statuten besessen, was auch ich für unwahrscheinlich halte. Ich nehme vielmehr mit Friedensburg (a. a. O., 25) an, daß die Wittenberger Universität in den ersten Jahren ihres Bestehens auf den Tübinger Statuten aufbaute. – S. auch Anm. 1458.

[1456] Sie sind auf den 1. Okt. 1508 datiert – s. UBUW 1, 18–31 (Nr. 22). – Scheurl erhielt 1509 von der Universität 10 fl. für die Statutenerstellung (Friedensburg: A. a. O., 26. 26, Anm. 1), mit der er vom Kurfürsten beauftragt worden war (näheres ebd.).

[1457] Inwieweit Friedrichs persönliche Vorstellung von Scheurl mit in den Text eingebracht wurde, läßt sich schwer sagen. Als sicher kann dagegen gelten, daß Scheurl den Text der Statuten ganz im Sinne seines Herrn formulierte, indem er darin die »Idee der fürstliche Suprematie« (K. Schmidt: A. a. O., 8) voll erfaßte.

[1458] Man kann dies rein hypothetisch aus einer Rechnungsnotiz von 1505 (NMN JN 1915b; ohne Quellenangabe) schlußfolgern, in der davon die Rede ist, daß Doktor Kitzscher 43 fl. für das »Statut Er Eberharts« empfangen habe. Angenommen, daß das genannte »Statut« mit den schon 1477 von Vergenhans im Auftrag Eberhards von Württemberg konzipierten Statuten von Tübingen (vgl. Haller, A. a. O. 1, 54) identisch ist, liegt der Verdacht nahe, daß Kitzscher auf Grundlage der Tübinger Verfassung für Wittenberg Statuten erstellen sollte. Ob das durch kritische Überarbeitung der Tübinger Vorlage oder als gänzliche Neuformulierung geschehen sollte, muß dahin gestellt bleiben, ebenso, ob er die genannte Summe als Honorar und zur Unkostenerstattung erhielt. Der gezahlte Betrag ist auffällig hoch, was wiederum zum Schluß verleiten kann, daß die Arbeit an den Statuten abgeschlossen worden ist. Da eine Rektoratsrede von 1507 (laut Friedensburg: A. a. O., 24) die Nachricht überliefert, daß der scheiden-

1505 die Statutenerstellung ins Auge zu fassen, gab es für ihn genügend. Dabei hat man nicht nur an seine Absicht zu denken, auf diese Weise sein jus statuendi unter Beweis zu stellen; wahrscheinlich kam es ihm auch darauf an, einige Professoren zu disziplinieren, die sich, wie sich aus einer Wendung der Statuten von 1508 schlußfolgern läßt,[1459] an keine Verpflichtungen gebunden fühlten und ihre Aufgaben vernachlässigten, ein Umstand, der dem Kurfürsten ein Dorn im Auge sein mußte, weil darunter der Ruf der Hochschule litt – was nicht nur der Zuwanderung fremder Studenten abträglich war – und weil er stets auf Effektivität achtete, denn schließlich war es sein Geld, was er für die Universität aufwandte.[1460]

Die Sorge um die Effektivität des Lehrbetriebes ließ Friedrich auch in der Folgezeit nicht los, sondern erscheint vielmehr geradezu als einer der Hauptgründe für seine Einflußnahmen auf die Universität, Einflußnahmen, die auch hier weniger der Vorbeugung als der Behebung akuter Notlagen dienten. So schaltete er sich stets dann ein, wenn einzelne Lektionen unregelmäßig gehalten wurden, was meist bei den Juristen der Fall war, die unabhängig von ihrer Lehrtätigkeit noch für den Fürsten tätig waren und oft eine eigene Praxis betrieben. Mehr als einmal sah sich der Kurfürst genötigt, den Vertretern der Rechtswissenschaft ihr »unfleißiges Lesen« vorzuhalten[1461] und zu Gegenmaßnahmen zu schreiten.[1462] Doch auch sonst achtete er auf Regelmäßigkeit und Effektivität

---

de Rektor seinem Nachfolger das geschriebene Exemplar der Universitätsstatuten zu überreichen hatte, ist es nicht auszuschließen, daß eben dieses Exemplar auf Kitzscher zurückgeht.

[1459] Vgl. Friedensburg: A.a.O., 27.

[1460] Bezeichnenderweise argumentierte der Kurfürst 1512 in einem Schreiben an den Rektor und Reformatoren mit seinen Zuwendungen für die Universität, indem er darauf hinwies, was er bis zu dieser Zeit »vf dy vniversitet gelegt« habe »vnd noch teglich« lege (EGA reg. O 459, 2r. 5. Jan. 1512), ein Argument, das er 1522 (21, Nov.; EGA Reg. O 318, 2v) wieder gebrauchte, als er die Universität darauf aufmerksam machte, daß er sie »mit großen kosten aufgericht vnd erhalten« habe.

[1461] Als sich Friedrich 1516 bei der Universität erkundigte, ob die Lektionen vollständig und mit Fleiß gehalten würden – vgl. UBUW 1, 74 (Nr. 55) –, hatte er wohl vor allem die Vorlesungen der Juristen im Auge, was sich daran erkennen läßt, daß noch im selben Jahr von der juristischen Fakultät ein Beschluß gegen ihre säumigen Mitglieder gefaßt wurde – s. UBUW 1, 83 (Nr. 58) –, der jedoch so wenig fruchtete, daß Friedrich 1517 durch seine Räte erneut »auf das unordentliche lesen« hinweisen mußte, ebenso auch 1519 und 1521 – vgl. UBUW 1, 83 (Nr. 63). 91 (Nr. 74). 119 (Nr. 109); EGA Reg. O 318, 1. 1522 sah sich der Kurfürst dann genötigt, der Universität selbst den »Unfleiß« der Juristen vorzuhalten – vgl. UBUW 1, 122 (Nr. 116). 123 (Nr. 129); EGA Reg. O 318, 2. 3.

[1462] Ob diese Erfolg hatten, ist eine andere Frage. – Friedrich versuchte dem »unfleißigen Lesen« u.a. dadurch zu wehren, daß er Rektor und Reformatoren zur Bestrafung der Säumigen ermahnte – s. UBUW 1 122 (Nr. 116). Mehr Erfolg dürfte ihm mit der Aufforderung beschieden gewesen sein, den Sold der unfleißigen Legenten zu kürzen – UBUW 1, 123 (Nr. 120). – Seine Auseinandersetzung mit Stehelin ab 1517 (s. Friedensburg: A.a.O., 141) ist in erster Linie (vgl. Anm. 1447) aus seinem Bestreben erwachsen, dessen Advokatentätigkeit – die ja seiner Lehrtätigkeit zum Nachteil gereichte – dadurch zu des Vorlesungsbetriebes: Stiftspräbenden wurden nur an solche Personen vergeben, die zur Lehrtätigkeit geeignet waren;[1463] aus diesem Grund widersetzte er sich 1510 erfolgreich der Ernennung des kränkelnden Ulrich von Denstedt zum Stiftspropst.[1464] Kam ihm zu Ohren, daß Legenten ihre Pflichten vernachlässigten, konnte er böse Worte finden.[1465]

Daß er darüber hinaus den durch den Weggang von Dozenten drohenden Ausfall von Lektionen zu verhindern suchte, versteht sich von selbst. Die Wege, die er einschlug, um der Abwanderung von Mitgliedern des Lehrkörpers zu wehren, waren von Fall zu Fall verschieden. Als Marschalk von der Universität bei seiner Lehrtätigkeit Schwierigkeiten bereitet wurden, forderte der Kurfürst die Hochschule auf, die »Abwendung der Gebrechen« zu bedenken, »domyt keynerley Nachlassung an Lectionen oder anderm der Universitet zu Abbruch vnd Mynderung« geschehe.[1466] Luther versuchte er von vornherein an die Universität zu binden, indem er ihm seine Promotion finanzierte, und Scheurl wollte er gar durch eine Heirat in Wittenberg halten.[1467]

Das vorbeugende Moment, das in diesen beiden Fällen zum Tragen kommt, läßt sich – wie schon angedeutet – in Friedrichs Universitätspolitik freilich nur höchst selten feststellen, was nicht unbedingt gegen ein Interesse des Fürsten an der Universität spricht, wenn dieses Interesse sicher auch nicht besonders stark ausgeprägt und mehr pragmatisch ausgerichtet war. In Anbetracht dessen erscheint es nicht verwunderlich, daß der Kurfürst an den Lehrgegenständen der Universität, sofern sie nicht wie die Rechtswissenschaft die Politik unmittelbar tangierten, wenig interessiert war – wogegen auch seine gelegentliche

---

drosseln, daß er die vom Professor erbetene Verschreibung von 1000 fl. u. a. (EGA Reg. O 309, 41. 42) von einer Einschränkung seiner Privatpraxis abhängig machte.

1463 Enders: A. a. O., 19.

1464 Wentz: A. a. O., 122. – Freilich spielten hier noch andere Motive eine Rolle – vgl. UBUW 1, 61 (Nr. 30); bzw. WUA Tit. VIII. Nr. 3, 1.

1465 Vgl. Friedrichs Schreiben an Schurff vom 7. Aug. 1523, in dem er sich in der genannten Art über Justus Jonas und Karlstadt äußert – CR 1, 620 (Nr. 249).

1466 Bauch: Schenk, 375.

1467 Scheurl an Leonhard Vogel in seinem Schreiben vom 17. März 1509 – nach Soden-Knaake: A. a. O. 1, 57 (Nr. 38): »Princeps vellet me ducere uxorem et perpetuo me sibi reddem obnoxium obligatumque.« Wenn Friedrich Scheurl in Wittenberg zu halten versuchte, dann nicht nur der Universität wegen. Es ging ihm vor allem darum, sich seiner Dienste als kurfürstlicher Rat und Oberhofgerichtsbeisitzer zu versichern, ein Motiv, daß sich auch bei der Auseinandersetzung des Fürsten mit Stehelin (vgl. Anm. 1463) feststellen läßt. – S. dazu Friedrichs Darstellung der Situation gegenüber Herzog Johann (EGA Reg. O 309, 41. 42: 5. Jan. 1519; aber vgl. dagegen die vorherige Schilderung des Sachverhalts durch Stehelin gegenüber Herzog Heinrich von Sachsen und Herzog Johann, ebd., 4.38.39) Stehelin zufolge hatte der Kurfürst ihm die Verschreibung von 1000 fl. unter der Bedingung gewährt, daß er lebenslang dem Kurfürsten und sonst niemandem dienen solle, während der Jurist Friedrich nur »verwandt« sein und sich so die Möglichkeit des Dienstes bei einem anderen Herrn offen halten wollte.

Anwesenheit in Vorlesungen des älteren Ravenna[1468] nicht spricht – und daß er deshalb einen Einfluß auf die Universität in Lehrfragen nicht ausübte,[1469] zumal dieser obendrein seiner Grundhaltung in der Kompetenzfrage widersprochen hätte. Wenn er 1504 für die Skotisten einen Druck des »Tartaretus« durchführen ließ[1470] und 1507 mit der Berufung Trutfetters dafür sorgte, daß neben Vertretern der »via antiqua« auch ein Vertreter der »via moderna« an die Wittenberger Universität kam,[1471] dann nicht, weil es ihm darum ging, den Skotisten oder den Ockhamisten, sondern der Hochschule förderlich zu sein.

Friedrichs Einflußnahmen auf die Leucorea sind somit im Ganzen gesehen weniger als richtungsweisend denn als der Sicherung des Bestandes der Universität und der Gewährleistung eines effektiven Lehrbetriebes dienlich zu charakterisieren, eine Ansicht, die erhärtet wird, wenn man betrachtet, welchen Einfluß der Fürst sonst noch auf die Universitätsentwicklung ausübte. Daß es für ihn entsprechende Einflußnahmemöglichkeiten auf die Wittenberger Hochschule gab, haben wir gesehen, ob er sie aber voll ausschöpfte und damit als bestimmender Faktor der Universitätsentwicklung zu gelten hat, ist fraglich. Natürlich hat Friedrich die Entwicklung der Universität mitgeprägt, aber vorwiegend mittelbar, da er gegenüber der Leucorea weitgehend nur als Bestätigungsinstanz von Beschlüssen ihrer Mitglieder in Erscheinung trat: Abgesehen von bestimmten Notsituationen (und selbst auf diese wurde er oft erst durch andere aufmerksam gemacht),[1472] kamen die Anstöße zu seinen Einflußnahmen

---

1468 Bauch: Schenk, 374; Friedensburg: A.a.O., 55. – Eine Anwesenheit Friedrichs bei Disputationen, wie sie von Eberhard im Bart berichtet wird (Haller: A.a.O. 1, 244), ist nicht bezeugt.

1469 So Haussherr: A.a.O., 353. Bezeichnenderweise verzichteten Friedrich und sein Bruder auf eine Ausübung der Zensur über die in Wittenberg gedruckten Bücher (Hans Lüfling: Universität, Buchdruck und Buchhandel in Wittenberg, vornehmlich im 16. Jahrhundert. FUHW 1, 388). – Der Wegfall der kanonistischen Vorlesungen nach 1520, den man auf einen Eingriff des Kurfürsten zurückführen könnte, ist nicht seinem Einfluß zuzuschreiben, sondern dem Fernbleiben der Studenten (s. Kirn: A.a.O., 67).

1470 Gustav Bauch: Andreas Carlstadt als Scholastiker. ZKG 18 (1898), 56. 56, Anm. 3; vgl. UBUW 1, 6 (Nr. 8). Bauch nimmt den Tartaret-Druck übrigens zum Anlaß, den Kurfürsten als »Mäcen« der Skotisten zu bezeichnen.

1471 S. Friedensburg: A.a.O., 51. – Die »zwei Wege« waren zwar von Anfang an für den philosophischen Lehrgang vorgesehen, wurden aber in den Jahren bis 1507 anders gedeutet: Es lehrten nur Vertreter der »via antiqua« an der Universität, aber Vertreter der zwei Richtungen innerhalb dieses »Weges«, des Thomismus und des Skotismus (vgl. auch Scheel: A.a.O. 2, 347).

1472 An diesem Urteil ändert auch nichts, daß sich Friedrich gelegentlich aus eigenem Antrieb Informationen über die Lage in Wittenberg verschaffte, wie z.B. 1520 durch Spalatin; vgl. UBUW 1, 109 (Nr. 100); EGA Reg. O 368, 9^r-10^v. Ob dafür in erster Linie sein Wissen um Dauermißstände und akute Gefahren für die Hochschule oder sein Interesse an der Universität schlechthin verantwortlich zu machen ist, muß offen bleiben. – Über bestimmte Notsituationen wurde er sowohl von Universitätsangehörigen – man hat dabei nicht zuletzt an die Studentenschaft zu denken, von der ein Teil der Klagen wegen der nachlässigen Lehrtätigkeit der Juristen stammen dürfte – als auch auf die Universität in der Regel von deren Angehörigen, die mit ihren Gesuchen, Anliegen und Bitten an ihn herantraten.

Zwar widersetzte er sich gelegentlich diesen Gesuchen, sei es nun, daß er sich übergangen fühlte, wie 1510 bei der Wahl des neuen Stiftspropstes,[1473] daß er keinen Präzedenzfall schaffen wollte, wie 1512 in der Frage der Begnadigung rebellischer Studenten,[1474] oder daß ihn seine Sparsamkeit dazu trieb,[1475] in den meisten Fällen gab er ihnen jedoch statt, besonders dann, wenn es um die Besetzung der Lehrstühle ging. Hier beschränkte er sich darauf, die Universität aufzufordern, selbst geeignete Kandidaten vorzuschlagen oder einzustellen,[1476] und seinem Präsentationsrecht zu genügen,[1477] einmal davon abgesehen, daß er von der Universität bei anstehenden Berufungen auch als Vermittler angegangen wurde.[1478] Seine Funktion in Anstellungsangelegenheiten der Leucorea bestand somit lediglich in einer Bestätigungs- und Mittlertätigkeit, bei der es manch-

---

von seinen Beamten und von Unbenannten informiert, auf deren Informationen er mit Worten wie »vns gelangt glaublich an« (EGA Reg. O 318, 1^r^. 2^r^; Reg. O 459, 2^r^) Bezug zu nehmen pflegte.

1473 WUA Tit. VIII. Nr. 3, 1; UBUW 1, 61 (Nr. 30). – Ein anderes Motiv in dieser Angelegenheit wurde in Anm. 1464 genannt.

1474 Hier spielte freilich auch seine Aversion gegen jegliche «aufrührerische« Aktivität eine wesentliche Rolle – s. EGA Reg. O 459, 8^r^; UBUW 1, 67 (Nr. 44); vgl. auch UBUW 1, 106 (Nr. 92). 106 (Nr. 93).

1475 Beispielsweise im Falle der verweigerten finanziellen Beihilfe für den Bau des dritten Wittenberger Kollegs (vgl. Friedensburg: A. a. O., 149).

1476 So etwa 1519, als die Universität Friedrich von Johann Böschensteins (vgl. Friedensburg: A. a. O., 122f.) geplantem Weggang aus Wittenberg informierte, zu dem er seine Erlaubnis erteilte, nicht ohne die Hochschule aufzufordern, die ledige Lektion mit einem anderen Hebraisten zu besetzen, damit »kain versewmligkait beschee« – s. WUA Tit. VIII: Nr. 3, 2; EGA Reg. O 314, 1. 2; UBUW 1, 88f. (Nr. 70). – Vgl. auch Anm. 1479.

1477 Wenn man seiner Versicherung bei der Vorstellung Karlstadts als Archidiakon des Allerheiligenstiftes (1. Dez. 1510; Friedensburg: A. a. O., 67, Anm. 1) glauben darf, galt dabei für ihn als Hauptkriterium, daß der Kandidat »geschickt, nutz und gut« sei. Eine ähnliche Formulierung (»geschickt und fleißig«) gebrauchte er auch 1522 bei der Bestätigung des neuen Mediziners Heinrich Stackmann (EGA Reg. O 312, 17). Zeitliche Verzögerungen bei Präsentationen sind bei Friedrichs Bedächtigkeit nicht überzubewerten – man vergleiche dazu seine Äußerung bezüglich der Präsentation Amsdorfs zum Stiftsdechanten und Johann Gunckels zum Kanonikus in: WUA Tit. VIII. Nr. 3, 3: 29. März 1523: Die Universität hatte die Wahl der beiden lange hinausgezögert; trotzdem wollte der Fürst die Verfügung zur Institution der beiden nicht sofort ergehen lassen.

1478 Hier sei nur auf seine Vermittlertätigkeit bei der Berufung Melanchthons verwiesen (s. z. B. Friedensburg: A. a. O., 115f.). Friedrichs Mittlertätigkeit in Universitätsangelegenheiten beschränkte sich aber keineswegs auf Anstellungsfragen: Als er 1520 durch den Wittenberger Schößer Gregor Burger und Anton Niemeck Erkundigungen über die Unterbringungsmöglichkeiten für Studenten einziehen ließ – vgl. EGA Reg. O 238, 1; bzw. UBUW 1, 100f. (Nr. 83) –, war dem sicher ein entsprechendes Ersuchen der Universität vorausgegangen, die ihn ein Jahr darauf, als sie wegen der Pest Wittenberg vorübergehend verlassen mußte, erneut als Mittler einschaltete, indem sie ihn bat, sich zu ihren Gunsten bei der Obrigkeit der Stadt zu verwenden, wohin sie zog (EGA Reg. O 501, 4^r^).

mal zwischen dem Fürsten und der Hochschule zu einem merkwürdig anmutenden wechselseitigen Zuschieben von Zuständigkeiten kam,[1479] für das zum einen das Bestreben der Universität, sich lästiger Verpflichtungen zu entledigen, zum anderen Friedrichs Neigung verantwortlich zu machen ist, in Bereichen, für die er sich unzuständig hielt und die seine landesherrlichen Interessen nicht unmittelbar berührten, kompetentere Persönlichkeiten wirksam

---

[1479] Es zeigt sich im Ansatz 1521, als sich die Universität gezwungen sah, Wittenberg wegen der Pest zu verlassen, und deshalb den Kurfürst bat, ihr einen Ausweichort anzugeben: Friedrich forderte sie in seinem Antwortschreiben auf, ihm selbst einen solchen Ort zu nennen, worauf von der Leucorea drei Städte in Vorschlag gebracht wurden, von denen Herzberg dem Fürsten am geeignetsten zu sein schien, was er der Universität in einem Schreiben zu erkennen gab, das deutlich (EGA Reg. O 501, 5. 6: Entwurf mit Korrektur) sein Bestreben erkennen läßt, den Eindruck zu vermeiden, er erteile der Hochschule hier Befehle – EGA Reg. O 501, 2–6; UBUW 1, 119f. (Nr. 111). Folgenreicher war es, wenn es in Fragen von Stellenbesetzungen zwischen der Universität und dem Landesherrn zu einem Hin und Her wegen der jeweiligen Zuständigkeit kam, was etwa bei der Besetzung der medizinischen Lektur zu beobachten ist: Als 1512 von Simon Pistoris ein Nachfolger für den ermordeten Ulrich Erbar vorgeschlagen worden war und die Universität bei Friedrich Erkundigungen einzog, welcher Sold ihm zu zahlen sei, stellte er dies der Hochschule anheim (EGA Reg. O 312, 2. 1). Da die Berufung des neuen Mediziners scheiterte (ebd., 5. 6), wandten sich die Wittenberger 1513 erneut an den Kurfürsten, diesmal mit der Bitte, ihnen mitzuteilen, wie sie sich verhalten sollten, und ihnen einen anderen zu empfehlen (ebd., 6). Höchstwahrscheinlich unterbreitete der Fürst daraufhin keinen Vorschlag, sondern gab die Bitte um Nennung eines Kandidaten an die Universität zurück, denn diese nannte ihm am 15. Dez. 1513 zwei Anwärter für die Stelle und bat ihn zugleich mit einem indirekten Hinweis auf die Besoldungsfrage, zu schreiben, wie man es in dieser Angelegenheit halten solle. Friedrich stellte daraufhin wieder alles ins Ermessen der Universität und machte nur zur Bedingung, daß der neue Professor der Hochschule »ehrlich vnd rumlich, auch dem gemeinen volgk nutzlich vnd trestlich sey« (ebd., 3. 4; weiteres s. Friedensburg: A.a.O., 64). 1517 wurde die Besetzung der medizinischen Lektur wieder akut, weil Johann Schwabe, der die Stelle seit 1513/14 innehatte, verstorben war. Die Medizinstudenten wandten sich zweimal – einmal auf indirektem Weg über die Universität und einmal direkt – mit der Bitte an den Kurfürsten, einen Nachfolger für Schwabe zu benennen – vgl. EGA Reg. O 312, 7.8; UBUW 1, 82f. (Nr. 61). 83 (Nr. 62). Die Universität schloß sich dem mit zwei Bittschreiben an (EGA Reg. O 312, 9.10), in denen sie erst um zwei und dann um einen Mediziner bat, denn Friedrich hatte wahrscheinlich auf das erste Schreiben nicht reagiert. Er gab dann der Universität am 14. Juni 1517 zu verstehen, daß er keinen geeigneten Kandidaten kenne und es ihm nicht entgegen sei, wenn die Hochschule sich selbst um einen geeigneten Mediziner kümmern würde – EGA Reg. O 312, 11; UBUW 1, 83 (Nr. 62, Anm. 2). 1518 wurden dem Kurfürsten von der Leucorea ein entsprechender Vorschlag, der auf die Studenten zurückging, unterbreitet und der Wunsch geäußert, der Fürst möge auf Mittel sinnen, den Kandidaten – Konrad Tockler, genannt Noricus – nach Wittenberg zu bringen, ein Wunsch, den Friedrich mit der Anweisung beantwortete, die Universität solle mit Noricus verhandeln. Da sich die Wittenberger mit dieser Antwort nicht begnügten, versprach der Ernestiner am 11. Juni 1518 lediglich (EGA Reg. O 312, 14; der Entwurf ist – der Handschrift nach zu urteilen – in Eile oder gewissermaßen en passant abgefaßt), sich um die Freistellung Noricus', der in Leipzig lehrte, zu bemühen. Zu dem Gesamtvorgang (1517/18) s. EGA Reg. O 312, 12–14; UBUW 1, 86f. (Nr. 65); Friedensburg: A.a.O., 136.

werden zu lassen, ob es sich nun um Universitätsangehörige oder um entsprechend gebildete Räte wie Spalatin[1480] handelte.

All dieses ist nicht dazu angetan, die Verantwortlichkeit des Kurfürsten in Hochschulangelegenheiten besonders hoch zu bewerten, weder was seinen Einfluß auf die allgemeine Universitätsentwicklung, noch was seine Bedeutung für das Vordringen des Humanismus in Wittenberg betrifft, nach der zu fragen auch deshalb sinnvoll erscheint, weil hier Ausmaß und Eigenart von Friedrichs Einflußnahme auf die Leucorea besonders augenfällig werden.

2.2.2.3. Der Kurfürst und der Humanismus in Wittenberg

Ist von der Frühzeit der Wittenberger Universität die Rede, dann taucht neben der Frage nach der Stellung der Leucorea im Gefüge des kursächsischen Territorialstaates immer wieder die Frage auf, inwieweit die neugegründete Hochschule in ihrer Gesamtheit vom Humanismus geprägt war.[1481] Vergegenwärtigt man sich nun, daß in Maximilians Gründungsprivileg für die Wittenberger Universität die Förderung der freien und der schönen Künste als Ziel der Hochschulgründung genannt wird[1482] und daß die kurfürstliche Einladung zur Universitätseröffnung ausdrücklich die »Poeterei« als Lehrfach erwähnt,[1483] liegt der Gedanke nahe, daß der Humanismus von Anfang an zu einer tragenden Kraft innerhalb der Leucorea wurde.

Die Wirklichkeit sah aber anders aus. Selbst wenn Friedrich mit der Universitätsgründung zugleich die Errichtung einer humanistischen Akademie bezweckt hätte, und das war sicher nicht der Fall,[1484] erschiene die Charakterisierung der Leucorea in ihren ersten Jahren als »humanistisch« recht gewagt, weil sich die Wittenberger Hochschule erst mit der Universitätsreform von 1518 und

---

[1480] In den Irrungen zwischen der Universität und dem Stiftssyndikus Paul Penckau (1514) – vgl. UBUW 1, 72f. (Nr. 52). 73 (Nr. 53) – schaltete er z. B. Wolfgang Reißenbusch ein (EGA Reg. O 254, 2. 3). Andere Universitätsangelegenheiten vertraute er Räten wie Hugold von Einsiedel und Hans von Taubenheim an, die er mit der Hochschule verhandeln ließ (z. B. 1521 wegen des Unfleißes der Juristen; EGA Reg. O 318, 1. 2^{v}). Zu Spalatins Tätigkeit als einer von Friedrichs Hauptsachverständigen in Universitätsangelegenheiten vgl. UBUW 1, 85f. (Nr. 64). 89f. (Nr. 72). 90f. (Nr. 73); Höss: A. a. O., 86–88. 107. 118f. passim. Daß sich Friedrich in schwierigen Fragen auch persönlich einschaltete, zeigt sein Schreiben an Mellerstadt vom 6. April 1504 – EGA Reg. O 363, 1; UBUW 1, 9 (Nr. 11) –, in dem er ihn zu einem vertraulichen Gespräch nach Torgau beorderte, um zu besprechen, wie und auf welche Art die Wittenberger Hochschule »dester statlicher erhalten werden« möge.

[1481] Sinn der folgenden Ausführungen kann es nicht sein, diese Frage noch einmal eingehender zu erörtern, nachdem sich bereits Grossmann in ihrer Dissertation und deren überarbeitetem Nachdruck ausführlich damit auseinandergesetzt hat.

[1482] UBUW 1, 1 (Nr. 1). – Vor einer Überschätzung der Hinweise auf die Humaniora warnt zu Recht Steinmetz (Wittenberg, 106).

[1483] UBUW 1, 4 (Nr. 2).

[1484] Ähnlich auch Borth: A. a. O., 173.

den folgenden Jahren dem Humanismus voll öffnete.[1485] An diesem Urteil ändert auch die Tatsache nichts, daß sich seit der Universitätsgründung immer wieder Humanisten unterschiedlichster Ausrichtung in der Elbestadt aufhielten, wo sie von vornherein de jure anerkannt waren.

Gerade diese Anerkennung mag für diejenigen unter ihnen, die noch stärker der Scholastik verhaftet waren – wie beispielsweise Mellerstadt – Anlaß gewesen sein, sich mit dem Erreichten zufriedenzugeben,[1486] bei Kompromissen stehenzubleiben[1487] und gleichzeitig aktiveren Vertretern des Humanismus das Leben so schwer zu machen, daß deren Aufenthalt in Wittenberg dann oft nicht lange währte. Klagen über entsprechende Mißstände, die ein beredtes Zeugnis von der tatsächlichen Lage des Humanismus an der Leucorea geben, liegen aus den Jahren zwischen 1502 und 1517 vor, einem Zeitraum, der, wie wir gesehen haben,[1488] gekennzeichnet ist durch einen Verfall der Universität bis 1506, eine Zeit des Aufschwungs bis etwa 1511 und den sich daran anschließenden Niedergang vor 1516, Phasen, die bezeichnenderweise mit den Zeitabschnitten zusammenfallen, in denen der Humanismus[1489] an der Wittenberger Universität jeweils durch andere mehr oder minder markante Persönlichkeiten repräsentiert wird: Für die Zeit bis 1506 wären hier vor allem der Poet Busche, der Italiener Petrus von Ravenna und sein Sohn, aber auch der »Hellenist« Marschalk zu nennen, während nach 1506 die Poeten Georg Sibutus und Richard Sbrulius, vor allem aber der Jurist Scheurl Bedeutung erlangten, nach dessen Weggang 1512 als Vertreter des Humanismus an der Hochschule der Augustinereremit Johannes Lang, der sich bis 1516 in Wittenberg aufhielt, und die schon länger

[1485] Die Meinung, daß der Humanismus erst 1518 in Wittenberg zum Zuge kam, wird im Prinzip vertreten von Blaschke: Friedrich, 320, Anm. 14; Aland: Fakultät, 298; Steinmetz: Konzeption, 119. Grossmann (HAW, 105; HIW, 49) vertritt dagegen die Ansicht, der humanistische Einfluß sei bereits nach 1507 innerhalb der Leucorea »a real force« geworden, ja, der Humanismus habe dort von Anfang an eine wichtige Rolle gespielt (Grossmann: HAW, 87; HIW, 42; vgl. Anm. 1491). Daß der Humanismus vor 1518 an der Leucorea gleichberechtigt dastand, aber keine wesentliche Bedeutung erlangte, meinen z. B. Kolde (RE 6, 280) und Aland (Fakultät, 301); Aland (a. a. O., 300) spricht sogar vom »kümmerlichen Dasein«, das die »humanistischen Bestrebungen« in Wittenberg führten.

[1486] K. Schmidt (a. a. O., 17. 2 f.) vermutet, die »im Grunde genommen fast bedeutungslose Stellung« des Humanismus in Wittenberg sei eine Folge seiner dortigen Anerkennung gewesen, die ihn davon abhielt, weiter gegen die Scholastik vorzugehen.

[1487] Vgl. dazu Steinmetz: Konzeption, 118.

[1488] Vgl. Anm. 1362.

[1489] Gemeint ist damit natürlich nicht der scholastisch-akademische Humanismus, den K. Schmidt (a. a. O., 21) als »mit humanistischem Firniß überzogenen Scholasticismus« charakterisiert, zu dessen Vertretern etwa Mellerstadt und Karlstadt zu rechnen sind, sondern der irenische bzw. offensive Humanismus (vgl. Anm. 150). – Was die erwähnten Phasen betrifft, so decken sie sich mit den bei Grossmann (HIW, 36. 55. 76) angeführten Entwicklungsabschnitten.

an der Leucorea wirkenden Magister Balthasar Vach und Otto Beckmann in Erscheinung traten.[1490]

Angesichts dieser Reihe von Vertretern des Humanismus tauchen erneut Zweifel auf, ob man zu Recht davon sprechen kann, daß der Humanismus an der Leucorea vor 1518 keine bedeutende Rolle spielte. Kamen an der kursächsischen Universität nicht immer wieder Humanisten zu Wort, sei es in Festreden, sei es in akademischen Veröffentlichungen, und gingen von den Lehrern der Humaniora nicht unbestreitbar Anstöße auf die Studentenschaft aus, die letztlich zu einem Vordringen der neuen Bildung führten?[1491] Gewiß ist dem so gewesen, aber als ebenso gewiß muß gelten, daß all dies genausowenig für eine Vorherrschaft des humanistischen Geistes an der Wittenberger Universität geltend gemacht werden kann, wie Mellerstadts lateinische Reimereien dazu berechtigen, ihn als einen Humanisten zu bezeichnen. Einige Aussagen von stärker humanistisch ausgerichteten Universitätsangehörigen machen deutlich, daß die Kräfteverhältnisse an der Hochschule, obwohl oder gerade weil die Wittenberger Scholastik schon humanistisch überfremdet war, eine volle Entfaltung des Humanismus an der Leucorea verhinderten: Bereits 1503 klagte Busche in einem Epigramm indirekt über die Wittenberger Verhältnisse,[1492] die sich freilich auch in der Folgezeit nicht änderten, wie die Beschwerde Marschalks über die Behinderung seiner Lehrtätigkeit aus demselben Jahr[1493] und eine gewisse Ablehnung, auf die Petrus von Ravenna stieß,[1494] vor allem aber bestimmte Äußerungen Scheurls zeigen,[1495] der noch nach seiner Rückkehr nach Nürnberg seinem Unmut über die führenden Männer der Universität Ausdruck verlieh,[1496] unter denen besonders Mellerstadt seinen Zorn erregte, dessen Wittenberger Anfänge ja ganz unter dem Zeichen des kämpferischen Humanismus gestanden hatten[1497] und der trotz seiner späteren Fehlhaltung als einer der Hauptverantwortlichen dafür zu gelten hat, daß die Humaniora einen Platz unter den Lehrfächern der neuen Universität fanden.

Wenn Friedrich die Leucorea von vornherein den Humanisten öffnete, ist dies freilich nicht nur dem Einfluß Mellerstadts und anderer kurfürstlicher Räte zuzuschreiben, denn auch dem Kurfürsten fehlte es dafür sicher nicht an entsprechenden Gründen. Angesichts seines Verhältnisses zu den Wissenschaften und ihren Vertretern erscheint es fraglich, ob ihn dabei vor allem das Bestreben leitete, dem Humanismus eine Heimstatt zu bereiten oder ihm gar aus innerer

---

1490 Vgl. Grossmann: A. a. O., passim.

1491 Friedensburg (a. a. O., 73) deutet die genannten Sachverhalte dahingehend, daß der Humanismus in Wittenberg schon früh selbstständige Bedeutung erlangte.

1492 S. Friedensburg: A. a. O., 70, Anm. 2; Aland: Fakultät, 299; Bauch: Leipzig, 163.

1493 Bauch: Schenk, 375.

1494 Muther: A. a. O., 97.

1495 Vgl. z. B. Soden-Knaake: A. a. O. 1, 44 (Nr. 26). 48 (Nr. 31).

1496 Bauch: Briefbuch, 430 (Nr. 63k). Ein ungünstiges Licht auf die Lage in Wittenberg wirft m. E. auch ein Schreiben Johannes Langs an Mutian von 1515 – s. Gillert: A. a. O. 2, 149f. (Nr. 499).

1497 Friedensburg: A. a. O., 11f.

Neigung heraus förderlich zu sein. Wahrscheinlicher ist es, daß er damit zugleich dem Zug der Zeit Rechnung tragen,[1498] eine Polarisierung innerhalb der Hochschule von Anfang an vermeiden, vor allem aber ihre Anziehungskraft erhöhen wollte. Dem entspricht, daß er sich bei Verfallserscheinungen, wie sie um 1506 und 1516 an der Universität zu beobachten waren, durch die Berufung von humanistisch orientierten Legenten – wenn die Anstöße dazu auch kaum von ihm selbst ausgingen – bemühte, der Universität zu verstärkter Ausstrahlung und damit zu einem neuen Aufschwung zu verhelfen.

Damit sind wir bei der Frage angelangt, inwiefern das Vordringen des Humanismus Friedrichs persönlichem Einfluß zuzuschreiben ist, eine Frage, die zugleich eine weitere involviert, die nach dem Wesen seiner Beziehungen zu den Humanisten der Wittenberger Universität. Wenn man näher untersucht, welche Rolle der Fürst bei der Universitätsreform von 1518 spielte, wird man geneigt, seine persönliche Bedeutung für den Wittenberger Humanismus nicht allzuhoch zu veranschlagen: Anders als bei Herzog Georgs Reformen der Leipziger Hochschule[1499] und Maximilians Wiener Universitätsreform[1500] ging der Anstoß zur Umgestaltung der Leucorea nicht vom Landesherrn, sondern von Luther und der Universität aus; Berichte über den Zustand der Hochschule, die er 1516 und 1517 einholte,[1501] zeigten Friedrich günstigerweise zu der Zeit die Notwendigkeit einer Reform, als auch die Universität zu einer Reform entschlossen war.[1502]

Eine Schlüsselstellung bei der Planung und Durchführung der Reform, die sich über 1518 hinaus hinzog, nahm Spalatin ein, während sich der Kurfürst – offenbar in vollem Vertrauen auf den Sachverstand der Universitätsmitglieder und seines Geheimsekretärs – darauf beschränkte, den Wünschen zu entsprechen,[1503] die von seiten der Hochschule an ihn herangetragen wurden, nachdem er Anfang 1518 die Universität durch Spalatin hatte auffordern lassen, Reformvorschläge zu unterbreiten.[1504] Trotzdem steht Friedrichs Bedeutung für die Umgestaltung der Leucorea nach 1517 nicht gänzlich in Zweifel, da er sich ihr entweder widersetzen oder ihr seine Unterstützung hätte versagen können, zumal sie für ihn höchstwahrscheinlich mit erheblichen Unkosten verbunden war.[1505] Unmittelbar aktiv ist er dabei freilich ebensowenig geworden wie bei den weiteren Reformen.[1506] Es geht deshalb nicht an, die Tatsache, daß

[1498] In diesem Sinne auch Friedensburg (a.a.O., 68 f.), dessen Formulierung mir jedoch etwas zu gewagt erscheint.

[1499] Helbig: Reformation, 18. 22.

[1500] Vgl. Baltl: A.a.O., 15f. 25.

[1501] Vgl. UBUW 1, 74–76 (Nr. 55). 76 (Nr. 56). 77–81 (Nr. 57). 83–85 (Nr. 63).

[1502] Vgl. Höss: A.a.O., 107; Friedensburg: A.a.O., 110.

[1503] So auch K. Schmidt: A.a.O., 22.

[1504] Vgl. Höss: A.a.O., 107; WABr 1, 153f. (Nr. 63). 155 (Nr. 64).

[1505] Vgl. WABr 1, 153 (Nr. 63); Höss: A.a.O., 108. 122.

[1506] Zu den Reformen ab 1518 – von den in diesem Zusammenhang erfolgten Berufungen wird später die Rede sein – s. Friedensburg: A.a.O., 109–144. 131–135. passim; Höss: A.a.O., 107–123. passim.

er der Universitätsneugestaltung seine Zustimmung nicht versagte, zum Beweis seiner Neigung zum Humanismus zu machen, einmal eben deshalb, weil sein aktiver Einfluß auf die Reformen nicht bezeugt ist,[1507] zum anderen aber deshalb, weil ihn dabei noch andere, vorwiegend praktische Überlegungen leiteten, wie sie auch bei anderen universitätspolitischen Maßnahmen an den Tag treten. Überwog bei der Reform der Leucorea die Absicht, den Bestand der Wittenberger Hochschule zu sichern, die Effektivität ihres Lehrbetriebes und ihre Attraktivität[1508] zu erhöhen, so bewegte sich Friedrich, was andere Bereiche seiner Universitätspolitik betrifft, in ähnlichen Bahnen. Das gilt nicht zuletzt auch für seine Maßnahmen, die die Universität als Korporation weniger mittelbar berührten, also etwa für die Einrichtung einer Universitätsbibliothek und einer Druckerei.

Gerade in der Druckereifrage gibt sein Verhalten keinen Anlaß zu der Annahme, daß er damit weitgesteckte Ziele verfolgte, denn die Anstöße, sich um die Anstellung eines Druckers zu bemühen, kamen nicht vom Kurfürsten selbst – sieht man einmal davon ab, daß Mellerstadt 1502 möglicherweise in seinem Auftrag nach einem Drucker Ausschau hielt und den Erfurter Wolfgang Schenk nach Wittenberg zu ziehen bemüht war.[1509] Wenn sich dann bereits im Gründungssemester der Leucorea der Humanist Marschalk an der Wittenberger Universität inskribieren ließ, der seine eigene Druckerei mitbrachte, so ist der Gedanke, der Fürst habe ihn berufen,[1510] zwar naheliegend, läßt sich aber nicht verifizieren. Da Marschalks Druckerei den Charakter einer Privatdruckerei besaß,[1511] war die Universität selbst nach Marschalks Überwechseln nach Wittenberg ohne eigene Offizin, weshalb 1503 von Sigismund Epp, dem Vertreter des Skotismus an der Leucorea, an den Landesherrn die Bitte um Errichtung einer – skotistischen – Druckerei herangetragen wurde, worauf dieser eine Kommission einberief, die darüber beratschlagen sollte, »domit die Universitet dardurch mocht gefurdert und in bestentlichs wesen bracht werden«.[1512] Daß Friedrich bei dieser Gelegenheit noch seine Bedenken äußerte, ob es sinnvoll sei, nur skotistische Werke zu drucken, da »auch in andern faculteten und kunsten ... bucher ... nott sein«, und zugleich den Gedanken an die Gründung einer

[1507] Dagegen spricht nicht, daß sich der Kurfürst 1521 einige Tage in Wittenberg aufhielt, um u. a. auch anstehende Universitätsangelegenheiten zu erledigen (vgl. Friedensburg: A. a. O., 131).

[1508] Daß Luther mit seinem Auftreten auch die Anziehungskraft der Universität erhöhte und Friedrich damit ein zusätzliches Motiv hatte, ihn zu schützen, sei hier nur beiläufig erwähnt.

[1509] Friedensburg: A. a. O., 13 f.

[1510] So Spitz: A. a. O., 413. – Bauch (Schenk, 373) weiß übrigens nichts von einer Berufung durch Friedrich. Über Marschalk s. Grossmann: HIW, 86–88.

[1511] Luther: A. a. O., 261; Bauch: Schenk, 373. – Zu Marschalks Drucken s. Bauch: A. a. O., 373–375; dazu und zum folgenden s. auch Maria Grossmann: Wittenberger Drucke von 1502 bis 1507. Das Antiquariat 17 (1963–1966), 153–157. 220–226.

[1512] EGA Reg. O 149, 1 UBUW 1, 6 (Nr. 8). Friedrich wies allerdings ausdrücklich darauf hin (ebd.), daß er es nicht wolle, daß die Unkosten der Druckereieinrichtung allein auf ihn kämen; es waren 500fl. für die Errichtung einer Presse veranschlagt worden.

»gemeinen truckerei« faßte, zeigt immerhin, daß er sich der Wichtigkeit einer Druckerei wohl bewußt war und in gewissem Sinne auch einseitigen Förderungsmaßnahmen ablehnend gegenüberstand. Um die Jahreswende 1503/04 kam dann Wolfgang Stöckel aus Leipzig als »offizieller Universitätsdrucker«[1513] nach Wittenberg, das er aber bereits 1504 wieder verließ.[1514] 1505 ging auch Marschalk von Wittenberg fort, hinterließ aber seine Druckerei seinem humanistisch gesonnenen Freund Hermann Trebelius,[1515] der aber lediglich bis 1506 in der Elbestadt blieb, ihr aber dann den Rücken kehrte, wobei er die Druckereieinrichtung mitnahm.[1516] Die 1506 in der kurfürstlichen Kammerrechnung verzeichneten Ausgaben für »Buchpreß« und »allerlei stuck zu der druckerei gehörig« können auf Trebelius' Presse bezogen werden,[1517] obwohl sich auch an eine Druckerei denken läßt, wie sie 1509 im Wittenberger Schloß eingerichtet wurde,[1518] und zwar im ureigensten Interesse des Fürsten.[1519]

Die Universität stand faktisch schon seit Stöckels Weggang ohne Drucker da, bis 1508 – wohl auf Staupitz' Initiative – Johann Rhau-Grunenberg nach Wittenberg kam und im Augustinerkloster seine Druckerei einrichtete.[1520] Inwieweit Friedrich für Rhaus Überwechseln nach Wittenberg mitverantwortlich ist, bleibt im Dunkeln. Fest steht dagegen, daß er mit der Errichtung von Rhaus Presse der Klagen über das Fehlen eines ständigen Buchdruckers für die Universität nicht ledig war, wie die Beschwerde eines Teils der Studentenschaft aus dem Jahr 1513 zeigt.[1521] Im Zusammenhang mit der Universitätsreform wurde dann 1519 an ihn erneut die Bitte um einen Drucker für die Leucorea[1522] (schon bald wußte man einen entsprechenden Kandidaten zu nennen),[1523] herangetragen

---

1513 GERSTLAUER: A. a. O., 8. 41.

1514 GERSTLAUER: A. a. O., 42; über Stöckel s. auch GROSSMANN: HIW, 91f.

1515 BAUCH: Schenk, 376; über Trebel s. GROSSMANN: HIW, 88–91.

1516 Vgl. BAUCH: Schenk, 379f.

1517 NMN JN 1915a; auch BUCHWALD: Allerlei, 108: Die Ausgabe belief sich auf 10fl.

1518 BUCHWALD: A. a. O., 108f.: Die Schloßdruckerei wird auch 1520 und indirekt noch 1537 erwähnt.

1519 BUCHWALD (a. a. O., 108) vertritt wohl mit Recht die Ansicht, daß ein Zusammenhang zwischen dem Druck des »Wittenberger Heiligtumsbuches« (vgl. Anm. 601) und der Einrichtung der Druckerei besteht, da Symphorian Reinhart – ein weiterer der fünf Drucker, die vor 1517 in Wittenberg tätig waren – nachweislich im Schloß ein Zimmer mit Druckerpresse besaß und um 1512 in kurfürstlichem Dienst stand. BUCHWALDS (a. a. O., 109) Identifizierung Symphorians mit dem 1512 als Empfänger von Quatembergeld erwähnten »Symbrecht«, der als Drucker des »Heiligtumsbuches« gilt, dürfte wohl zutreffen – vgl. HILDEGARD ZIMMERMANN: Die Titeleinfassung des Symphorian Reinhart in Wittenberg, ZBBW 45 (1928), 70.

1520 JOACHIM: A. a. O., 434; Bauch: Schenk, 389; LÜLFING: A. a. O., 380; über Grunenberg s. auch GROSSMANN: HIW, 94–99.

1521 EGA Reg. O 459, 11; UBUW 1, 71 (Nr. 49).

1522 WABr 1, 350 (Nr. 155): 23. Febr. 1519.

1523 Der Kandidat stellte sich von selbst ein – vgl. WABr 1, 381 (Nr. 171). Es war Melchior Lotter d. Ä., der um die Jahreswende 1519/20 mit seinen Söhnen Melchior und Michael ebenso die Bitte um die Errichtung einer »statlichen druckerei, greckisch, lateinisch, judisch vnd teutsch wol zu drucken,«[1524] der er nachkam, da er sich bewußt war, daß man eines Druckers »nodturftig« sei.[1525] Daß er seine Zustimmung erst erteilte, nachdem er von der Universität einen eingehenden Bericht über ihre Lage erhalten hatte,[1526] ist ebenso bezeichnend wie seine Erklärung gegenüber Spalatin, dem er in diesem Zusammenhang versicherte, daß die Verzögerung bei der Einstellung des Druckers nicht ihm, sondern der Säumigkeit der Hochschule bei der Eingabe des Berichts zuzuschreiben sei,[1527] eine Bemerkung, bei der seine Ansicht durchschimmert, daß weniger er, sondern vor allem die Universität selbst für ihr Wohl und Wehe verantwortlich wäre. Diese Ansicht wiederum macht seine in manchem abwartende Haltung gegenüber der Leucorea, wie sie außerhalb von Krisenzeiten für sein Verhalten wahrscheinlich bestimmend war, verständlicher, spricht allerdings nicht unbedingt gegen eine innere Beteiligung des Kurfürsten am Schicksal der von ihm gegründeten Universität, wenn man auch über die Stärke dieser Anteilnahme unterschiedlicher Meinung sein kann. Daß seine Universitätspolitik von ihr nicht unberührt blieb, steht außer Zweifel. Läßt man die Geschichte der Wittenberger Hochschule an sich vorüberziehen, stößt man immer wieder auf solche Berührungsstellen, die sich bei genauerem Hinsehen aber oft als untauglich erweisen, Indizien für die Stärke von Friedrichs persönlichen Ambitionen in Universitätsangelegenheiten zu liefern.

Das gilt besonders dann, wenn die Universitätsbibliothek ins Blickfeld rückt, bei deren Gründung und Aufbau dem Fürsten innere Anteilnahme noch am wenigsten abzusprechen ist, welcher Natur dabei auch immer seine Motive waren. Hier ist besonders deshalb Vorsicht geboten, weil die Bibliothek den Doppelcharakter einer fürstlichen Büchersammlung und einer Universitätsbibliothek trug, wobei das Schwergewicht deutlich in die erstgenannte Richtung verschoben war. Für diese Gewichtsverlagerung spricht weniger die Tatsache,

---

in Wittenberg eine Druckerei eröffnete (näheres bei Bretschneider: A. a. O., 8. passim; Luther: A. a. O., 267. 272–275; Friedensburg: A. a. O., 155f.). Die anderen Wittenberger Drucker, die außer ihm und Grunenberg zwischen 1520 und 1524 in Erscheinung traten, seien hier nur dem Namen nach erwähnt, da sie nicht näher mit der Universität in Verbindung standen und ein Einfluß Friedrichs auf den Beginn ihrer Tätigkeit nicht anzunehmen ist:

1. Nickel Schirlentz (1521) – Luther: A. a. O., 277f.

2. Michael Lotter (1523) – Luther: A. a. O., 277.

3. Lucas Cranach und Christian Döhring (1523) – Luther: A. a. O., 275–277; Joachim Karl Friedrich Knaake: Über Cranachs Presse. ZBBW 7 (1890), 196–207.

4. Joseph Klug (1523) – Luther: A. a. O., 280f. .

5. Hans Lufft (1523) – Luther: A. a. O., 278–280; Wolfgang Mejer: Der Buchdrucker Hans Lufft zu Wittenberg. Leipzig ²1923.

1524 UBUW 1, 89f. (Nr. 72).

1525 UBUW 1, 90 (Nr. 73): Friedrich an Spalatin, 29. Sept. 1519.

1526 Friedensburg: A. a. O., 155.

1527 UBUW 1, 90f. (Nr. 73).

daß sie – da sie offenbar als Privatbesitz des ernestinischen Hauses betrachtet wurde – nach dem Übergang der Kurwürde und damit auch der Wittenberger Universität an die Albertiner 1547 nach Jena kam,[1528] wo sie den Grundstock der dortigen Universitätsbibliothek bildete, als einige andere Umstände: Die Bibliothek ist im Schloß untergebracht gewesen, wo sie sich noch 1536 befand,[1529] und zwar in einem Raum, der für die Benutzung wenig geeignet war, was gegen eine allgemeine Benutzung durch die Mitglieder der Universität spricht, für die auch keine Zeugnisse vorliegen.[1530] Zwar ist vereinzelt die Ausleihe von Büchern nach auswärts bezeugt,[1531] aber von einer Universitätsbibliothek im eigentlichen Sinne – wie etwa in Wien und Erfurt, wo die Bücherbestände Eigentum der Hochschule waren und zur allgemeinen Verfügung standen –[1532] kann deshalb noch nicht die Rede sein, was auch daraus ersichtlich wird, daß die Universität selbst Bücher für den allgemeinen Gebrauch in den Kollegien anschaffte;[1533] im Sommersemester 1515 kaufte die Leucorea beispielsweise Bücher für insgesamt 170 fl.,[1534] was umso auffälliger ist, als zur gleichen Zeit ein Tischler für die Schloßbibliothek einen Tisch, ein Pult und sechs Bänke anfertigte,[1535] ein Umstand, der isoliert betrachtet für die allgemeine Benutzung der Bibliothek durch die Angehörigen der Leucorea sprechen könnte.

Rückschlüsse auf den Charakter der Schloßbücherei läßt ferner ihre Bezeichnung zu: Zwar wird sie auch einfach »Wittenberger liberey«[1536] oder »liberey« der Stiftskirche,[1537] nicht zuletzt aber des »gnedigsten hern liberey« genannt.[1538] Deutlicher als mit dieser Bezeichnung konnte die Abhängigkeit der Wittenberger Universitätsbibliothek vom Landesherrn nicht zum Ausdruck gebracht werden. Sie ist auch hinsichtlich der Rechtslage die angemessenste Bezeichnung für eine Bücherei, die in zweierlei Einsicht kurfürstlichen Besitz darstellte: Zum einen enthielt sie einen Teil der Bücher,[1539] die schon vor der

---

1528 Grohmann: A.a.O. 1, 98; Tutzschmann: A.a.O., 150.

1529 Hildebrandt: A.a.O., 158. 167; Harksen: A.a.O., 112. – Sie wurde 1512 eingerichtet. Zu den Handwerkerarbeiten in der Bibliothek vgl. Buchwald: Reisen, 93.

1530 Hildebrandt: A.a.O., 167. – Trotzdem ist die Bezeichnung »öffentliche fürstliche Büchersammlung« (ebd., 48) noch am zutreffendsten.

1531 Vgl. Friedensburg: A.a.O., 154; Gillert: A.a.O. 2, 304 (Nr. 623).

1532 Vgl. Kleineidam: A.a.O. 1, 38; Walter Pongratz: Geschichte der Universitätsbibliothek (scil.: zu Wien). StGUW 1, 7–10: In Erfurt und Wien waren die Bibliotheksbestände Eigentum der Universität, die sie durch Käufe, Schenkungen und Erbschaften erworben hatte.

1533 Friedensburg: A.a.O., 154.

1534 EGA Reg. O 233, 4[v]; von Friedensburg in UBUW 1, 74f. (Nr. 55), nicht mit abgedruckt.

1535 Buchwald: Reisen, 97.

1536 NMN JN 1922/8: 1514; Buchwald: Reisen, 102: 1522.

1537 NMN JN 1922/8; bzw. Buchwald: A.a.O., 95; 1513.

1538 Buchwald: Allerlei, 60: 1513; NMN JN 1922/8: 1515.

1539 Hildebrandt (a.a.O., 25f.) weist ausdrücklich darauf hin, daß nicht alle Bücher des Kurfürsten nach Wittenberg kamen, so z.B. diejenigen, die später nach Coburg und Gotha gelangten.

eigentlichen Bibliotheksgründung durch Ankäufe,[1540] Geschenke[1541] und Zueignungen[1542] in Friedrichs persönlichen Besitz gelangt und vor den größeren Bücherkäufen des Jahres 1512 nach Wittenberg gebracht worden waren,[1543] zum anderen konnten auch die ab 1512 erworbenen Werke als sein Privatbesitz gelten, da ihre Anschaffung auf seine Kosten geschah.[1544] Dementsprechend

[1540] Vgl. Hildebrandt: A. a. O., 26. – Zwar wurden schon in den neunziger Jahren für den Fürsten Bücher gekauft. Es ginge aber zu weit, aus diesem Buchkauf wie aus denen späterer Jahre nähere Zusammenhänge mit der Universitätsbibliothek ableiten zu wollen (vgl. Grossmann: HIW, 100). Bücherkäufe für Friedrich sind immer wieder einmal erwähnt: Ins Jahr 1493 fällt der Kauf von Chroniken (Röhricht-Meisner: A. a. O., 80f.), und 1501 kauft Dr. Bestoltz dem Fürsten für 4 fl. Bücher (EGA Reg. Bb 4177, 5ᵛ) – um nur zwei Beispiele anzuführen. Vom Erwerb von Erbauungsliteratur, von historischen Werken u. a. war bereits die Rede. – Daß die wertvollen Chorbücher aus Friedrichs Besitz, bei denen es sich z. T. um Sonderanfertigungen für den sächsischen Kurfürsten handelte, ihren Platz in der Wittenberger Bibliothek fanden (vgl. Roediger: A. a. O. 2, 3; W. Gurlitt: Walter, 20 f.), könnte darauf hindeuten, daß die Wittenberger Schloßbibliothek mit der Stiftsbibliothek identisch war.

[1541] So erhielt Friedrich 1504 von einem Meißner Kaplan ein Buch geschenkt (EGA Reg. Bb 4187, 5ᵛ); auch bei dem ihm zur gleichen Zeit durch Graf Günther von Mansfeld zugesandten Buch (ebd., 42ᵛ) dürfte es sich um ein Geschenk gehandelt haben. Buchgeschenke gingen ihm auch nach 1512 immer wieder zu: 1518 sandte ihm Reuchlin ein hebräisch geschriebenes Werk – CR 1, 298 (Nr. 256) –, etwa gleichzeitig versprach der Kaiser, ihm drei besonders wertvolle Bücher zu schenken – EGA Reg. O 476; UBUW 1, 87 (Nr. 66) –, und im folgenden Jahr empfing er von Johann Schwertfeger zwei Bücher, die dieser von Bischof Johann VI. von Meißen, dem sie seinerseits vom ungarischen König gegeben worden waren, erhalten hatte (EGA Reg. O 472). Bisweilen wurden dem Kurfürsten auch testamentarisch Bücher vermacht, etwa vom Utrechter Bischof Friedrich von Baden (EGA Reg. O 214, 30. 31). Die Bücher des Meißner Domherrn Thamon Löser (vgl. Anm. 1327), die den Grundstock der Wittenberger Schloßbibliothek bildeten, von Spalatins Hand den Vermerk »Ex testa(me)nto Eximii doc(toris) Thamonis Losser canonici in missna 1504« tragen (Hildebrandt: A. a. O., 49f.; Grohmann: A. a. O. 1, 93) und sich heute in der Jenaer Universitätsbibliothek befinden, sind – falls nicht gar dem Allerheiligenstift oder der Universität – Friedrich sicher testamentarisch vermacht worden; konkrete Hinweise darauf fehlen aber leider (vgl. Otto: A. a. O. 1, 27).

[1542] Nach Hildebrandt (a. a. O., 27; so auch Grossmann: HAW, 227; HIW, 100) kamen vor 1512 vor allem die Bücher in Friedrichs Besitz, die ihm gewidmet waren. – Vgl. Anm. 1092.1093.

[1543] Sie befanden sich vorher offenbar in der Pfeilkammer des Torgauer Schlosses, wo sie Spalatin im Frühsommer 1511 ordnete (Buchwald: Reisen, 93); am 11. April 1512 fand der erste größere Büchertransport von Torgau nach Wittenberg statt, am 8. Aug. des gleichen Jahres folgte der nächste (Buchwald: A. a. O., 93.).

[1544] Vgl. Hildebrandt: A. a. O., 174f. – Die Aufwendungen für Bücherkäufe waren naturgemäß in den ersten Jahren des Bestehens der Bibliothek relativ hoch; daß Friedrich trotz allem dabei bestrebt war, die Kosten möglichst gering zu halten, zeigt m. E. die Tatsache, daß der Versuch, Bücher aus dem Nachlaß des Astronomen Regiomontanus zu erwerben (s. dazu Petz: A. a. O., 237–262), an seiner Weigerung scheiterte, den gesamten Nachlaß aufzukaufen (vgl. Hildebrandt: A. a. O., 55–59). – Zu den Bücherkäufen Spalatins und den dafür ausgegebenen Geldern vgl. Buchwald: Bücherbezüge, 7–10. Im ist sein persönlicher Einfluß auf die Entwicklung der Bibliothek und natürlich auch sein Interesse an ihr nicht gering zu veranschlagen.

Der Gedanke an die Gründung einer Universitätsbibliothek wird sicher schon vor 1512 in ihm aufgetaucht sein,[1545] falls der venezianische Verleger Manutius nicht irrte, vielleicht bereits 1506, da der Kurfürst damals bei dem Venezianer einen Katalog seiner Drucke angefordert haben soll.[1546] An sich ist dies nicht unwahrscheinlich, da sich die Leucorea damals auf einem Tiefpunkt befand und die Gründung einer Bibliothek der Hochschule nur förderlich sein konnte. Die Universitätsbibliothek wurde damals noch nicht eingerichtet, und bis zur Gründung verstrichen noch sechs Jahre, die gekennzeichnet waren durch einen allgemeinen Aufschwung der Leucorea.

Ob Friedrich in dieser Zeit den Plan einer Bibliotheksgründung gänzlich fallen ließ oder seine Realisierung nur hinausschob, wissen wir nicht.

Spätestens seit 1511 liefen die Vorbereitungen für die Einrichtung einer Bibliothek,[1547] zu der ihn offensichtlich nicht nur eigene Überlegungen trieben, denn 1513 rühmte sich Mutian gegenüber Urban, die Anregung, die Bibliothek zu gründen und öffentlich zugängig zu machen, sei von ihm ausgegangen.[1548] Selbst wenn man in Betracht zieht, daß Mutian geneigt war, seine eigene Rolle überzubewerten, ist an seinem Einfluß auf die Bibliotheksgründung kaum zu zweifeln, ob er nun diesen Einfluß mittelbar oder indirekt über seinen Vertrauten Spalatin ausübte, den der Kurfürst ja im Herbst 1512 als Bibliothekar einsetzte[1549] und der in der Folgezeit für die Bibliothek größere Bedeutung erlangte

---

folgenden nur einige Zahlen zum Vergleich. Es wurden für Bücher ausgegeben (nach Buchwald: Reisen, 95–99; MM – Michaelismarkt, OM – Ostermarkt):

1512: Zwischen Juli 1512 und OM 1513 wurden durch Wolf Fries, einem Buchführer, 163 Bände für 202 fl. in kurfürstlichem Auftrag erworben (Buchwald: Bücherbezüge, 10; Hildebrandt: A. a. O., 17).

1513:	OM – 62 fl.;	MM – 52 fl.
1514:	OM – 31 fl.;	MM – 35 fl.
1515:		MM – 30 fl.
1516:	OM – 31 fl.;	MM – 35 fl.

[1545] Daß er sofort nach der Universitätsgründung auftauchte, wie laut Grohmann (a. a. O. 1, 97) einmal behauptet wurde, läßt sich nicht erhärten. Tutzschmann (a. a. O., 149) gibt – wohl durch die Jahreszahl 1504 im Nachlaß Lösers veranlaßt – als frühestmögliche Gründungszahl 1504 an. Gegen eine Rückverlegung des Gründungsdatums spricht sich Hildebrandt (A. a. O., 51) aus.

[1546] Vgl. Manutius' Schreiben an Spalatin vom 11. Mai 1514 bei Schück: A. a. O., 137; Hakelius: A. a. O., 22 (Nr. 7); Tentzel: A. a. O., 23 (Nr. 15).

[1547] Nach Friedensburg (a. a. O., 78f.) trug sich Friedrich bereits um 1509 mit dem Plan einer Bibliotheksgründung. – Zum Jahr 1511 vgl. Anm. 1543.

[1548] Gillert: A. a. O. 1, 374 (Nr. 285); Höss: A. a. O., 66; auch Junghans: A. a. O., 100.

[1549] Vgl. Höss: A. a. O., 66. Von einer offiziellen Ernennung kann kaum die Rede sein (vgl. Hildebrandt: A. a. O., 36). Spalatin selbst erwähnt in seinen Ephemeriden nur, daß Friedrich 1512 im Wittenberger Schloß eine Bibliothek eingerichtet habe (»auspicatur«) und daß er ihn darin zum »minister et bibliothecarius« gemacht habe (Georg Berbig: Spalatiniana. Leipzig 1908, 53): In einem Brief Scheurls an Spalatin vom selben Jahr als der Kurfürst selbst, dessen persönlicher Einfluß auf die Bücherei sich in Grenzen hielt.[1550] Spalatin war es, dem die Auswahl der anzukaufenden Bücher oblag, der selbst entsprechende Käufe tätigte oder in die Wege leitete, während Friedrich meist nur nominell in Erscheinung trat,[1551] sich aber gelegentlich auch selbst einschaltete, allerdings mehr, um kraft seiner Persönlichkeit Spalatins Bemühungen Nachdruck zu verleihen,[1552] als deshalb, weil ihm persönlich am Erwerb bestimmter Werke besonders gelegen war.

Das Schreiben des Fürsten an Manutius vom 1. Dezember 1512[1553] bietet dafür ein besonders anschauliches Beispiel, denn es wurde vor allem deshalb geschrieben, weil Spalatins Briefe an den Verleger vom Frühjahr desselben Jahres[1554] ohne Antwort geblieben waren, und ist auch insofern interessant, als in ihm die Frage nach Friedrichs Motiven für die Bibliotheksgründung angeschnitten wird; kann man dem Kurfürsten glauben, dann diente sie dem Nutzen aller, sowohl der Dozenten, als auch der Studenten.[1555] Zwar wird Friedrich bei der Bibliotheksgründung auch dieses Ziel mit im Auge gehabt haben, allein die

---

(s. Hildebrandt: A. a. O., 13f.) ist gleichfalls nur davon die Rede, daß Spalatin über die Bibliothek gesetzt worden sei (»,... esse te praefectum bibliothecae ducali ...'«; dabei ist »praefectum« nicht substantivisch zu verstehen).

1550 Hildebrandt: A. a. O., 33f. – Zum folgenden vgl. Höss: A. a. O., 65–70; Buchwald: Reisen, 93–99.

1551 Er wird von Spalatin immer wieder als Auftraggeber erwähnt, etwa wenn der Bibliothekar befürchten mußte, kurfürstlichen Beamten mit Kaufwünschen lästig zu fallen (vgl. z. B. Spalatins Brief an Hans von Dolzig vom 13. Jan. 1514; bei Drews: A. a. O., 70). Der Geheimsekretär nannte ihn auch dann ausdrücklich, wenn er seinen Forderungen Nachdruck verleihen wollte, wie im Briefwechsel mit Manutius (s. u. Anm. 1554). Ebenso kommt Friedrich als Auftraggeber ins Spiel, wenn Schenk von Simau in Venedig für die kurfürstliche Bibliothek Bücher erwirbt (ab 1516; vgl. Hildebrandt: A. a. O., 65–71) oder Scheurl sich um entsprechende Anschaffungen bemüht (s. Hildebrandt: A. a. O., 72f.).

1552 Spalatin bat ihn bisweilen darum, etwa 1521, als er Friedrich ersuchte, den Wormser Bischof »der librey halben« anzusprechen – s. Georg Berbig: Spalatiniana. ThStKr 81 (1908), 39.

1553 EGA Reg. O 471, 4–6 (dem Schreiben am 1. Dez. vorausgegangene Briefe). 3 (abgedruckt bei Buchwald: Bücherbezüge, 10f.; danach bei Grossmann: HIW, 107, Anm. 28). Es ging dabei um die Zusendung von Verzeichnissen der bei Manutius und anderen italienischen Druckern gedruckten griechischen und lateinischen Bücher. Mutian rühmte sich übrigens, den Anstoß zur Anschaffung aldinischer Drucke gegeben zu haben (vgl. Hildebrandt: A. a. O., 63). Falls Spalatin nicht irrte und der Kurfürst Manutius später noch einmal anschrieb, dürfte das Schreiben vom 1. Dez. 1512 mit dem unter der Jahreszahl 1515 in Spalatins »Ephemeriden« erwähnten Brief (G. Berbig: Spalatiana. Leipzig 1908, 55) identisch sein.

1554 EGA Reg. O 471, 4–6. Näheres, auch über die weitere Entwicklung der Verhandlungen mit Manutius, bei Höss: A. a. O., 65. 68. – Spalatin verfaßte im Dezember 1512 erneut zwei Schreiben an den Verleger, von denen nur das zweite abgesandt wurde (EGA Reg. O 471, 7–11). – S. auch UBUW 1, 68 (Nr. 46); zum Antwortschreiben Manutius' s. Anm. 1547.

1555 EGA Reg. O 471, 3; Grossmann: HIW, 107.

Zusammensetzung der Bibliotheksbestände, von der noch die Rede sein wird, spricht dafür,[1556] das Übergewicht des Privatcharakters der Bibliothek läßt jedoch an sich schon erkennen, daß er noch andere, persönliche Ziele damit verfolgte. Bereits der Gründungszeitpunkt gibt Anlaß für entsprechende Vermutungen: Es dürfte kaum ein Zufall sein, daß Gründung und intensiver Ausbau der Büchersammlung in eine Zeit fallen, die für den ernestinischen Fürsten reich war an politischen Verwicklungen und in der er einen deutlichen Machtverlust hinnehmen mußte.[1557] Eine Bibliothek wie die Wittenberger, und sei sie anfangs noch so klein gewesen,[1558] besaß einen erheblichen Repräsentationswert und half, das Ansehen ihres Besitzers im Reich zu mehren, besonders dann, wenn sie Werke enthielt, die den Beifall der sich über ganz Europa erstreckenden »res publica litteraria« hervorriefen. Aus diesem Grund kam es Friedrich sicher gelegen, wenn sein Bibliotheksbeauftragter, auf dessen Sachverstand er überdies voll vertraute, Werke griechischer und lateinischer Autoren und namhafter Humanisten erwarb.[1559] Inwieweit ihm persönlich an diesem Schrifttum gelegen war, läßt sich schwer sagen; da aber keine direkte Einflußnahme des Fürsten auf die Auswahl der genannten Werke bezeugt ist[1560] und ihm offenbar persönlich mehr an der Sammlung seltener, schöner und kostbarer Bücher – von historischen Werken einmal ganz abgesehen – lag,[1561] legt sich die Vermutung nahe,

---

[1556] Vgl. HILDEBRANDT: A. a. O., 150.

[1557] Vgl. Abschnitt 2.2.1.

[1558] HILDEBRANDT: A. a. O., 18f.

[1559] Zwar klagte Mutian 1514, daß die Bibliothek viele, aber für ihn wenige interessante Codices enthalte (nach HILDEBRANDT: A. a. O., 93), trotzdem war das humanistische Element in ihr unverkennbar vertreten (vgl. auch FRIEDENSBURG: A. a. O., 154), und das nicht erst nach der humanistischen Universitätsreform (vgl. HILDEBRANDT: A. a. O., 68; BERBIG: Spalatiniana. Leipzig 1908, 56): 1515 wurden von Manutius' Schwiegersohn Andreas Asulanus griechische und lateinische Bücher nach Wittenberg geliefert (BERBIG: A. a. O., 55), über deren Titel wir im Gegensatz zu den ab 1511 für die Bibliothek erworbenen Werken nicht informiert sind; unter den Autoren der 1511 gekauften Werke fallen Vergil, Plautus und Aeneas Sylvius auf (BUCHWALD: Reisen, 93). 1512 werden neben den Werken Augustins und Ciceros u. a. eine Schrift des Laurentius Valla, eine Tacitusausgabe und die »Opera Erasmi Roterodami« sowie die Briefe des Aeneas Sylvius erworben (BUCHWALD: Bücherbezüge, 7f.). 1516 konnte Spalatin Erasmus mitteilen – vgl. ALLEN: A. a. O. 2,471 (Nr. 501) –, daß die »bibliotheca ducalis« alle seine Werke enthalte (vgl. Anm. 1562).

[1560] Es finden sich auch keine Hinweise auf die Anschaffungsgrundsätze (vgl. HILDEBRANDT: A. a. O., 142).

[1561] Auf die zahlreichen historischen Geschichtswerke innerhalb der Bibliothek, die Friedrichs historisches Interesse widerspiegeln, verweist HILDEBRANDT (a. a. O., 148). – Daß der Kurfürst mit seiner Büchersammlung ein echtes Kind der Renaissancezeit war, zu deren großen Passionen das Sammeln von Büchern gehörte (BURCKHARDT: A. a. O., 188), muß wohl nicht ausdrücklich hervorgehoben werden. Trotzdem wäre es grundfalsch anzunehmen, er sei nur an Anhäufung von Büchern interessiert gewesen: Natürlich konnte für ihn auch der Inhalt der Bücher seiner Bibliothek interessant sein, aber viele Schriften, die in die Wittenberger Büchersammlung kamen, dürften vor allem daß es wohl zu weit ginge, aus dem Vorhandensein von Werken klassischer und humanistischer Autoren in der Wittenberger Bibliothek Rückschlüsse auf ein besonders positives Verhältnis des Kurfürsten zum Humanismus zu ziehen, wie manchmal versucht worden ist.[1562]

Wenn Friedrich die Ansammlung humanistischen Schrifttums in seiner Bibliothek förderte und duldete, dann außer den oben genannten Gründen nicht zuletzt deshalb, weil er damit auch der Universität dienlich sein wollte. Daß er damit letztlich der Ausbreitung humanistischen Gedankengutes an der Leucorea Vorschub leistete, bedeutet noch nicht, daß er den Humanismus bewußt zu fördern gedachte. Es handelt sich hier eher um eine De-facto-Förderung, wie wir sie schon bei der Betrachtung seines Verhältnisses zum außerakademischen Humanismus und zur Kunst feststellen konnten und wie sie uns besonders deutlich entgegentritt, wenn wir seiner Stellung zu den Wittenberger Humanisten nähere Aufmerksamkeit widmen. Hier ist es vor allem die Berufung von humanistisch ausgerichteten Gelehrten durch den Kurfürsten, die, was seine Einstellung zum Humanismus betrifft, immer wieder zu Fehlschlüssen verleitete, weil sein tatsächlicher Einfluß auf die Anstellung der Legenten in falschen Relationen gesehen wurde.

---

wegen ihres Seltenheitswertes und ihrer schönen Ausstattung gekauft worden sein. Man hat hier besonders an Liederhandschriften und Perikopenbücher zu denken, aber auch an die drei griechischen Missale, die Schenk von Simau 1522 in Venedig erwarb (s. Hildebrandt: A. a. O., 70). Bisweilen mögen Friedrich auch literarische Kuriositäten – oder was er dafür hielt – gereizt haben: 1524 übersandte er seinem Bruder aus Nürnberg ein Büchlein, das ein Schuster (wahrscheinlich Hans Sachs) geschrieben haben solle, mit dem Vermerk, wenn die Angabe über den Verfasser stimme, dann sei es »nit ain vngeschickter Schuster« – RTAJR 4, 637 (Nr. 163). Mit dem allen ist die Frage nach den Motiven des Ernestiners freilich noch nicht umfassend beantwortet, ja, sie wird sich vielleicht überhaupt nicht vollständig beantworten lassen. Wie schwierig es ist, hinter alle Motive für den Ankauf von Büchern in seinem Auftrag zu kommen, zeigt sich an den Bemühungen, über Scheurl und Spalatin einen Teil des Regiomontannachlasses zu erwerben: Friedrich hatte für die Bücher Regiomontans schon vor 1512 1000 fl. Ung. geboten (vgl. Hildebrandt: A. a. O., 55–59); dabei ging es ihm möglicherweise aber nicht darum, hervorragende Bücher zu erwerben (so Hildebrandt: A. a. O., 143) – deren wissenschaftlicher Wert dürfte für ihn auch nicht von Belang gewesen sein –, sondern er war wohl deshalb an ihnen interessiert – s. Bauch: Briefbuch, 433f. (Nr. 70c). 434 (Nr. 73b). 436 (Nr. 74g) –, weil er darunter astrologische Werke erhoffte (vgl. Anm. 485).

[1562] So versteigt sich Hildebrandt (a. a. O., 25) angesichts von Spalatins Hinweis, daß in der kurfürstlichen Bibliothek alle Werke Erasmus' vorhanden seien (vgl. Anm. 1559; Höss: A. a. O., 98f.) zu der Feststellung, Erasmus wäre Friedrichs Lieblingsschriftsteller gewesen, während Grossmann (HIW, 110) sich in dieser Hinsicht vorsichtiger ausdrückt und schreibt, daß das Interesse (Grossmann: HAW, 249: »the great interest«) des Kurfürsten an Erasmus' Werken echt gewesen zu sein scheine; wenig später (HAW, 250; HIW, 111) behauptet sie freilich: »The book purchases of these years reflect clearly Frederick the Wise's paramount interest in the writings of the (HAW, 250: German and Italian) humanists.«

Die meisten Berufungen sind – wie schon zur Sprache kam – nur insofern Friedrichs Werk, als er bei ihnen entsprechenden Vorschlägen von seiten der Hochschule oder einzelner Professoren und Räte im Vertrauen auf deren Kompetenz oder aus anderen Gründen stattgab. Das gilt nicht nur für seine letzten Lebensjahre, in denen seine wachsende Neigung zur Inaktivität manches erklären hilft, sondern vielmehr auch für die ersten Jahre des Bestehens der Wittenberger Universität, in denen Mellerstadt und Staupitz eine entscheidende Rolle bei der Berufung von Universitätslehrern spielten, indem sie sich, wenn auch in kurfürstlichem Auftrag, nach geeigneten Kandidaten umsahen und diese an die Leucorea zogen, wobei Staupitz nicht nur Angehörige seines Ordens[1563] nach Wittenberg holte[1564] und Mellerstadt sich unter anderem[1565] um das Überwechseln Busches an die neue Hochschule bemühte.[1566]

Stand hier noch der Kurfürst als Auftraggeber im Hintergrund, so kam es bald zu vereinzelten Fällen, in denen die letzte Initiative nicht mehr von ihm, sondern von den Mitgliedern der Universität ausging, denen an der Anstellung ihnen nahestehender Persönlichkeiten gelegen war. Zwar blieb es in diesen Fällen oft bei ergebnislosen Versuchen, wie im Falle Scheurls, der 1507 und 1508 den Kurfürsten zur Anstellung der ihm nahestehenden Juristen Hieronymus Schutz, Johann Kuhorn und Johann Riedesel zu bewegen gedachte,[1567] oder bei Christoph Blanck, der dem Fürsten 1515 von nicht näher bezeichneten Personen empfohlen wurde.[1568] Für die Jahre nach 1516 muß aber festgehalten werden,

[1563] So Sigismund Epp, den ersten Dekan der artistischen Fakultät, Hartwig Temmen, ab 1503/04 Professor der Theologie (von Tübingen), Johann Mantel (1503, von Nürnberg), Wolfgang Ostenmayr (1502/03, von München), Johann Vogt und Johann Hergot (1505/06, von Magdeburg bzw. Nordhausen; zu den bis jetzt genannten Personen s. WENTZ: A.a.O., 445. 461–466; KUNZELMANN: A.a.O., 494–498) und vor allem Martin Luther, den er 1508 – wohl als Nachfolger Ostmayers – erstmals nach Wittenberg holte, um ihn 1511/12 erneut an die Leucorea zu rufen (s. SCHEEL: A.a.O. 2, 360. 364. 546. 550. 553).

[1564] Er ist auch für die Übersiedlung der drei Tübinger Juristen Hieronymus Schurff (1502; SCHAICH-KLOSE: A.a.O., 18f.; FRIEDENSBURG: A.a.O., 57f.), Ambrosius Volland (1502; KOTHE: A.a.O., 133; FRIEDENSBURG: A.a.O., 53f.) und Wolfgang Stehelin (1502; FRIEDENSBURG: A.a.O., 53f.; Notizen betreffs seiner Bestallung und Bestallungsurkundenentwurfs EGA Reg. O 309, 1.2) nach Wittenberg verantwortlich und hatte höchstwahrscheinlich auch bei der Anstellung Scheurls (vgl. KOLDE: Staupitz, 231) und bei der Berufung des Ockamisten und Humanistenfreundes Trutfetter (1506/07; KLEINEIDAM: A.a.O. 2, 293) die Hand im Spiel. Wenige Wochen vor Trutfetters Überwechseln nach Wittenberg hielt er sich in Erfurt auf – vgl. PLITT: Trutfetter, 34f. 36; BAUCH: Wittenberg, 314f.; ADOLAR ZUMKELLER: Martin Luther und sein Orden. Analecta Augustiniana 25(1962), 256.

[1565] So zog er Hermann Kaiser und wohl auch Wolfgang Reißenbusch (vgl. VOSSBERG: A.a.O., 93f.) nach Wittenberg, während seine Versuche, Erasmus Stella und den Drucker Wolfgang Schenk anzuwerben, scheiterten (FRIEDENSBURG: A.a.O., 13f.).

[1566] Vgl. BAUCH: Wittenberg, 298; BAUER: A.a.O., 13.

[1567] BAUCH: Briefbuch, 402 (Nr. 27b). 408f. (Nr. 33c).

[1568] N. MÜLLER: A.a.O., 254.

daß Friedrich solche Personalvorschläge meist akzeptierte,[1569] so daß von einem maßgeblichen Einfluß auf die Berufungen nicht die Rede sein kann. Wenn die Universität freilich keinen eigenen Kandidaten zur Hand hatte oder der kurfürstlichen Vermittlung bedurfte, schaltete sich Friedrich persönlich ein, wie beispielsweise bei einigen Berufungen im Zusammenhang mit der Universitätsreform. War der Kurfürst bei der Anstellung des Humanisten Johannes Rhagius Aesticampianus,[1570] der 1517 die Pliniusvorlesung an der Leucorea übernahm, noch im Hintergrund geblieben und hatte er sich darauf beschränkt, durch Spalatin mit dem Gelehrten, der sich unter Berufung auf Mutian selbst als Dozent angeboten hatte, über seine Anstellung verhandeln zu lassen,[1571] so trat er persönlich in Erscheinung, als es galt, geeignete Legenten für die neueingerichtete griechische und hebräische Lektur zu finden. Was den Lehrstuhl für Griechisch betraf, so bot sich hier Mosellanus aus Leipzig als Bewerber an, der von Spalatin und Luther favorisiert wurde.[1572] Zu dessen Anstellung kam es aber nicht. Nicht etwa, weil er die angebotenen Bedingungen inakzeptabel fand wie bei seinem ersten gescheiterten Versuch eines Überwechselns nach Wittenberg,[1573] sondern weil sich Friedrich inzwischen schon einem anderen Kandidaten zugewandt hatte, und zwar Philipp Melanchthon, der ihm auf sein Ersuchen[1574] von

---

[1569] Im Falle Peter Burckhards, der 1518 als Professor der Medizin nach Wittenberg kam (Friedensburg: A.a.O., 136–138; Gess: Akten 1, 436, Anm. 1), wird nicht ganz klar, ob Scheurl aus eigenem Antrieb oder auf kurfürstliche Anfrage hin gehandelt hatte, als er ihn Friedrich empfahl – vgl. Bauch: Briefbuch, 450 (Nr. 179). In anderen Fällen ist die Lage dagegen eindeutiger: Der Anstoß zur Anstellung des Hebraisten Matthäus Adriani (1519/20) etwa ging von diesem selbst aus; sein Angebot wurde von Luther über Spalatin an den Kurfüsten herangetragen – s. WABr 1, 551 (Nr. 217). 553 (Nr. 218); Friedensburg: A.a.O., 123f. –, ein Weg, den man auch bei dem Juristen Johann Schwertfeger (1521/22) – s. EGA Reg. O 368, 4–5; WABr 2, 251 (Nr. 369); Friedensburg: A.a.O., 142 –, bei Adrianis Nachfolger Matthäus Aurogallus (1521) – s. Friedensburg: A.a.O., 125; Hans Hermann Holfelder: Matthäus Aurogallus (ca. 1490–1543). ZKG 85 (1974), 383–388 –, dem Mediziner Heinrich Stackmann (1522/23) – s. WABr 2, 613 (Nr. 545). 614f. (Nr. 547) – und bei Schwertfegers Nachfolger Johann Apel (1524) – s. WABr 3, 291f. (Nr. 744); Friedensburg: A.a.O., 165 – erfolgreich einschlug.

[1570] Über Aesticampian s. Knod: A.a.O., 447 (Nr. 3030); Julius Löbe: Beiträge zur Geschichte dreier Domherren am Georgenstift zu Altenburg ... MGAGO 8 (1882, 403–408; Friedensburg: A.a.O., 113f.

[1571] EGA Reg. O 305, 1. 2; s. auch Walter Friedensburg: Die Berufung des Johannes Rhegius Aesticampianus an die Universität Wittenberg 1517. ARG 21 (1924). 146–148; WABr 1, 123, Anm. 7. 28); WABr 1, 174 (Nr. 75). 180 (Nr. 80); vgl. Höss: A.a.O., 113f.; Hannemann: A.a.O., 122.

[1572] EGA Reg. O 306, 1. 2; WABr 1, 180, Anm. 2; SM 6 I, 33f. (Nr. 28); WABr 1, 174 (Nr. 75). 180 (Nr. 80); vgl. Höss : A.a.O., 113f.; Hannemann: A.a.O., 122.

[1573] 1516 (Höss: A.a.O., 87).

[1574] Friedrich bat Reuchlin am 30. März 1518, ihm zwei »eruditos viros« für die hebräische und griechische Lektur zu benennen, die diese »fideliter atque diligenter« ausfüllen würden – Geiger: Briefwechsel, 289f. (Nr. 52); SM 6I, 26 (Nr. 25). – Dazu und zum folgenden vgl. Hannemann: A.a.O., 108–138.

Reuchlin empfohlen worden war[1575] und nach Wittenberg kam,[1576] nachdem sich der Kurfürst mit Reuchlins Vorschlag einverstanden erklärt hatte.[1577]

Was Friedrich letztlich bewogen hat, Melanchthon nach Wittenberg zu berufen, ist unklar. Sicher gedachte er, Reuchlin mit der Indienststellung seines Großneffen eine Ehre zu erweisen, wahrscheinlich vertraute er auch Reuchlins sachverständigem Urteil, das auf Melanchthons Fähigkeiten große Hoffnungen setzen ließ, während es weniger wahrscheinlich ist, daß er den jungen Gelehrten als Humanisten voll zu schätzen wußte und ihn aus anderen Gründen, als letztlich um der Landesuniversität willen nach Wittenberg rief, denn es spricht einiges dafür, daß das Verhältnis des Fürsten zu den Humanisten außerhalb wie innerhalb der Leucorea vorwiegend von pragmatischen Erwägungen bestimmt wurde, daß er den Humanismus vor allem nach seiner Relevanz für die Realisierung seiner persönlichen und politischen Pläne bemaß. So versuchte er zwar, nach dem Tod des Juristen Göde den juristisch gebildeten Mutian nach Wittenberg zu ziehen,[1578] gedachte aber dabei kaum, auf diese Weise die Leucorea mit einem Vertreter, und dazu keinem unbedeutenden, jener Geistesrichtung zu versehen, deren Anhänger einer Klage Melanchthons zufolge dort kaum noch anzutreffen waren,[1579] sondern bezweckte wohl vor allem, den ihm nahestehenden und von ihm hoch geschätzten Gelehrten als Ratgeber in seine unmittelbare Nähe zu ziehen und außerdem seine Universität um einen Anziehungspunkt und einen hochgebildeten Lehrer für den Juristennachwuchs reicher zu machen.

Nicht wesentlich anders dürften die Gründe gewesen sein, die sein Verhältnis zu den juristisch gebildeten Humanisten der frühen Universitätsjahre prägten, bei deren Überwechseln nach Wittenberg er freilich persönlich eine nicht minder unbedeutende Rolle spielte wie im Falle anderer Humanisten: Busche, der erste »Poet« an der Leucorea, kam 1502 durch Mellerstadts Vermittlung an die Universität,[1580] während Marschalk höchstwahrscheinlich ebenso aus eigenem Antrieb nach Wittenberg ging[1581] wie der von Maximilian zum

---

1575 Geiger: Briefwechsel, 294–298 (Nr. 256). besonders 289; CR 1, 27–31 (Nr. 14); SM 6 I, 31 f. (Nr. 27).

1576 Er reiste über Augsburg nach Wittenberg, wo er am 21. Aug. 1518 eintraf (vgl. Kroker: Nativiäten, 15).

1577 Vgl. Geiger: A. a. O., 302 (Nr. 263). 302f. (Nr. 264). 303f. (Nr. 265); CR 1, 31f. (Nr. 15). 32f. (Nr. 16). 43 (Nr. 17); SM 6 I, 36 (Nr. 30). 37 (Nr. 31). 38 (Nr. 32).

1578 Gillert: A. a. O. 2, 272f. (Nr. 567). 276f. (Nr. 601); vgl. auch Anm. 1139. – An Mutians Stelle wurde Justus Jonas nach Wittenberg berufen – vgl. Gillert: A. a. O. 2, 276f. (Nr. 601). 277 (Nr. 602). 278 (Nr. 603); EGA Reg. O 368, 6r (Spalatins Beurteilung Jonas'); bzw.: Der Briefwechsel des Justus Jonas. Bearb. Gustav Kawerau. T. 1. Halle 1884, 48 f. (Nr. 45).

1579 Er erklärte 1522 gegenüber Spalatin – nach SM 6I, 202 (Nr. 271) –, er sei traurig, daß unter den Wittenberger Professoren kaum der eine oder andere zu finden sei, »qui humanas literas bona fide tradat«.

1580 Bauch: Wittenberg, 298; Liessem: A. a. O., 30.

1581 Vgl. Kleineidam: A. a. O. 2, 59.

Dichter gekrönte Henricus Aquilonipolensis.[1582] Bei zwei anderen gekrönten Poeten, Richard Sbrulius und Georg Sibutus, liegt dagegen der Verdacht nahe, daß der Kurfürst sie selbst nach Wittenberg holte, wenn er vielleicht auch erst auf sie aufmerksam gemacht wurde. Sibutus, der aus Thüringen stammte, wurde 1505/06 als Ordinarius für die Humaniora an der Leucorea intituliert, nachdem er 1505 auf dem Kölner Reichstag, auf dem sich auch der sächsische Kurfürst aufhielt, zum Poeta laureatus gekrönt worden war,[1583] und Sbrulius, ein Friulaner, kam 1507 in die Elbestadt, weil er zuvor auf dem Reichstag von Konstanz dem ernestinischen Fürsten von Maximilian persönlich empfohlen worden war.[1584]

Ähnlich verhielt es sich auch mit den Berufungen der humanistisch ausgerichteten Juristen Petrus von Ravenna, Scheurl und Johann von Kitzscher. Die Anstöße hierzu kamen nicht vom Kurfürsten, auch wenn er Gründe dafür gehabt haben könnte: So war es Christoph Scheurl der Ältere, der 1505 auf dem Kölner Reichstag Friedrich auf seinen Sohn aufmerksam machte und von ihm die Versicherung einholte, dem jungen Scheurl »ein Lectur zu leyhen und zu besolden«,[1585] eine Zusage, die erst 1507 erfüllt werden konnte.[1586] Daß Ravenna nach Wittenberg kam, ist dagegen eine Folge günstig verketteter Umstände, ebenso wie Kitzschers Eintritt in den kurfürstlichen Dienst. Ravenna, der möglicherweise seit seinem Aufenthalt in Innsbruck 1497 mit dem Ernestiner bekannt war,[1587] verließ 1503 Greifswald und den Dienst bei Herzog Bogislaw X. wegen der Pest und soll auf seiner Reise nach Süden laut Ortvinus Gratius von

---

[1582] UBUW 1, 1 (Nr. 1). - Vor einer Überschätzung der Hinweise auf die Humaniora warnt zu Recht Steinmetz (Wittenberg, 106).

[1583] Friedensburg: A. a. O., 71; Baltl: A. a. O., 38; zu Sibutus s. ADB 34, 140f. - Ein Hinweis auf ein Zusammentreffen Friedrichs mit Sibutus in Köln ließ sich EGA Reg. Bb 4187 nicht finden.

[1584] Vgl. Friedensburg: A. a. O., 71f. - nach Baltl (a. a. O., 38) erfolgte seine Dichterkrönung 1513. Sie erwähnt auch (ebd.), daß Maximilian 1507 in Konstanz Sbrulius dem sächsischen Kurfürsten empfohlen haben soll (so auch Jöcher 4, 184). Reicke (a. a. O. 1, 329) vertritt die Ansicht, daß Friedrich Sbrulius 1507 zwar kennengelernt habe (vgl. Grossmann: HIW, 73), daß der Humanist aber nicht durch Maximilians, sondern durch Scheurls Vermittlung nach Wittenberg gekommen sei. - Von Mutian wurde Sbrulius 1507 als »novitius poeta ... Federici« bezeichnet - s. Gillert: A. a. O. , 74 (Nr. 58). 74, Anm. 3 -, eine Bezeichnung, bei der sicher zu Unrecht die Vorstellung im Hintergrund steht, daß Sbrulius so etwas wie ein »Hofdichter« gewesen sei.

[1585] Bauch: Scheurl, 34; Gümbel: A. a. O., 31; Streit: A. a. O., 8; Grossmann: HAW, 139; HIW, 63. - Staupitz und A. Tucher sollen den jungen Scheurl gleichfalls dem Kurfürsten empfohlen haben (Soden: A. a. O., 10). Das Angebot Friedrichs ging Scheurl etwa im Herbst 1505 zu - vgl. Soden-Knaaake: A. a. O. 1, 4 (Nr. 3).

[1586] Über die weiteren Entwicklungen bis zu Scheurls Anstellung s. Soden-Knaake: A. a. O. 1, 9-13 (Nr. 6). 28f. (Nr. 18). 42 (Nr. 24); vgl. dazu Knod: A. a. O., 488f. (Nr. 3311). Zu Staupitz' Bedeutung für Scheurls Überwechseln von Bologna nach Wittenberg s. Kolde: Staupitz, 231. - Staupitz verhandelte in kurfürstlichem Auftrag mit dem Gelehrten (s. Bauch: Scheurl, 36).

[1587] Muther: A. a. O., 70; ADB 3, 51; zu Ravenna s. ADB 25, 528-535.

Boten des Kurfürsten eingeladen worden sein, in Wittenberg zu verweilen,[1588] wo er dann auch eine Zeitlang blieb und »extraordinarie« lehrte.[1589] Sein Sohn Vincentius, der mit ihm nach Wittenberg kam, war es dann, der es so einzurichten wußte, daß Johann von Kitzscher, der seit 1498 in Pommern weilte und 1503 bei Herzog Bogislaw in Ungnade fiel,[1590] von Friedrich in Dienst gestellt wurde, da er Kitzscher mittels einer Widmung geschickt dem Kurfürsten empfahl.[1591]

Daß diese Indienststellung anders ausfiel, als von Ravenna erhofft, und Kitzscher - wie bereits erwähnt - nicht Mitglied der Universität, sondern kurfürstlicher Rat wurde,[1592] wirft ein bezeichnendes Licht auf Friedrich den Weisen und bestätigt, daß das pragmatische Moment in seinem Denken und Handeln stark ausgeprägt war. Humanistisch gebildete Rechtsgelehrte waren für ihn vor allem als Juristen von Interesse und Wert, wenn dies auch nicht immer so offen ersichtlich wird wie im Falle Johanns von Kitzscher oder seines Bruders Friedrich, der 1503 vor seiner Übernahme der Propstwürde und des Ordinariats für kanonisches Recht in Wittenberg erst einmal zum kurfürstlichen Rat gemacht wurde.[1593] Auch Scheurl und sein Nachfolger Christian Beyer, der 1507 außerordentlich in »litteris secularibus« las und als »ausgesprochener Humanist« gilt,[1594] waren unabhängig von ihrer Lehrtätigkeit dem Kurfürsten dank der schon angesprochenen Doppelverwendung der Universitätsjuristen als Räte[1595] und Oberhofgerichtsbeisitzer[1596] von Nutzen und unterschieden sich darin nur durch ihr anderes Aufgabengebiet von Spalatin, dem Humanisten im Hofdienst, der dem Kurfürsten mit seiner Beratungstätigkeit[1597] und mit seinen Übersetzungen[1598] dienlich war, und den anderen humanistisch orientierten

1588 Muther: A.a.O., 95; zu Ravennas Weggang aus Pommern vgl. Bauch: Kitzscher, 286; Muther: A.a.O., 70.

1589 Muther: A.a.O., 96.

1590 Bauch: Kitzscher, 301. 306f.

1591 Bauch: A.a.O., 308f.

1592 Bauch: A.a.O., 311.

1593 Bauch: A.a.O., 116.

1594 N. Müller: A.a.O., 247f.; Kleineidam: A.a.O. 2, 173.

1595 Zu Scheurls Tätigkeit als Rat vgl. seine aufschlußreichen autobiographischen Aufzeichnungen bei Bauch: Scheurl, 36. 38. 40; zu Beyer s. N. Müller: A.a.O., 249.

1596 Bauch: A.a.O., 38; vgl. Beyers Bewerbung um Scheurls erledigte Lektur und Oberhofgerichtsstelle: EGA Reg. O 234, 15.

1597 Ob nun in Universitäts- und Bibliotheksfragen oder im politischen Bereich, ist dabei unwesentlich. Seine Beratertätigkeit erschöpfte sich nicht nur in mündlicher Beratung – an Schriften mit Gutachtencharakter, die für den Kurfürsten bestimmt waren, fehlte es nicht. An dieser Stelle sei nur auf sein »Consilium an sit resistendum Caesari ...« von 1523 verwiesen (G. Berbig: Spalatiniana. Leipzig 1908, 89).

1598 Von Spalatin liegen seit seinem Eintritt in den kurfürstlichen Dienst (FWLZ, 32) für den Kurfürsten bestimmte Übersetzungen der unterschiedlichsten Schriften vor, ob es sich nun um politische Korrespondenzen – FWLZ, 166; RTAJR 1, 566f. (Nr. 229) –, Universitätsgutachten – N. Müller: A.a.O., 42–46 (Nr. 17) –, päpstliche Bullen (Kalkoff: Ablaß, 29, Anm. 7. 45) oder um Schriften wie Erasmus' »Querela pacis« (SM 6I, 41: 1520) handelt.

Gelehrten der Wittenberger Universität, die auf recht unterschiedliche Weise Friedrich nützlich sein konnten, ob sie nun Gutachten erstellten wie andere Universitätsangehörige,[1599] durch ihre Schriften das Ansehen der Leucorea und ihres Patrons erhöhen halfen wie Andreas Meinhard(i) mit seiner Werbeschrift »Dialogus illustrate ac augustissime urbis Albiorene« von 1508,[1600] den Fürsten durch Widmungen ehrten und priesen[1601] oder allein durch ihren Aufenthalt an der Universität dazu beitrugen, seinen Ruf als fürstlicher Mäzen zu festigen.

Letzteres mag ein Grund gewesen sein, weshalb es Friedrich wünschte und gern sah, daß Ravenna nach Wittenberg kam, der zwischen 1503 und 1505 mit seinem Sohn, dem Maler Barbari und Marschalk[1602] etwas vom Geist der Renaissance in die Elbestadt brachte. Aber noch anderes war für den Kurfürsten ausschlaggebend, seine Vorliebe für auswärtige Gelehrte: Wenn Melanchthon Jahre später den Vorwurf erhob, daß es dem Fürsten unbekannte Fremdlinge und streunende Doktoren angetan hätten,[1603] dann ist das zwar etwas überspitzt formuliert, birgt aber doch einen wahren Kern, denn das Verhältnis des Kurfürsten zu Humanisten wie Sbrulius und Ravenna scheint tatsächlich vom Reiz des Fremdartigen mitbestimmt worden zu sein.

Daneben spielten freilich auch noch andere Faktoren eine Rolle. Es liegt nahe, neben den oben erwähnten praktisch-politischen Erwägungen und einer gewissen persönlichen Zuneigung zu einzelnen humanistischen Gelehrten für Friedrichs Haltung gegenüber den Humanisten den Umstand mitverantwortlich zu machen, daß bestimmte Reden und Schriften der Humanisten seinen Beifall fanden. Da von ihm keine diesbezüglichen Äußerungen erhalten sind, kann man nur vermuten, weshalb er einzelne Werke humanistischer Autoren schätzte. Nach allem, was wir über ihn wissen, ist es wenig wahrscheinlich, daß dies deshalb geschah, weil die jeweiligen Verfasser oder Redner Vertreter des Humanismus waren; hier sind andere Gründe ausschlaggebend gewesen. Wenn er zum Beispiel den »Sermones extraordinarii« des älteren Ravenna beiwohnte,[1604] dann wohl wegen ihrer moralisch-religiösen Thematik und aus Repräsentationsgründen, wenn er sie drucken ließ,[1605] dann kaum, weil ein Humanist ihr

---

[1599] Wie z.B. Melanchton über die Frage, ob die Ausbreitung des Evangeliums mit Waffengewalt erlaubt sei – CR 1, 602 (Nr. 231) –, Johann Dölsch über die Messe – N. Müller: A.a.O., 42–46 (Nr. 17) – und Luther 1514 in der Reuchlinsache – WABr 1, 23f. (Nr. 7). Scheurls Statuten gehören zwar strenggenommen nicht hierher, seien aber als kurfürstliches Auftragswerk der Vollständigkeit halber mit erwähnt (vgl. Anm. 1456–1457).

[1600] Vollständiger Titel bei Haussleiter: A.a.O., 6. Das Buch ist Friedrich gewidmet und wurde auf Anregung Mellerstadts abgefaßt (Haussleiter: A.a.O., 7; Bauch: Kitzscher, 311; Grossmann: HIW, 56–60; Krüger: A.a.O., 15; N. Müller: A.a.O., 301). – Meinhard(i) kündigte 1507 Vorlesungen aus dem Bereich der »Litterae seculares« an, wurde aber im Jahr darauf Stadtschreiber (N. Müller: A.a.O., 301f.).

[1601] Vgl. Anm. 1092.

[1602] Vgl. Bruck: A.a.O., 287–288.

[1603] CR 1, 363 (Nr. 106): 21. März 1521; Friedensburg: A.a.O., 125.

[1604] Friedensburg: A.a.O., 55.

[1605] Bauch: Bünau, 60f.

Verfasser war, denn mit seiner Unterstützung erschienen auch scholastische Werke im Druck.[1606]

Die Anwesenheit des sächsischen Kurfürsten bei Antrittsvorlesungen wie der Ravennas[1607] und bei akademischen Reden[1608] hatte dagegen vorwiegend repräsentativen Charakter, einmal davon abgesehen, daß er »Gepränge« jeder Art liebte. Wenn gedruckte Werke Wittenberger Humanisten seine Zustimmung fanden, dann waren es Werke, die ihn von ihrer Thematik her nicht unberührt ließen, sei es, daß sie Kritik an den Zuständen im Reich übten wie Kitzschers »Dialogus de Sacri Romani Imperii rebus« von 1505,[1609] sei es, daß sie in Gedichtform fürstlicher Festlichkeiten gedachten wie die »Torniamenta« des Sibutus,[1610] die 1511 erschienen.

Inwiefern die Lektüre dieser und ähnlicher Werke das Verhalten des Kurfürsten gegenüber den einzelnen Verfassern beeinflußte, ist insofern eine müßige Frage, als sich genügend Anzeichen finden, daß sich einzelne Humanisten unabhängig von ihrer schriftstellerischen Tätigkeit besonderer fürstlicher Hochschätzung erfreuten, was sich weniger daran erkennen läßt, daß Friedrich sie an die Leucorea rufen ließ, als an seinem Bemühen, sie dort zu halten[1611] oder nach ihrem Weggang zurückzuholen.[1612] Dabei galt seine Hochschätzung

---

1606 1504 die »Expositio ac passuum Scotum allegatio ...« des Petrus Tartaretus (Bauch: Schenk, 384f.; ders.: Carlstadt, 56) und höchstwahrscheinlich 1511 bzw. 1514 Mellerstadts »Cursus logici ...« und »Cursus physici ...« (nach N. Müller: A. a. O., 309; vgl. aber auch Bauch: Wittenberg, 327). Beim Druck des »Tartaret« überwies Friedrich (nach Bauch: Wittenberg, 307) die gesamte Auflage an die Universität, in deren Kasse auch der Ertrag floß.

1607 Diese dürfte ihn auch wegen ihrer Thematik interessiert haben, denn sie handelte »De potestate summi pontificis et Romani imperatoris« – unter diesem Titel wurde sie auch gedruckt – und erörterte u. a. die Frage, ob zur Gründung einer Universität die kaiserliche Genehmigung genüge (Muther: A. a. O., 75; Friedensburg: A. a. O., 55).

1608 So bei Scheurls Festrede anläßlich der Promotion Ulrichs von Denstedt und Caspar Schickers am 16. Nov. 1508, der er »auf der obersten Porkirchen verborgen« zuhörte und die ihm sehr gefallen haben soll (Bauch: Scheurl, 37), weshalb er sie unter dem Titel »oratio ... attingens litterarium prestantium ...« (Leipzig 1509) – Panzer 7, 164 (Nr. 263) – drucken ließ (Soden: A. a. O., 17).

1609 Vgl. Steinmetz: Wittenberg, 119; Grossmann: HIW, 89f.; Bauch: Kitzscher, 310f.

1610 Panzer 9, 68 (Nr. 16); s. Luzi Schucan: Das Gedicht des Georg Sibutus auf das Wittenberger Turnier von 1508. In: Akten und Briefe des Kolloquiums zur Basler Cranach-Ausstellung 1974. Basel 1977, 37–52 (mit Teilabdruck in Übersetzung); Grossmann: Drucke, Nr. 72.

1611 Scheurl versuchte er beispielsweise durch eine Heirat an Wittenberg zu binden (s. Anm. 1467), Trebel dagegen durch seine Dichterkrönung 1506 (Bauch: Schenk, 380). Von Versuchen, humanistische Legenten durch höhere Bezahlung an der Leucorea zu halten, wird noch die Rede sein (s. Anm. 1616).

1612 Ein Beispiel: Nach Mitteilung des aus den »Epistulae virorum obscurorum« unrühmlich bekannten Ortvinus Gratius soll Friedrich noch 1508 versucht haben, Ravenna zur Rückkehr zu bewegen (Muther: A. a. O., 109). – Wenn Scheurl bei seinem Kurzaufenthalt in Wittenberg 1515 vom Kurfürsten ehrenvoll behandelt wurde, dann hatte das seine Ursicher jeweils mehr dem Menschen und Fachgelehrten als dem Humanisten, denn bezeichnenderweise schlug sich diese Hochschätzung nicht in direkten Fördermaßnahmen für alle humanistisch gesonnenen Universitätslehrer nieder.

Was auf den ersten Blick wie eine Direktförderung von Humanisten aussieht, erweist sich bei näherem Hinsehen bestenfalls als Stützungsmaßnahme, bei der fürstliches Wohlwollen mit im Spiele war. Das dem so ist, zeigt sich nicht zuletzt in der Besoldungsfrage: Zwar lagen die Gehälter der humanistischen Legenten 1520 mit 100 fl. für Aesticampian, 60 fl. für Melanchthon, 50 fl. für Adriani und 30 fl. für Vach[1613] im Vergleich zu den übrigen Artisten, die jeweils mit nur 20 fl. besoldet wurden,[1614] verhältnismäßig hoch (besonders wenn man bedenkt, daß einem Professor, der 1491 in Tübingen »ungevärlich in [...] poetrij« las, 20 fl. zugesagt waren);[1615] doch hatten die Gehälter diese Höhe vor allem aus dem Grund, die Legenten in Wittenberg zu halten.[1616] Besonders bei Melanchthon befürchtete man schon 1518, daß ihm sein Gehalt zu niedrig sei und er deshalb nach Leipzig gehen werde, was zunächst zur Aufstockung seiner Besoldung auf den genannten Betrag und später auf 100 fl. führte,[1617] wofür sich der Gelehrte in den folgenden Jahren erkenntlich zeigte, als man ihn von Wittenberg abzuwerben versuchte.[1618]

Anders als bei Melanchthon waren Befürchtungen, Aesticampian könne eine andere Stellung antreten, von vornherein grundlos, da er bereits kränkelte.[1619] Wenn er zuletzt 100 fl. erhielt, dann war dies nur gerecht, denn in Wittenberg erhielt er in der ersten Zeit seines nur zweijährigen Aufenthaltes lediglich 40 fl., zu denen sich 1519, wie ihm der Kurfürst selbst ankündigte, noch die Einkünfte aus einer Altenburger Domherrenstelle gesellten.[1620] Daß Aesticampian, Melanchthon und der Hebraist der Leucorea völlig von dem Fürsten besoldet wurden,[1621] sollte man nicht überbewerten und daraus auch keine Rückschlüsse auf deren Status innerhalb der Universität ziehen, deren Vollmitglieder sie ja waren.

---

sache sicher auch darin, daß er auf seine Rückkehr auf die Leucorea hoffte, denn ein entsprechendes Angebot hatte er ihm unterbreitet (Streit: A.a.O., 22; Grossmann: HIW, 71).

1613 Über Vach (Phachus) s. Böcking: A.a.O. 2 II, 369; Friedensburg: A.a.O., 70. – Vach las – nach UBUW 1, 100(Nr.82) – 1520 über Erasmus und Vergil.

1614 Nach Enders: A.a.O., 27, Anm. 1; vgl. aber UBUW 1, 100 (Nr. 82).

1615 Nach Bauch: Mainz, 49.

1616 So auch Enders: A.a.O., 27. Anm. 1.

1617 CR 1, 41–43 (Nr. 18). 55f. (Nr. 28). 55, Anm. 2; bzw. SM 6 I, 42 (Nr. 35). 51 (Nr. 46).

1618 Vgl. CR 1, 149–152 (Nr. 66). 681 (Nr. 293); bzw. SM 6 I, 89f. (Nr. 87). 259f. (Nr. 364)). Aus dem letztgenannten Schreiben geht hervor, daß er Friedrich auch nicht mit seinem Weggang kränken wollte.

1619 Aesticampian starb am 31. Mai 1520 (Friedensburg: A.a.O., 114).

1620 Friedensburg: Berufung, 147; EGA Reg. O 305, 3; 12. Sept. 1519; J. Löbe: Beiträge, 407.

1621 Enders: A.a.O., 26, Anm. 1.

Im Gegensatz zu ihnen scheint der ältere Ravenna zu seiner Zeit außerhalb der Hochschulkorporation gestanden zu haben,[1622] was den Umstand erklärt, daß der Kurfürst ihn außer mit den üblichen Zuwendungen[1623] in besonders auffälliger Weise unterstützte[1624] und ihn zeitweise mit aus der Wittenberger Schloßküche versorgen ließ.[1625] Zwar mag dafür auch die persönliche Hochschätzung Ravennas durch den Fürsten verantwortlich zu machen sein, aber sicher hatte die fürstliche Unterstützung letzten Endes den Zweck, den Gelehrten auf diese Weise in Wittenberg zu halten, so daß hier von einer bewußten Förderung eines Humanisten genauso wenig die Rede sein kann, wie es ansteht, Friedrichs Universitätspolitik als auf eine generelle Humanismusförderung zielende Politik zu charakterisieren. Der Kurfürst hat die Wittenberger Universität nicht gegründet und erhalten, weil er dem Humanismus und seiner Ausbreitung förderlich sein wollte.

Kirns Urteil über Friedrichs Politik, daß »vieles, sehr vieles von dem, was in seinem Land geschah, niemals ... geschehen wäre, wenn man auf seinen Befehl gewartet hätte,«[1626] gilt im übertragenen Sinne auch für die Entwicklung der Leucorea und damit zugleich für das Eindringen des Humanismus in diese Bildungsstätte, denn das Überwechseln von Humanisten nach Wittenberg[1627]

[1622] Er wurde nicht an der Universität inskribiert und las »extraordinarie« (MUTHER: A. a. O., 96; Friedensburg: Geschichte, 55), womit er eine Stellung einnahm wie Aesticampian in Frankfurt/O., der dort nicht intituliert wurde, aber als besoldeter Legent »neben und in Verbindung mit der Universität« – also in der Art des Wiener Postenkollegiums – lehrte (BAUCH: Frankfurt, 98). Eine förmliche Bestallung erhielt er nicht, was sicher auch für die anderen Wittenberger Dozenten – ausgenommen die Juristen – zutrifft, denn entsprechende Urkunden sind nicht aufzufinden, weder im EGA noch in WUA: Die Aktenbündel WUA Tit. VIII. Nr. 2, das kurfürstliche Erlässe (ab 1506) in Besoldungs- und Anstellungssachen der Leucorea und möglicherweise auch Bestallungsurkunden enthielt, wird nach einem Repertoriumsvermerk von Friedrich Israel seit dem 23. Dez. 1913 vermißt.

[1623] Die Bestallung des Juristen Stehelin (1502; EGA Reg. O 309, 1) erwähnt als vertraglich zugesicherte Zuwendung z. B. die Versorgung mit Holz und Wildbret (s. auch Anm. 1443).

[1624] Im Sommer 1503 wurden ihm beispielsweise für 30 fl. Bücher gekauft (NMN JN 1915a; nach EGA Reg. Bb 4183), 1505 erhielt er (ebd.) einmal 8 fl. für »allerley würtz«, nachdem kurz zuvor (1504/05) »Dr. Kitzscher« einmal 30 fl., der Wittenberger Schösser 35 fl. und Kitzschers Kaplan 29 fl. für ihn ausgegeben hatten (EGA Reg. Bb 4187, 7^{r}, 15^{r}, 24^{v}); im selben Zusammenhang (ebd., 16^{r}) ist auch Ravennas Versorgung mit Arznei, »wurtz«, Kleidern und Kostgeld bezeugt, denn dafür werden ihm 15 fl. zur Verfügung gestellt.

[1625] Vgl. BRUCK: A. a. O., 287f.; nach EGA Reg. Bb 2745. Hier wird allerdings nicht eindeutig ersichtlich, wann eine Ausgabe nur für Ravenna erfolgte und wann er als Gast Barbaris zu gelten hat.

[1626] KIRN: A. a. O., 177.

[1627] Die Motive der Humanisten, nach Wittenberg zu gehen, waren recht verschieden. Zum einen lockte die Anerkennung, der sich der Humanismus dort de jure erfreute, zum anderen aber auch das »allgemeine Gerede«, daß »exquisite Legenten« nach Wittenberg ist nur in den seltensten Fällen unmittelbar sein Werk, und dafür, daß er dem Humanismus innerhalb der Universität durch gezielte Förderungsmaßnahmen zur Ausbreitung verhalf, fehlen nicht nur die Belege, nein, der Weggang bedeutender humanistischer Dozenten von der neuen Hochschule[1628] deutet vielmehr darauf hin, daß an der Leucorea, obwohl sich die Humanisten von Anfang an[1629] hier offizieller Anerkennung erfreuten, bis zur Universitätsreform von 1518 ein für die Ausbreitung des offensiven Humanismus keineswegs günstiges Klima herrschte, dem der Kurfürst nicht so wehrte wie er es sicher getan hätte, wäre ihm am Vordringen des Humanismus gelegen gewesen.

---

berufen worden seien – Gess: Leipzig und Wittenberg, 43. Daneben waren noch andere Überlegungen im Spiel: Andreas Meinhard (s. Anm. 1600) ging nach 1504-05 beispielsweise wegen der Mißstände in Leipzig (N. Müller: A. a. O., 300f.) nach Wittenberg. Kilian Reuter, der sich als lateinischer Dichter versuchte und 1509 eine Neuübersetzung von Aristoteles' »De anima« herausgab (Bauch: Wittenberg, 323), kam mit Sibutus an die Leucorea (Friedensburg: A. a. O., 74f.) und bei Marschalks Überwechseln nach Wittenberg dürfte auch der Gedanke an eine kostenlose Promotion (vgl. Bauch: Schenk, 357) eine Rolle gespielt haben, während Otto Beckman, der ab 1510 (für 20 fl.) den Lehrstuhl für lateinische Grammatik innehatte, wahrscheinlich durch Scheurl, seinen späteren Freund, angelockt wurde (N. Müller: A. a. O., 225). Scheurl seinerseits ging – wie später Melanchthon – nicht zuletzt deshalb nach Wittenberg, weil er sich dort einen Namen machen wollte, »dy weyl das Lob allein herreyn und nit hynaus erschallen müst« Bauch: Scheurl, 35; Geiger: Briefwechsel, 302f. (Nr. 264).

[1628] Die Gründe dafür sind auch in der »Wanderlust« einiger Humanisten, in ihrem elitären Selbstverständnis und in ihren charakterlichen Schwächen zu suchen – wie bei Sbrulius, der 1513 Wittenberg wegen seines unsittlichen Lebenswandels verlassen mußte (vgl. Friedensburg: A. a. O., 71f. 72, Anm. 2; Haussleiter: A. a. O., 10) –, meist lagen sie jedoch in bestimmten Unzulänglichkeiten und dem allgemeinen Klima an der Universität, das Trutfetter wegtrieb (Plitt: Trutfetter, 40f.; hier spielten natürlich auch noch andere Motive eine Rolle) und auch Scheurl, der sich durch die »Sophisten – das schwartz Heer'« verfolgt und »criminiert« (Streit: A. a. O., 11) fühlte, insbesondere durch den »delirus senex« Mellerstadt (Plitt: A. a. O., 42), aber auch aus wirtschaftlichen Erwägungen 1512 in den Dienst seiner Vaterstadt trat, wo er jährlich 200 fl. (Soden: A. a. O., 25f.) erhielt, während er in Wittenberg anstatt der zuerst versprochenen 140 fl. anfangs nur 80 fl. bekam– vgl. Soden-Knaake: A. a. O. 1, 42 (Nr. 24); 44f. (Nr. 26). Daß Busches Weggang von Wittenberg nach einem Jahr, Marschalks Ausscheiden aus der Leucorea nach drei Jahren (ein Jahr nach seiner Promotion), der Abgang Hermann Kaisers nach einem Jahr, der Trebels und Ravennas nach vier bzw. drei Jahren (Friedensburg: A. a. O., 70; Bauch: Schenk, 375f.; Wentz: A. a. O., 115f.; Bauch: A. a. O., 379; Friedensburg: A. a. O., 56) kein günstiges Licht auf die Wittenberger Verhältnisse wirft, sei hier noch einmal wiederholt.

[1629] An den nächst Wittenberg gegründeten Universitäten Tübingen und Frankfurt/O. befanden sich gleichfalls Lehrstühle für die Humaniora, wenn auch in Tübingen im Gegensatz zu Frankfurt (vgl. Bauch: Frankfurt, 97) erst ab dem vierten Jahr nach der Hochschulgründung (1481; Haller: A. a. O. 1, 211). – Daß in Frankfurt wie in Tübingen (vgl. Haller: A. a. O. 1, 211) die Lage allerdings auch nicht anders war als in Wittenberg, zeigt die Klage Eitelwolfs von Stein, der gegenüber Hutten bedauerte, Joachim zur Universitätsgründung veranlaßt zu haben, weil sie von Ungelehrten in Besitz genommen worden sei (Bauch: Mainz, 72; vgl. Bauch: Frankfurt, 97–130).

Auch wenn Friedrich der Weise nicht richtungsweisend auf die Geschicke der Leucorea Einfluß nahm, gereicht es ihm doch zum Verdienst, daß er in seinem Bestreben, die Wittenberger Universität in ihrem Bestand zu sichern, eine Reihe von Maßnahmen traf, die faktisch Förderungsmaßnahmen gleichkamen und ebenso wie seine kulturpolitischen Aktivitäten auf dem Kunstsektor für die weitere kulturelle Entwicklung Sachsens und nicht zuletzt auch für die Ausbreitung der Reformation bedeutsam wurden.

Abkürzungsverzeichnis

1. Archivalia

1.1. Archive und benutzte Bestände

EGA Bestände vor 1920, Ernestinisches Gesamtarchiv
NMN Stadtarchiv Wittenberg: Nikolaus-Müller-Nachlaß
SAD Sächsisches Hauptstaatsarchiv Dresden: Bestand 10005 Hof- und Zentralverwaltung (Wittenberger Archiv)
SAM Landeshauptarchiv Sachsen-Anhalt, Abteilung Magdeburg: Bestand Erzstift Magdeburg; Rep. A 1: Auswärtige Angelegenheiten. Rep. A 2: Inneres
SAW Staatsarchiv Weimar = Thüringisches Hauptstaatsarchiv Weimar
SLH Lutherhalle Wittenberg: Autographensamlung. Benutzeranfragen
WUA Archiv der Martin-Luther-Universität Halle-Wittenberg Halle/Sa.:Wittenberger Universitätsarchiv

1.2. Archivalien

Kop. Kopialbuch
Loc. Locat des SAD
Reg. Registrande des EGA
Rep. Repertorium
Urk. Urkunde

2. Quellendrucke und Literatur

ADB Allgemeine Deutsche Biographie. 56 Bde. Leipzig 1875–1912
AGBM Akten zur Geschichte des Bauernkrieges in Mitteldeutschland/hrsg.von Otto Merx; Günther Franz; Walther Peter Fuchs. 2 Bde. Leipzig; Berlin; Jena 1923-1942. X,328; 329–730; XXXVI, 731–1023 S.
AGBW Archiv für die Geschichte des Buchwesens
AGDBH Archiv für die Geschichte des deutschen Buchhandels
AHS Müller, Johann Sebastian: Des chur- und fürstlichen Hauses Sachsen, Ernestin- und Albertinischer Linien Annales, von 1400 bis 1700. Worinnen die Geburthen, Reißen, Heyrathen, Todes- An- und Erbfälle beschrieben, und nach der Zeit Ordnung von Tagen zu Tagen... erfasset... Weimar 1700. 680 S.

AKuG	Archiv für Kulturgeschichte
ALG	Archiv für Literaturgeschichte
ARG	Archiv für Reformationsgeschichte
ASG	Archiv für sächsische Geschichte und Altertumskunde
BDBH	Börsenblatt für den deutschen Buchhandel; Bemmann: Bibliographie der sächsischen Geschichte/hrsg. von Rudolf Bemmann. Leipzig; Berlin 1918–1928
BKuGMR	Beiträge zur Kulturgeschichte des Mittelalters und der Renaissance
BLDG	Biographisches Lexikon zur Deutschen Geschichte: von den Anfängen bis 1917. Berlin 1967. 520 S.BLVS Bibliothek des litterarischen Vereins in Stuttgart
CDSR	Codex Diplomaticus Saxoniae Regiae
ChrDSt	Die Chroniken der deutschen Städte vom 14. bis ins 16. Jahrhundert. Leipzig 1862–1931
CR	Corpus Reformatorum. Berlin 1834
DLZ	Deutsche Literaturzeitung für Kritik der internationalen Wissenschaft
DZGW	Deutsche Zeitschrift für Geschichtswissenschaft
ELTA	Ernestinische Landtagsakten. Bd.1: Die Landtage von 1487–1532/bearb. von Carl August Hugo Burkhardt. Jena 1902. XIV, 304 S. (Thüringische Geschichtsquellen NF ; 5)
Ersch-Gruber	Allgemeine Encyclopädie der Wissenschaften und Künste./ hrsg. von Johann Samuel Ersch; Johann Gottfried Gruber. Leipzig 1818–1889
FKMU	Karl-Marx-Universität Leipzig 1409–1959: Beiträge zur Universitätsgeschichte Bd. 1. Leipzig 1959. VIII, 584 S.
FRA	Fontes rerum austriacarum. Österreichische Geschichtsquellen
FUHW	450 Jahre Martin-Luther-Universität Halle-Wittenberg. Bd.1: Wittenberg 1502-1817. Halle 1952. XXV, 418 S.: XXXIV Taf.
FWLZ	Spalatin, Georg: Friedrichs des Weisen Leben und Zeitgeschichte. Hrsg. von Christian Gotthold Neudecker; Ludwig Preller. Jena 1851. 2 Bl., 234 S.,1 Bl. (Georg Spalatins historischer Nachlass und Briefe; 1)
GDWB	Deutsches Wörterbuch / von Jacob Grimm und Wilhelm Grimm. 16 Bde. Leipzig 1854–1954
GermSac	Germania sacra: historisch-statistische Darstellung der deutschen Bistümer, Domkapitel, Kollegiat- und Pfarrkirchen, Klöster und sonstiger kirchlicher Institutionen. Berlin 1929
GQuPrSa	Geschichtsquellen der Provinz Sachsen
GuJ	Gutenberg-Jahrbuch
Hain	Hain, Ludwig: Repertorium bibliographicum... 2 Bde. Stuttgart; Paris 1826–1831

HB	Veröffentlichungen der Kommission zur Erforschung der Geschichte der Reformation und Gegenreformation: Humanistenbriefe
HJ	Historisches Jahrbuch
HV	Historische Vierteljahrsschrift
HZ	Historische Zeitschrift
JEH	The Journal of Ecclesiastical History
Jöcher-Adelung	Fortsetzung und Ergänzungen zu Christian Gottlieb Jöchers allgemeinem Gelehrten-Lexicon... / hrsg. von Johann Christoph Adelung; Heinrich Wilhelm Rotermund. 7 Bde. Leipzig 1784–1897
JPKS	Jahrbuch der (Königlich-)Preussischen Kunstsammlungen
LCGW	1472–1553: Lucas Cranach d. Ä.. Das gesamte graphische Werk. Mit Exempeln aus dem graphischen Werk Lucas Cranachs d. J. Und der Cranachwerkstatt. München (1972). 799 S.
LCKG	Lucas Cranach: Künstler und Gesellschaft. Referate des Colloquiums mit internationaler Beteiligung zum 500. Geburtstag Lucas Cranachs d. Ä. Staatliche Lutherhalle Wittenberg 1.-3. Oktober 1972. (Hrsg. von Peter H. Feist; Ernst Ullmann; Gerhard Brendler). (Wittenberg 1973). 224 S.
LK	Lexikon der Kunst: Architektur, bildende Kunst, angewandte Kunst, Industrieformgestaltung, Kunsttheorie. 5 Bde. Leipzig 1968–1978
LThK	Lexikon für Theologie und Kirche. 11 Bde. Freiburg [2]1957–1968
Lu	Luther: Vierteljahresschrift der Luthergesellschaft
LuJ	Lutherjahrbuch
MAVZ	Mitteilungen des Altertumsvereins für Zwickau und Umgegend
MGAGO	Mitteilungen der geschichts- und altertumsforschenden Gesellschaft des Osterlandes
MGG	Musik in Geschichte und Gegenwart: allgemeine Enzyklopädie der Musik. 16 Bde. Kassel; Basel 1949–1979
MVGN	Mitteilungen des Vereins für Geschichte der Stadt Nürnberg
NASG	Neues Archiv für sächsische Geschichte und Altertumskunde
NDB	Neue Deutsche Biographie. Berlin 1959-1971
NMGHF	Neue Mitteilungen aus dem Gebiet historisch-antiquarischer Forschungen
NUB	Neues Urkundenbuch zur Geschichte der evangelischen Kirchen-Reformation / hrsg. von Carl Eduard Förstemann. Bd. 1. Hamburg 1842

Panzer	Panzer, Georg Wolfgang Franz: Annales typographici ab artis inventae origine adannum MDXXXVI. 11 Bde. Norimbergae 1793–1803
Patze	Bibliographie zur Thüringischen Geschichte/ hrsg. von Hans Patze. Köln; Graz 1965-1966
RE	Realencyklopädie für protestantische Theologie und Kirche. hrsg. von Albert Hauck. 24 Bde. Leipzig 1896–1913^{3}
RGG1	Die Religion in Geschichte und Gegenwart: Handwörterbuch in gemeinverständlicher Darstellung. 5 Bde. Tübingen 1909–1913
RGG2	Die Religion in Geschichte und Gegenwart: Handwörterbuch für Theologie und Religionswissenschaft. 6 Bde. Tübingen 1927–1932^{2}
RGG3	Die Religion in Geschichte und Gegenwart: Handwörterbuch für Theologie und Religionswissenschaft. 7 Bde. Tübingen 1957–1965^{3}
RKW	Repertorium für Kunstwissenschaft
RTAJR	Deutsche Reichstagsakten. Jüngere Reihe: Deutsch Reichstagsakten unter Kaiser Karl V. Gotha 1893
RTAMR	Deutsche Reichstagsakten: Mittlere Reihe. Deutsche Reichstagsakten unter Maximilian I. Göttingen 1972-1973
RTS	Müller, Johann Joachim: Des Heil. Römischen Reichs Teutscher Nation Reichstags-Staat, von Anno MD biß MDXII. So wohl unter Kaysers Maximilian I. selbsteigener höchster Regierung, als Chur-Fürst Friedrichs III. Zu Sachsen ReichsStatthalterschaften... Jena 1709. 8Bl., 760 S., 24Bl.
RTThFr	Müller, Johann Joachim: Des Heil. Römischen Reichs Teutscher Nation ReichsTagsTheatrum, wie selbiges unter Kayser Friedrich V. Allerhöchsten Regierung ... gestanden... Jena 1713. 12 Bl.,794 S.,1Bl., 768S., 200 S., 37 Bl.
RTThMax	Müller, Johann Joachim: Des Heil. Römischen Reichs Teutscher Nation ReichsTagsTheatrum, wie selbiges unter Keyser Maximilians I. Allerhöchsten Regierung gestanden... 2 Bde. Jena 1718–1719. 18Bl., 692 S., 22 Bl; 36Bl., 718 S.
Schottenloher	Bibliographie zur deutschen Geschichte im Zeitalter der Glaubensspaltung 1517–1585. Hrsg. von Karl Schottenloher. 7 Bde. Leipzig 1933–1940; Stuttgart 1966
SM	Supplementa Melanchthoniana: Werke Philipp Melanchthons, die im Corpus Reformatorum vermißt werden. VI: Melanchthons Briefwechsel Bd.1: 1510–1528 / hrsg. von Otto Clemen. Leipzig (1926), IX,450 S.
SSKoG	Schriften der (Königlich-)Sächsischen Kommission für Geschichte
StDKuG	Studien zur deutschen Kunstgeschichte

StGUW	Studien zur Geschichte der Universität Wien. 3 Bde. Graz; Köln 1966
SVGL	Schriften des Vereins für die Geschichte Leipzigs
SVRG	Schriften des Vereins für Reformationsgeschichte
ThStKr	Theologische Studien und Kritiken
Thieme-Becker	Allgemeines Lexikon der bildenden Künstler von der Antike bis zur Gegenwart/ hrsg. von Ulrich Thieme und Felix Becker. 37 u. 5 Bde. Leipzig 1907–1950
UBUW	Urkundenbuch der Universität Wittenberg/ bearb. von Walter Friedensburg. T. 1: 1502–1611. Magdeburg 1926. IX, 729 S. (GquPrSa N.F.; 3)
VerLex	Die deutsche Literatur im Mittelalter: Verfasserlexikon/ hrsg. von Wolfgang Stammler; Karl Langosch. 5 Bde. Berlin 1933–1955
WA	Luther, Martin: Kritische Gesamtausgabe: Werke. Weimar 1883ff.
WABr	Luther, Martin: Kritische Gesamtausgabe: Briefwechsel. Weimar 1930
WATR	Luther, Martin: Kritische Gesamtausgabe: Tischreden. 6 Bde. Weimar 1912–1921
Weller	Weller, Emil: Repertorium typographicum: die deutsche Literatur im 1. Viertel des 16. Jahrhunderts... Nördlingen 1864–1885
ZBBW	Zentralblatt für Bibliothekswesen
Zedler	Grosses Universal-Lexicon aller Wissenschaften und Künste, welche bißhero durch menschlichen Verstand und Witz erfunden und verbessert worden.../ hrsg. von Johann Heinrich Zedler. 68 Bde. Halle; Leipzig 1732–1754
ZGO	Zeitschrift für Geschichte des Oberrheins
ZGW	Zeitschrift für Geschichtswissenschaft
ZHWK	Zeitschrift für historische Waffen- und Kostümkunde
ZKG	Zeitschrift für Kirchengeschichte
ZKTh	Zeitschrift für katholische Theologie
ZKuG	Zeitschrift für Kulturgeschichte
ZMW	Zeitschrift für Musikwissenschaft
ZVKGPrSa	Zeitschrift des Vereins für Kirchengeschichte der Provinz Sachsen
ZVLR	Zeitschrift für vergleichende Literaturgeschichte und Renaissance-Literatur
ZVThüGA	Zeitschrift des Vereins für Thüringische Geschichte und Altertumskunde

3. Geld

3.1. Währungen

Duk.	Dukaten
fl.	Gulden
Gr.	Groschen
Pf.	Pfennig
Rh.	Rheinisch
Sch.	Schock (alt bzw. neu)
Ung.	Ungarisch

3.2. Geldwert

1 fl	=	21 Gr.	=	252 Pf.
1Gr	=	12 Pf.		
1 Duk.	=	36 Gr.		
20 Gr.	=	1 a. Sch.		
60 Gr.	=	1 n. Sch.		

4. Register

B.	- Bischof
Eb.	- Erzbischof
Ehz	- Erzherzog(in)
F.	- Fürst
Frh.	- Freiherr
Gr.	- Graf (Gräfin)
Hz.	- Herzog(in)
K.	- Kaiser
Kf.	- Kurfürst
Kg.	- König
Lgr.	- Landgraf (Landgräfin)
Mgf.	- Markgraf
*	- geboren
+	- gestorben

Quellendrucke und Literatur

Abe, Horst Rudolf: Der Erfurter Humanismus und seine Zeit: die Geschichte des Erfurter Humanismus bis zum Jahre 1516. Phil. Diss. (Masch.) Jena 1953. XL, 80–494 gez. Bl.

Abe, Horst Rudolf: Die Geschichte der Erfurter medizinischen Fakultät im Zeitalter der Spätscholastik und des Humanismus. Phil. Habil. (Masch.) Rostock 1965. XXXVII, 280 Bl.

Aber, Adolf: Die Pflege der Musik unter den Wettinern und wettinischen Ernestinern: von den Anfängen bis zur Auflösung der Weimarer Hofkapelle 1662. Bückeburg; Leipzig 1921. 184 S. (Veröffentlichungen des fürstlichen Instituts für musikwissenschaftliche Forschung zu Bückeburg 41)

Achterberg, Herbert: Kraft des Glaubens: Zeugen des Evangeliums aus den zwanzig Jahrhunderten nach Christus. Berlin 1976, 374 S.

Agricola, Georgius: Die Sippschaft des Hauses zu Sachsen / hrsg.von Hans Prescher.

In: ders.: Vermischte Schriften 7,2. Berlin 1963, 77–418.

Aland, Kurt: Die Theologische Fakultät Wittenberg und ihre Stellung im Gesamtzusammenhang der Leucorea während des 16. Jahrhunderts.

In: ders.: Kirchengeschichtliche Entwürfe: Alte Kirche, Reformation und Luthertum, Pietismus und Erweckungsbewegung. Gütersloh 1960, 283–394.

Aland, Kurt: Wendepunkte der Weltgeschichte: das Problem des Glaubenswechsels bei Konstantin dem Großen, Chlodowech und Friedrich dem Weisen.

In: ders.: Kirchengeschichtliche Entwürfe..., 13–34.

Alex, Reinhard: Aufgaben und Entwicklung der höfischen Kunst Deutschlands in der ersten Hälfte des 16. Jahrhunderts. LCKG, 142–145.

Allen, Percy Strafford - s. Erasmus, Desiderius

Andreas, Willy: Deutschland vor der Reformation: eine Zeitenwende. Stuttgart; Berlin. ^{4}1943. 686 S.

Ankwicz-Kleehoven, Hans von: Der Wiener Humanist Johannes Cuspinian: Gelehrter und Diplomat zur Zeit Kaiser Maximilians I. Graz; Köln 1959. XI, 344 S.

Arnold, Klaus: Johannes Trithemius (1462–1516). Würzburg 1971. XI, 319 S. (Quellen und Forschungen zur Geschichte des Bistums und Hochstifts Würzburg 23)

Atkinson, James – s. Borth, Wilhelm

Aventin, Johannes: Johannes Turmair's genannt Aventinus sämmtliche Werke/ hrsg. von der Bayerischen Akademie der Wissenschaften. 6 Bde. München 1881–1908. LIX, 691; 4, 679; 4, 699; 5, 580; XIV, 2,809; VII, 1253 S.

Bader, Karl Siegfried: Kaiserliche und ständische Reformgedanken in der Reichsreform des endenden 15. Jahrhunderts. HJ 73 (1954), 74–94.

Baldass, Ludwig: Der Künstlerkreis Kaiser Maximilians. Wien 1923. 152 S.

Baltin, E(rnst): Friedrich der Weise, Kurfürst zu Sachsen = Festgabe anläßlich des 400jährigen Regierungsantritts Friedrichs des Weisen. Torgau (1886). 66 S.

Baltl, Andrea: Maximilian I.: Beziehungen zu Wissenschaft und Kunst. Phil. Diss. (Masch.) Graz 1967. 170 gez., 5 ungez. Bl.

Barge, Hermann: Aktenstücke zur Wittenberger Bewegung Anfang 1522/hrsg. und erl. von Hermann Barge. Leipzig 1912. 52 S.

Barge, Hermann: Andreas Bodenstein von Karlstadt. 2 Bde. Leipzig 1905. XII, 500 S; XI, 632 S. Nachdruck Nieuwkoop 1968.

Barnays, Isaak: Die Diplomatie um 1500. HZ 134 (1928), 1-23.

Barraclough, Geoffrey: Die mittelalterlichen Grundlagen des modernen Deutschland. Weimar 1953. VIII, 381 S.

Bauch, Gustav: Andreas Carlstadt als Scholastiker ZKG 18 (1898), 37-57.

Bauch, Gustav: Die Anfänge der Universität Frankfurt a. O. und die Entwicklung des wissenschaftlichen Lebens an der Hochschule (1506-1540). Berlin 1900. 4 Bl., 179 S. (Texte und Forschungen zur Geschichte der Erziehung und des Unterrichts in den Ländern deutscher Zunge 3)

Bauch, Gustav: Aus der Geschichte des Mainzer Humanismus. In: Beiträge zur Geschichte der Universitäten Mainz und Giessen/hrsg. von Julius Reinhard Dieterich. Darmstadt 1907, 3-86.

Bauch, Gustav: Christoph Scheurl in Wittenberg. NMGHF 21 (1903), 33-42

Bauch, Gustav: Dr. Johann von Kitzscher: ein meißnischer Edelmann der Renaissance. NASG 20 (1899), 286-321.

Bauch, Gustav: Geschichte des Leipziger Frühhumanismus mit besonderer Rücksicht auf die Streitigkeiten zwischen Konrad Wimpina und Martin Mellerstadt. Leipzig 1899. 1 Bl.,194 S. (Beihefte zum Zentralblatt für Bibliothekswesen 22)

Bauch, Gustav: Der sächsische Rat und Humanist Heinrich von Bünau, Herr in Teuchern. NASG 26 (1905), 41-62

Bauch, Gustav: Die Universität Erfurt im Zeitalter des Frühhumanismus. Breslau 1904. IX, 250 S.

Bauch, Gustav: Wittenberg und die Scholastik. NASG 18 (1897), 285-339.

Bauch, Gustav: Wolfgang Schenk und Nikolaus Marschalk. ZBBW 12 (1895), 354-409.

Bauch, Gustav: Zu Christoph Scheurls Briefbuch. NMGHF 19 (1898), 400-456.

Bauch, Gustav: Zur Cranachforschung. RKW 17 (1894), 421-435.

Bauer, Karl: Die Wittenberger Universitätstheologie und die Anfänge der deutschen Reformation. Tübingen 1928. X, 159 S.

Briefwechsel des Beatus Rhenanus/ges. und hrsg. von Adalbert Horawitz. Karl Hartfelder. Leipzig 1886. XXIV, 700 S.

Becker, Carl: Das edle sächsische Fürsten-Kleeblatt oder die Hauptzüge aus dem Leben der drei Kurfürsten Friedrich, Johann und Johann Friedrich. Berlin 1861. 2 Bl., 444 S.

Becker, Felix s. Bruck, Robert.

Becker, Hermann (resp. Phleps, Johannes): Fridericum III sapientem Saxoniae electorem et Academiae Vitembergensis fundatorem... Vitembergae 1784. 56 S. (Neudruck der Wittenberger Diss. vom 17. Okt. 1702)

(BEHRISCH, HEINRICH WOLFGANG): Leben Friedrichs des Weisen, Kurfürstens (!) von Sachsen. In: (DERS.): Biographien der Sachsen. Dresden 1776. Bd. 2, 5-120.

BEMMANN, RUDOLF: Die Stadt Mühlhausen in Thür. im späteren Mittelalter. Halle 1915. 36 S. (Neujahrsblätter 39)

BENARY, FRIEDRICH: Via antiqua und via moderna auf den deutschen Hochschulen des Mittelalters mit sonderer Berücksichtigung der Universität Erfurt/hrsg. von ALFRED OVERMANN. Gotha 1919. 72 S.

BENARY, FRIEDRICH: Über die Erfurter Revolution von 1509 und ihren Einfluß auf die Erfurter schichtsschreibung. In: DERS.: Zur Geschichte der Stadt und der Universität Erfurt am Ausgang des Mittelalters. Gotha 1919, 1-32.

BENARY, FRIEDRICH: Die Vorgeschichte der Erfurter Revolution von 1509. In: DERS. Zur Geschichte der Stadt und der Universität Erfurt... Gotha, 1919, 33-284.

BENRATH, GUSTAV ADOLF: Die Universität der Reformationszeit. ZKG 57 (1966), 32-51.

BENZ, ERNST: Der Traum Kurfürst Friedrichs des Weisen. In: Humanitas - Christianitas: Walther von Loewenich zum 65. Geburtstag/hrsg. von KARLMANN BEYSCHLAG. Witten 1968, 134-149.

BENZING, JOSEF: Wer war der Drucker für die Sodalitas Celtica in Nürnberg? Mitteilungen aus der Stadtbibliothek Nürnberg 4 (1955), 1-13.

BERBIG, GEORG: Ein Brief des Ritters Hans Lantschad zu Steinach an Kurfürst Friedrich den Weisen 1520. ARG 2 (1904/05), 391-395.

BERBIG, GEORG: Spalatiniana. ThStKr 80 (1907), 513-534; 81 (1908), 27-61.

BERBIG, GEORG: Spalatiniana. Leipzig 1908. 124 S. (Quellen und Darstellungen aus der Geschichte des Reformationsjahrhunderts 5)

BERNLEITHNER, ERNST: Sechshundert Jahre Geographie an der Wiener Universität. StGUW 3, 5-125.

BETHE, HELLMUTH: Die Kunst am Hofe der pommerschen Herzöge. Berlin 1937. 131 S.

BEZOLD, FRIEDRICH VON: Geschichte der deutschen Reformation. Frankfurt/M. 1886. 883 S.

BEZOLD, FRIEDRICH VON: Conrad Celtis, der deutsche Erzhumanist. HZ 49 (1883), 1-46; 193-229.

BLASCHKA, ANTON: Der Stiftsbrief Maximilians I. und das Patent Friedrichs des Weisen zur Gründung der Wittenberger Universität. FUHW 1, 65-85.

BLASCHKE, KARLHEINZ: Kurfürst Friedrich der Weise von Sachsen und die Luthersache. In: Der Reichstag zu Worms von 1521: Reichspolitik und Luthersache/hrsg. von Fritz Reuter. Worms 1971, 316-335.

BLASCHKE, KARLHEINZ: Sachsen im Zeitalter der Reformation. O.O. o.J.- 68 S.

Sonderdruck aus: Sächsische Heimatblätter 13 (1967), 145-192; 206-240

BLASCHKE, KARLHEINZ: Sachsen im Zeitalter der Reformation. Gütersloh 1970 136 S. (SVRG 195)

BOCK, ERNST: Der schwäbische Bund und seine Verfassung 1488-1534: ein Beitrag zur Geschichte der Zeit der Reichsreform. Breslau 1927. X, 224 S. (Untersuchungen zur deutschen Staats - und Rechtsgeschichte 137)

BOCKWITZ, HANS: Berühmte Drucker und Verleger der Inkunabelzeit. 8: Johann Othmar und sein Sohn Sylvan. (Frankfurt/M. 1948). 858 S. (BDBH 4)

BODE, WILHELM: Aus der Gemäldegalerie der königlichen Museen: Albrecht Dürers Bildnis des Kurfürsten Friedrich von Sachsen, genannt der Weise. JPKS 5 (1884), 57-62.

BÖCKING, EDUARD (Hrsg): Vlrichi Hutteni ... operum Supplementum... Lipsiae 1869-1870. Bd. 2, 2 Bl., 288 S.; 289-823.

BOEHM, LAETITIA: Cancellarius universitatis: die Universität zwischen Korporation und Staatsanstalt. Chronik der Ludwig-Maximilian Universität München 8 (1964/65), 186-204.

BÖHMER, HEINRICH: Der junge Luther. Leipzig [6]1954. 380 S.

BÖRSCH-SUPAN, HELMUT: Jan Gossaert genannt Mabuse. Kunstchronik 18 (1965), 197-202.

BÖTTIGER, CARL WILHELM: Geschichte des Kurstaates und Königreiches Sachsen. Aufl. Bd.1 (Gotha) [3]1867. X, 655 S.

BONICATTI, MAURICIO: Dürers Verhältnis zum Venezianischen Humanismus. In: Albrecht Dürer: Kunst im Aufbruch; Vorträge der Kunstwissenschaftlichen Tagung mit internationaler Beteiligung zum 500. Geburtstag von Albrecht Dürer; Karl-Marx-Universität Leipzig. 31. Mai bis 3. Juni 1971. Leipzig 1972, 143-170.

BORKOWSKY, ERNST: Das Leben Friedrichs des Weisen, Kurfürsten zu Sachsen. Jena 1929. 79.

BORNKAMM, HEINRICH: Kurfürst Friedrich der Weise (1463-1525). ARG 64 (1973), 79-85.

BORNKAMM, HEINRICH: Die Luthersache (Causa Lutheri) 1517-1524: die Anfänge der Reformation als Frage von Politik und Recht. Lübeck; Hamburg 1970. 182 (Historische Studien; 414) - Besprechungen: ATKINSON, JAMES: JEH 23 (1971), 70-71; MÜHLPFORDT, GÜNTER: DLZ 95 (1974), 897-909; VOGLER, GÜNTER: ZGW 20 (1972), 1322-1323.

BRANDIS, CARL GEORG: Deutsche Verse auf Friedrich den Weisen und die deutschen Verse unter den Fürstenbildern im Schlosse zu Wittenberg. ZVThüGA Beiheft 8 (1917), 62-84.

BRANDIS, CARL GEORG: Polychiana und Sodalitas Leucopolitana. ZVThüGA Beiheft 8 (1917), 12-26.

BRANDIS, HENNING: Henning Brandis' Diarium: Hildesheimsche Geschichten aus den Jahren 1471-1528/hrsg. von Ludwig Haenselmann. Hildesheim 1896. LI, 370 S.

BRATHER, HANS STEPHAN: Die Verwaltungsreformen am kursächsischen Hofe im ausgehenden 15. Jahrhundert. In: Archivar und Historiker: Studien zur Archiv- und Geschichtswissenschaft; zum 65. Geburtstag von Heinrich Otto Meisner... Berlin 1956, 254-287.

BRAUN, PAUL: Anhalter Urkunden im Thüringer Staatsarchiv. Anhaltische Geschichtsblätter 8/9 (1932/33), 79-86.

BRAUN, E. VON: Die Stadt Altenburg in den Jahren 1350-1525... Altenburg 1872. 2 Bl., 409 S.

BRAUNSPERGER, GUSTAV: Beiträge zur Geschichte der Astrologie der Blütezeit vom 15. bis zum 17. Jahrhundert. Phil. Diss. München 1928. 71 S.

BRENDLER, G(ERHARD): Friedrich (III:) der Weise. BLDG, 139.

BRETSCHNEIDER, HARALD: der Leipziger Buchdrucker Melchior Lotter d.Ä. Phil. Diss. (Masch.) Leipzig 1924. III, 144 S.

BRUCK, ROBERT: Friedrich der Weise als Förderer der Kunst. Straßburg 1903. VIII, 336 S.: 41 Taf. (StDKuG; 45) - Besprechung: BECKER, FELIX: NASG 28 (1907), 146-148.

BRUCK, ROBERT: Der Illuminist Jacob Elsner. JPKS 24 (1903), 302-217.

BUCHWALD, GEORG: Allerlei Wittenbergisches aus der Reformationszeit. Lu 10 (1928), 107-112; 11 (1929), 29-31; 54-62; 82-92; 118-122.

Buchwald, Georg: Archivalische Mittheilungen über Bücherbezüge der kurfürstlichen Bibliothek und Georg Spalatins. AGDBH 18 (1896), 7–15.

Buchwald, Georg: Zu Spalatins Reisen, insbesondere nach Wittenberg, in Angelegenheiten der kurfürstlichen Bibliothek (Aus Akten des Thüringer Staatsarchivs in Weimar). Archiv für Bibliographie, Buch- und Bibliothekswesen 2 (1929), 92–114.

Buchwald, Georg: Zur mittelalterlichen Frömmigkeit am kursächsischen Hofe kurz vor der Reformation. ARG 27 (1930), 62–110.

Buder, Christian Gottlieb: De Friderico III. Sapiente Saxoniae Electore, historiarum Patrono et Propagatore. Ienae 1731 6 Bl. (Jenaer Universitätsprogramm, 3. Juni 1731)

Büchmann, Georg: Geflügelte Worte. Neue Ausgabe. München; Zürich (1959). 320 S.

Das Bistum Brandenburg T.2/bearb. von Fritz Bünger. Berlin 1941. XI, 613 S. (GermSac Abt. 1, 3II)

Burckhardt, Jacob: Die Kultur der Renaissance in Italien/hrsg. von Leopold Heinemann. Berlin 1928 VII, 588 S.

Burkhard, Arthur: Hans Burgkmair der Ältere. Leipzig (1934), 203 S.

Burkhardt, Carl August Hugo: Das tolle Jahr zu Erfurt und seine Folgen 1509–1523. ASG 12 (1874), 337–426.

Burkhardt, Carl August Hugo: Die Vermählung des Herzogs Johann von Sachsen. 1. bis 5. März 1500. NASG 15 (1894), 283–298.

Buszello, Horst: Der Deutsche Bauernkrieg von 1525 als politische Bewegung: mit besonderer Berücksichtigung der anonymen Flugschrift »An die versamlung gemayner Pawerschafft«. Berlin 1969. 256 S. (Studien zur europäischen Geschichte 8)

Der Briefwechsel des Conrad Celtis/ges., hrsg. und erl. von Hans Rupprich. München 1934. XXII, 678 S. (HB 3)

Clemen, Otto: Ein Brief Kurfürst Friedrichs an Bernhard von Cles, Bischof von Trient (16. Aug. 1524). NASG 32 (1911), 136–138.

Clemen, Otto: Die Volksfrömmigkeit des ausgehenden Mittelalters. Dresden 1937. 48 S. (Studien zur religiösen Volkskunde 3)

Clemen, Otto: Zur Lebensgeschichte Heinrich Stromers von Auerbach. NASG 24 (1903), 100–110.

Clodius, Heinrich Jonathan: Traum und wahre Geschichte Churfürst Friedrich des Weisen zu Sachsen von dem Hirsch mit dem güldenen Geweih und der Fürstin am Brunnen... Dresdnisches Magazin oder Ausarbeitungen und Nachrichten 1 (1760), 18–31. 131–152.

Cruel, Rudolf: Geschichte der deutschen Predigt im Mittelalter. Detmold 1879. XII, 663 S.

Johann Cuspinians Briefwechsel/hrsg. von Hans Ankwicz von Kleehoven. München 1933. XVIII, 239 S. (HB; 2)

Debes, Erich: Das Amt Wartburg im ersten Drittel des 16. Jahrhunderts. Eisenach 1926. 88 S., 1 Bl. (Schriften des Vereins Freunde der Wartburg e.V. Eisenach 1)

Demelius, Heinrich: Beiträge zur Haushaltsgeschichte der Universität Wien. StGUW 1, 192–217.

Devriendt, Ernst: Die älteren Ernestiner: eine genealogische Charakteristik. Vierteljahrsschrift für Wappen-, Siegel- und Familienkunde 25 (1897), 1–133.

Devriendt, Ernst: Ein Jenaer Schützenfest im Jahre 1490. ZKuG 9 (1901), 158–166.

Dihle, Helene: Kostümbilder und Rechnungsbücher der sächsisch-ernestinischen Hofschneiderei 1469–1588. ZHWK 12 (1929–1931), 127–137; 152–156.

Dihle, Helene; Closs, Adolf: Das Kriegstagebuch eines deutschen Landsknechts um die Wende des 15. Jahrhunderts. ZHWK 12 (1929–1931), 1–11.

Dobenecker, Otto: Ein Kaisertraum des Hauses Wettin. In: Festschrift Armin Tille zum 60. Geburtstag. Weimar 1930, 17–38.

Döring, Heinrich: Friedrich III. Kurfürst von Sachsen. Ersch-Gruber Sect. 1 T. 49, 422–428.

Döring-Hirsch, Erna: Tod und Jenseits im Spätmittelalter . Berlin 1927. XV, 115 S. (Studien zur Geschichte der Wirtschaft und Geisteskultur 2)

Drews, P(eter): Spalatiniana. ZKG 19 (1899), 69–98.

Albrecht Dürer 1471–1971: [Ausstellung des Gemanischen Nationalmuseums Nürnberg (21. Mai BIS 1. Aug. 1971)]. München (1971). 414 S.

Dürers schriftlicher Nachlaß, auf Grund der Originalhandschriften und theilweise neu entdeckter alter Abschriften .../hrsg. von K(onrad) von Lange. Halle 1893. XXIV, 420 S.

Ehmann, Wilhelm: Adam von Fulda als Vertreter der ersten deutschen Komponistengeneration. Berlin 1936. 200, 20 S. Phil. Diss. Freiburg 1936.

Ehrenberg, R.: Nachricht über Nürnberger Münz- und Medaillen-Prägungen im Auftrage Friedrichs des Weisen von Sachsen. Mittheilungen der Bayerischen Numismatischen Gesellschaft 8 (1889), 97–111.

Ehrenthal, M(ax) von: Eine sächsische Plattnerwerkstatt zu Wittenberg. NASG 15 (1894), 299–312.

Ehwald, R(udolf): Drei Stücke aus dem Briefwechsel Friedrichs des Weisen. Aus den coburggothaischen Landen 1 (1903), 24–31.

Die Hofraths-Ordnung des Kurfürsten Friedrich des Weisen und Herzog Johann von Sachsen 1499/hrsg. von G(ustav) Emminghaus. ZVThüGA 2 (1857), 97–106.

Enders, Gerhard: Die wirtschaftliche Ausstattung der Universität Wittenberg 1502 bis 1547 (Die Entstehung der landesherrlichen Universität). Phil. Diss (Masch.) Halle 1951. 107 gez. Bl.

Engelke, Bernhard: Geschichte der Musik im Dom von den ältesten Zeiten bis 1631. Geschichtsblätter für Stadt und Land Magdeburg 48 (1913), 264–291.

Opus Epistolarum Des. Erasmi Roterodami... Hrsg. P(ercy) S(trafford) Allen; (H(elen) M(ary) Allen; H(enry) W(illiam) Garrod. 12 Bde Oxonii 1906–1958. XXIV S., 1 Bl., 615 S.; XX, 603 S., 2 Bl.; XXXI, 634 S., 3 Bl.; XXXII, 632 S., 4. Bl.; XXXIII, 631 S.; XXV S., 3 Bl., 518 S.; XXIII, 560 S.; XLIV S., 8 Bl., 516 S.; XXIV, 459 S.; XXIV, 464 S.; XXX, 400 S. ; IV, 189 S.

Erb, Jörg: Friedrich der Weise. 5. Mai 1525. In: ders.: Die Wolke der Zeugen: Lesebuch zu einem evangelischen Namenskalender. Bd. 2. Stuttgart (1963), 179–186.

Erfurth, Richard: Geschichte der Lutherstadt Wittenberg. 2 Tle. Wittenberg 1910–1927. III, 183; III, 155 S.

Ermisch, Hubert: Die Erwerbung des Herzogtums Sagan durch Kurfürst Ernst und Herzog Albrecht (1472–1475). NASG 19 (1898), 1–50.

ERMISCH, HUBERT: Die geschichtlichen Beinamen der Wettiner. NASG 17 (1896), 1–32.

ERMISCH, HUBERT (Hrsg.): Urkundenbuch der Stadt Freiberg in Sachsen. 3 Bde. Leipzig 1883–1891. XXXVII, 640 S.; LXVIII, 529 S.; LXIV, 688 S. (CDSR T. 2, 12–14)

ERNST, FRITZ: Eberhard im Bart: die Politik eines deutschen Landesherren am Ende des Mittelalters. Stuttgart 1933. X, 244 S.

ERNST, FRITZ: Die wirtschaftliche Ausstattung der Universität Tübingen in ihren ersten Jahrzehnten 1477–1534. Stuttgart 1929. VIII, 105 S. (Darstellungen aus der Württembergischen Geschichte 20)

ESCHENHAGEN, EDITH: Beiträge zur Sozial- und Wirtschaftsgeschichte der Stadt Wittenberg in der Reformationszeit. LuJ 9 (1927), 9–118. Phil. Diss. Halle 1927.

EULENBURG, FRANZ: Die Frequenz der deutschen Universitäten von ihrer Gründung bis zur Gegenwart. Leipzig 1904. XII, 324 S. (Abhandlungen der philologisch-historischen Klasse der Sächsischen Gesellschaft der Wissenschaften 24, II)

EULING, KARL – s. Oldecop, Johann

FABER, MATTHÄUS: Kurzgefaßte Historische Nachricht Von der Schloß- und Academischen Stiffts Kirche zu Aller-Heiligen in Wittenberg ... Wittenberg [2]1730. 8 Bl., 295 S., 4 Bl.

FABIAN, EKKEHART: Dr. Gregor Brück 1557–1957: Lebensbild und Schriftwechselverzeichnis des Reformationskanzler I.U.D. Gregor Heinze-Brück zu seinem 400. Todestage. Tübingen 1957, 62 S. (Schriften zur Kirchen- und Rechtsgeschichte 2)

FABIAN, ERNST: Die (Oswald Losanschen) Annalen der Stadt Schwanfeld oder Zwickau von 1231–1534. MAVZ 10 (1910), 1–68.

FABIAN, ERNST: Fürstenbesuche und Volksbelustigungen in Zwickau im 16. Jahrhundert. MAVZ 10 (1910), 119–128.

FABRICIUS, GEORG: Saxoniae illustratae libri novem .../ eruntur atque explicantur.... Jacob Fabricius. Lipsiae 1606. 10 Bl., 888 S., 36 Bl, 153 S. 11 Bl.

FABRICIUS, GEORG: Rerum Misniarum in libros(!) septem .../ hrsg. von Jacob Fabricius. In: DERS. Rerum Germaniae magnae et Saxoniae universae memorabilium mirabiliumque... Vol. 2 (Witebergae 1609) 258 S., 14 Bl.

FABRICZY, CORNELIUS VON: Adriano Fiorentino. JPKS 24 (1903), 71–78.

FALK, TILMAN: Hans Burgkmair: Studien zu Leben und Werk des Augsburger Malers. München 1968. 165 S. Phil. Diss. Berlin 1968. (Bruckmanns Beiträge zur Kunstwissenschaft)

FASELIUS, JOHANN ADOLPH LEOPOLD: Friedrich der Weise und Johann der Beständige: ein historischer Versuch und Beytrag zur Reformationsgeschichte... Eisenach 1800. 146 S.

FAULDE, HORST: Uriel von Gemmingen; Erzbischof von Mainz (1508–1514): Beiträge zu seiner Geschichte. (München 1955). 119 S. Phil. Diss. Erlangen 1956.

FEILITZSCH, WILHELM LUDWIG KARL ADOLF VON: Geschichte und Genealogie der Freiherrlichen Familie von Feilitzsch ... Neustadt/Aisch 1875. VII, 351 S.

FISCHER, ROBERT H.: Paltz und Luther. LuJ 37 (1970), 9–36.

FLACH, WILLY: Georg Spalatin als Geschichtsschreiber: Beiträge aus Spalatins Nachlaß im Thüringischen Staatsarchiv Weimar. In: Zur Geschichte und Kultur des Elb-Saale-Raumes: Festschrift für Walter Möllenberg/ hrsg. von Otto Korn. Burg 1939, 211–230.

FLATHE, TH(EODOR): Friedrich III. Der Weise, Kurfürst von Sachsen. ADB 7, 779–781.

Fleischer, Hans Heinrich: Johannes Rhagius Aesticampianus: ein humanistischer Dichter als Professor in Mainz (1501–1506). Mainzer Zeitschrift 63/64 (1968/69), 79–85.

Flemming, P(aul): Zur Geschichte der Reliquiensammlung der Wittenberger Schloßkirche unter Friedrich dem Weisen. ZVKGPrSa 14 (1917), 87–92.

Flugschriften der Bauernkriegszeit / unter Leitung von Adolf Laube, Werner Seiffert bearb. von Christel Laufer. Berlin 1975. 661 S.

Foerstemann, Carolus Eduardus: Album Academiae Vitebergensis ab a. Ch. MDII usque ad a. MDLX / hrsg. von K.A. Foerstemann. Bd. 1. Lipsiae 1841. VIII, 373 S.

(Förstemann, Karl Eduard): Eigenhändige Briefe des Kaisers Maximilian I. an Friedrich den Weisen, Kurfürsten von Sachsen. NMGHF 4 (1839), 69–73.

Förstemann, Karl Eduard: Einige Mittheilungen aus Wittenberger Kämmerei-Rechnungen. NMGHF 2 (1836), 646–649.

Förstemann, Karl Eduard: Liber Decanorum Facultatis Theologicae Academiae Vitebergensis. Lipsiae 1838. V, 176 S.

Förstemann, Karl Eduard: Mittheilungen aus den Wittenberger Kämmerei-Rechnungen in der ersten Hälfte des 16. Jahrhunderts. NMGHF 3 (1837), 103–119.

Förstemann, Karl Eduard: Der Studentenauflauf zu Wittenberg im Jahre 1520. NMGHF 8 (1850), 51–71.

Forte, Dieter: Martin Luther & Thomas Müntzer oder die Einführung der Buchhaltung. Berlin 1971. 137 S. (Quarthefte 48)

Franz, Günther: Friedrich III., der Weise, 1463–1525, Kurfürst. In: Biographisches Wörterbuch zur deutschen Geschichte / hrsg. von Hellmuth Rössler; Günther Franz. München 1952. 233 S.

Quellen zur Geschichte des Bauernkrieges / ges. und hrsg. von Günther Franz. Darmstadt 1963. XXI, 636 S. (Ausgewählte Quellen zur deutschen Geschichte der Neuzeit 2)

Franz, Günther; Kirn, Paul s. Müntzer, Thomas

Fraundorfer, Paul: Das Sakristeikreuz im Stiftsschatz von St. Peter und Alexander zu Aschaffenburg. In: 1000 Jahre Stift und Stadt Aschaffenburg: Festschrift zum Aschaffenburger Jubiläumsjahr 1957. T. 2. Aschaffenburg 1957, 575–591 (Aschaffenburger Jahrbuch 4)

Fraustadt, Albert: Geschichte des Geschlechtes von Schönberg Meissnischen Stammes. Bd.1A: Die urkundliche Geschichte bis zur Mitte des 17. Jahrhunderts. Leipzig 1878. XIX, 650 S.

Freudenberger, Theobald: Der Würzburger Domprediger Dr. Johann Reyss: ein Beitrag zur Geschichte der Seelsorge im Bistum Würzburg am Vorabend der Reformation. Münster 1954. VIII, 134 S. (Katholisches Leben und Kämpfen im Zeitalter der Glaubensspaltung 11)

Freyer, Hieronymus: Programmata latino-germanica: cum additamento miscellaneorum vario. Halae 1737.

Freytag, Gustav: Bilder aus der deutschen Vergangenheit. Vollständige Ausgabe Bd.3. Leipzig: Schlüter, 1927. 403 S.

Freytag, Hermann: Dr. Johann von Kitzscher im Dienste des Deutschen Ordens. NASG 28 (1907), 117–122.

Fridericus III. Der Weise. Zedler 9, Sp. 1886–1888.

FRIEDENSBURG, WALTER: Die Berufung des Johannes Rhagius Aesticampianus an die Universität Wittenberg 1517. ARG 21 (1924), 146-148.

FRIEDENSBURG, WALTER: Ein englischer Spion in Wittenberg zur Zeit Luthers (1539). ARG 14 (1917), 301-310.

FRIEDENSBURG, WALTER: Geschichte der Universität Wittenberg. Halle 1917. IX, 645 S.

FRIEDLÄNDER, MAX J.: Albrecht Dürer. Leipzig 1921. 229 S.

Die Gemälde von Lucas Cranach/hrsg. von MAX J. FRIEDLÄNDER; JAKOB ROSENBERG. Berlin 1932. 123 S., 154 Bl.

Friedrich der Weise. Kurfürst von Sachsen. Saxonia: Museum für sächsische Vaterlandskunde 2 (1835/36), 34f; 37-39; 53f.

FROST, GUSTAV ADOLF: Zum Heeresdienst der sächsischen Klöster. NASG 39 (1918), 138-139.

GATT, ANNELIESE: Der Innsbrucker Hof zur Zeit Kaiser Maximilians I. 1493-1519. Phil. Diss (Masch.) Innsbruck 1943. XVI, 212 gez. Bl.

GEIGER, LUDWIG: Beziehungen zwischen Deutschland und Italien zur Zeit des Humanismus ZkuG 4 (1875), 104-124.

GEIGER, LUDWIG: Johannes Reuchlin: sein Leben und seine Werke. Leipzig 1871. XXVIII, 488 S.

GEIGER, LUDWIG – s. Reuchlin, Johannes

GERBER, CHRISTIAN: Vom Chur-Fürsten Friderico, dem Weissen(!) genannt, und dessen Leben und Tod. In: DERS. Historia derer Wiedergebohrnen in Sachsen... Bd. 1 Dresden 1725, 61-97.

GERSTLAUER, RICHARD: Der Buchdrucker Wolfgang Stöckel in seiner Leipziger Zeit (1495-1525). Phil. Diss (Masch.) Leipzig 1924. II,103 S.

Akten und Briefe zur Kirchenpolitik Herzog Georgs von Sachsen/hrsg. von FELICIAN GESS. 2 Bde. Leipzig 1905-1917. LXXXVIII, 848 S.; XIX, 923 S. (SSKoG 10.22))

GESS, FELICIAN: Leipzig und Wittenberg: ein Beitrag zur sächsischen Reformationsgeschichte. NASG 16 (1895), 41-93.

GILLERT, KARL – s. Mutianus, Conradus

GLAGAU, HANS: Anna von Hessen, die Mutter Philipps des Großmütigen (1485-1525): eine Vorkämpferin landesherrlicher Macht. Marburg 1899. XVI, 200 S.

GLEICHMANN, JOHANN ZACHARIAS: Einige Historische Merkwürdigkeiten, von dem glorwürdigen Chur-Fürsten von Sachsen, Friderico III. Sapiente... Frankfurt/M.; Leipzig 1733. 4. Bl.

GOERLITZ, WOLDEMAR: Staat und Stände unter den Herzögen Albrecht und Georg 1485-1539. Leipzig 1928. 5 Bl., 599 S. (Sächsische Landtagsakten; 1) (SSKG; 32)

GOLDFRIEDRICH, ROLF: Die Geschäftsbücher der kursächsischen Kanzlei im 15. Jahrhundert. Phil. Diss. Leipzig 1930. 184 S.

GOTTLOB, ADOLF: Der Legat Raimund Peraudi. HJ 6 (1885), 438-461

GRAF, WILHELM: Doktor Christoph Scheurl von Nürnberg. Leipzig; Berlin 1930. 2 Bl., 159 S. (BkuGMR 43)

G(RAUER), E(BERHARD): War er der Weise?: ein verspätetes Geburtstagsblatt. Die Kirche 31 (1976) 4, 3.

Gribner, Michael Henricus: De Titulo Friderici Sapientis praefectus praetorio... (Vitembergae 1709) 8 Bl. (Wittenberger Universitätsprogramm 24. November 1709)

Grohmann, Johann Christian August: Annalen der Universität zu Wittenberg. Bd. 1 Meissen 1801. XIV, VIII, 210 S.

Grosse, Hugo: Die kursächsischen Finanzen am Ausgange des Mittelalters. Phil. Diss. (Masch.) Leipzig 1919. XIV, 225 S.: 3 Tab.

Grossmann, Maria: Humanism at Wittenberg 1486–1517. Phil. Diss (Masch.) Cambridge, Mass. 1959. 354 S.

Grossmann, Maria: Humanismus in Wittenberg 1485–1517. Nieuwkoop 1975. 158 S. (Bibliotheca humanistica et reformatorica; 11), zitiert als Grossmann, HIW

Grossmann, Humanismus in Wittenberg, 1486–1517. LuJ 39 (1972), 11–30, zitiert als: Grossmann: LuJ

Grossmann, Maria: Wittenberger Drucke 1502 bis 1517: ein bibliographischer Beitrag zur Geschichte des Humanismus in Deutschland. Wien; Bad Ecklet 1971. 57 S., zitiert als Grossmann: Drucke

Grossmann, Maria: Wittenberger Drucke von 1502 bis 1517. Das Antiquariat 17 (1963–1966), 153- 157; 220–226.

Grote, Ludwig: Kardinal Albrecht und die Renaissance in Halle-Wittenberg Halle (1930). 39 S. (Der Rote Turm 8/9)

Grotemeyer, Paul: Die Statthaltermedaillen des Kurfürsten Friedrichs des Weisen von Sachsen. Münchner Jahrbuch der bildenden Kunst 21 (1970), 143–166.

Grüneberg, Theodor: Martin Pollich von Mellerstadt, der erste Rektor der Wittenberger Universität. FUHW 1, 87–91.

Grünert, A.: Prinzenerziehung im Hause der Wettiner. In: Festreden und Gedichte für Schulen und patriotische Vereine.../hrsg. von Karl Gebser. Bd. 2. Leipzig 1910, 16–27.

Gümbel, Albert: Der Kursächsische Kämmerer Degenhart von Pfeffingen: der Begleiter Dürers auf der »Marter der zehntausend Christen«. Straßburg. 1926. 70 S., 1 Bl. (StDKuG 238)

Gundermann, Ferdinand: Chronik der Stadt Eilenburg. Eilenburg 1879. X, 446 S.

Gurlitt, Cornelius: Archivalische Forschungen. Bd. 1: Deutsche Turniere, Rüstungen und Plattner des 16. Jahrhunderts. Dresden 1889, 114 S.

Gurlitt, Cornelius: Archivalische Forschungen. Bd. 2: Die Kunst unter Friedrich dem Weisen. Dresden 1897. II, 99 S.

Gurlitt, Willibald: Johannes Walter und die Musik der Reformationszeit. LuJ 15 (1933), 1–112.

Gurlitt, Willibald: Ein Lütticher Beitrag zur Adam von Fulda-Frage. In: Kongressbericht des ersten Kongresses der Internationalen Gesellschaft für Musikwissenschaft. Lüttich. 1.-6. September 1930. Burnham 1930, 125–131.

Händler, Gerhard: Fürstliche Mäzene und Sammler in Deutschland von 1500–1620. Straßburg 1933. 4 Bl., 112 S. (StDKuG 297). Phil. Diss. Halle 1933.

Der sächsischen Kurfürsten Turnierbücher in ihren hervorragendsten Darstellungen auf vierzig Tafeln/hrsg. von Erich Haenel. Frankfurt/M. 1910. 52 Sp., 40 Taf.

HÄNSCH, ERNST: Die wettinische Hauptteilung von 1485 und die aus ihr folgenden Streitigkeiten bis 1491. Phil. Diss. Leipzig 1909. 131 S.

HAENSELMANN, LUDWIG - s. Brandis, Henning

(HAHN, JOHANNES): Adolf Krencker zum Gedächtnis: zum ersten Jahrestag seines Todes hrsg. von elsaß-lothringischen Landsleuten im Reich. (Berlin 1933). 15 S.

HALBAUER, FRITZ: Mutianus Rufus und seine geistesgeschichtliche Stellung. Leipzig; Berlin 1929. IV, 150 S. (BKuGMR 38)

HALLER, JOHANNES: Die Anfänge der Universität Tübingen: 1477-1537. 2. Bde. Stuttgart 1927-1929. XI, 341 S.; XII, 252 S.

HANNEMANN, KURT: Reuchlin und die Berufung Melanchthons nach Wittenberg. In: Johannes Reuchlin 1455-1522: Festgabe seiner Vaterstaft Pforzheim zur 500.. Wiederkehr seines Geburtstages/ hrsg. von Manfred Krebs. Pforzheim (1955), 108-138.

HARKSEN, SIBYLLE: Die Gemäldeausstattung des Wittenberger Schlosses beim Einzug Lucas Cranachs. LCKG, 111-114.

HARTFELDER, KARL: Der Aberglaube Philipp Melanchthons. In: Historisches Taschenbuch F.6,8 (1889), 233-269.

HARTFELDER, KARL: Friedrich der Weise von Sachsen und Desiderius Erasmus von Rotterdam. ZVLR 4 (1891), 203-214.

HARTMANN, BERNHARD: Konrad Celtis: ein Beitrag zur Geschichte des Humanismus in Nürnberg . MVGN 8 (1889), 1-68.

HARTWIG, HANS: Die Verfassung der Universität Wittenberg, ihre ursprüngliche Form und deren Grundlagen. FUHW 1, 93-101.

HARTZ, WERNER: Die Gesetzgebung des Reichs und der weltlichen Territorien in der Zeit von 1495 bis 1555. Kassel 1931. 138 S. Phil. Diss. Marburg 1929.

HASHAGEN, JUSTUS: Landesherrliche Ablaßpolitik vor der Reformation. ZKG 45 (1926), 11-20.

HAUPT, RUDOLF: Studien zur Geschichte der Universität Leipzig zur Zeit des Frühhumanismus. Phil.Diss. (Masch. u. Handschr.) Leipzig 1920. 151 S.

HAUSEN, CHRISTIAN AUGUST: Gloriosa Electorum Ducum Saxoniae Busta oder Ehre Derer... Chur- Fürsten und Hertzoge zu Sachsen Leichen-Grüffte... Dresden 1728. 1931 S.

HAUSER, ARNOLD: Sozialgeschichte der Kunst und Literatur. Bd. 1. München 1953. XI, 536 S.

HAUSSHERR, HANS: Die Finanzierung einer deutschen Universität: Wittenberg in den ersten Jahrzehnten seines Bestehens 1502-1547. FUHW 1, 345-354.

HAUSSLEITER, JOHANNES: Die Universität Wittenberg vor dem Eintritt Luthers: nach der Schilderung des Mag. Andreas Meinhardi vom Jahre 1507. Leipzig ^{2}1903. 88 S.

HEKELIUS, J(OHANN) F(RIEDRICH): Manipulus primus epistularum singularium ab heroibus inclutis ac viris illustribus, celebribus ac claris ad Diversos diverso tempore scriptarum... Dresdae 1699. 2. Bl., 115 S., 6 Bl.

HELBIG, HERBERT: Die Reformation der Universität Leipzig im 16. Jahrhundert. Gütersloh 1953. 143 S. (SVRG 171)

HELBIG, HERBERT: Der Wettinische Ständestaat: Untersuchungen zur Geschichte des Ständewesens und der landständigen Verfassung in Mitteldeutschland bis 1485. Münster 1955. XIV, 502 S. (Mitteldeutsche Forschungen 4)

Sigmunds Freiherrn von Herberstein Selbst-Biographie:1486–1553. In: FRA Abt. 1: Scriptores Bd.1 Hrsg. T(heodor) G. von Karajan. Wien 1855, 67–396.

Herding, Otto: Probleme des frühen Humanismus in Deutschland. AKuG 38 (1956), 344–389.

Heubner, Heinrich: Der Bau des kurfürstlichen Schlosses und die Neubefestigung Wittenbergs durch die Kurfürsten Friedrich den Weisen, Johann den Beständigen und Johann Friedrich den Großmütigen: nach Akten im Ernestinischen Gesamtarchiv zu Weimar und den Wittenberger Ratsakten. Wittenberg 1936. 107 S.

Heubner, Heinrich: Die Stadt Wittenberg und die Universität. FUHW 1, 149–154.

Heumann, Christoph August: Dissertatio de somnio divino quod Friderico Saxoniae Principi Electori vulgo tribuitur. In: ders. Lutherus Apocalypticus... Hannover 1617. 73–116.

Hevesy, André de: Jacopo de Barbari: le Maitre au caducée. Paris; Bruxelles 1925. 54 S.; 39 Taf.

Hildebrandt, Ernst: Die kurfürstliche Schloß- und Universitätsbibliothek zu Wittenberg: 1512–1547; Beiträge zu ihrer Geschichte. Phil. Diss. (Masch.) Leipzig 1924. V, 199 S. Auch gedruckt in: Zeitschrift für Buchkunde 2 (1925), 34–42; 109–129; 157–188.

Hinrichs, Carl: Luther und Müntzer: ihre Auseinandersetzung über Obrigkeit und Widerstandsrecht Berlin 1952. VIII, 187 S. (Arbeiten zur Kirchengeschichte 29)

Höss, Irmgard: Georg Spalatins Bedeutung für die Reformation und die Organisation der Lutherischen Landeskirche. ARG 42 (1951), 101–135.

Höss, Irmgard: Der Brief des Erasmus von Rotterdam an Kurfürst Friedrich den Weisen vom 30. Mai 1519: Bemerkungen zu der Ausgabe der Erasmus-Briefe von P. S. Allen. ARG 46 (1955), 209–213.

Höss, Irmgard: Georg Spalatin: 1484–1545; ein Leben in der Zeit des Humanismus und der Reformation. Weimar 1956. XVI, 467 S.

Holfelder; Hans Hermann: Matthäus Aurogallus (ca. 1490–1543). ZKG 85 (1974), 383–388.

Hoppe-Seyler, Amanda: Friedrich der Weise, Kurfürst von Sachsen: ein Charakterbild aus dem deutschen Volke und für das deutsche Volk. Leipzig ^{4}1898. VI, 128 S.

Horawitz, Adalbert; Hartfelder, Karl – s. Beatus Rhenanus

Hoyer, Siegfried: Das Militärwesen im deutschen Bauernkrieg 1524–1526. Berlin (1975). 250 S. (Militärhistorische Studien NF 16)

Hoyer, Siegfried: Die Gründung der Leipziger Universität und Probleme ihrer Frühgeschichte. FKMU 1, 1–33.

Hübner, Julius: Kleine Beiträge zur Specialgeschichte der an dem churfürstlich-sächsischen Hofe angestellten oder beschäftigten Künstler... ASG 2 (1864), 180–192.

Hütt, Wolfgang: Deutsche Malerei und Graphik der frühbürgerlichen Revolution. Leipzig 1973. 592 S.

Hugs, Heinrich: Villinger Chronik von 1495 bis 1533/ hrsg. von Christian Roder. Tübingen 1883. 276 S. (BLVS 164)

Huizinga, Jan: Herbst des Mittelalters: Studien über Lebens – und Geistesformen des 14. und 15. Jahrhunderts in Frankreich und in den Niederlanden. 7. durchges. Aufl. Stuttgart (1953). XII, 384 S.

Israel, Friedrich: Das Wittenberger Universitätsarchiv, seine Geschichte und seine Bestände: nebst den Regesten der Urkunden des Allerheiligenstiftes und den Fundationsurkunden der Universität Wittenberg. Halle 1913. 5 Bl., 160 S. (Forschungen zur thüringisch-sächsischen Geschichte 4)

Jeremias, Alfred: Johann von Staupitz: Luthers Vater und Schüler: sein Leben, sein Verhältnis zu Luther und eine Auswahl aus seinen Schriften. Berlin 1926. 402 S.

Joachim, Johannes: Die Drucker Johannes Grunenberg und Georg Rhau in Wittenberg. ZBBW 21 (1904), 433-439.

Joachimsen, Paul: Geschichtsauffassung und Geschichtsschreibung in Deutschland unter dem Einfluß des Humanismus. Teil 1. Leipzig. 1910. 299 S. (BkuGMR 6)

Jörg, Joseph Edmund: Deutschland in der Revolutionsperiode von 1522 bis 1526 aus den diplomatischen Correspondenzen und Original-Akten bayerischer Archive dargestellt. Freiburg/Br. 1851. XII, 746 S.

Der Briefwechsel des Justus Jonas/ges. und bearb. von Gustav Kawerau. T. 1. Halle 1884. XVI, 447 S. (QuPrSa A.F. 17I)

Jugler, Johann Friedrich: Historische Abhandlung von gelehrten sächsischen Fürsten. Leipzig 1740. 82 S.

Junghans, Helmar: Der Einfluß des Humanismus auf Luthers Entwicklung bis 1518. LuJ 37 (1970), 37-101.

Junghans, Johann Christian August: Geschichte der Schwarzburgischen Regenten. Leipzig 1821. XXVIII, 387 S., 2 Bl.

Juntke, Fritz: Über die im 15. Jahrhundert in Leipzig gedruckten Ablaßpredigten des Johannes von Paltz. GuJ 48 (1973), 203-212.

Flugschriften des Bauernkrieges/hrsg. von Klaus Kaczerowsky. Hamburg 1970. 264 S. (Rowohlts Klassiker der Literatur und der Wissenschaft 526/27)(Deutsche Literatur; 33)

Kalkoff, Paul: Ablaß und Reliquienverehrung an der Schloßkirche zu Wittenberg unter Friedrich dem Weisen. Gotha 1907. 116 S.

Kalkoff, Paul: Der Briefwechsel zwischen dem Kurfürsten Friedrich und Cajetan [1519]. ZKG 27 (1906), 323-332.

Kalkoff, Paul: Die Depeschen des Nuntius Aleander vom Wormser Reichstage 1521. 2. völlig umgearb. Aufl. Halle 1897. 2 Bl., 266 S.

Kalkoff, Paul: Erasmus, Luther und Friedrich der Weise: eine reformationsgeschichtliche Studie. Leipzig 1919. XVIII, 113 S. (SVRG 123)

Kalkoff, Paul: Friedrich der Weise, der Beschützer Luthers und des Reformationswerkes. ARG 14 (1917), 249-262.

Kalkoff, Paul: Friedrich der Weise, dennoch der Beschützer Luthers und des Reformationswerkes. ZKG 43 (1924), 179-208.

Kalkoff, Paul: Friedrich der Weise und Luther. HZ 132 (1925), 29-42.

Kalkoff, Paul: Die Kaiserwahl Friedrichs des Weisen (27. Juni 1519). ARG 21 (1924), 133-140.

Kalkoff, Paul: Die Kaiserwahl Friedrichs IV. und Karls V. (am 27. und 28. Juni 1519). Weimar 1925. X, 308 S.

Kalkoff, Paul: Die Stellung Friedrichs des Weisen zur Kaiserwahl von 1519 und die Hildesheimer Stiftsfehde. ARG 24 (1927), 270-294.

Kalkoff, Paul: Zur Kaiserwahl Friedrichs IV., und Karls V. ZGO 79 (1927), 405-460.

Kampers, Franz: Die deutsche Kaiseridee in Prophetie und Sage. ND [d. 2. Aufl.] Aalen 1969. 231 S.

Karajan, Theodor G. von. – s. Herberstein, Sigmund von

Karstens, Wolfgang: Sächsisch-hessische Beziehungen in den Jahren 1524, 1525 und 1526. ZVThüGA 12 (1885), 305-385.

Kattermann, Gerhard: Markgraf Philipp I. von Baden als kaiserlicher Statthalter am Reichsregiment zu Eßlingen und Speyer 1524 bis 1528. ZGO N.F. 52 (1939), 360-423.

Kaufmann, Georg: Geschichte der deutschen Universitäten. 2 Bde. Stuttgart 1888-1896. XIV, 442 S.; XVIII, 587 S.

Kaufmann, Georg: Zur Gründung der Wittenberger Universität. DZGW 11 (1894), 114-143.

Kawerau, Gustav – s. Jonas, Justus

Kettmann, Gerhard: Die kursächsische Kanzleisprache zwischen 1486 und 1546: Studien zum Aufbau und zur Entwicklung. Berlin ²1969. 312 S. (Veröffentlichungen des Instituts für deutsche Sprache und Literatur 34)

Kindermann, Jürgen: Die Messen Adam Reners: ein Beitrag zur Musikgeschichte des frühen 16. Jahrhunderts. Phil. Diss. (Masch.) Kiel 1962. 300 gez. Bl.

Kirn, Paul: Einführung in die Geschichtswissenschaft. 3. durchges. Aufl. Berlin 1959. 126 S. (Sammlung Göschen 270)

Kirn, Paul: Friedrich der Weise und Jacopo de Barbari. JPKS 46 (1925), 130-134.

Kirn, Paul: Friedrich der Weise und die Kirche: seine Kirchenpolitik vor und nach Luthers Hervortreten im Jahre 1517; dargestellt nach den Akten im thüringischen Staatsarchiv zu Weimar. Leipzig 1926. IV, 212 S. (BKuGMR 30) Phil. Habil. Leipzig 1926. Nachdruck Hildesheim 1972.

Kirnberger, Albert: Diether von Isenburg: der Gründer der Mainzer Universität. Mainz (1950). 32 S.

Kius, Otto: Das Finanzwesen des ernestinischen Hauses Sachsen im sechszehnten(!) Jahrhundert. Nach archivalischen Quellen. Weimar 1863. IV, 144 S.

Kius, Otto: Das Stipendiatenwesen in Wittenberg und Jena unter den Ernestinern im 16. Jahrhundert. Zeitschrift für historische Theologie 35 (1865), 96-159.

Kleeberg, Alfred – s. Spalatin, Georg

Kleineidam, Erich: Universitas studii Erffordensis: Überblick über die Geschichte der Universität Erfurt im Mittelalter 1392-1521. 2. Bde. Leipzig 1964-1969. XV, 402 S.; XVIII, 400 S. (Erfurter theologische Studien 14. 22)

Klemperer, Victor von: Konrad Kachelofen, Johannes Kachelofen. GuJ 4 (1929), 134-151.

Knaake, Joachim Karl Friedrich – s. Staupitz, Johannes von.

Knaake, Joachim Karl Friedrich: Über Cranachs Presse. ZBBW 7 (1890), 196-207.

Knappich, Wilhelm: Geschichte der Astrologie. Frankfurt/M. (1967). XII, 396 S.

Knod, Gustav C.: Deutsche Studenten in Bologna (1289-1562): biographischer Index zu den Acta nationis Germanicae universitatis Bononiensis. Berlin 1899. XIV, 765 S.

Koch, Anni: Die Kontroverse über die Stellung Friedrichs des Weisen zur Reformation. ARG 23 (1926), 213-260.

Koch, Hans Gerhard: Martin Luther und Friedrich der Weise. o. O. (Masch). o. J. (zwischen 1934 und 1945). 176, 26 S.

Köditz, Hanna: Die Volksbewegung in Mühlhausen in Thüringen 1523-1573. Phil. Diss. (Masch.) Jena 1959. 304, XVIII gez. Bl.

Köhler, Johann Friedrich: Zwey merkwürdige Schreiben an Churfürst Friedrich den Weisen zu Sachsen, von Georg Spalatin und Conrad Mutianus, aus den Originalen. In: ders.: Lebensbeschreibungen merkwürdiger deutscher Gelehrten und Künstler... T. 1 Leipzig 1794, 261-274.

Köhler, Walther: Die Deutsche Kaiseridee am Anfang des 16. Jahrhunderts. HZ 149 (1933), 35-56.

Köhler, Walther: Friedrich der Weise. RGG. 1. Aufl. 2,1077.

Köhler, Walther: Friedrich der Weise. RGG. 2. Aufl. 2,801f.

König, Erich - s. Peutinger, Konrad.

König, Erich: Peutingerstudien. Freiburg/Br. 1914. 4 Bl., 178S., 1 Bl. (Studien und Darstellungen aus dem Gebiete der Geschichte 9,1/2)

Koepplin, Dieter: Humanistische Tendenzen in Cranachs Frühwerk. LCKG, 68-71.

Koepplin, Dieter (Mitarb.): Lukas Cranach: Gemälde, Zeichnungen, Druckgraphik; zur Ausstellung im Kunstmuseum Basel,15. Juni bis 8. September 1974... 2 Bde. Basel; Stuttgart 1974-1976[2]. 432 S; 437-844 S.

Köstlin, Julius: Briefe vom kursächsischen Hofe an A. Tucher in Nürnberg aus den Jahren 1518- 1523. ThStKr 55 (1882), 691-702.

Köstlin, Julius: Friedrich der Weise und die Schloßkirche zu Wittenberg: Festschrift zur Einweihung der Wittenberger Schloßkirche am Tage des Reformationsfestes, den 31. Oktober 1892. Wittenberg 1892. 1 Bl., 110 S., 1 Bl.

Köstlin, Julius; Kawerau, Gustav: Martin Luther: sein Leben und seine Schriften. Bd. 1. Berlin [5]1903. XVI, 797 S.

Kötzschke, Rudolf; Kretzschmar, Hellmut: Sächsische Geschichte: Werden und Grundlagen eines deutschen Stammes und seiner Heimat im Rahmen der deutschen Geschichte. Frankfurt/M. (1965). 453 S.

Kolde, Theodor: Die deutsche Augustinerkongregation und Johann von Staupitz: ein Beitrag zur Ordens- und Reformationsgeschichte nach meistens ungedruckten Quellen. Gotha 1879 XIV, 466 S.

Kolde, Theodor: Friedrich der Weise. RE 6, 279-283.

Kolde, Theodor: Friedrich der Weise und die Anfänge der Reformation: eine kirchenhistorische Skizze mit archivalischen Beilagen. Erlangen 1881. 2 Bl., 75 S.

Kolde, Theodor: Das zweite Breve Adrians an Friedrich den Weisen vom Jahre 1522. In: Kirchengeschichtliche Studien: Hermann Reuter zum 70. Geburtstag gewidmet... Leipzig 1887, 202-227.

Kothe, Irmgard: Der fürstliche Rat in Württemberg im 15. und 16. Jahrhundert. Stuttgart 1938. 199 S. Phil. Diss. Göttingen 1938.

Krapp, Friedrich Wilhelm: Der Erfurter Mutiankreis und seine Auswirkungen. Phil. Diss. (Masch.) Köln 1954. 148, 4 gez. Bl.

Kraus, Viktor von: Das Nürnberger Reichsregiment: Gründung und Verfall 1500-1502. Ein Stück deutscher Verfassungsgeschichte aus dem Zeitalter Maximilians I. Nach archivalischen Quellen dargestellt. Innsbruck 1883. X, 246 S.

Krause, Carl: Helius Eobanus Hessus: sein Leben und seine Werke. Ein Beitrag zur Cultur- und Gelehrtengeschichte des 16. Jahrhunderts. 2 Bde. Gotha 1879. XII, 416 S.; VII, 287 S.

Krencker, Adolf: Friedrich der Weise von Sachsen beim Beginn der Reformation: eine Charakterstudie. Berlin 1905. 50 S. Phil. Diss. Heidelberg 1906.

Kretschmann, Christian Gottfried: Geschichte des Churfürstl. Sächsischen Oberhofgerichts zu Leipzig von seiner Entstehung 1483 an bis zum Ausgange des XVIII. Jahrhunderts. Leipzig 1804. XVI, 478 S.

K(reysig, Georg Christoph): Churfürst Friedrichs zu Sachsen doppeltes Testament. In: Schöttgen, Christian; Kreysig, Georg Christoph: Diplomatische und curieuse Nachlese der Historie von Ober-Sachsen und angräntzenden Ländern. Bd. 3b Dreßden; Leipzig 1733, 50-76.

Kroker, Ernst: Friedrich der Weise (+ 5. Mai 1525) und Luther. Die evangelische Diaspora 7 (1925), 79-83.

Kroker, Ernst: Nativitäten und Konstellationen aus der Reformationszeit. SVGL 6 (1900), 3-33.

Krüger, Gottfried: Wie sah die Stadt Wittenberg zu Luthers Lebzeiten aus? Lu 15 (1933), 13-32.

Krumbholz, Eckart: Das Denkmal. In: ders.: Tassen im Schrank: Miniaturen. Halle 1973, 137-207.

Kühn, Johann Christian: De causis, quibus commotus Fridericus III. Elector Saxoniae dignitatem imperaroriam recusaverit. Lipsiae 1779. 24 S.

Kühne, Heinrich: Einige Bemerkungen zum Aufsatz von Hans Volz: Der Traum Kurfürst Friedrichs des Weisen vom 30./31. Oktober 1517. GuJ 47 (1972), 160.

Deutsche Kunst und Literatur in der frühbürgerlichen Revolution: Aspekte, Probleme, Positionen / hrsg. von der Akademie der Wissenschaften der DDR, Zentralinstitut für Literaturgeschichte. Berlin 1975. 183 S.

Kunzelmann, Adalbero: Geschichte der deutschen Augustinereremiten. Bd. 5: Die sächsisch-thüringische Provinz und die sächsische Reformkongregation bis zum Untergang der beiden. Würzburg 1974. 562 S. (Cassiciacum 26)

Kurze, Dietrich: Johannes Lichtenberger (+1503): eine Studie zur Geschichte der Prophetie und Astrologie. Lübeck; Hamburg 1960. 100 S. Phil. Diss. (West-)Berlin. (Historische Studien 379)

Lange, Konrad; Fuhse, Franz – s. Dürer, Albrecht

Langenn, F(riedrich) A(lbert) von: Herzog Albrecht der Beherzte, Stammvater des Königlichen Hauses Sachsen: eine Darstellung aus der sächsischen Regenten-, Staats-, und Culturgeschichte des XV. Jahrhunderts. Leipzig 1838. VIII, 326 S.

Lau, Franz: Friedrich der Weise. RGG 3. Aufl. 2, 1150

Laube, Adolf: Studien über den erzgebirgischen. Silberbergbau von 1470 bis 1546: seine Geschichte, seine Produktionsverhältnisse, seine Bedeutung für die gesellschaftlichen Veränderungen und Klassenkämpfe in Sachsen am Beginn der Übergangsepoche vom Feudalismus zum Kapitalismus. Phil. Habil. (Masch.) Leipzig. 558 gez. Bl.

Laube, Adolf; Max Steinmetz; Günter Vogler (Autorenkoll.): Illustrierte Geschichte der deutschen frühbürgerlichen Revolution. Berlin 1974. 414 S.

Lentz, Samuel: Diplomatische Stifts- und Landes-Historie von Magdeburg und angrenzenden Landen... Cöthen 1756. 542 S.

Lepsius, Carl Peter: Fürstenversammlungen zu Naumburg. In: ders.: Kleine Schriften: Beiträge zur thüringisch-sächsischen Geschichte und deutschen Kunst- und Alterthumskunde. Bd. 1 Magdeburg 1854, 155–179.

Leuenberger, Robert: Die Bibel in der deutschen Predigt des Mittelalters vor den Anfängen der Mystik. Münsingen (1948). VI, 73 S. Phil. Diss. Bern 1948.

Liessem, Hermann Joseph: De Hermanni Buschii vita et scriptis. Commentatio historica... Bonnae 1866. 96 S.

Lippert, Woldemar: Die ältesten wettinischen Archive im 14. und 15. Jahrhundert. NASG 44 (1923), 71–99.

Lobe, Adolf: Ursprung und Entwickelung der höchsten sächsischen Gerichte: ein Beitrag zur Geschichte der sächsischen Rechtspflege. Leipzig 1905. 139 S.

Lockemann, Theodor: Technische Studien zu Luthers Briefen an Friedrich den Weisen. Leipzig 1913. VIII, 208 S. (Probefahrten 22)

Löbe, J(ulius): Beiträge zur Geschichte dreier Domherren am Georgenstift zu Altenburg, welche sich im 16. Jahrh. einen Namen in der Literatur- und Reformationsgeschichte gemacht haben. MGAGO 8 (1882), 402–421.

Löbe, J(ulius): Personal des St. Georgenstiftes nach Urkunden. MGAGO 2 (1845–1848), 383–386.

Löbe, Max: Wahlsprüche, Devisen und Sinnsprüche der Kurfürsten und Herzöge von Sachsen Ernestinischer Linie: ein Beitrag zur Spruchpoesie des 16. und 17. Jahrhunderts. Leipzig 1878. XI, 96 S.

Lösche, Georg – s. Mathesius, Johannes

Löscher, Valentin Ernst (resp.: Mullerus, Jeremias): Friedericum Sapientem, Sax. Elect., contra recentes Palavicini, Maimburgii, Varillasii aliorumque calumnias defendent... Diss. Vitembergae 1697. 12. Bl.

Lorenz, Christian Gottlob: Die Stadt Grimma im Königreiche Sachsen. Leipzig 1856. 1644 S.

Lortz, Joseph: Die Reformation in Deutschland. 2 Bde. Freiburg/Br. 1939–1940. XIII, 436 S.; 332 S.

Lossnitzer, Max: Die frühen Bildnisse Kurfürst Friedrichs des Weisen. Mitteilungen aus den Sächsischen Kunstsammlungen 4 (1913), 8–18.

Lüdecke, Heinz: Albrecht Dürer. Leipzig 1978. 173 S.

Lüdecke, Heinz (Hrsg.): Lukas Cranach der Ältere im Spiegel seiner Zeit: aus Urkunden, Chroniken, Briefen Reden und Gedichten. Berlin 1953. 143 S., 10 S.: Ill.

Lülfing, Hans: Universität, Buchdruck und Buchhandel in Wittenberg, vornehmlich im 16. Jahrhundert. FUHW 1, 377-391.

Luther, Johannes: Der Wittenberger Buchdruck in seinem Übergang zur Reformationspresse. In: Lutherstudien zur 4. Jahrhundertfeier der Reformation, veröffentlicht von den Mitarbeitern der Weimarer Lutherausgabe. Weimar 1917, 261-282.

Lutz, Heinrich: Konrad Peutinger: Beiträge zu einer politischen Biographie. Augsburg 1958. XVI, 421 S. (Abhandlungen zur Geschichte der Stadt Augsburg 9)

Machatschek, Eduard: Geschichte der Bischöfe des Hochstiftes Meissen in chronologischer Reihenfolge: zugleich ein Beitrag zur Culturgeschichte der Mark Meissen und des Herzog- und Kurfürstenthums Sachsen. Dresden 1884. 4 Bl., 846 S., 1 Bl.

Marx, Jacob: Geschichte des Erzstiftes Trier: als Kurfürstentum und Erzdiözese von den ältesten Zeiten bis zum Jahre 1816. Abt. 1: Die Geschichte der Stadt Trier und des Trierischen Landes von der Zeit der römischen Herrschaft bis zum Beginn der Regierung des letzten Kurfürsten. 2 Bde. Trier 1858-1859. XV, 544 S. ; XV, 538 S.

Massa, Willi: Die Eucharistiepredigt am Vorabend der Reformation: eine material-kerygmatische Untersuchung zum Glaubensverständnis von Altarsakrament und Messe am Beginn des 16. Jahrhunderts als Beitrag zur Geschichte der Predigt. Steyl 1966. XII, 251 S. (Veröffentlichungen des Missionspriesterseminars St. Augustin/Siegburg 15)

Mathesius, Johannes: Ausgewählte Werke. Bd. 3: Luthers Leben in Predigten/hrsg. von Georg Lösche. Prag 1898. 2 Bl., XXI, S., 1 Bl., 563 S. (Bibliothek deutscher Schriftsteller in Böhmen 9)

Maurer, Wilhelm: Der kursächsische Salomo: zu Luthers Vorlesungen über Kohelet (1526) und über das Hohelied (1530/31). In: Antwort aus der Geschichte: Beobachtungen und Erwägungen zum geschichtlichen Bild der Kirche = Walter Dress zum 65. Geburtstag. Berlin 1969, 99-116.

May, Jacob: Der Kurfürst, Cardinal und Erzbischof Albrecht II. von Mainz und Magdeburg, Administrator des Bisthums Halberstadt, Markgraf von Brandenburg, und seine Zeit: ein Beitrag zur deutschen Cultur- und Reformationsgeschichte... Bd. 1 München (1865). 712, XII, 168 S.

Mehl, Fritz: Die Mainzer Erzbischofswahl vom Jahre 1514 und der Streit um Erfurt in ihren gegenseitigen Beziehungen. Phil. Diss. Bonn. 99 S.

Mehring, Gebhard: Kardinal Raimund Peraudi als Ablaßkommissar in Deutschland 1500-1504 und sein Verhältnis zu Maximilian I. In: Forschungen und Versuche zur Geschichte des Spätmittelalters und der Neuzeit; Festschrift Dietrich Schäfer zum siebzigsten Geburtstag... Jena 1915, 334- 409.

Mejer, Wolfgang: Der Buchdrucker Hanns Lufft zu Wittenberg. Leipzig ^{2}1923. IV, 90 S., 1 Bl.

Mencius, Balthasar: Historica Narratio de septem electoribus Saxoniae... qui Academiam Witebergensem condiderunt... Witebergae 1611. XLVI, 239 S.

Mencius, Balthasar: Itinera sex a diversis Saxoniae ducibus et electoribus diversis temporibus in Italiam omnia, tria etiam in Palaestinam et terram sanctam facta... Witebergae (1612). 348 S.

Mencke, Heinrich Otto: Dissertatio prior de Friderico III. Sapiente, Vicario Imperii... Phil. Diss. Lipsiae (1712). 36 S.

Menckenius, Jo(hannes) Burchardus: Scriptores rerum Germanicarum, praecipue Saxonicarum, in quibus scripta et monumenta illustria...protrahuntur, vel cum codicibus mss. collata notulis illustrantur... 3 Bde. Lipsiae 1718–1730. 15 Bl., 2132 Sp.; 11 Bl., 2185 Sp.; 11 Bl., 2064 Sp.; 45 Bl. (zitiert als »Mencke«)

Mentz, Georg: Die Briefe G. Spalatins an V. Warbeck, nebst ergänzenden Aktenstücken. ARG 1 (1904), 197–246.

Mentz, Georg: Johann Friedrich der Großmütige 1503–1554. T. 1: Johann Friedrich bis zu seinem Regierungsantritt: 1503–1532. Jena 1903. XII, 142 S. (Beiträge zur neueren Geschichte Thüringens 1,1)

Meusel, Johann Georg: Einige unverdächtige Zeugnisse, daß Friedrich, Churfürst von Sachsen, die Kayserwürde angeboten, von ihm aber König Carl in Spanien dazu empfohlen wurde... In: ders.: Historisch-litterarisch-bibliographisches Magazin 1 (1788), 219–222.

Meyer, Carl: Der Aberglaube des Mittelalters und der nächstfolgenden Jahrhunderte. In: Einladungsschrift zur Promotionsfeier des Pädagogiums in Basel. Basel 1876, 3–51.

Meyner, A.M.: Geschichte der Stadt Wittenberg aus archivalischen und anderen zuverlässigen Quellen. Dessau 1845. 132 S.

Michaelis, Otto: Kurfürst Friedrich der Weise (1463–1525). In: ders.: Im Mutterlande der Reformation: ein Buch von führenden Gestalten Thüringer Geistesgeschichte. Weimar (1936), 31–33.

Moeller, Bernd: Die deutschen Humanisten und die Anfänge der Reformation. ZKG 70 (1959), 46–61.

Mönch, Paul: Kurfürst Friedrich der Weise von Sachsen als Reichsfürst. Phil. Diss. (Masch.) Jena 1922. 55 S.

Mörtzsch, Otto: Aus den Stoffrechnungen einer fürstlichen Kleiderkammer des ausgehenden Mittelalters. ZHWK 12 (1929–1931), 54–56.

Mörtzch, Otto: Waffenkundliches von der Jerusalemfahrt des Kurfürsten Friedrich des Weisen von Sachsen und des Herzogs Christoph von Bayern im Jahre 1493. ZHWK 7 (1915–1917), 327–332.

Moller, Andreas: Theatri Freibergensis Chronici pars posterior, Beschreybung der alten löblichen BergkHauptStadt Freyberg in Meissen – ander Buch... Freiberg 1653. 707 S.

Moser, Hans Joachim: Leben und Lieder des Adam von Fulda. Jahrbuch der staatlichen Akademie für Kirchen- und Schulmusik Berlin 1 (1927/28), 7–16.

Moser, Hans Joachim: Paul Hofhaimer: ein Lied- und Orgelmeister des deutschen Humanismus. Aufl. Hildesheim 1966. IX, 231, 201 S.

Mühlpfordt, Günter – s. Borth, Wilhelm

Müller, Adolph: Geschichte der Reformation in der Mark Brandenburg. Berlin 1839. XII, 340 S.

Müller, Ernst: Die Ernestinischen Landtage in der Zeit von 1485–1572 unter besonderer Berücksichtigung des Steuerwesens. In: Forschungen zur thüringischen Landesgeschichte [Friedrich Schneider zum 70. Geburtstag am 14. Oktober 1957]. Weimar 1958, 188–228.

Müller, Ernst: Türkensteuer und Landsteuer im ernestinischen Sachsen von 1485–1572. Phil. Diss. (Masch.) Jena 1951. X, 107 gez. Bl., 2 Kt., 17. gez. Bl.

MÜLLER, GEORG: Kurfürst Friedrich der Weise und das Leipziger St. Johannes-Hospital. NASG 54 (1933), 1-15.

MÜLLER, GEORG: Zur Geschichte deutscher Fürstenerziehung: zur Geschichte der Prinzenerziehung der Wettiner. Mitteilungen der Gesellschaft für deutsche Erziehungs- und Schulgeschichte 7 (1897), 281-294.

MÜLLER, HERBERT: Das Doppelamt Jena-Burgau, betrachtet nach Entstehung, Ausbau und Umfang der wettinischen Landesherrschaft von den Anfängen bis in die Mitte des 16. Jahrhunderts, Coburg 1929. XI, 81 S. Phil. Diss. Jena 1929

(MÜLLER, JOHANN JOACHIM): Von dem Daumen der heiligen Coronae in dem Stifft Allerheiligen zu Wittenberg. In: ders.: Entdecktes Staats-Cabinet 7 (1818), 328-336.

MÜLLER, NIKOLAUS: Die Wittenberger Bewegung 1521 und 1522: die Vorgänge in und um Wittenberg während Luthers Wartburgaufenthalt. Leipzig ^{2}1911. 2 Bl., 422 S., 1 Bl.

MÜNCH, WILHELM: Gedanken über Fürstenerziehung aus alter und neuer Zeit. München 1909 VIII, 325 S.

MÜNTZER, THOMAS: Schriften und Briefe: kritische Gesamtausgabe/hrsg. von GÜNTER FRANZ unter Mitarbeit von Paul Kirn. Gütersloh 1968. 591 S. (Quellen und Forschungen zur Reformationsgeschichte 33)

MUTHER, RICHARD: Die Heiligtumsbüchlein des sechzehnten Jahrhunderts. BDBH 51 (1884), 4731-4733.

MUTHER, THEODOR: Aus dem Universitäts- und Gelehrtenleben im Zeitalter der Reformation: Vorträge. Erlangen 1866. XII, 499 S.

Der Briefwechsel des CONRADUS MUTIANUS/hrsg. von KARL GILLERT. 2 Bde. Halle 1890. LXIV, 436 S.; 2 Bl., 372 S. (GQuPrSa A. F. 18I,2)

NASEMANN, OTTO: Friedrich der Weise, Kurfürst von Sachsen. Halle 1899. 54 S.

NEUHOFER, THEODOR: Gabriel von Eyb: Fürstbischof von Eichstätt. Sammelblatt des historischen Vereins Eichstätt 48 (1933), 53-141; 49 (1934), 1-115.

NOLHAC, P(IERRE) DE: Les Correspondants d‘ Alde Manuce. Materiaux nouveau d‘ histoire litteraire (1483-1514). Studi e Documenti di Storia e Diritto. Pubblicazione periodica dell‘ accademia di conferenze storico-giuridiche 8 (Rom 2887), 247-299; 9 (Rom 1888), 202-248.

OESTREICH, GERHARD: Geist und Gestalt des frühmodernen Staates: ausgewählte Aufsätze. Berlin (1969). 355 S.

Chronik des JOHANN OLDECOP/hrsg. von KARL EULING. Tübingen 1891. VIII, 720 S. (BLVS 190)

OPEL, JULIUS - s. Spittendorf, (Marcus)

OPPERMANN, OTTO: Das kursächsische Amt Wittenberg im Anfang des 16. Jahrhunderts, dargestellt auf Grund eines Erbbuches vom Jahre 1513. Leipzig 1897. 2 Bl., 45 S. Phil. Diss., Leipzig 1897.

OTTO, WOLFGANG: Die Inkunabeln aus dem Besitz Dr. Thammo Lösers: die Bibliothek eines Meißner Domherrn des Spätmittelalters. 2 Bde. Prüfungsarbeit für wissenschaftliche Bibliothekare an kirchlichen Bibliotheken (Masch.) Berlin 1973. 230 S.

Briefe und Akten zur Visitationsreise des Bischofs Johannes VII. von Meißen im Kurfürstentum Sachsen 1522/hrsg. von KARL PALLAS. ARG 5 (1907/08), 217-312.

Pallas, Karl (Hrsg.): Urkunden das Allerheiligenstift zu Wittenberg betreffend 1522–1526. ARG 12 (1915), 1–46. 81–131.

Paul, Ulrich: Studien zur Geschichte des deutschen Nationalbewußtseins im Zeitalter des Humanismus und der Reformation. Berlin 1936. 135 S. (Historische Studien 298)

Paulus, Nikolaus: Zur Biographie Tetzels. HJ 16 (1895), 37–69.

Petz, H.: Urkundliche Nachrichten über den literarischen Nachlaß Regiomontans und B. Walters, 1478 bis 1522. MVGN 7 (1888), 237–262.

Peuckert, Will-Erich: Die große Wende: das apokalyptische Saeculum und Luther. Geistesgeschichte und Volkskunde. Hamburg (1948), 749 S.

Konrad Peutingers Briefwechsel/hrsg. von Erich König. München 1923. XV, 527 S. (HB 1)

Pfau, W(illiam) C(lemens): Älteste Baugeschichte des Rochlitzer Schlosses. SD aus Rochlitzer Tageblatt – Sommer 1932.

Pfau, W(illiam) C(lemens): Rochlitzer Buchbinder, Uhrmacher, Goldschmiede, Gürtler und Nadler, Kupferschmiede, Drechsler, Maler, Zeichner. Hefte des Vereins für Rochlitzer Geschichte 10 (1931), 5–68.

Pirckheimer, Willibald: Briefwechsel/hrsg. Emil Reicke in Verbindung mit Arnold Reimann. 2 Bde. München 1940–1956. LI, 592 S.; 643 S. (HB 4.5)

Des kursächsischen Rathes Hans von der Planitz Berichte aus dem Reichsregiment in Nürnberg 1521–1523/gesammelt von Ernst Wülcker, nebst ergänzenden Aktenstücken bearb. von Hans Virck. Leipzig 1899. CXLIX S., 1 Bl., 688 S. (SSKoG 3)

Plitt, Gustav: Kurfürst Friedrich der Weise als Schirmherr der Reformation: ein Vortrag. Zeitschrift für Protestantismus und Kirche 45 (1863), 1–33; unter demselben Titel auch als Separatdruck: Erlangen 1863. 34 S.

Plitt, Gustav: Jodocus Trutfetter von Eisenach, der Lehrer Luthers, in seinem Wirken geschildert. Erlangen 1876. 60 S.

Pongratz, Walter: Geschichte der Universitätsbibliothek (scil. zu Wien). StGUW 1, 7–91.

Prinz, P(eter): Quellenbuch zur brandenburgisch-preussischen Geschichte. Bd. 1: Von den ältesten Zeiten bis zum Tode Joachims I. Freiburg/Br. 1892. XVI, 378 S.

Rahlwes, (Ferdinand): Die Ernestiner als Schirmherren der Reformation. T. 1: Friedrich der Weise und der Aufstieg der reformatorischen Bewegung 1517–1525. Meiningen 1917. 90 S., 1 Bl. (Neue Beiträge zur Geschichte deutschen Altertums 28)

Ranke, Leopold von: Deutsche Geschichte im Zeitalter der Reformation. Historisch-kritische Ausgabe/hrsg. von Paul Joachimsen. Bd. 1 u. 2. München 1925. CXIII, 8, 386 S.; VIII, 437 S.

Rau, Reinhold: Der Beitrag der Basler Hochschule zu den Anfängen der Universität Tübingen.Basler Zeitschrift für Geschichte und Altertumskunde 52 (1953), 14–36.

Rautenstrauch, Johannes: Luther und die Pflege der kirchlichen Musik in Sachsen (14.-19. Jahrhundert): ein Beitrag zur Geschichte der katholischen Bruderschaften, der vor- und nachreformatorischen Kurrenden, Schulchöre und Kantoreien Sachsens. Leipzig 1907. VIII, 472 S.

Rechenberg, Adam (resp.: Starck, Sebastian Gottfried): De serenissim. Electorum Saxoniae favore in literas et scholas... Diss. (Lipsiae 1739). 13 Bl.

REDLICH, PAUL: Cardinal Albrecht von Brandenburg und das Neue Stift zu Halle 1520-1541: eine kirchen- und kunstgeschichtliche Studie. Mainz 1900 XII, 361, 263 S.

REICKE, EMIL - s. Pirckheimer, Willibald

REIMERS, JOHANNES: Dr. Hans Edler von der Planitz, Ritter, kursächsischer Rat und Amtmann zu Grimma (+1535). Herbergen der Christenheit 2 (1957), 88-116.

REISSIG, BEATRIX: Beiträge zur Geschichte des Handels und Warenverkehrs auf der hohen Landstraße in den wettinischen Landen bis ins 16. Jahrhundert. Phil. Diss. Leipzig 1938. XVI, 122 S.

REITZENSTEIN, KARL VON: Unvollständiges Tagebuch auf der Reise Kurfürst Friedrichs des Weisen von Sachsen in die Niederlande zum Römischen König Maximilian I. 1494. ZVThüGA 4 (1861), 127-137.

REMP, ADAM: Calendarium Saxonicum. Kurtz Verzeichniß, allerley Gedenckwirdigen Historien, so in dem ... Chur vnd Fürstlichen hause zu Sachsen... sich ... zugetragen... Erfurt 1587. 16 Bl., 365 S. , 23 Bl.

JOHANN REUCHLINS Briefwechsel/hrsg. von LUDWIG GEIGER. Tübingen 1875. 2 Bl., 372 S. (BLVS 126)

RICHTER, GREGOR: Die ernestinischen Landesordnungen mit besonderer Berücksichtigung der Entwicklung im Herzogtum Sachsen. Weimar Phil. Diss. (Masch,) Jena 1956. XIV, 126 gez. Bl.

RICHTER, OTTO: Das Johannisspiel zu Dresden im 15. und 16. Jahrhundert. NASG 4 (1883), 101-114.

RIEZLER, SIGMUND VON: Die Kunstpflege der Wittelsbacher. München 1911. 43 S.

RITTENBACH, WILLI; SEIFERT, SIEGFRIED: Geschichte der Bischöfe von Meißen 968-1581. Leipzig 1965. 441 S. (Studien zur katholischen Bistums- und Klostergeschichte 8)

RITTER, GERHARD: Studien zur Spätscholastik. 2.: Via antiqua und via moderna auf den deutschen Universitäten des XV. Jahrhunderts. Heidelberg 1922. 156 S. (Sitzungsberichte der Heidelberger Akademie der Wissenschaften: philosophisch-historische Klasse 1922, 7)

RITTER, MORIZ: Sachsen und der Jülicher Erbfolgestreit (1483-1610). Abhandlungen der historischen Klasse der königlich bayerischen Akademie der Wissenschaften 12,2 (1874), 3-80.

ROCH, IRENE: Die Baugeschichte der Mansfelder Schlösser mit ihrem Befestigungsanlagen und die Stellung der Schloßbauten in der mitteldeutschen Renaissance. Phil. Diss. (Masch.) Halle 1966. 175 gez. Bl.

RODER, CHRISTIAN - s. Hug, Heinrich

ROEDIGER, KARL ERICH: Die geistlichen Musikhandschriften der Universitätsbibliothek Jena Bd. 2: Jena 1935. XI, 129 S. (Claves Jenenses 3)

RÖHRICHT, REINHOLD: Deutsche Pilgerreise nach dem Heiligen Lande. Neue Ausgabe. Innsbruck 1900. VII, 360 S. Nachdruck Aalen 1967

RÖHRICHT, REINHOLD; MEISNER, HEINRICH: Hans Hundts Rechnungsbuch (1493-1494). NASG 4 (1883), 37-100.

RÖSSLER, HELLMUTH: Adelsethik und Humanismus. In: Deutscher Adel 1430-1555 = Büdinger Vorträge 1963/hrsg. von HELLMUTH RÖSSLER. Darmstadt 1965. 234-250.

RÖTTINGER, HEINRICH: Beiträge zur Geschichte des sächsischen Holzschnittes. Straßburg 1921. 102 S. 1Bl. (StDKuG 213)

ROSINUS, JOHANNES: Exempla pietatis illustris: Hoc est vitae trium Saxoniae ducum, principum electorum, Friederici (!) tertii Sapientis, Johannis Constantis et Johannis Friderici Magnanimi... (Jenae 1602). 134 Bl.

ROSSBERG, ADOLF: Sachsens Kampf ums Reichsvikariat. Würzburg 1933. VI, 39S. Phil. Diss. Leipzig 1933.

RUHNKE, MARTIN: Beiträge zu einer Geschichte der deutschen Hofmusikkollegien im 16. Jahrhundert. Berlin 1963. 346 S.

RUPPRICH, HANS – s. Celtis, Conrad

SACHSE, (CHRISTIAN FRIEDRICH HEINRICH): Das Grabmal der Kurfürstin Margaretha von Sachsen in der Herzogl. Schloßkapelle zu Altenburg und dessen Erneuerung im J. 1846. MGAGO 2 (1845–1848), 402–413.

SCHADE, OSKAR: Satiren und Pasquille aus der Reformationszeit 3 Bde. Hannover [2]1863. XII, 245 S.; VII, 380 S.; V, 351 S.

SCHADE, WERNER: Die Malerfamilie Cranach. Dresden 1974. 475 S.

SCHAICH-KLOSE, WIEBKE: D. Hieronymus Schürpf: Leben und Werk des Wittenberger Reformationsjuristen. 1481–1554. Jur. Diss. Tübingen 1966. 84 S., 2 Bl.

Scheel, Otto: Martin Luther: vom Katholizismus zur Reformation. Bd. 2: Im Kloster. Tübingen [4]1930. XII, 694 S., 1 Bl.

SCHENK ZU SCHWEINSBERG, GUSTAV: Das letzte Testament Landgraf Wilhelm (!) II. von Hessen vom Jahre 1508 und seine Folgen: ein Beitrag zur Geschichte Hessens während der Minderjährigkeit Landgraf Philipps des Großmütigen. Gotha 1876. 74 S.

SCHEURL, ADOLF VON: Christoph Scheurl: Dr. Christoph Scheurls Vater. MVGN 5 (1884), 13–46.

CHRISTOPH SCHEURLS Briefbuch: ein Beitrag zur Geschichte der Reformation und ihrer Zeit/hrsg. von FRANZ VON SODEN; JOACHIM K. F. KNAAKE. 2 Bde. Potsdam 1867–1872. VII, 169 S., 1 Bl.; V, 251 S. 1 Bl.

SCHIFF, OTTO: Forschungen zur Vorgeschichte des Bauernkrieges. 3: Die unechte Reformation Kaiser Friedrichs III. HV 19 (1919/20), 189–219.

SCHMALENBERG, ERICH: Der Ungekrönte. Pastoralblätter 104 (1964), 204–214.

SCHMIDT, FRIEDRICH: Geschichte der Erziehung der Bayerischen Wittelsbacher von den frühesten Zeiten bis 1750. Berlin 1892. CXXV, 460 S., 1 Bl., 50 S. (MGP 14)

SCHMIDT, K(ARL): Wittenberg unter Kurfürst Friedrich dem Weisen: ein Vortrag in erweiterter Gestalt herausgegeben. Erlangen 1877. 62 S.

SCHMIDT, LUDWIG: Die Fortsetzung des Annales Veterocellenses in der Dresdner Handschrift R. 94. ZVThüGA 18 (1897), 462–486.

SCHMIDT, LUDWIG: Ein unbekanntes Gedicht Sebastian Brants. Zeitschrift für deutsches Alterthum und Literatur 42 (1898), 217–219.

SCHMIDT-EWALD, WALTER: Die drei kursächsischen Archive zu Wittenberg. In: Archivstudien: zum 70. Geburtstag von Woldemar Lippert.... Hrsg. Hans Beschorner. Dresden 1931, 210–224.

SCHMIDT-EWALD: Das Landesaufgebot im westlichen Thüringen vom 15. bis zum 17. Jahrhundert. ZVThüGA 36 (1929), 6–58.

SCHNEIDER, JOHANNES: Die kirchliche und politische Wirksamkeit des Legaten Raimund Peraudi (1486–1505). Phil. Diss. Greifswald 1881; unter demselben Titel erschienen Halle 1882. XII, 126 S.

SCHNURRER, CHRISTIAN FRIEDRICH: De Wittebergensi litterarum universitate ut colonia Tubingensi... In: DERS.: Orationes academicae... Tubingae 1828, 59–70.

SCHOTTENLOHER, KARL: Die Druckprivilegien des 16. Jahrhunderts. GuJ 8 (1933), 89–110.

SCHOTTENLOHER, KARL: Die Widmungsvorrede im Buch des 16. Jahrhunderts. Münster 1953. 274 S. (Reformationsgeschichtliche Studien und Texte 76/77)

SCHRÖCKER, ALFRED GEORG: unio atque concordia: Reichspolitik Bertholds von Henneberg 1487–1504. Phil. Diss. Würzburg 1970. XX, 419 S.

SCHUBERT, FRIEDRICH HERMANN: Friedrich III. Der Weise. NDB 5, 568–572.

SCHUCAN, LUZI: Das Gedicht des Georg Sibutus auf das Wittenberger Turnier von 1508. In: Akten des Kolloquiums zur Basler Cranach-Ausstellung 1974. Basel 1977, 37–52.

SCHÜCK, JULIUS: Aldus Manutius und seine Zeitgenossen in Italien und Deutschland. Berlin 1862. VIII S., 1 Bl., 151 S.

SCHULTE, ALOYS: Die Fugger in Rom 1495–1523: mit Studien zur Geschichte des kirchlichen Finanzwesens jener Zeit. 2 Bde. Leipzig 1904. XI, 308 S; XI, 247 S.

SCHULTE-STRAHAUS, ERNST: Die Wittenberger Heiligtumsbücher vom Jahre 1509 mit Holzschnitten von Lucas Cranach. GuJ 5 (1930), 175–186.

SCHULZE, CHRISTIAN FERDINAND: Geschichte des Gymnasiums zu Gotha. Gotha 1824. 320 S.

SCHUMACHER, HENRICUS AUGUSTUS: De cura ac providentia Dei immortalis signis in Fridericum III. pr. Electorem Saxoniae, Sapientis... Lipsiae (1745). 16 S. (Programme der Fürstenschule Grimma, 25. Oktober 1745)

SCHUMACHER, HENRICUS AUGUSTUS: Fridericos serenissimos Germaniae principes pacis literarum et scholarum amatores brevi commentatione exposuit... Grimae 1728. 4 Bl., 38 S., 1 Bl.

SCHUSTER, GEORG; WAGNER, FRIEDRICH: Die Jugend und Erziehung der Kurfürsten von Brandenburg und Könige von Preußen. Bd. 1. Berlin 1906. XXIII, 608 S. (MGP 33)

SCHUSTER, HEINRICH M.: Das Spiel: seine Entwicklung und Bedeutung im deutschen Recht. Wien 1878. XVIII, 240 S.

SECKENDORF, VEIT LUDWIG VON: Commentarius historicus et apologeticus de Lutheranismo sive de reformatione religionis ductu D. Martini Lutheri.... stabilita... Lipsiae ^{2}1694. 23 Bl., 700 S., 72 Bl.

SEELHEIM, ADOLF : Georg Spalatin als Sächsischer Historiograph: ein Beitrag zur Geschichtsschreibung des Reformationszeitalters. Halle 1876. 2 Bl., 87 S.

SEIDLITZ, WOLDEMAR VON: Die gedruckten illustrierten Gebetbücher des XV. und XVI. Jahrhunderts. JPKS 5 (1884), 128–145.

SELNECKER, NIKOLAUS: Historia narratio et oratio de D.D. Martino Luthero... Lipsiae 1575. 93 Bl.

SLEIDANUS, JOHANNES: Commentariorum de Statu Religionis et Reipublicae, Carolo Quinto Caesare, Libri XXVI... Argentorati (1555). 872 gez. S., 9 ungez. S., 5 ungez. S.

SODEN, FRANZ VON: Beiträge zur Geschichte der Reformation und der Sitten jener Zeit, mit besonderem Hinblick auf Christoph Scheurl II. Nach archivalischen und sonstigen Quellen bearbeitet. Nürnberg 1855. XVI, 519 S.

SODEN, FRANZ VON; KNAAKE, JOACHIM K.F. - s. CHRISTOPH SCHEURLS Briefbuch (373), Georg Spalatins Chronik für die Jahre 1513 bis 1520/hrsg. von Alfred Kleeberg. Borna; Leipzig 1919, 2 Bl., 62 S. Phil. Diss. Jena 1919.

SPALATIN, GEORG: Annales Reformationis oder Jahr-Bücher von der Reformation Lutheri, aus dessen Autographo ans Licht gestellt von Ernst Salomo Cyprian, D. Leipzig 1718. 24 Bl., 720 S., 12 Bl.

Denkwürdigkeiten des Hallischen Rathsmeisters Spittendorf/bearb. JULIUS OPEL. Halle 1880. XLVIII, 581 S. (GQuPrSa 11)

SPITZ, LEWIS W.: The Course of German Humanism. In: Itinerarium Italicum: the Profile of the Italian Renaissance in the Mirror of its European Transformations/hrsg. von HEIKO A. OBERMAN; THOMAS A. BRADY. Leiden 1975, 371-436.

STÄHLIN, CHRISTOPH FRIED(RICH): Aufenthaltsorte Kaiser Maximilians I. seit seiner Alleinherrschaft 1493 bis zu seinem Tode 1519. Forschungen zur Deutschen Geschichte 1 (1862), 347-495. 646-647.

IOHANNIS STAUPITII, Ordinis S. Augustini per Germaniam vicari generalis, Opera, quae reperiri potuerunt omnia / hrsg. von J(OACHIM) K(ARL) F(RIEDRICH KNAAKE. Bd. 1. Potisdamiae 1867. 186S.

STEINHAUSEN, GEORG (Hrsg.): Deutsche Privatbriefe des Mittelalters. Bd. 1: Fürsten und Magnaten, Edle und Ritter. Berlin 1899. XIII, 454 S. (Denkmäler der deutschen Kulturgeschichte Abt. 1,1)

STEINLEIN, HERMANN: Luthers Doktorat: zum 4oojährigen Jubiläum desselben (18. und 19. Oktober 1912) Leipzig 1912. 2 Bl., 87 S.

STEINMETZ, MAX: Deutschland von 1476 bis 1535. In: Deutsche Geschichte in drei Bänden. Bd. 1. Berlin 1965, 457-550.

STEINMETZ, MAX: Humanismus und Reformation in ihren gegenseitigen Beziehungen. LCKG, 33-40.

STEINMETZ, MAX: Die Konzeption der deutschen Universitäten im Zeitalter von Humanismus und Reformation. In: Les Universités Européennes du XIVe au XVIII Siècle: Aspects et Problémes = Actes du Colloque international à l' occasion du Vie Centenaire de l' Université Jagellone de Cracovie. 6.-8. Mai 1964. Genève 1967, 114-127.

STEINMETZ, MAX: Das Müntzerbild von Martin Luther bis Friedrich Engels. Berlin 1971. 498 S. (Leipziger Übersetzungen und Abhandlungen zum Mittelalter B. 4)

STEINMETZ, MAX: Die Universität Wittenberg und der Humanismus 1502-1521. FUHW 1, 103-139.

STERN, LEO: Die geschichtliche Gesamtlage Deutschlands zur Zeit der Gründung der Universität Wittenberg. FUHW 1, 1-68.

STILLE, HANS: Nikolaus von Amsdorf: sein Leben bis zu seiner Einweisung als Bischof in Naumburg (1483-1542). Phil. Diss. Leipzig 1937. 148 S.

STOY, F(RANZ): Friedrichs des Weisen Hoflager in Lochau in seinem letzten Lebensjahre. Forschung und Leben. Heimatblätter des Schönburgbundes 2 (1928), 276–290.

STREIT, FELIX EDMUND: Christoph Scheurl, der Ratskonsulent von Nürnberg und seine Stellung zur Reformation. Plauen 1908. 59 S. Phil. Diss. Erlangen 1908

Urkundenbuch der Universität Leipzig von 1409 bis 1555/hrsg. von BRUNO STÜBEL. Leipzig 1879. XIII, 633 S. (CDSR T. 2,11)

STURMHOEFEL, KONRAD: Illustrierte Geschichte der Sächsischen Lande und ihrer Herrscher. Bd. 1II: von der Landesteilung von 1382 bis zum Übergang der Kurwürde an die Albertiner. (1547). Leipzig 1898. III, 1200 S.

STUSS, JOHANN HEINRICH: Fridericus Sapiens redivivus in Friderico II., duce Saxoniae... Gothae (1730). 4 Bl. (Programm des Gymnasiums Gotha, 14. August 1730).

STUSS, JOHANN HEINRICH: Serenissimos Fridericos tertios, musarum statores ac patronos summos ... laudat ... Gothae (1733). 12 Bl. (Programm des Gymnasiums Gotha, 24. April 1733)

TALAZKO, HELMUT: Moritzkirche und Propstei in Coburg: ein Beitrag zur Geschichte der geistlichen Vermögen im Spätmittelalter. Nürnberg 1971. 433 S. (Einzelarbeiten aus der Kirchengeschichte Bayerns 2)

TENTZEL, WILHELM ERNST: Supplementum Historiae Gothanae primum Conradi Mutiani Rufi canonici quondam Gothani ac inter primos litterarum restauratores celeberrimi epistolas plerunque ineditas, carmina et elogias complectens. Reliquiae Epistolarum Mutiani Elogiis mixtae. Jenae 1701. 116 S

THAUSING, MORIZ: Dürer: Geschichte seines Lebens und seiner Kunst. Bd. 1. Leipzig 1876. XVI, 538 S.

THIELE, RICHARD – s. Stolle, Konrad

THIELEN, PETER GERRIT: Die Kultur am Hofe Herzog Albrechts von Preußen (1525–1568). Göttingen 1953. 1 Bl., 256 S., 6 Bl. (Göttinger Bausteine zur Geschichtswissenschaft 12)

THOMMEN, RUDOLF: Die Rektoren der Universität Basel von 1460 bis 1910. In: Festschrift zur Feier des 450jährigen Bestehens der Universität Basel. Basel 1910, 479–553.

THÜNY, (LOTHAR) FREIHERR VON: Friedrich von Thun, Kurfürst Friedrichs des Weisen Rat und Hauptmann zu Weimar. ZVThüGA 14 (1889), 323–374.

TIMM, ALBRECHT: Wittenberg zur Lutherzeit: Reformations- und sozialgeschichtliche Annotationen. Die Mitte: Jahrbuch für Geschichte, Kunst- und Kulturgeschichte des mitteldeutschen Raumes 3 (1967), 123–139.

TRITHEMIUS, JOHANNES: Chronik des Klosters Sponheim (Chronikon Spanheimense, deutsch) 1044- 1509/hrsg. von Carl Velten. Bad Kreuznach 1969. VI, 263 S.

TRITHEMIUS, JOHANNES: Epistolarum familiarium libri duo ad diversos... viros, quorum Catalogus subiectus est ... Hagenoae 1537. 8 Bl., 344 S.

TROESCHER, GEORG: Conrat Meit von Worms: ein rheinischer Bildhauer der Renaissance. Freiburg/Br. 1927. 1 Bl., 71 S.

TUTZSCHMANN, MAX(IMILIAN) MORITZ: Friedrich der Weise, Kurfürst von Sachsen, ein Lebensbild aus dem Zeitalter der Reformation, nach den Quellen für alle Stände dargestellt... Grimma 1848. VIII, 586 S., 1 Kte.

Uhle, Paul: Die Wohlfahrtsbestrebungen der Wettiner im Mittelalter. Wissenschaftliche Beilage der Leipziger Zeitung (1896), 433–436.

Ullmann, Ernst: Lucas Cranach der Ältere – Bürger und Hofmaler. LCKG, 59–64.

Ullmann, Heinrich: Kaiser Maximilian I. 2 Bde. Stuttgart 1884–1891. XVIII, 870 S.; X,790 S.

Ullmann, Heinrich: Miscelle (scil.: über päpstliche Pläne zur Absetzung Friedrichs des Weisen wegen lutherischer Gesinnung, 1522–1523), ASG 12 (1874), 212–215.

Ullmann, Heinrich: Der Traum des Hans von Hermannsgrün: eine politische Denkschrift aus d. J. 1495. Forschungen zur Deutschen Geschichte 20 (1880), 67–92.

Velten, Carl – s. Trithemius, Johannes

Virck, H(ans): Die Ernestiner und Herzog Georg von 1500 bis 1508. NASG 30 (1909), 1–75.

Virck, Hans: Friedrich der Weise und Luther. Deutsch-evangelische Blätter. Zeitschrift für den gesamten Bereich des deutschen Protestantismus 29 (1904), 725–733.

Vogler, Günter – s. Borth, Wilhelm

Voigt, Johannes: Briefwechsel der berühmtesten Gelehrten des Zeitalters der Reformation mit Herzog Albrecht von Preußen: Beiträge zur Gelehrten-, Kirchen- und politischen Geschichte des sechzehnten Jahrhunderts aus Originalbriefen dieser Zeit. Königsberg 1841. X, 662 S.

Volz, Hans: Der Traum Kurfürst Friedrichs des Weisen vom 30./31. Oktober 1517: eine bibliographisch-ikonographische Untersuchung. GuJ 45 (1970), 174–211.

Voss, Walter: Die wirtschaftlichen Verhältnisse der Universität Frankfurt a.O. 1506–1653. Greifswald 1939. 70 S. Phil. Diss. Berlin 1939.

Vossberg, Herbert: Luther rät Reißenbusch zur Heirat: Aufstieg und Untergang der Antoniter in Deutschland. Ein reformationsgeschichtlicher Beitrag. Berlin 1968. 220 S.

Vulpius, (Christian August): Profetischer Traum des Churfürsten Friedrichs des Weisen von Sachsen. Aus einer Original-Handschrift. In: Reformationsalmanach für Luthers Verehrer auf das evangelische Jubeljahr 1817/hrsg. von Friedrich Keyser. Erfurt ([2]1818), 203–211.

Die Matrikel der Universität Basel/hrsg. von Hans Georg Wackernagel. Bd. 1 Basel 1951. XVI, 467 S.

Waetzold, Wilhelm: Dürer und seine Zeit. München ([4]1950). 467 S.

Wagner, Elisabeth: Luther und Friedrich der Weise (scil: Dissertationsauszug). Jahrbuch der philosophischen Fakultät der Georg-August-Universität zu Göttingen (1922) 2,7–11

Wagner, Elisabeth: Luther und Friedrich der Weise auf dem Wormser Reichstag von 1521. Eine Nachprüfung der Aufstellungen Paul Kalkoffs. ZKG 42 (1923), 331–390.

Walcher-Molthein, Alfred: Die Drechselbank Kaiser Max des Ersten. Belvedere 7 (1925) 1, 17–22.

Walter, Johannes von: Friedrich der Weise und Luther. Rostock 1925. 19 S. (Rektoratsrede, 28. Februar 1925)

Weber, Erwin; Ludolphy, Ingetraut: From Luther to 1580. A pictorial account. St. Louis, MO 1977. 224 S.

Wegele, Franz Xavier von: Geschichte der deutschen Historiographie seit dem Auftreten des Humanismus. München; Leipzig 1885. X, 1093 S.

(WEINART, BENJAMIN GOTTFRIED): Traum und wahre Geschichte Churfürst Friedrich des Weisen zu Sachsen von dem Hirsch mit dem güldenen Geweih und der Fürstin am Brunnen. In: ders.: Neue Sächsische historische Handbibliothek 2 (1784), 1-43 .

WEISE, GEORG: Dürer und die Ideale der Humanisten. Tübingen 1953. 51 S. (Tübinger Forschungen zur Kunstgeschichte 6)

WELCK, HEINRICH VON: Georg der Bärtige, Herzog von Sachsen: sein Leben und sein Wirken, ein Beitrag zur Deutschen Reformationsgeschichte. Braunschweig 1899. 2 Bl. , 196 S.

WELLER, CORNEL: Die Weller von Molsdorf. Genealogie 22 (1973), 399-406.

WELLER VON MOLSDORFF, JACOB: Historia Welleriana... Leipzig 1700. 140 S., 10 Bl.

WENDEHORST, WILTRUD: Das Reichsvikariat nach der Goldenen Bulle: Reichsverweser und Reichsstatthalter in Deutschland von König Wenzel bis zu Kaiser Karl V. Phil. Diss. (Masch.) Göttingen 1951. 158 gez. Bl.

WENTZ, GOTTFRIED - s. Bünger, Fritz; Wentz, Gottfried

WERL, ELISABETH: Herzogin Sidonia von Sachsen und ihr ältester Sohn Herzog Georg. Herbergen der Christenheit 2 (1959), 8-19.

WERLICH, ENGELBERT: Chronica der weitberuempten... Reichs Statt Augspurg in Schwaben... auß... Marx Welsers deß Jüngern... acht Büchern... Frankfurt/M. 1595. 8 Bl., 110 S., 1 Bl., 282 S., 1 Bl, 141 S.

WERNER, HEINRICH: Reformation Kaiser Friedrichs III. Deutsche Geschichtsblätter 19 (1918), 189-193.

WERNICKE, E(WALD): Sächsische Künstler in Görlitzer Geschichtsquellen. NASG 6 (1885), 252-257.

WIESFLECKER, HERMANN: Kaiser Maximilian I.: das Reich, Österreich und Europa an der Wende zur Neuzeit. Bd. 1 u. 2. München 1971-1975. XV, 608 S.; 574 S.

WIESFLECKER, HERMANN: Zur Reichsreform Kaiser Maximilians I. Seit 1495. Anzeiger der österreichischen Akademie der Wissenschaften, philosophisch-historische Klasse 103 (1966) 20, 89-92.

WINKLER, EBERHARD: Lob des friedliebenden Regenten: Melanchthons lateinische Leichenrede auf Kurfürst Friedrich den Weisen. Wissenschaftliche Zeitschrift der Universität Rostock, gesellschafts- und sprachwissenschaftliche Reihe 13 (1964) 2/3, 221-225.

WOLF, GUSTAV: Zur Frage des Kaisertums Friedrichs des Weisen ZKG 45 (1926/27), 22-26.

WOLFRAM, ROBERT: Von dem »großen Heiligthum der St. Annenkirche« zu Annaberg. ASG 1 (1863), 229-235.

WOLGARTEN, REINER: Das erste und zweite Nürnberger Reichsregiment. Jur. Diss. (Masch.) Köln 1957. VI, 134 gez. Bl.

WOLTER, HANS: Die Haltung deutscher Laienfürsten zur frühen Reformation. Archiv für mittelrheinische Kirchengeschichte 24 (1972), 83-105. (Vortrag auf der Jahresversammlung der Gesellschaft für mittelrheinische Kirchengeschichte, Worms, 15. April 1971)

WÜLCKER, ERNST; VIRCK, HANS - s. Planitz, Hans von der

WUSTMANN, GUSTAV: Der Wirt von Auerbachs Keller: Dr. Heinrich Stromer von Auerbach. 1482-1542. Leipzig 1902. 1 Bl., 100 S.

ZANGERUS, JOHANNES: Oratio Secularis... in Academia Witebergensi, collegii iuridici nomine habita... Witebergae 1602. 2 Bl., 37 S., 3 Bl.

ZEEDEN, ERNST WALTER: Friedrich III(!) der Weise. LThK 4, 386

Newe Zeitungen, Relationen, Flugschriften, Flugblätter, Einblattdrucke von 1470 bis 1820 = Katalog 70 des Antiquariats J. Halle/München. München 1829.

ZIMMERMANN, HILDEGARD: Lucas Cranachs d. Ä. Folgen der Wittenberger Heiligtümer und die Illustrationen des Rhau'schen Hortulus animae. Halle 1929. 59 S. (Schriften der Gesellschaft der Freunde der Universität Halle-Wittenberg 1)

ZIMMERMANN, HILDEGARD: Die Titeleinfassungen des Symphorian Reinhart in Wittenberg. ZBBW 45 (1928), 70-71.

ZSCHÄBITZ, GERHARD: Staat und Universität Leipzig zur Zeit der Reformation FKMU 1, 34-67.

ZUR NEDDEN, OTTO: Zur Geschichte der Musik am Hofe Kaiser Maximilians I. Literatur- und Quellenbericht. ZMW 15 (1932/33), 24-32.

ZUMKELLER, ADOLAR: Martin Luther und sein Orden. Analecta Augustiniana 25 (1962), 254-290

ZUMKELLER, ADOLAR: Das Ungenügen der menschlichen Werke bei den deutschen Predigern des Spätmittelalters. ZKTh 81 (1959), 265-305.

Zur Ergänzung sei vor allem verwiesen auf:

INGETRAUT LUDOLPHY: Friedrich der Weise. Göttingen 1984; Leipzig ²2006. 592 S.

IRMGARD HÖSS: Georg Spalatin: 1484–1545; ein Leben in der Zeit des Humanismus und der Reformation. Weimar ²1989.XXXVIII, 478 S.

UWE SCHIRMER: Kursächsische Staatsfinanzen (1456–1656): Strukturen - Verfassung - Funktionseliten. Leipzig; Stuttgart 2006 (Quellen und Forschungen zur sächsischen Geschichte 28). 1007 S.

MANFRED RUDERSDORF; THOMAS TÖPFER: Fürstenhof, Universität und Territorialstaat: Der Wittenberger Humanismus, seine Wirkungsräume und Funktionsfelder im Zeichen der Reformation. In: Funktionen des Humanismus: Studien zum Nutzen des Neuen in der humanistischen Kultur. Hrsg. Thomas Maissen. Göttingen 2006, 214–261.

Verwiesen sei ferner auf die zwei jüngsten Publikationen vom Mai 2014. Sie spiegeln den aktuellen Stand der Forschungen zu Friedrich dem Weisen wider, enthalten bibliographische Hinweise auf neuere und neueste Veröffentlichungen über ihn, die im Rahmen der vorliegenden Arbeit ausgespart werden mußten, und setzen Themenschwerpunkte für zukünftige Arbeiten über den Kurfürsten:

GEORG SPALATIN: STEUERMANN DER REFORMATION, hrsg. von Armin Kohne; Christina Meckelnborg; Uwe Schirmer. = Begleitbuch zur Ausstellung »Georg Spalatin – Steuermann der Reformation«, Residenzschloß und Stadtkirche St. Bartholomäi Altenburg 18. Mai bis 2. November 2014. Halle/Sa. 2014.

KURFÜRST FRIEDRICH DER WEISE VON SACHSEN (1463–1525) = Beiträge zur Tagung vom 4. bis 6. Juli 2013 auf Schloss Hartenfels in Torgau/hrsg. von Dirk Syndram, Yvonne Fritz und Doreen Zerbe, Dresden 2014.

Die bereits im Abkürzungsverzeichnis angeführten Titel wurden nicht noch einmal ins Verzeichnis der benutzten Quellendrucke und Literatur aufgenommen. Bei Geburts- und Sterbedaten und Immatrikulationen entfallen in der Regel die Quellenangaben, wenn die Daten gedruckten Matrikeln und folgendem Werk entstammen: Stammtafeln zur Geschichte der europäischen Staaten. Hrsg. Wilhelm Karl von Isenburg; Frank Freytag von Lorinhoven. 4 Bde. Marburg 1956–1957.

Personenregister